Die Klingen der Wächter

von Xu Xianzhe

Band 5

Inhaltsverzeichnis

Was bisher geschah

Ayuya entschliesst sich dazu, sich von Daoma und seinen Reisegefährten zu verabschieden, in der Absicht alleine in den Sandsturm zurückzukehren, um ihren Vater zu rächen.

Gerade zu dem Zeitpunkt, als Ayuya von ihren Feinden, den Truppen der vier grossen Familienklane, umzingelt ist und ihr Leben nur noch an einem seidenen Faden hängt, taucht unerwartet Pei Xingyan auf und rettet sie …

Zweiter Akt:
Die weite Wüste

Kapitel 43:
Eine lange Nacht
(Sechster Teil)

Wenn ein Herrscher seine Untertanen als das Wichtigste ansieht, dann ist er barmherzig.

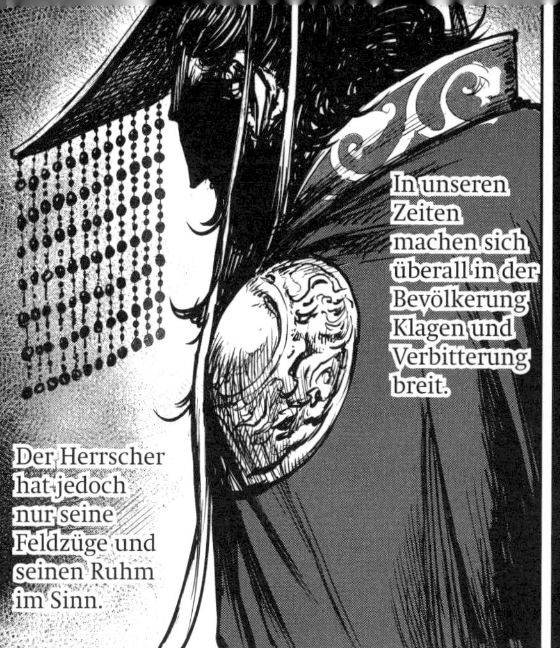

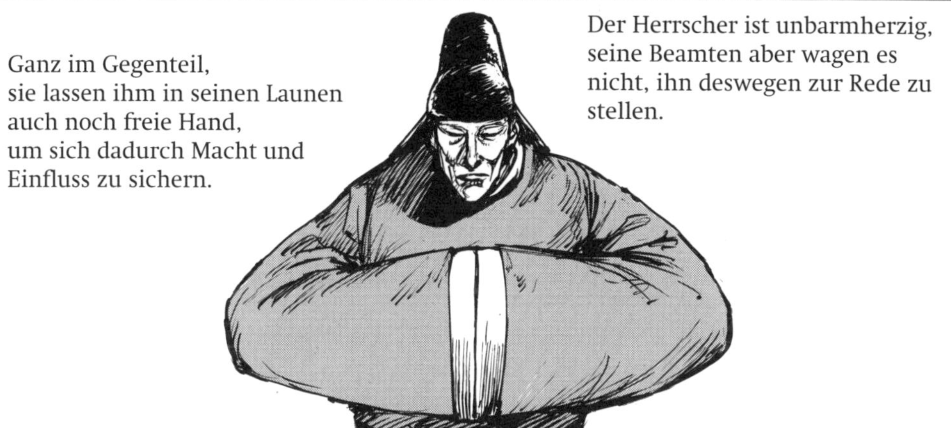

Alles Gerede von Barmherzigkeit ist nur noch eine Lüge.

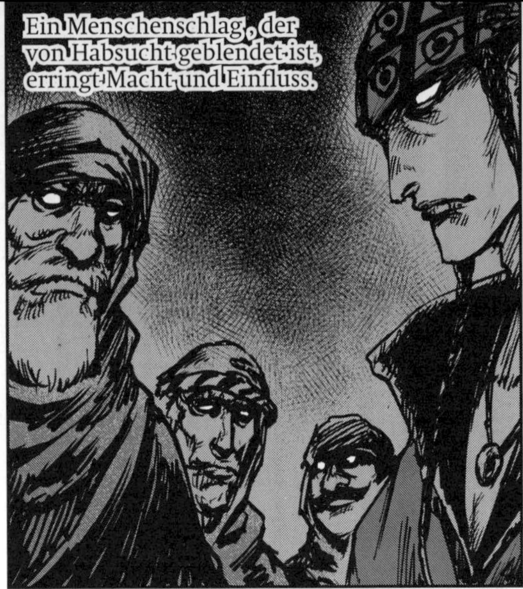

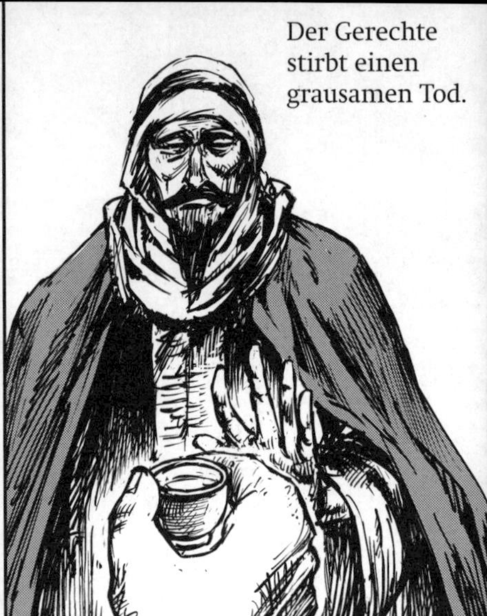

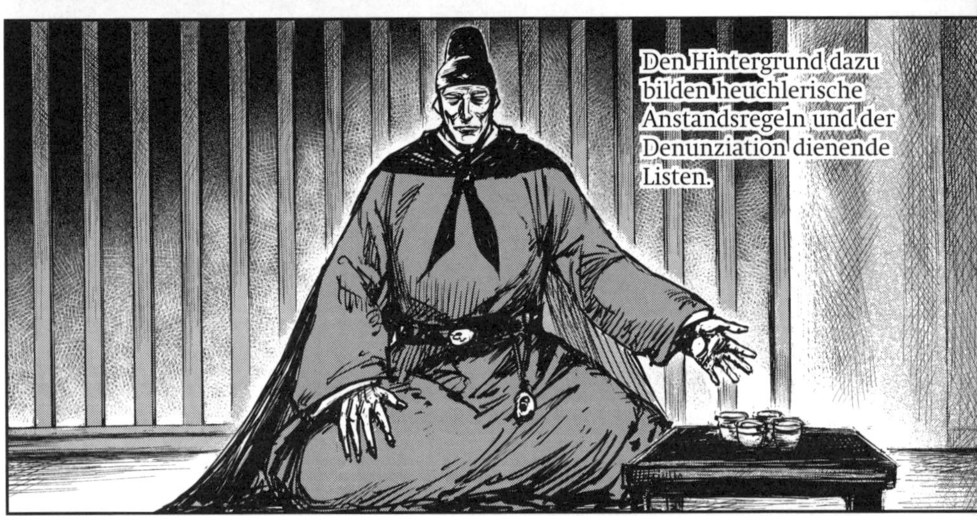

Tugenden wie

Barmherzigkeit,
Gerechtigkeit,
Anstand,
Weisheit
und Treue —

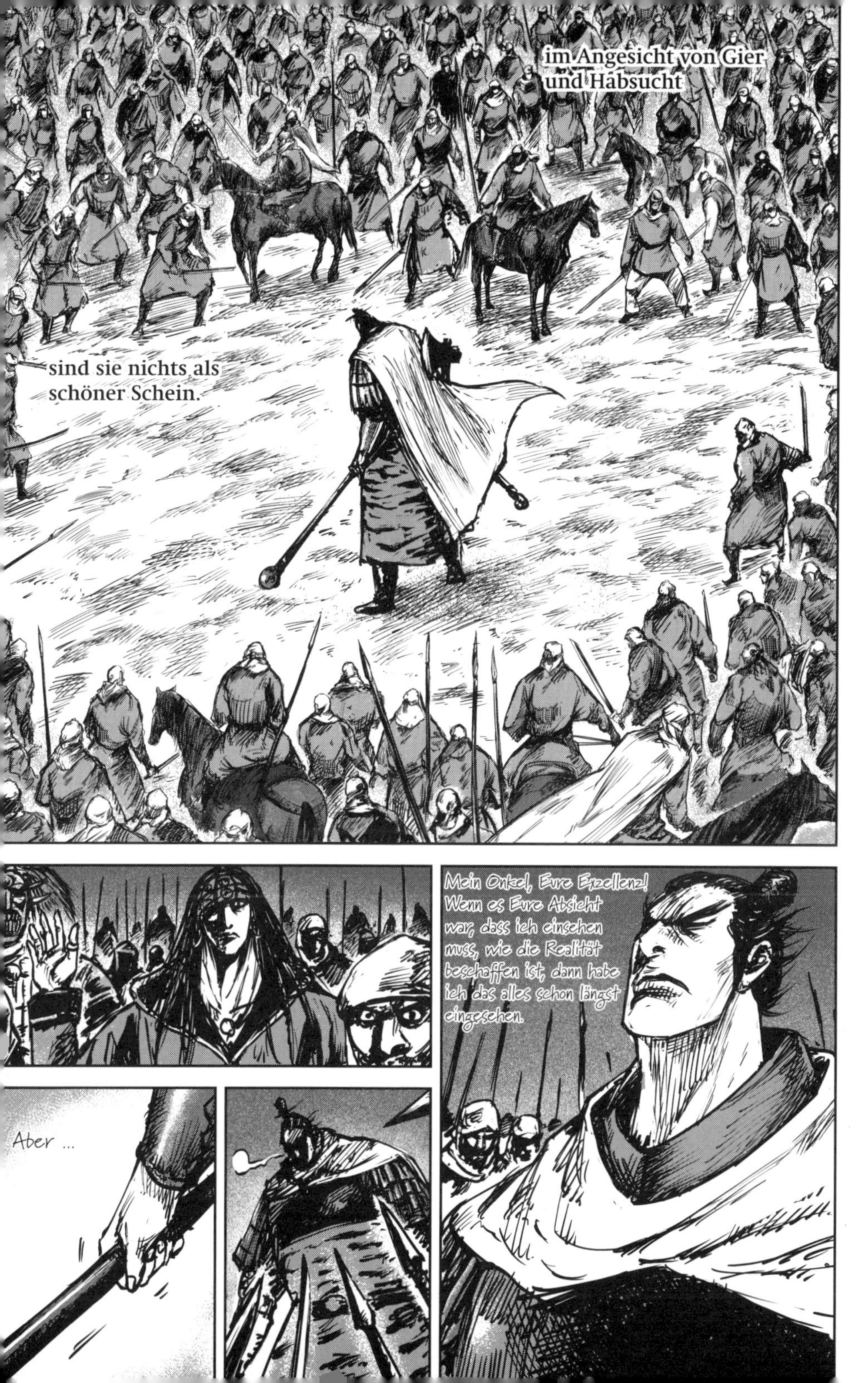

im Angesicht von Gier und Habsucht

sind sie nichts als schöner Schein.

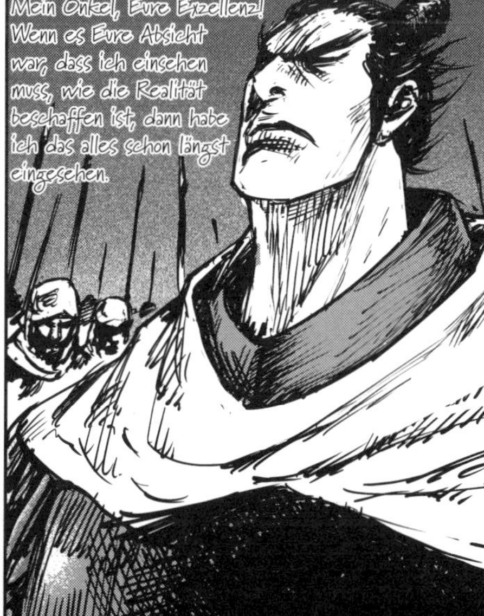

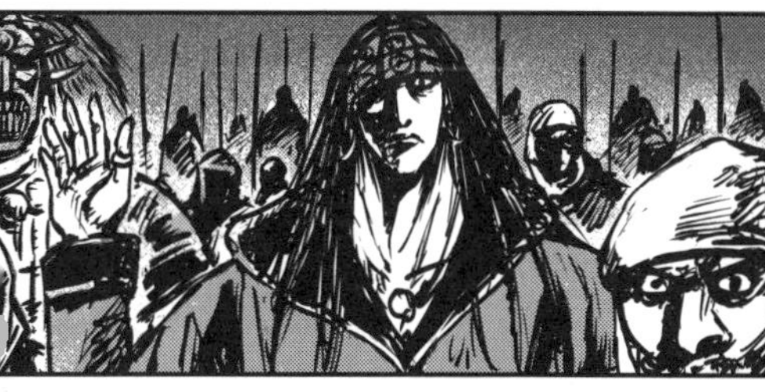

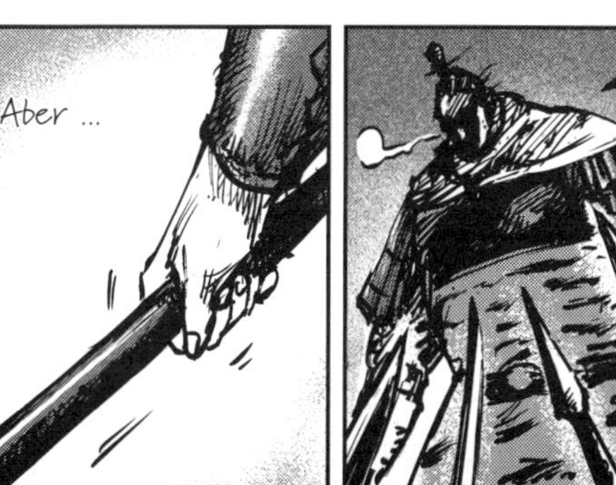

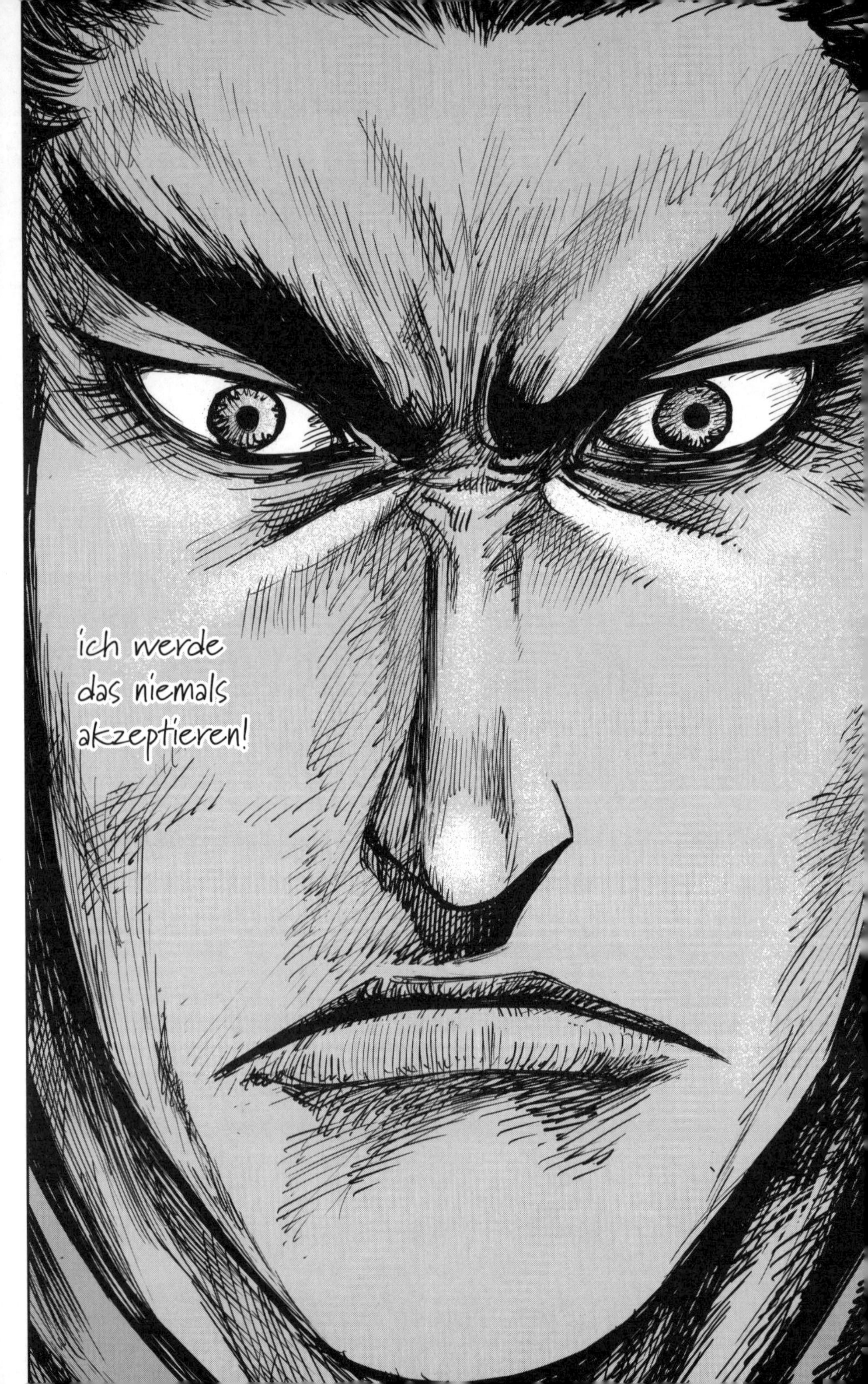
ich werde
das niemals
akzeptieren!

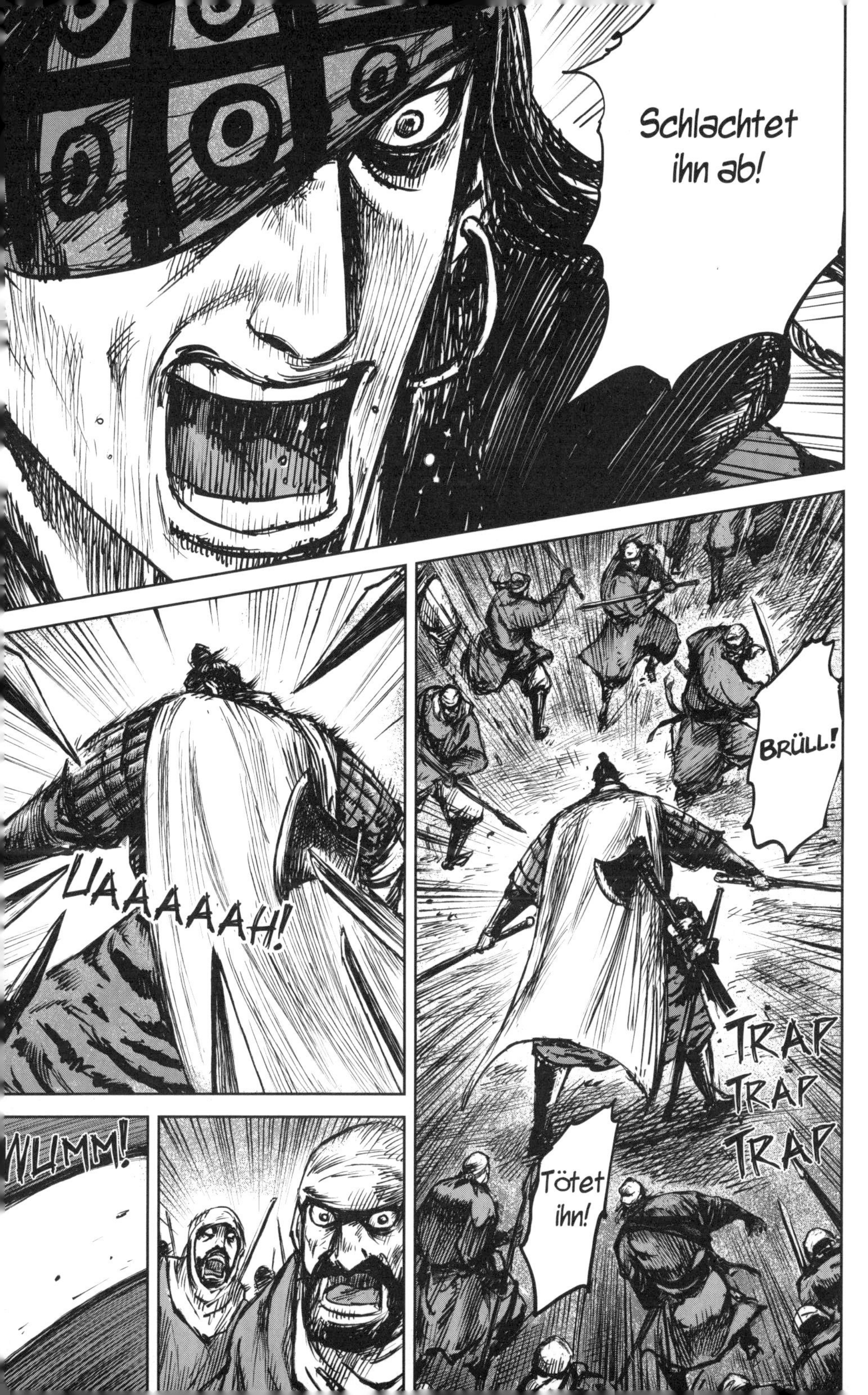
Schlachtet ihn ab!
BRÜLL!
TRAP
TRAP
TRAP
Tötet ihn!
UAAAAAAH!
WUMM!

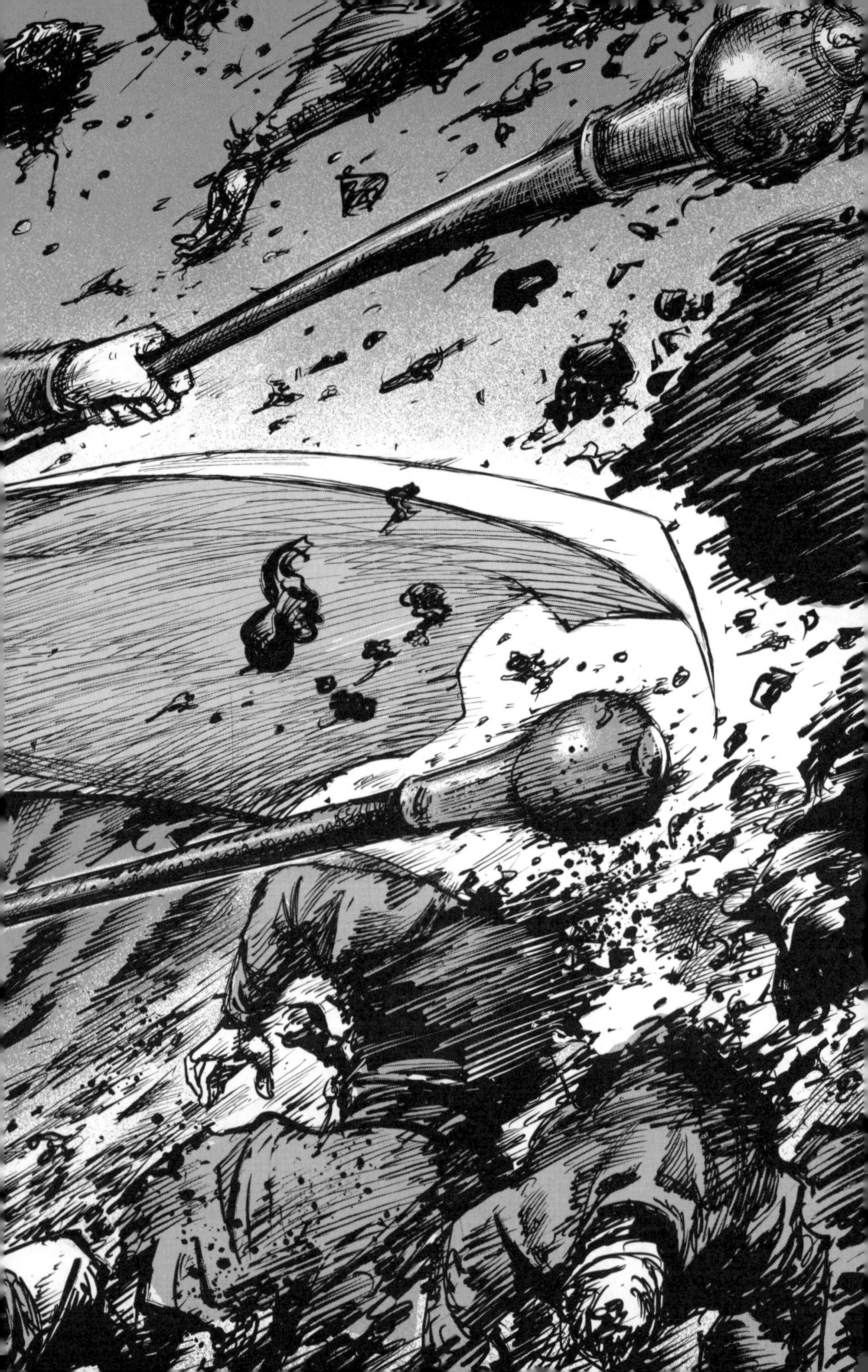

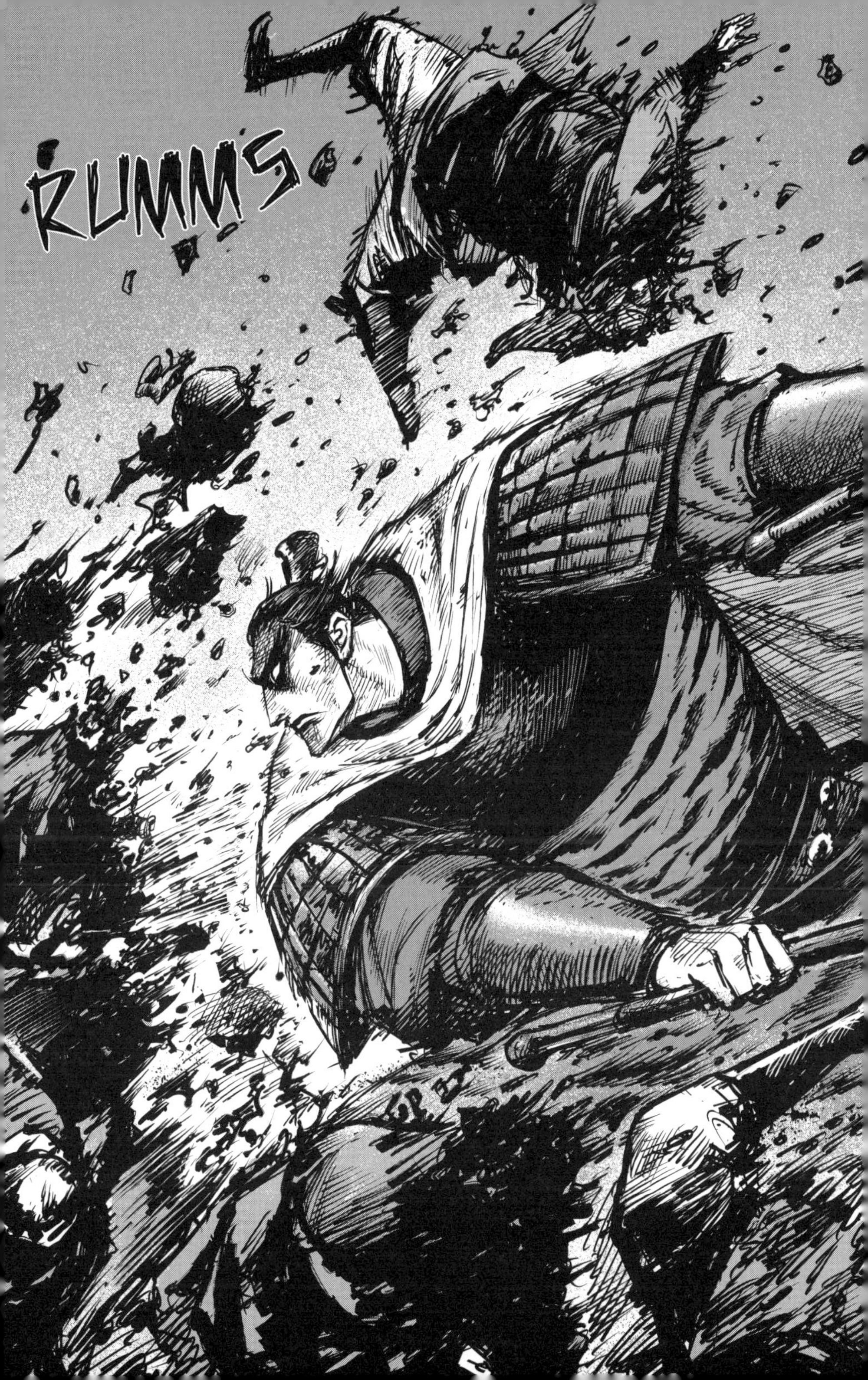
RUMMS

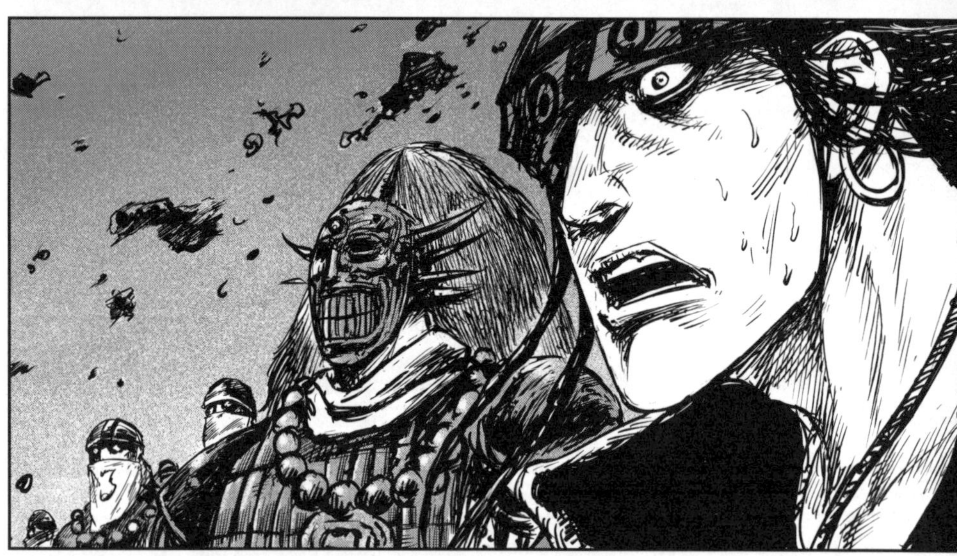

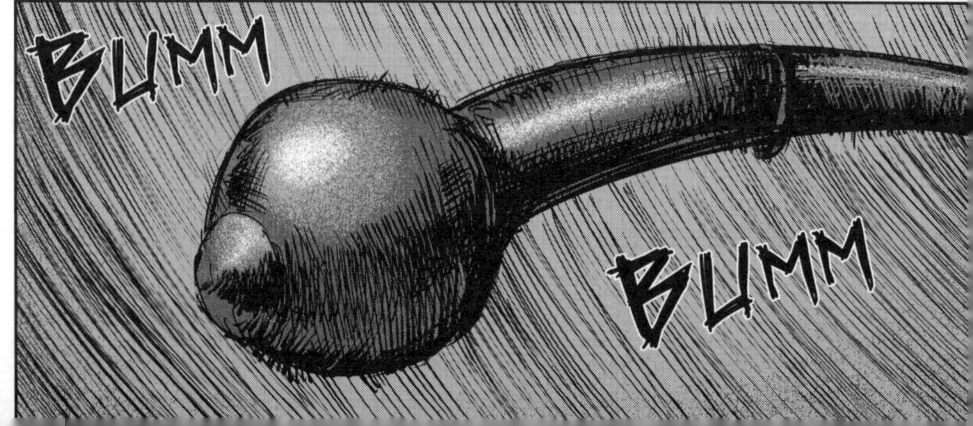
BUMM
BUMM

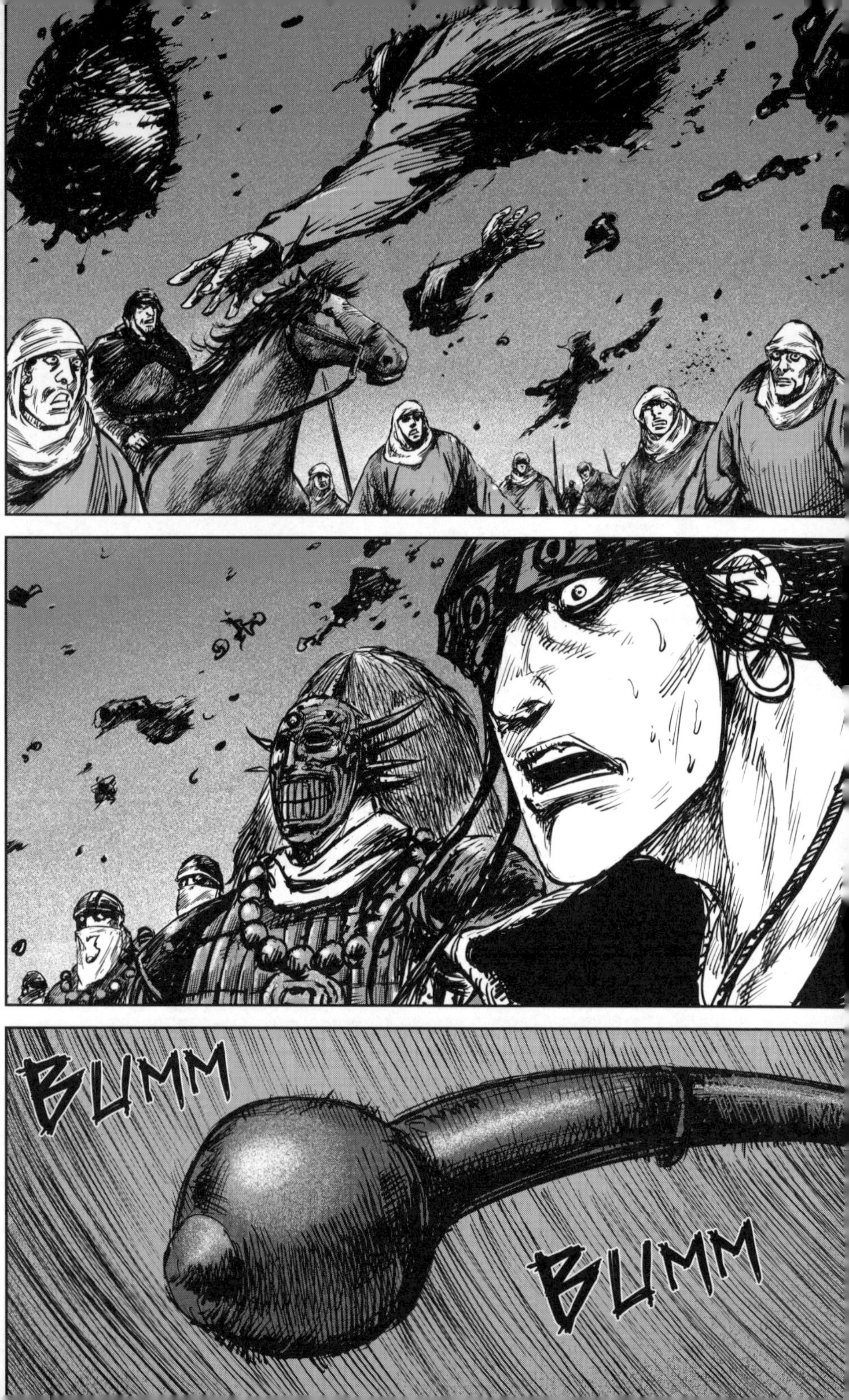

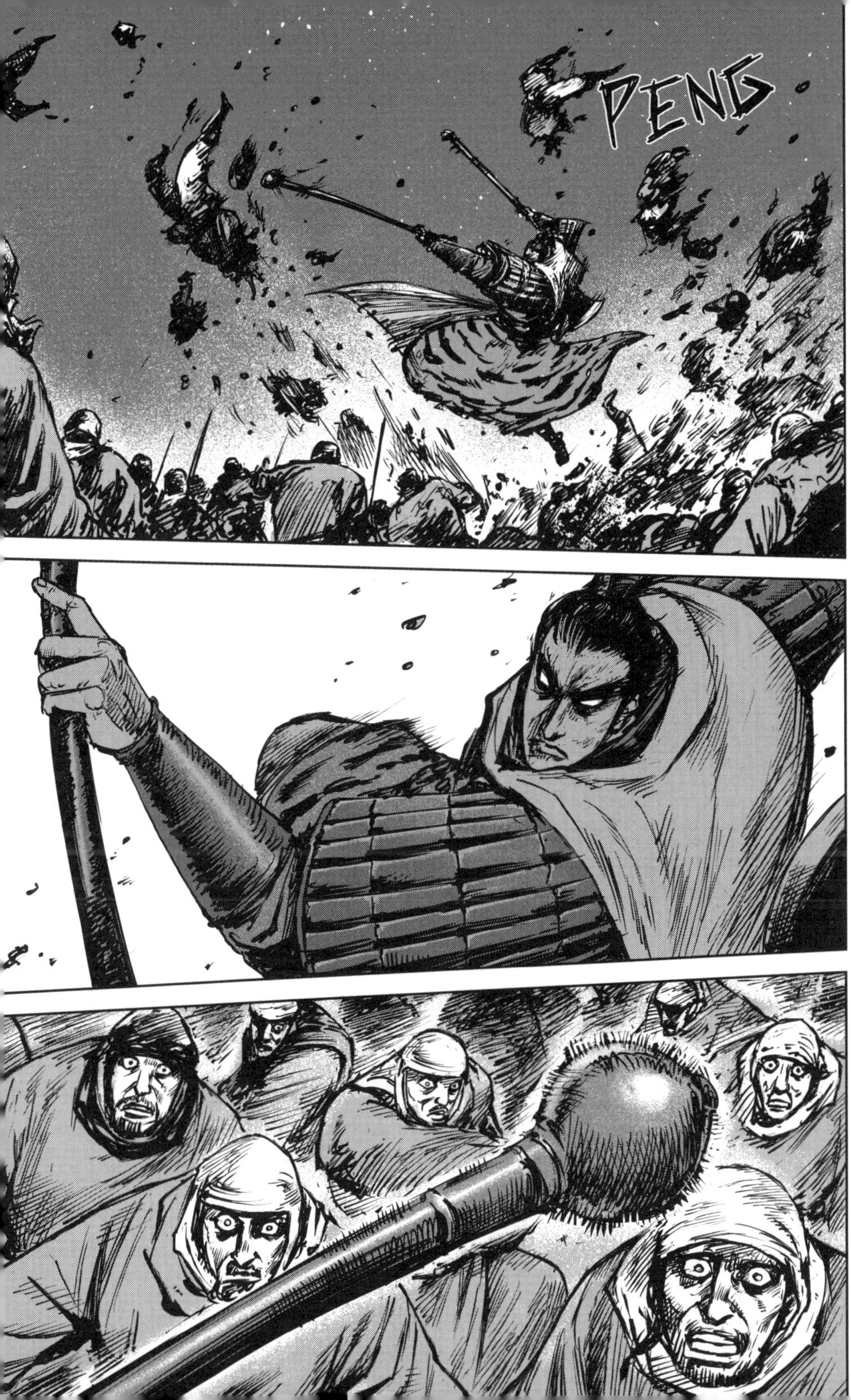

PENG

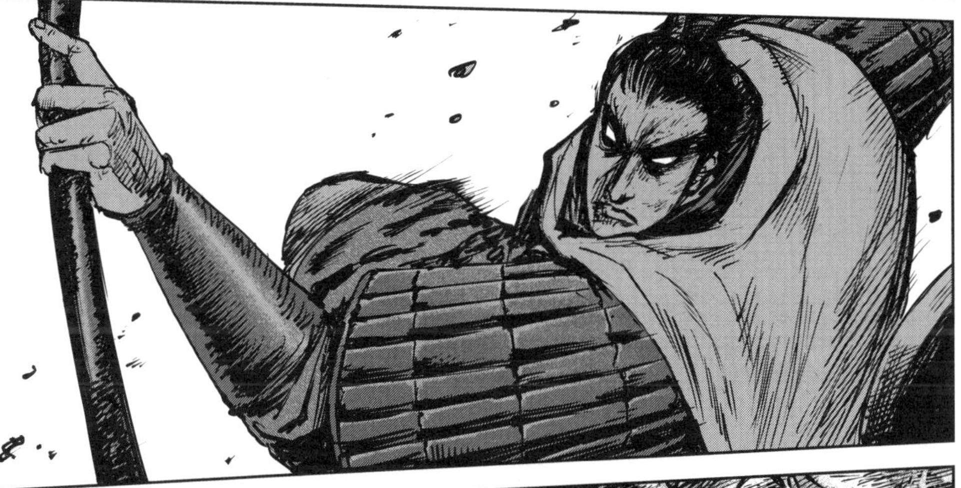

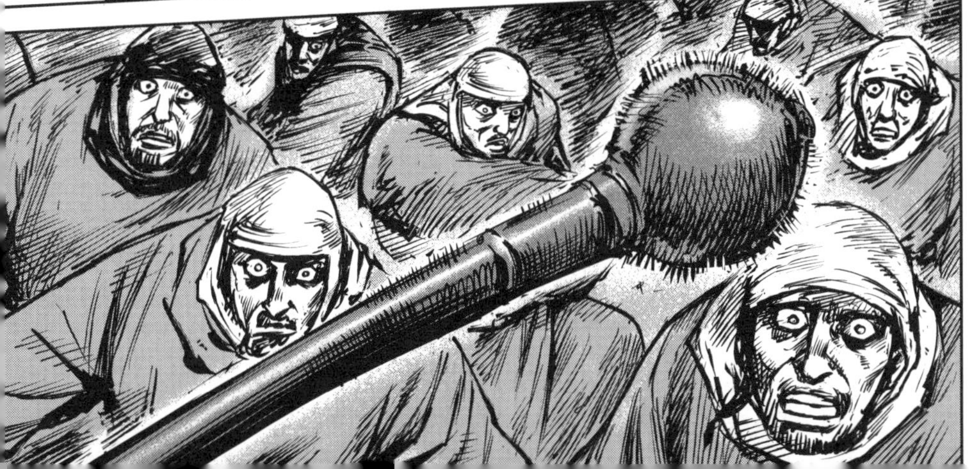

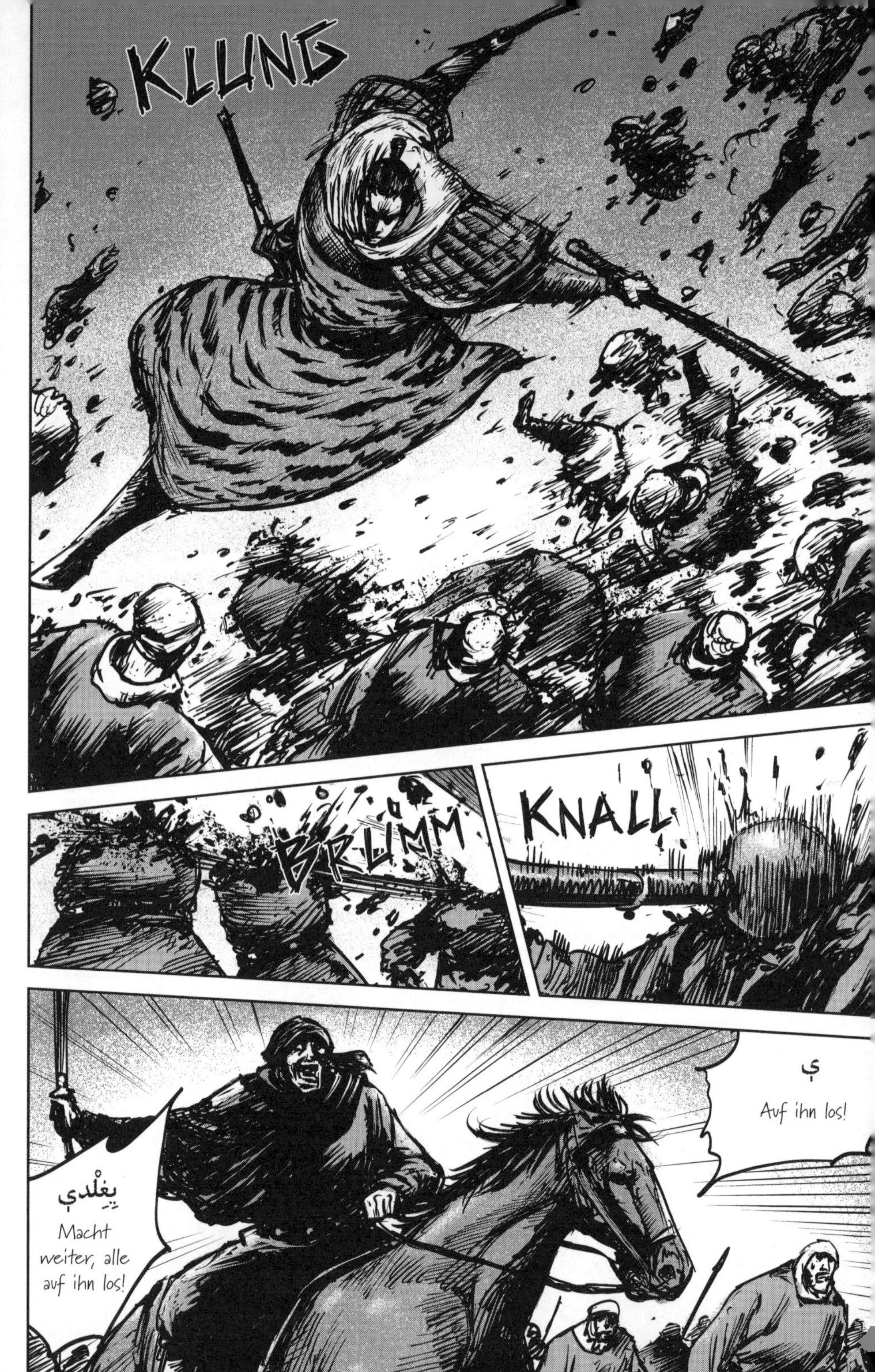
KLUNG
BRUMM
KNALL
يغلدي
Macht weiter, alle auf ihn los!
ي
Auf ihn los!

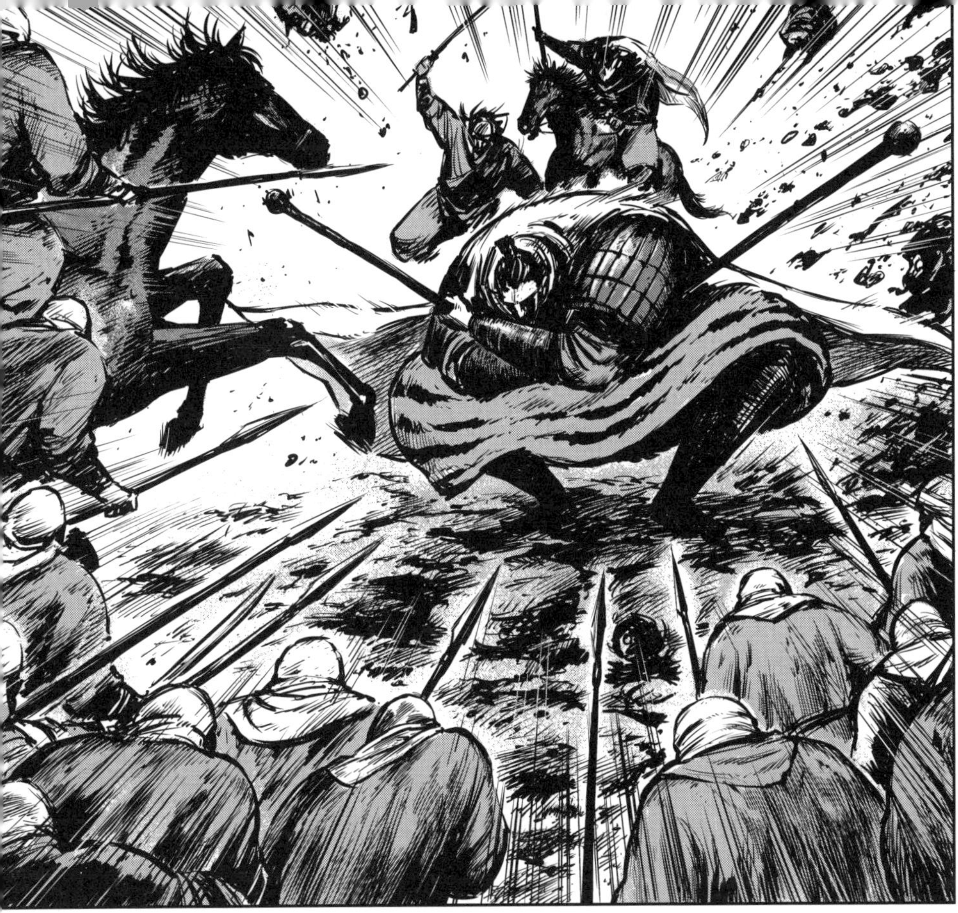

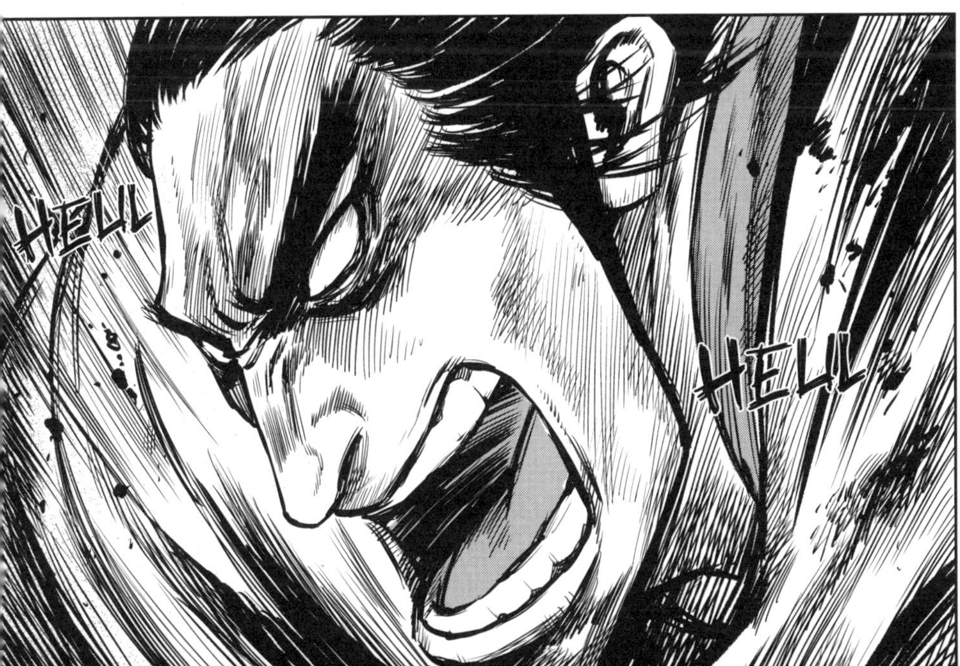

HELL
HELL

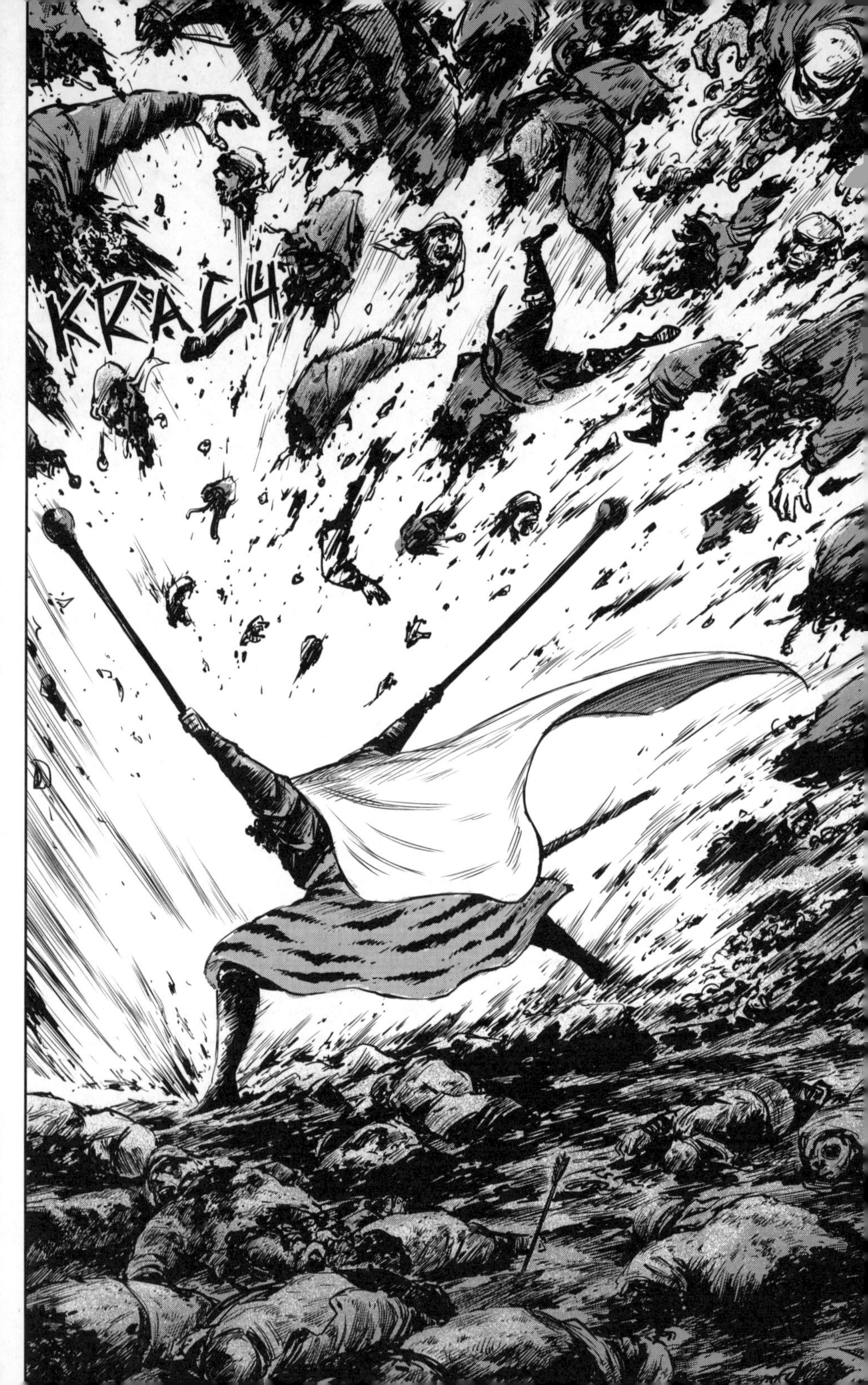
KRACH

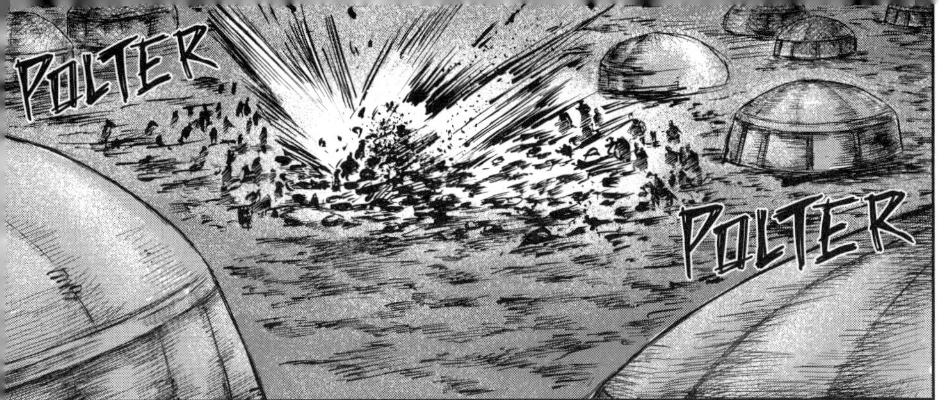
POLTER
POLTER
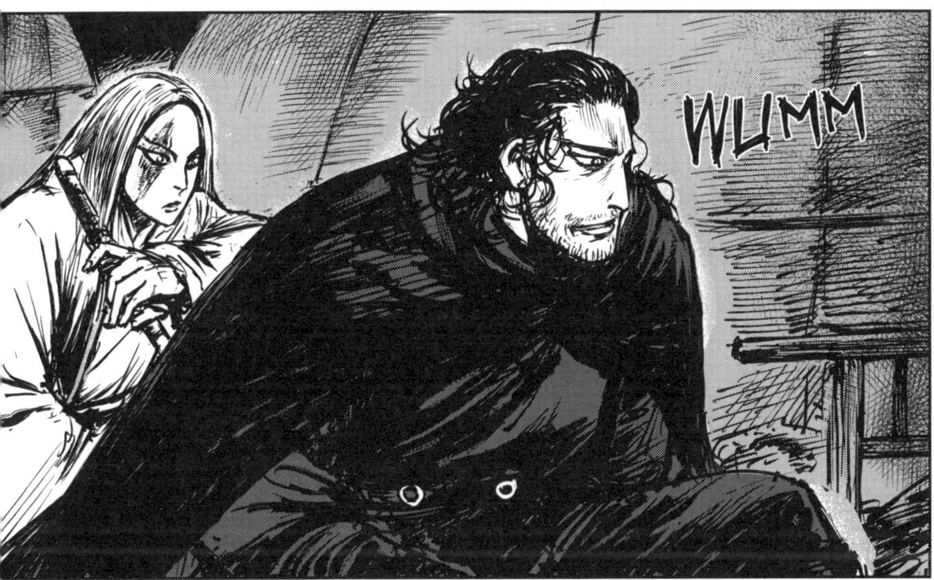
WUMM
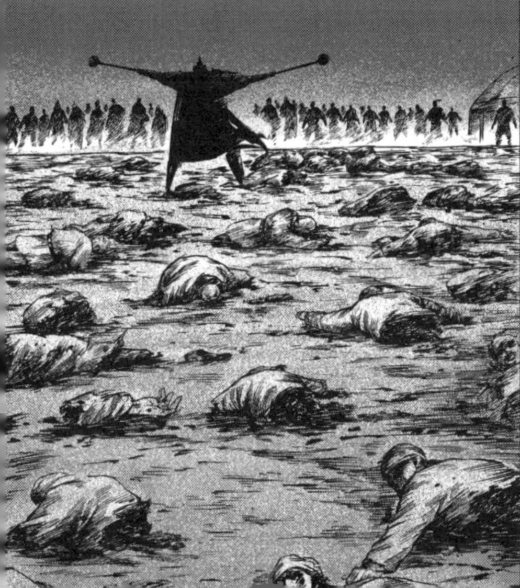
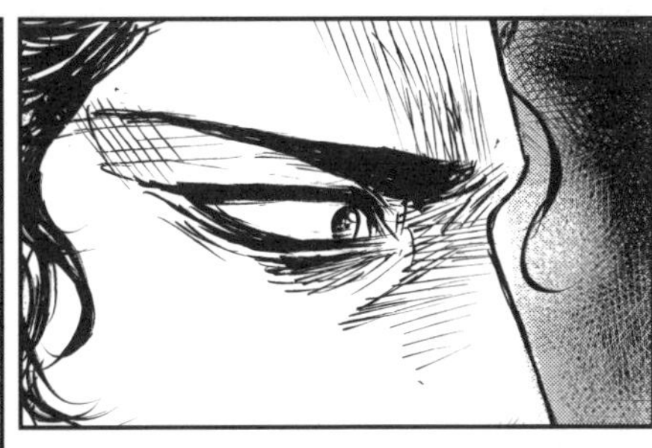
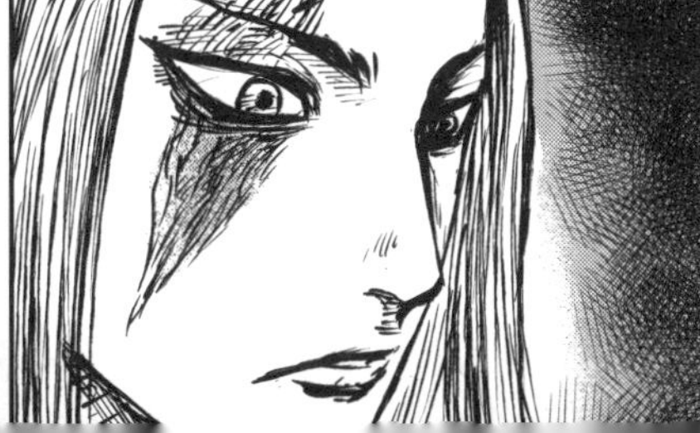

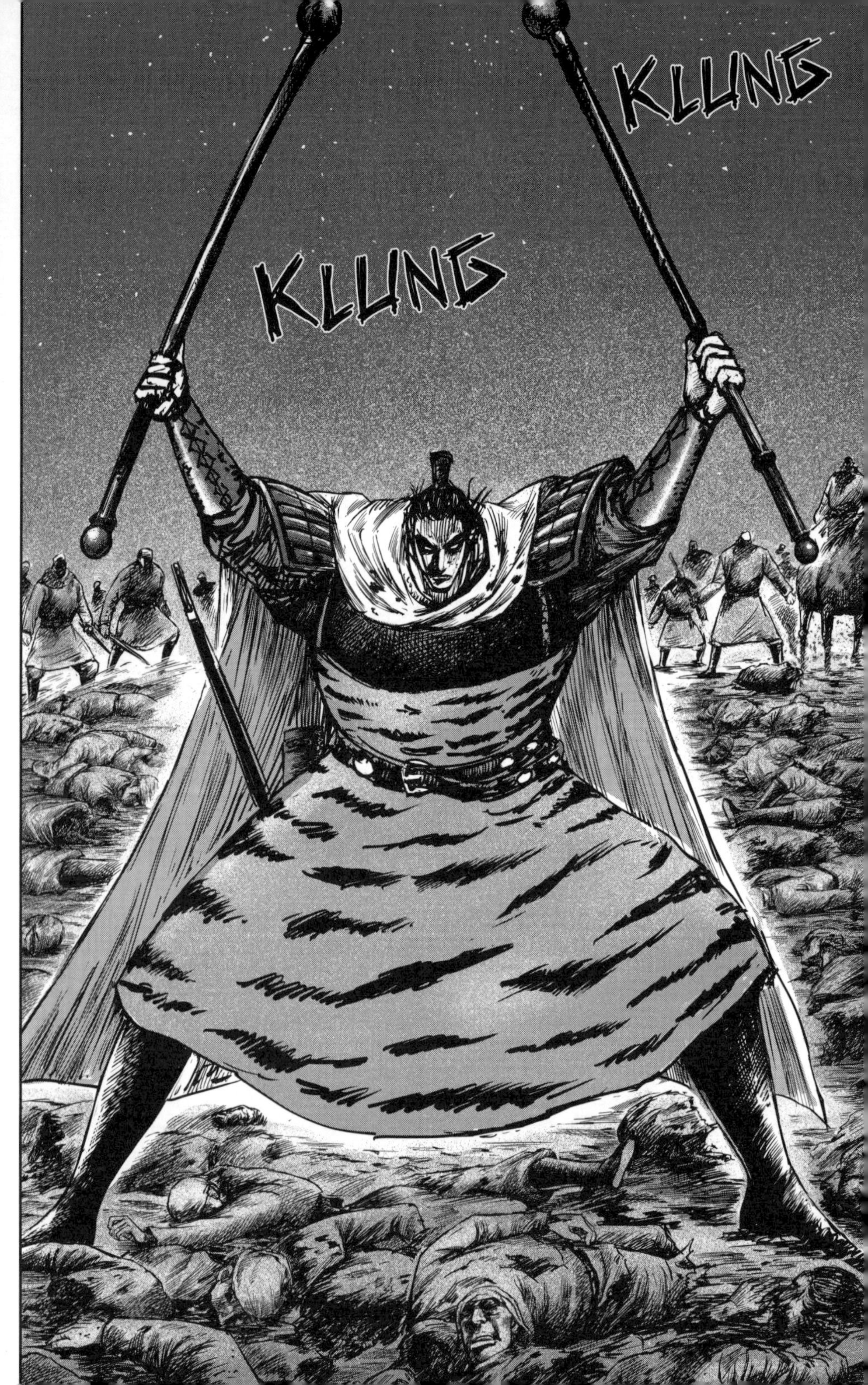
KLUNG
KLUNG

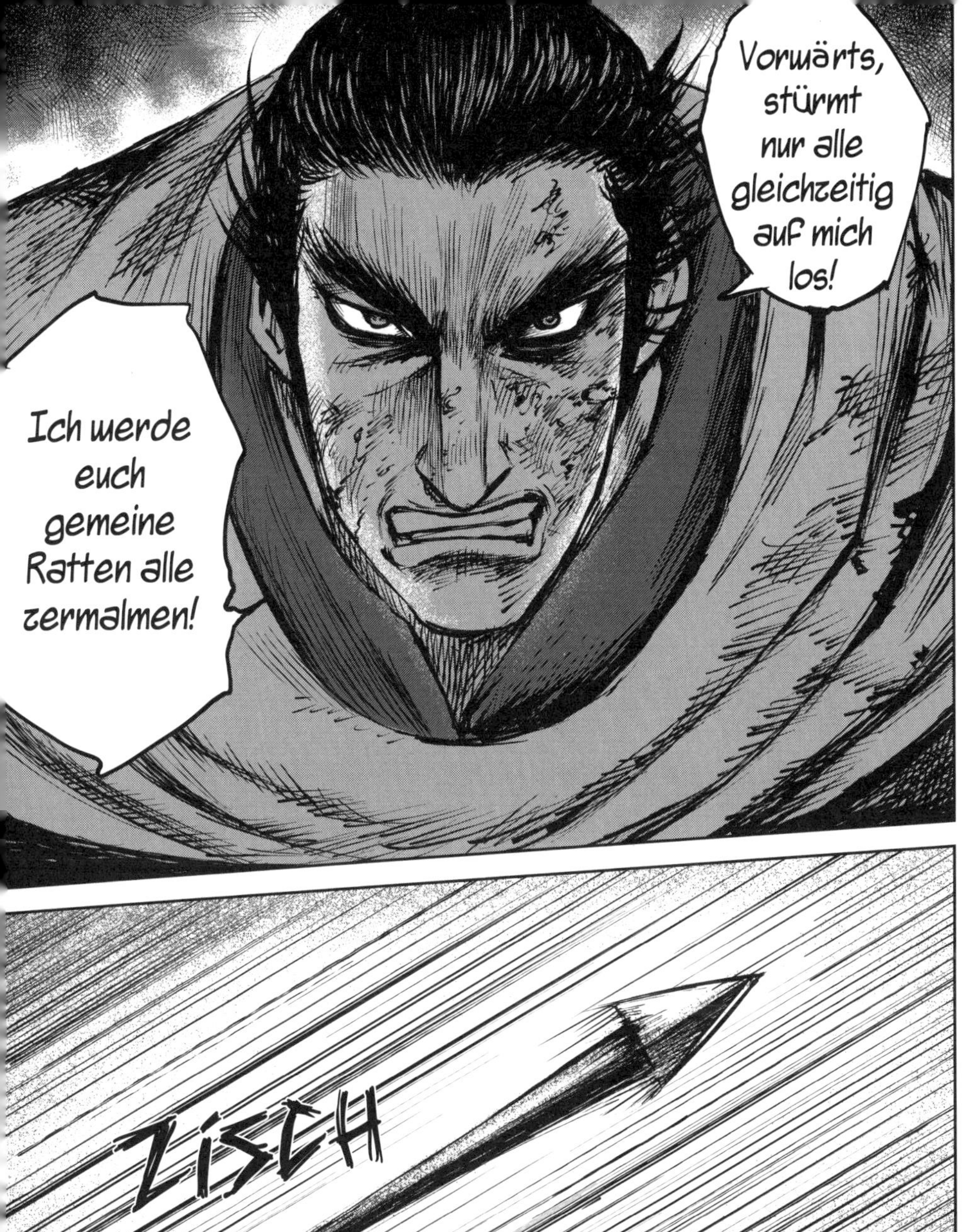
Vorwärts, stürmt nur alle gleichzeitig auf mich los!
Ich werde euch gemeine Ratten alle zermalmen!
ZISCH

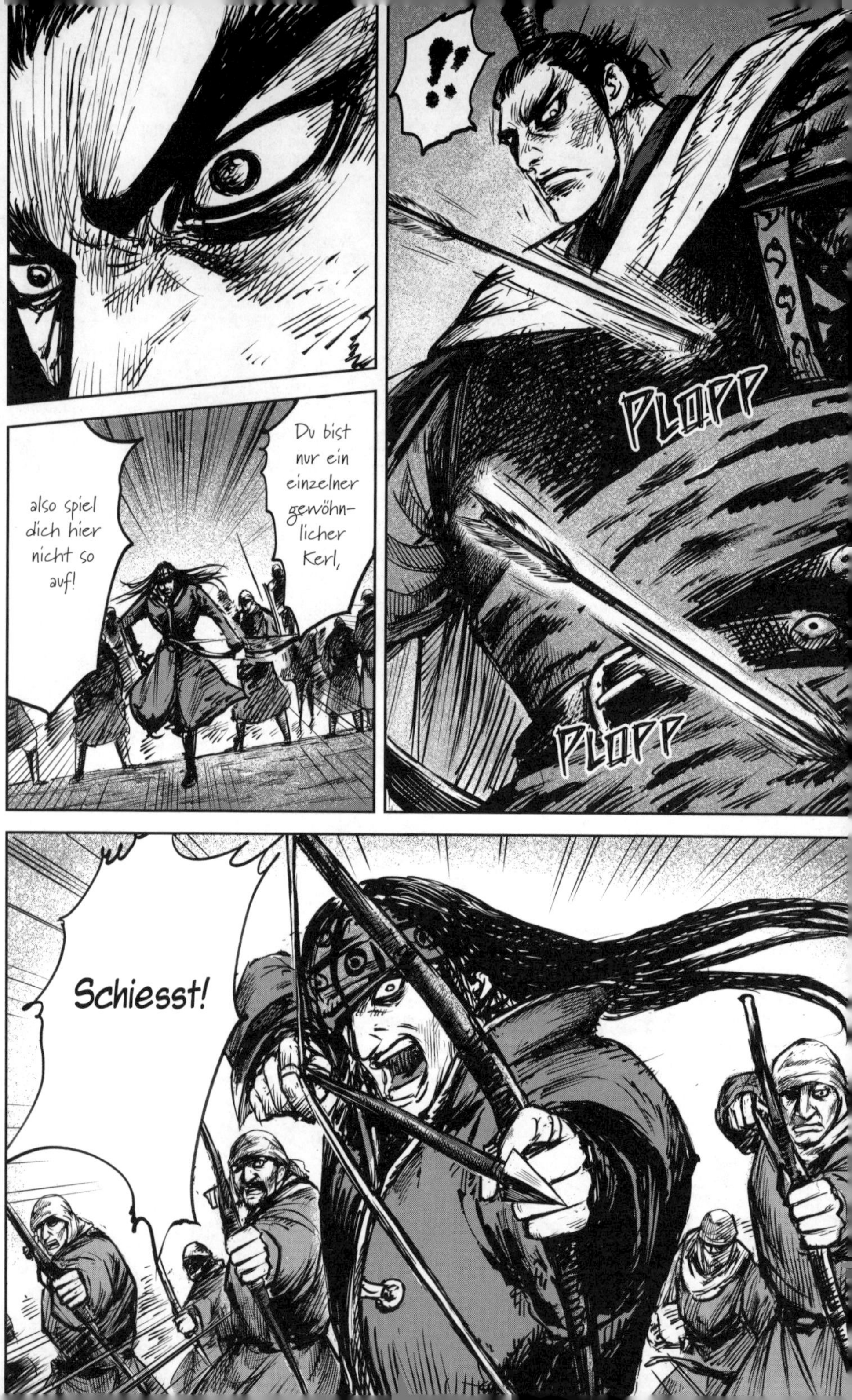

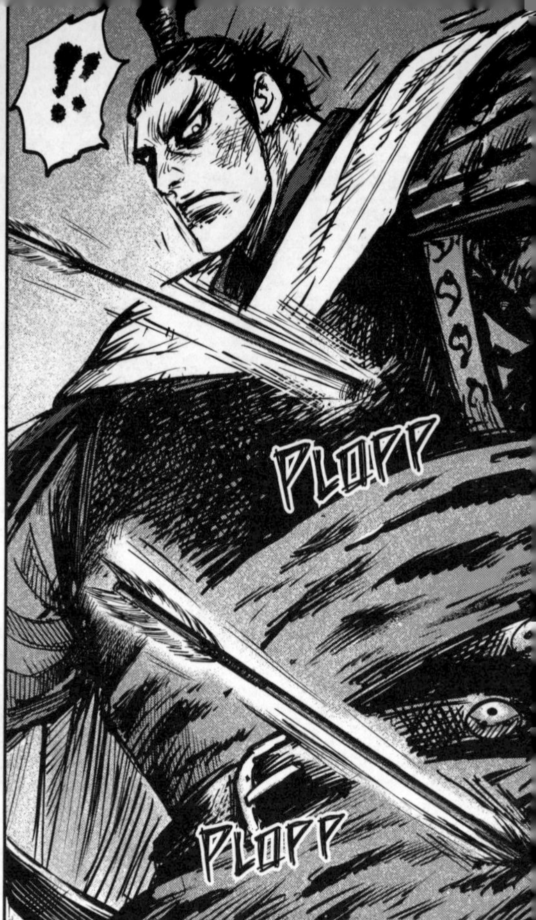
!!
PLOPP
PLOPP

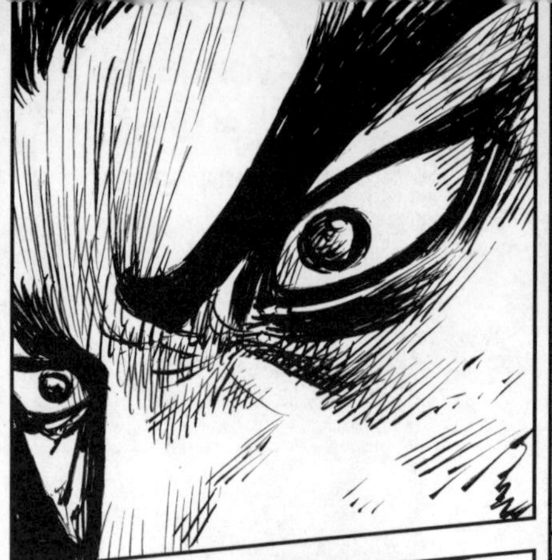

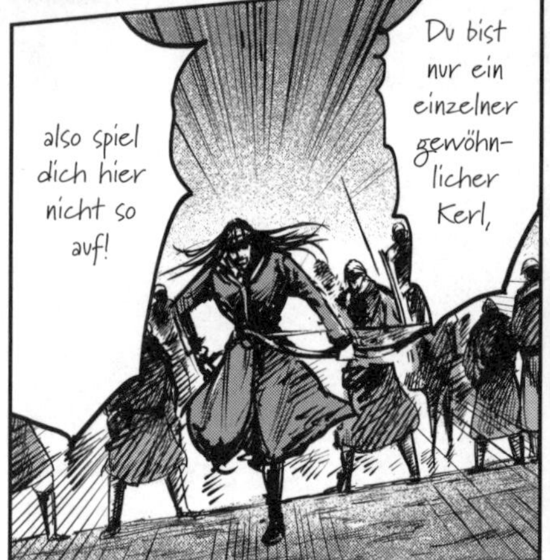
Du bist nur ein einzelner gewöhn-licher Kerl,
also spiel dich hier nicht so auf!

Schiesst!

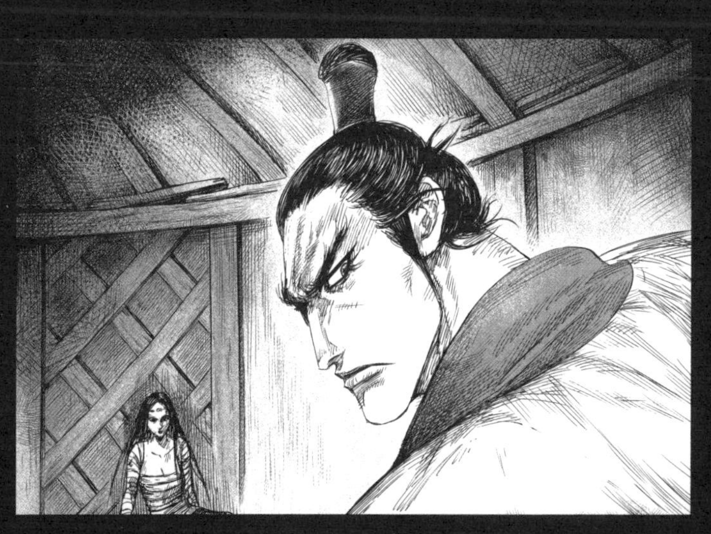

Zweiter Akt:
Die weite Wüste

Kapitel 44:
Eine lange Nacht
(Siebter Teil)

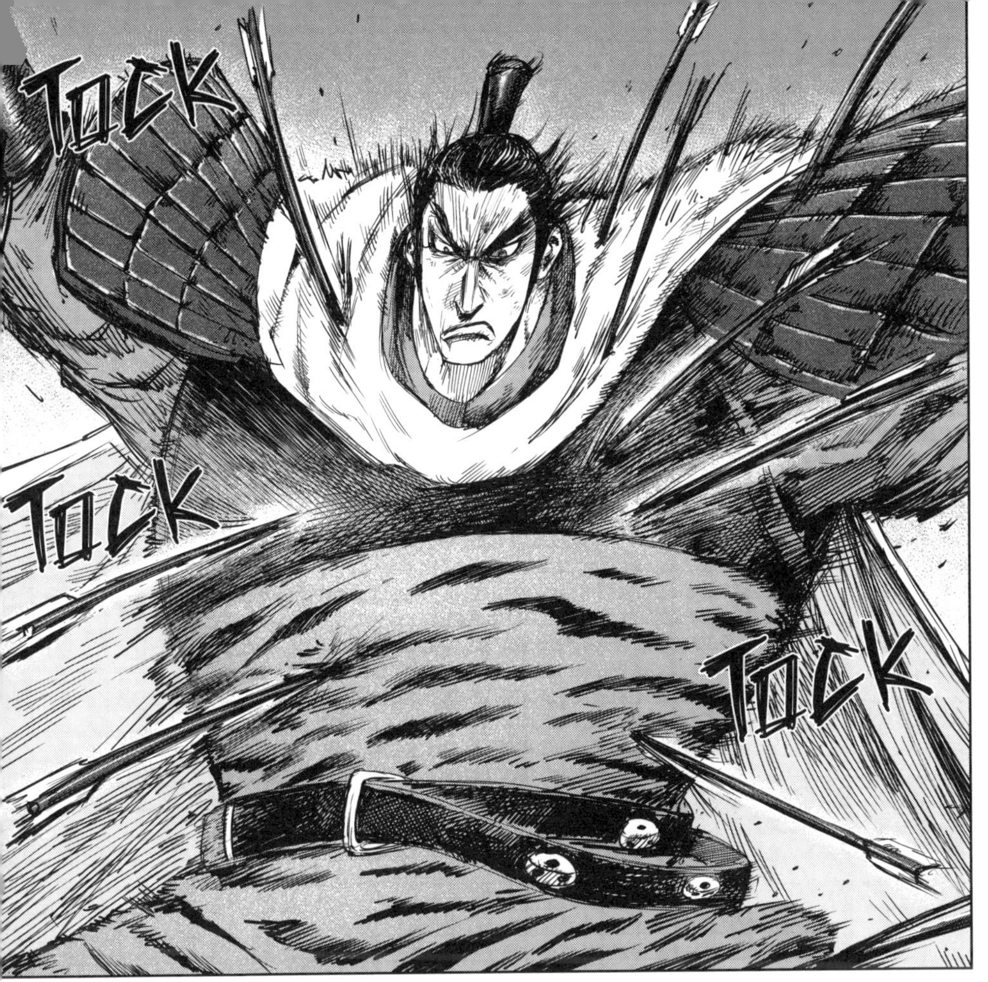

TOCK
TOCK
TOCK
ZISCH ZISCH 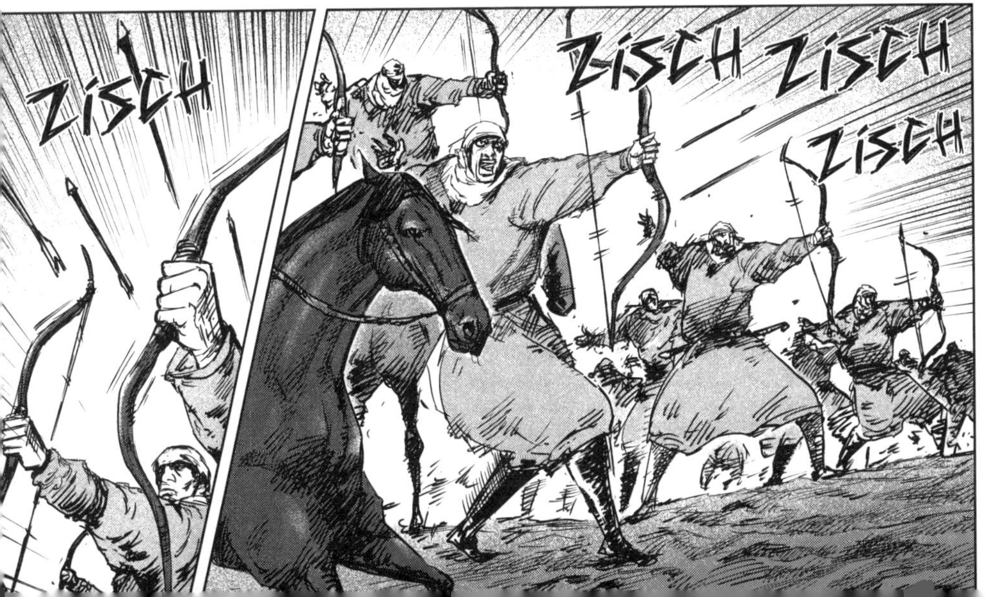
ZISCH
ZISCH

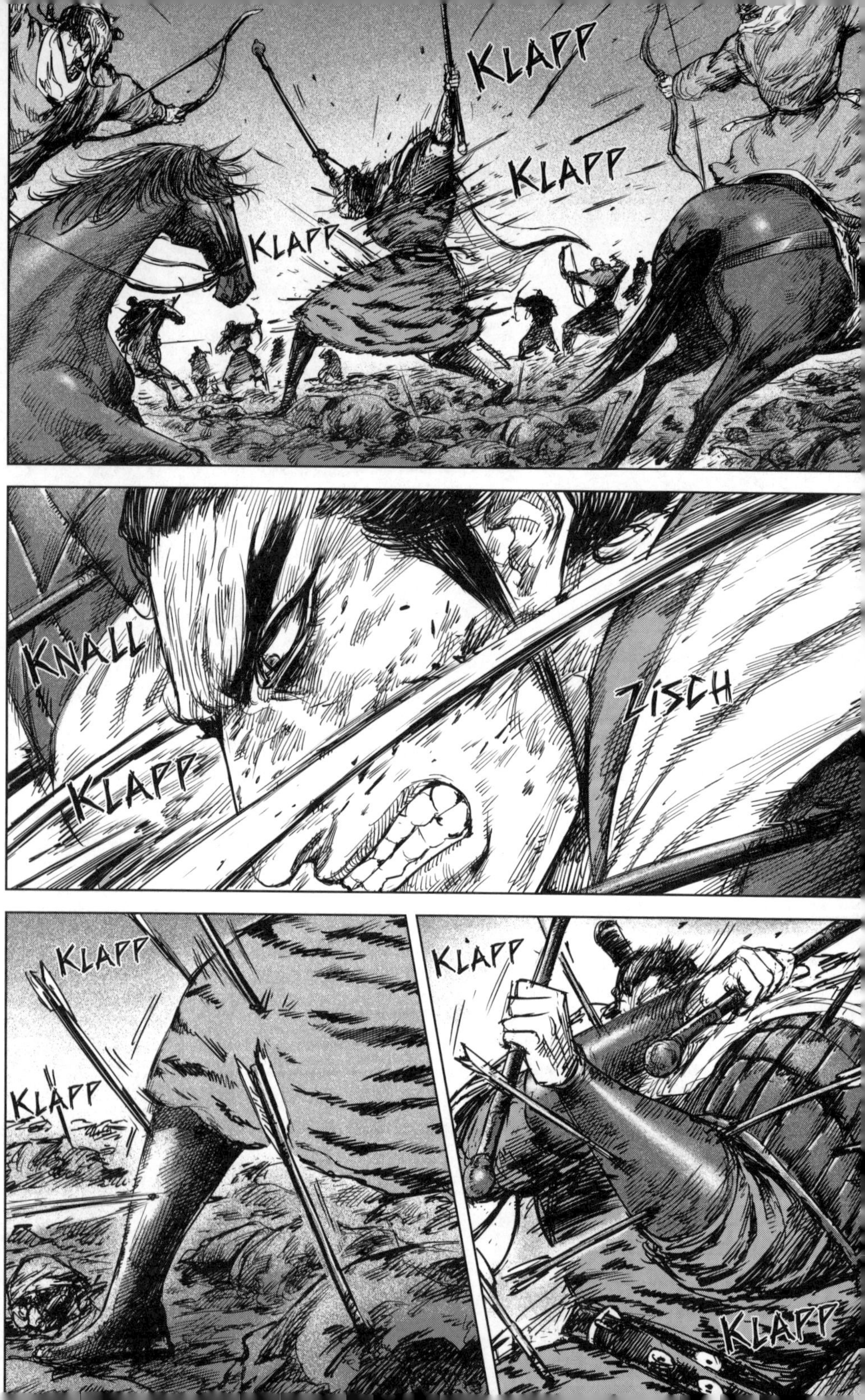

KLAPP
KLAPP
KLAPP

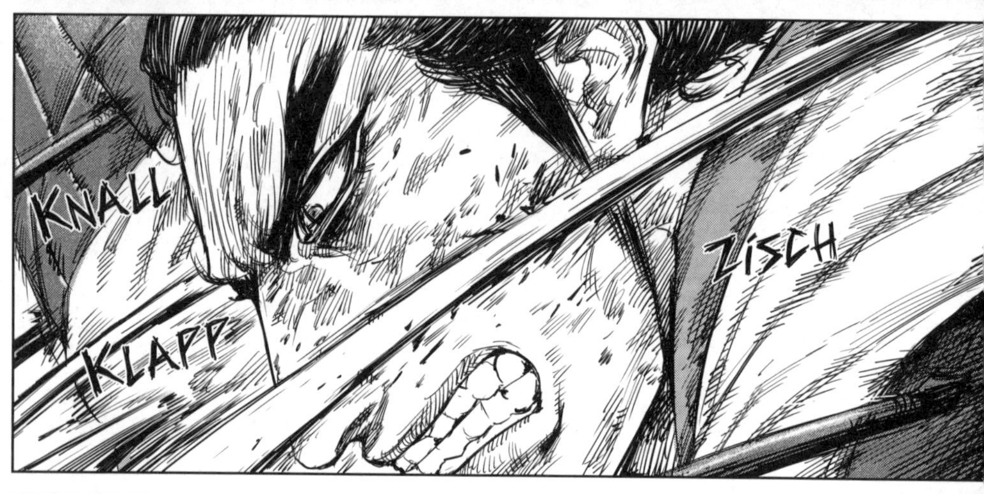

KLAPP
KLAPP
KLAPP
KLAPP

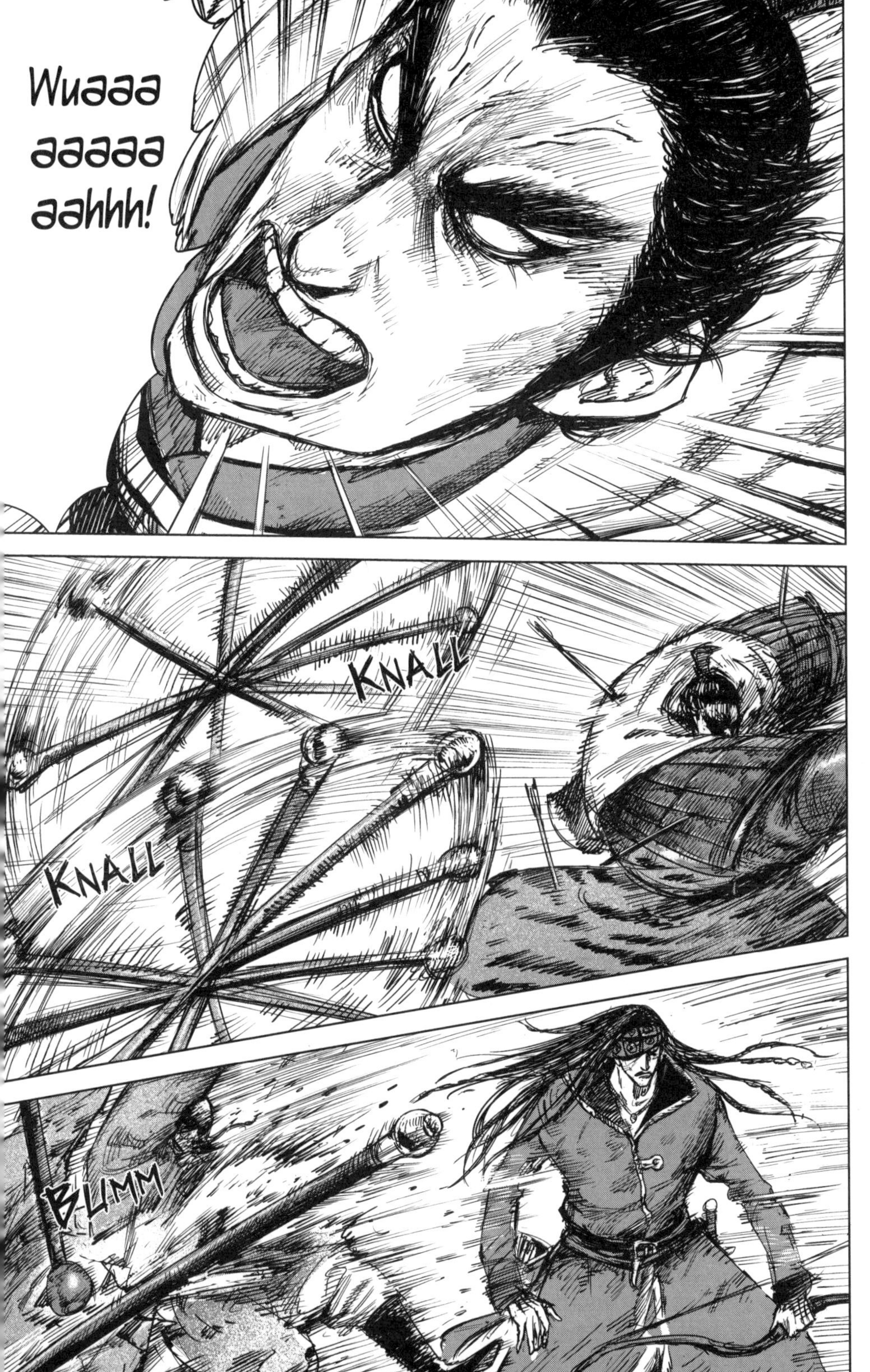
Wuaaa
aaaaa
aahhh!
KNALL
KNALL
BUMM

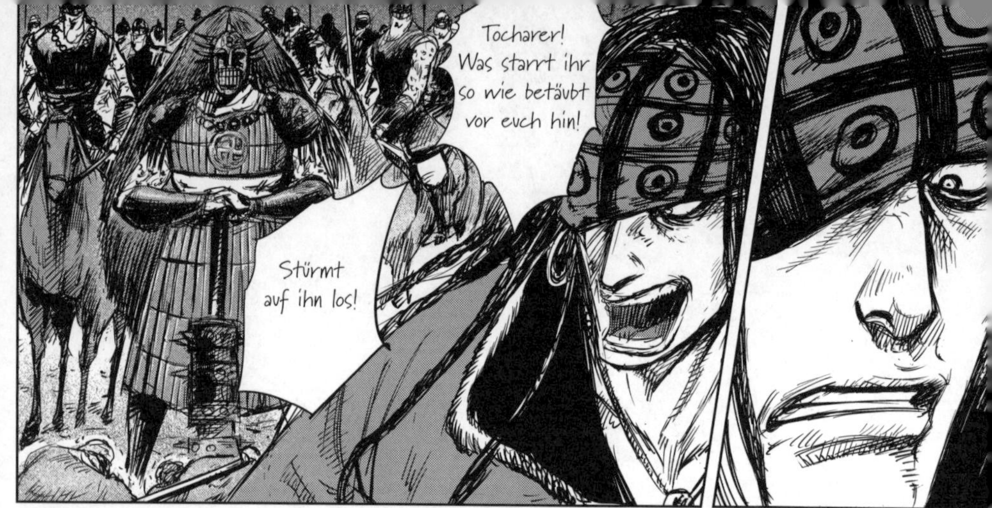
Tocharer! Was starrt ihr so wie betäubt vor euch hin!
Stürmt auf ihn los!

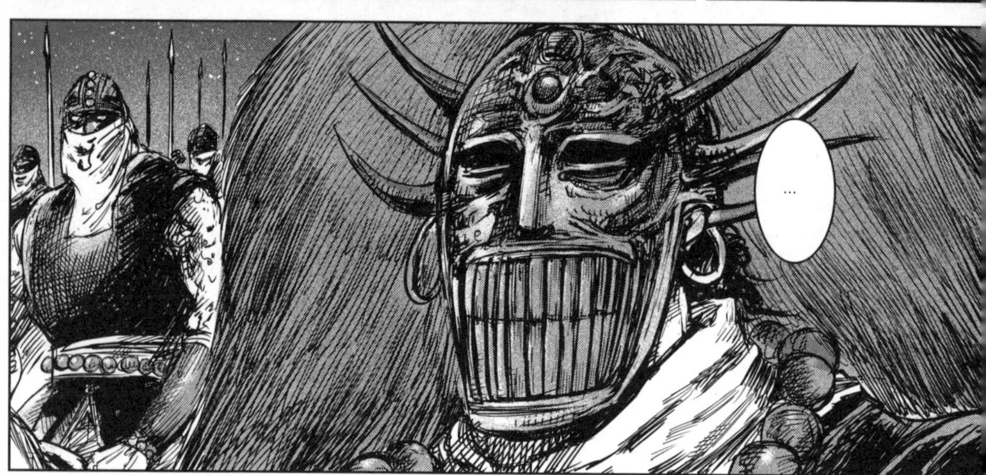
...

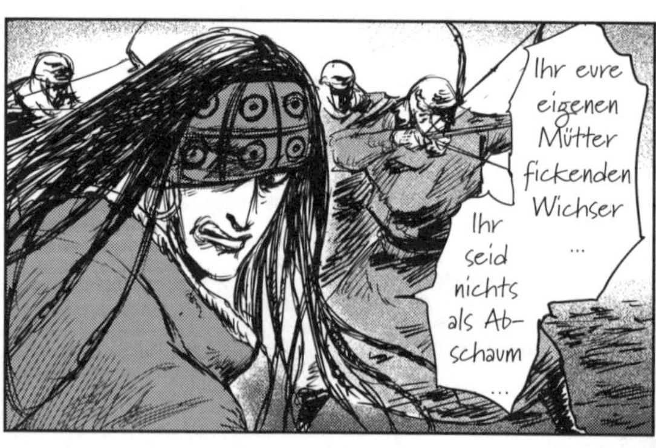
Ihr eure eigenen Mütter fickenden Wichser ...
Ihr seid nichts als Abschaum ...

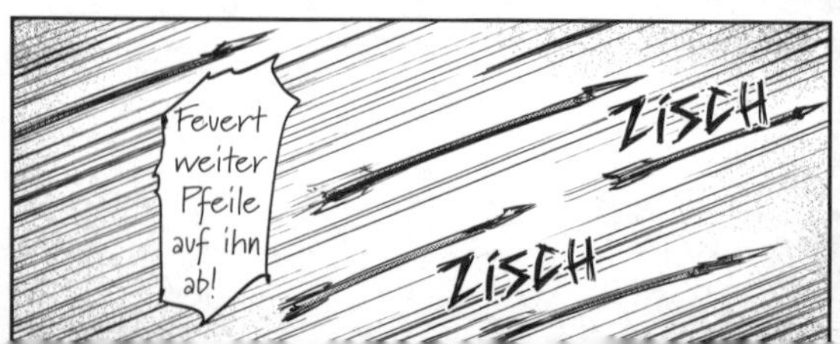
Feuert weiter Pfeile auf ihn ab!
ZISCH
ZISCH

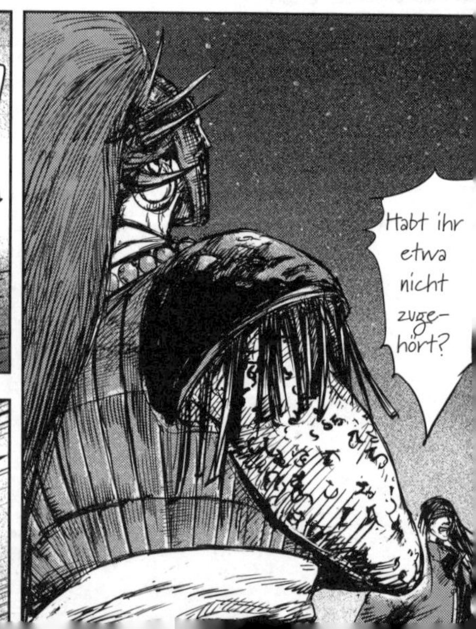
Habt ihr etwa nicht zugehört?

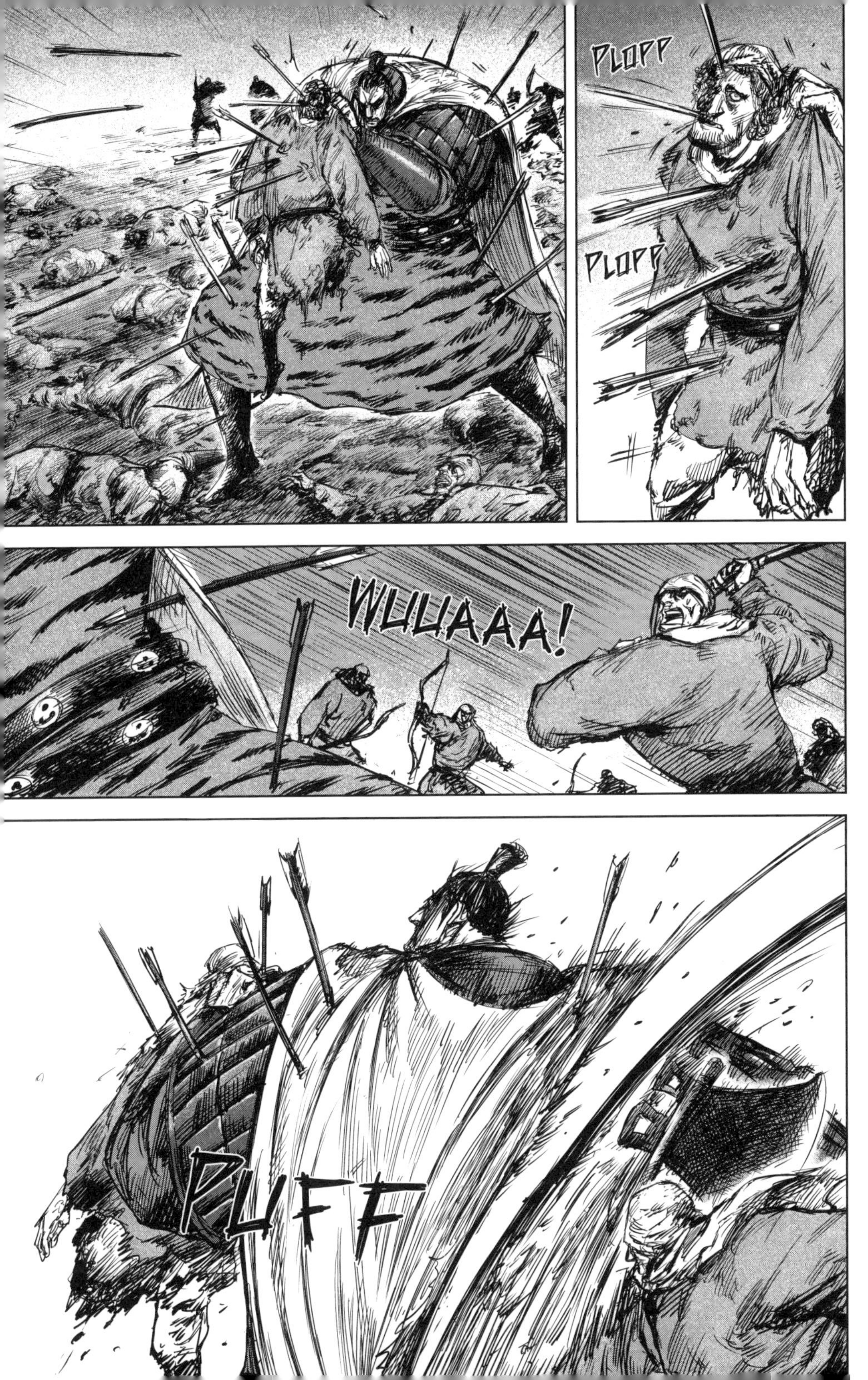

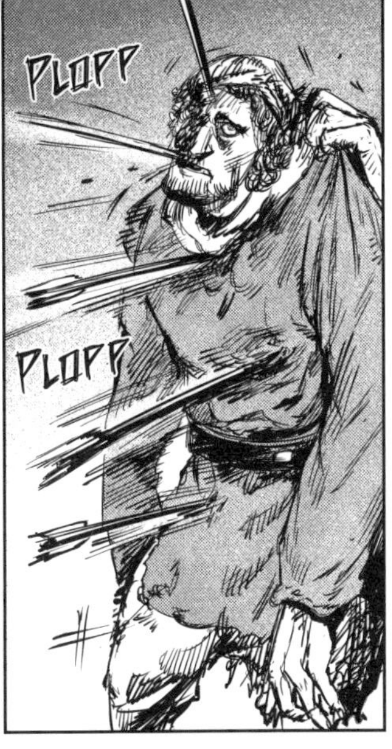

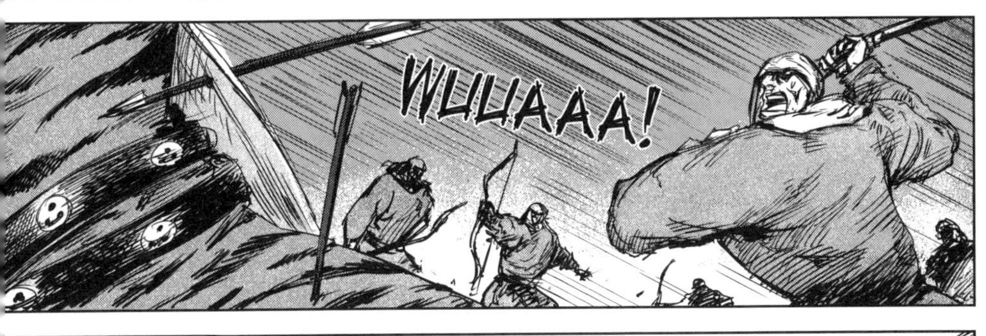

PUFF

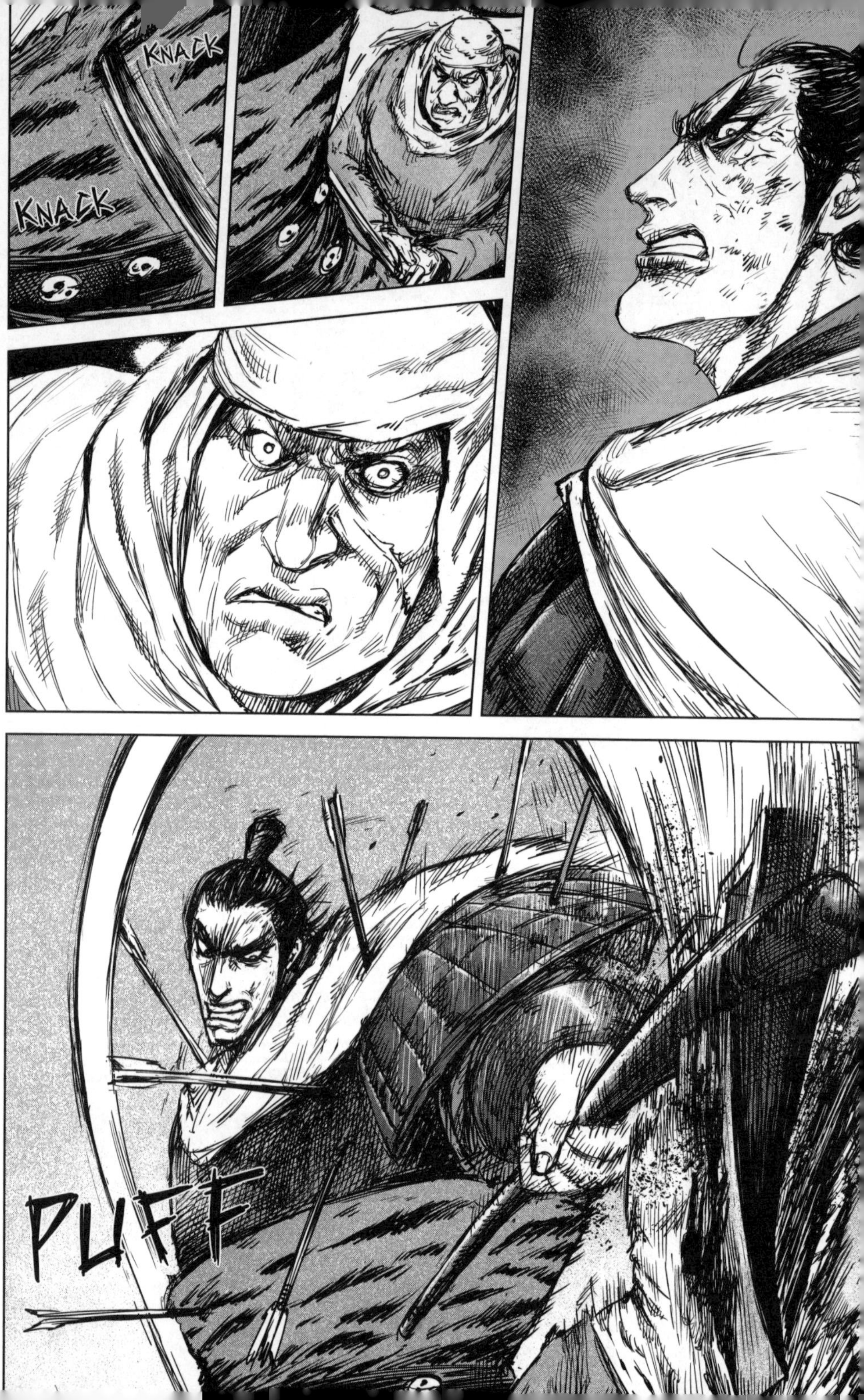

KNACK
KNACK
PUFF

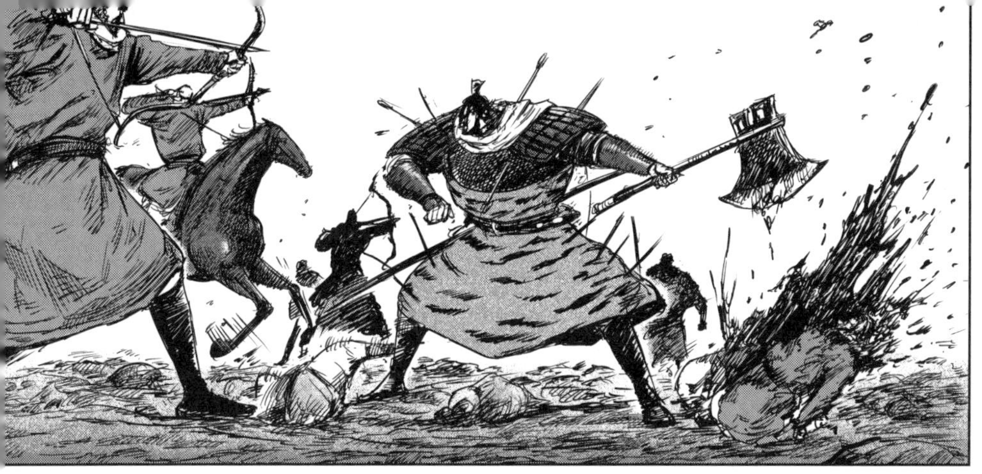

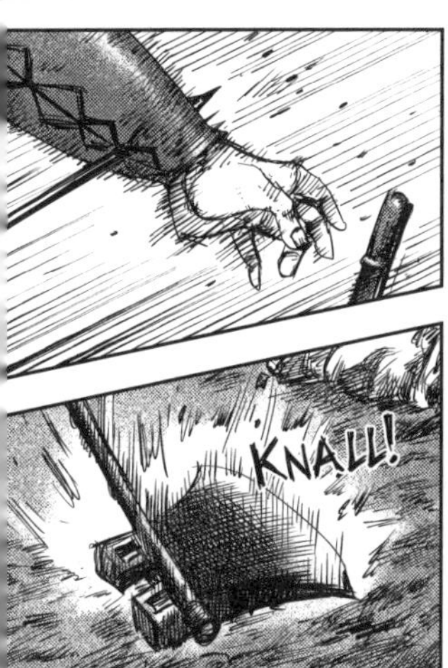
KNALL!

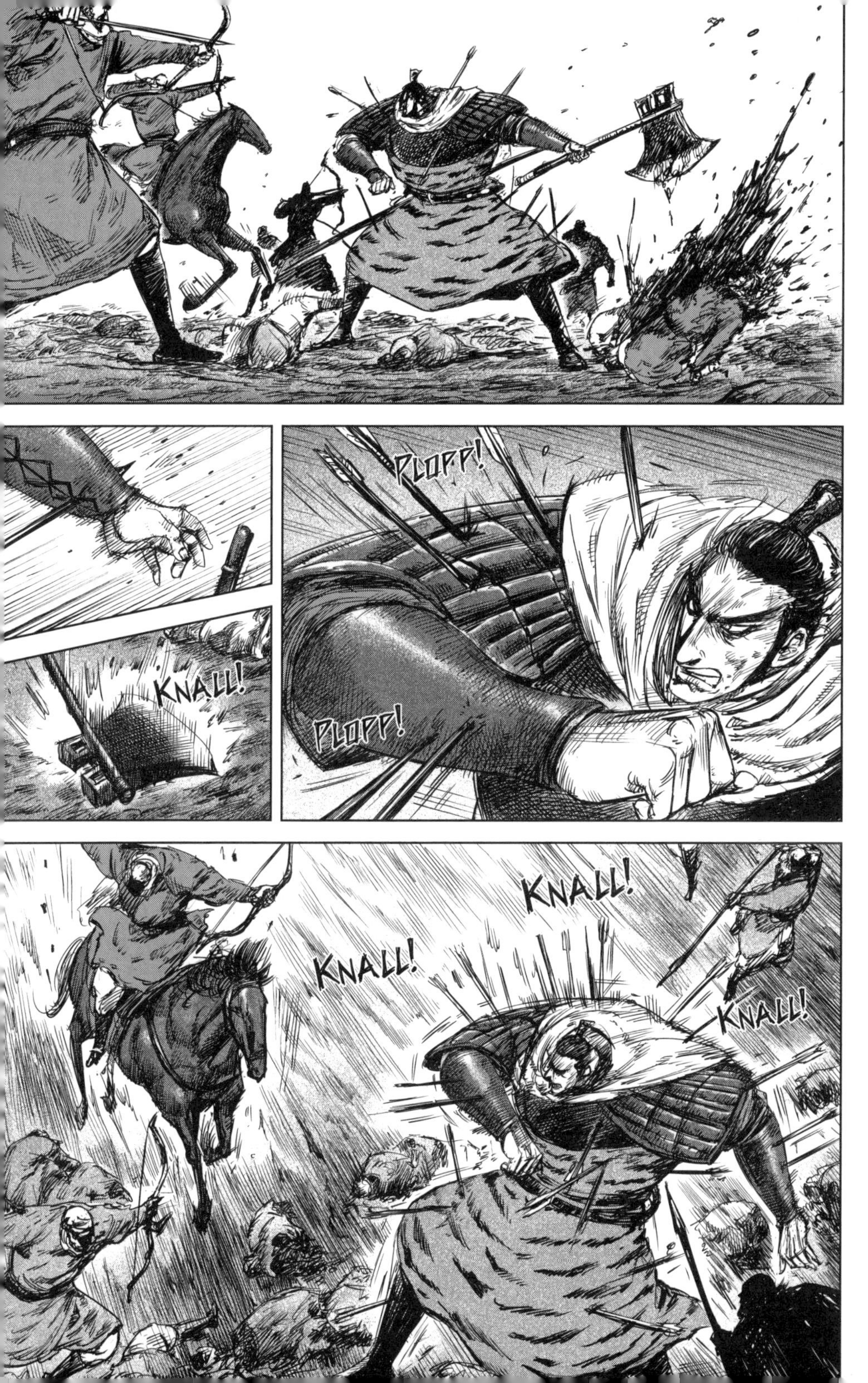

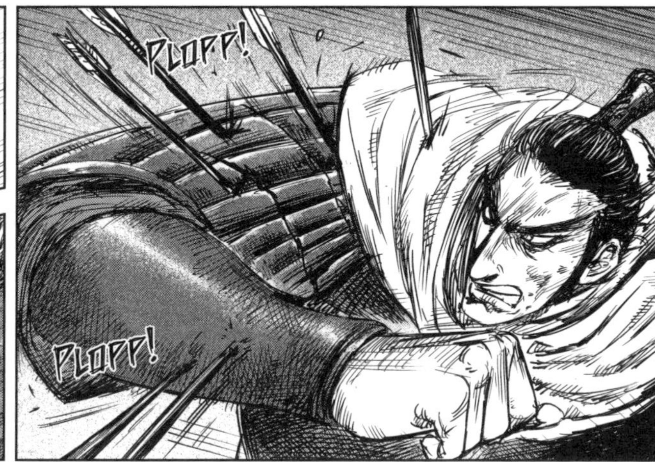
PLOPP!
PLOPP!

KNALL!
KNALL!
KNALL!

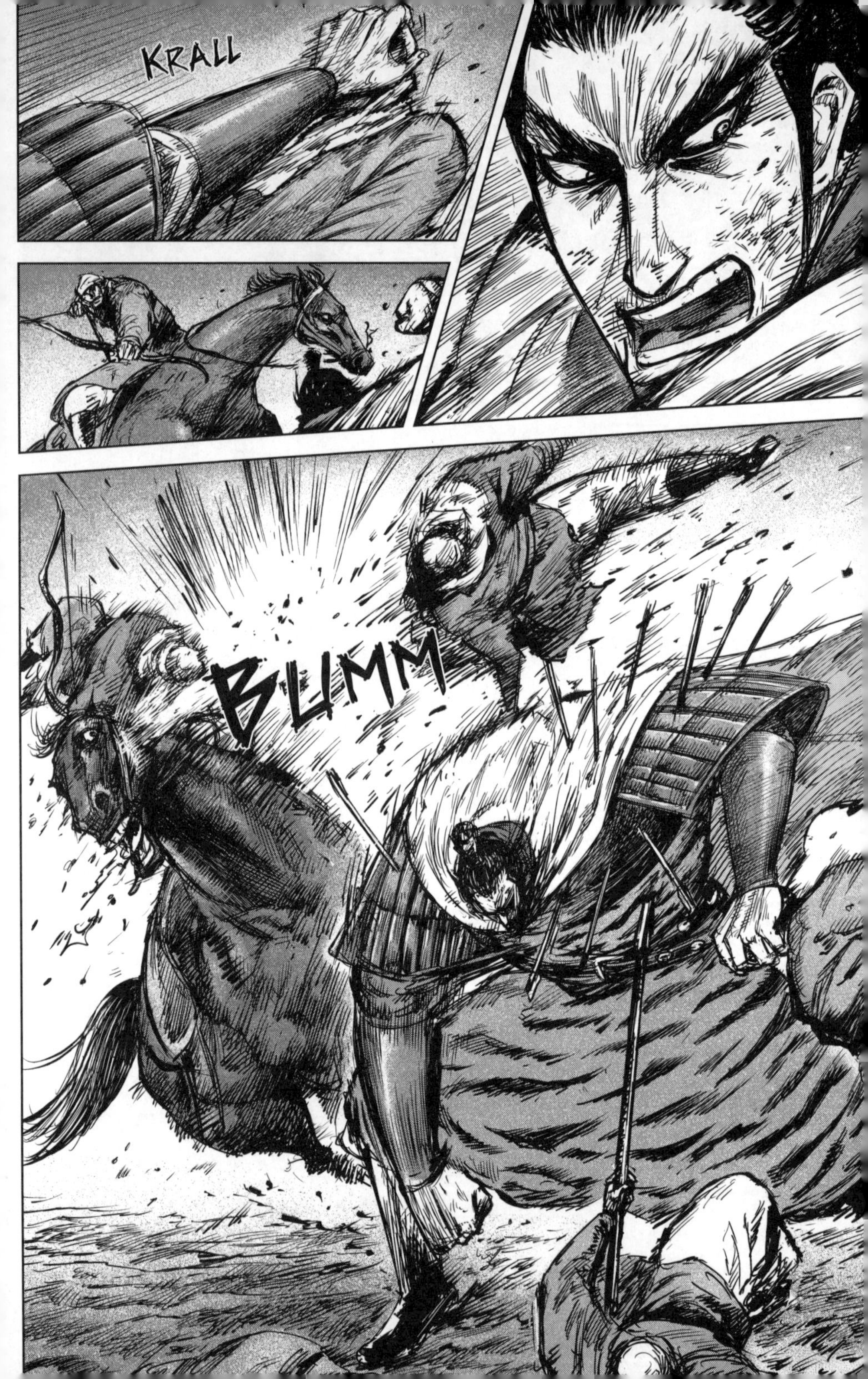
KRALL
BUMM

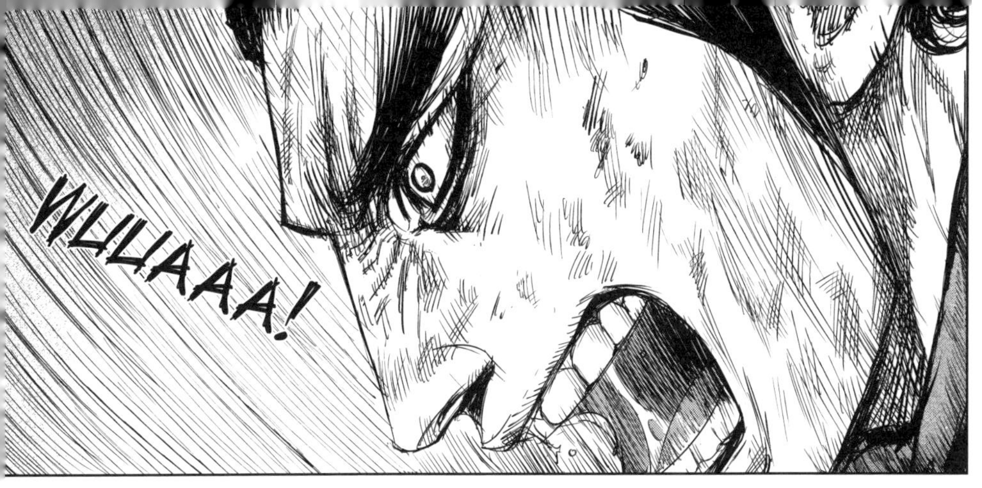
WUUAAAA!
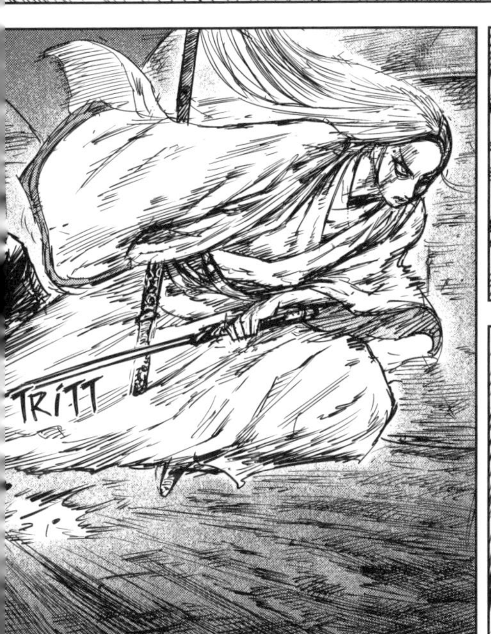
TRITT
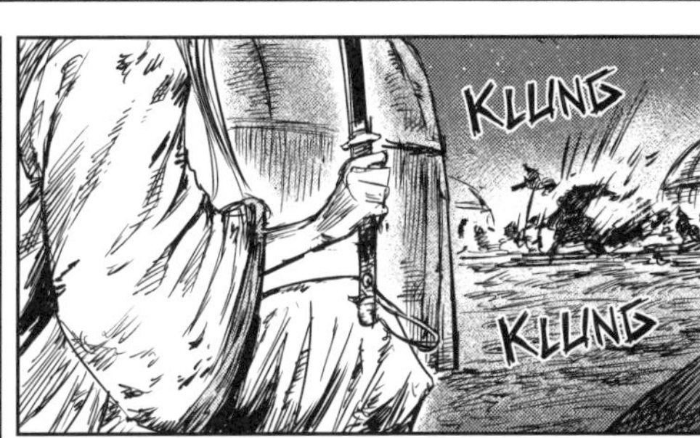
KLUNG
KLUNG
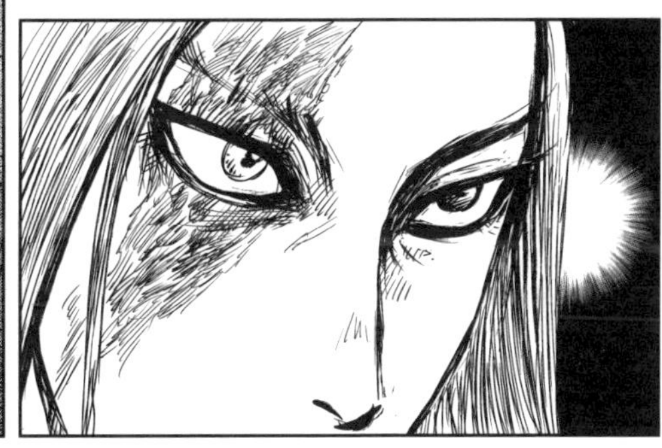
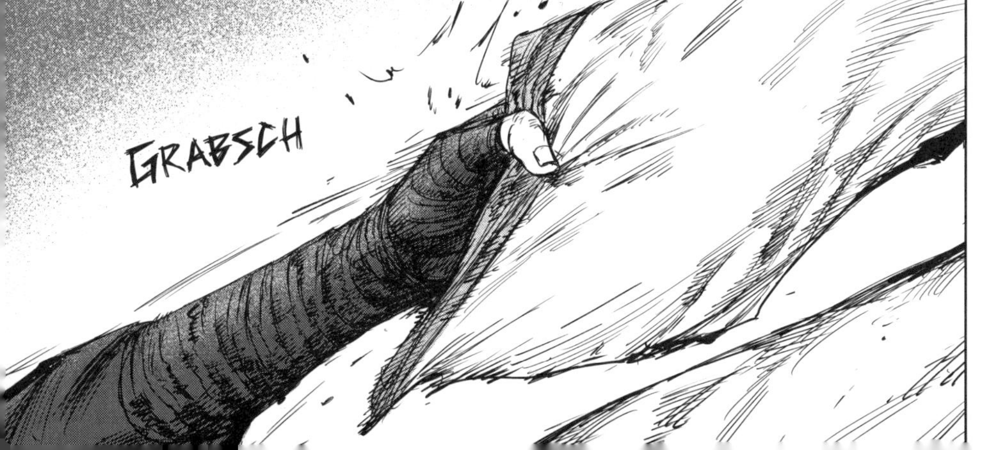
GRABSCH

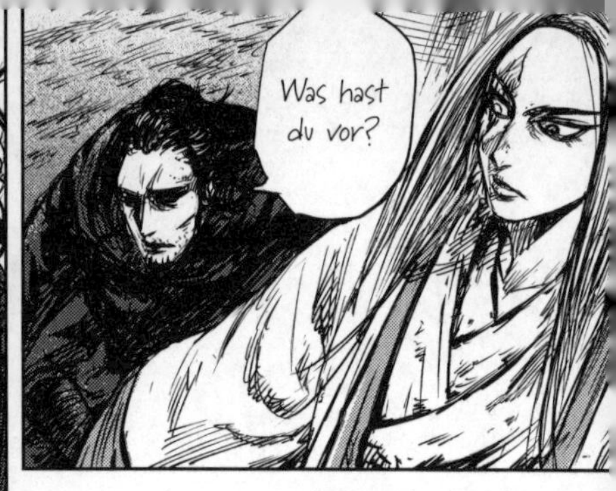
Was hast du vor?

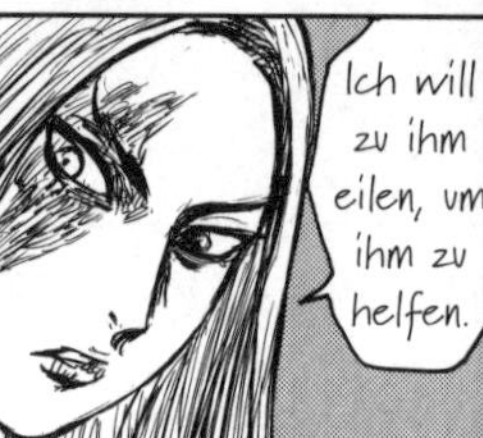
Ich will zu ihm eilen, um ihm zu helfen.

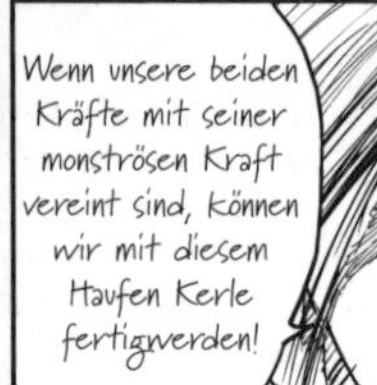
Wenn unsere beiden Kräfte mit seiner monströsen Kraft vereint sind, können wir mit diesem Haufen Kerle fertigwerden!

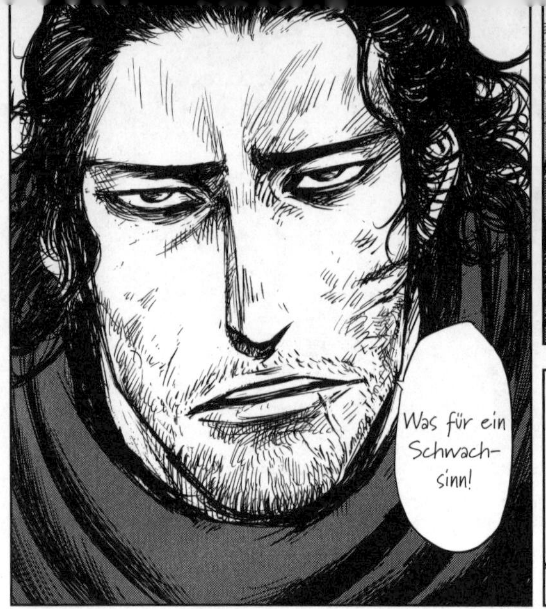
Was für ein Schwachsinn!

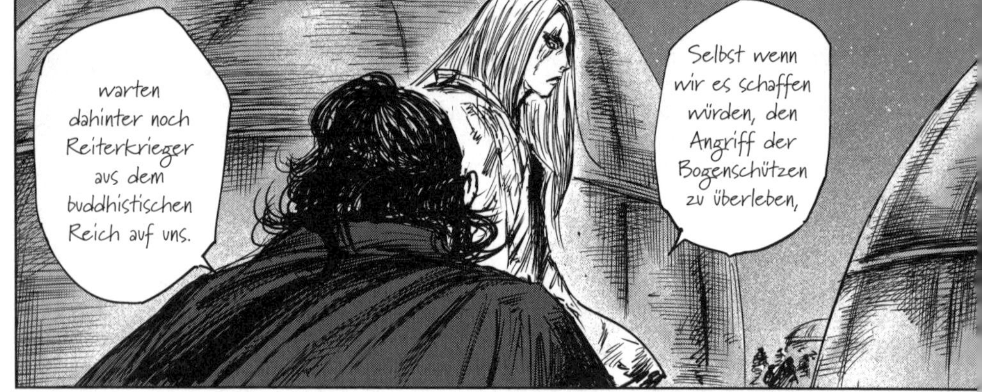
Selbst wenn wir es schaffen würden, den Angriff der Bogenschützen zu überleben,
warten dahinter noch Reiterkrieger aus dem buddhistischen Reich auf uns.

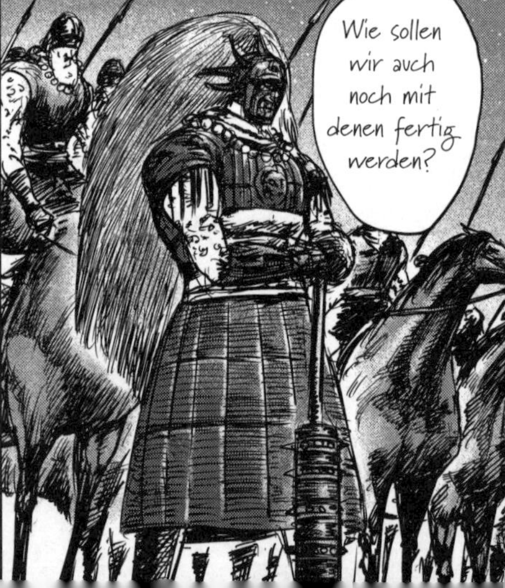
Wie sollen wir auch noch mit denen fertig werden?

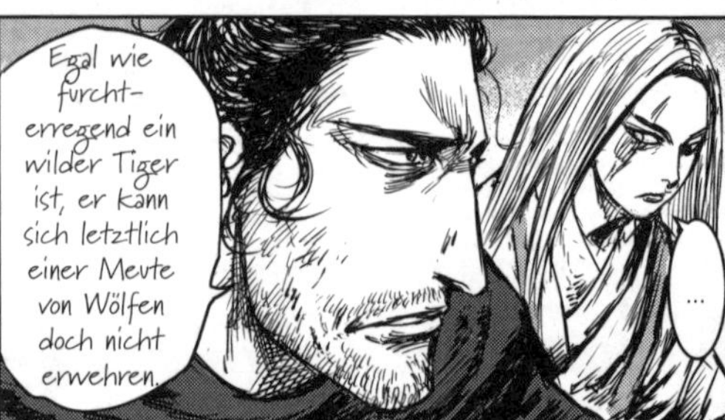
Egal wie furcht-erregend ein wilder Tiger ist, er kann sich letztlich einer Meute von Wölfen doch nicht erwehren.
...

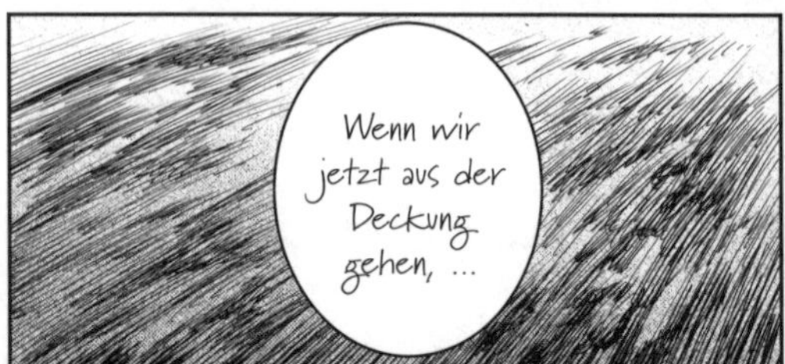
Wenn wir jetzt aus der Deckung gehen, ...

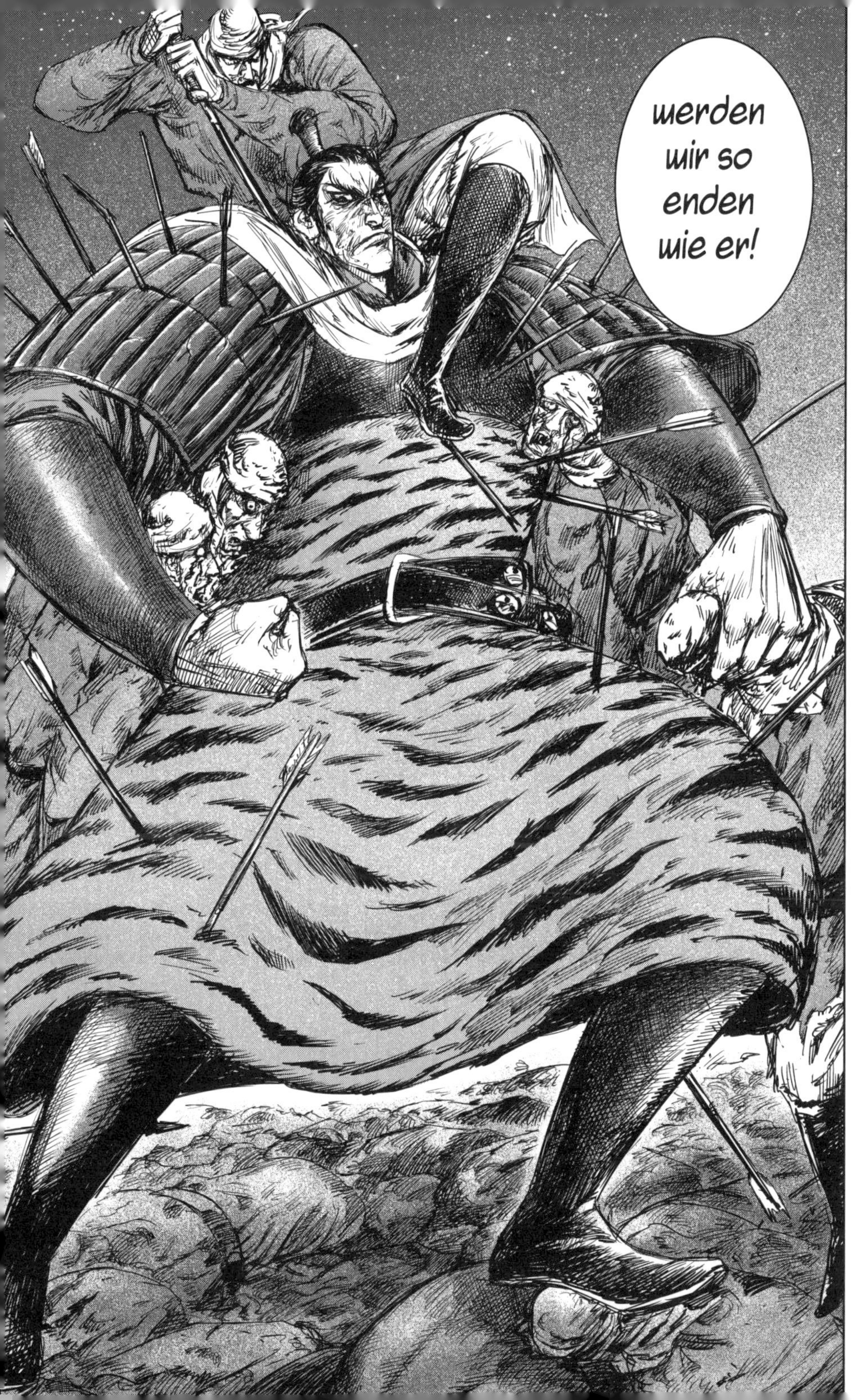
werden
wir so
enden
wie er!

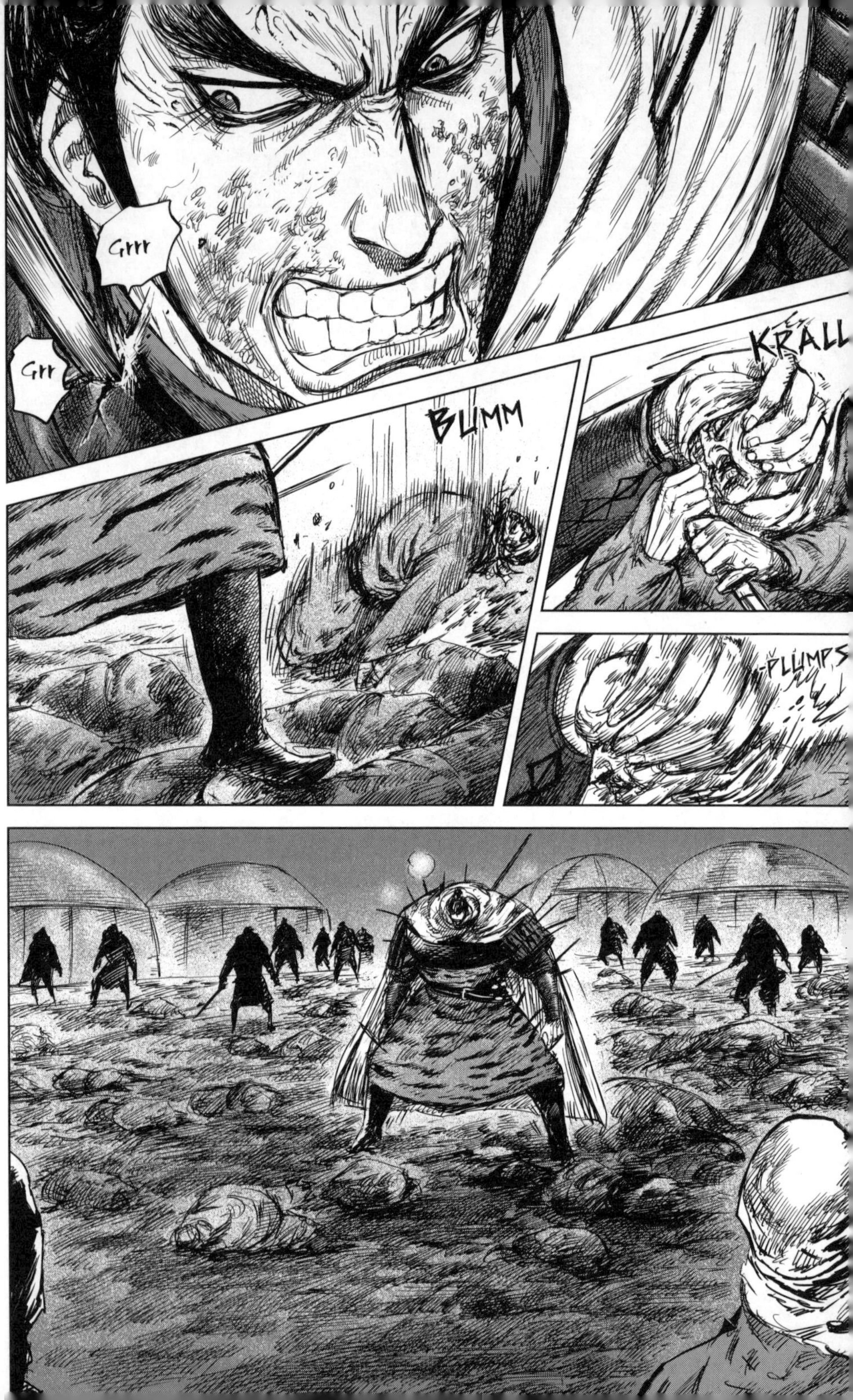

Grrr
Grr
BUMM
KRALL
PLUMPS

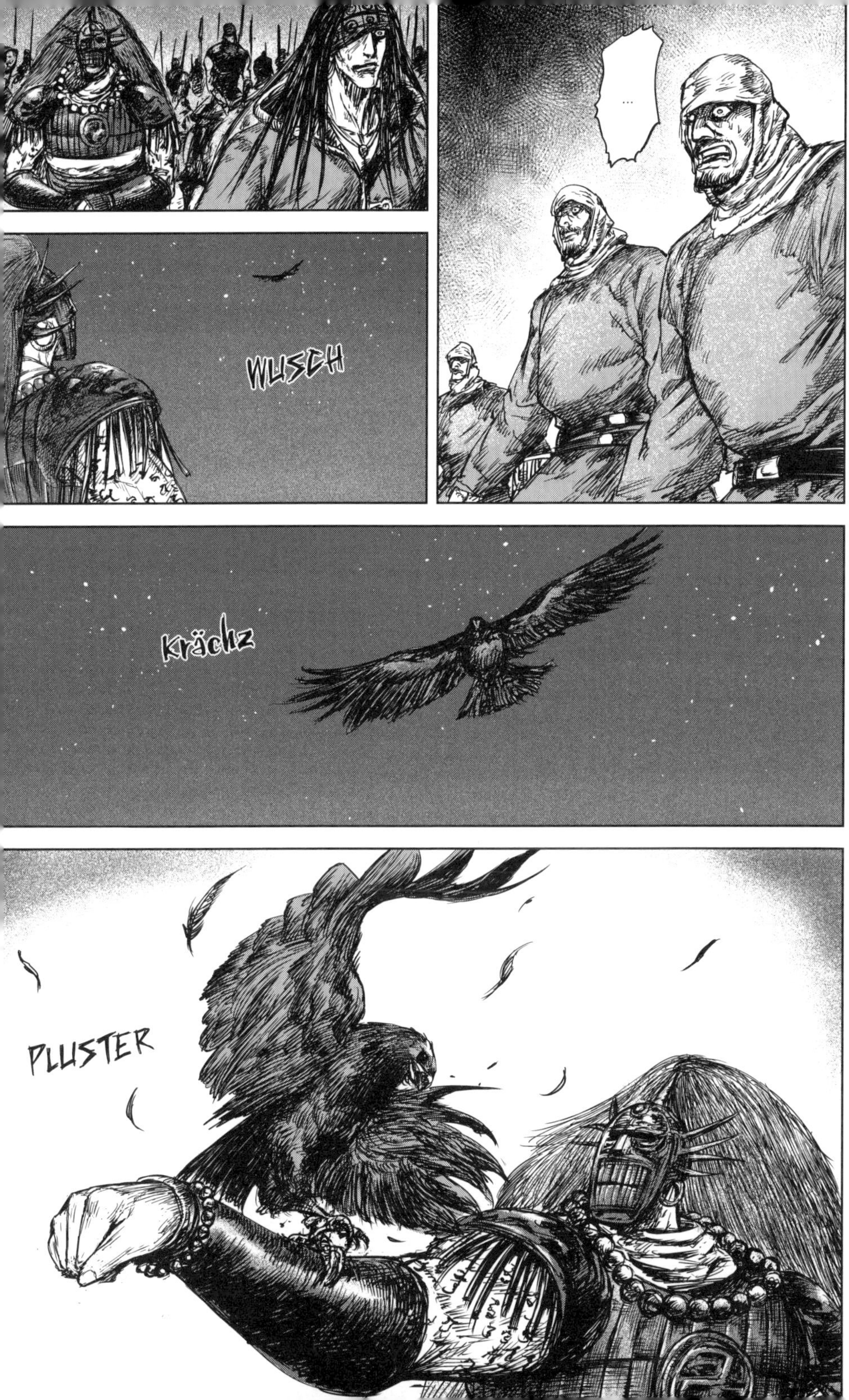

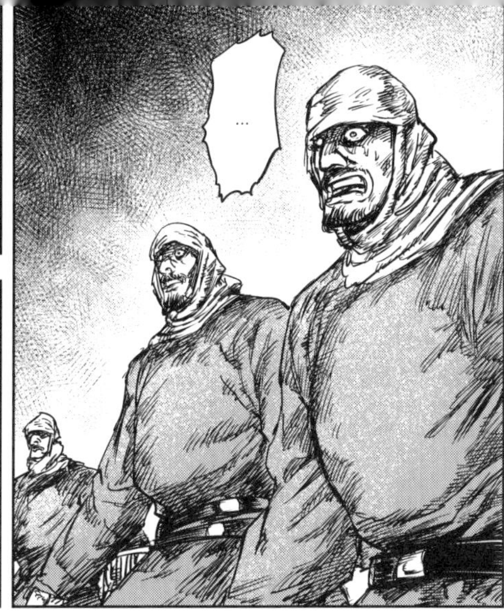

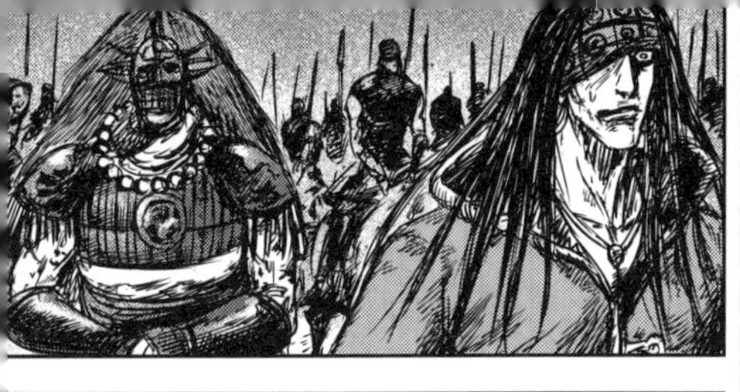

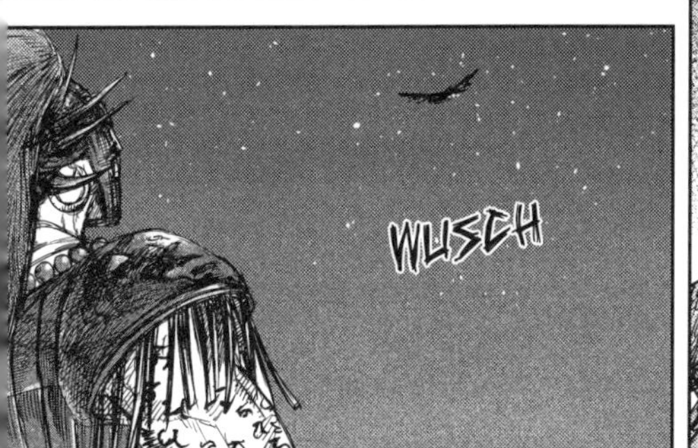

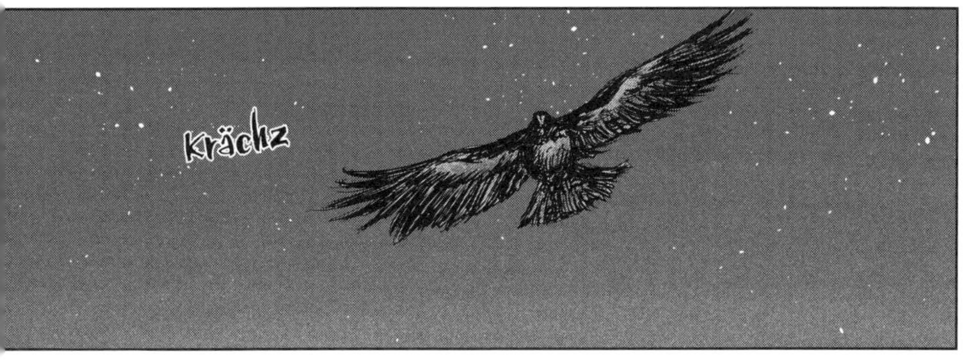

PLUSTER

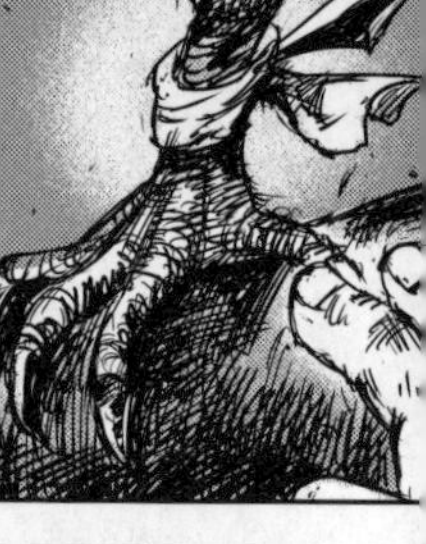

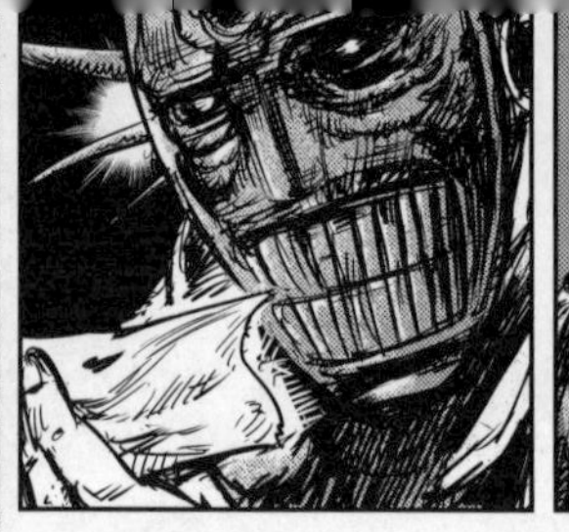

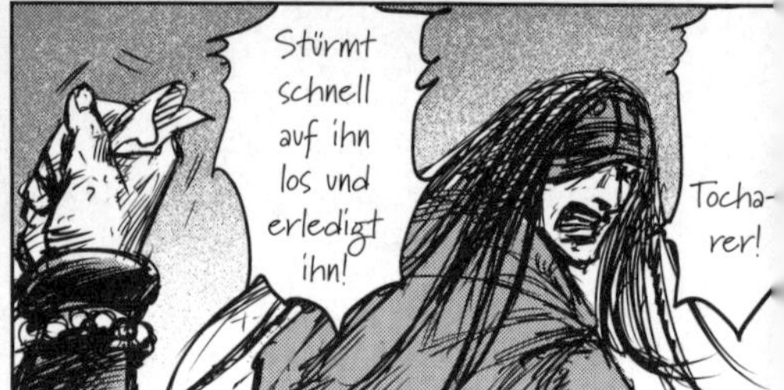
Tocha-
rer!
Stürmt schnell auf ihn los und erledigt ihn!

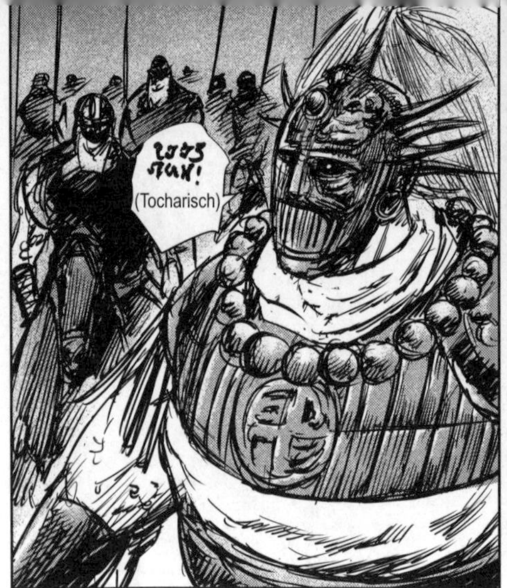
(Tocharisch)

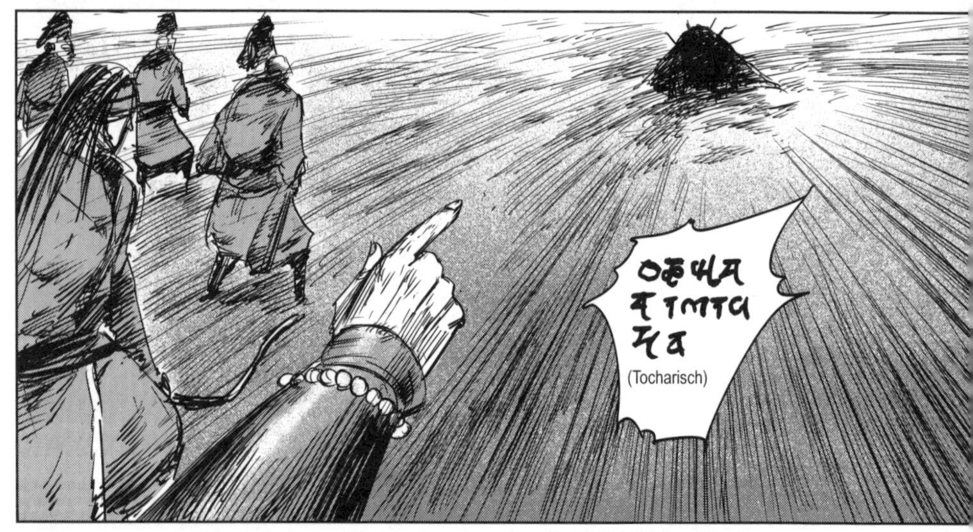
(Tocharisch)

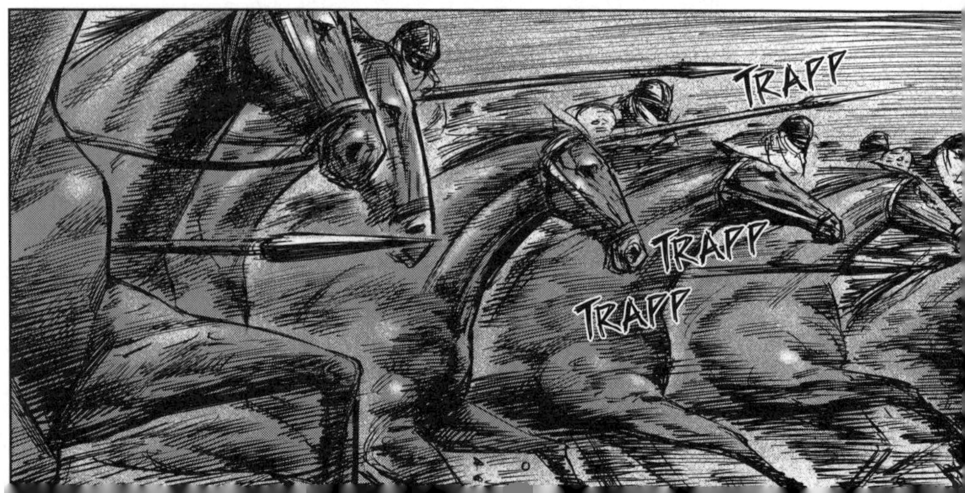
TRAPP
TRAPP
TRAPP

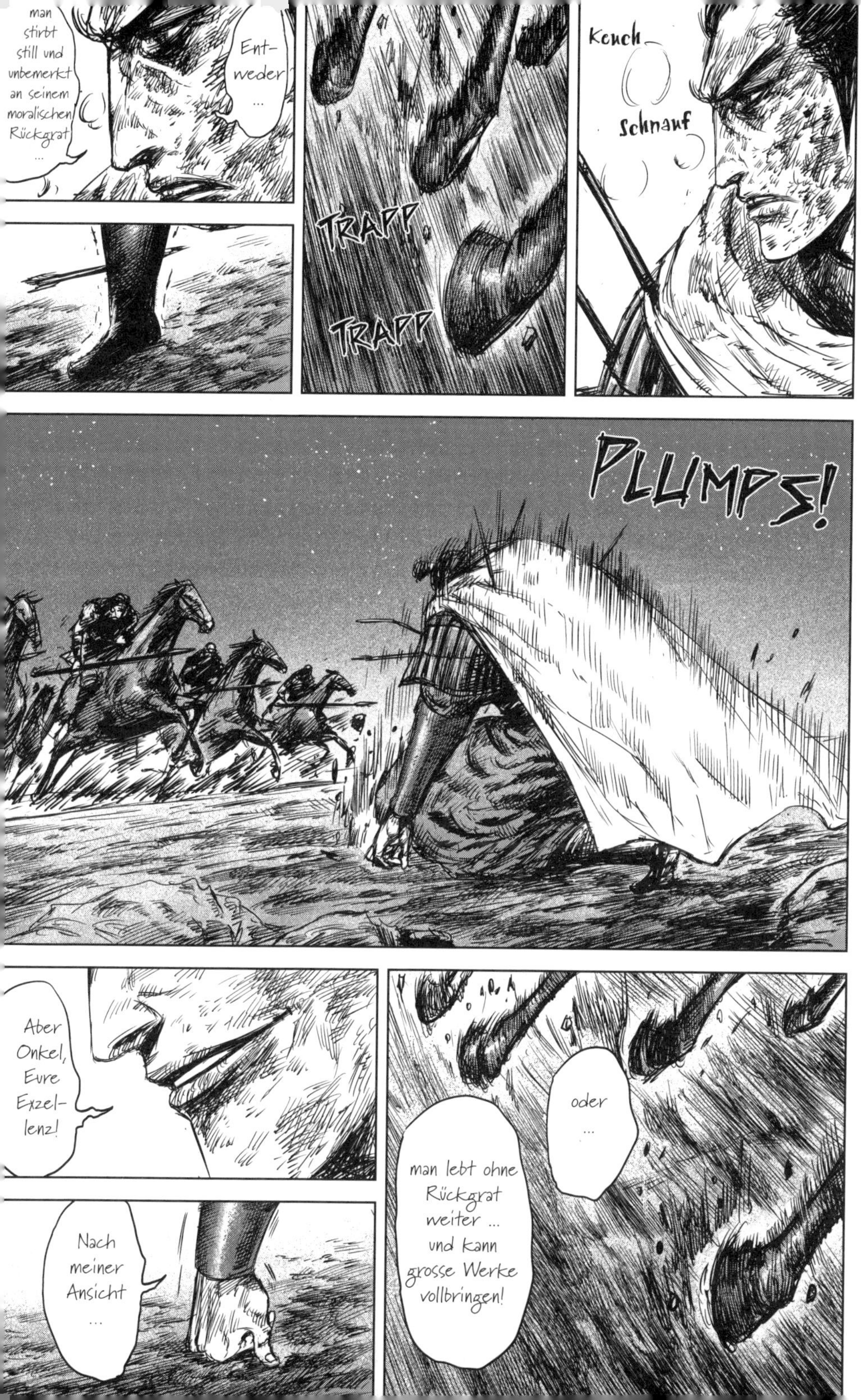

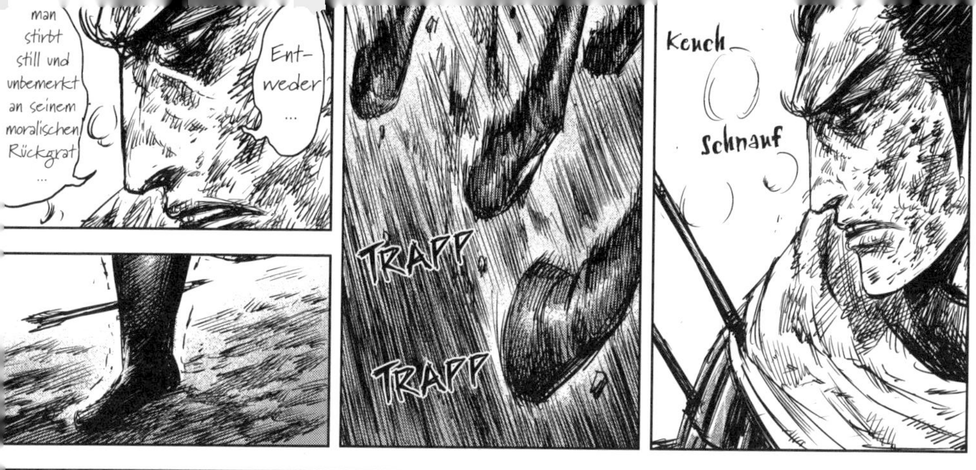
man stirbt still und unbemerkt an seinem moralischen Rückgrat ...
Ent-weder ...
TRAPP
TRAPP
Keuch
Schnauf

PLUMPS!

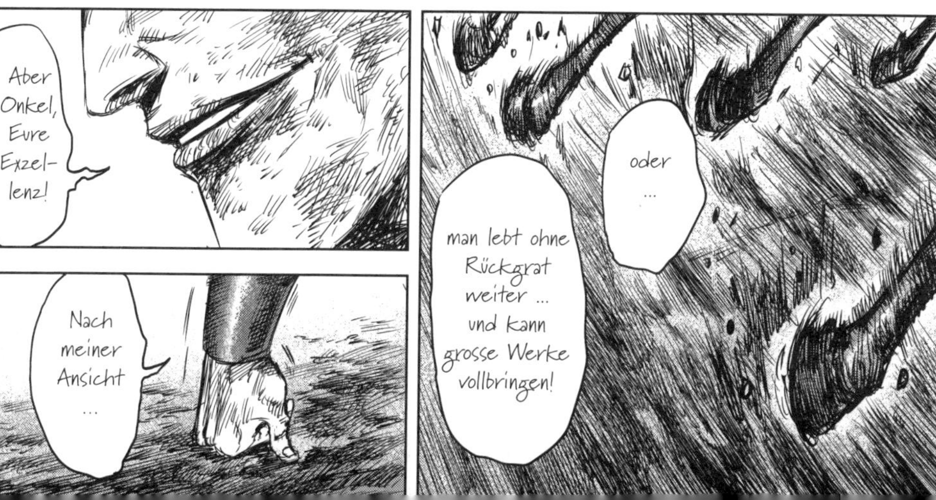
Aber Onkel, Eure Exzel-lenz!
Nach meiner Ansicht ...
oder ...
man lebt ohne Rückgrat weiter ... und kann grosse Werke vollbringen!

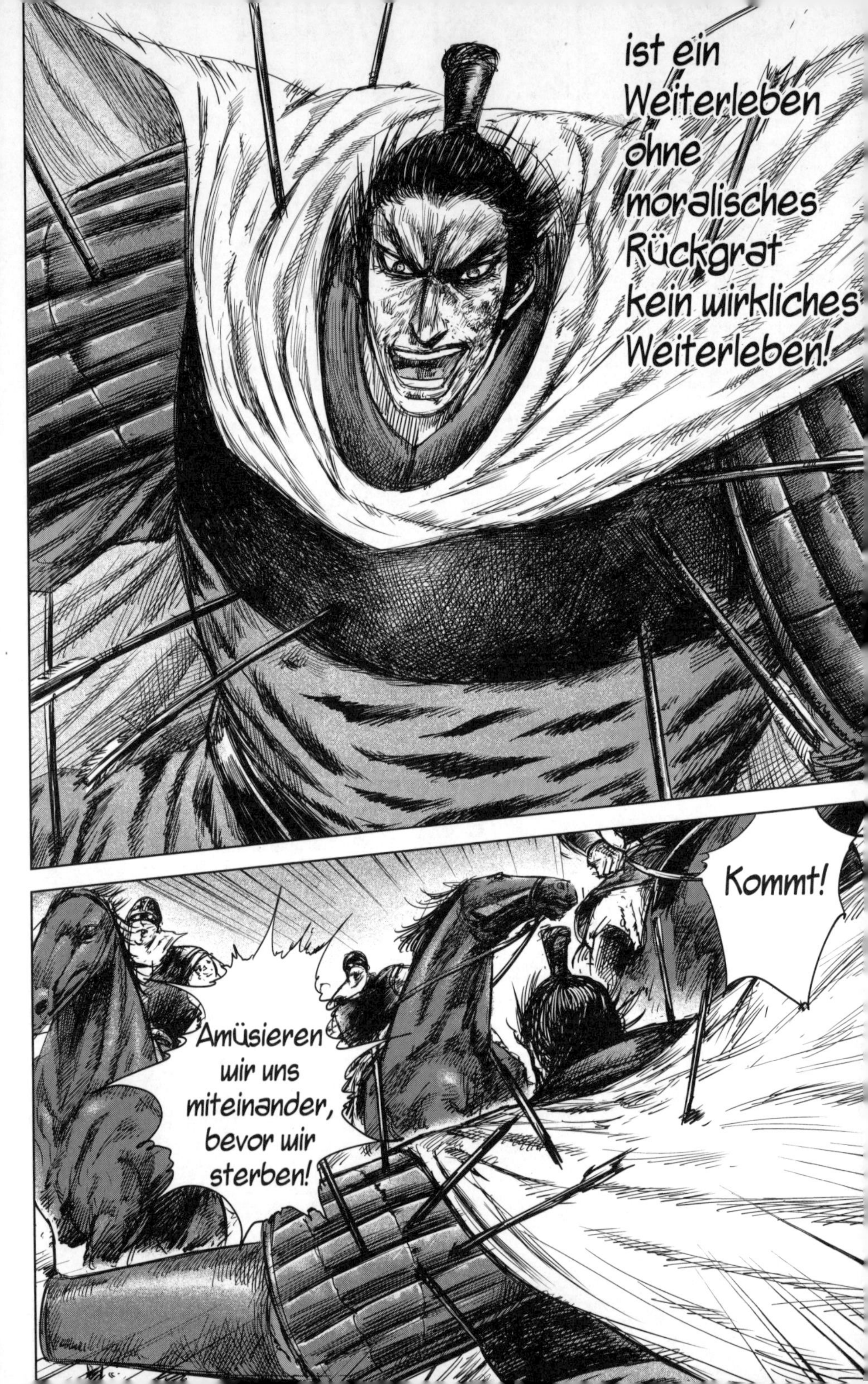
ist ein Weiterleben ohne moralisches Rückgrat kein wirkliches Weiterleben!
Kommt!
Amüsieren wir uns miteinander, bevor wir sterben!

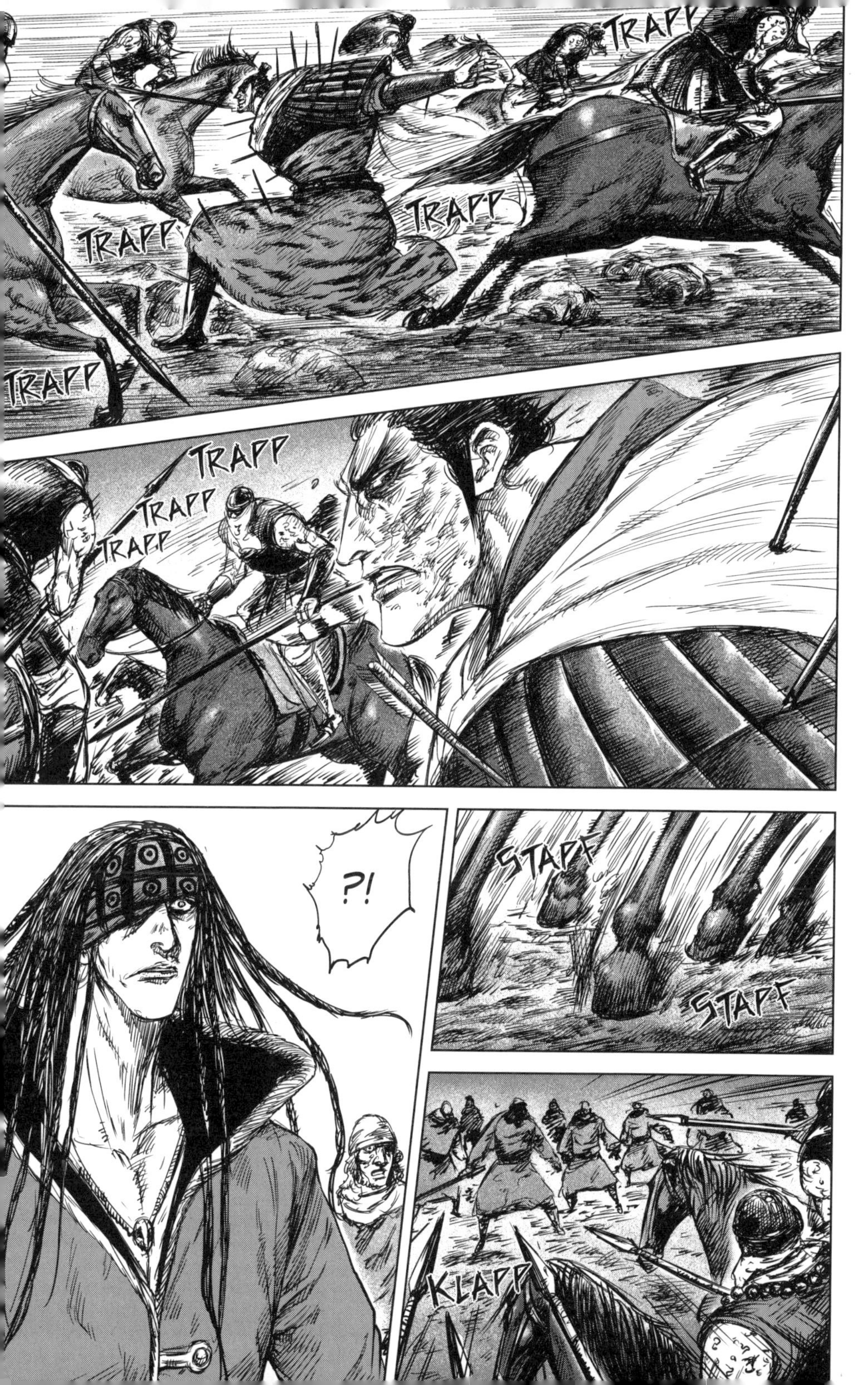

TRAPP
TRAPP
TRAPP
TRAPP
TRAPP
TRAPP
TRAPP

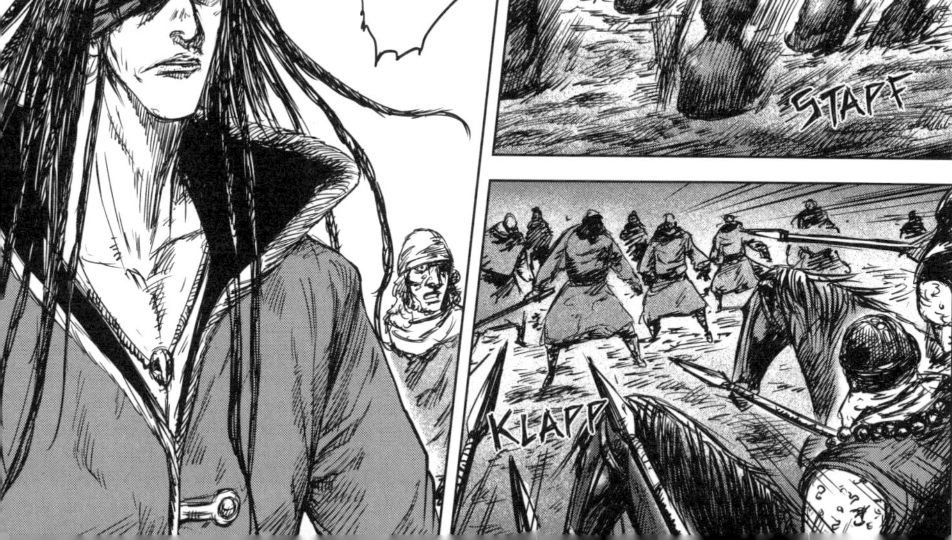

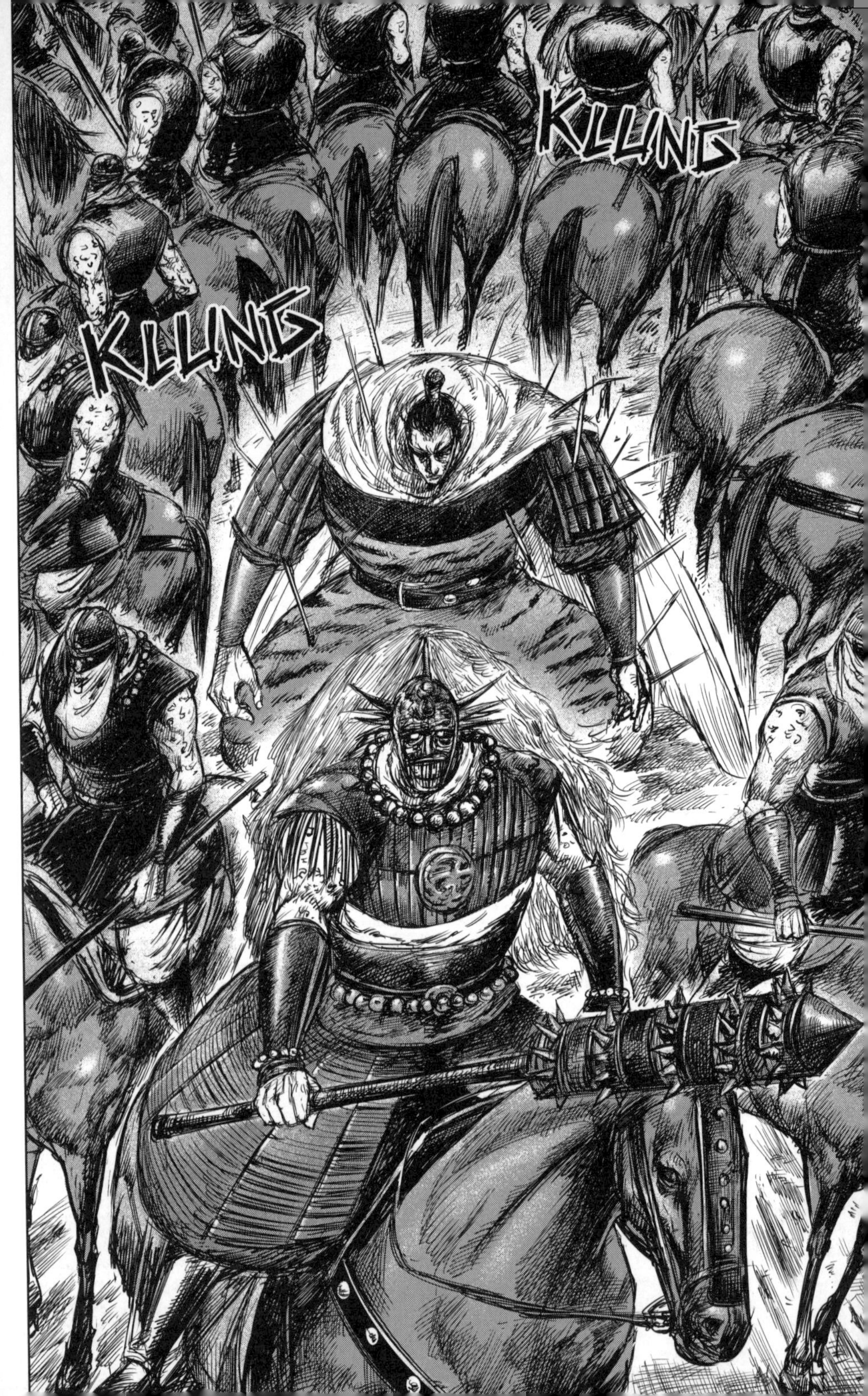
KLLNG
KLLNG

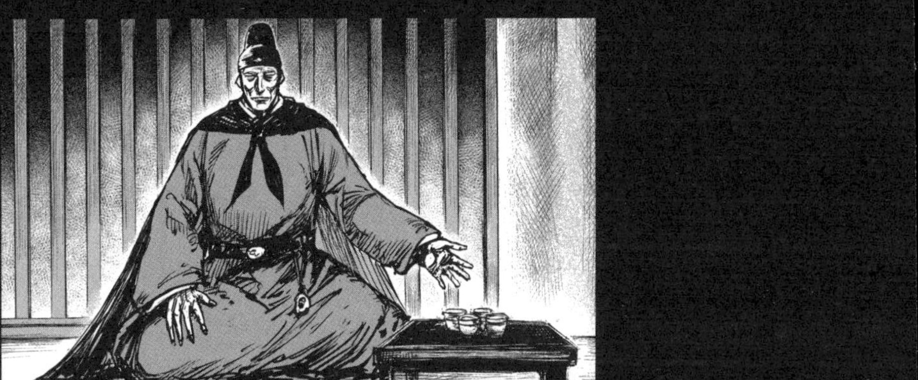

Zweiter Akt:
Die weite Wüste

Kapitel 45:
Eine lange Nacht
(Achter Teil)

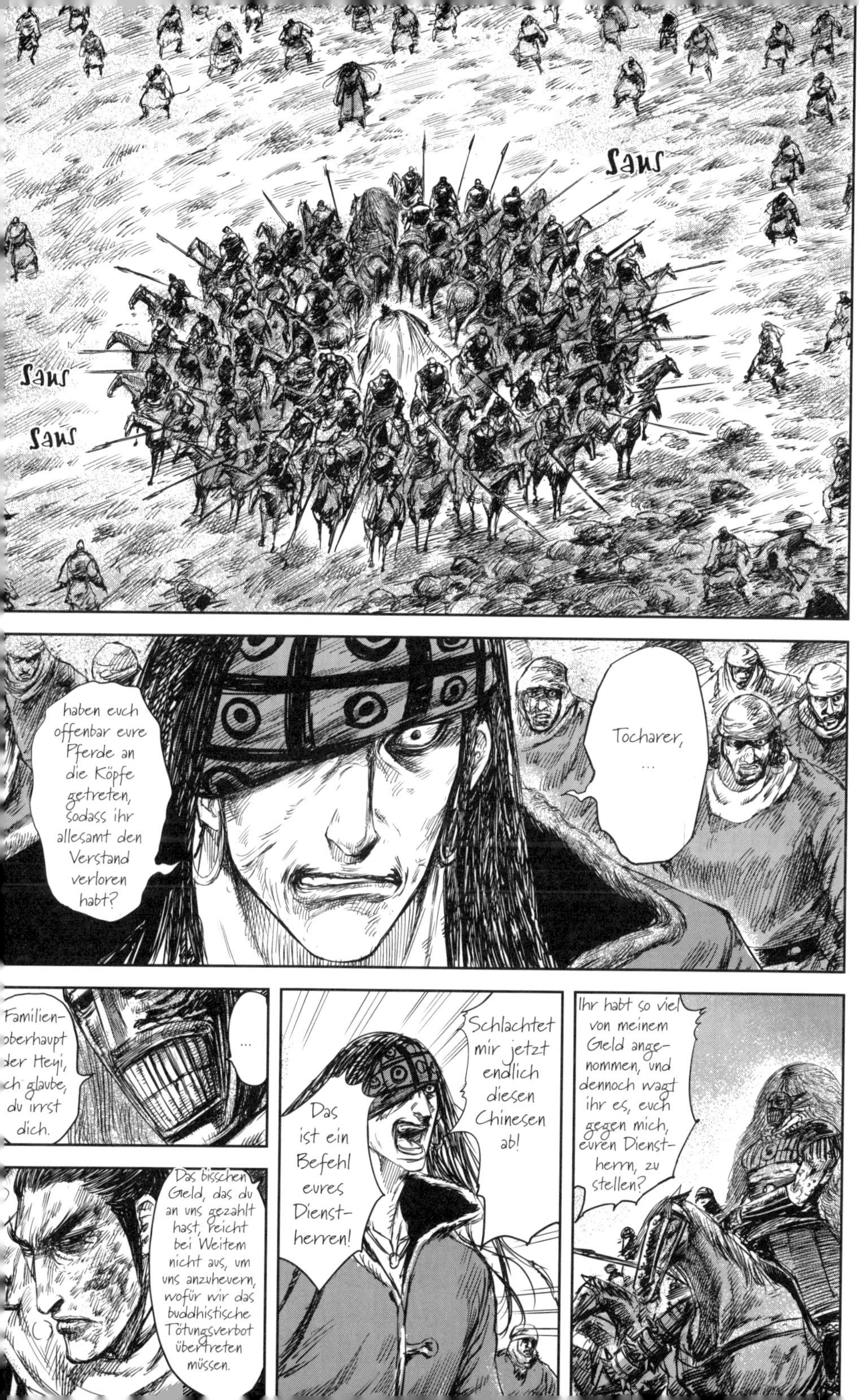

Saus

Saus

Saus

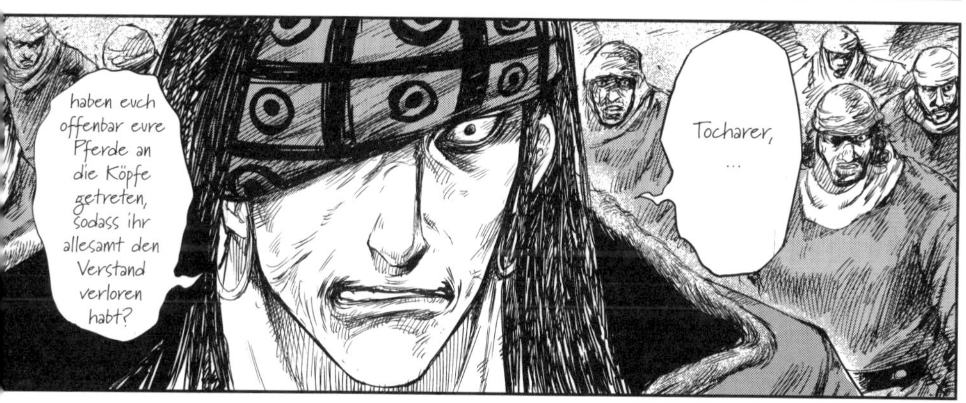

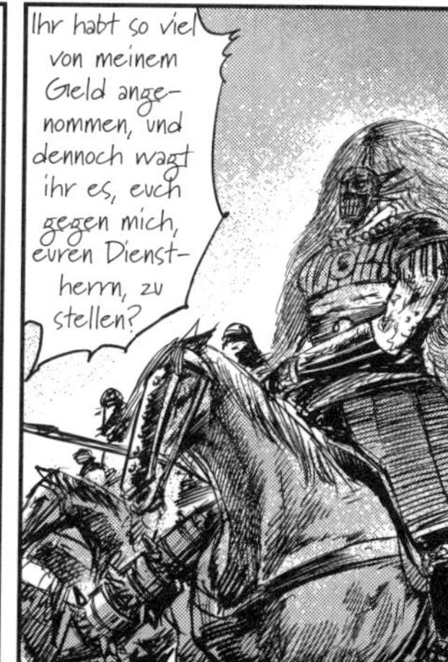

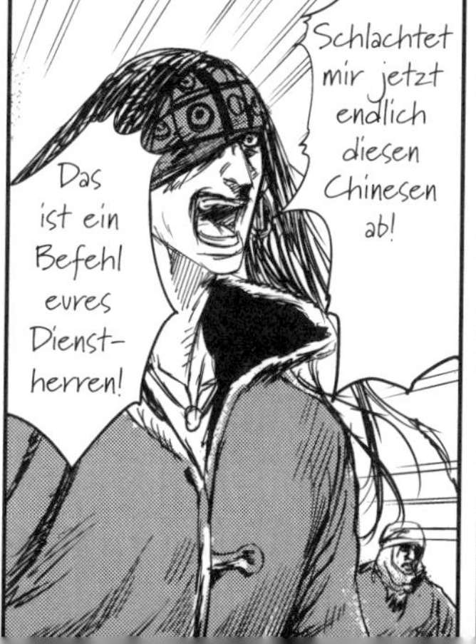

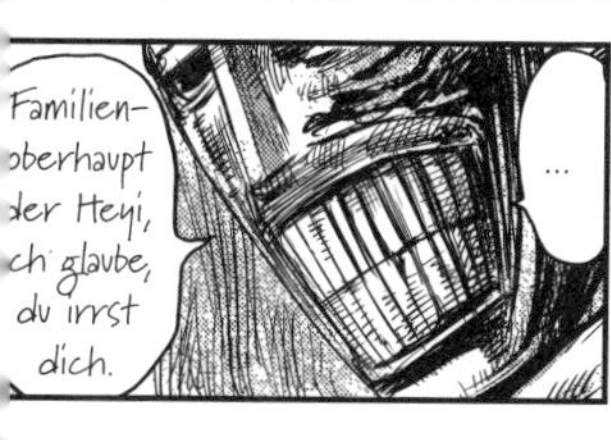

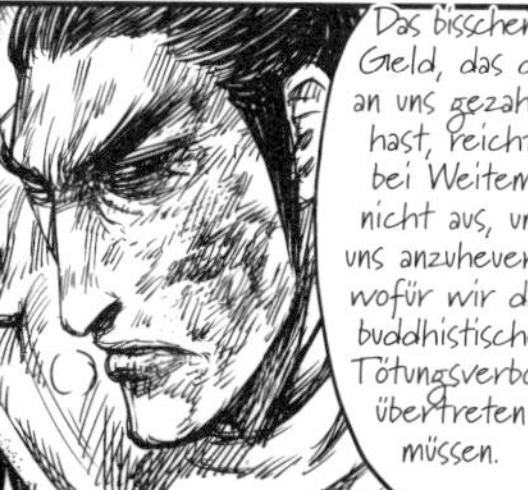

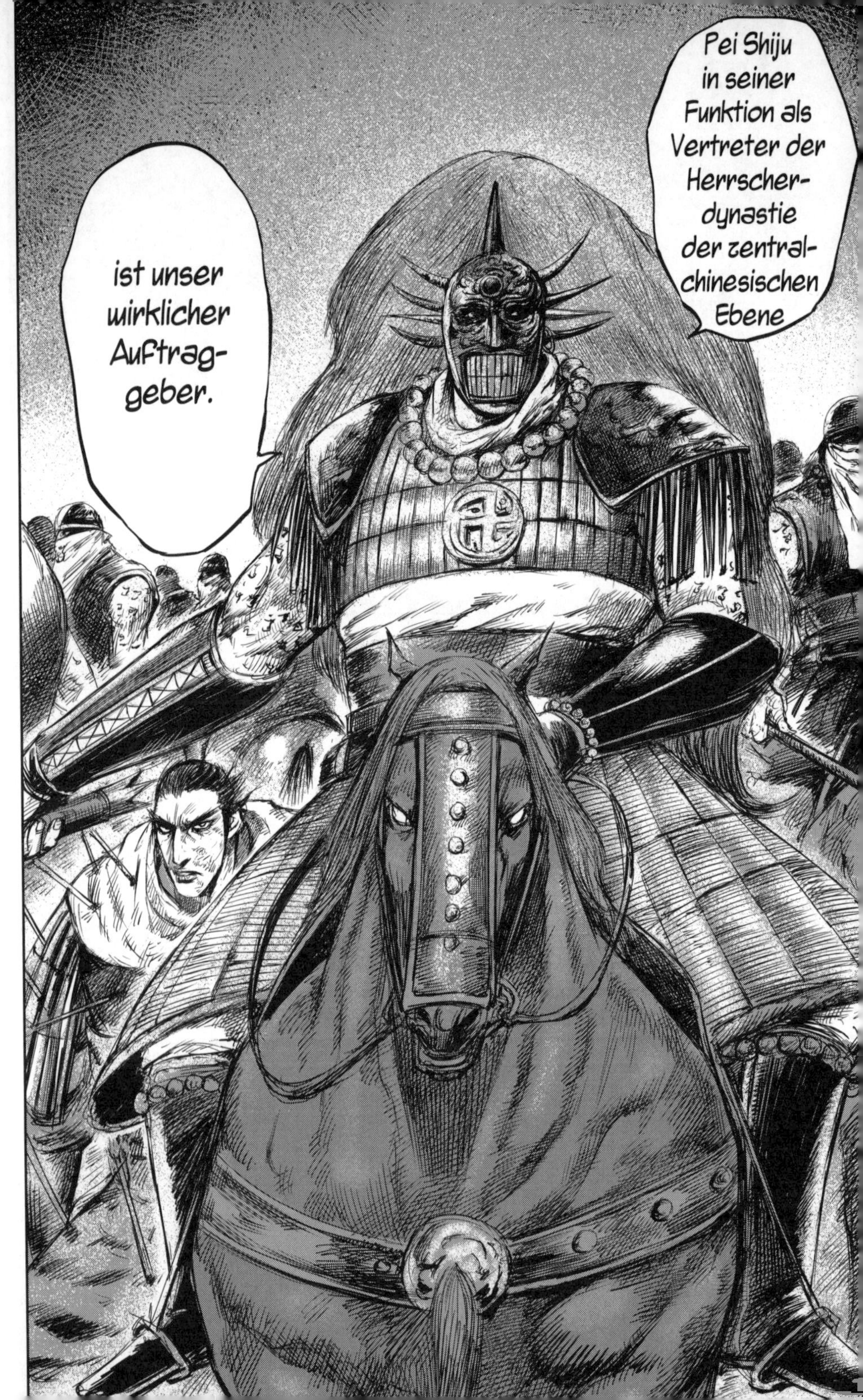
Pei Shiju in seiner Funktion als Vertreter der Herrscher-dynastie der zentral-chinesischen Ebene
ist unser wirklicher Auftrag-geber.

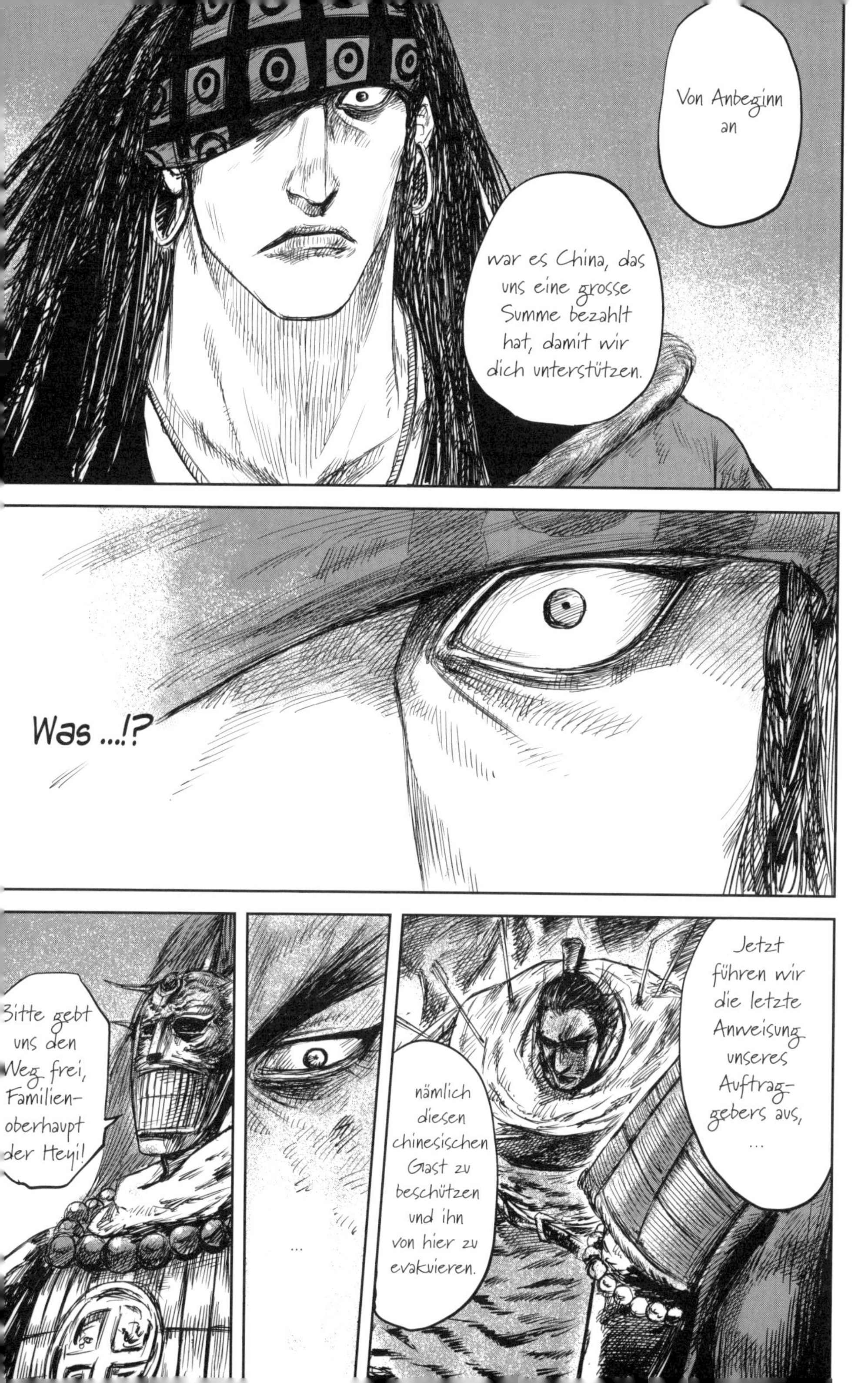

Von Anbeginn an
war es China, das uns eine grosse Summe bezahlt hat, damit wir dich unterstützen.

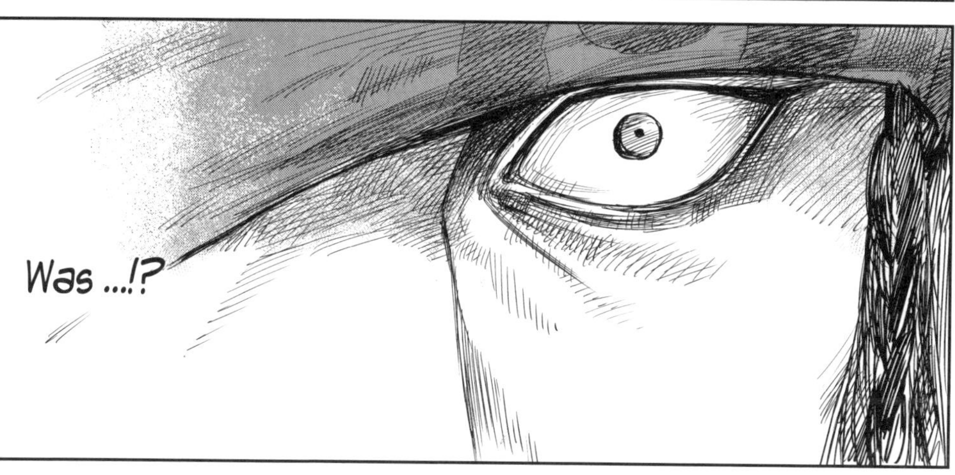
Was ...!?

Bitte gebt uns den Weg frei, Familienoberhaupt der Heyi!
...
Jetzt führen wir die letzte Anweisung unseres Auftraggebers aus, ...
nämlich diesen chinesischen Gast zu beschützen und ihn von hier zu evakuieren.

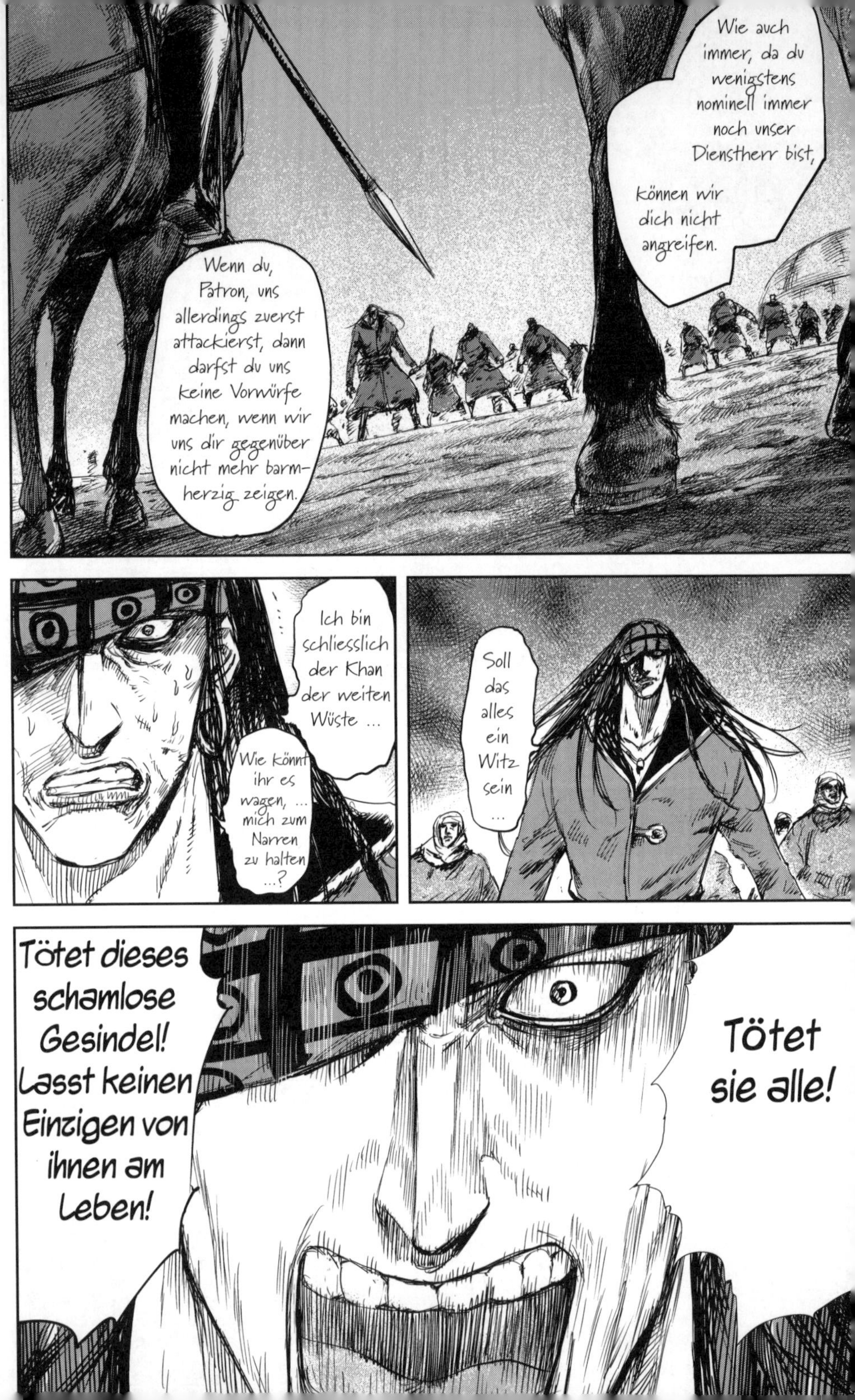

Wie auch immer, da du wenigstens nominell immer noch unser Dienstherr bist,

können wir dich nicht angreifen.

Wenn du, Patron, uns allerdings zuerst attackierst, dann darfst du uns keine Vorwürfe machen, wenn wir uns dir gegenüber nicht mehr barmherzig zeigen.

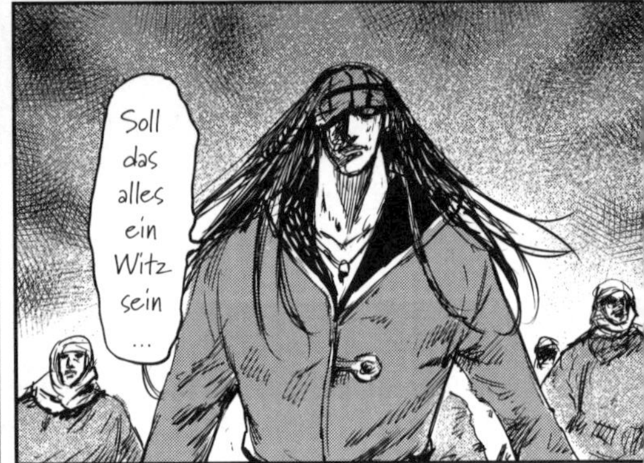

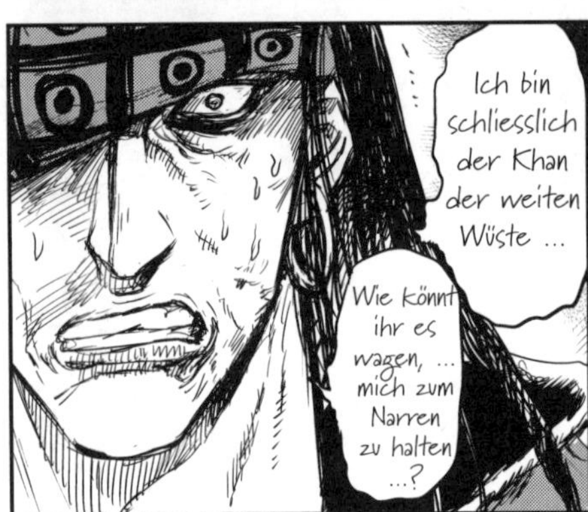

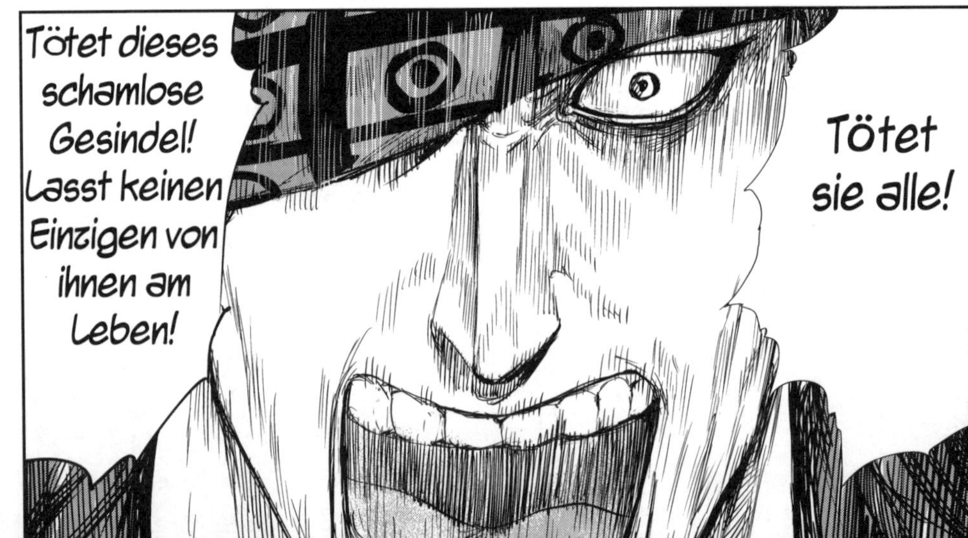

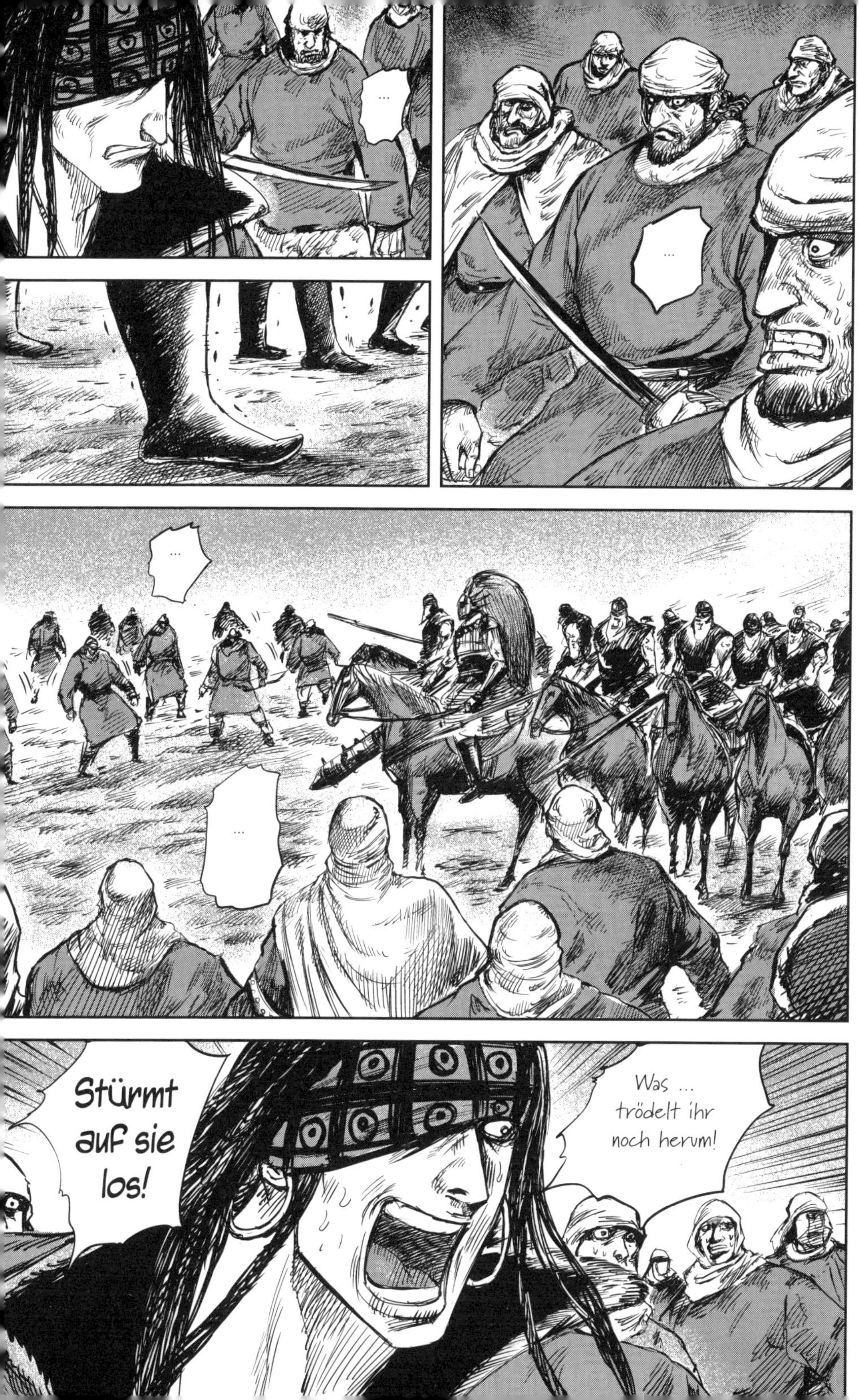

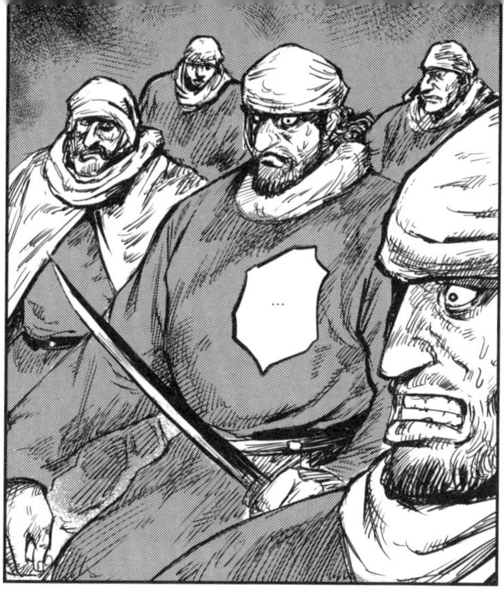
…

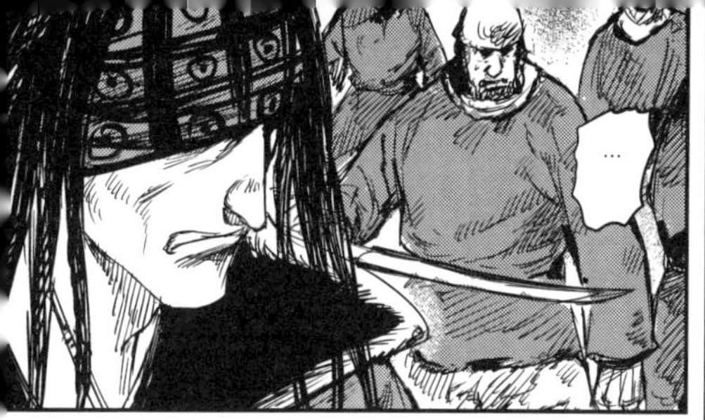
…

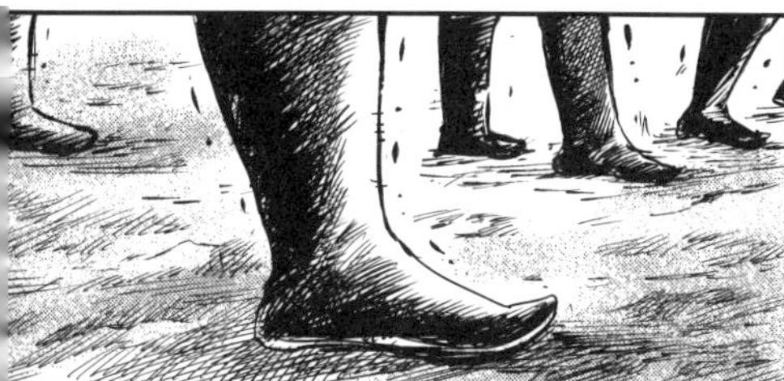

…

…

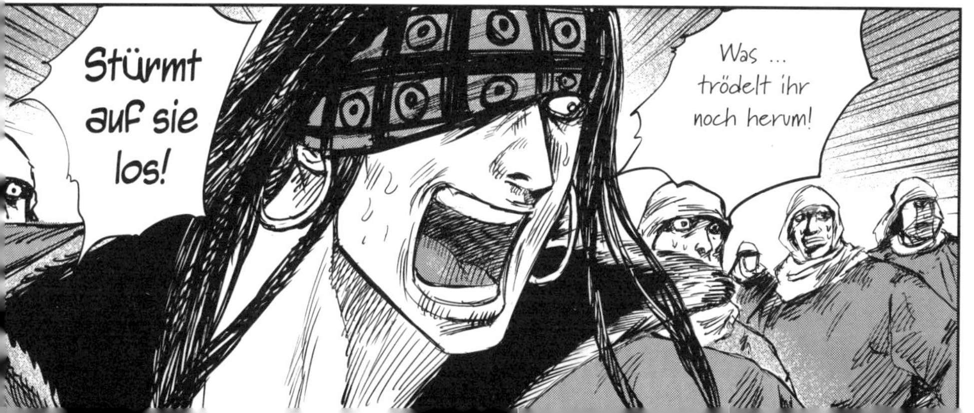
Was … trödelt ihr noch herum!
Stürmt auf sie los!

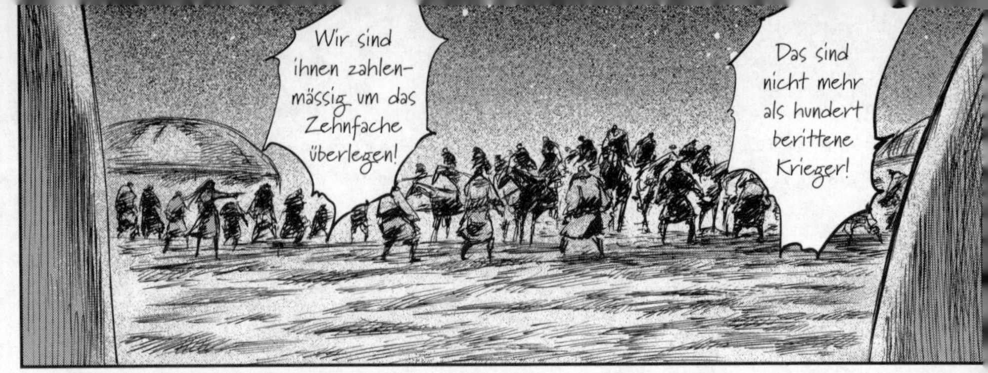
Das sind nicht mehr als hundert berittene Krieger!
Wir sind ihnen zahlenmässig um das Zehnfache überlegen!

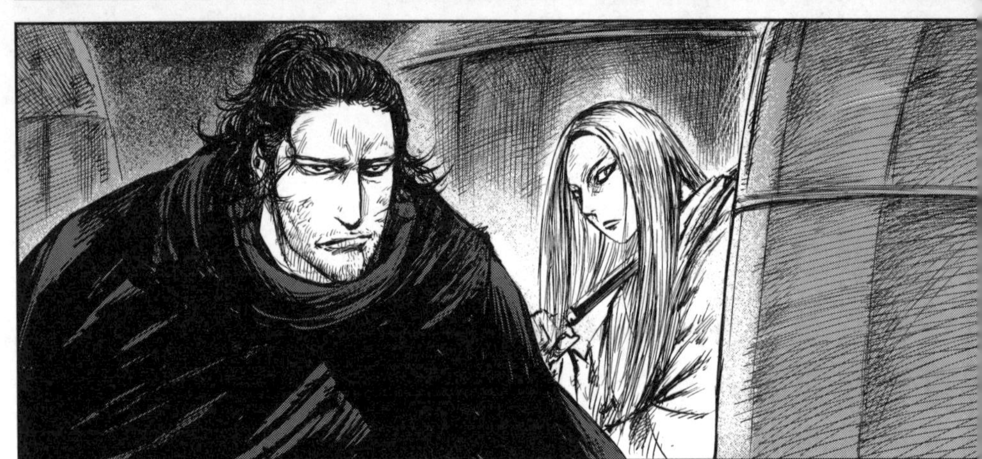

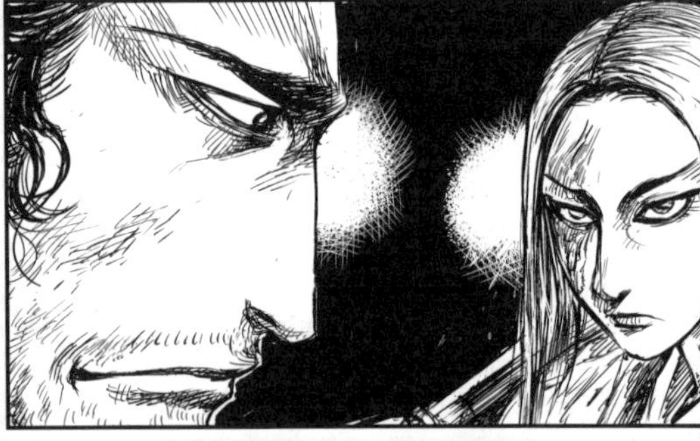

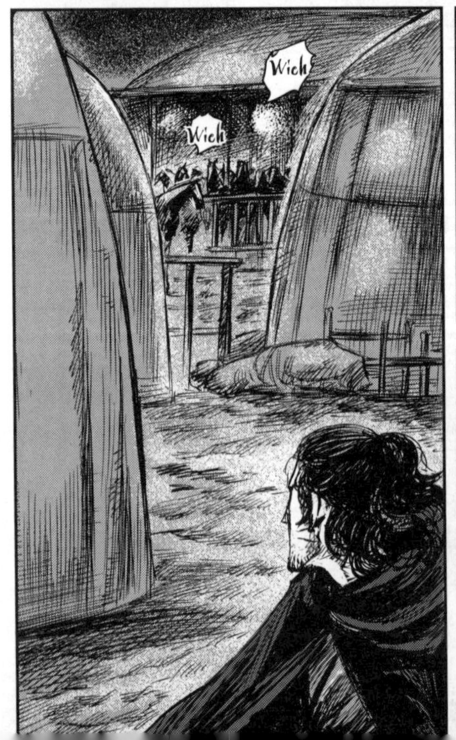
Wieh
Wieh

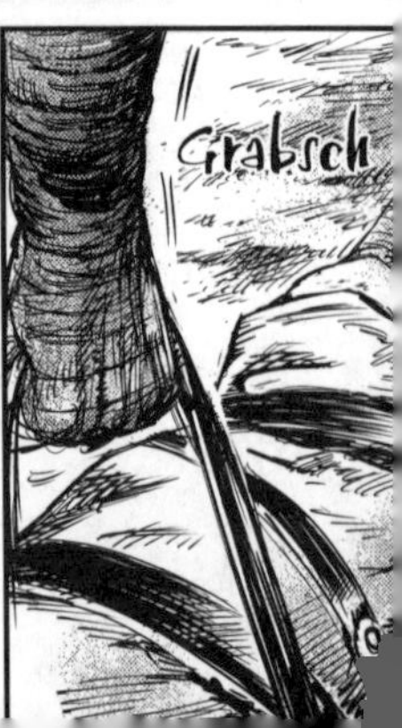
Grabsch

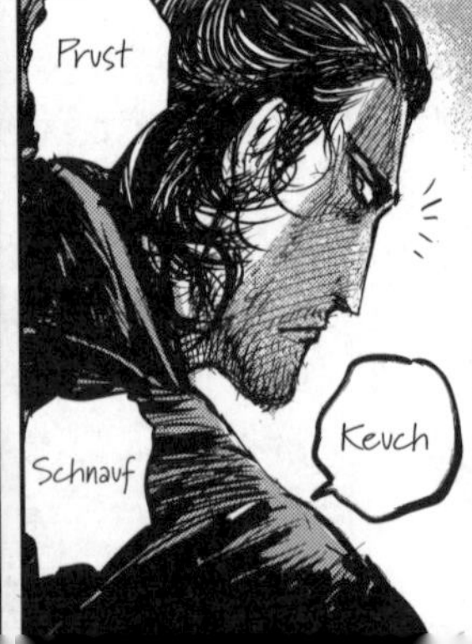
Prust
Keuch
Schnauf

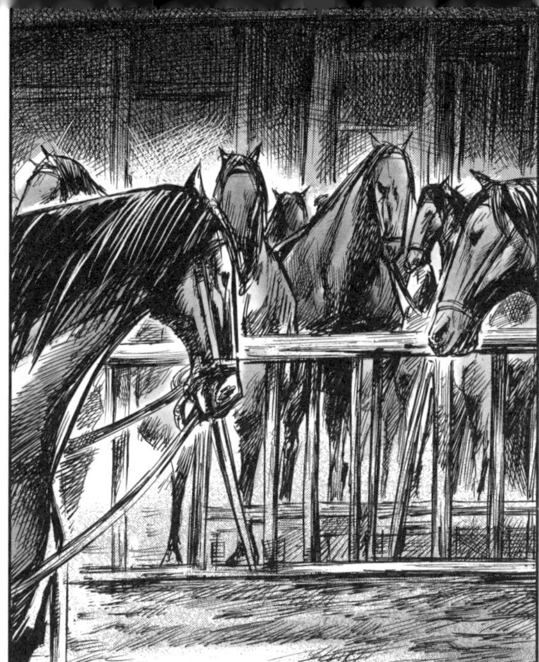

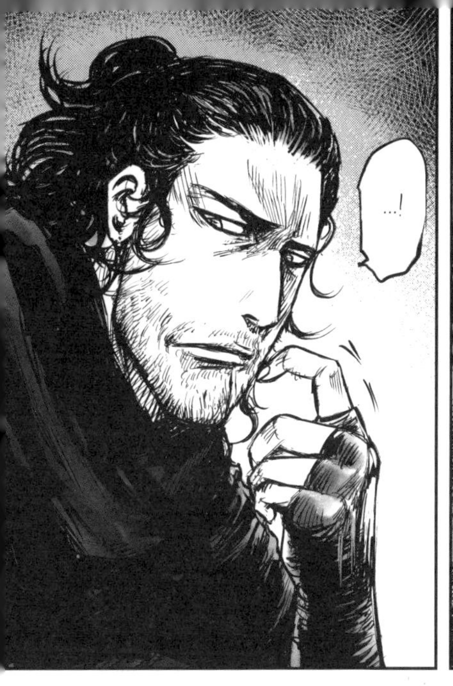
...!

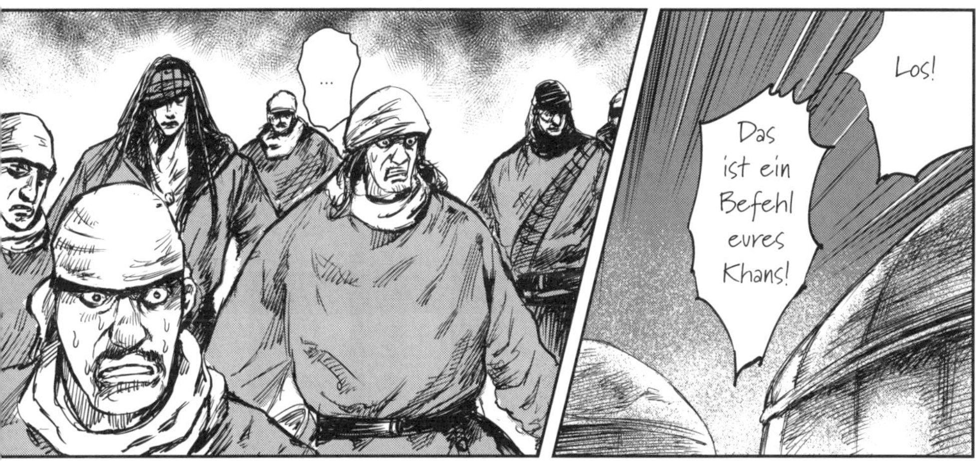
Los!
Das ist ein Befehl eures Khans!
...

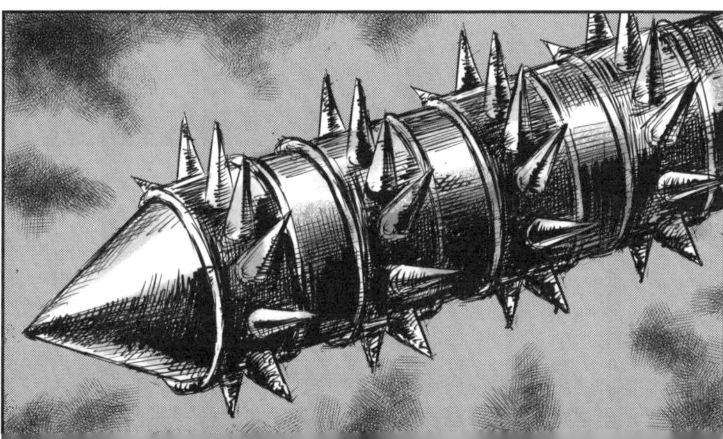

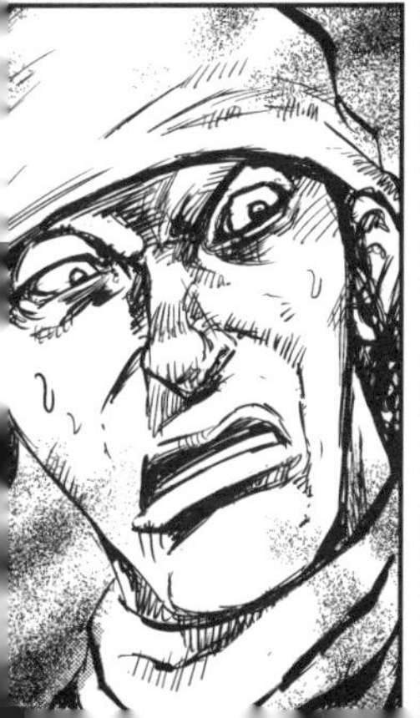

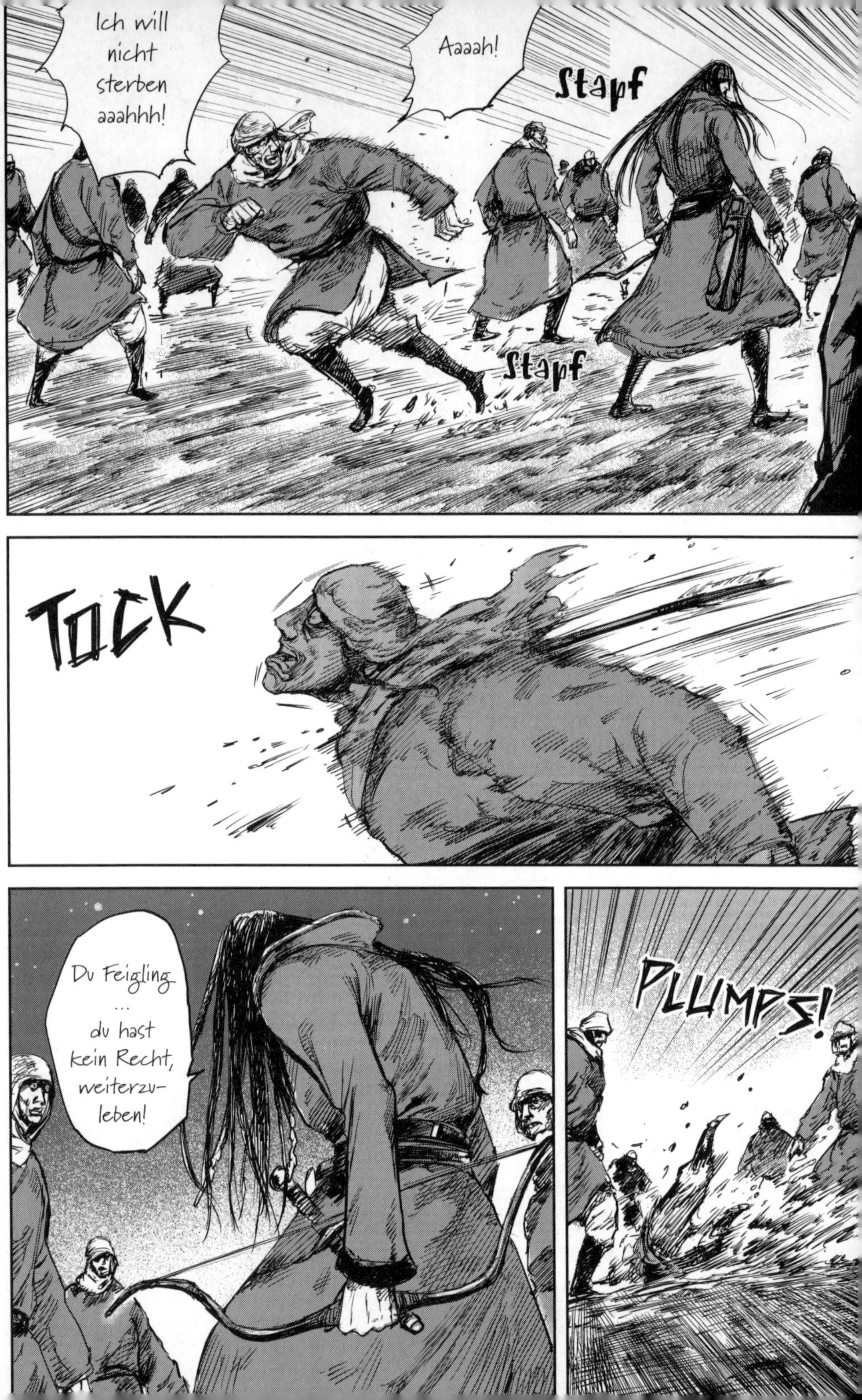

Ich will nicht sterben aaahhh!
Aaaah!
Stapf
Stapf

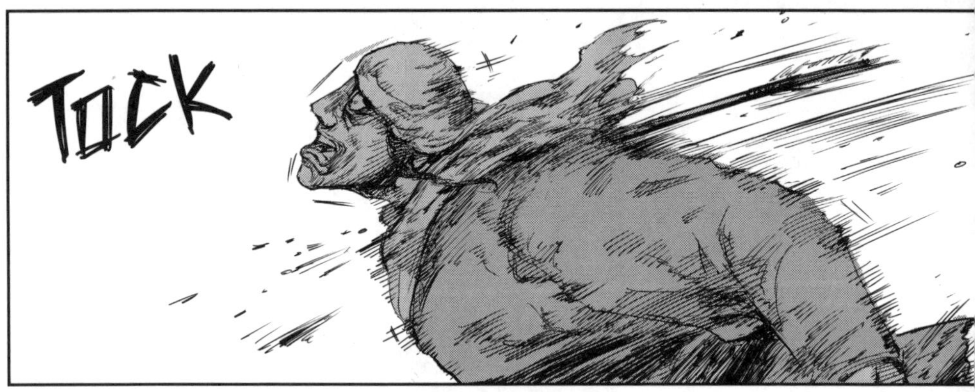

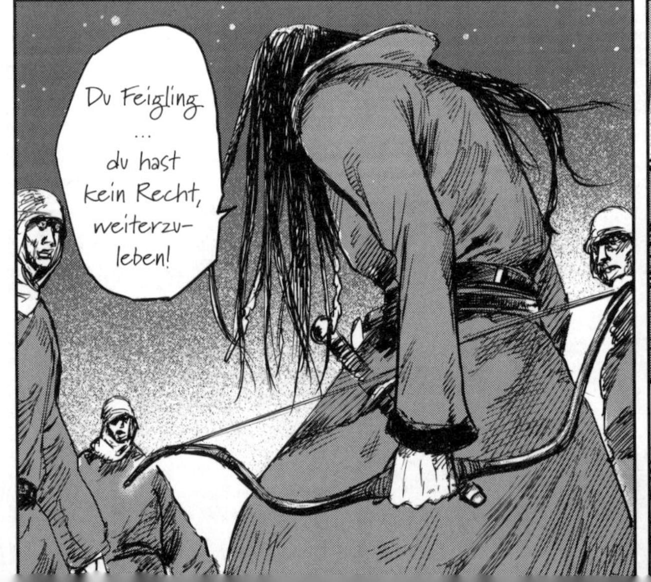

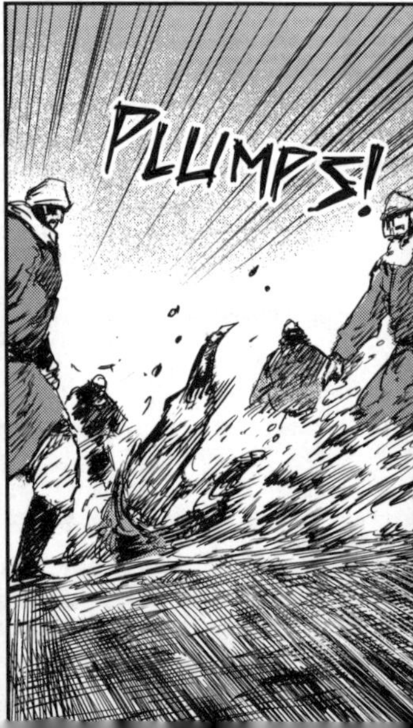

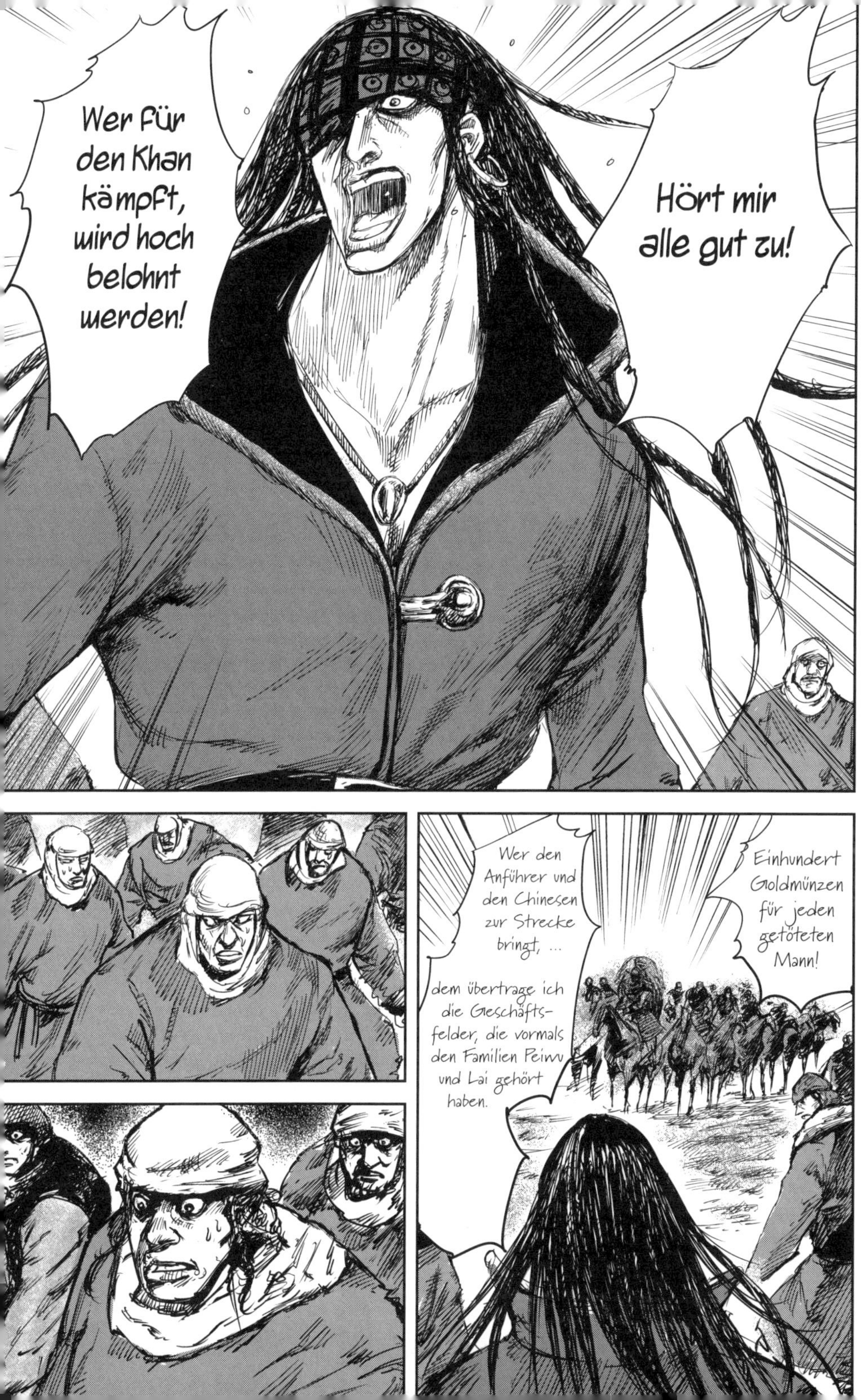

Hört mir alle gut zu!

Wer für den Khan kämpft, wird hoch belohnt werden!

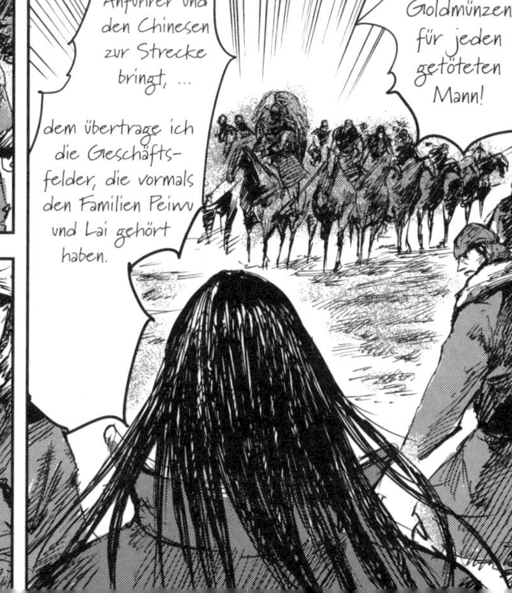

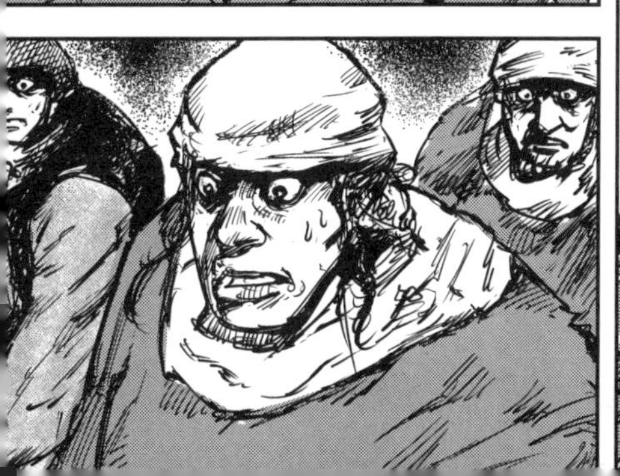

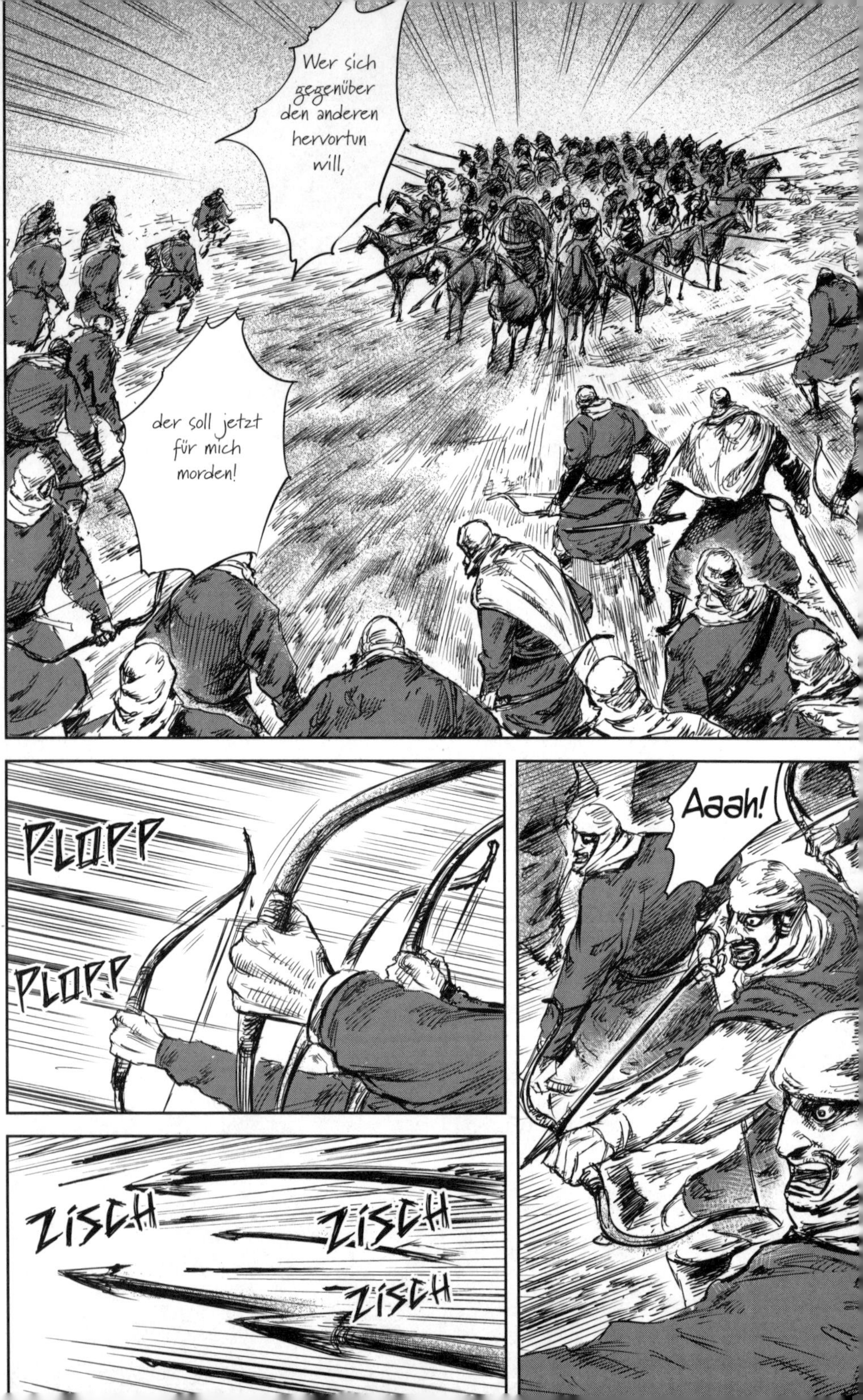

Wer sich gegenüber den anderen hervortun will,

der soll jetzt für mich morden!

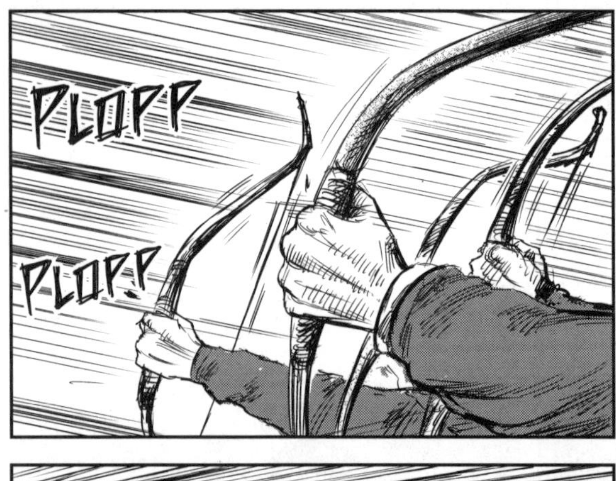

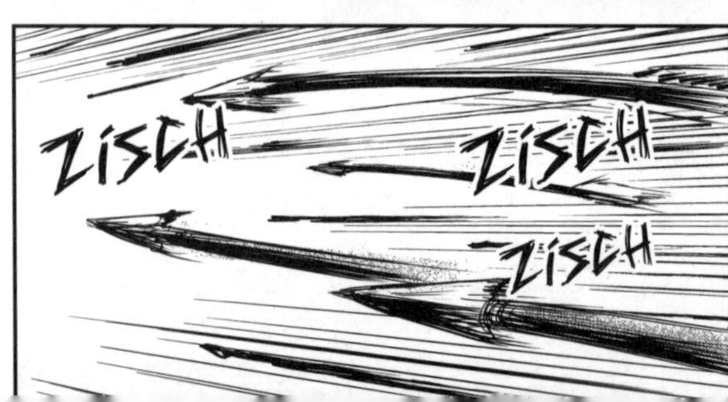

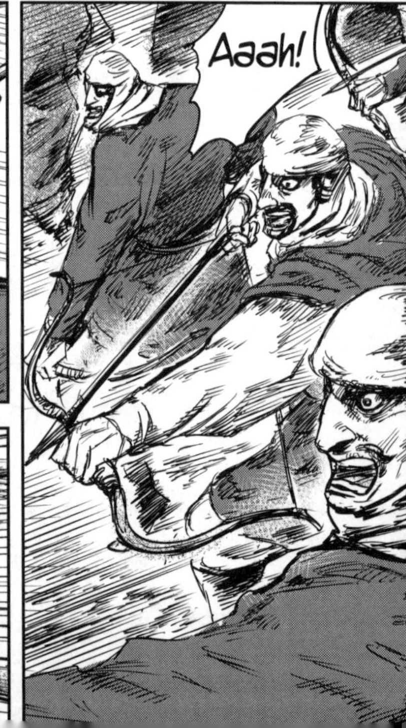

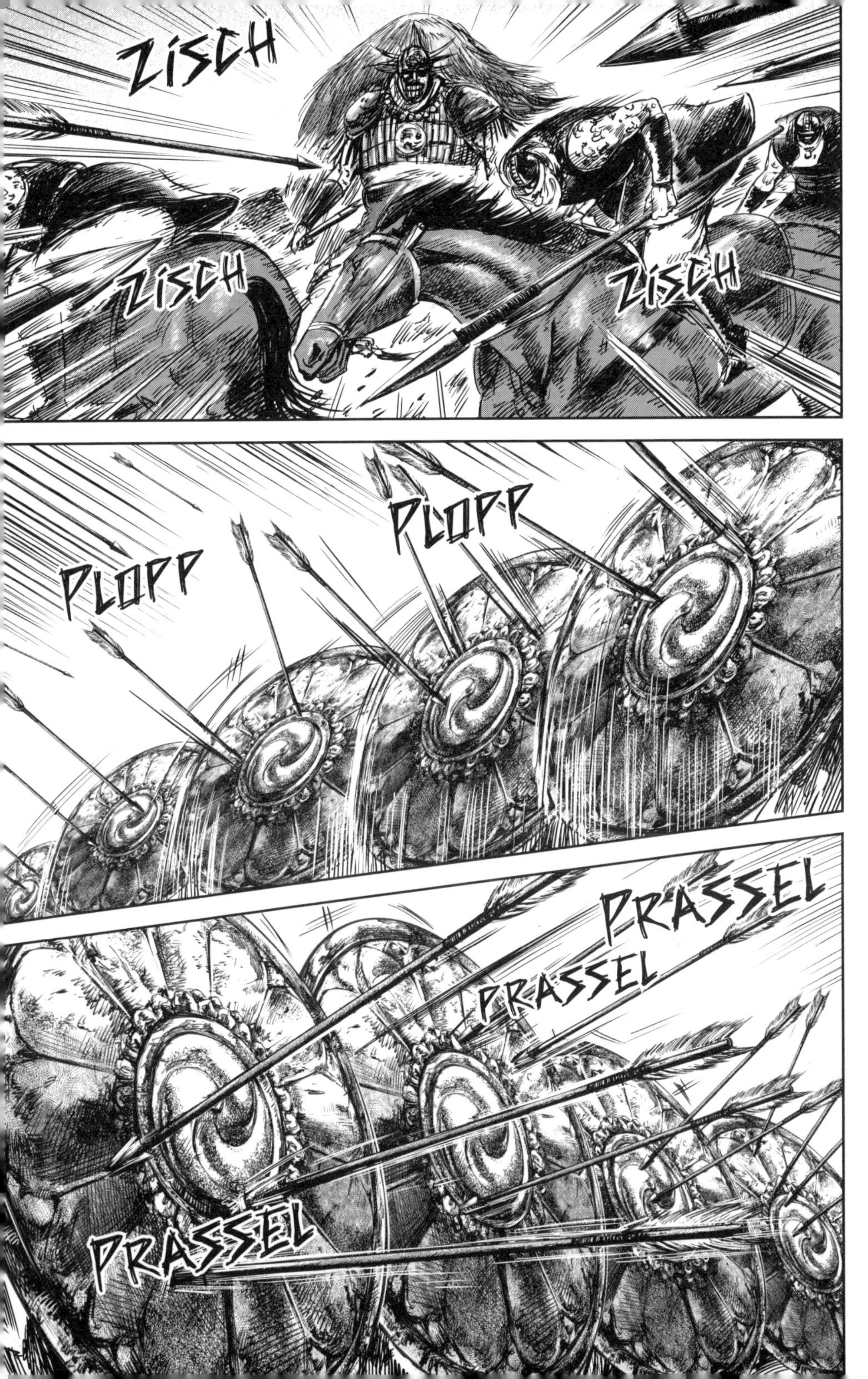

ZISCH
ZISCH
ZISCH
PLOPP
PLOPP
PRASSEL
PRASSEL
PRASSEL

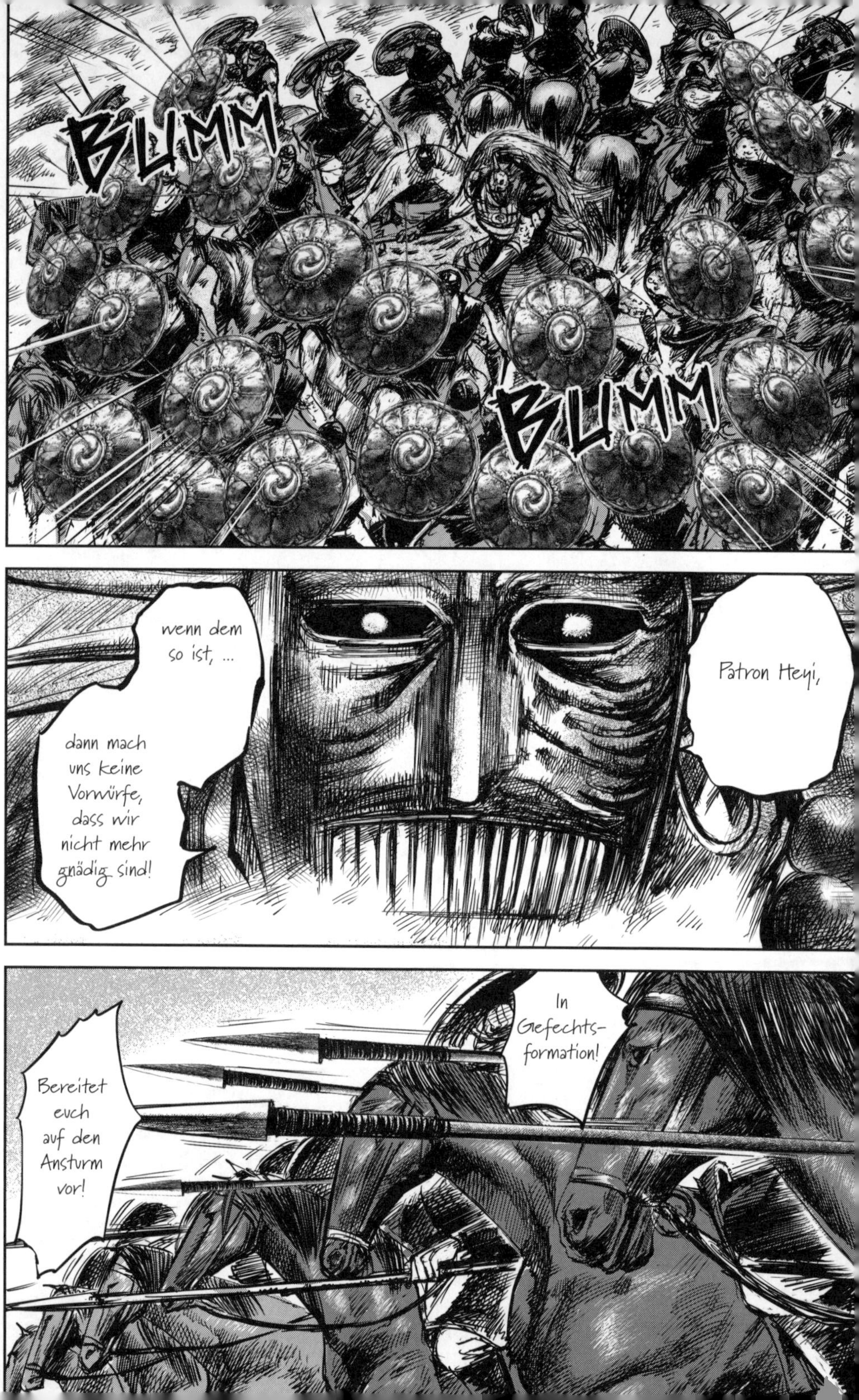

BLUMM
BLUMM

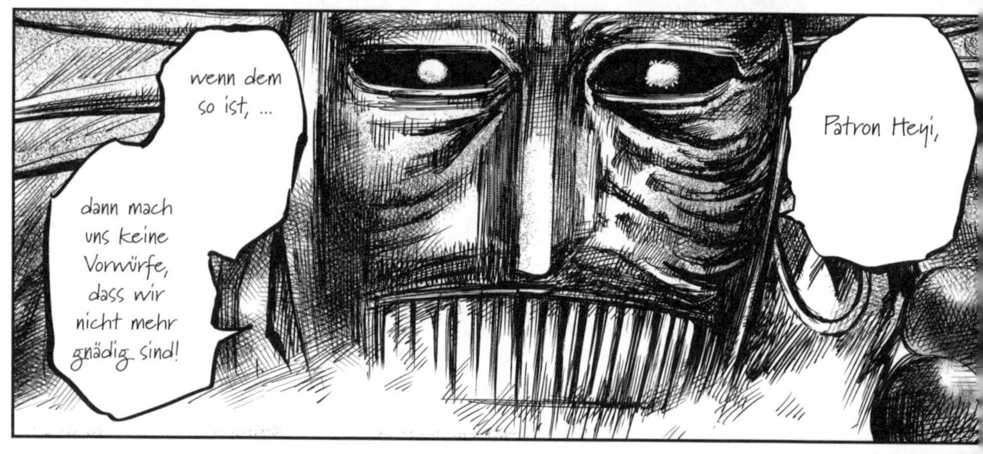
Patron Heyi,
wenn dem so ist, …
dann mach uns keine Vorwürfe, dass wir nicht mehr gnädig sind!

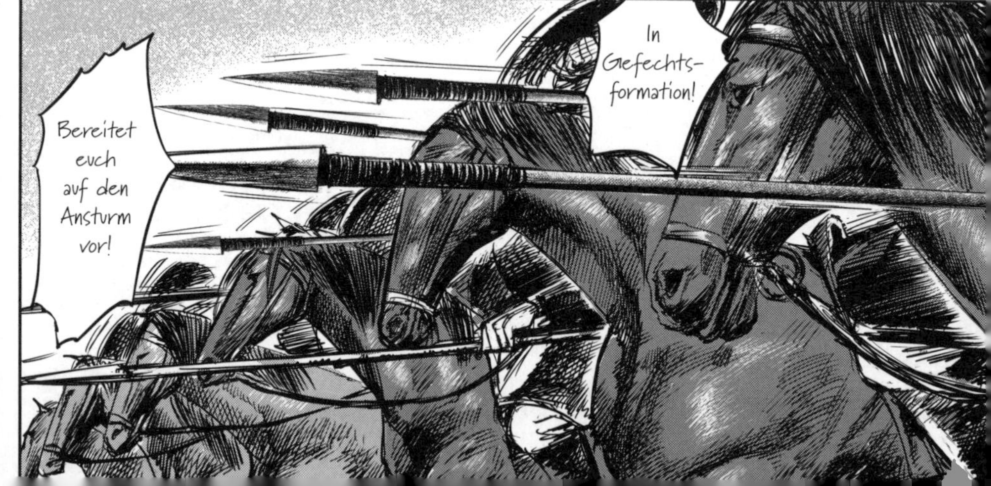
In Gefechts-formation!
Bereitet euch auf den Ansturm vor!

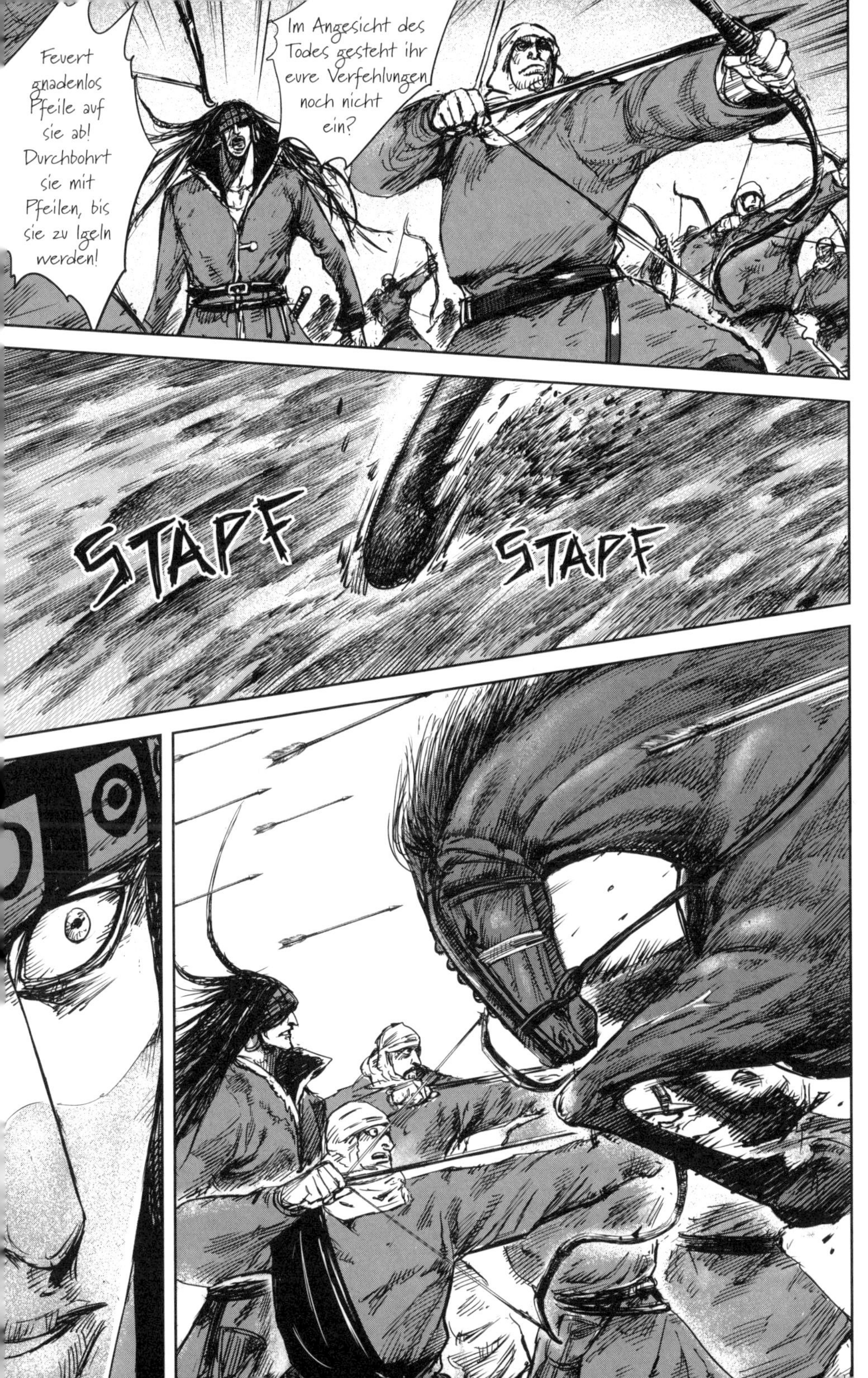
Im Angesicht des Todes gesteht ihr eure Verfehlungen noch nicht ein?
Feuert gnadenlos Pfeile auf sie ab! Durchbohrt sie mit Pfeilen, bis sie zu Igeln werden!
STAPF
STAPF

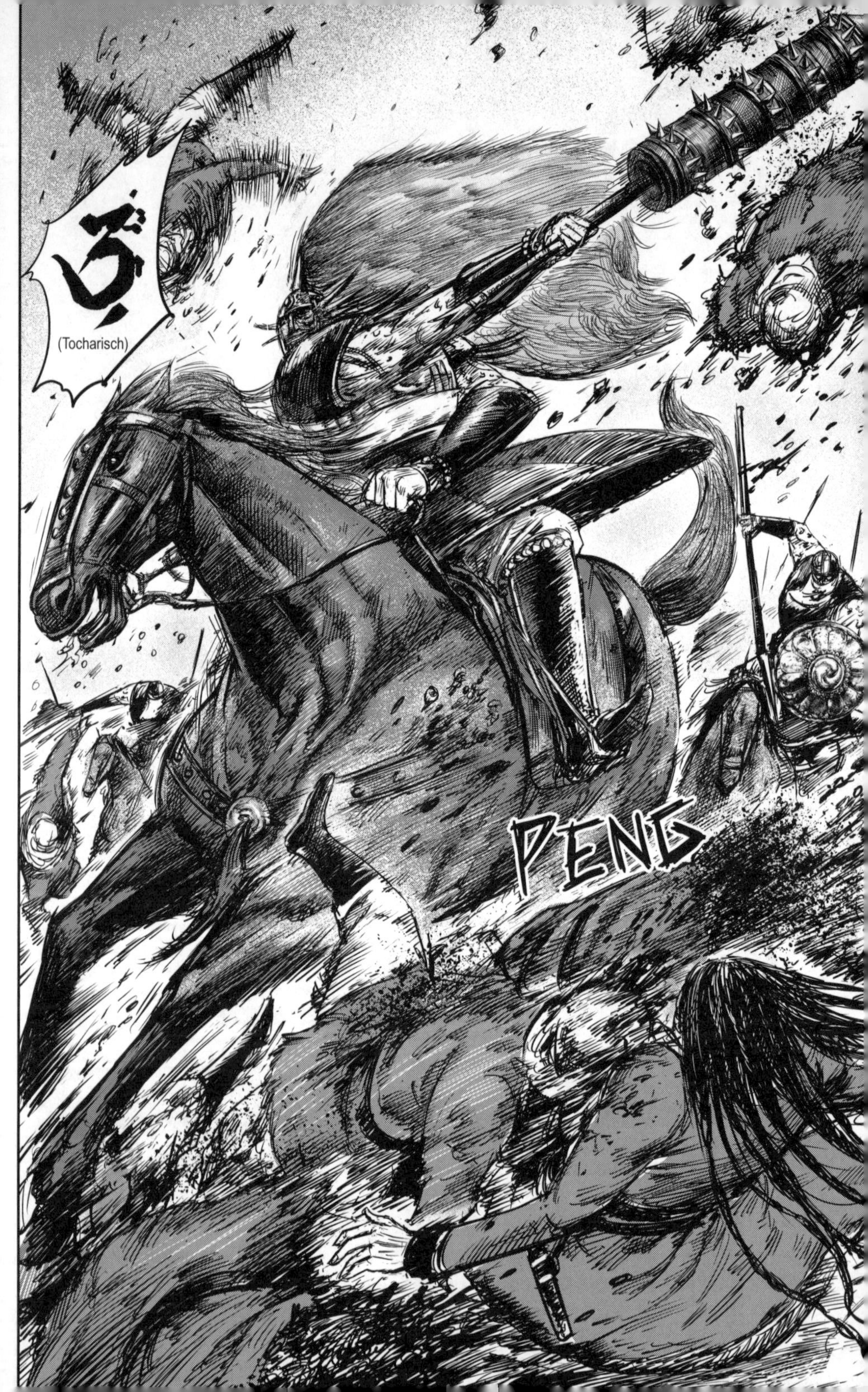

ゔ
(Tocharisch)
PENG

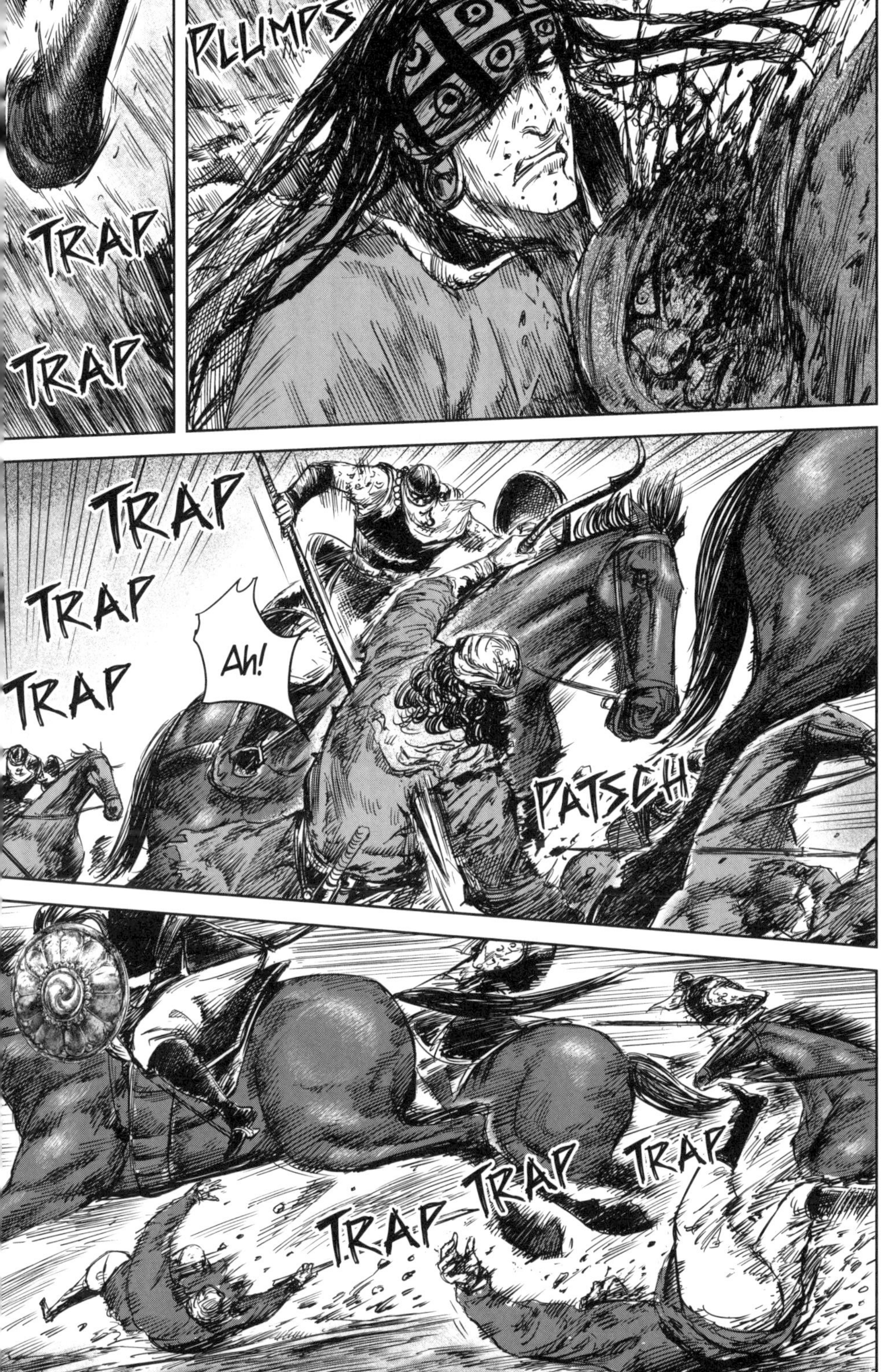
PLUMPS
TRAP
TRAP
TRAP
TRAP
TRAP
Ah!
PATSCH
TRAP
TRAP
TRAP

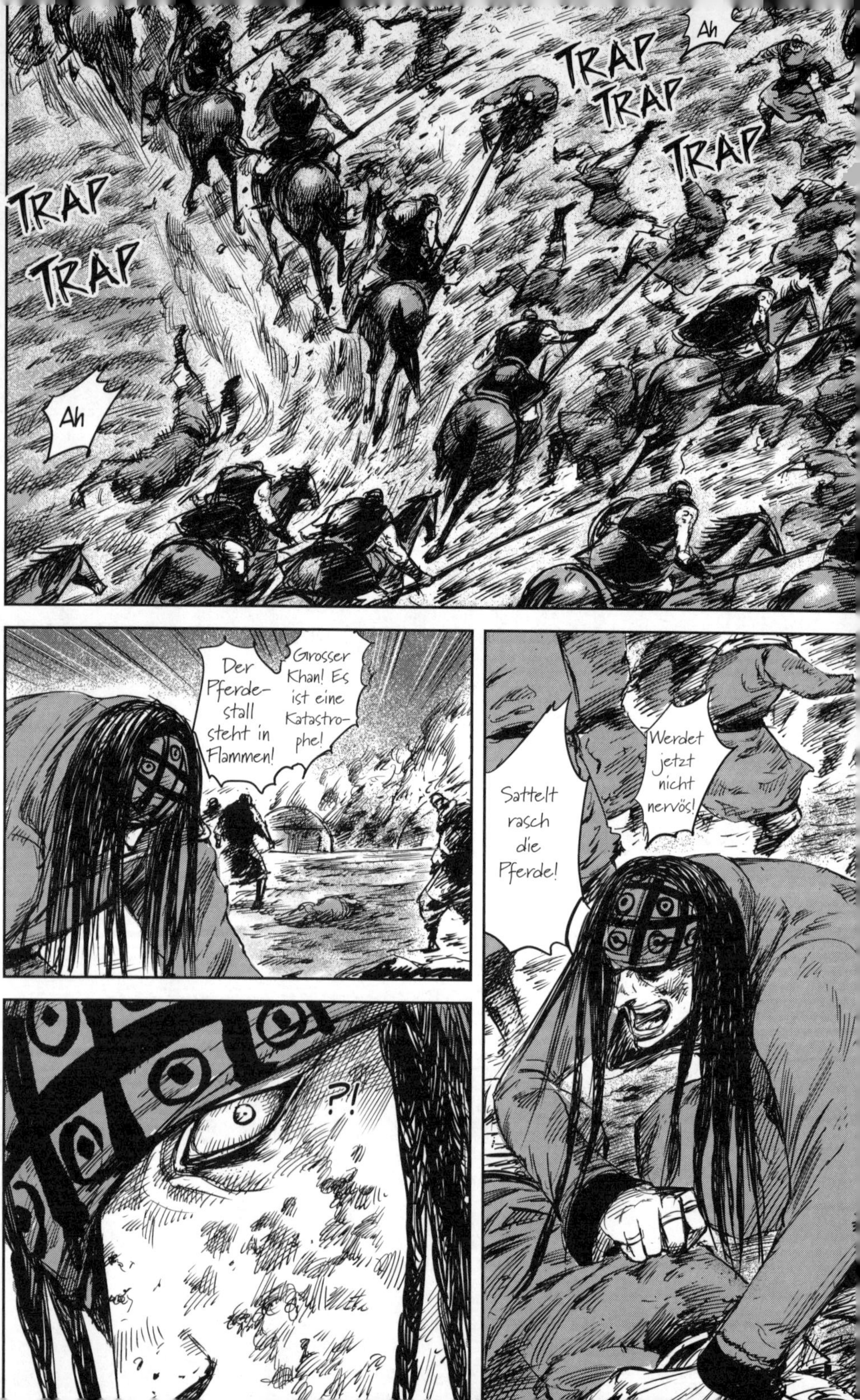

TRAP
TRAP
TRAP
Ah
TRAP
TRAP
Ah

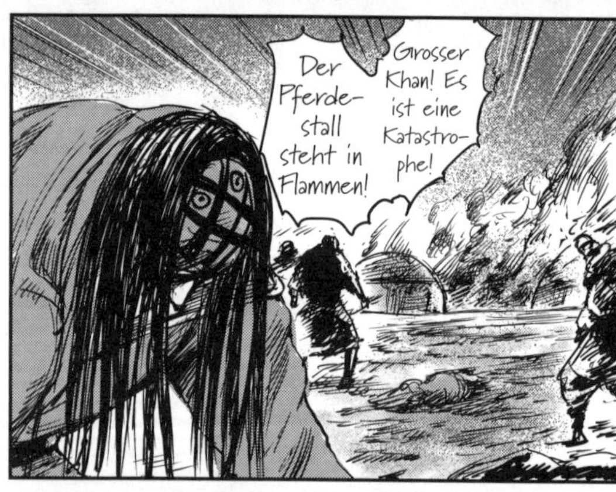

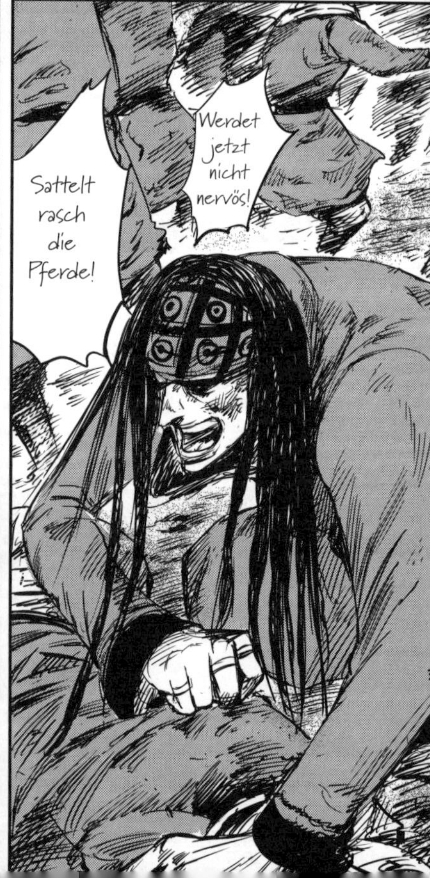

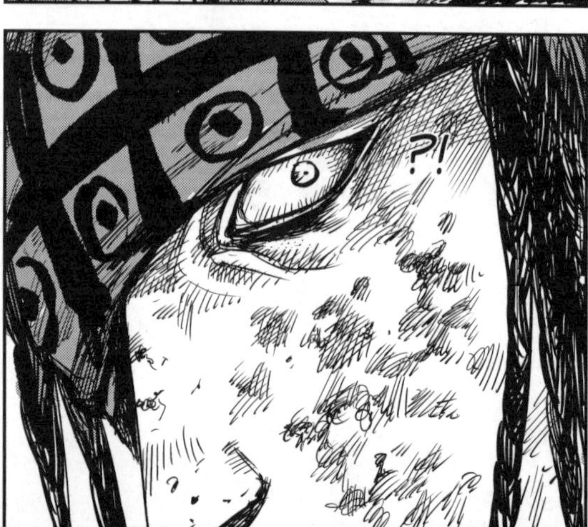

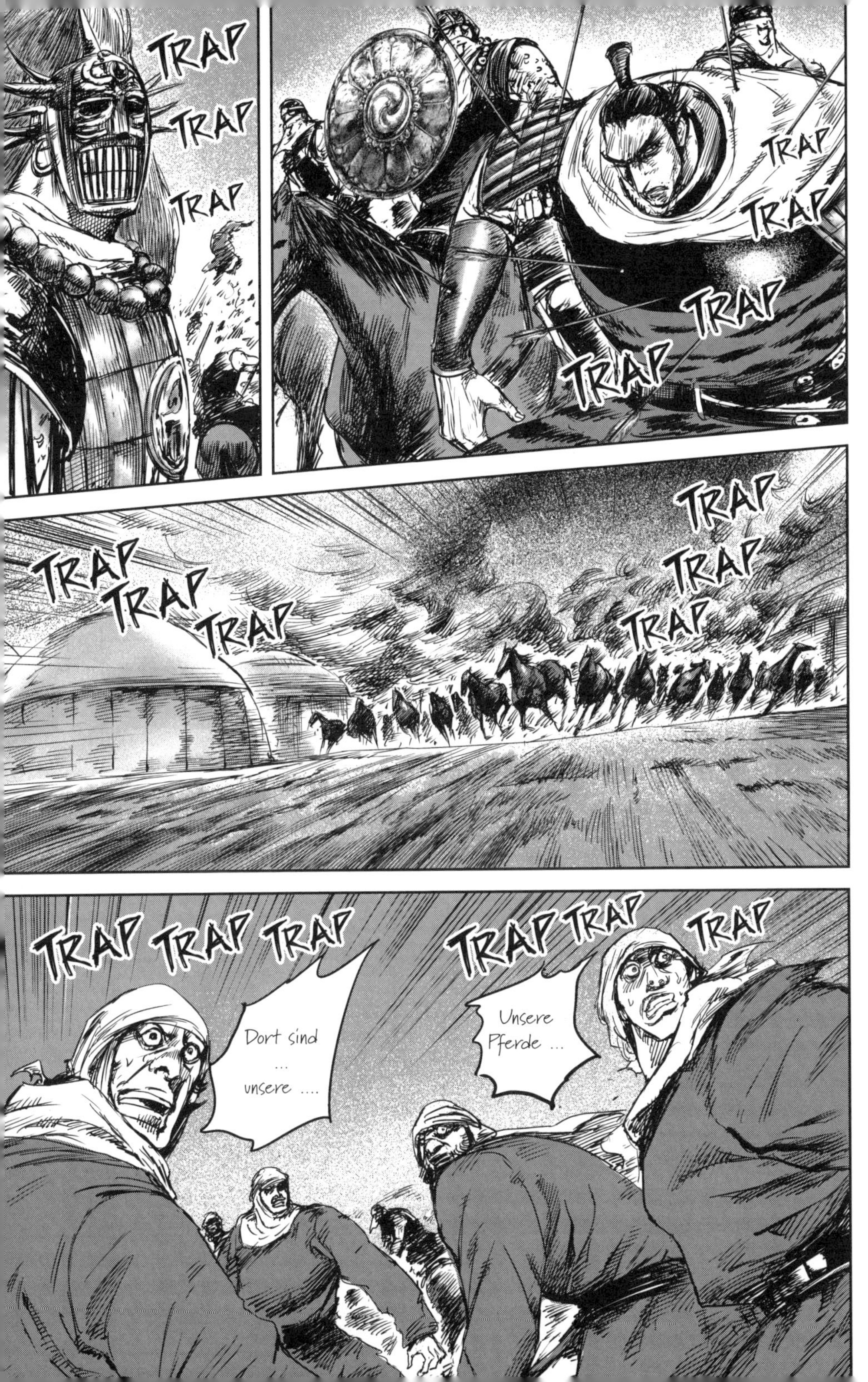

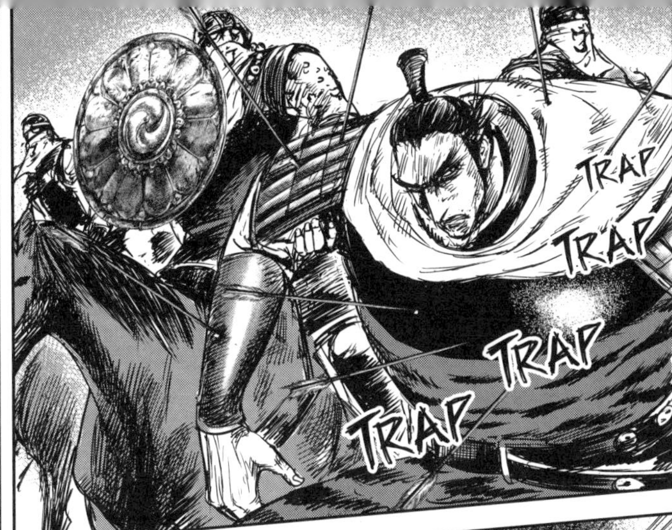

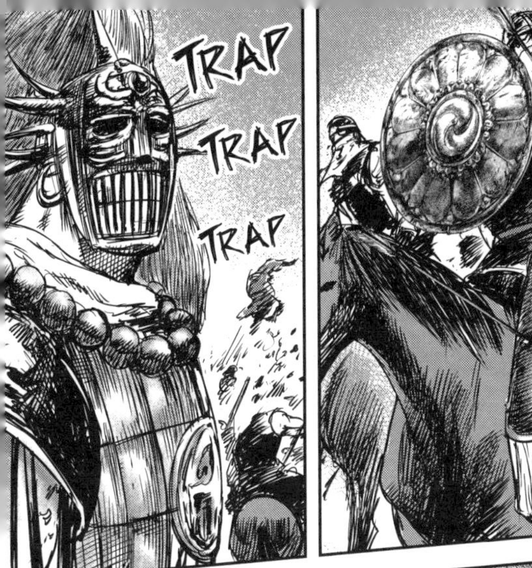

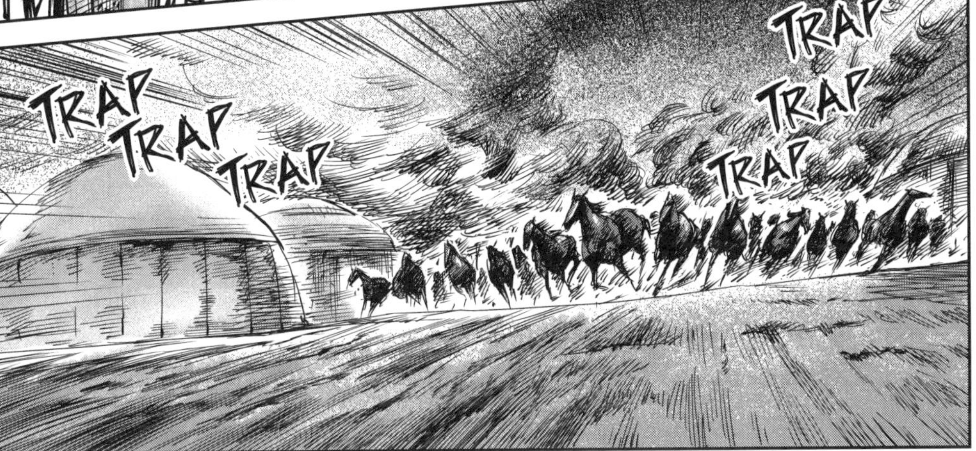

TRAP TRAP TRAP

TRAP TRAP TRAP

Unsere Pferde ...

Dort sind ... unsere ....

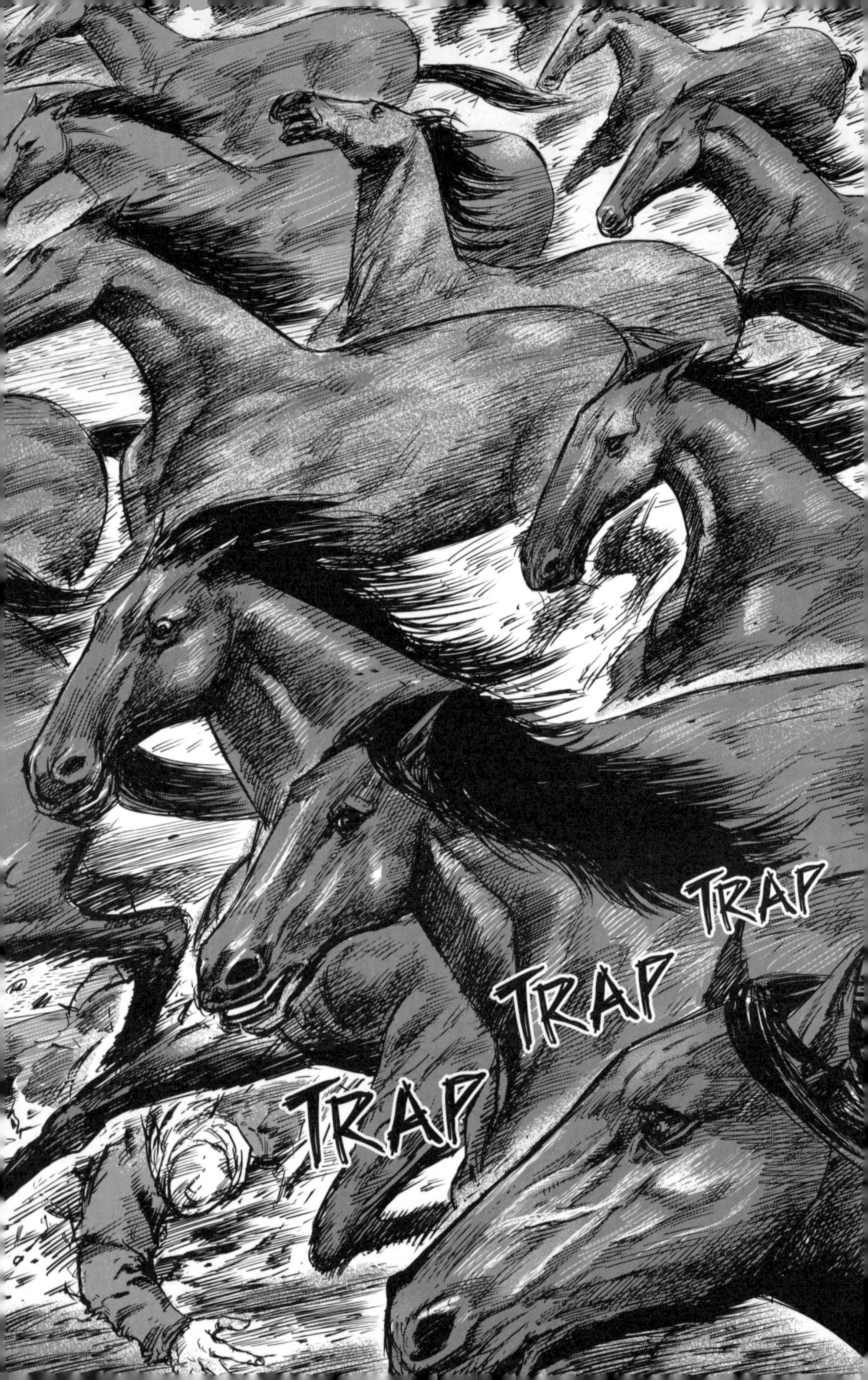
TRAP
TRAP
TRAP

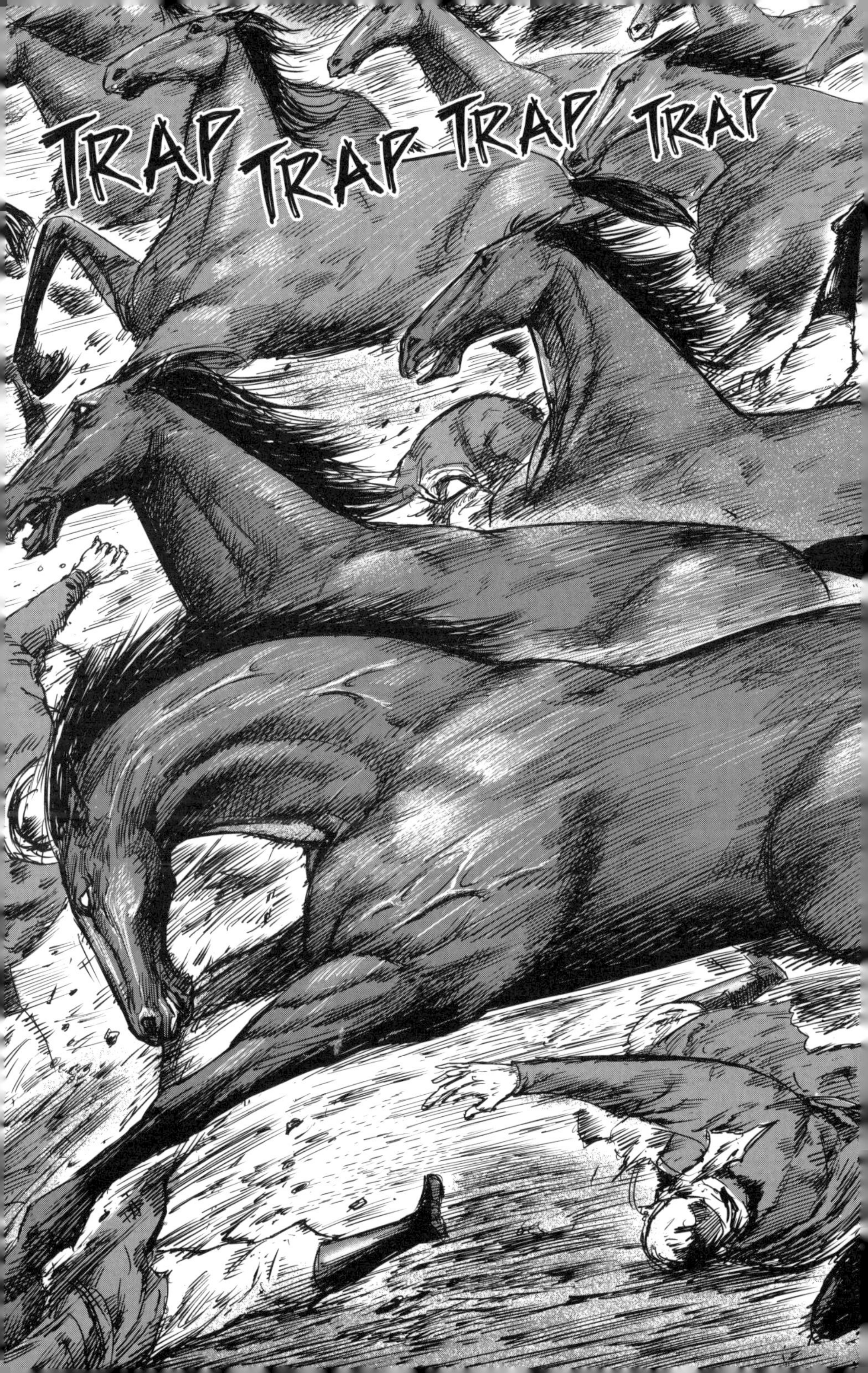
TRAP
TRAP
TRAP
TRAP

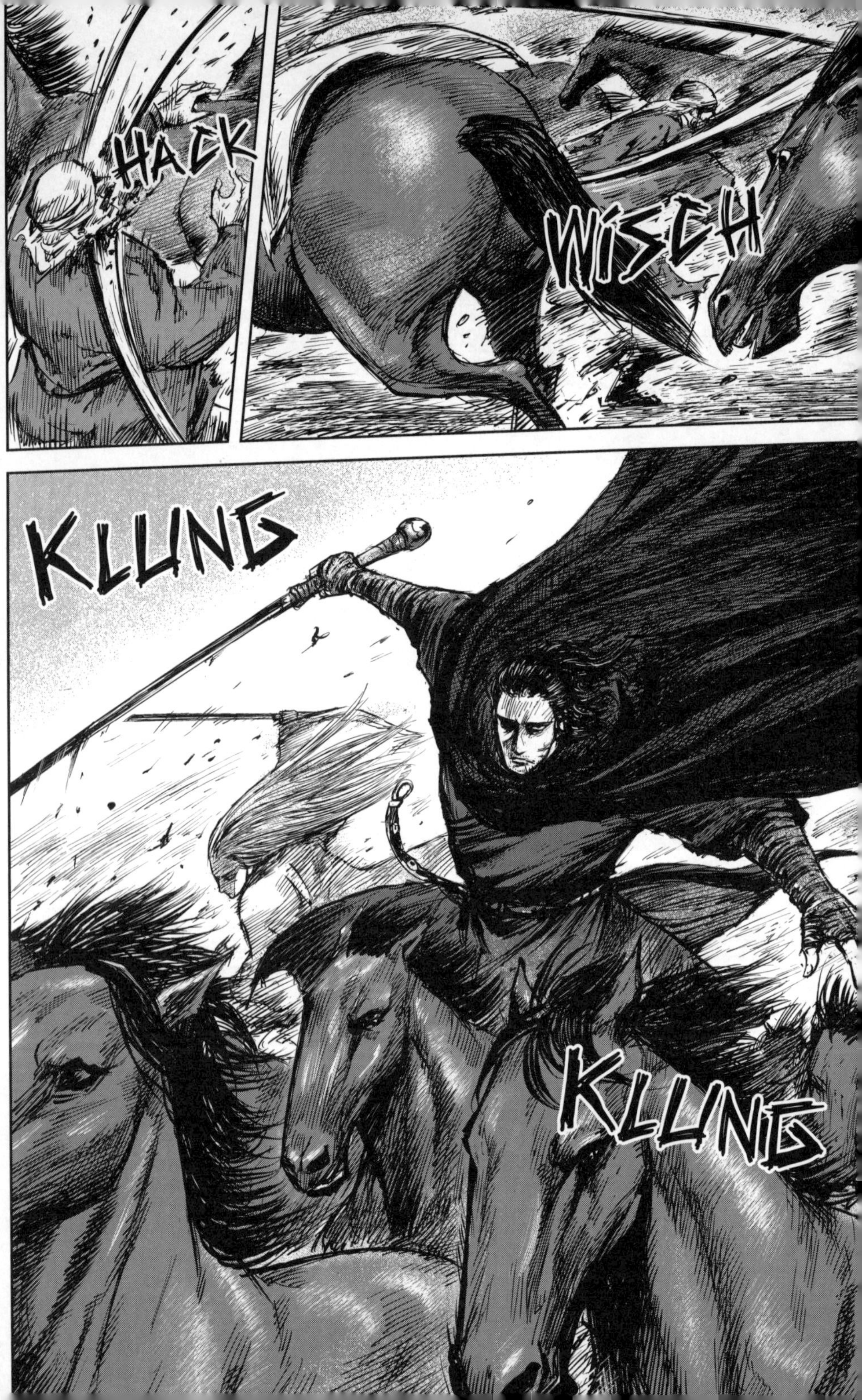

HACK
WISCH
KLING
KLING

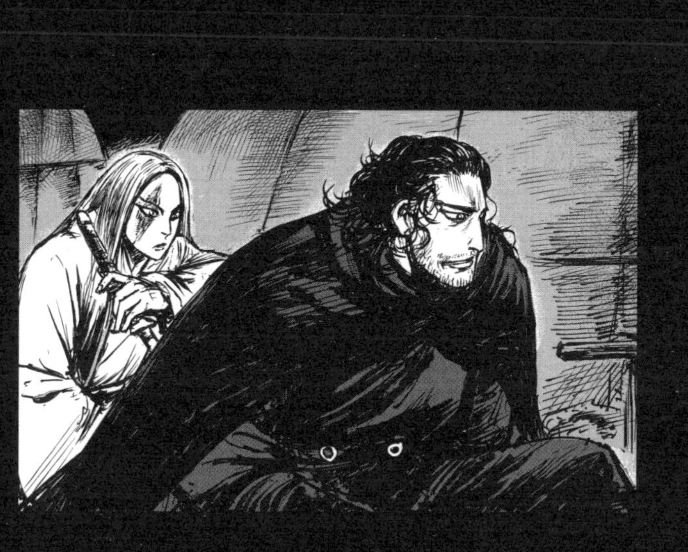

Zweiter Akt:
Die weite Wüste

Kapitel 46:
Eine lange Nacht
(Neunter Teil)

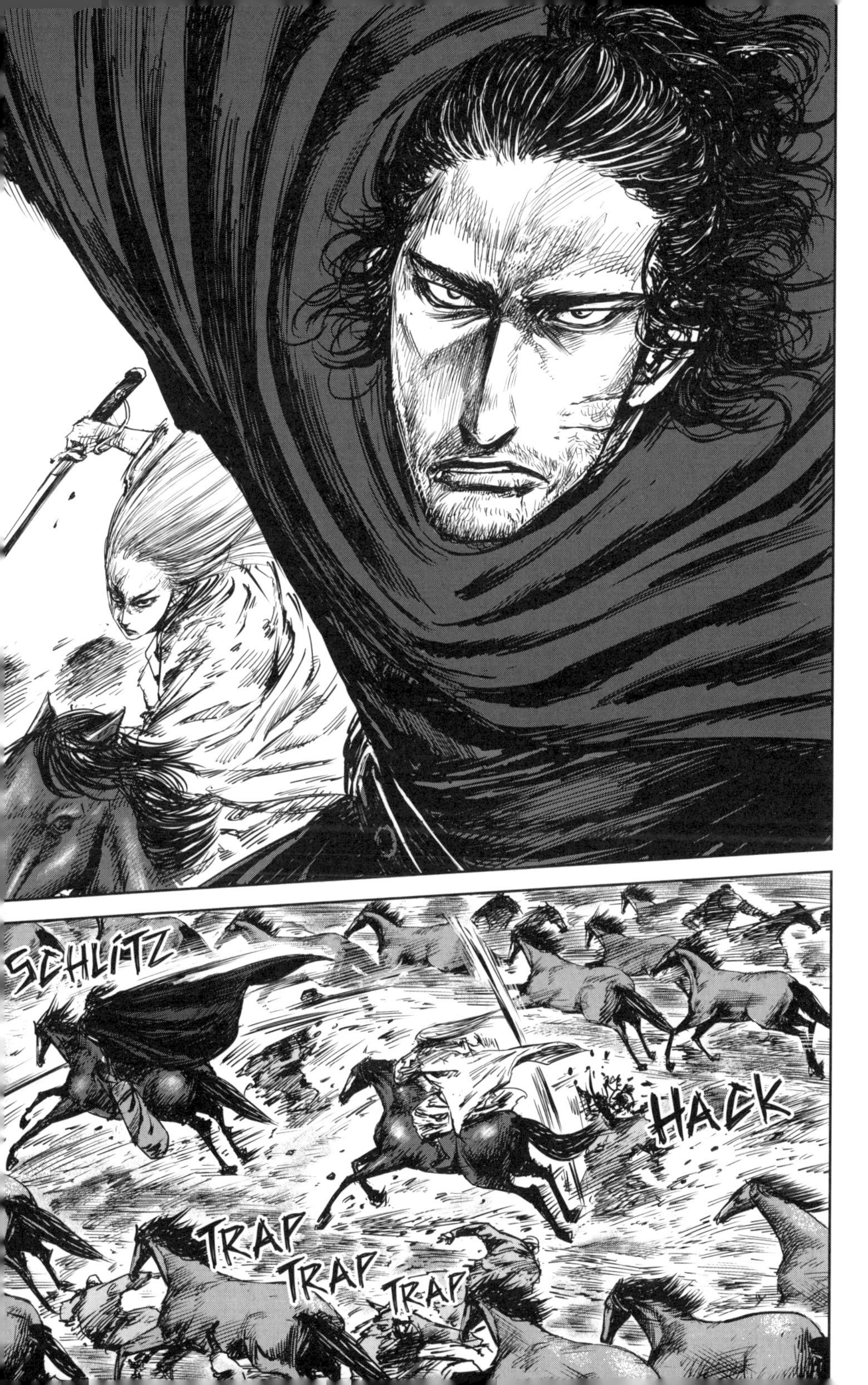

SCHLITZ
HACK
TRAP
TRAP
TRAP

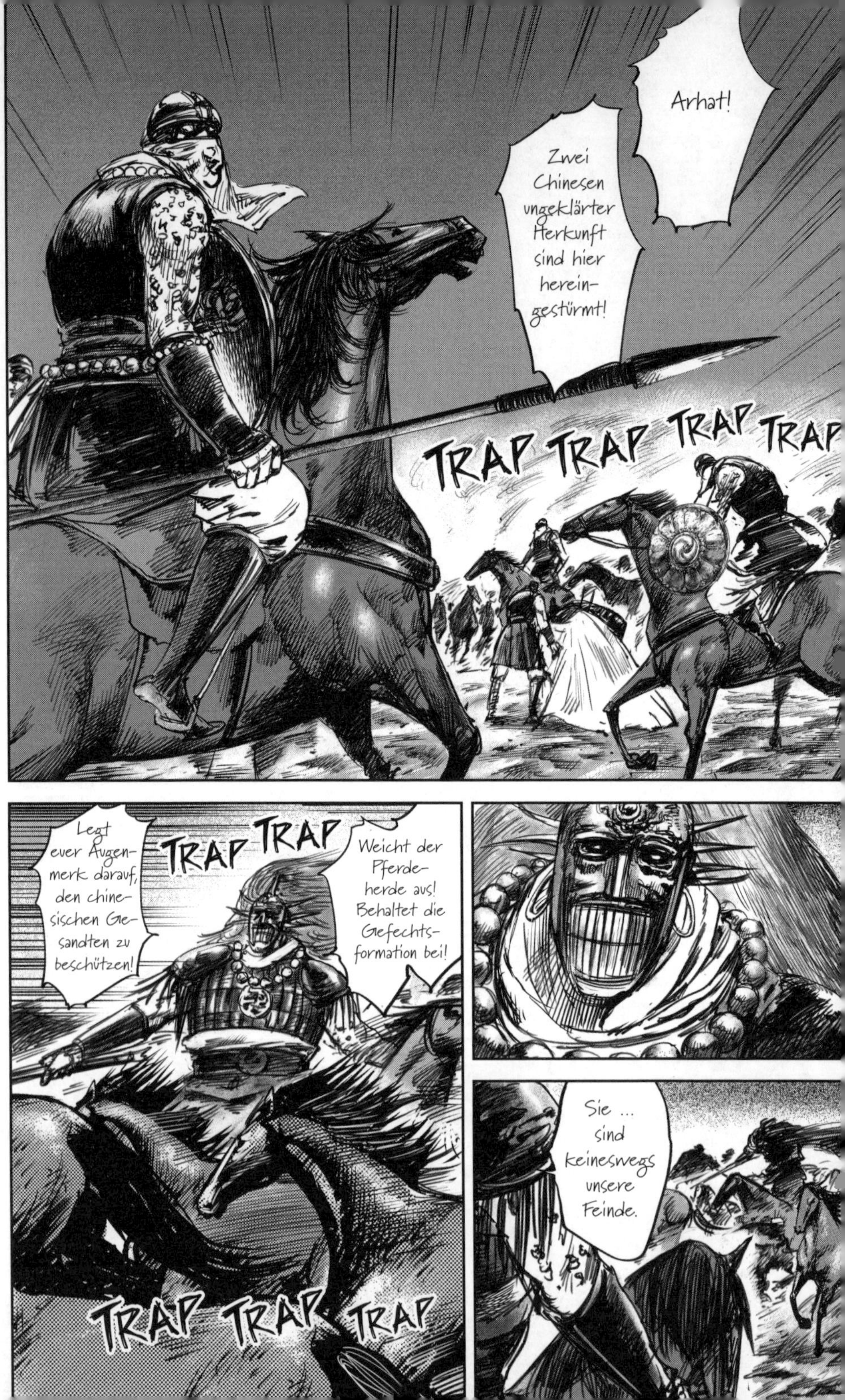

Arhat!

Zwei Chinesen ungeklärter Herkunft sind hier herein-gestürmt!

TRAP TRAP TRAP TRAP

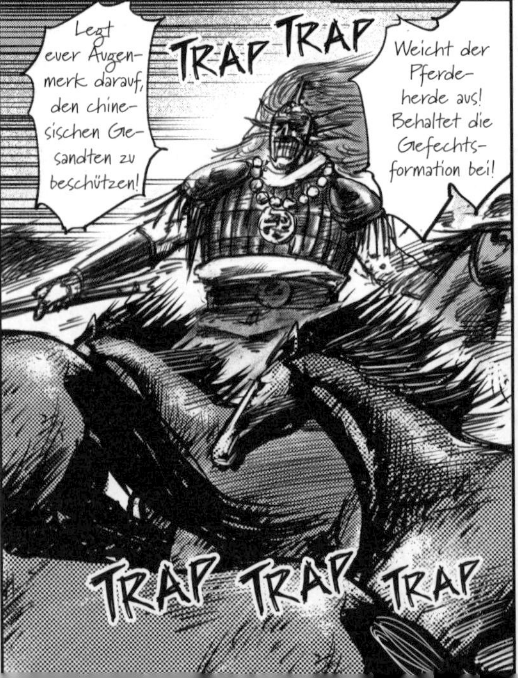

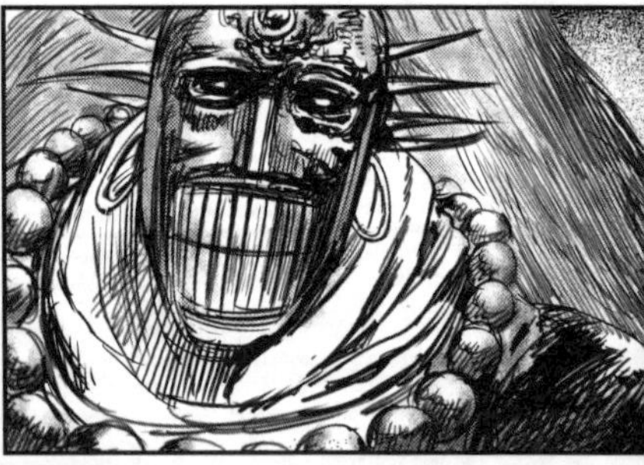

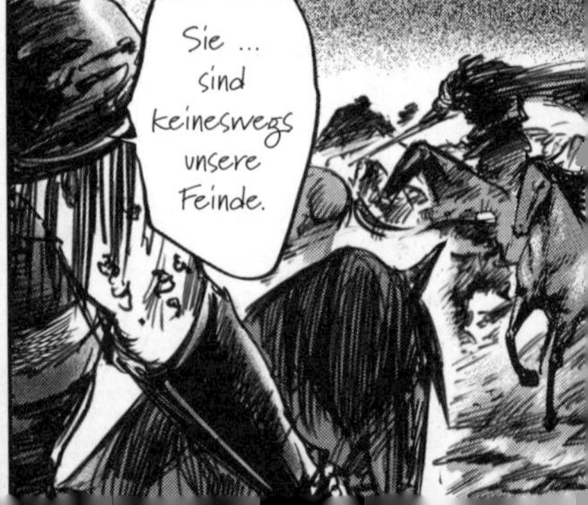

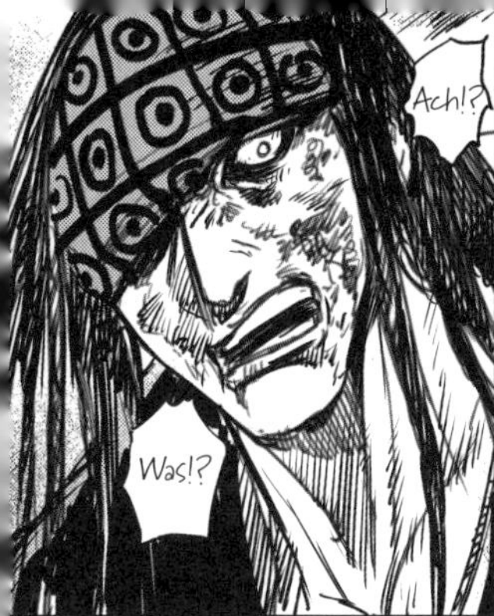
Ach!?
Was!?
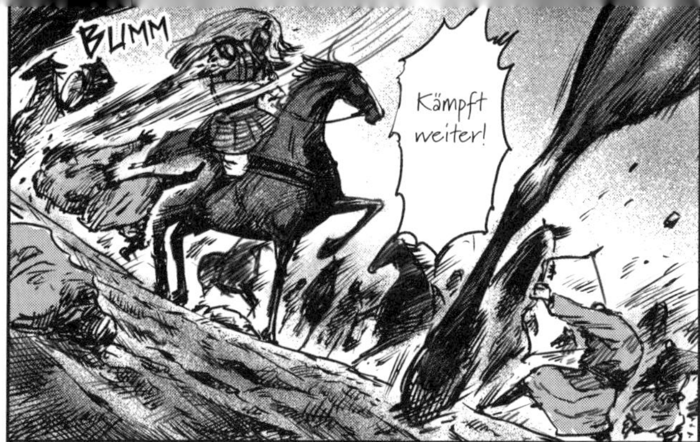
BUMM
Kämpft weiter!
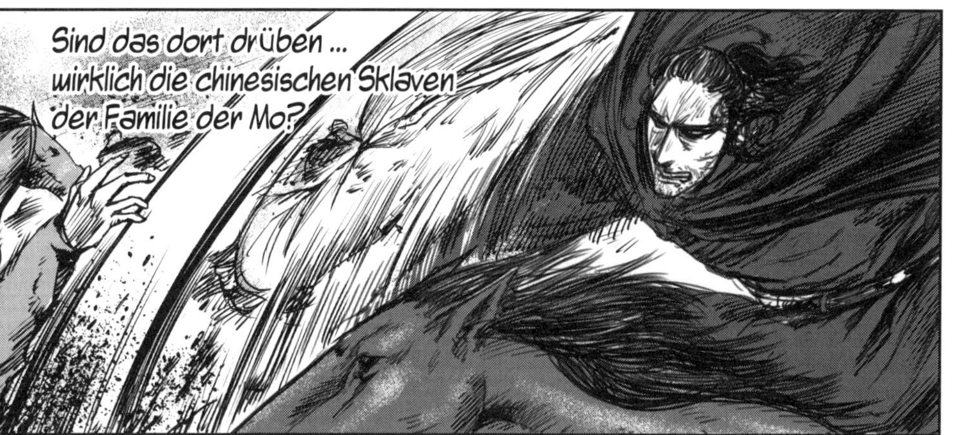
Sind das dort drüben ...
... wirklich die chinesischen Sklaven der Familie der Mo?
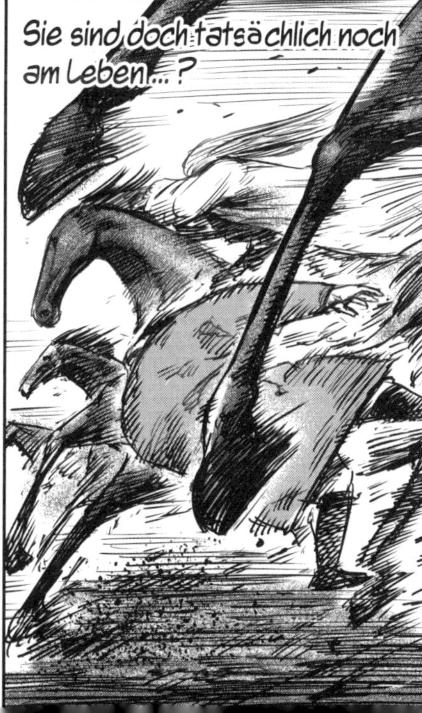
Sie sind doch tatsächlich noch am Leben ... ?
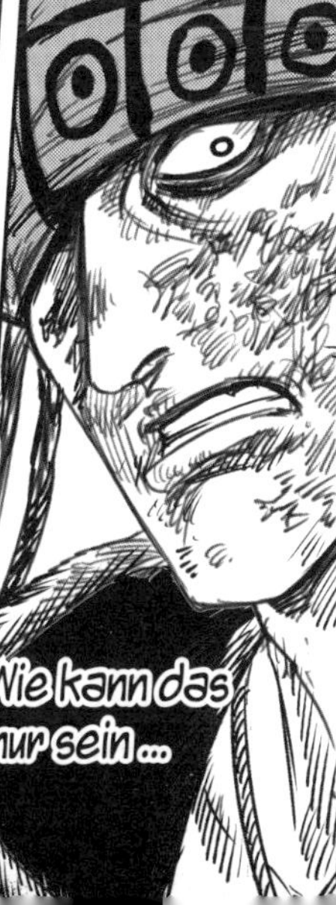
Wie kann das nur sein ...
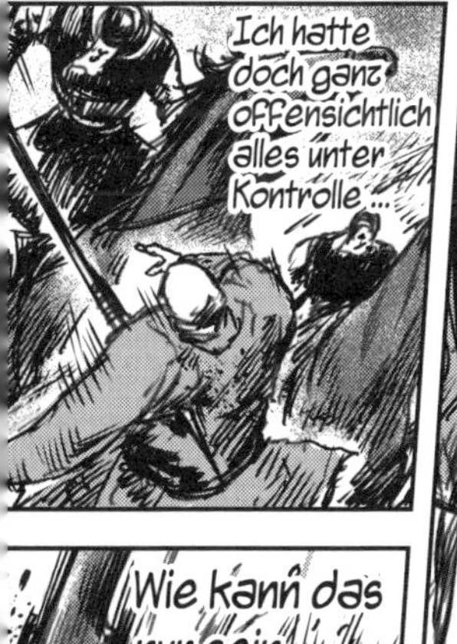
Ich hatte doch ganz offensichtlich alles unter Kontrolle ...
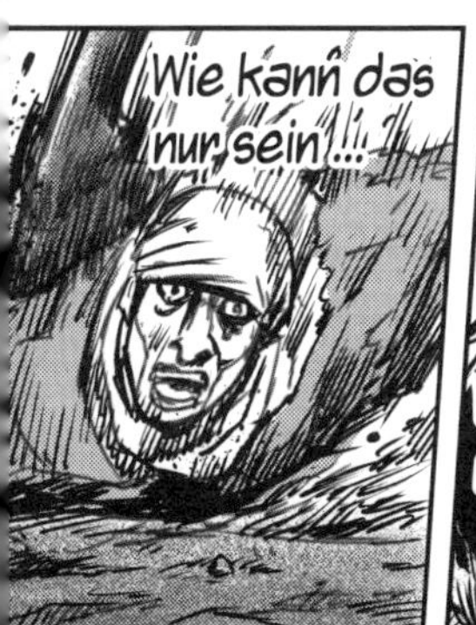
Wie kann das nur sein ...!

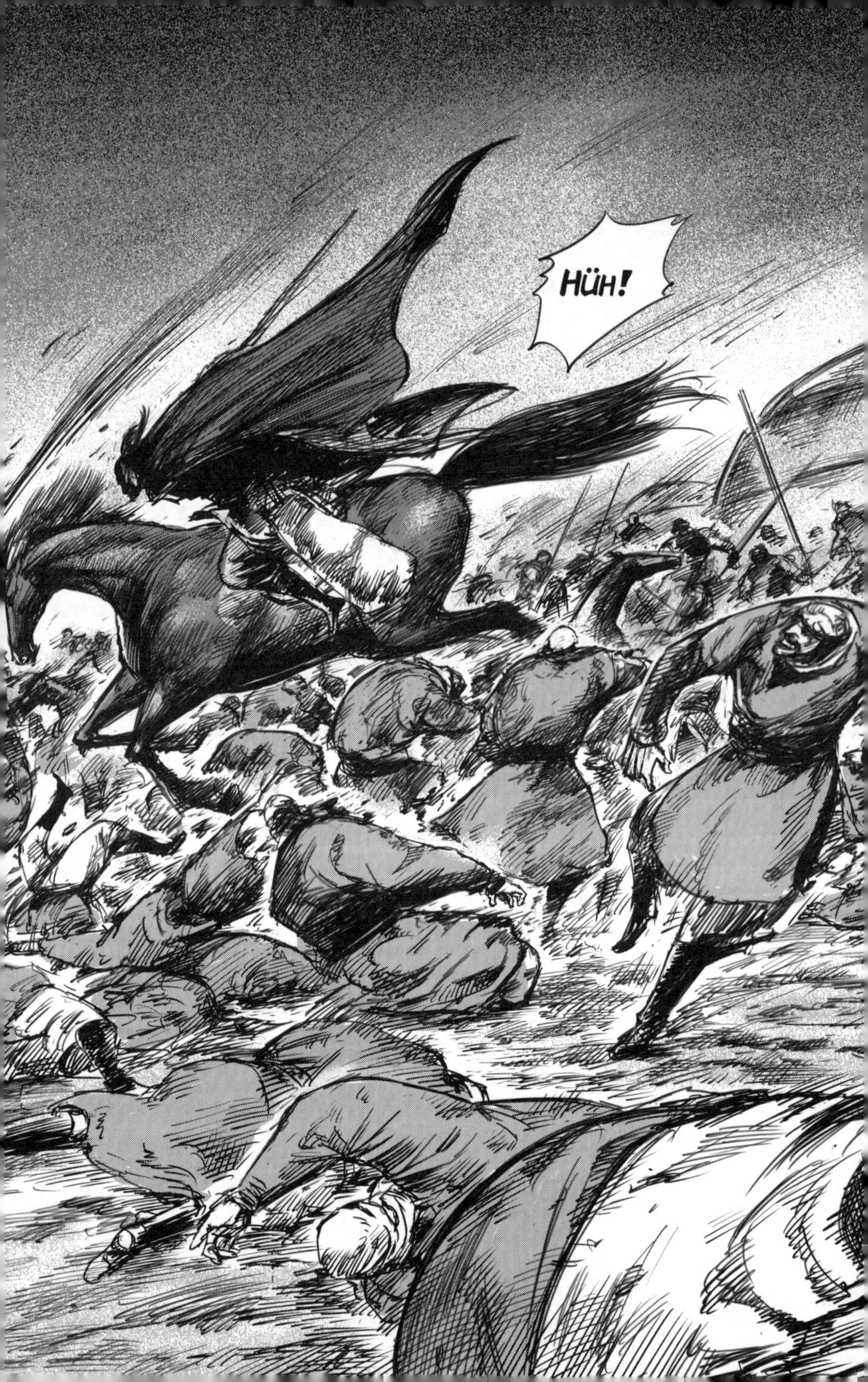
HÜH!

Wie konnte nur das
dabei herauskommen?

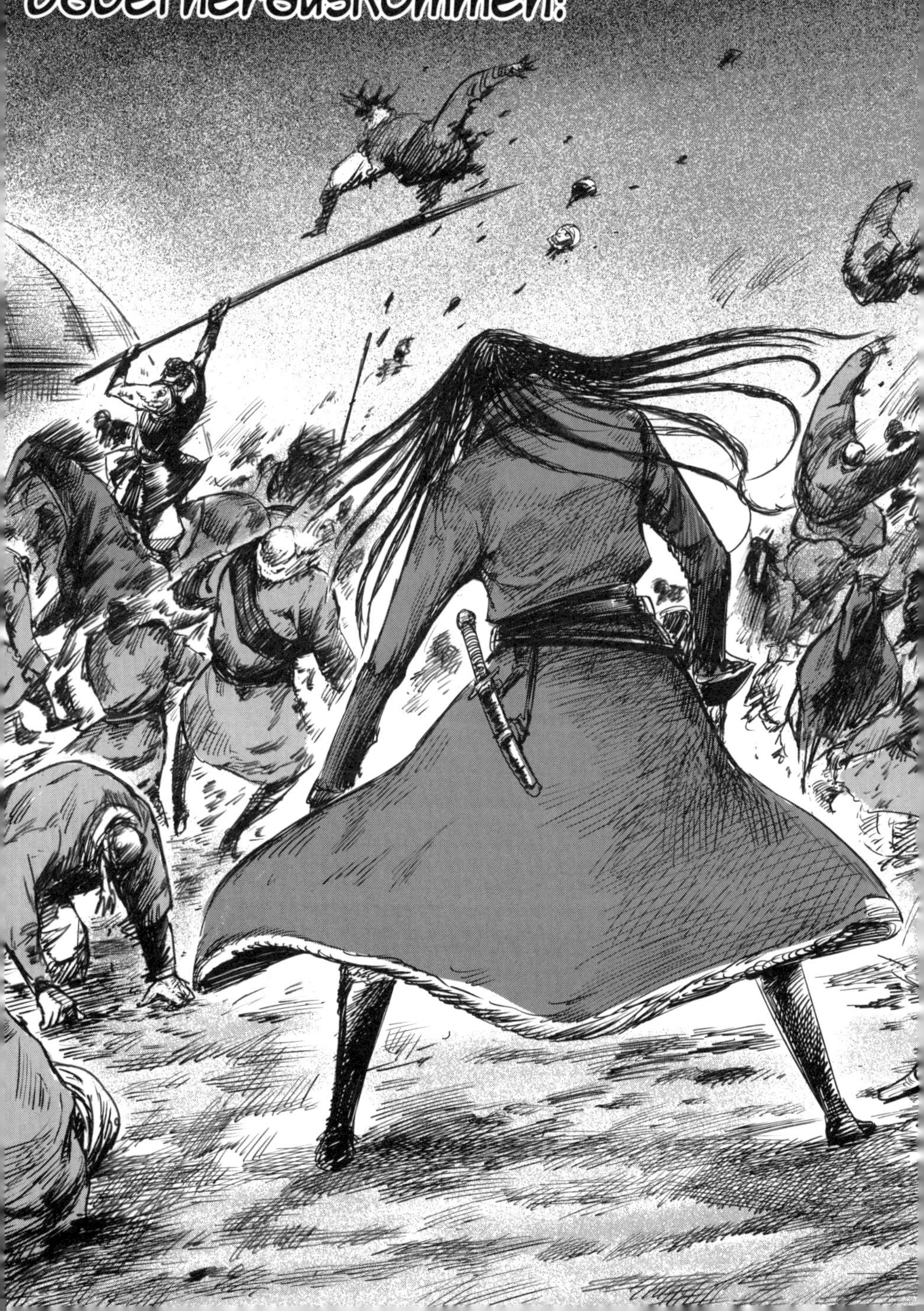

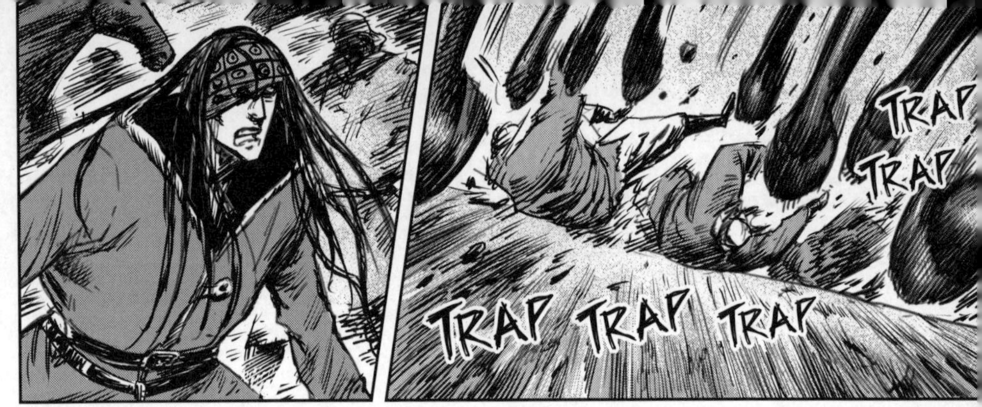

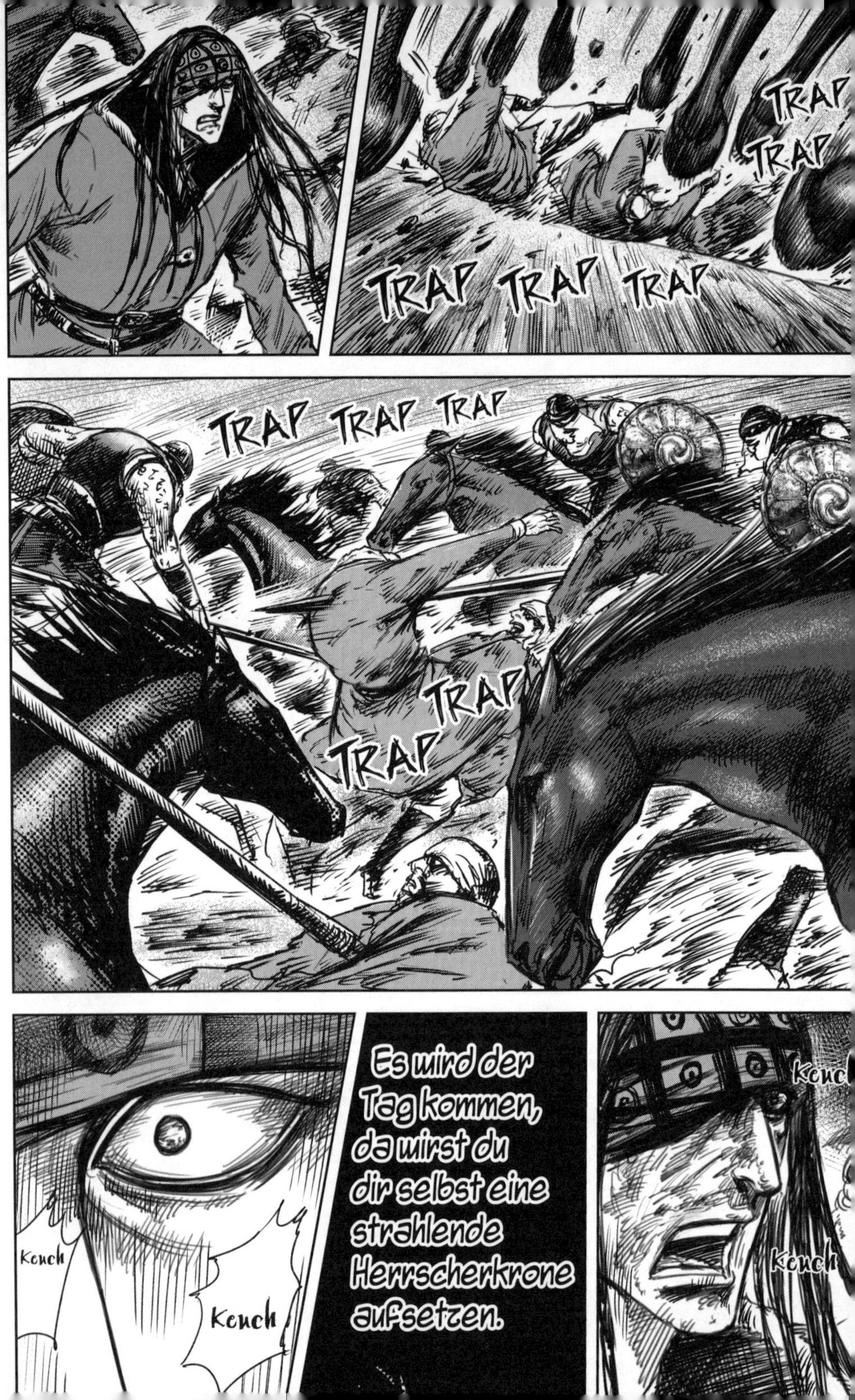

TRAP TRAP TRAP
TRAP
TRAP

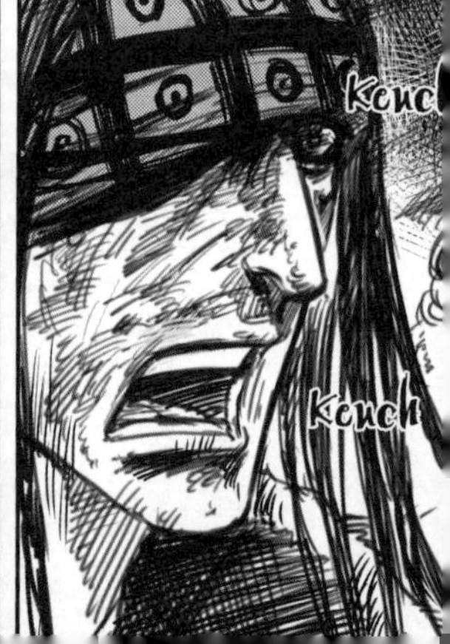

Es wird der Tag kommen, da wirst du dir selbst eine strahlende Herrscherkrone aufsetzen.

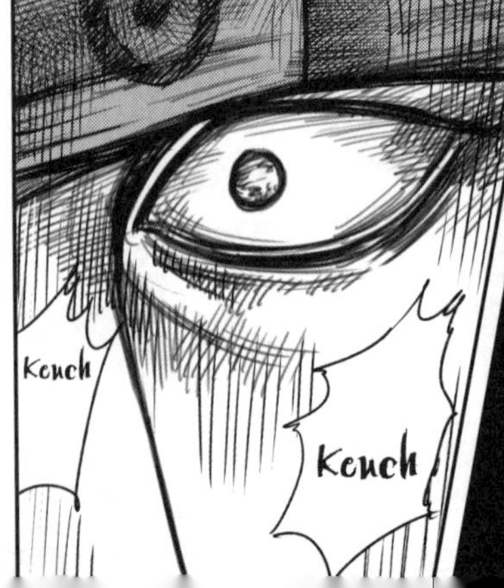

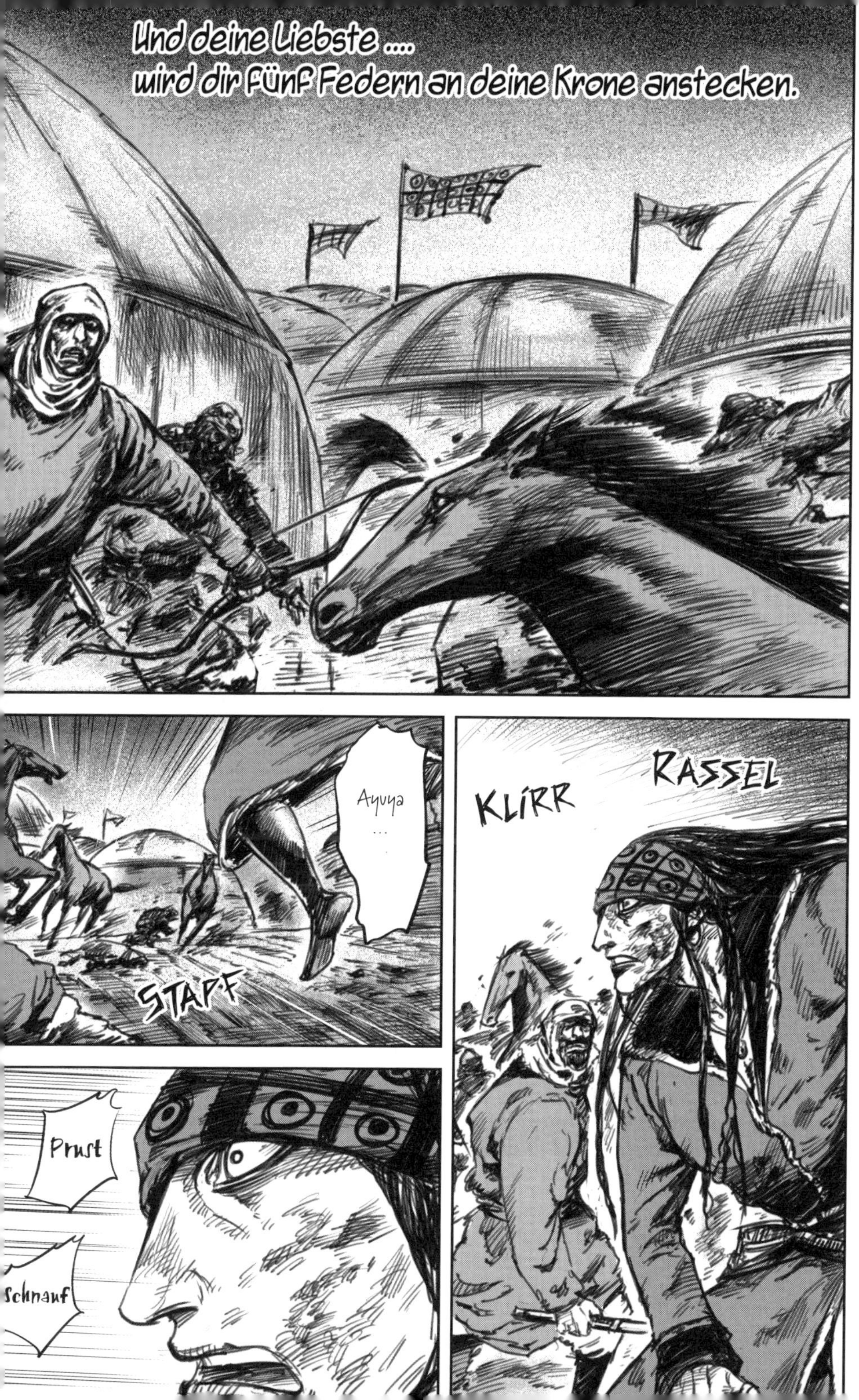

Und deine Liebste ....
wird dir fünf Federn an deine Krone anstecken.

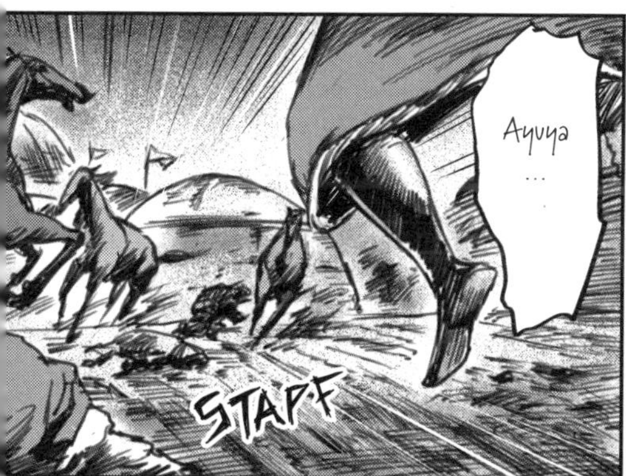

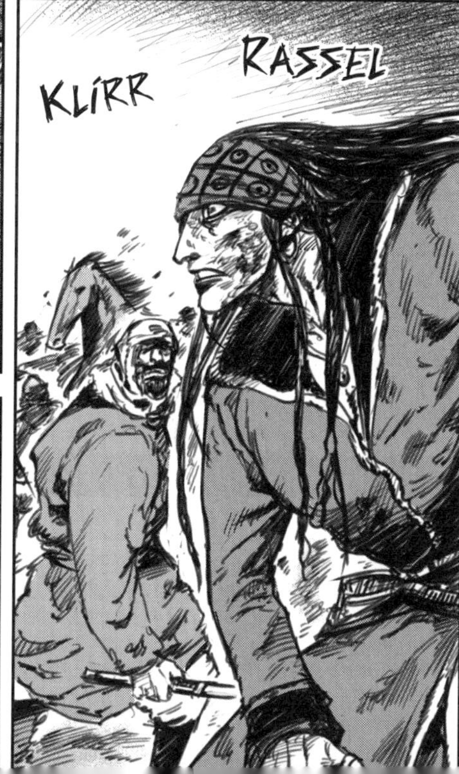

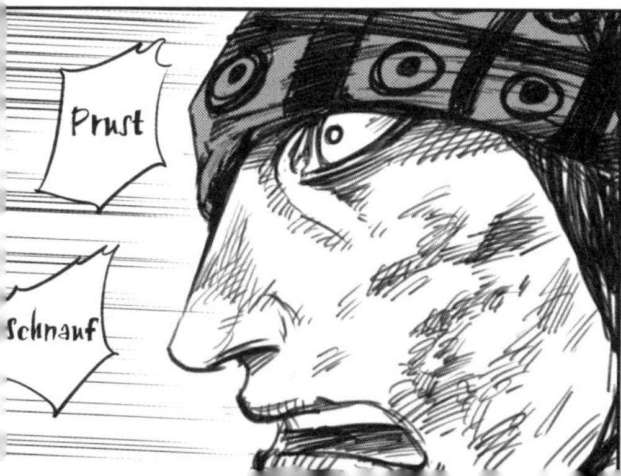

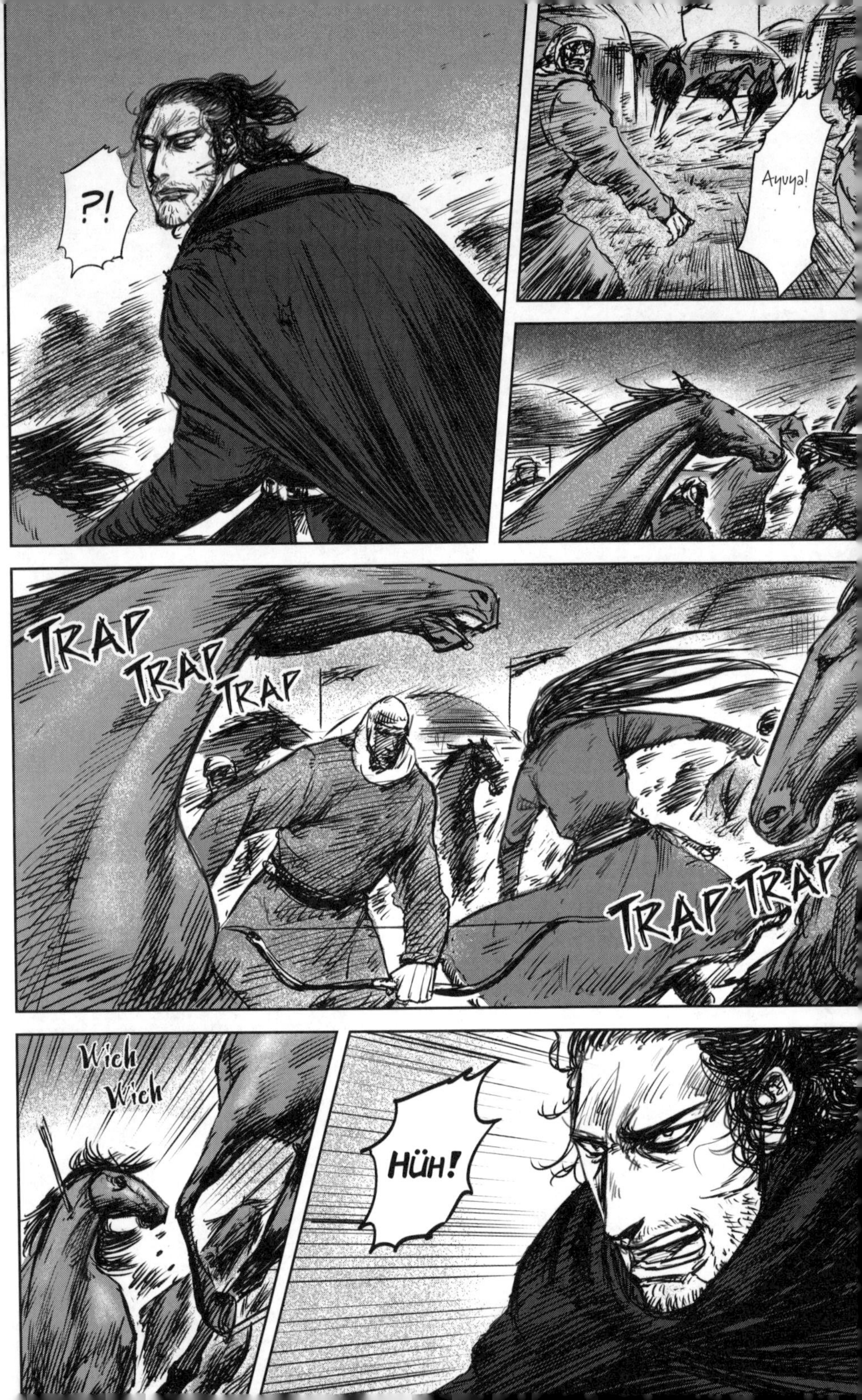

?!
Ayuya!

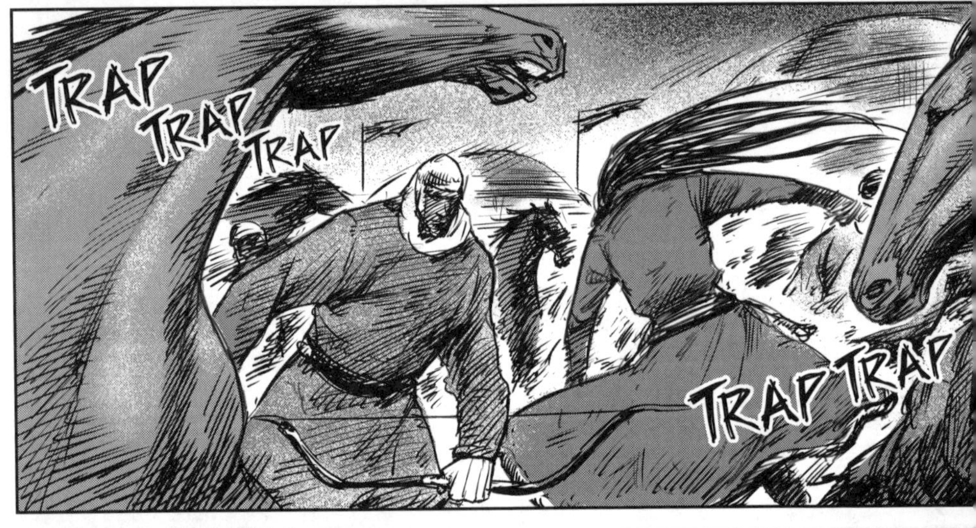
TRAP
TRAP
TRAP
TRAP TRAP

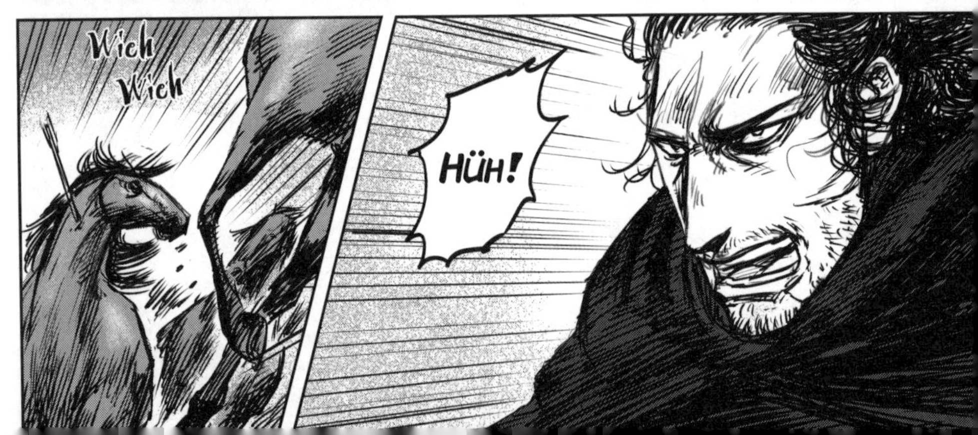
Wich
Wich
HÜH!

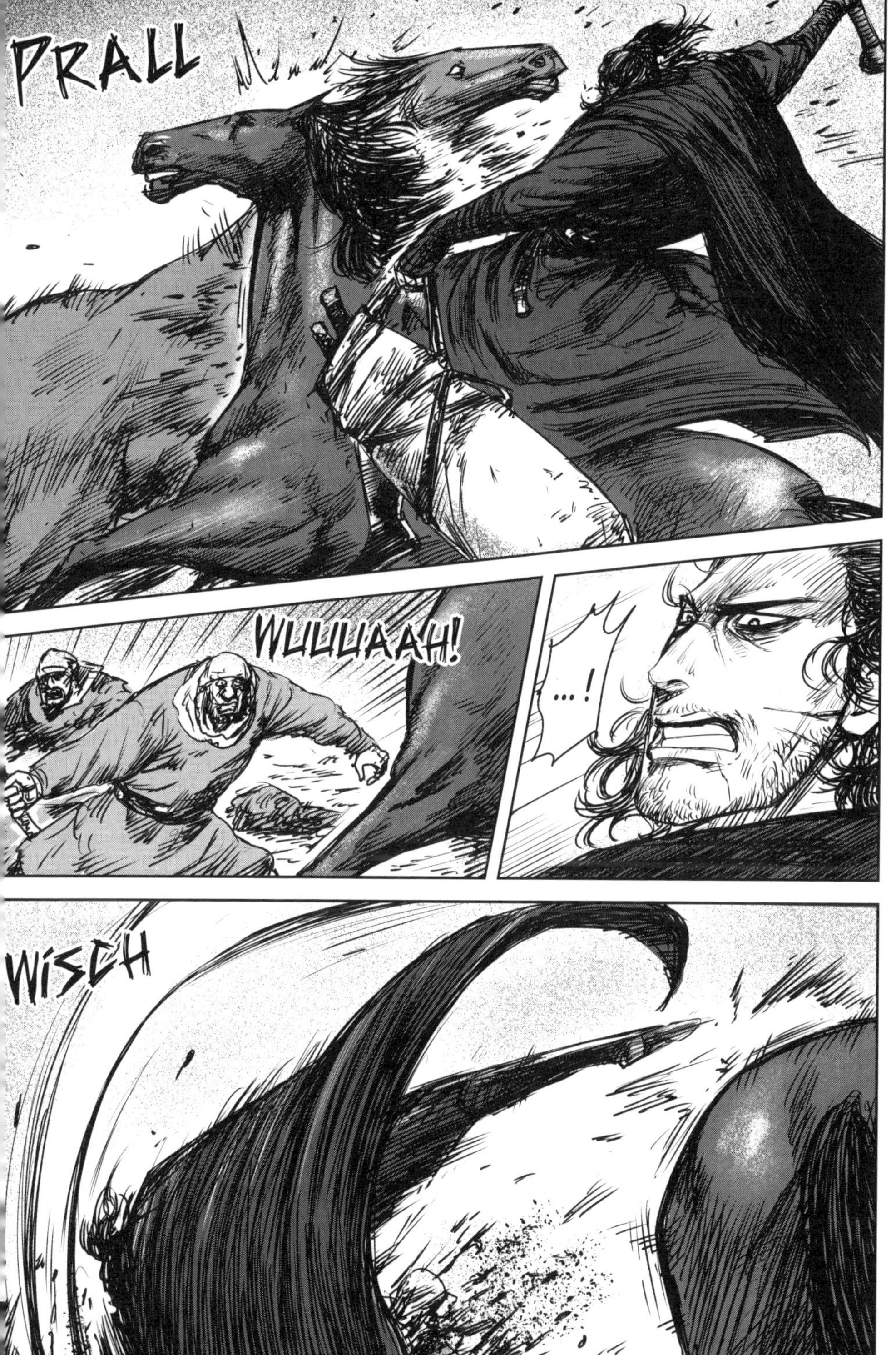
PRALL
WUUUAAH!
...!
WISCH

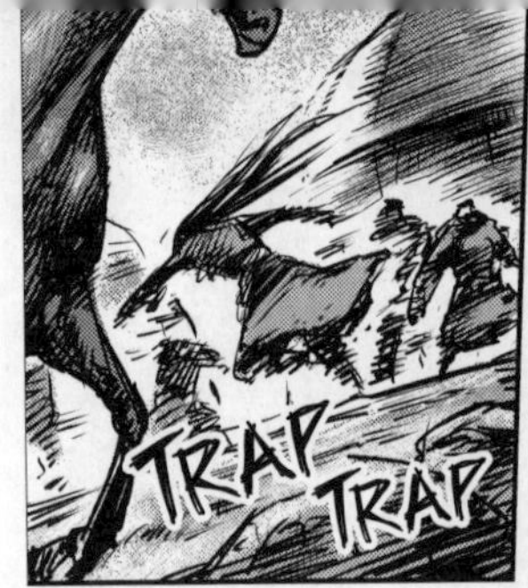
TRAP
TRAP

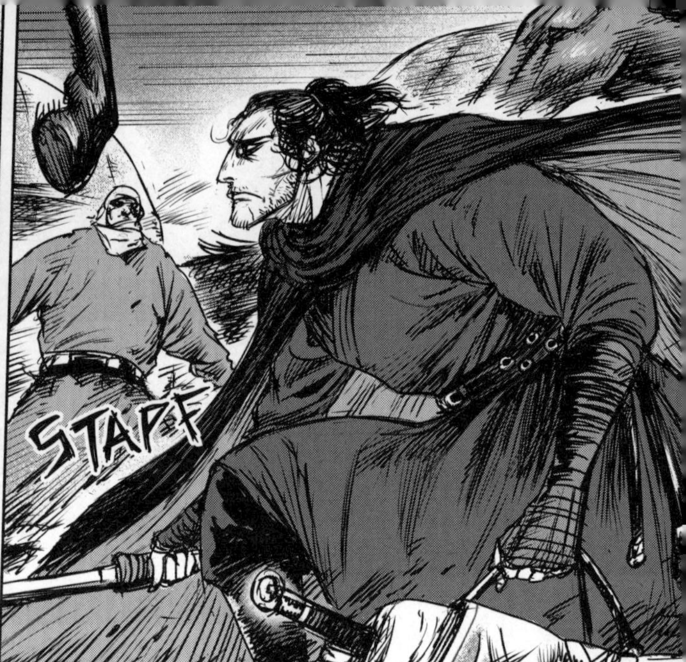
STAPF

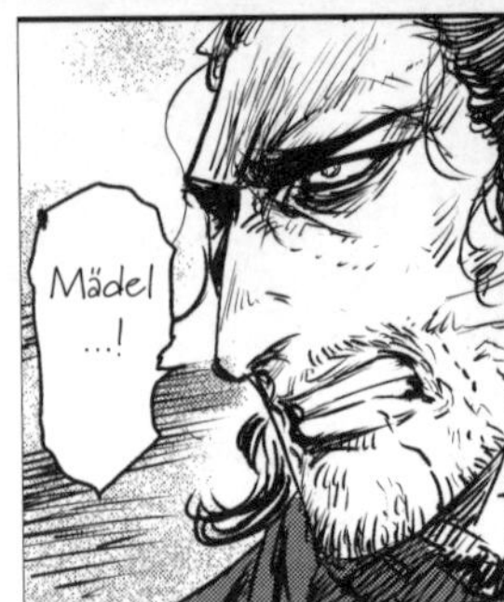
Mädel ...!

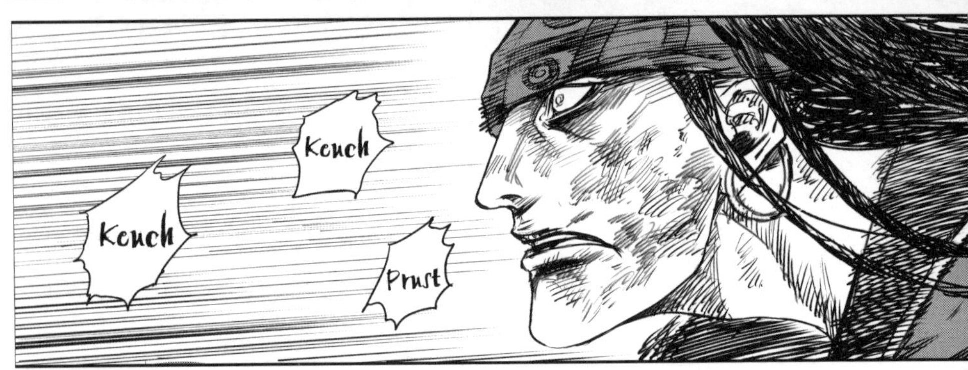
Keuch
Keuch
Prust

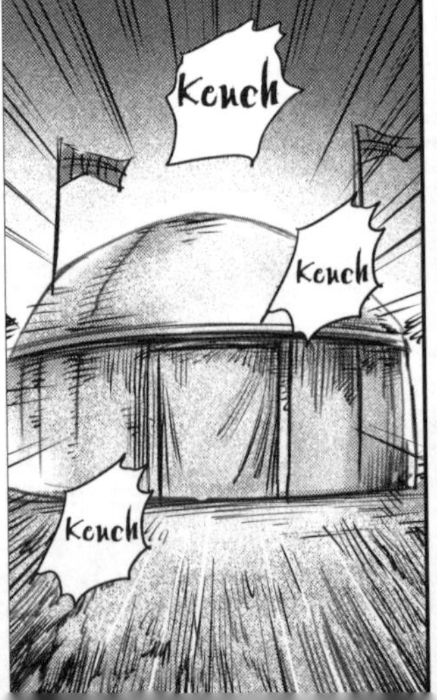
Keuch
Keuch
Keuch

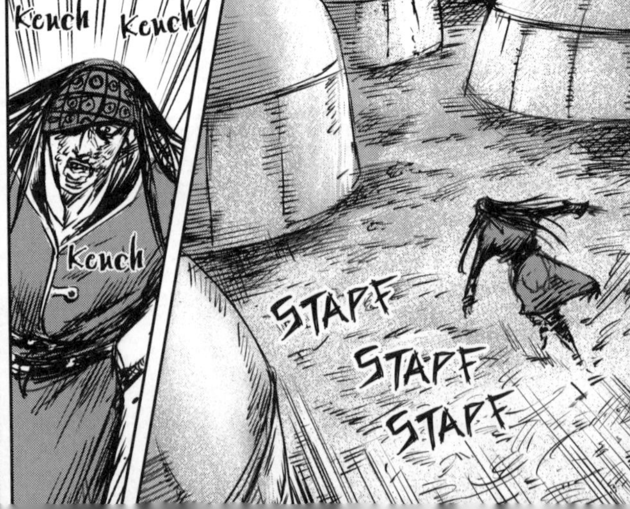
Keuch
Keuch
Keuch
STAPF
STAPF
STAPF

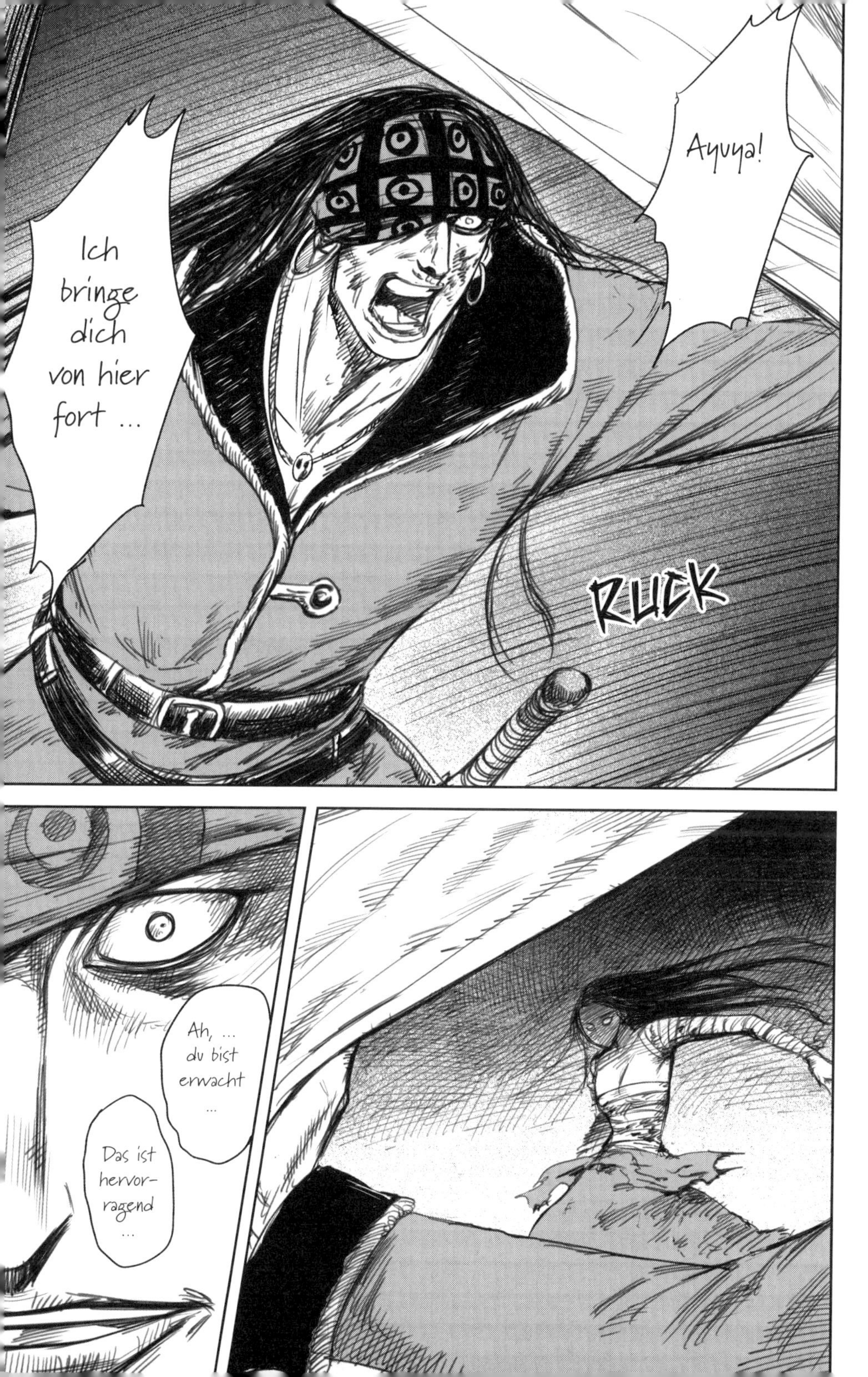

Ayuya!
Ich bringe dich von hier fort ...
RUCK
Ah, ... du bist erwacht ...
Das ist hervorragend ...

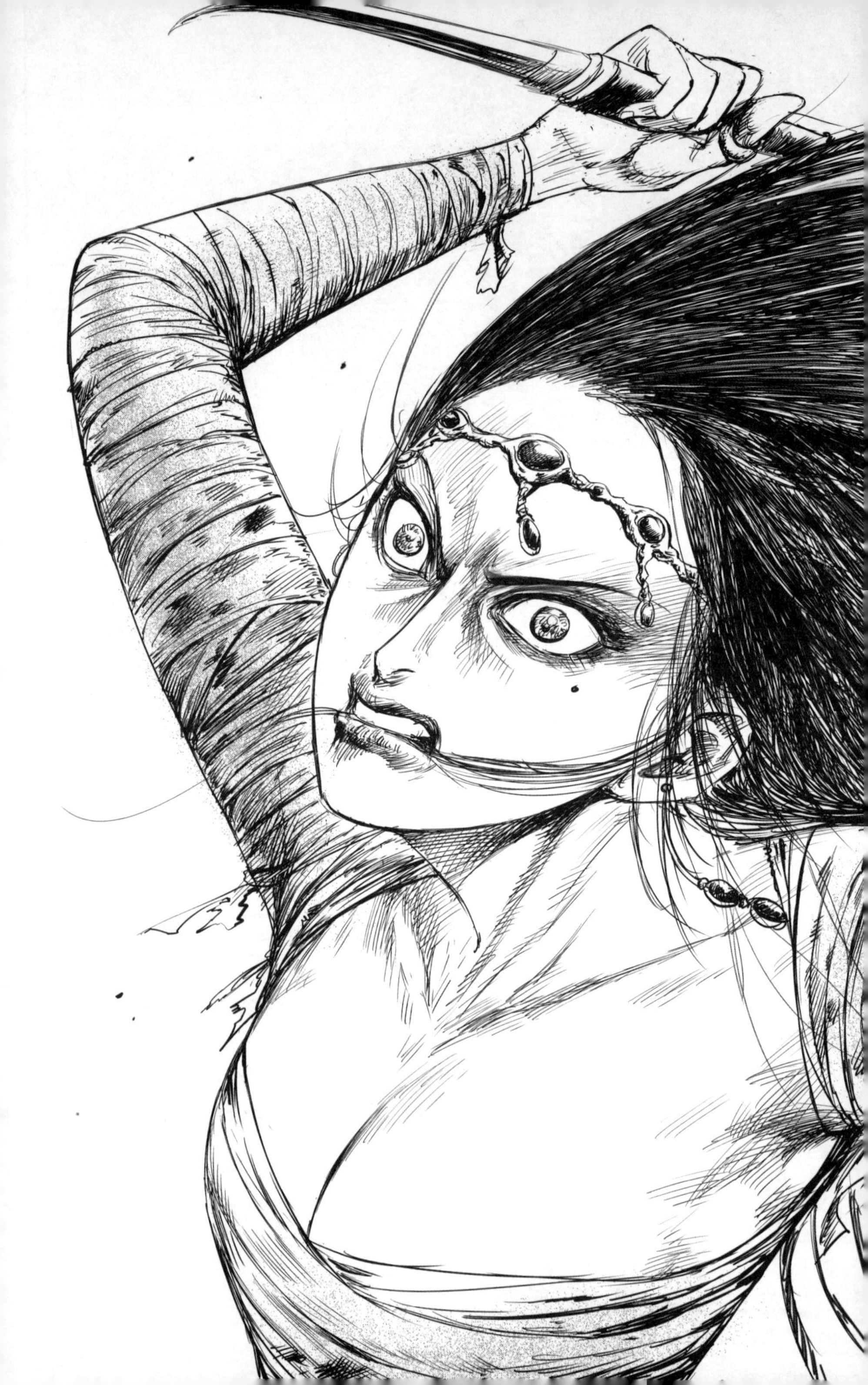

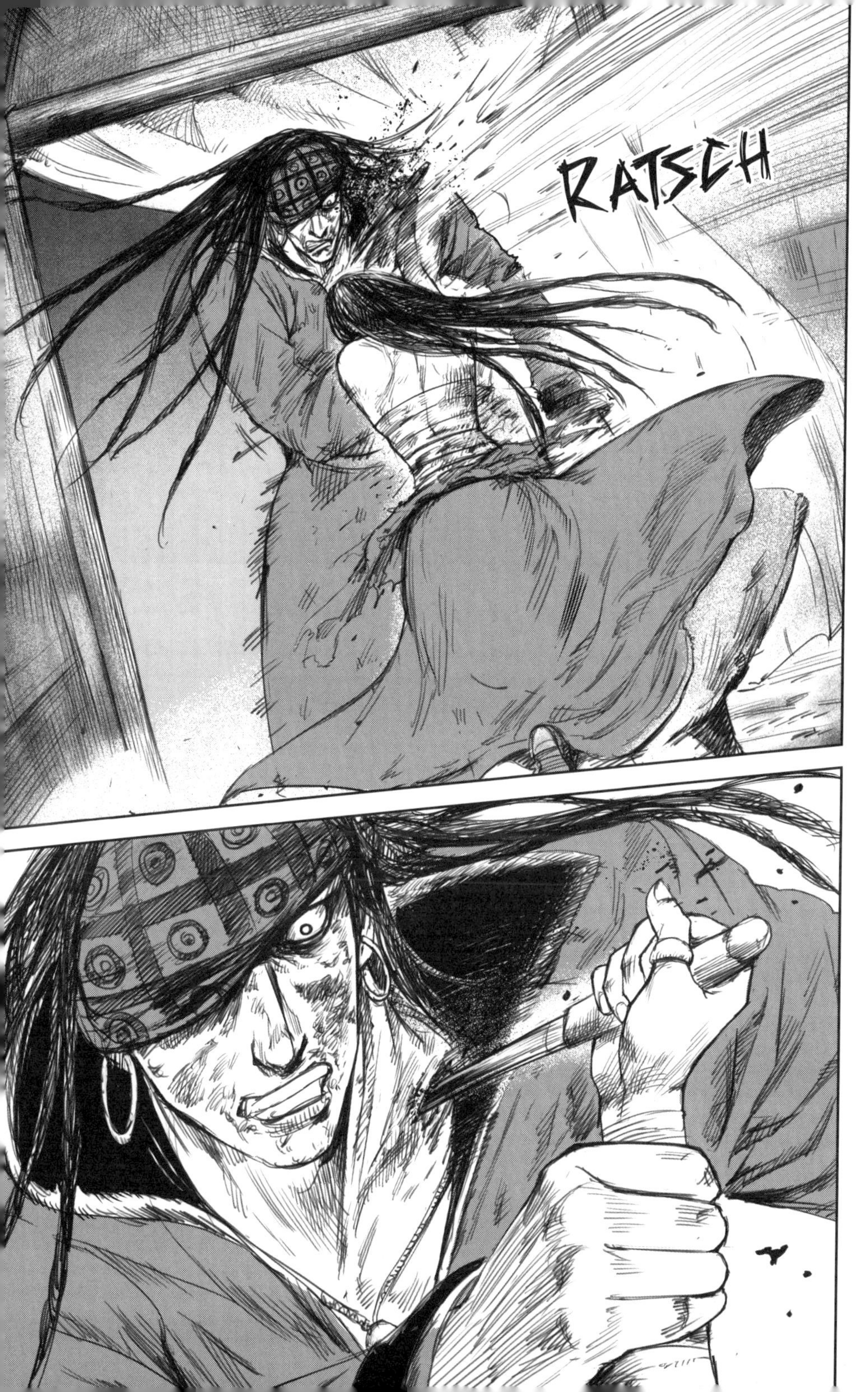
RATSCH

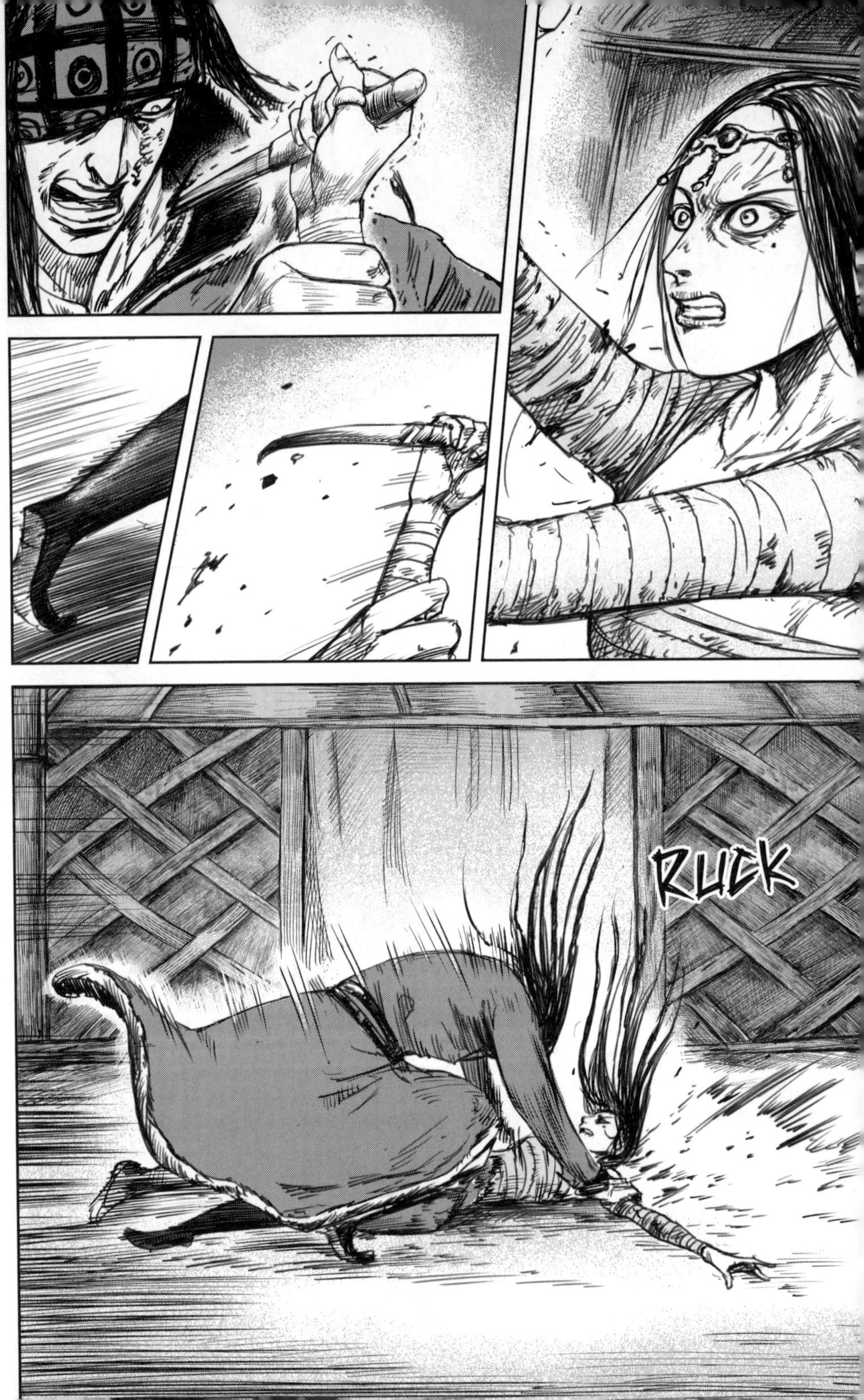

RUCK

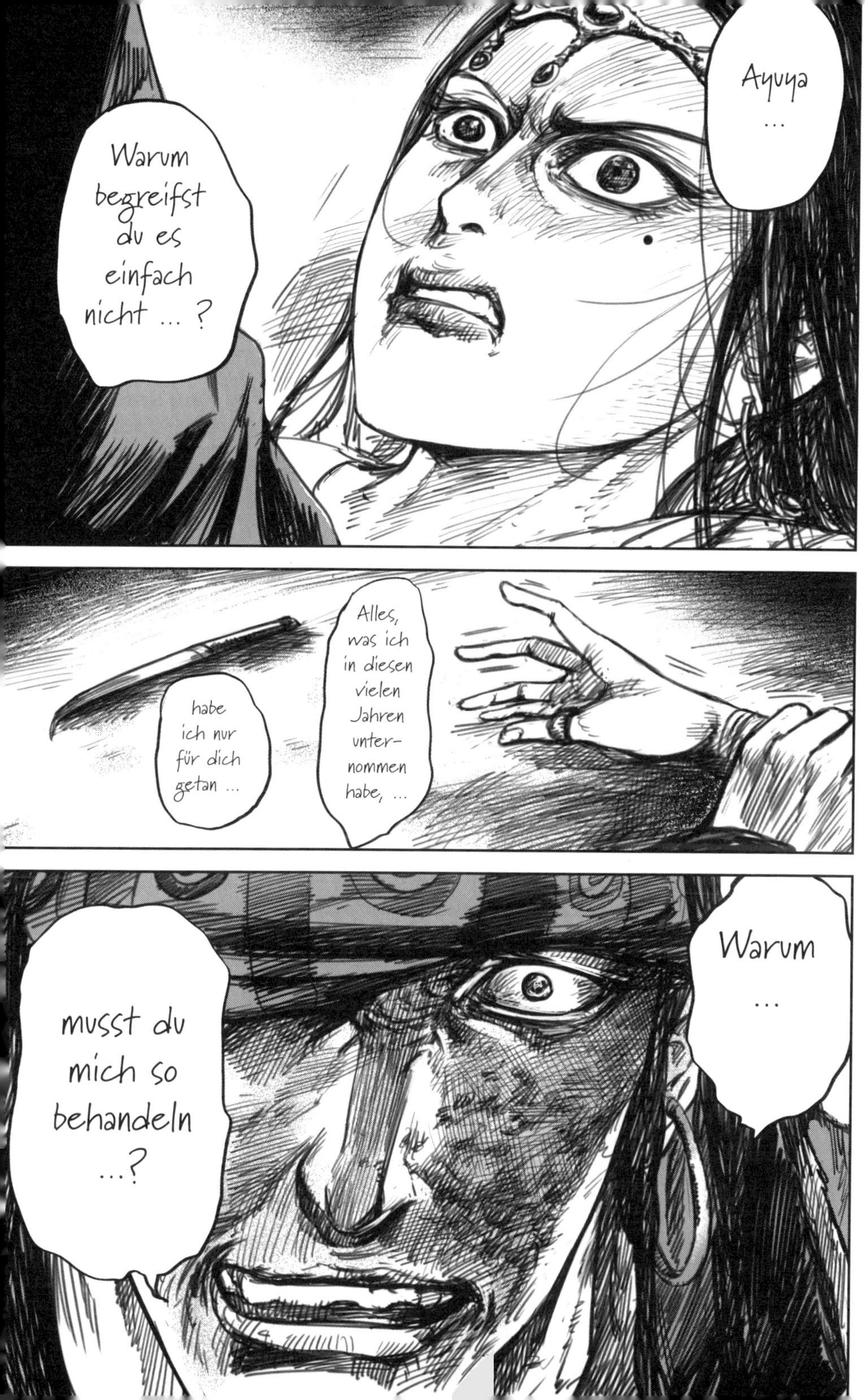

Ayuya ...

Warum begreifst du es einfach nicht ... ?

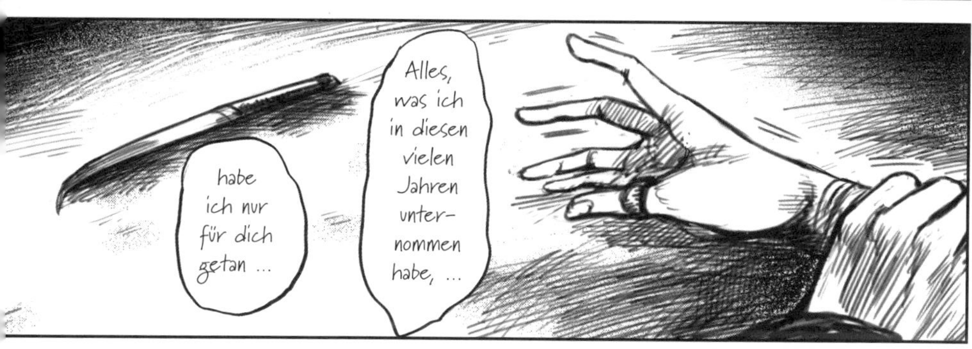

Warum ...

musst du mich so behandeln ...?

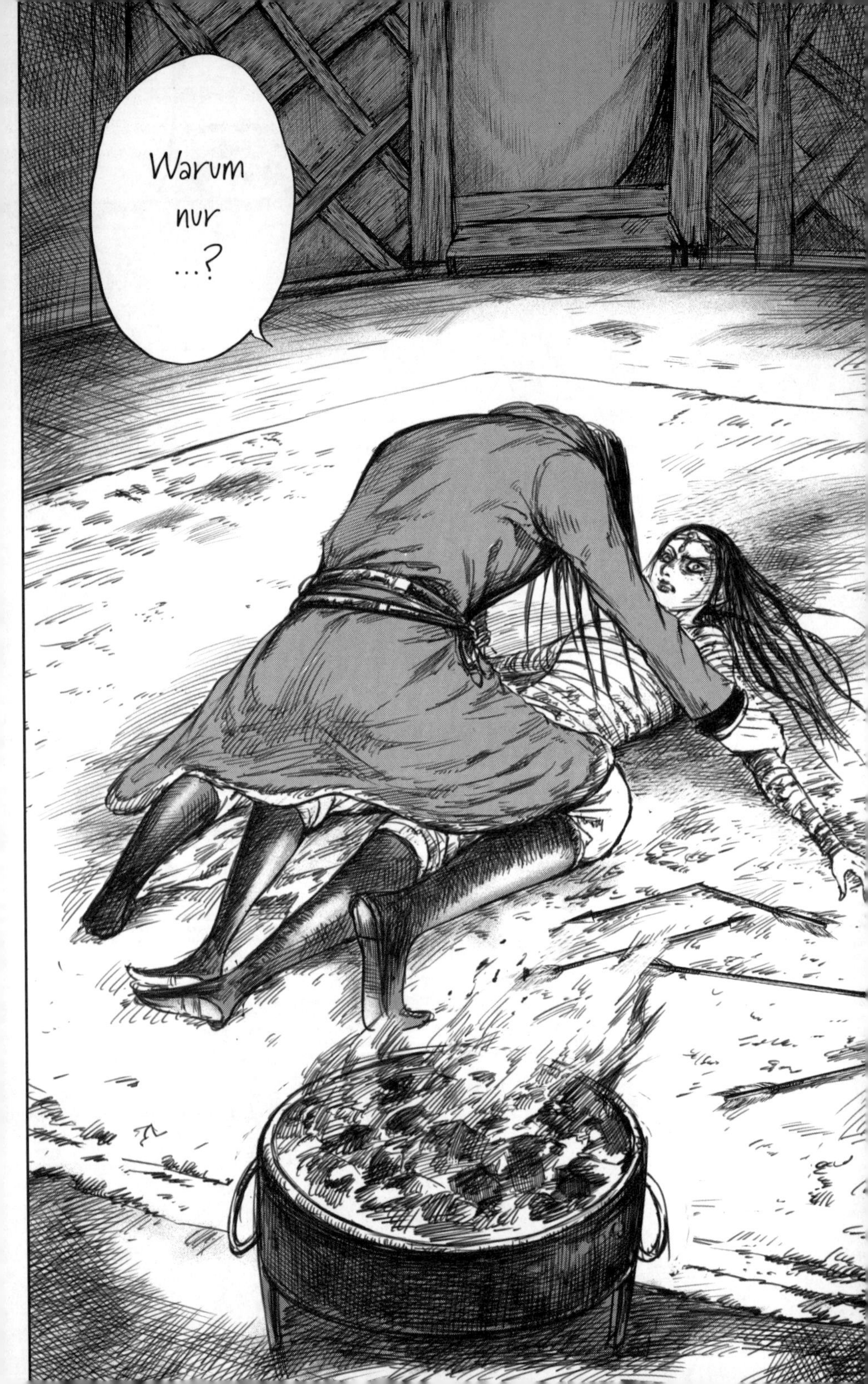
Warum nur …?

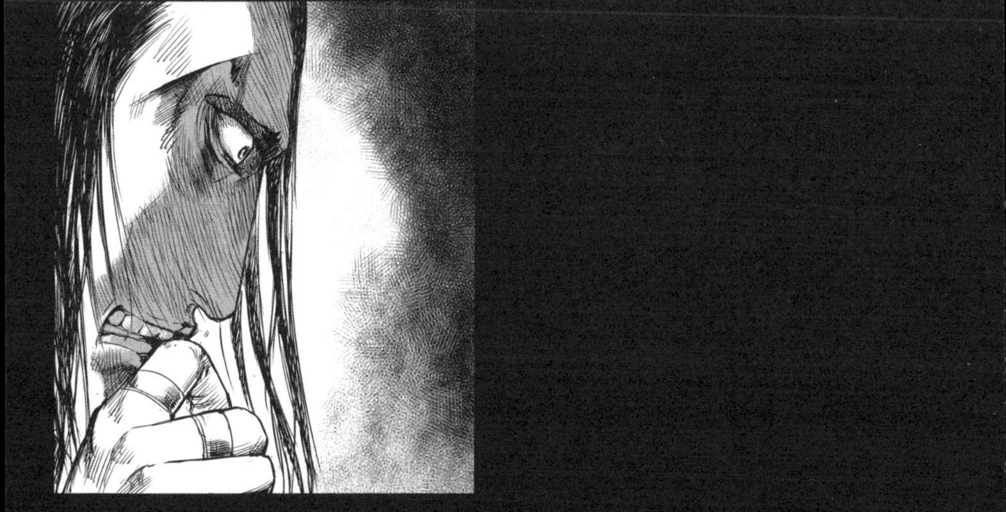

Zweiter Akt:
Die weite Wüste

Kapitel 47:
Heyi Xuan

Drei Jahre zuvor ...

am Marktflecken des Familienklans der Heyi.

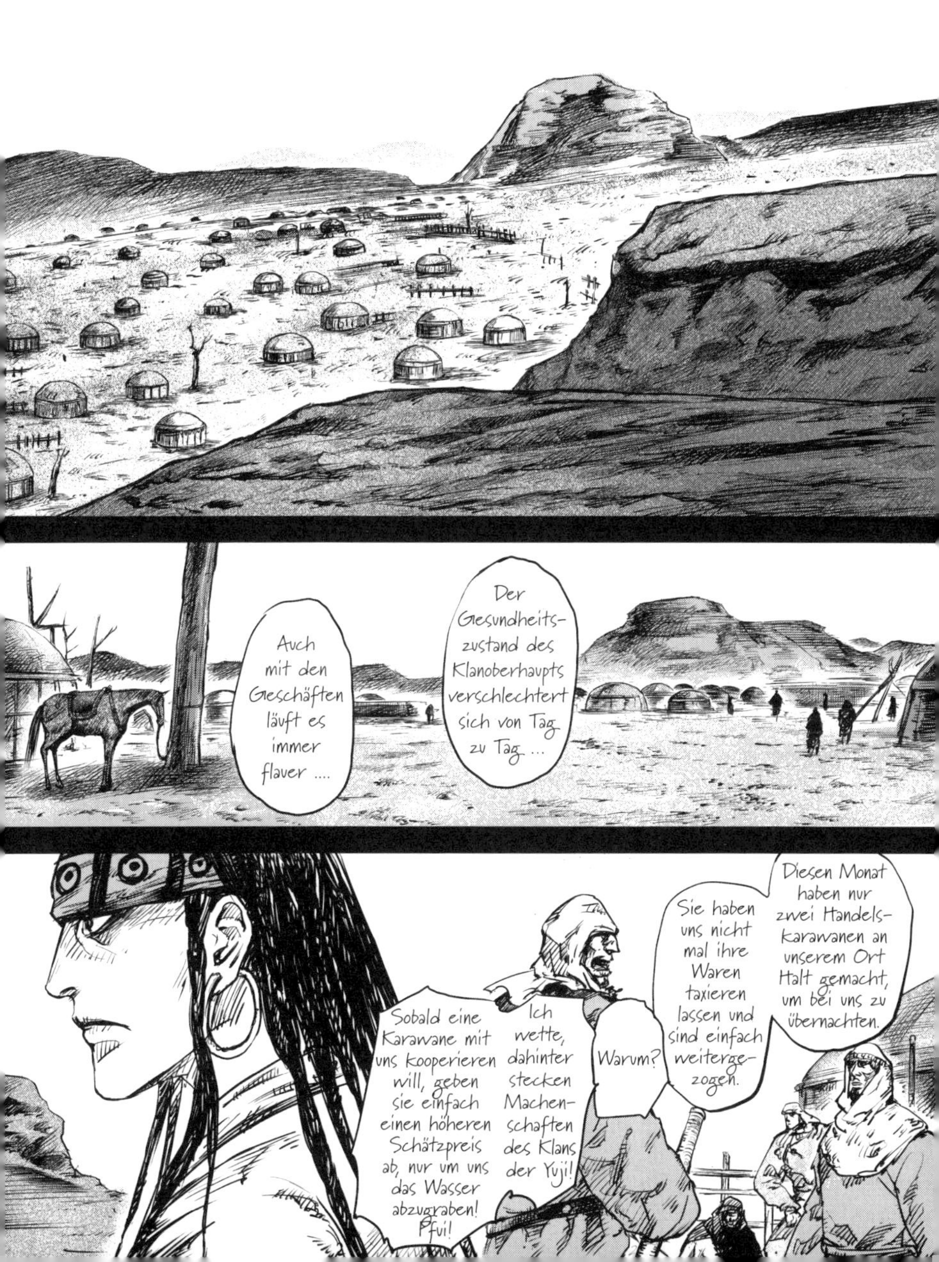

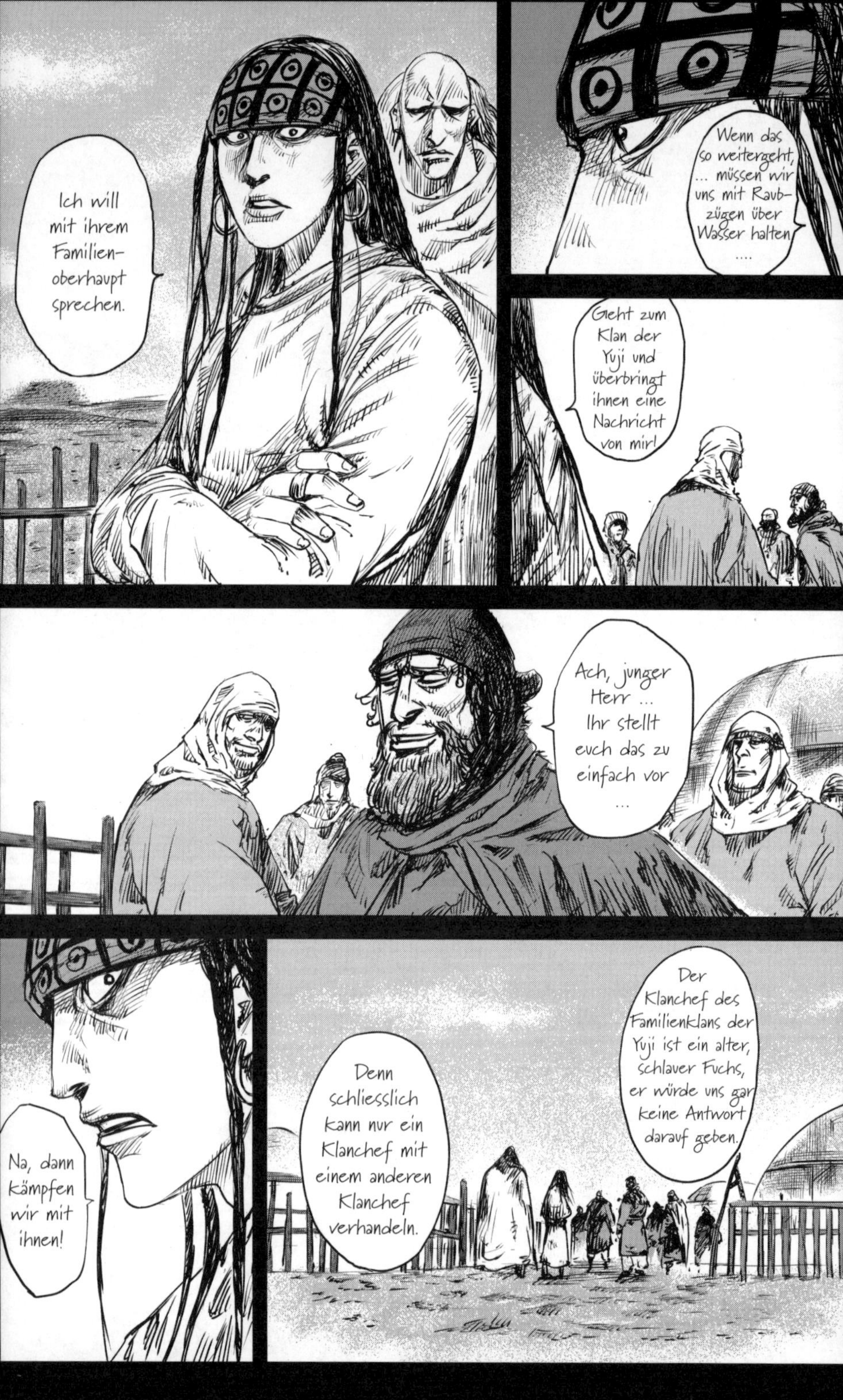
Wenn das so weitergeht, ... müssen wir uns mit Raubzügen über Wasser halten ....
Geht zum Klan der Yuji und überbringt ihnen eine Nachricht von mir!
Ich will mit ihrem Familienoberhaupt sprechen.
Ach, junger Herr ... Ihr stellt euch das zu einfach vor ...
Der Klanchef des Familienklans der Yuji ist ein alter, schlauer Fuchs, er würde uns gar keine Antwort darauf geben.
Denn schliesslich kann nur ein Klanchef mit einem anderen Klanchef verhandeln.
Na, dann kämpfen wir mit ihnen!

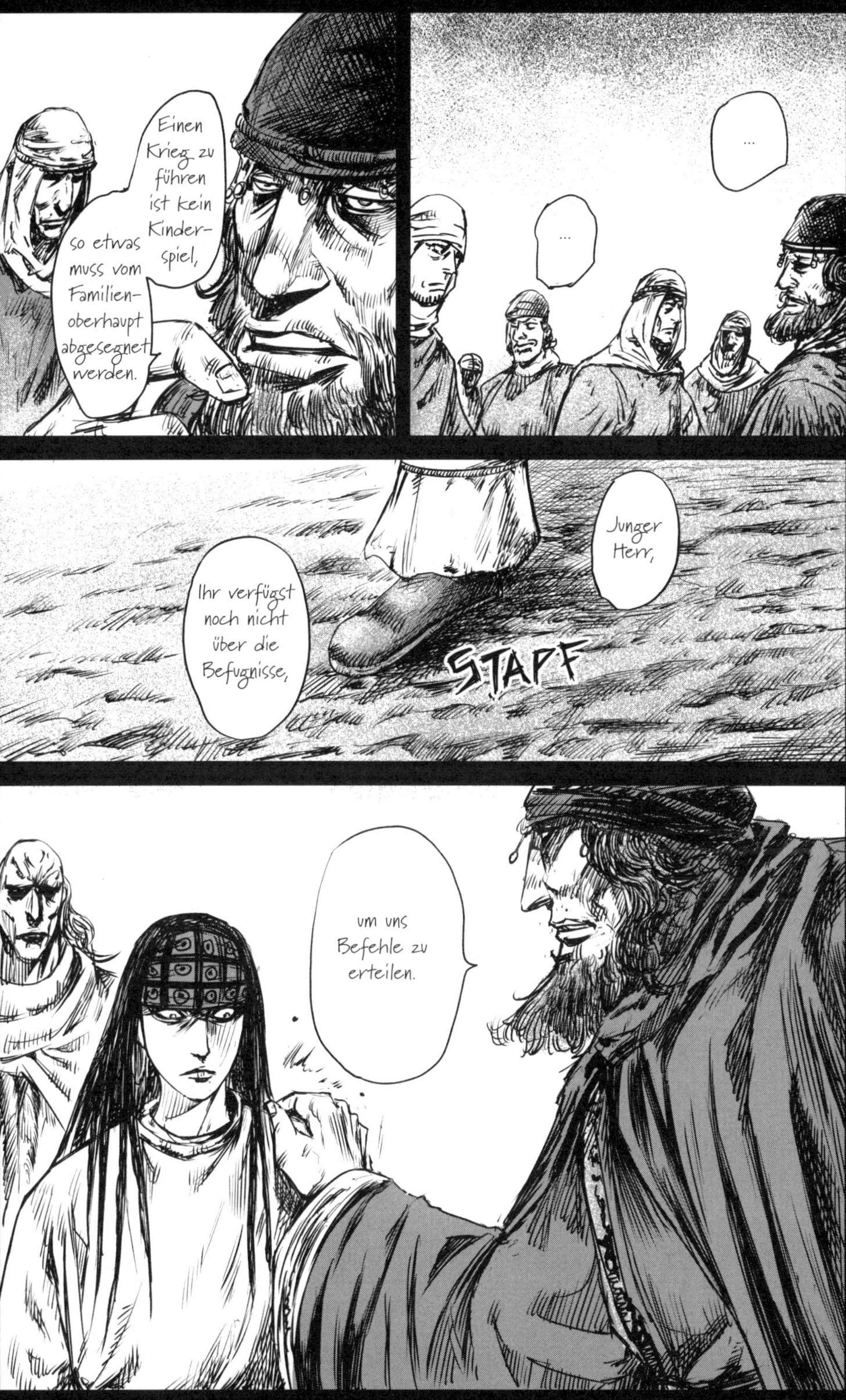
Einen Krieg zu führen ist kein Kinderspiel,
so etwas muss vom Familienoberhaupt abgesegnet werden.
...
...
Junger Herr,
Ihr verfügst noch nicht über die Befugnisse,
STAPF
um uns Befehle zu erteilen.

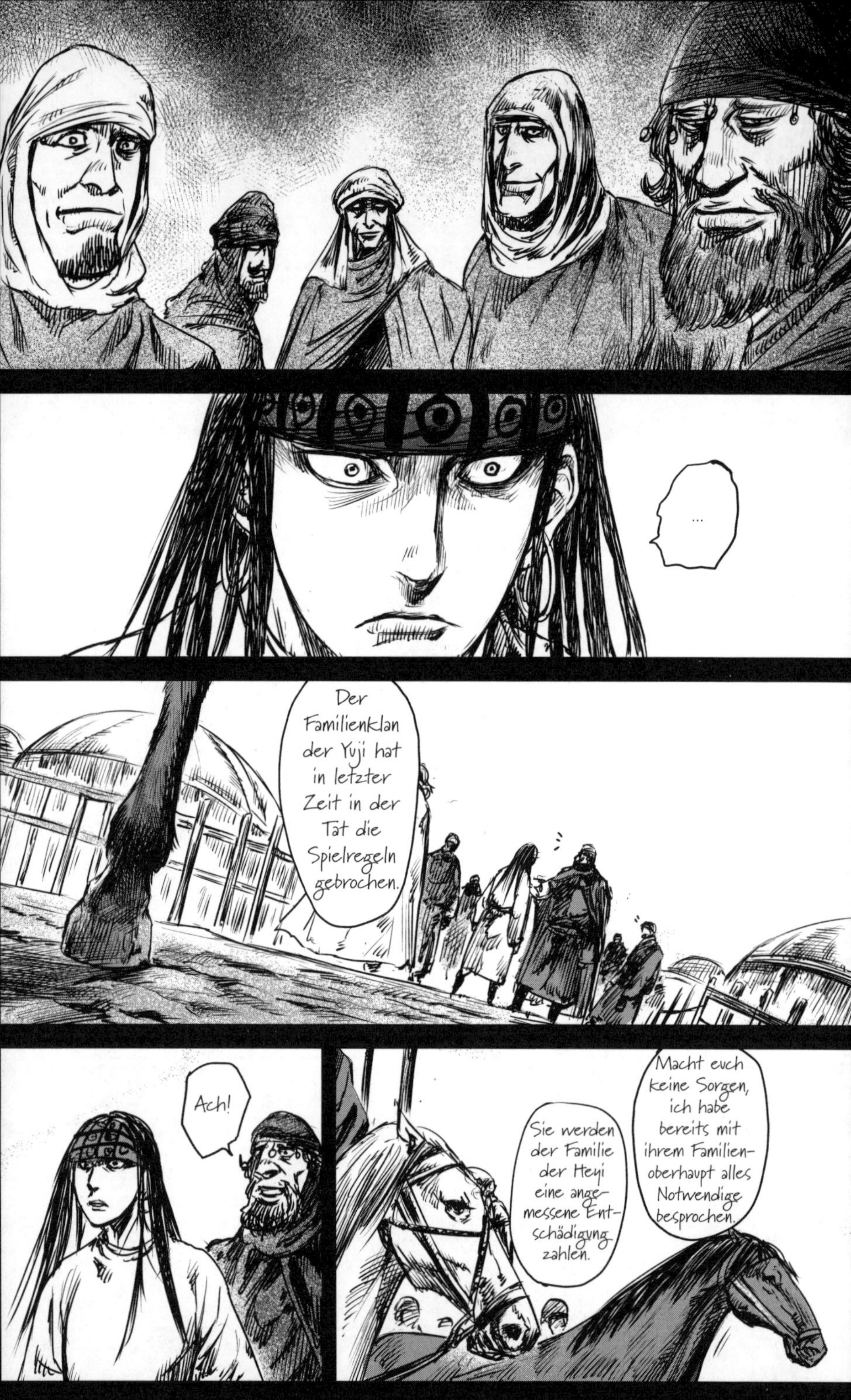
…
Der Familienklan der Yuji hat in letzter Zeit in der Tat die Spielregeln gebrochen.
Ach!
Macht euch keine Sorgen, ich habe bereits mit ihrem Familienoberhaupt alles Notwendige besprochen.
Sie werden der Familie der Heyi eine angemessene Entschädigung zahlen.

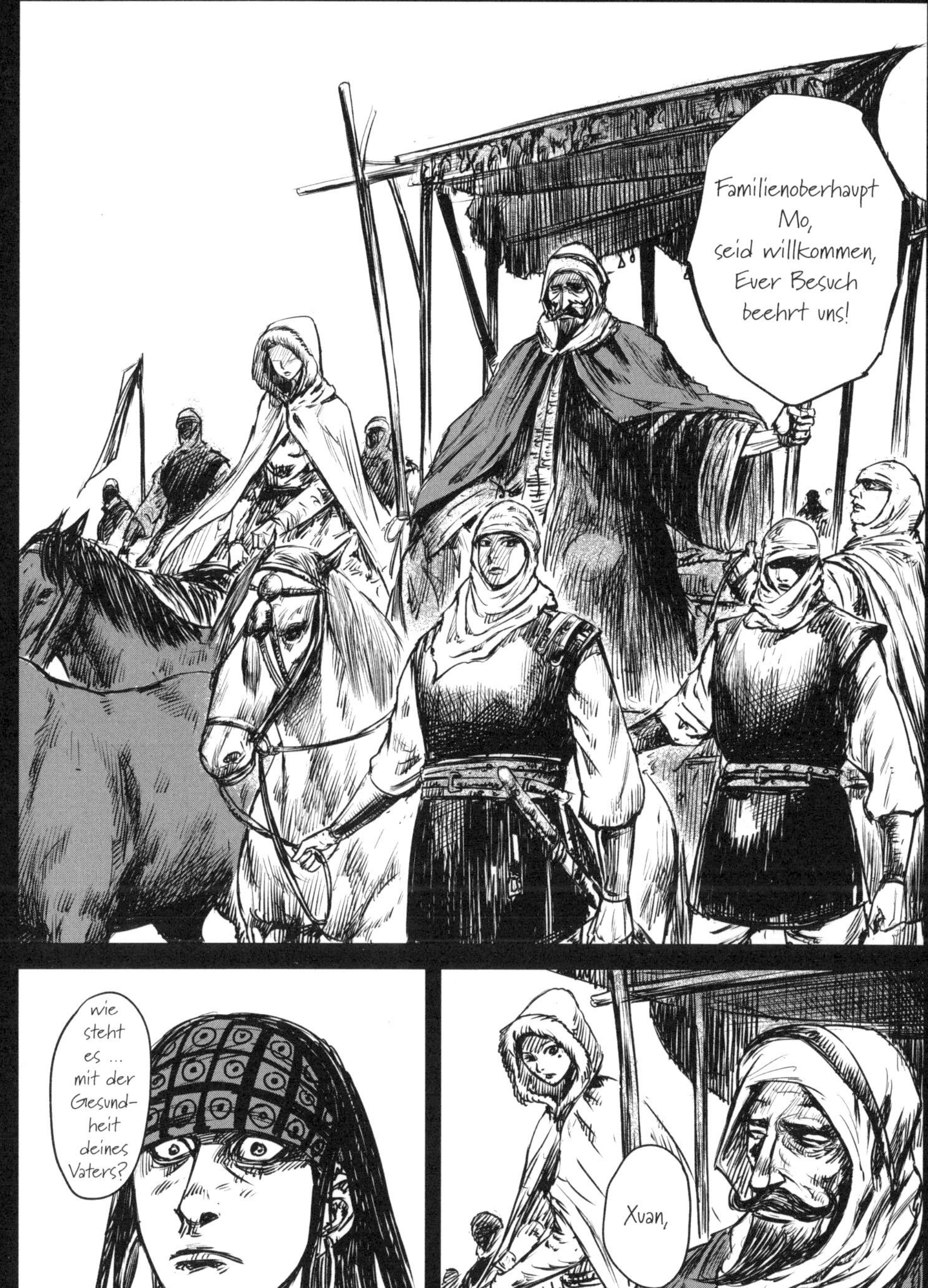

Familienoberhaupt Mo, seid willkommen, Euer Besuch beehrt uns!
Xuan,
wie steht es ... mit der Gesund-heit deines Vaters?

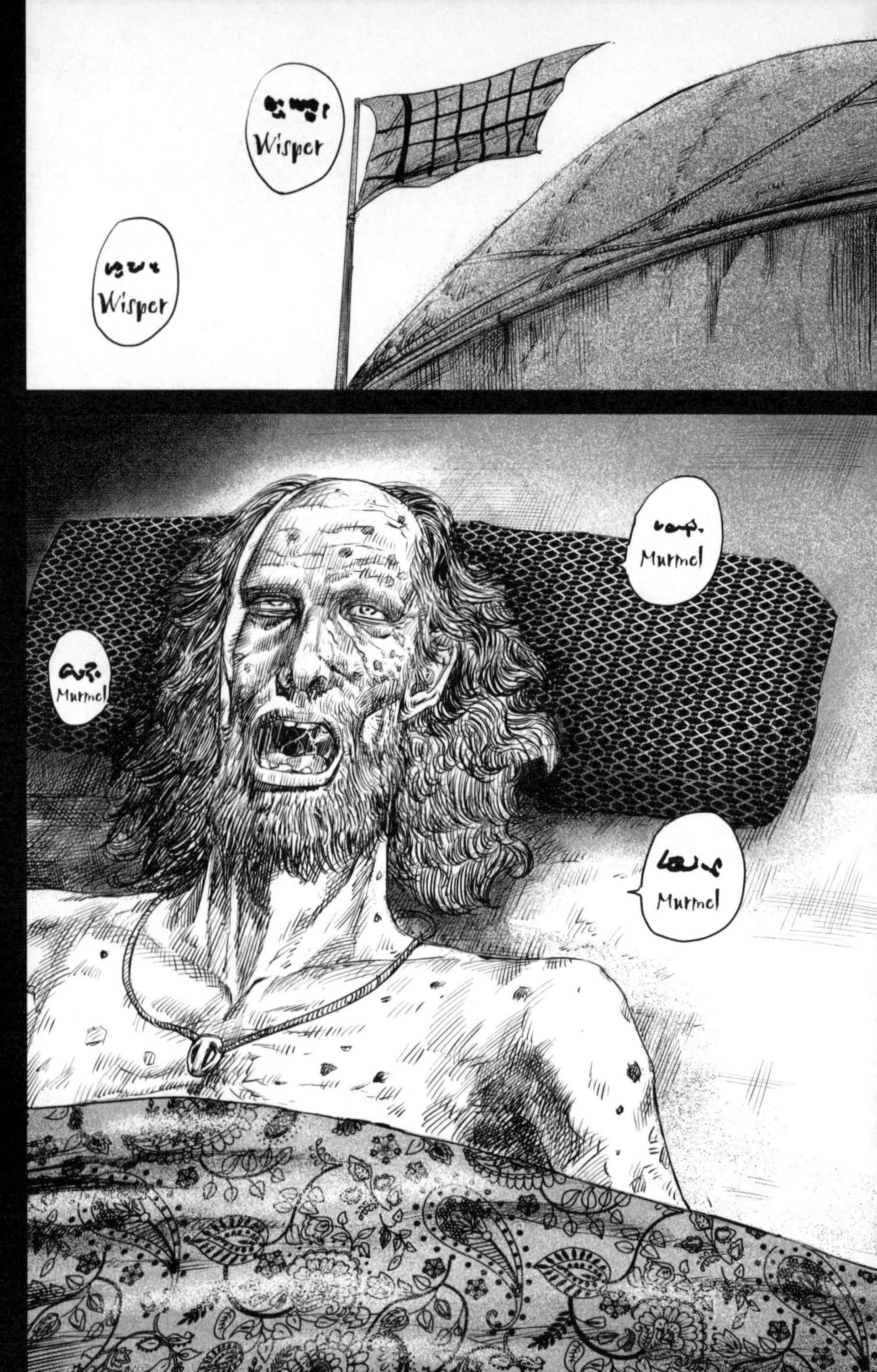
Wisper
Wisper
Murmel
Murmel
Murmel

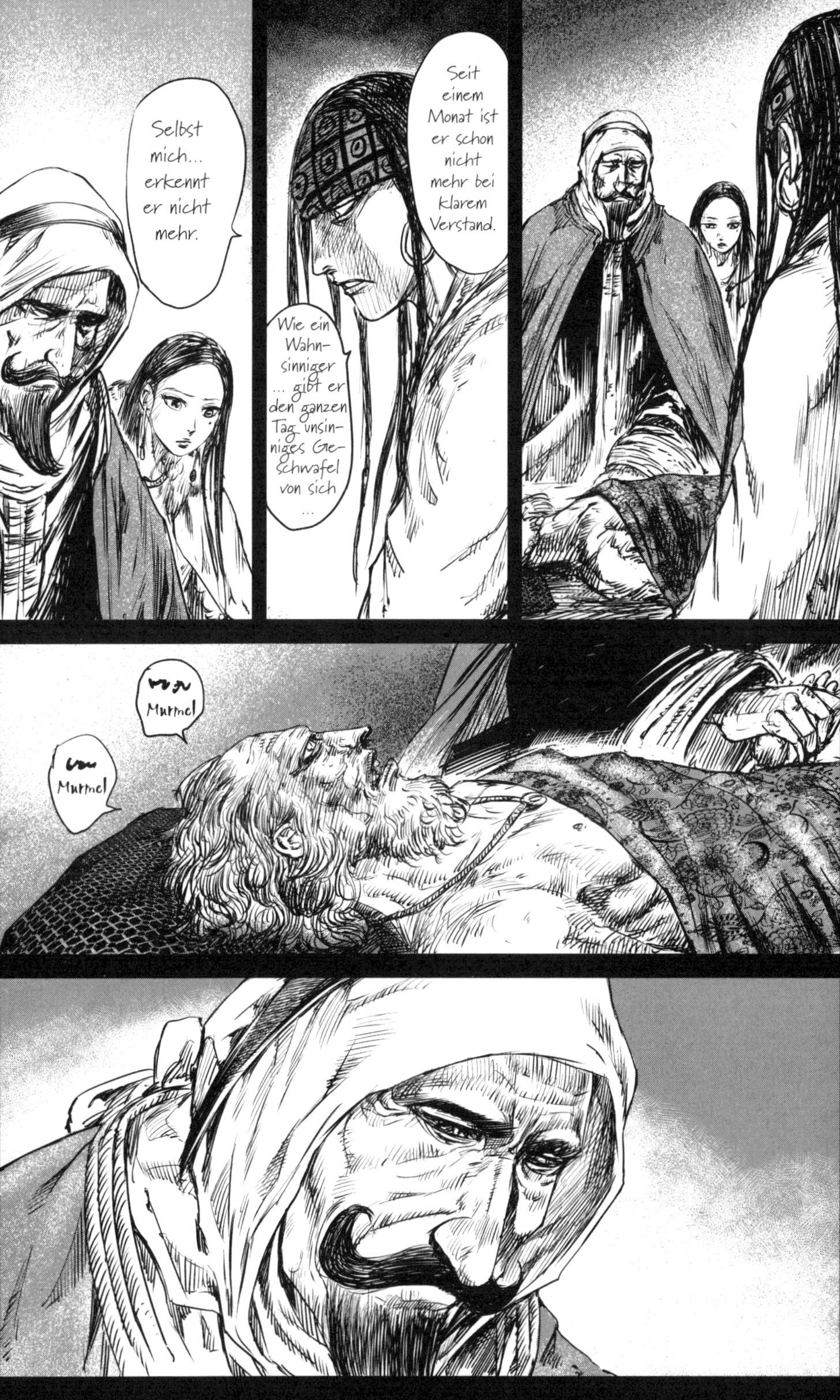

Seit einem Monat ist er schon nicht mehr bei klarem Verstand.
Wie ein Wahn-sinniger ... gibt er den ganzen Tag unsin-niges Ge-schwafel von sich ...
Selbst mich... erkennt er nicht mehr.
Murmel
Murmel

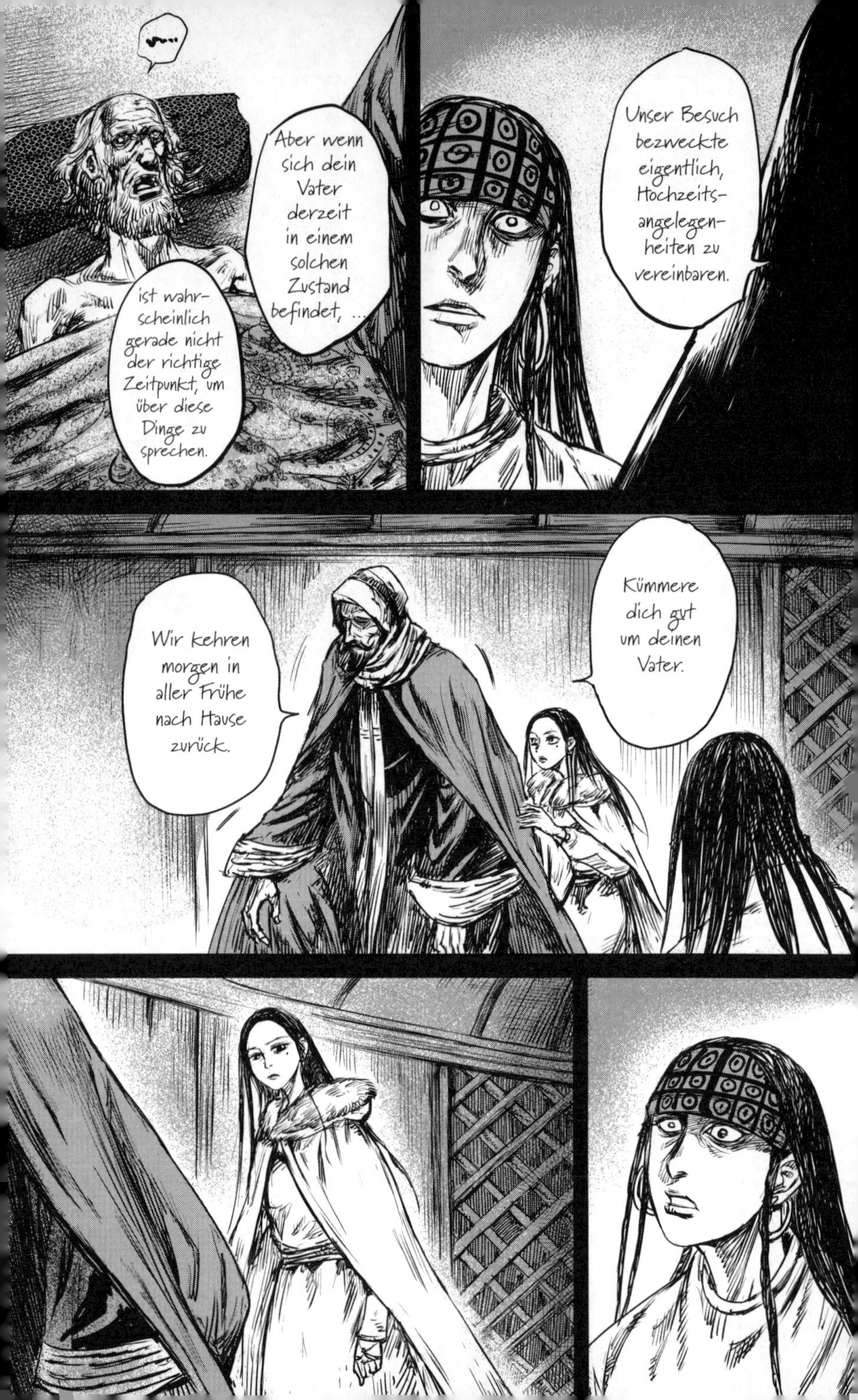
Unser Besuch bezweckte eigentlich, Hochzeits-angelegen-heiten zu vereinbaren.
Aber wenn sich dein Vater derzeit in einem solchen Zustand befindet, ...
ist wahr-scheinlich gerade nicht der richtige Zeitpunkt, um über diese Dinge zu sprechen.
Kümmere dich gut um deinen Vater.
Wir kehren morgen in aller Frühe nach Hause zurück.

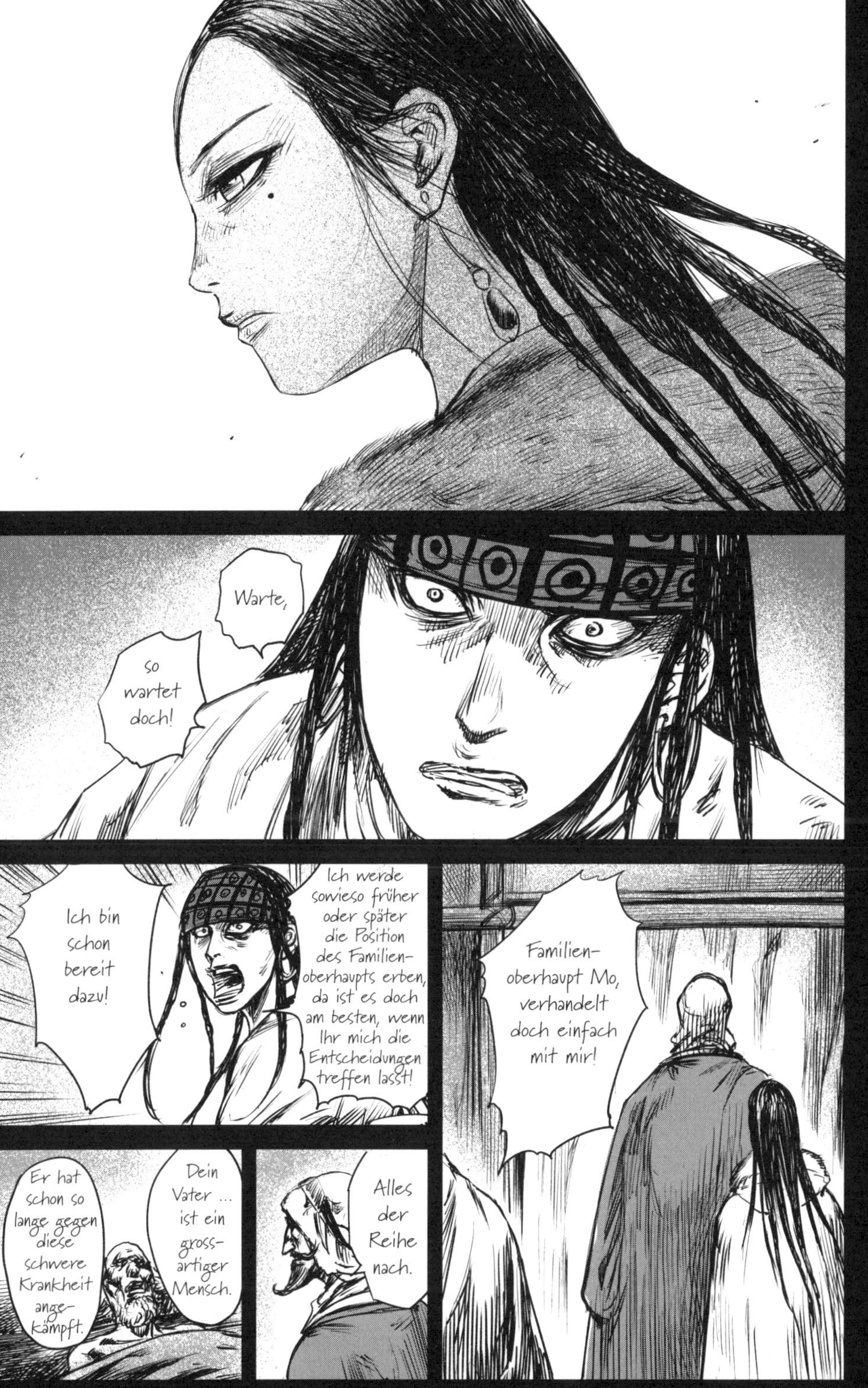

Warte,
so wartet doch!
Familienoberhaupt Mo, verhandelt doch einfach mit mir!
Ich werde sowieso früher oder später die Position des Familienoberhaupts erben, da ist es doch am besten, wenn Ihr mich die Entscheidungen treffen lasst!
Ich bin schon bereit dazu!
Alles der Reihe nach.
Dein Vater … ist ein grossartiger Mensch.
Er hat schon so lange gegen diese schwere Krankheit angekämpft.

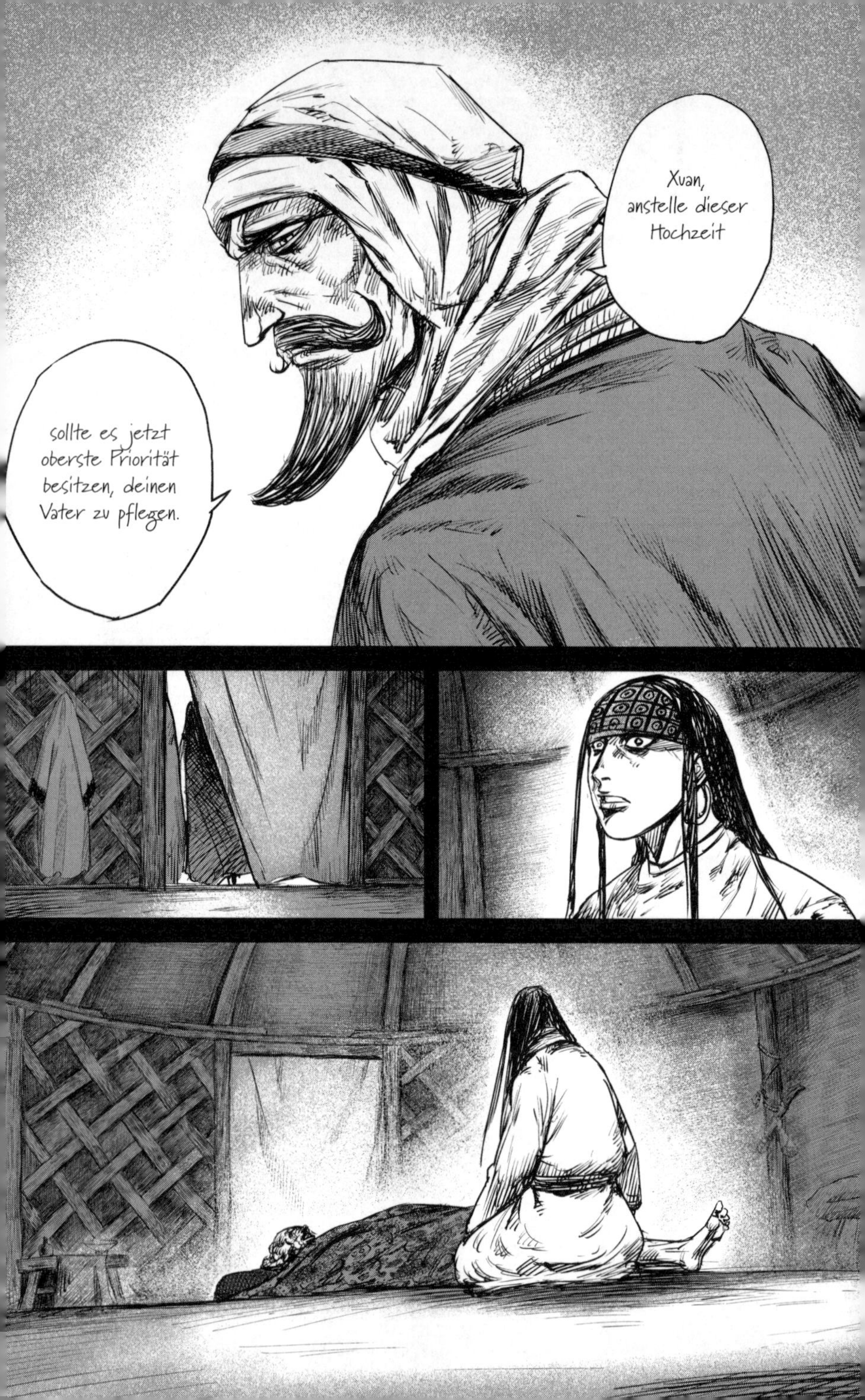
Xuan,
anstelle dieser
Hochzeit
sollte es jetzt
oberste Priorität
besitzen, deinen
Vater zu pflegen.

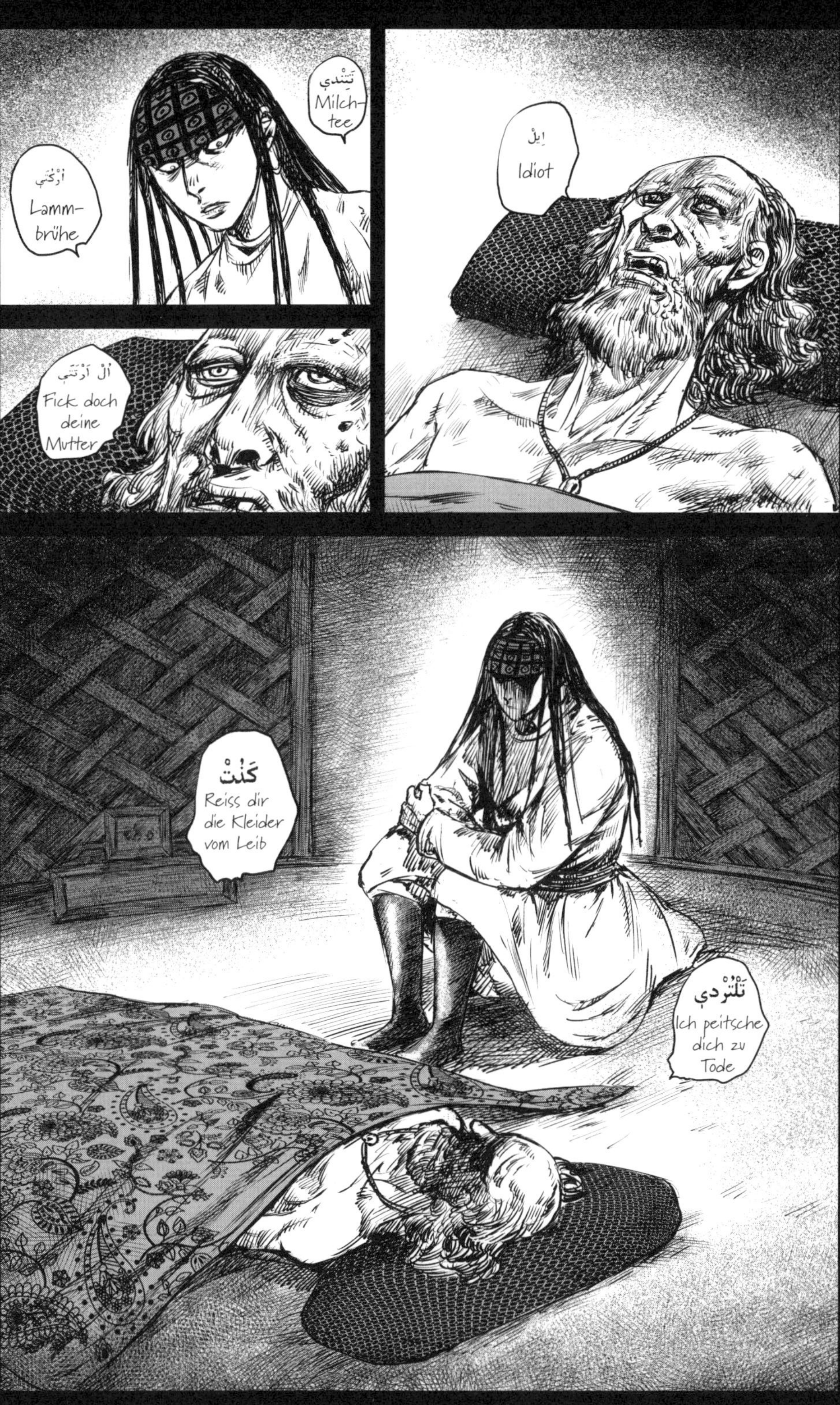

تَنْدي
Milch-tee
أرْكَتي
Lamm-brühe
إيلْ
Idiot
أُلْ آرْتَتي
Fick doch deine Mutter
كَنْتْ
Reiss dir die Kleider vom Leib
تَلْتُرْدي
Ich peitsche dich zu Tode

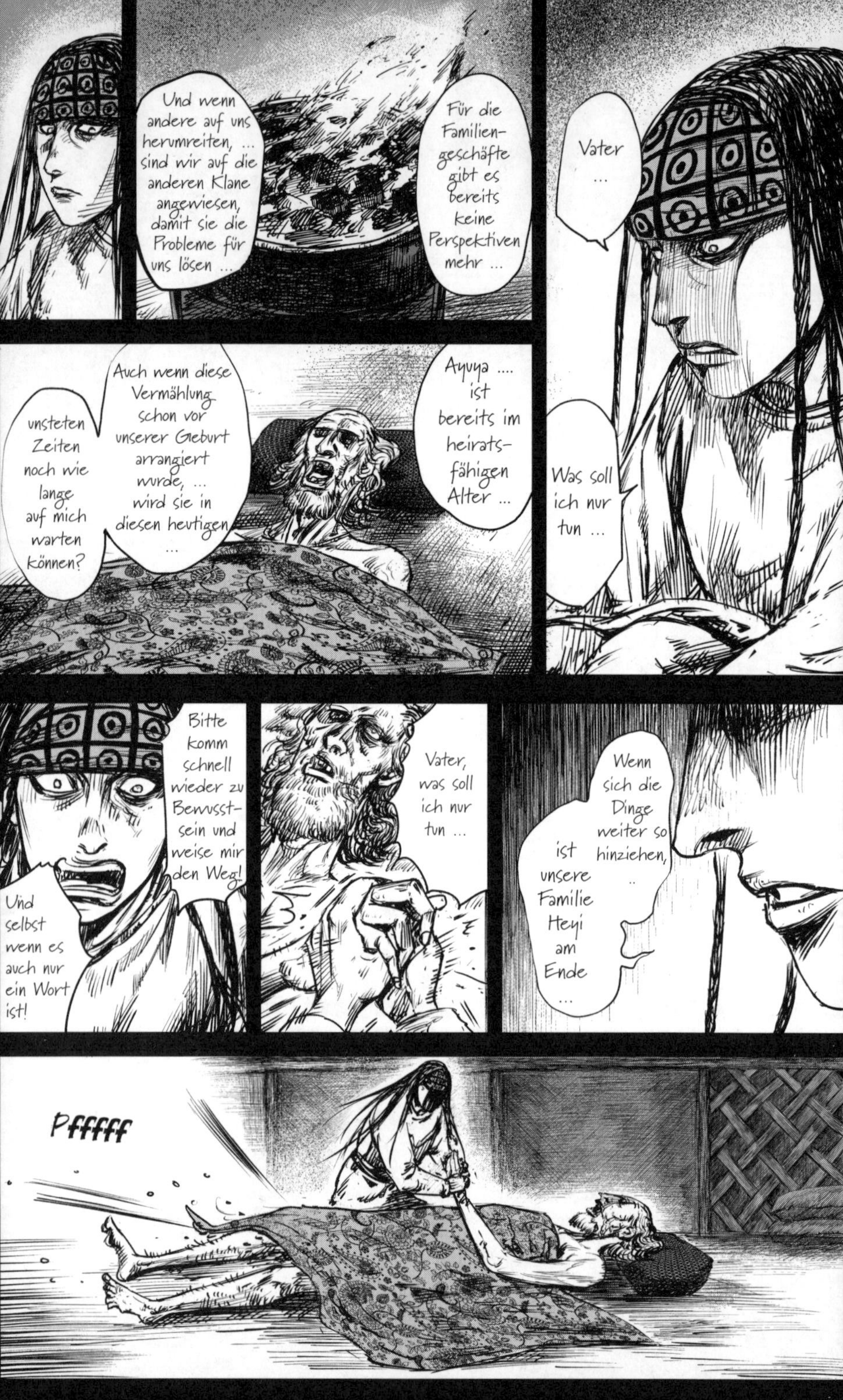
Vater ...
Für die Familiengeschäfte gibt es bereits keine Perspektiven mehr ...
Und wenn andere auf uns herumreiten, ... sind wir auf die anderen Klane angewiesen, damit sie die Probleme für uns lösen ...
Was soll ich nur tun ...
Ayuya .... ist bereits im heiratsfähigen Alter ...
Auch wenn diese Vermählung schon vor unserer Geburt arrangiert wurde, ... wird sie in diesen heutigen ...
unsteten Zeiten noch wie lange auf mich warten können?
Wenn sich die Dinge weiter so hinziehen, ..
ist unsere Familie Heyi am Ende ...
Vater, was soll ich nur tun ...
Bitte komm schnell wieder zu Bewusstsein und weise mir den Weg!
Und selbst wenn es auch nur ein Wort ist!
Pfffff

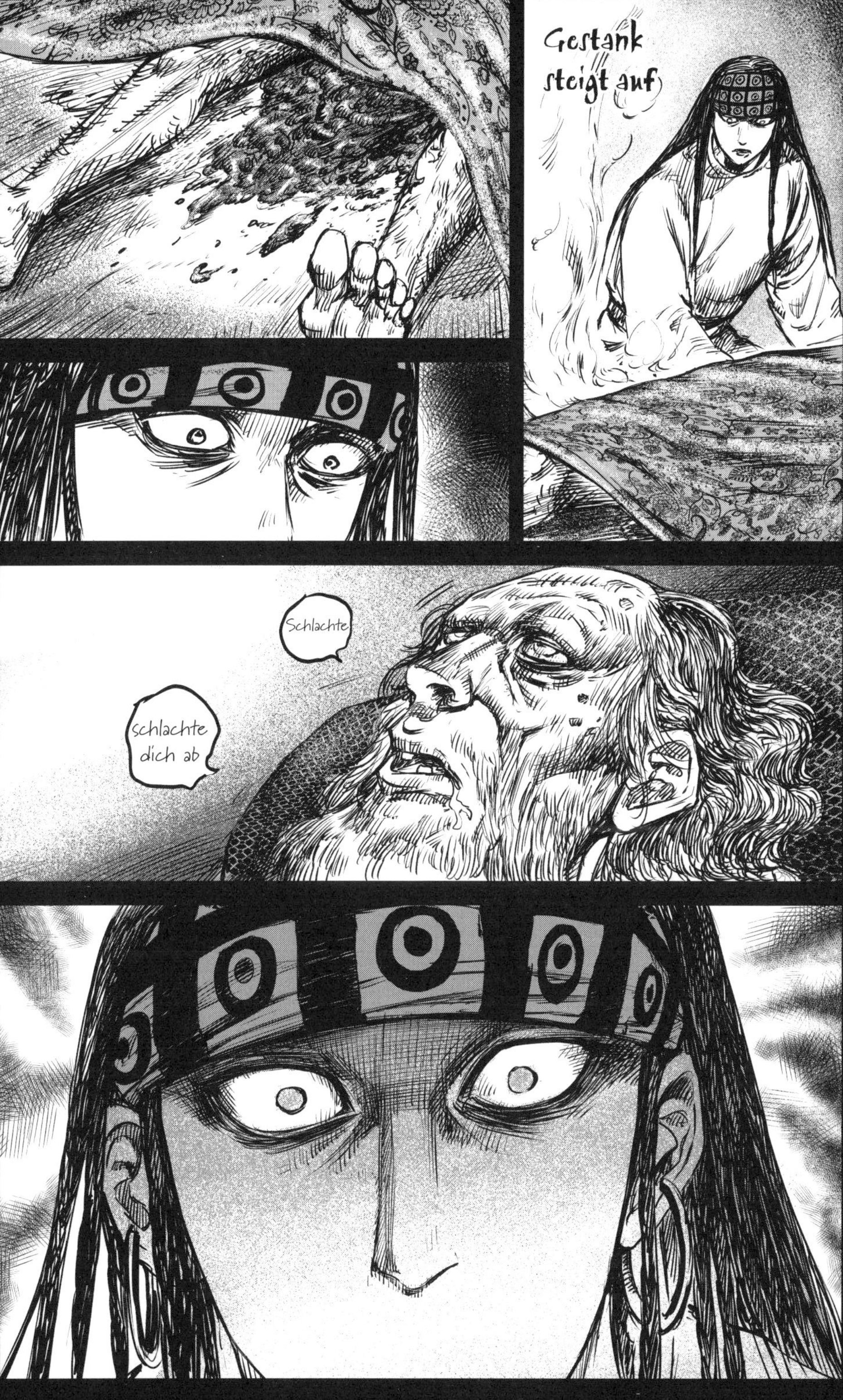
Gestank steigt auf
Schlachte
schlachte dich ab

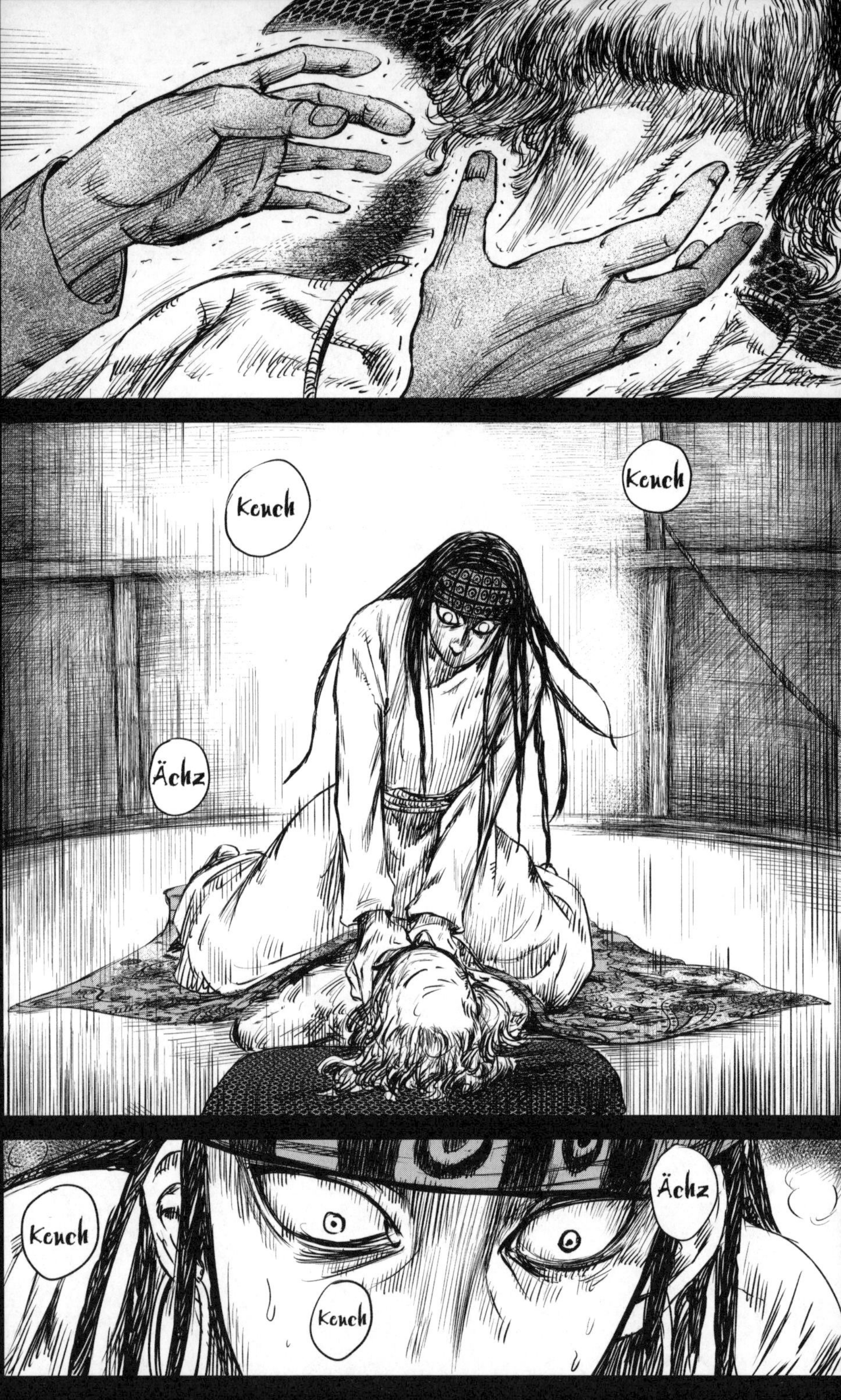
Keuch
Keuch
Ächz
Ächz
Keuch
Keuch

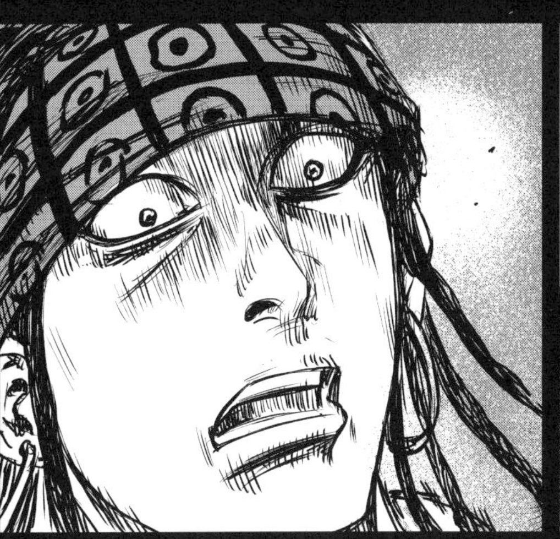

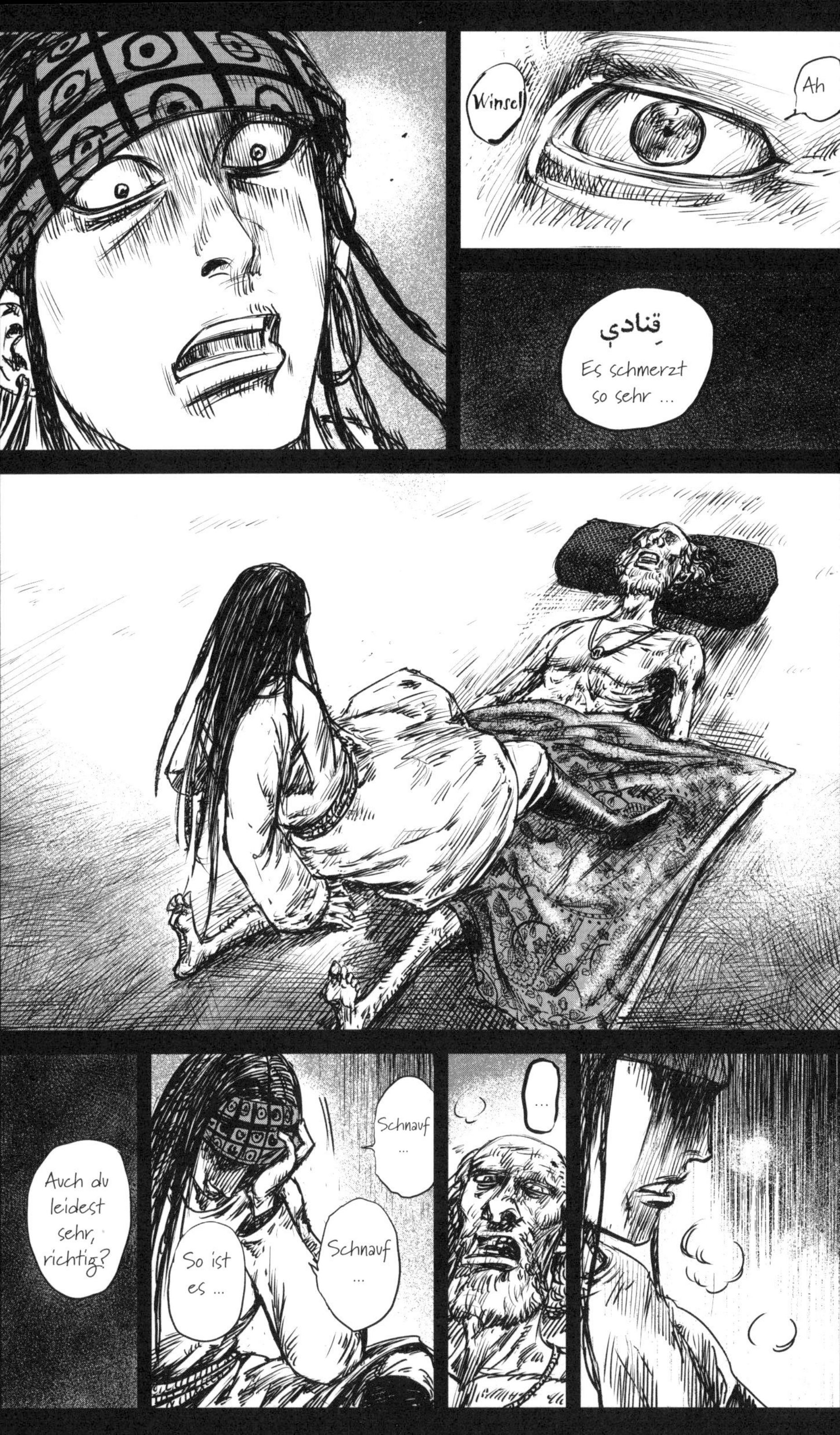

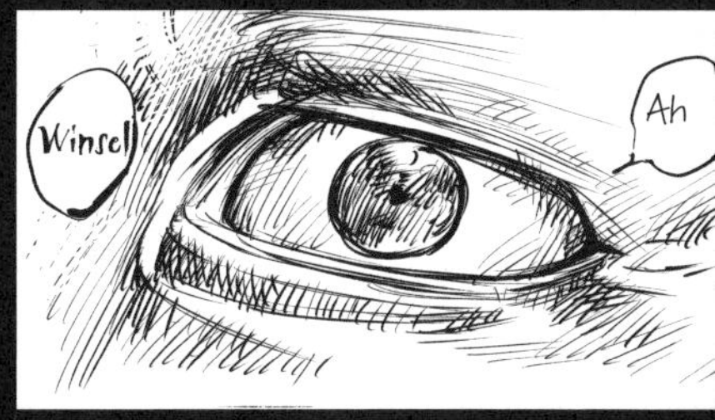
Winsel
Ah

قِنادي
Es schmerzt so sehr ...

Auch du leidest sehr, richtig?

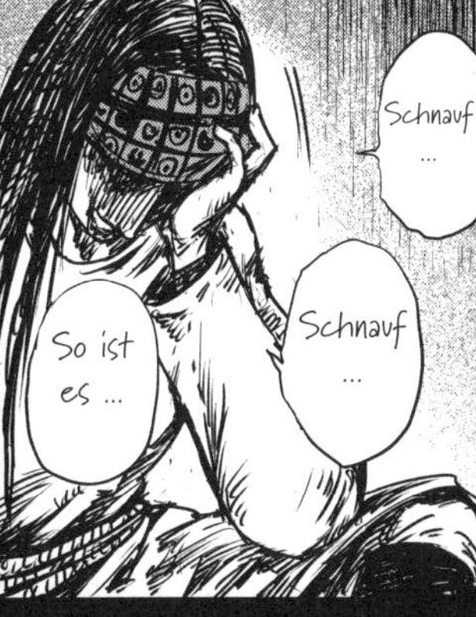
Schnauf ...
So ist es ...
Schnauf ...

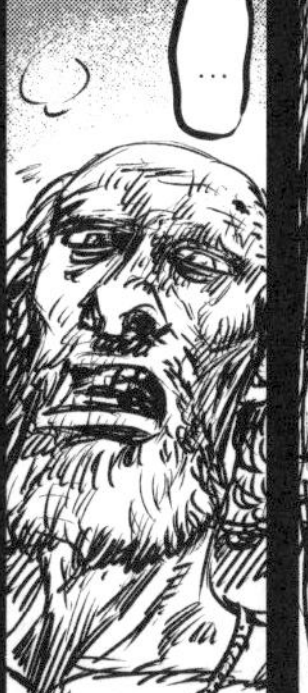
...

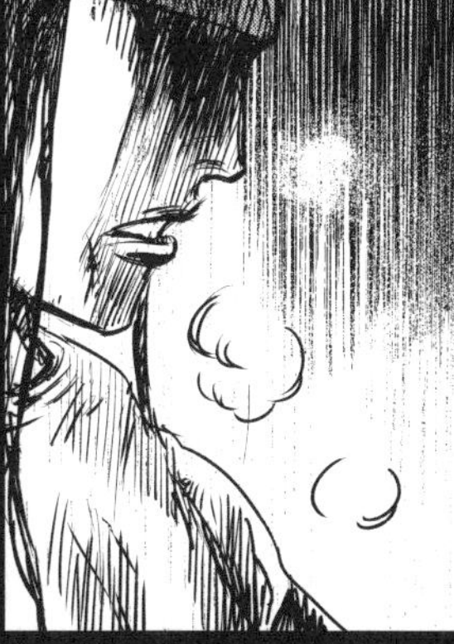

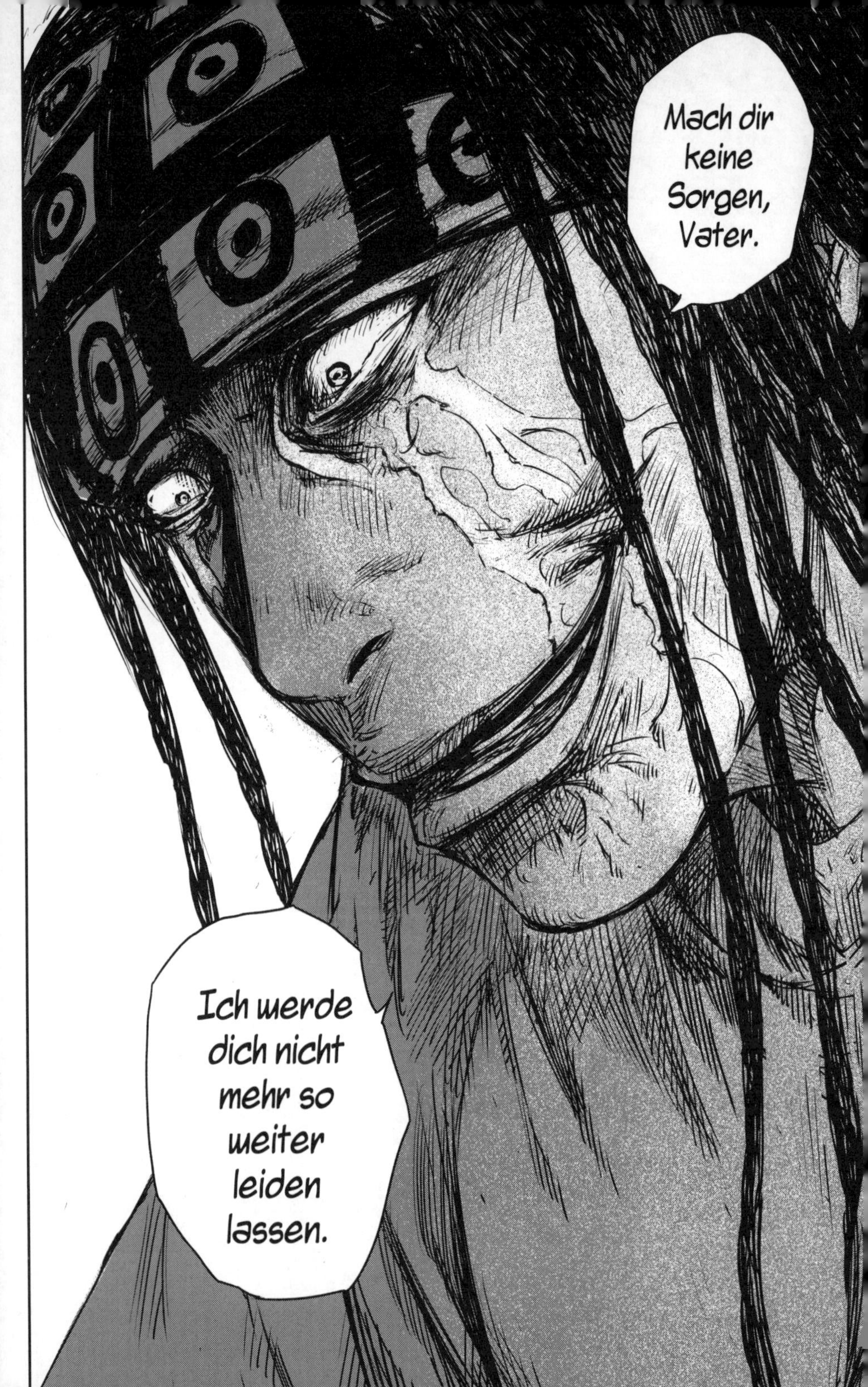
Mach dir keine Sorgen, Vater.
Ich werde dich nicht mehr so weiter leiden lassen.

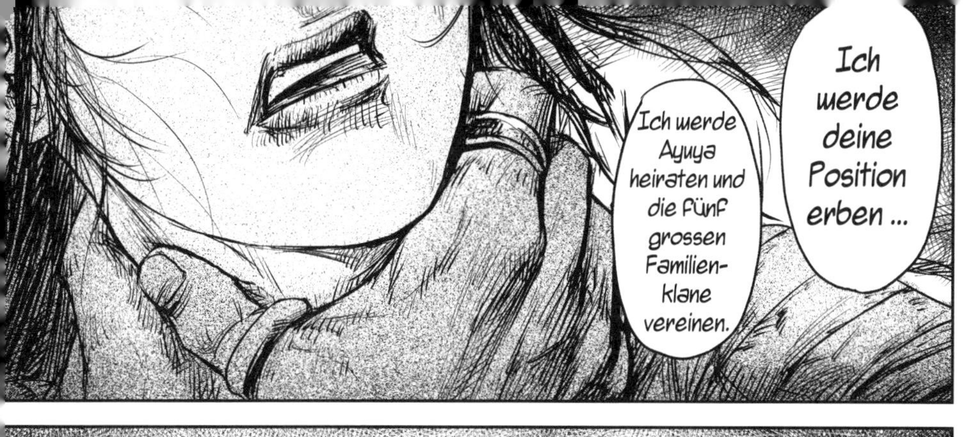

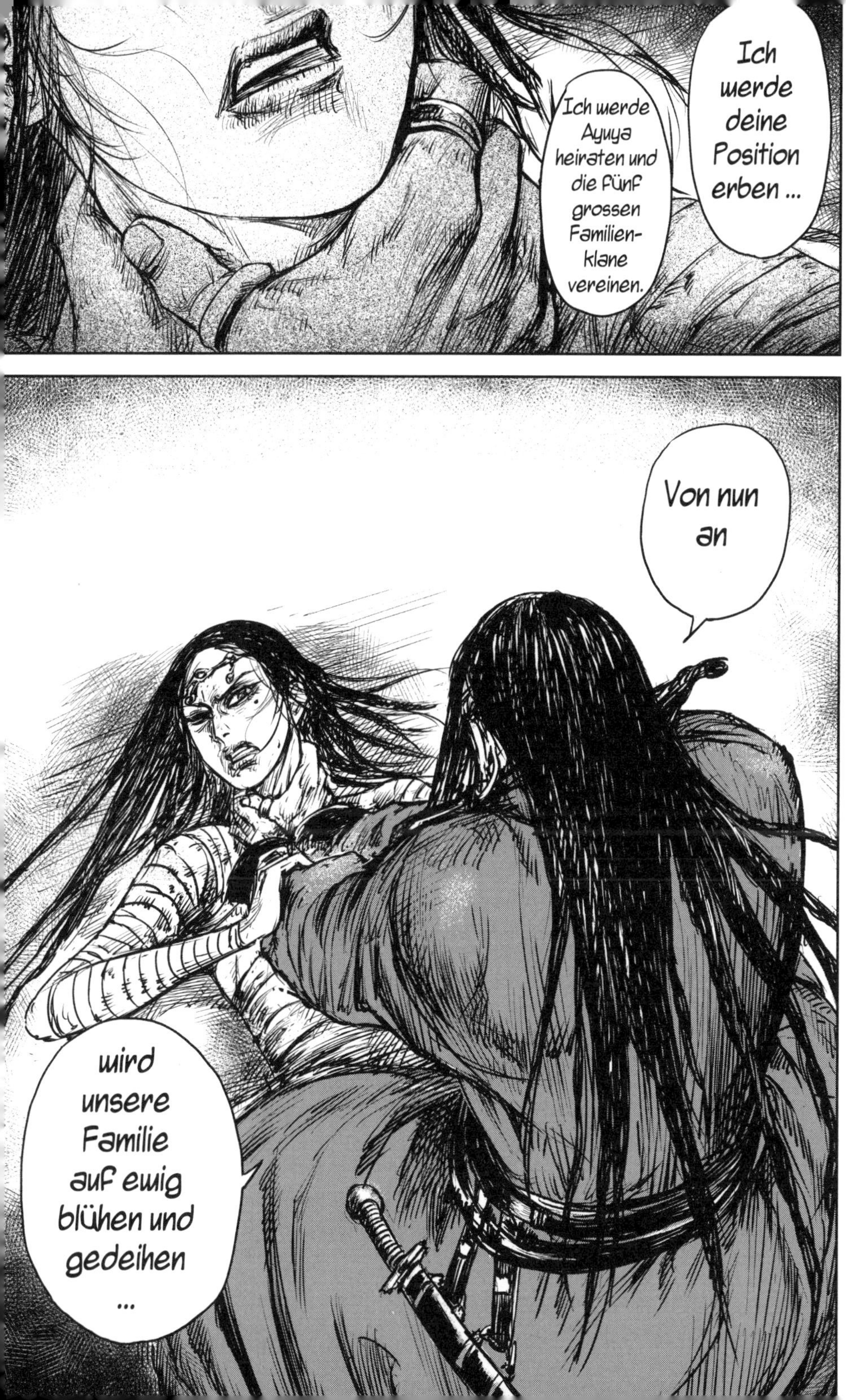

Von nun an

wird unsere Familie auf ewig blühen und gedeihen ...

Zweiter Akt:
Die weite Wüste

Kapitel 48:
Tochter der Wüste

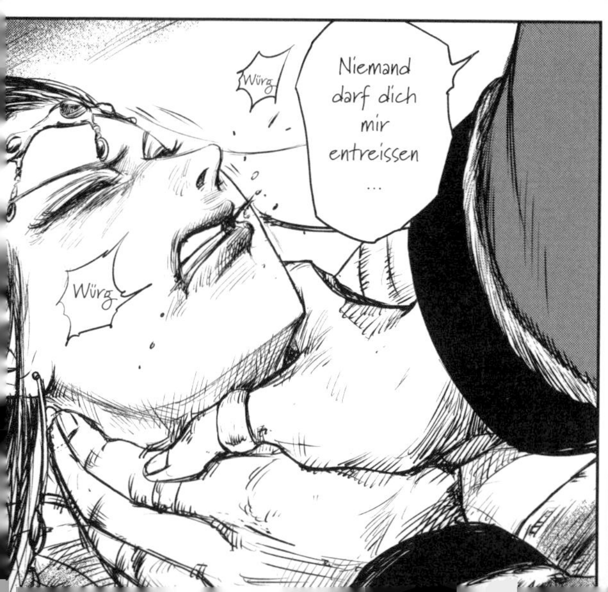
Niemand darf dich mir entreissen …
Würg
Würg

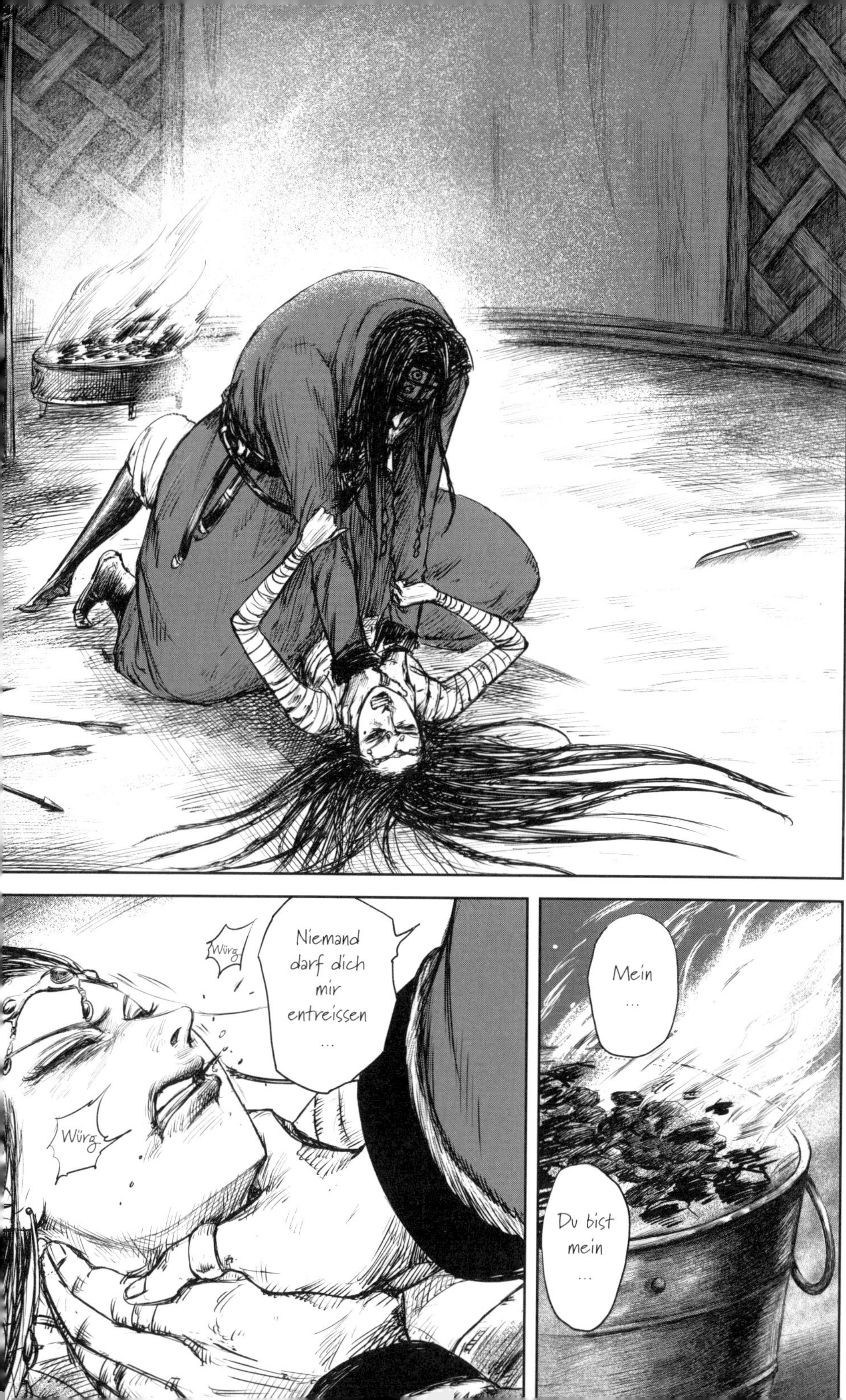

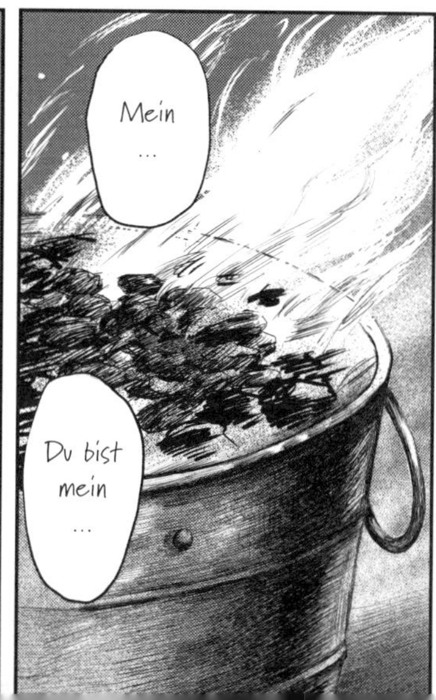
Mein …
Du bist mein …

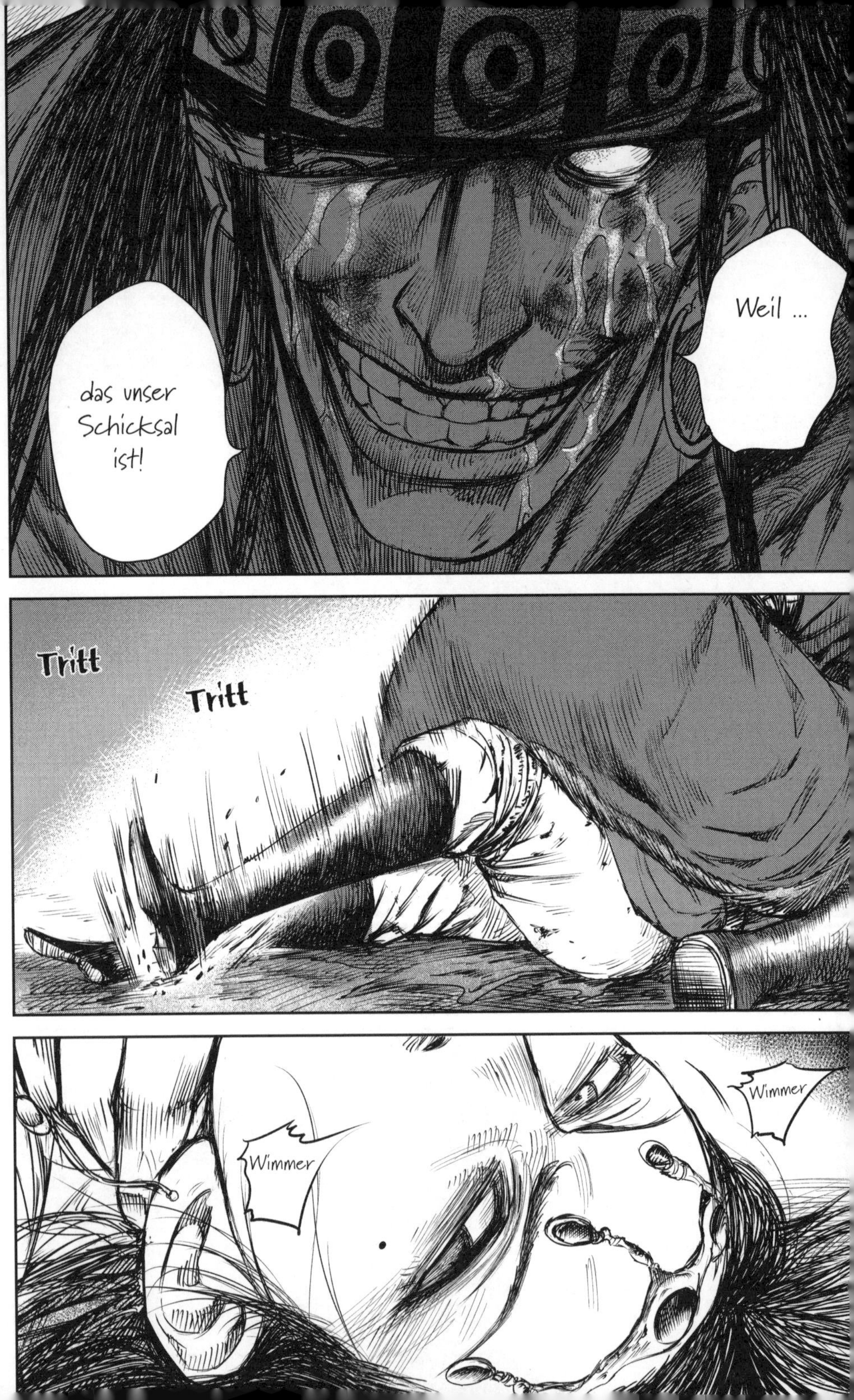

Weil ...

das unser Schicksal ist!

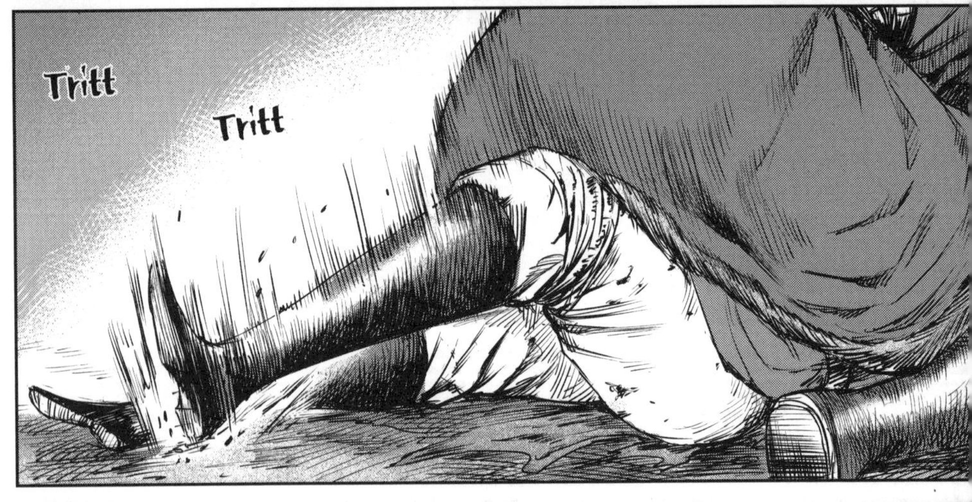

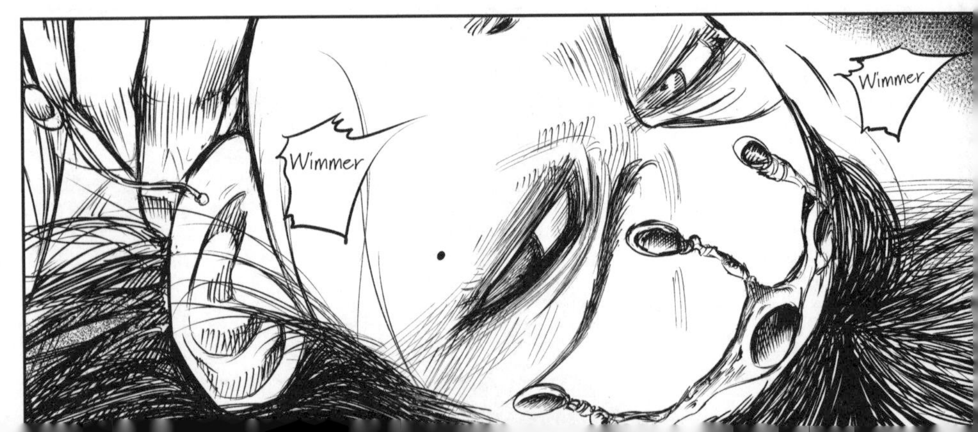

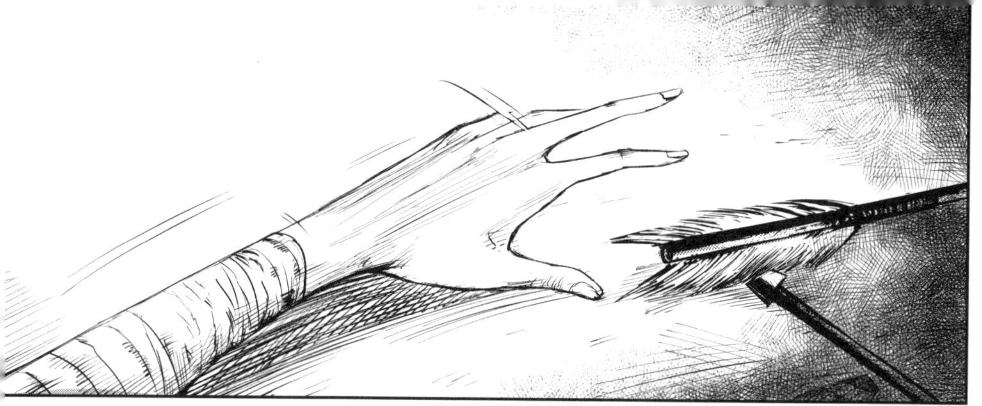

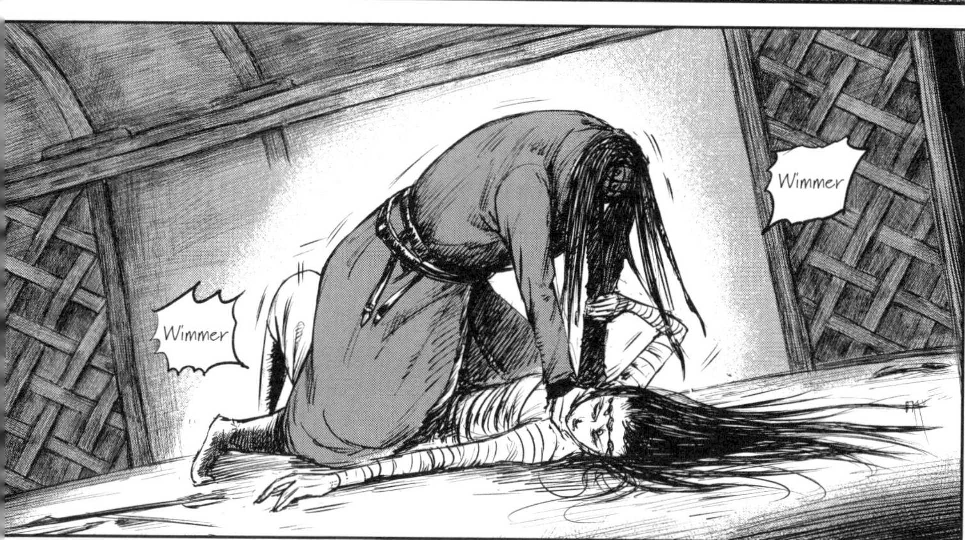

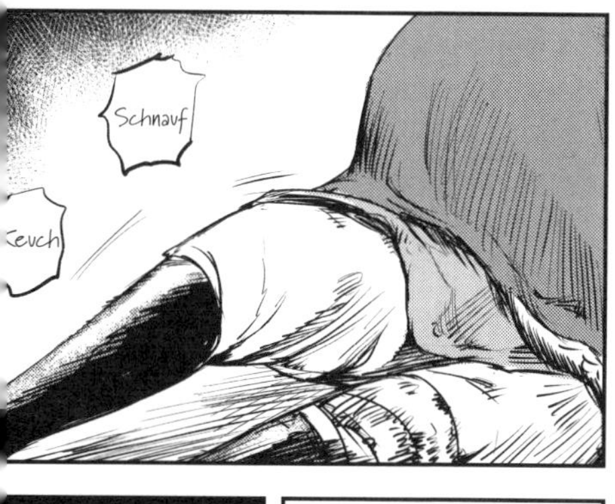

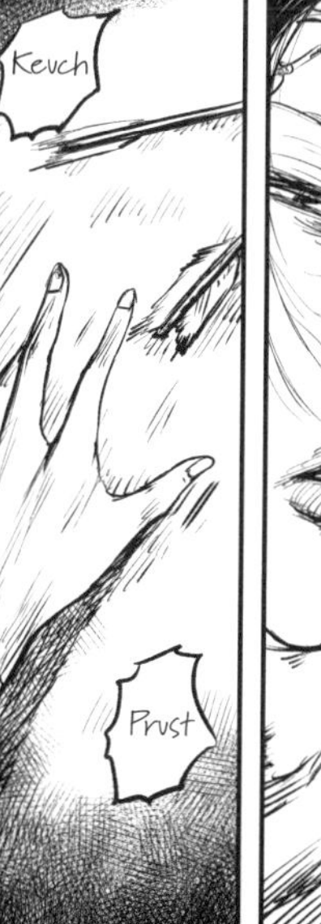

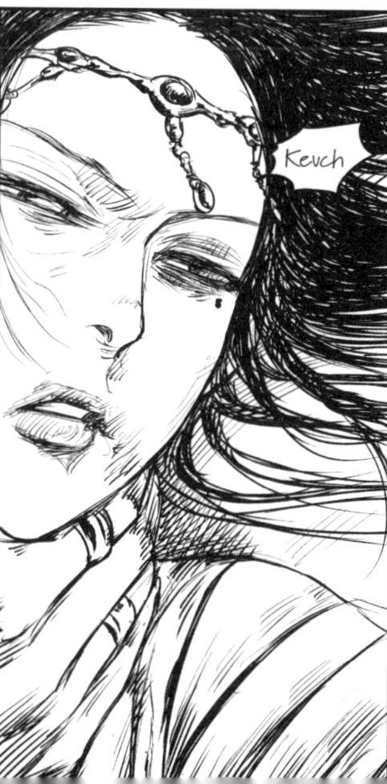

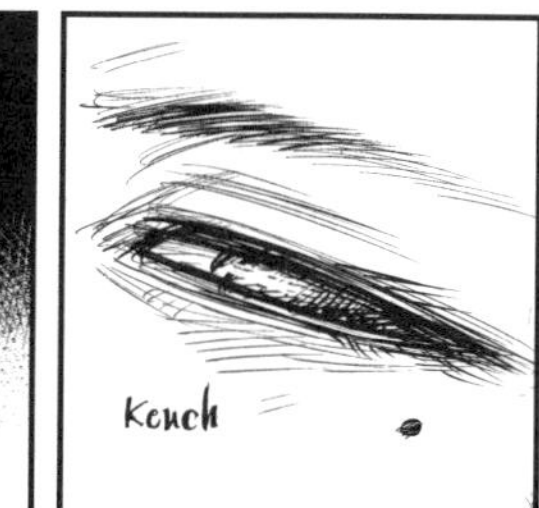

Ayuya ...

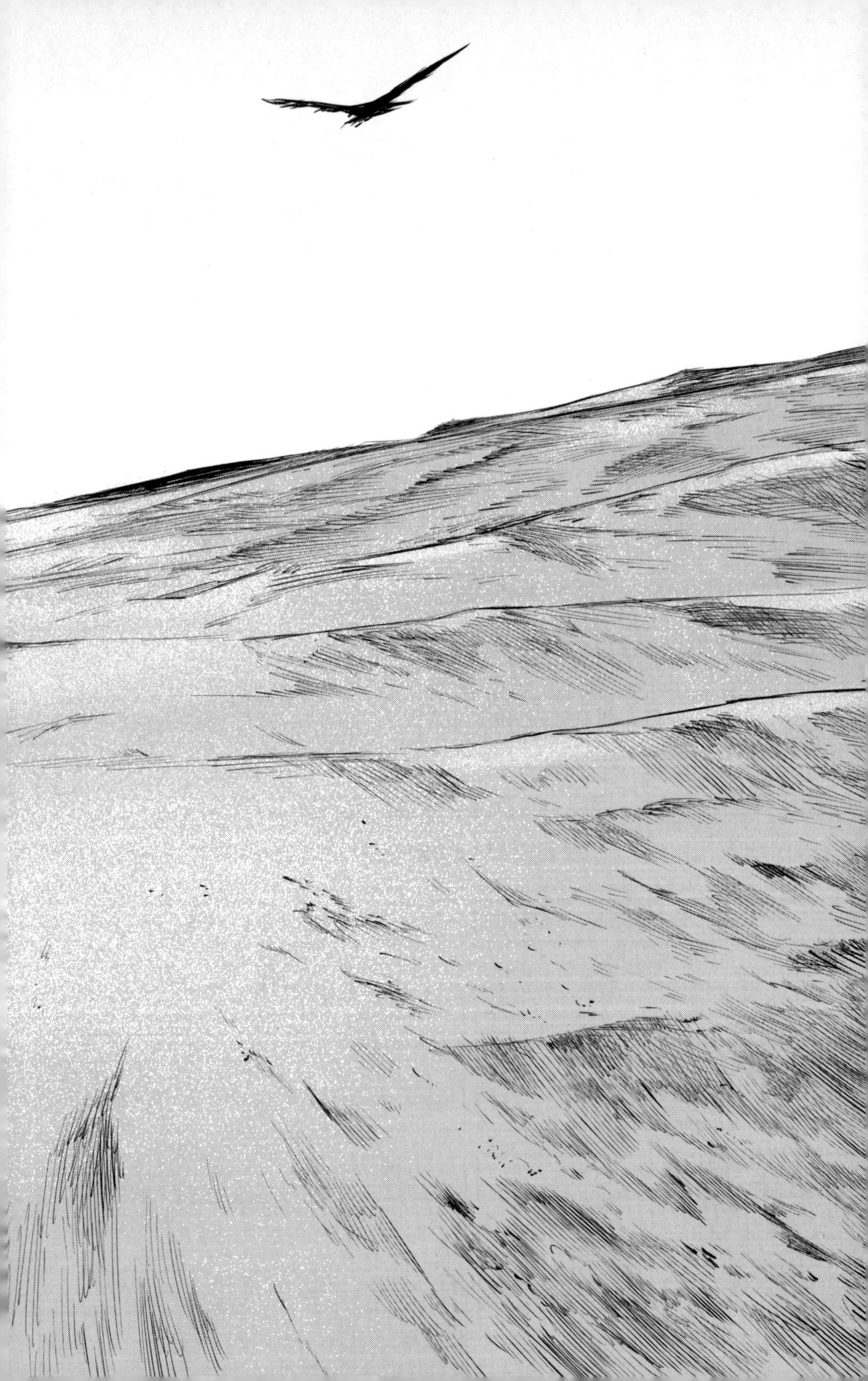

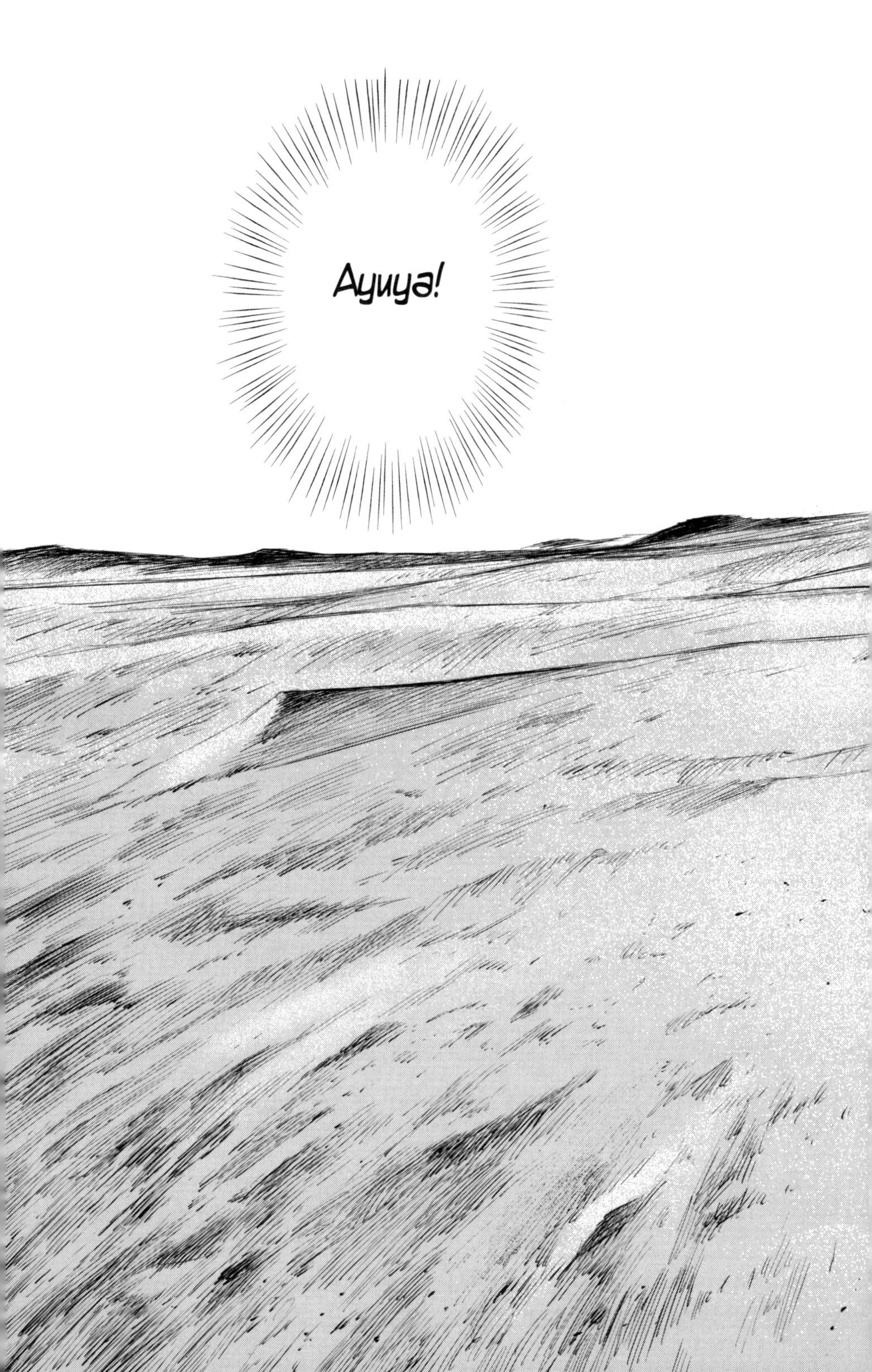
Ayuya!

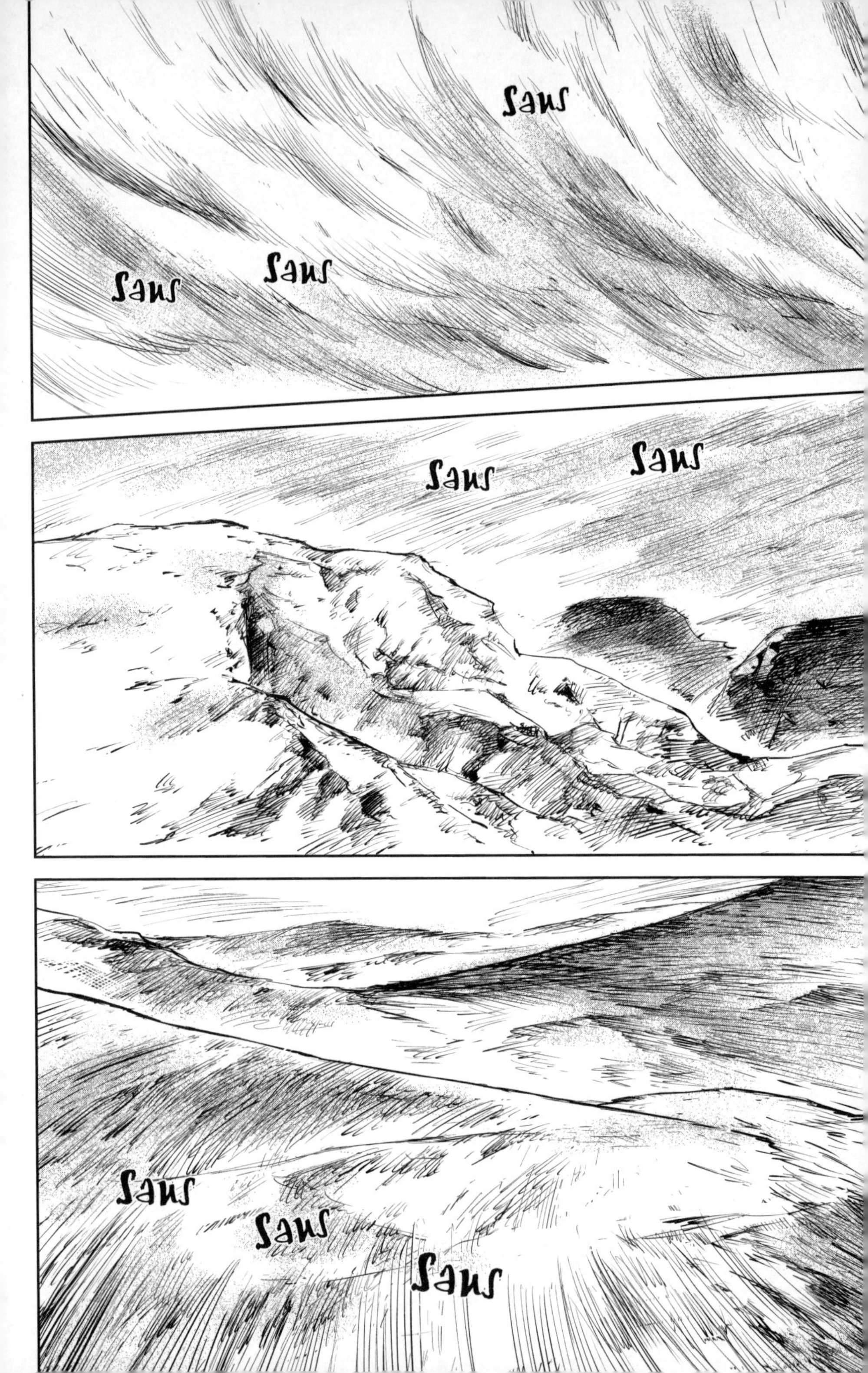
Saus
Saus
Saus
Saus
Saus
Saus
Saus
Saus

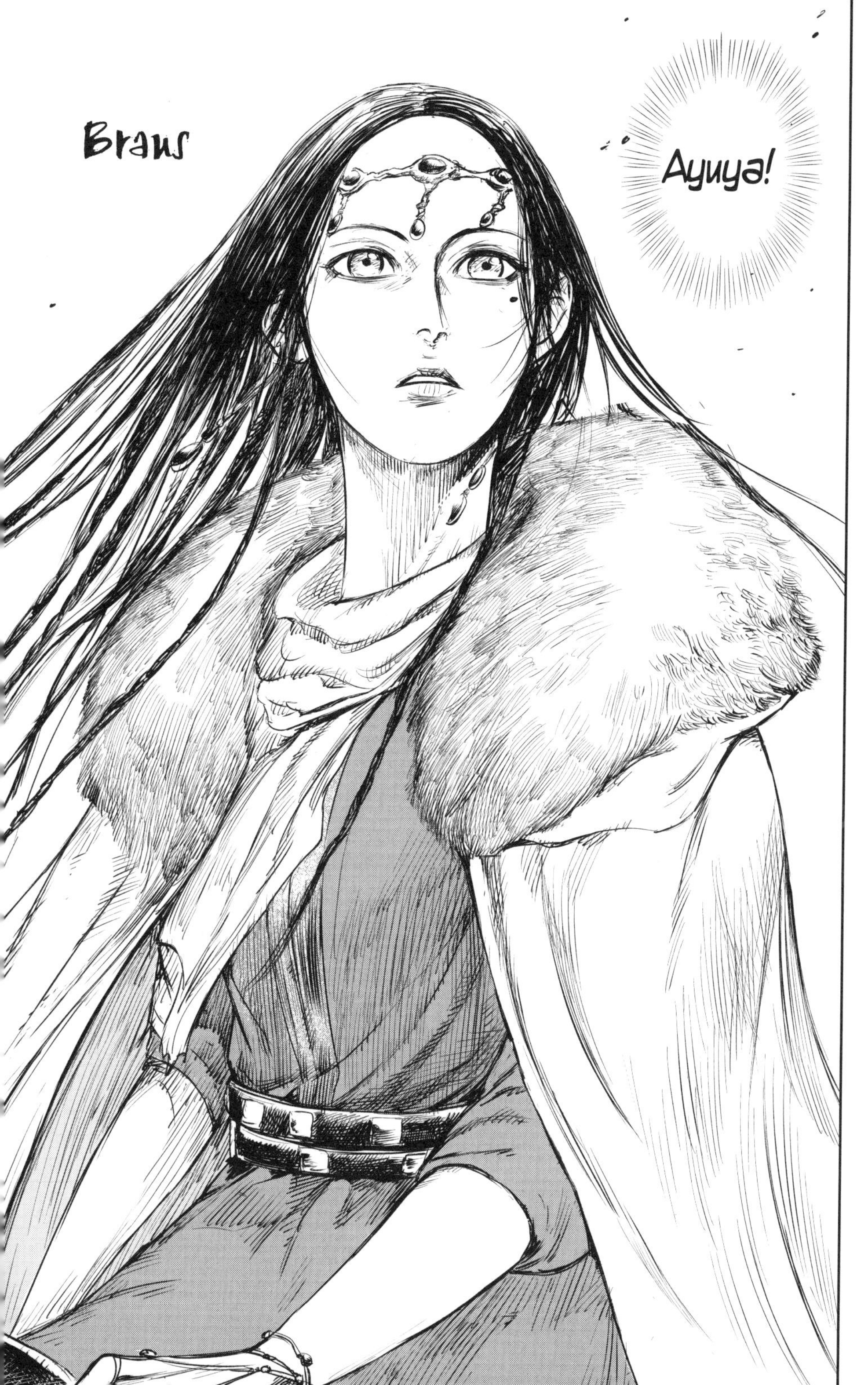
Ayuya!
Braus

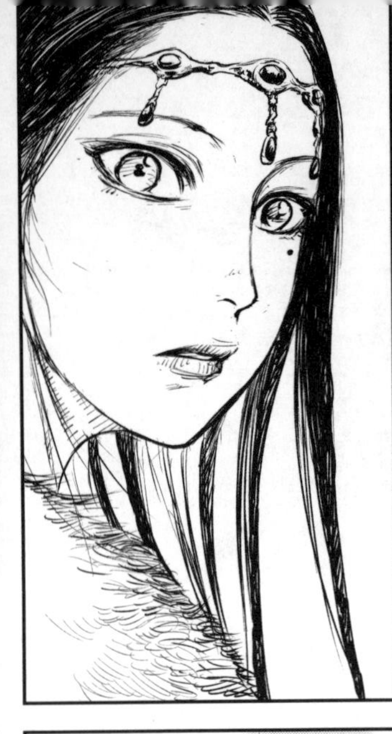

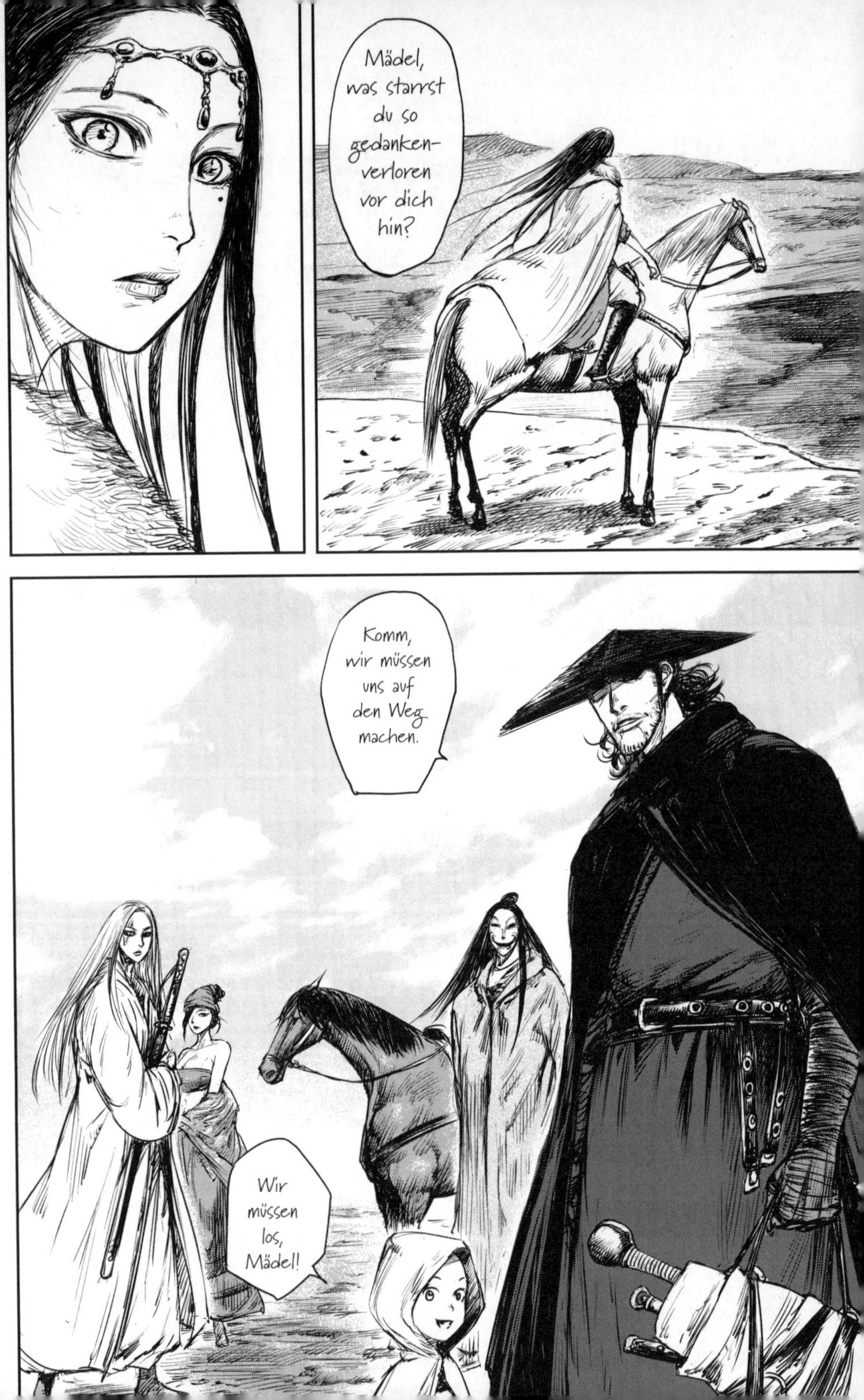

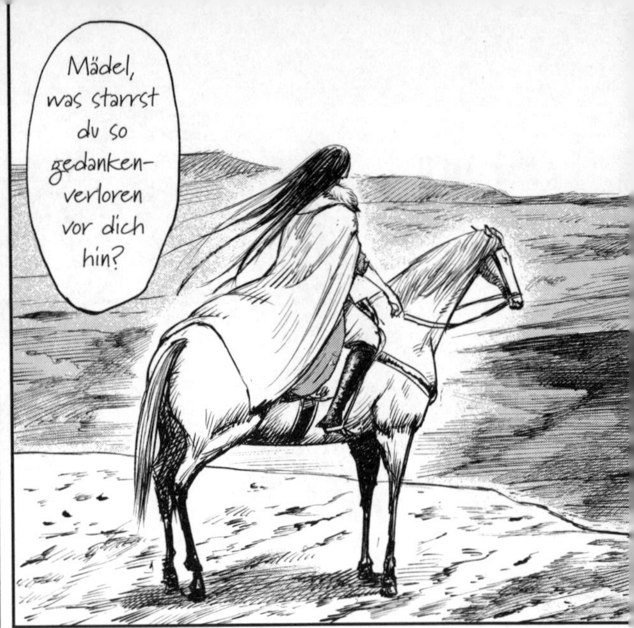
Mädel, was starrst du so gedanken-verloren vor dich hin?

Komm, wir müssen uns auf den Weg machen.
Wir müssen los, Mädel!

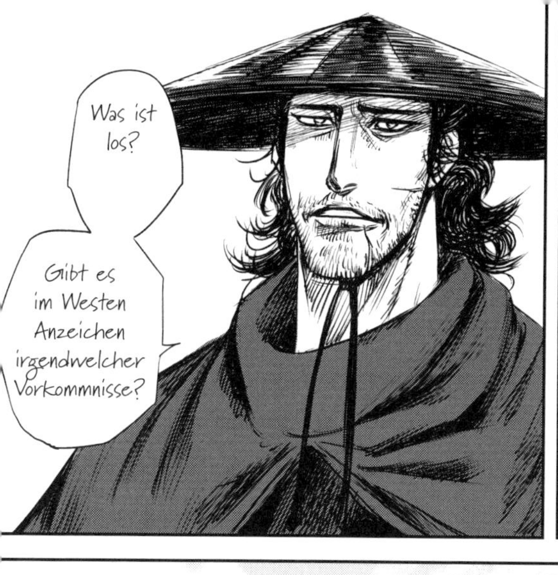
Was ist los?
Gibt es im Westen Anzeichen irgendwelcher Vorkommnisse?

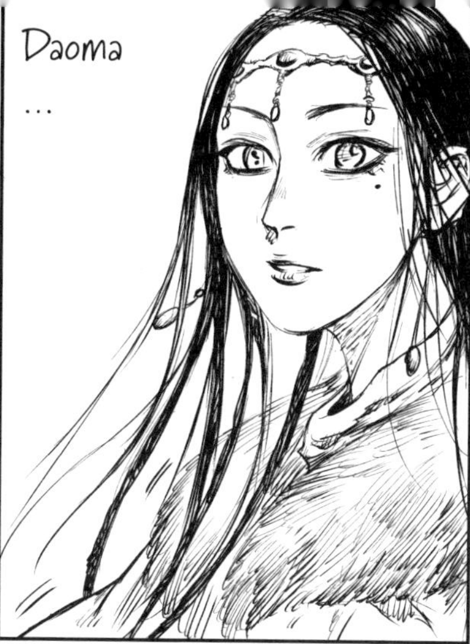
Daoma …

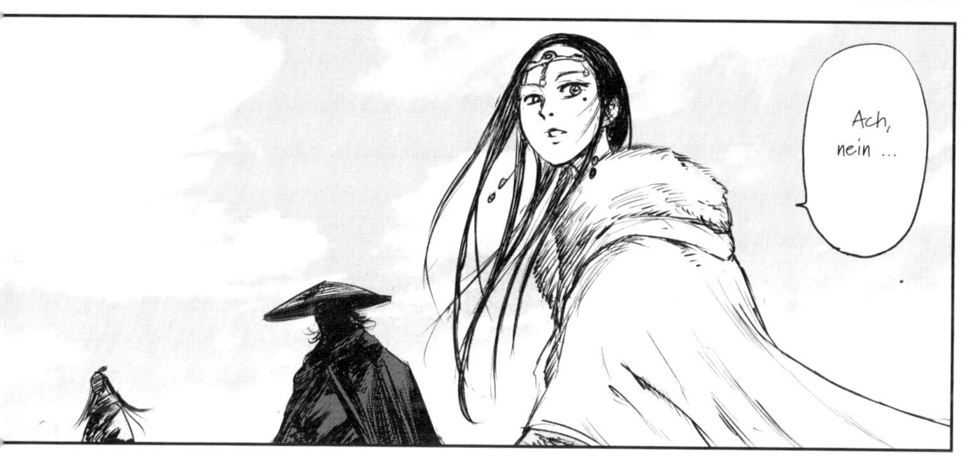
Ach, nein …

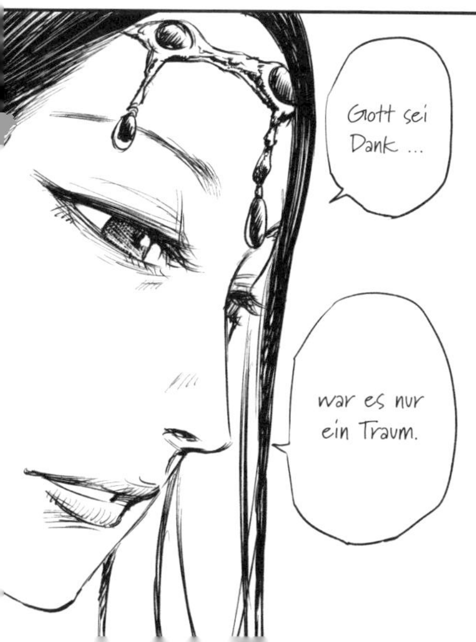
Gott sei Dank …
war es nur ein Traum.

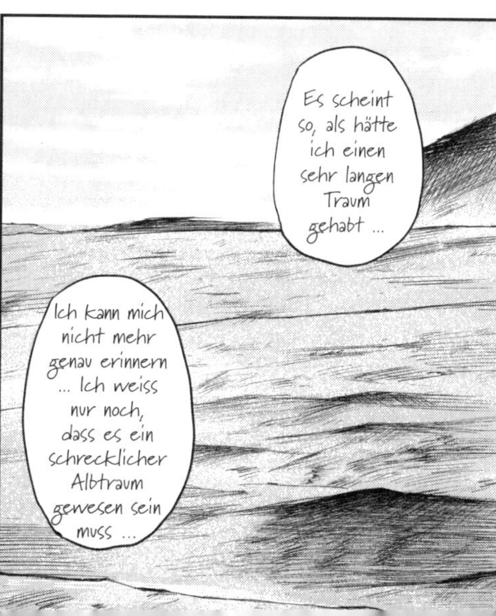
Es scheint so, als hätte ich einen sehr langen Traum gehabt …
Ich kann mich nicht mehr genau erinnern … Ich weiss nur noch, dass es ein schrecklicher Albtraum gewesen sein muss …

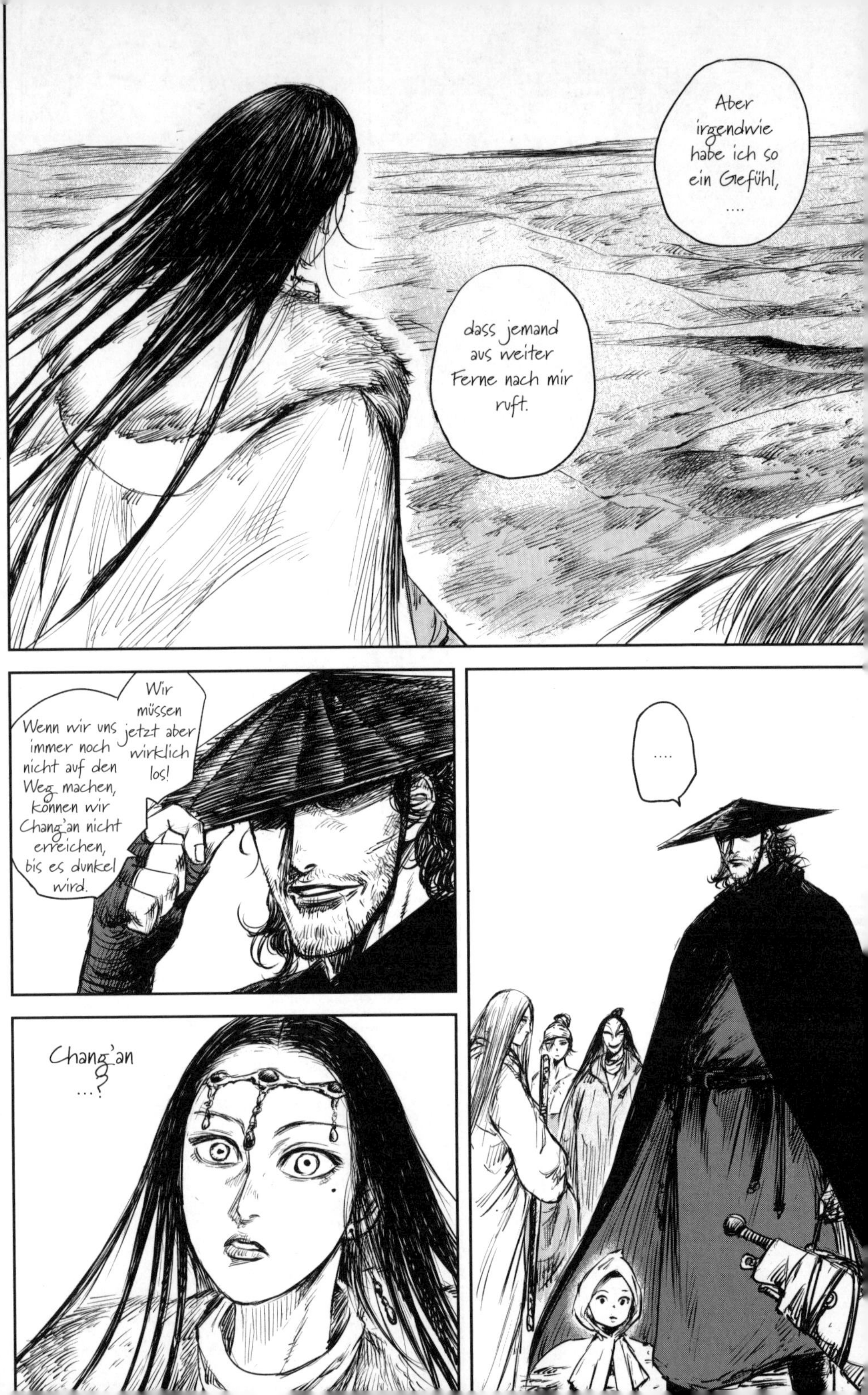

Aber irgendwie habe ich so ein Gefühl, ...

dass jemand aus weiter Ferne nach mir ruft.

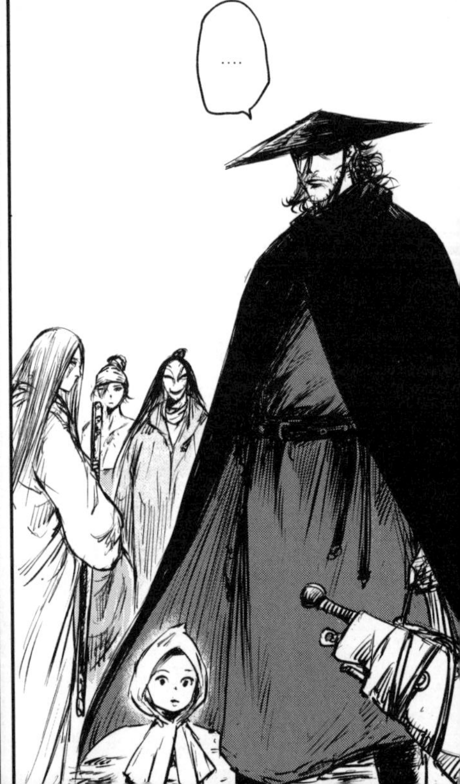

Wir müssen jetzt aber wirklich los!

Wenn wir uns immer noch nicht auf den Weg machen, können wir Chang'an nicht erreichen, bis es dunkel wird.

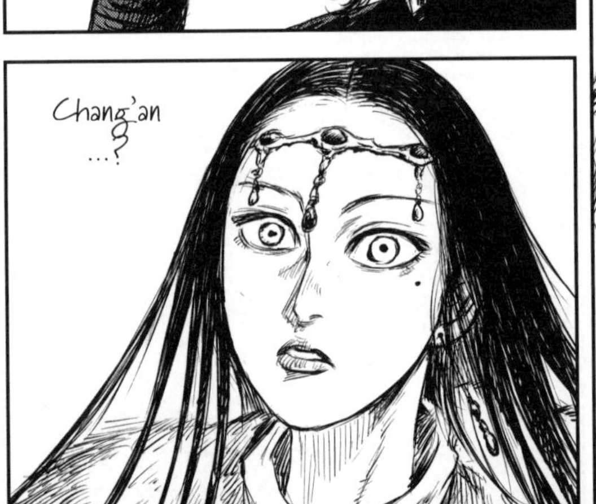

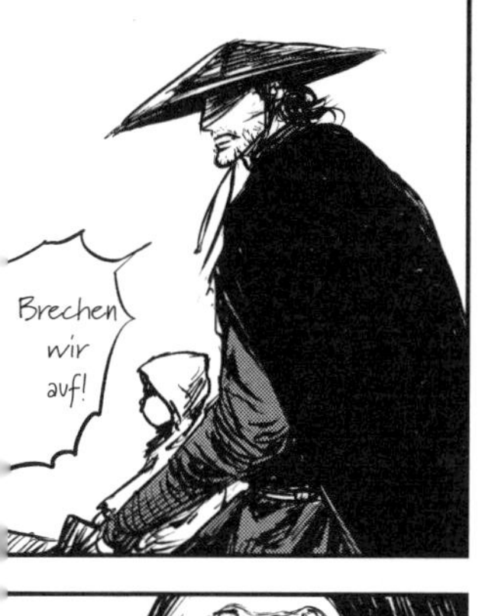
Brechen wir auf!

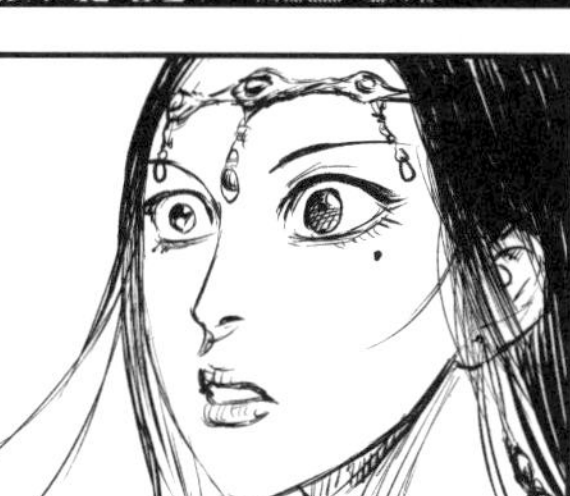

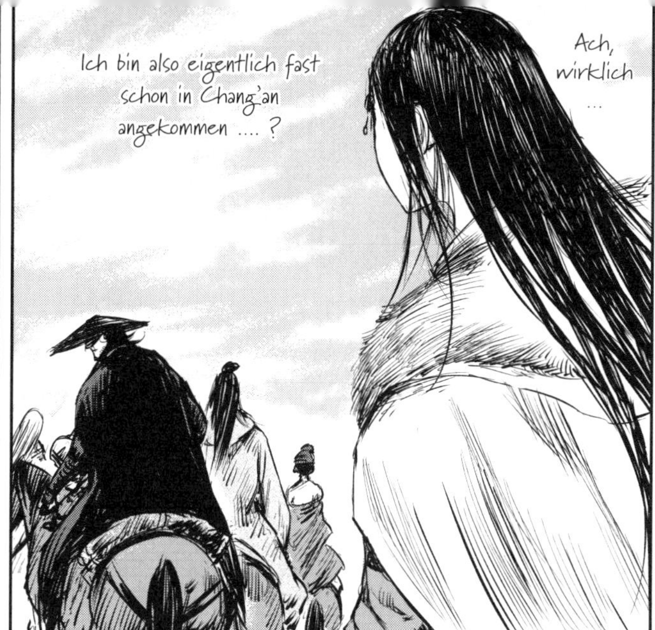
Ich bin also eigentlich fast schon in Chang'an angekommen .... ?
Ach, wirklich ...

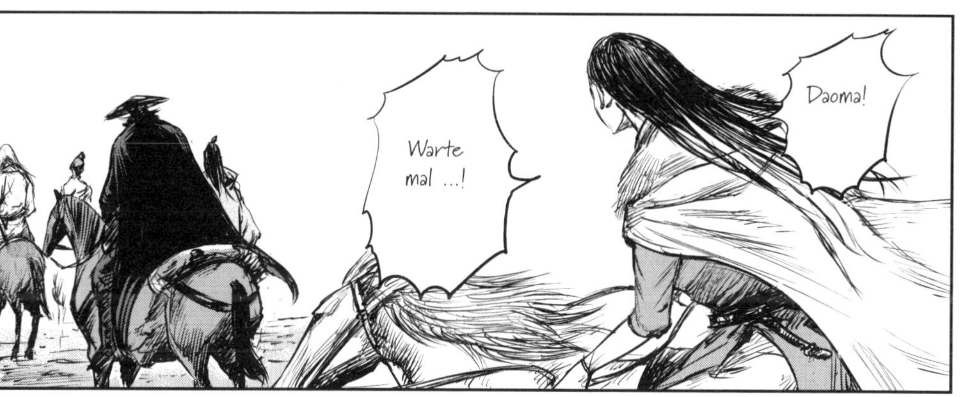
Daoma!
Warte mal ...!

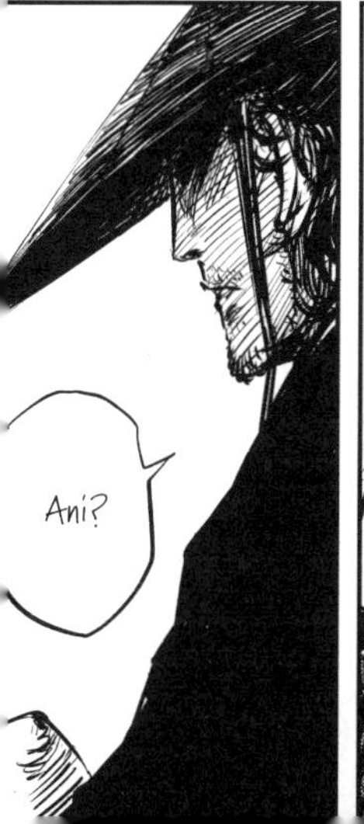
Ani?

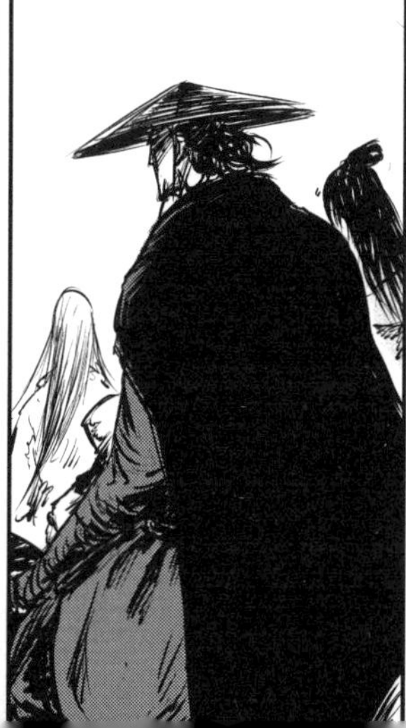

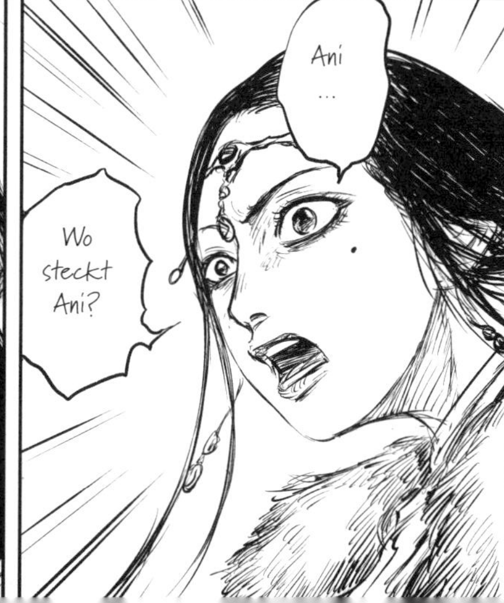
Ani ...
Wo steckt Ani?

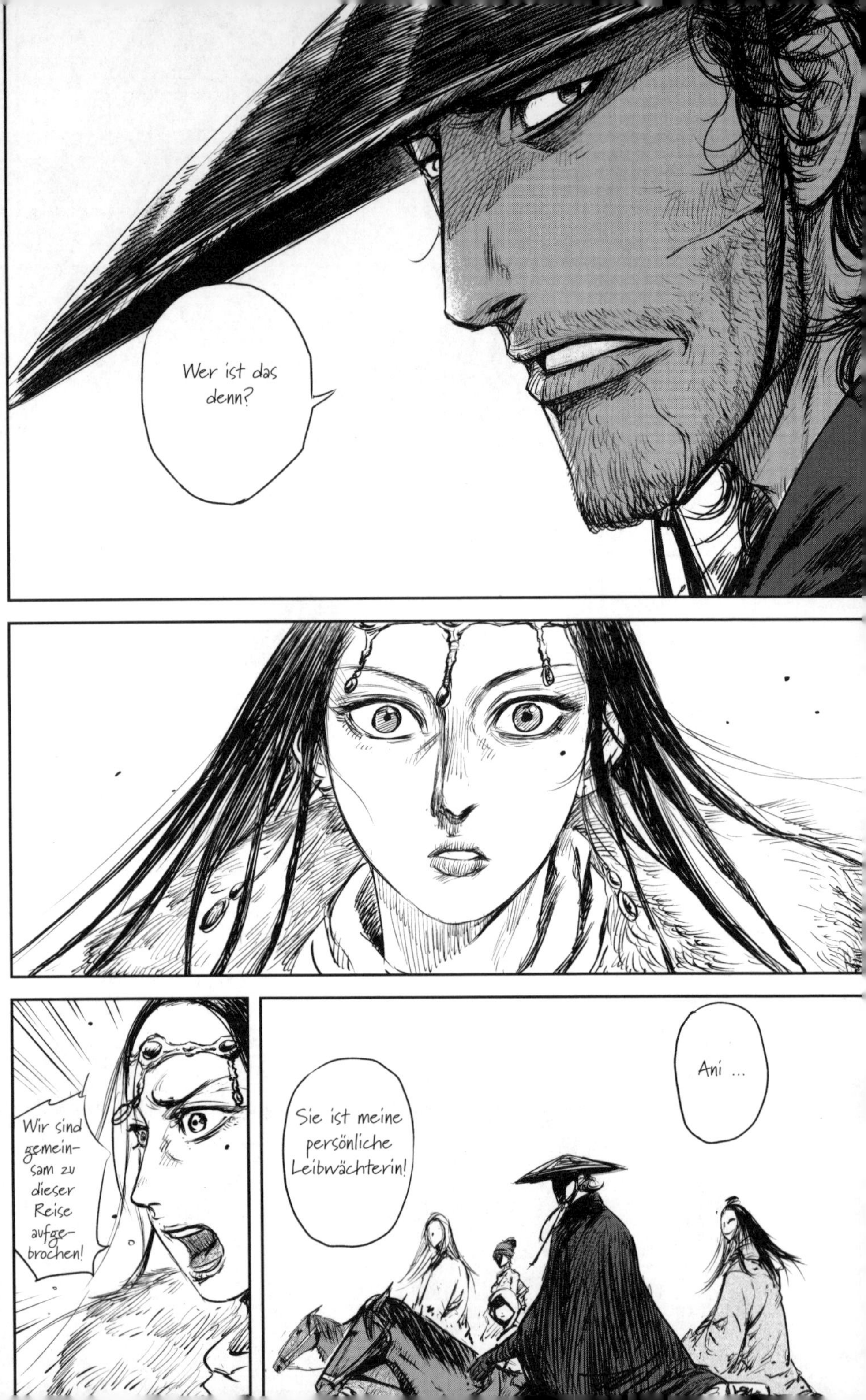

Wer ist das denn?

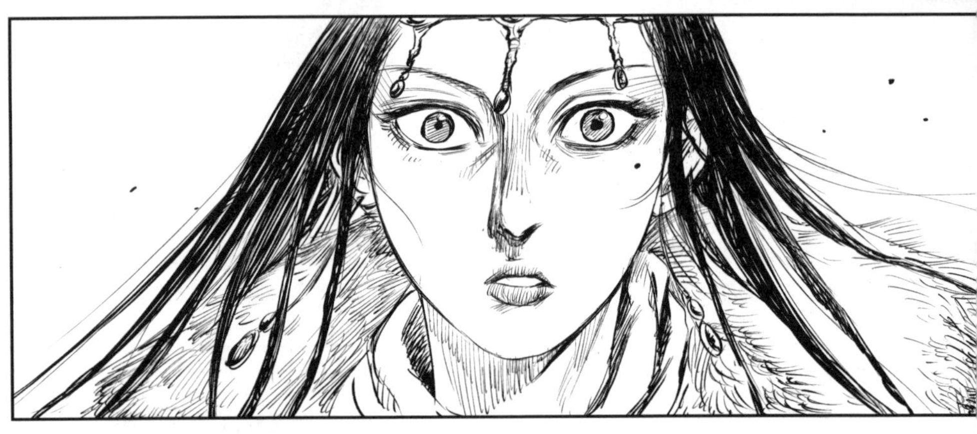

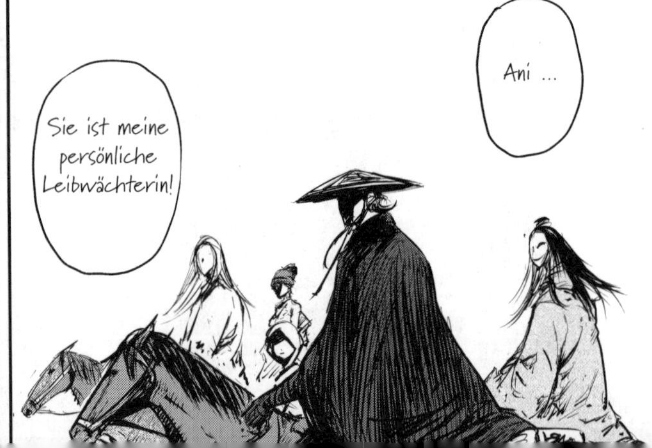

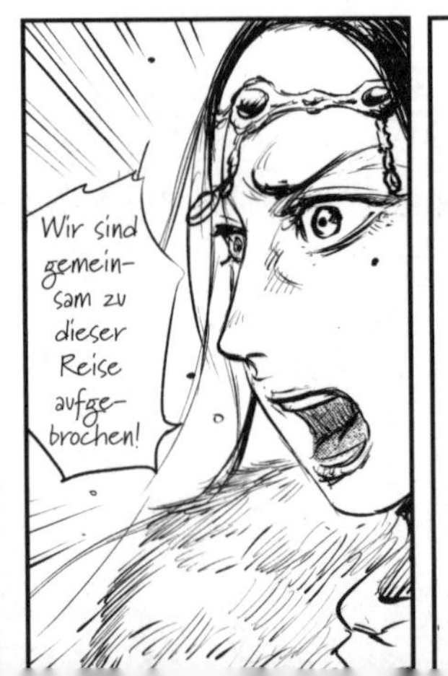

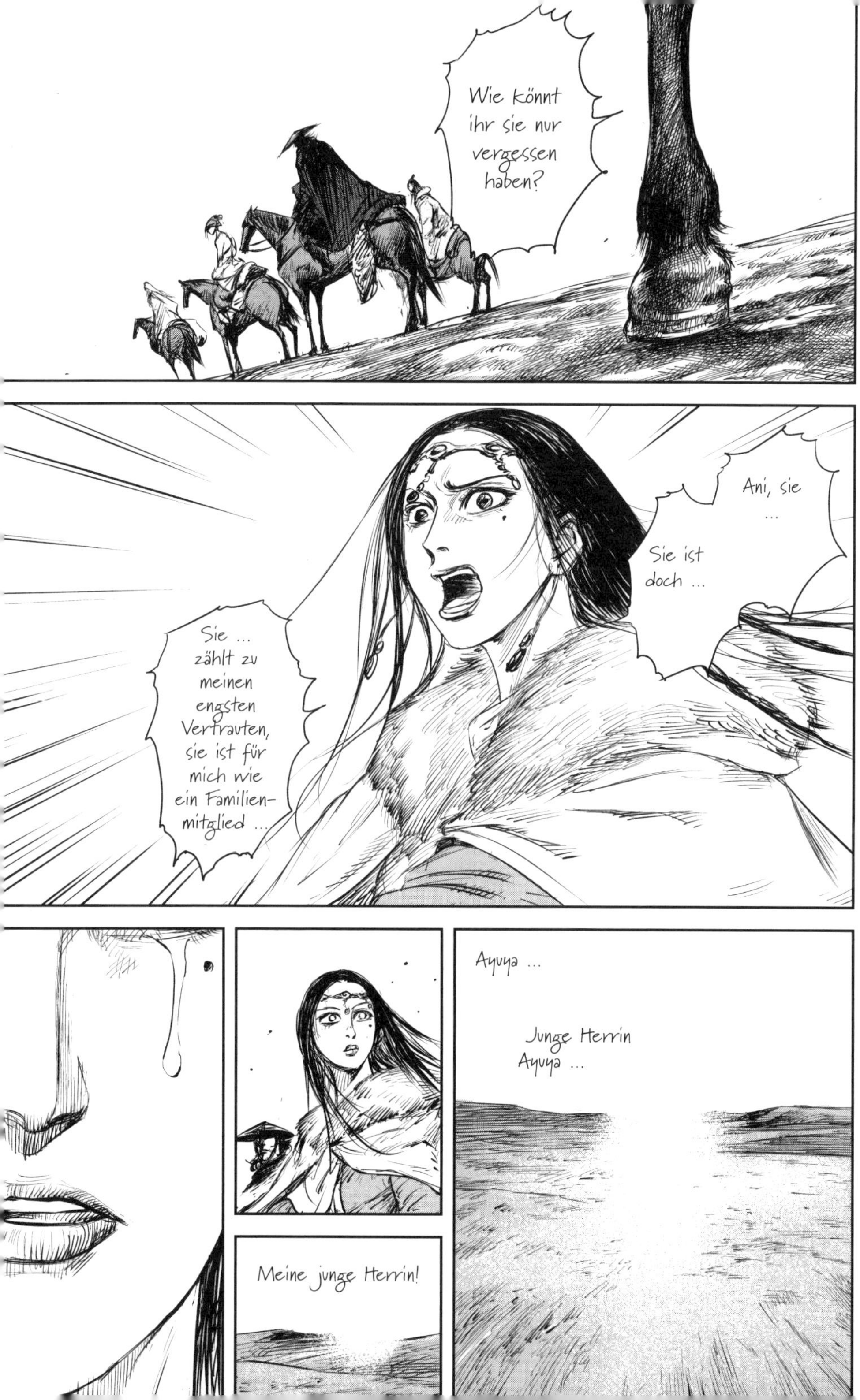

Wie könnt ihr sie nur vergessen haben?

Sie … zählt zu meinen engsten Vertrauten, sie ist für mich wie ein Familienmitglied …

Ani, sie …

Sie ist doch …

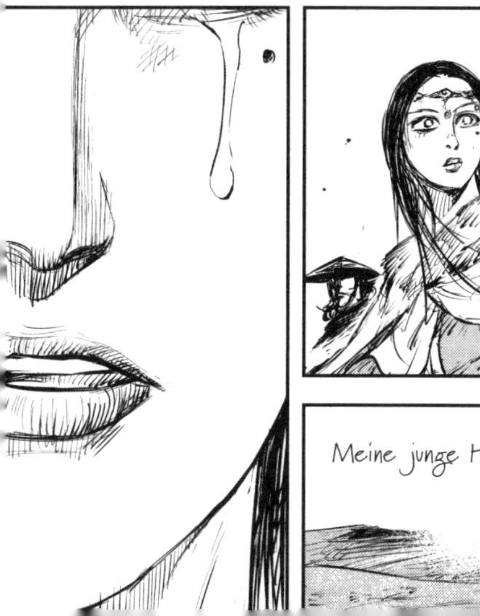

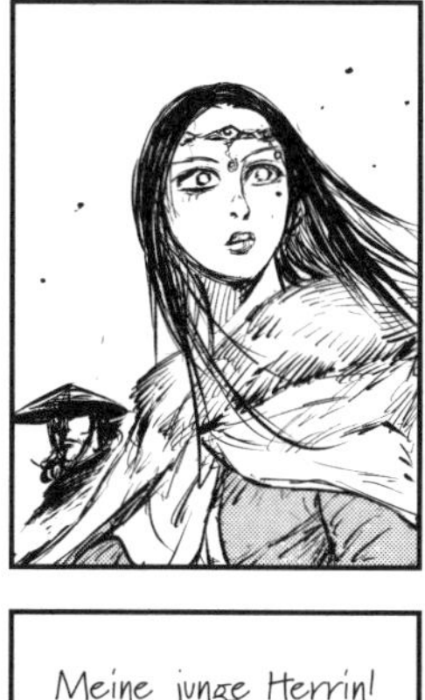

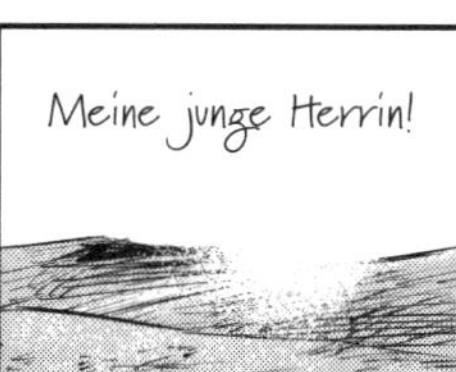

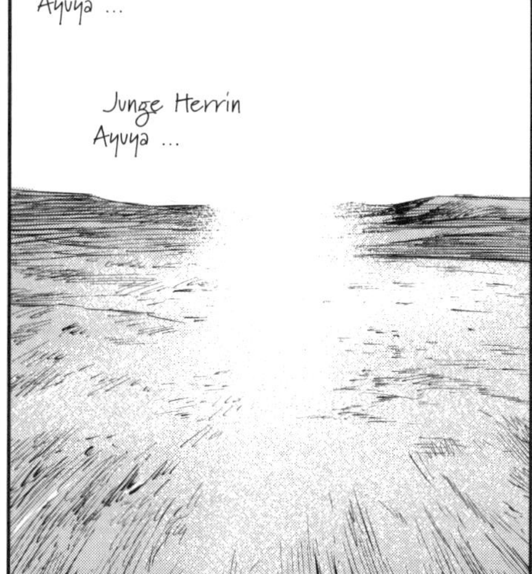

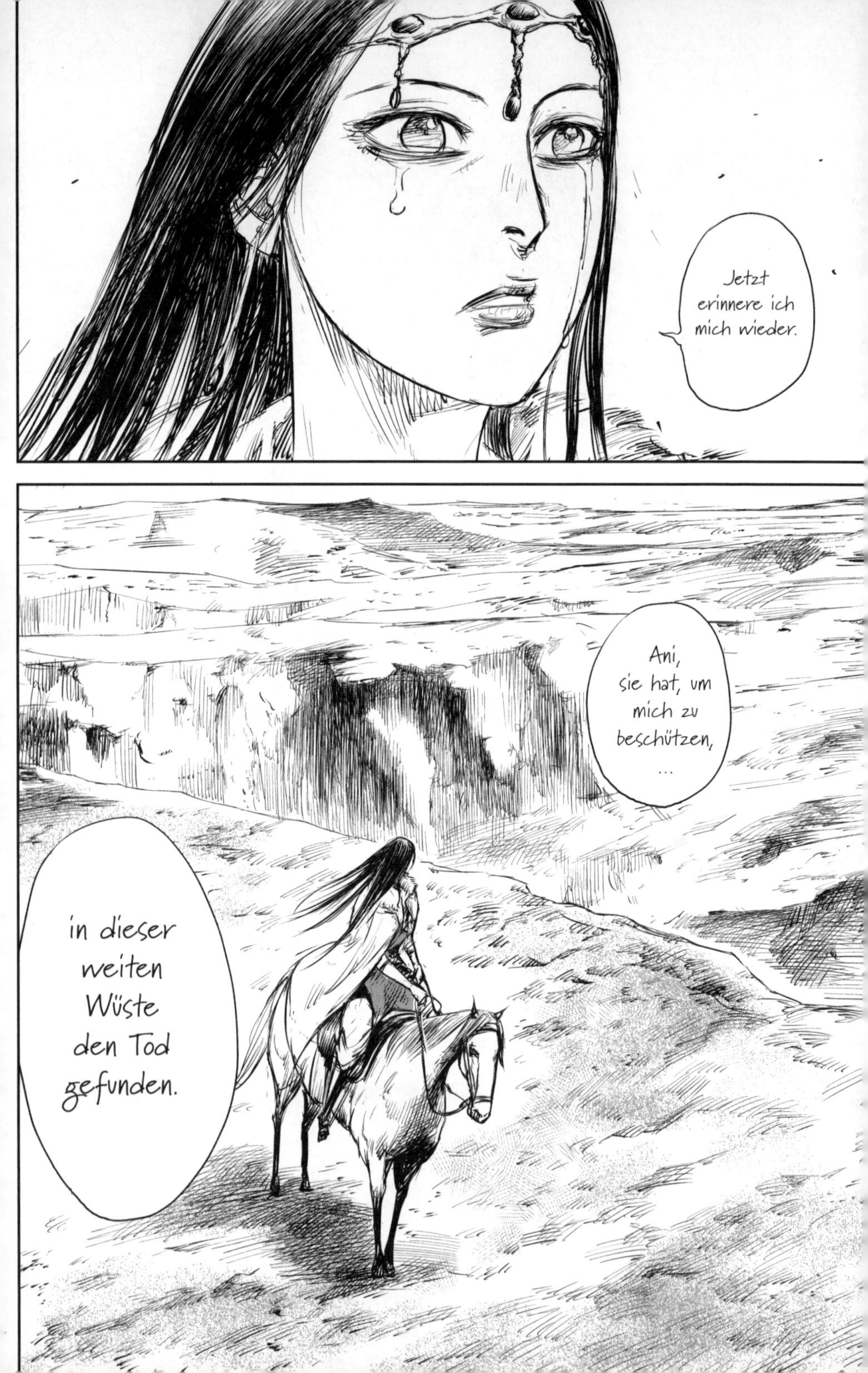
Jetzt erinnere ich mich wieder.
Ani, sie hat, um mich zu beschützen, …
in dieser weiten Wüste den Tod gefunden.

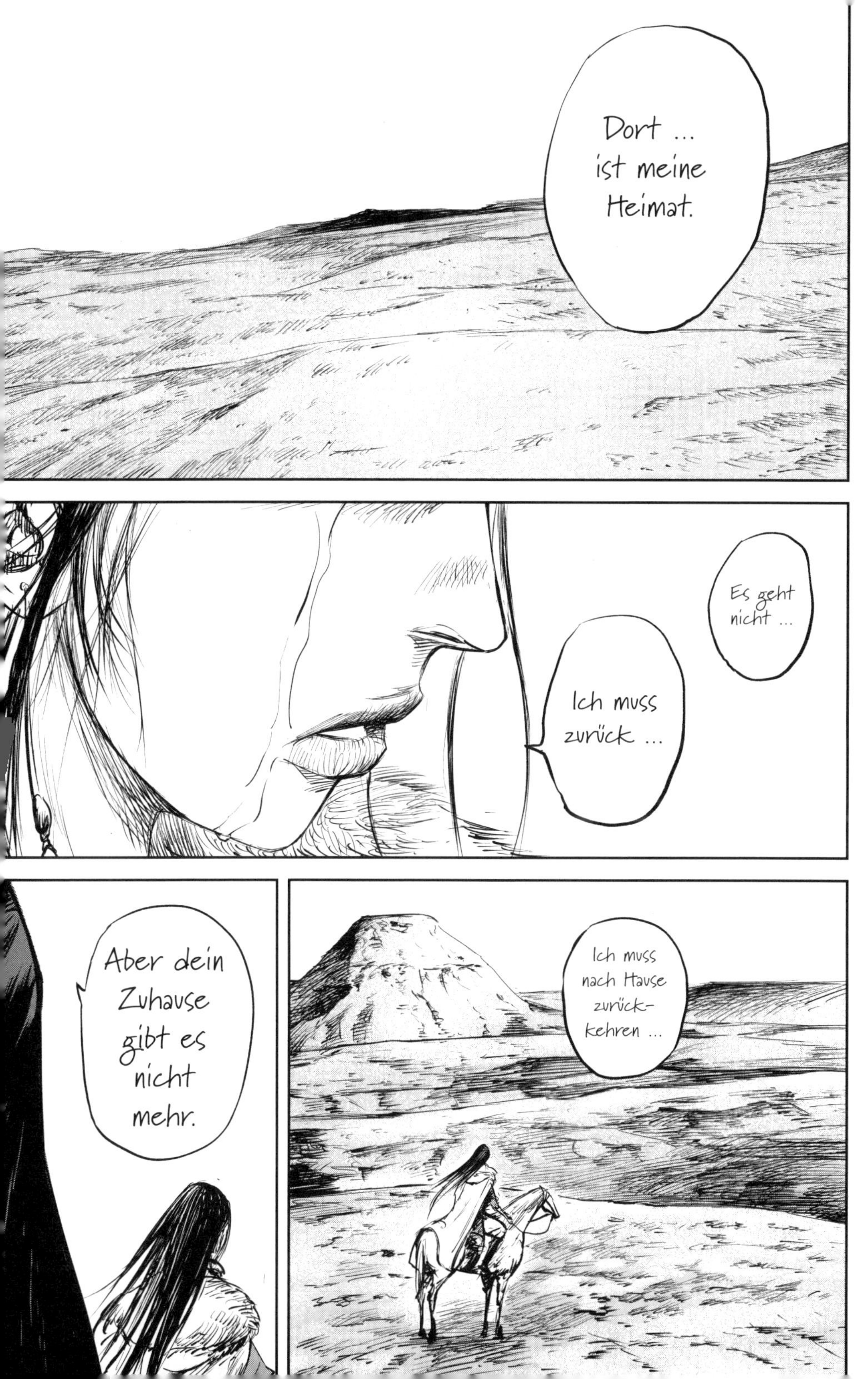

Dort … ist meine Heimat.

Es geht nicht …

Ich muss zurück …

Ich muss nach Hause zurückkehren …

Aber dein Zuhause gibt es nicht mehr.

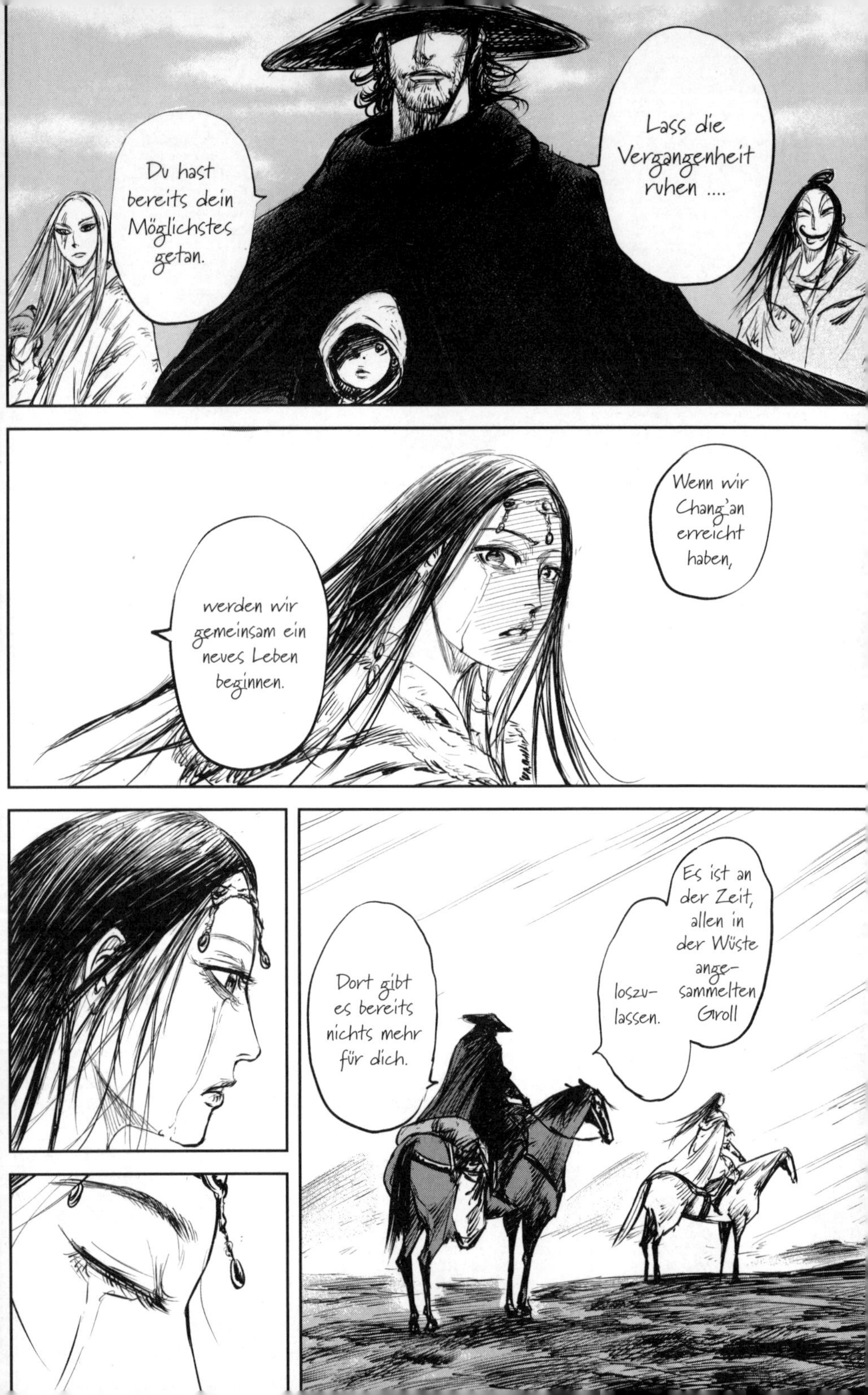

Lass die Vergangenheit ruhen ....
Du hast bereits dein Möglichstes getan.

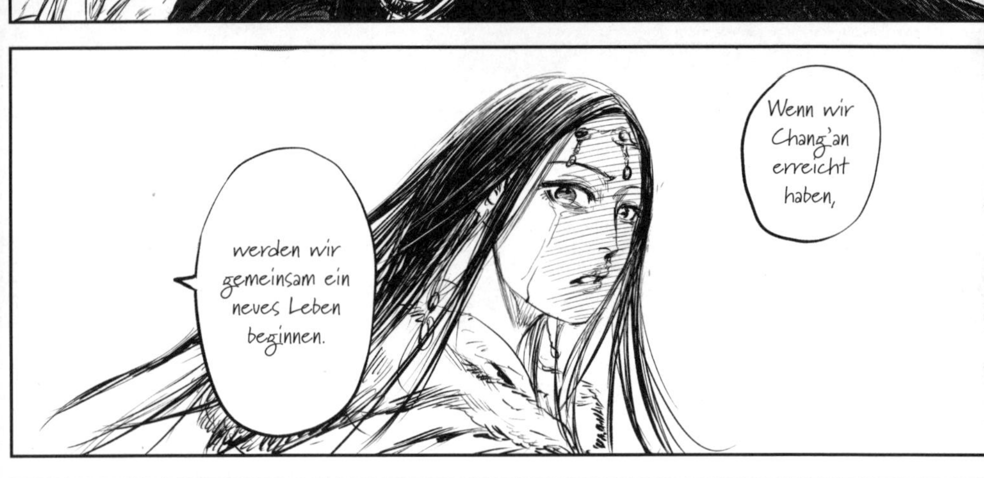

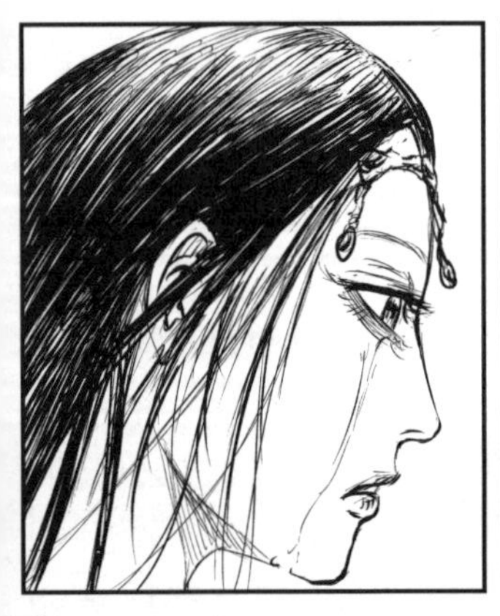

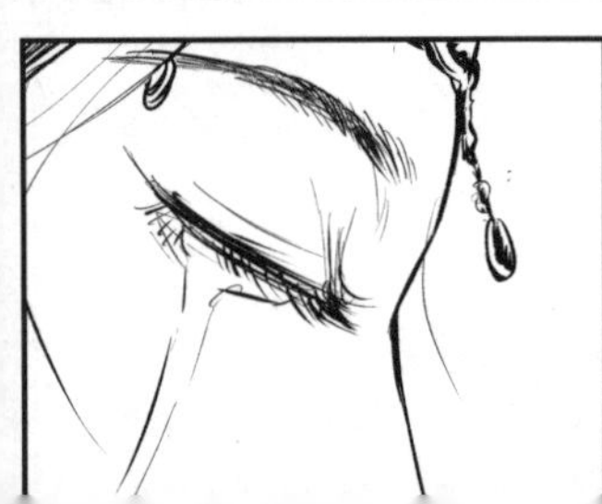

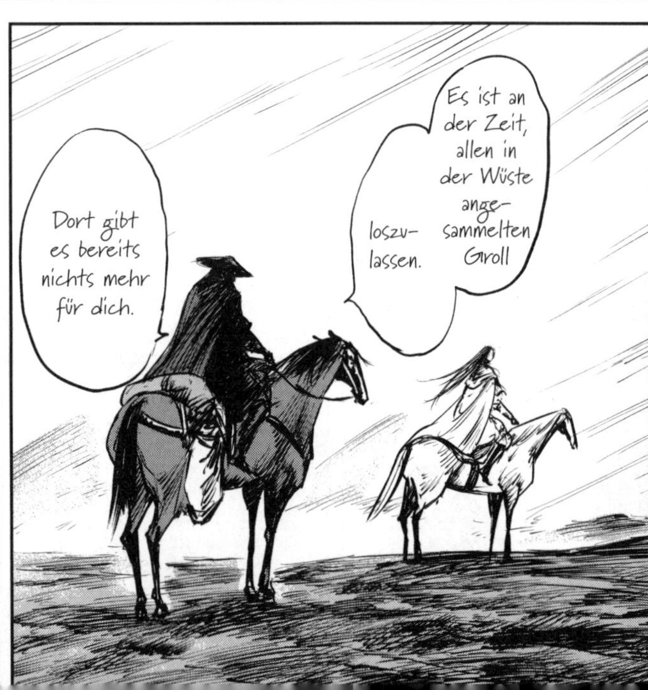

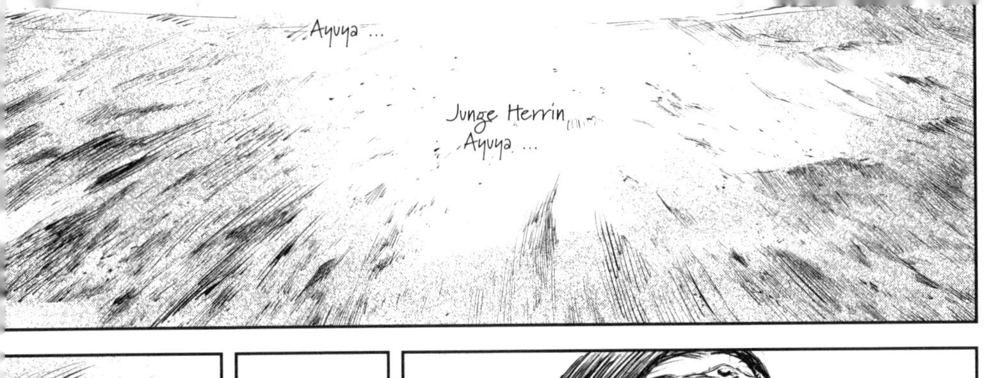

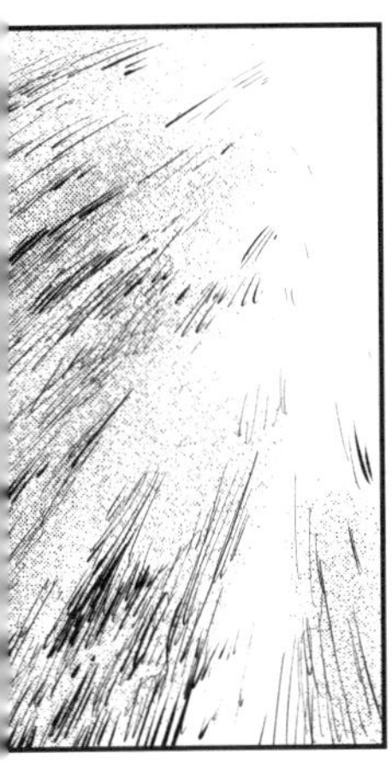

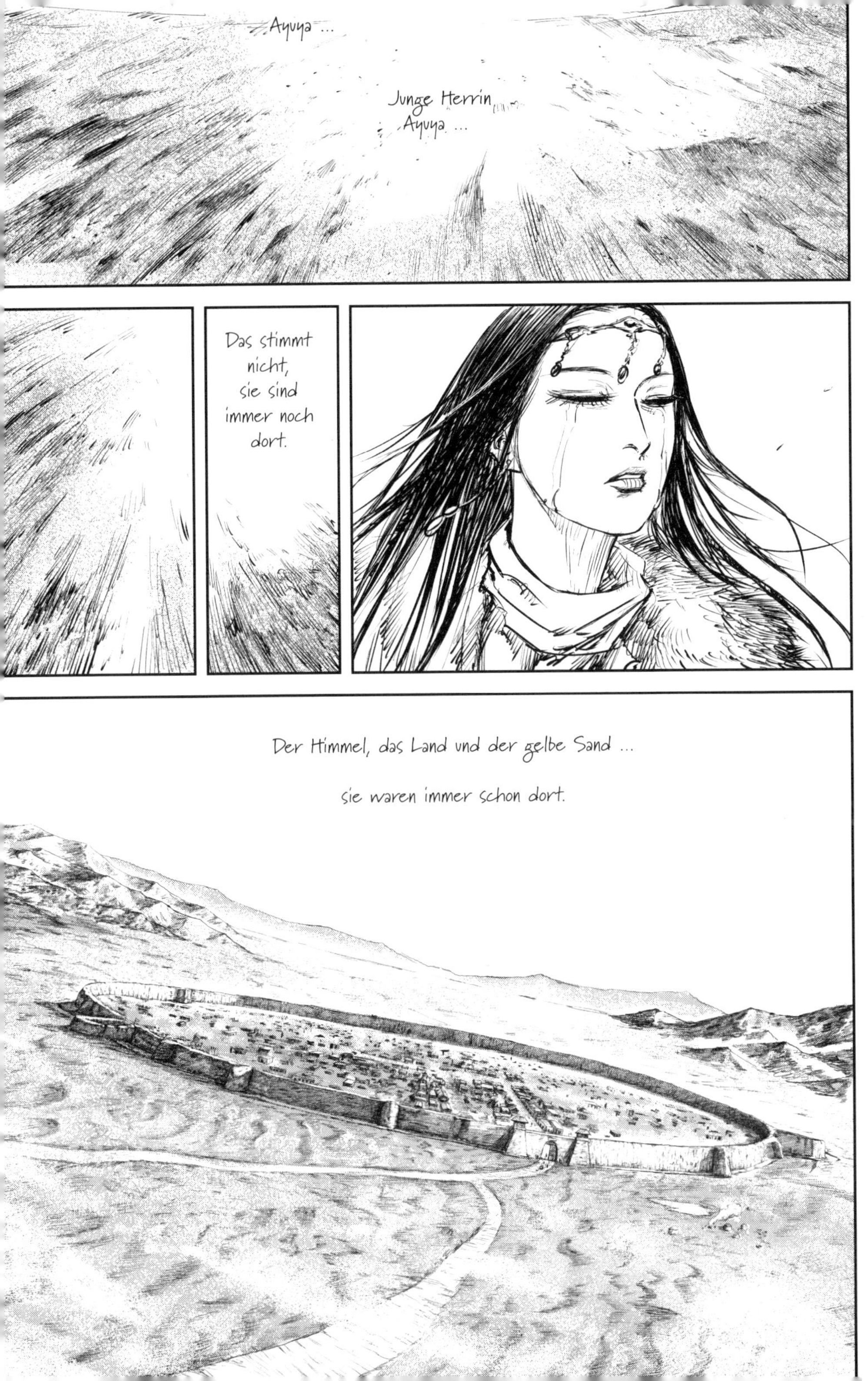

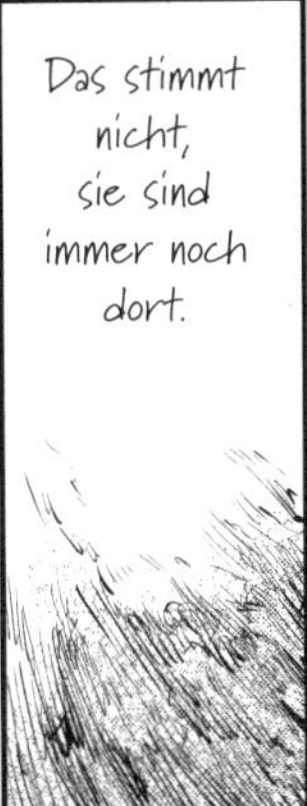

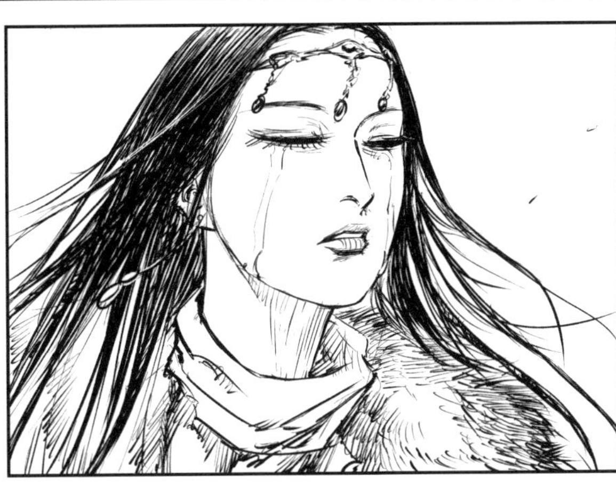

Der Himmel, das Land und der gelbe Sand ...

sie waren immer schon dort.

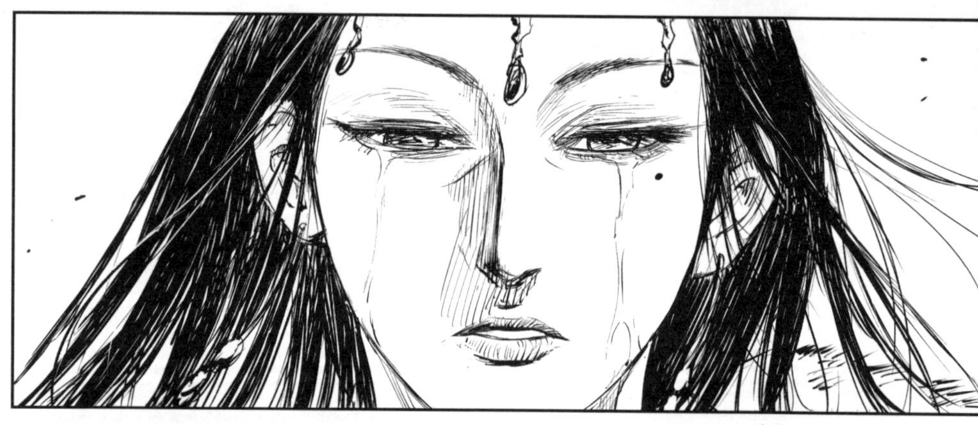

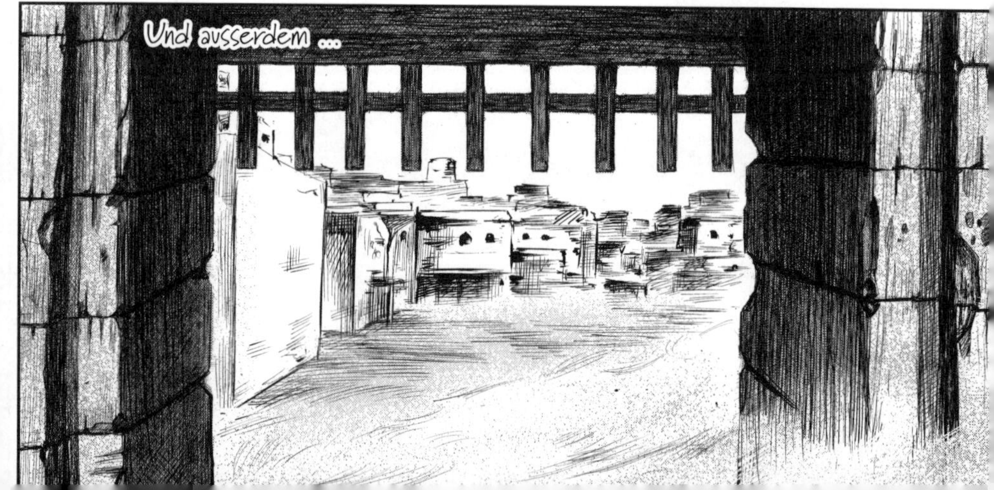
Und ausserdem ...

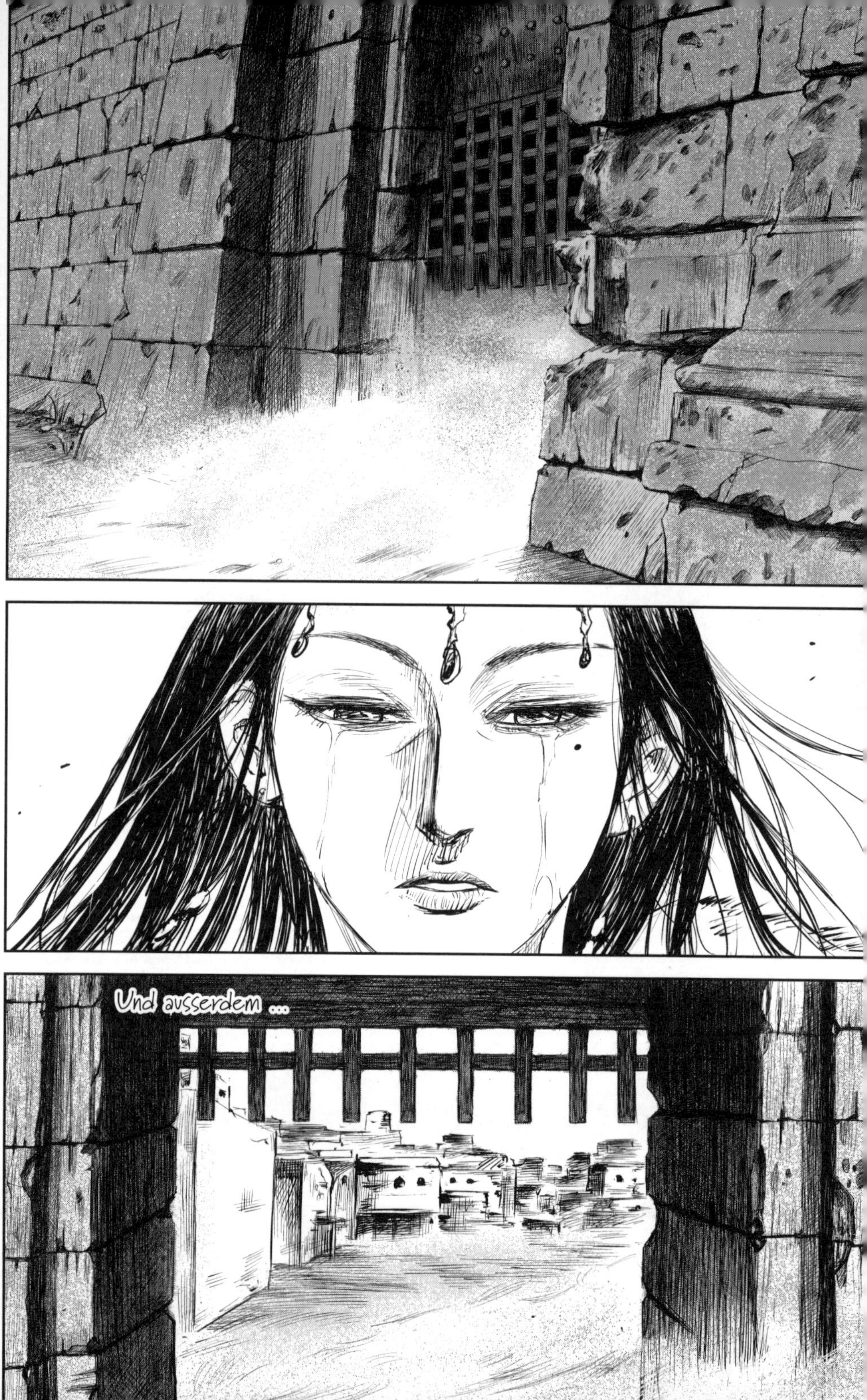

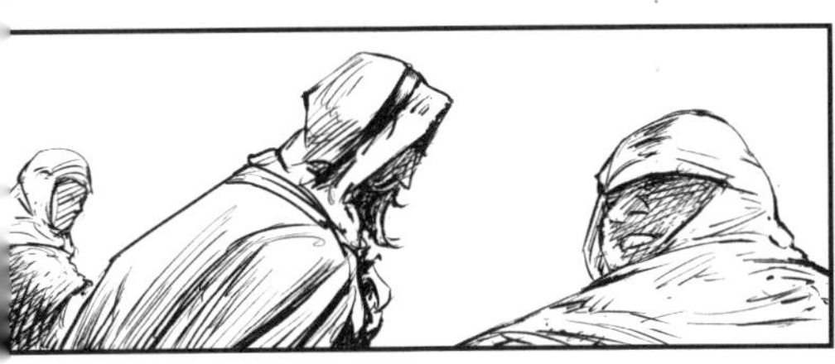

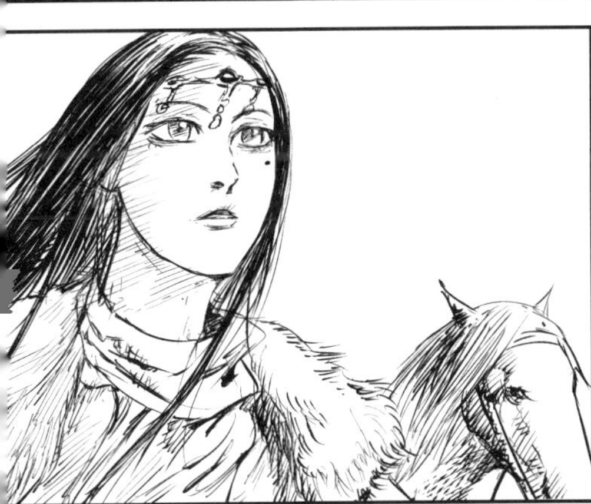

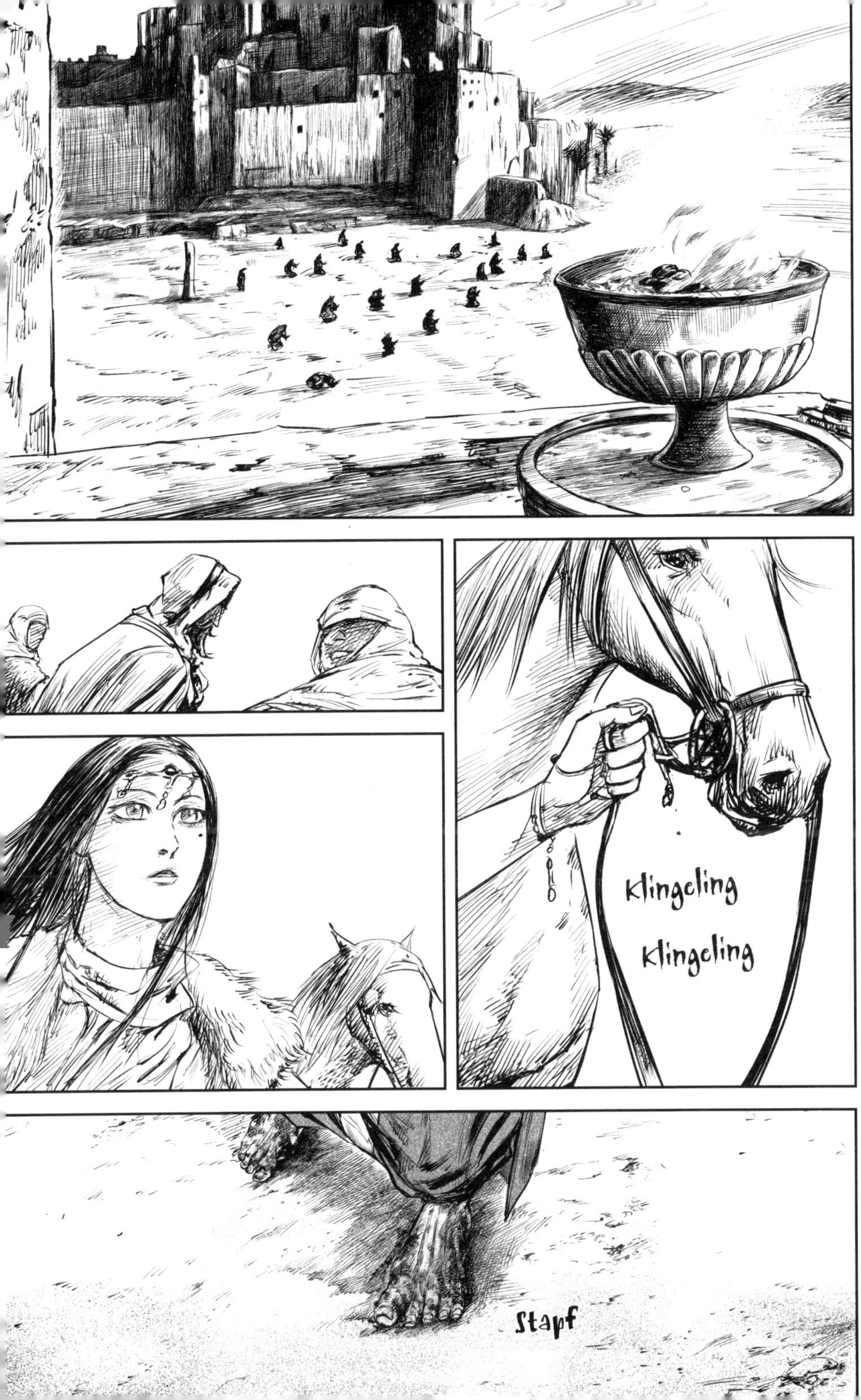

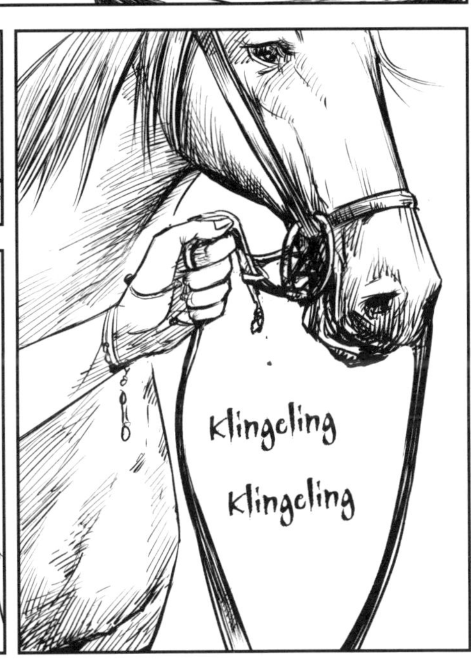
Klingeling
Klingeling

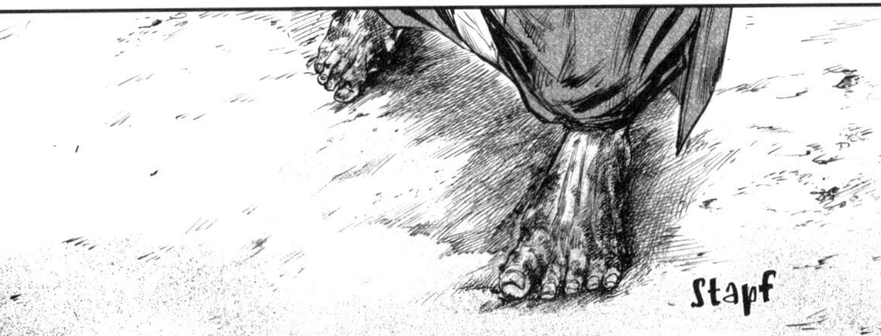
Stapf

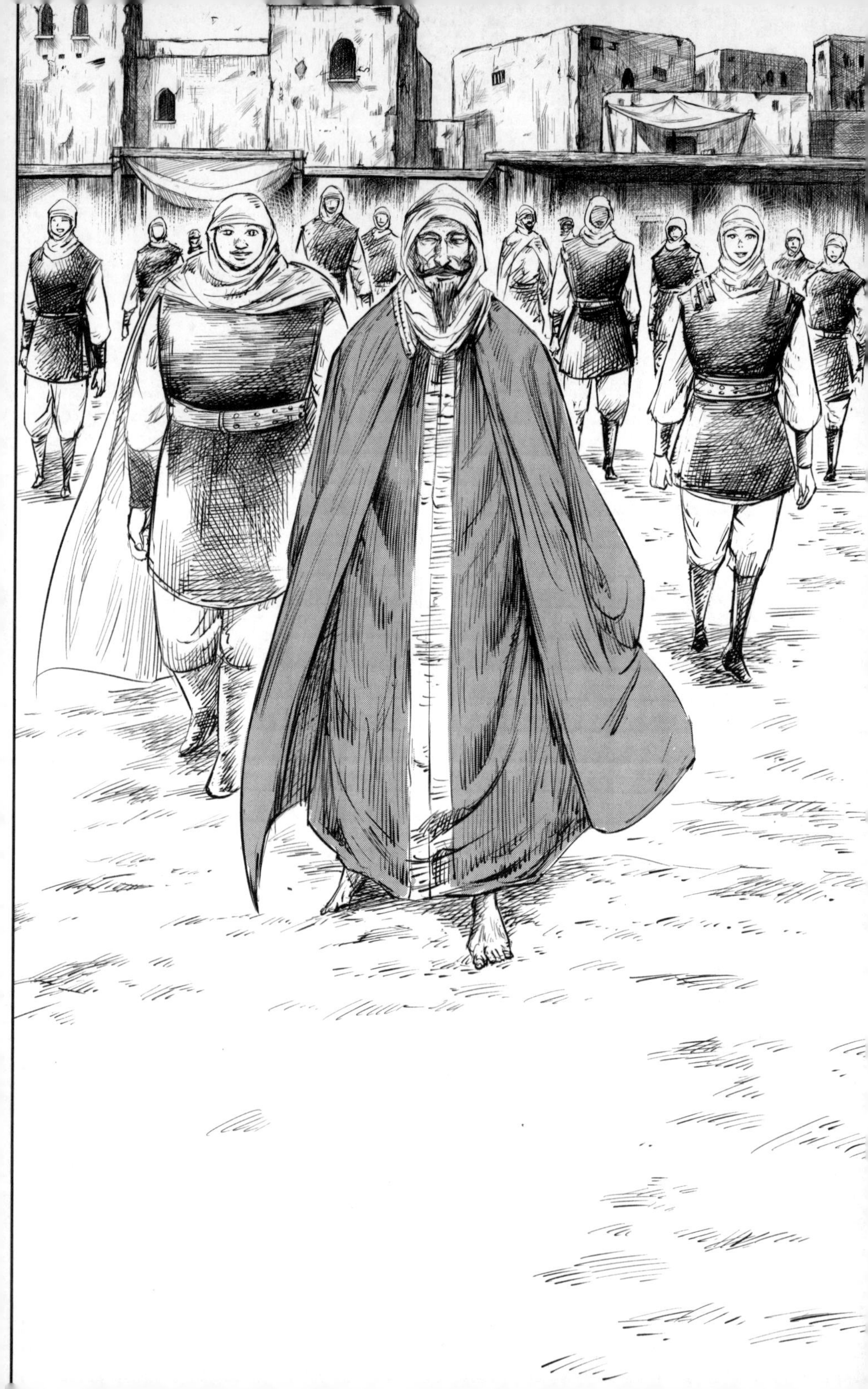

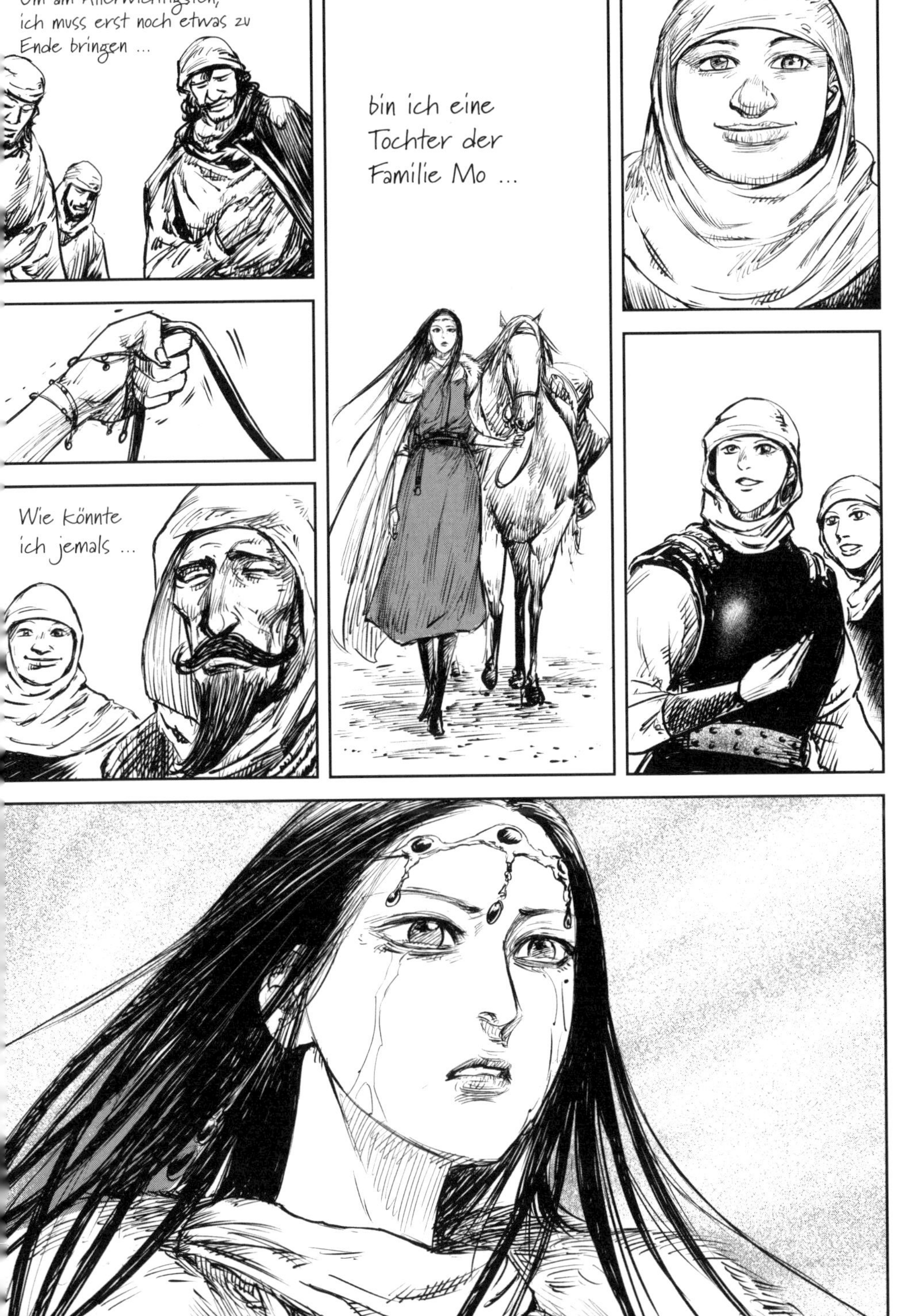
Um am Allerwichtigsten,
ich muss erst noch etwas zu
Ende bringen ...
Wie könnte
ich jemals ...
bin ich eine
Tochter der
Familie Mo ...

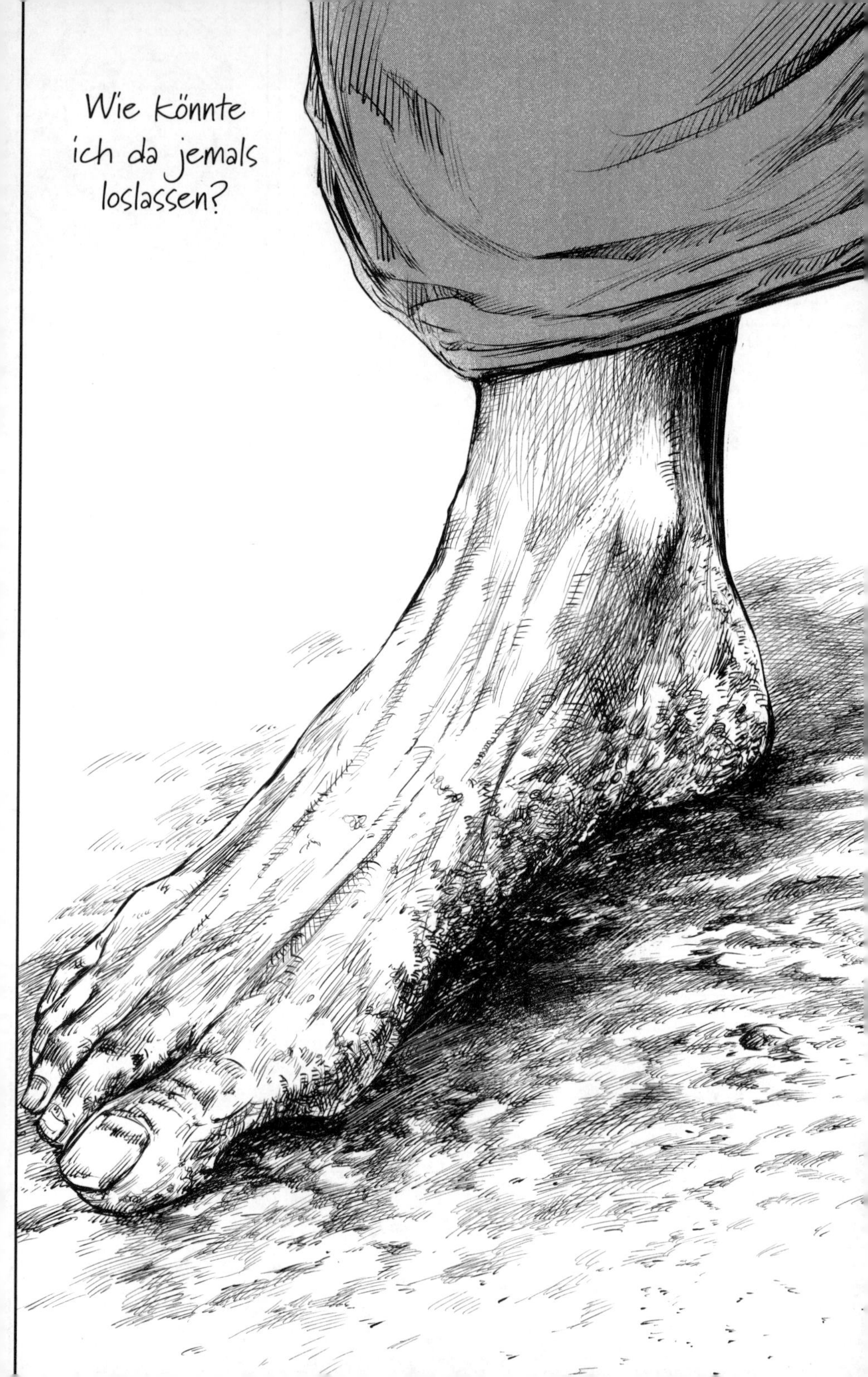
Wie könnte ich da jemals loslassen?

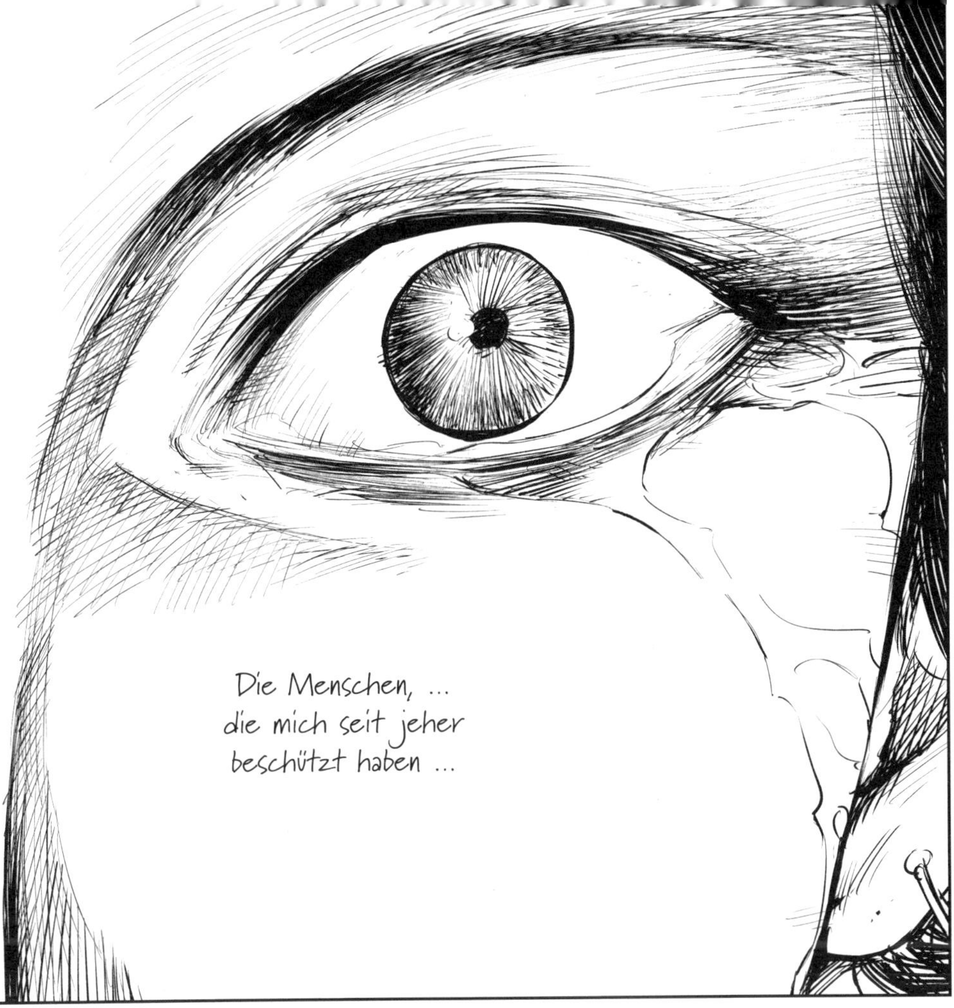

Die Menschen, ...
die mich seit jeher
beschützt haben ...

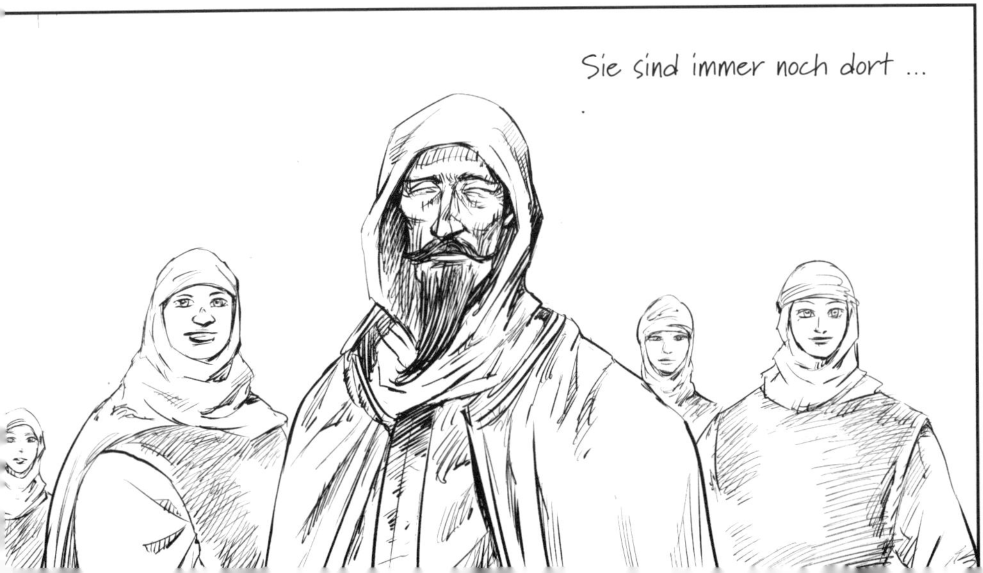

Sie sind immer noch dort ...

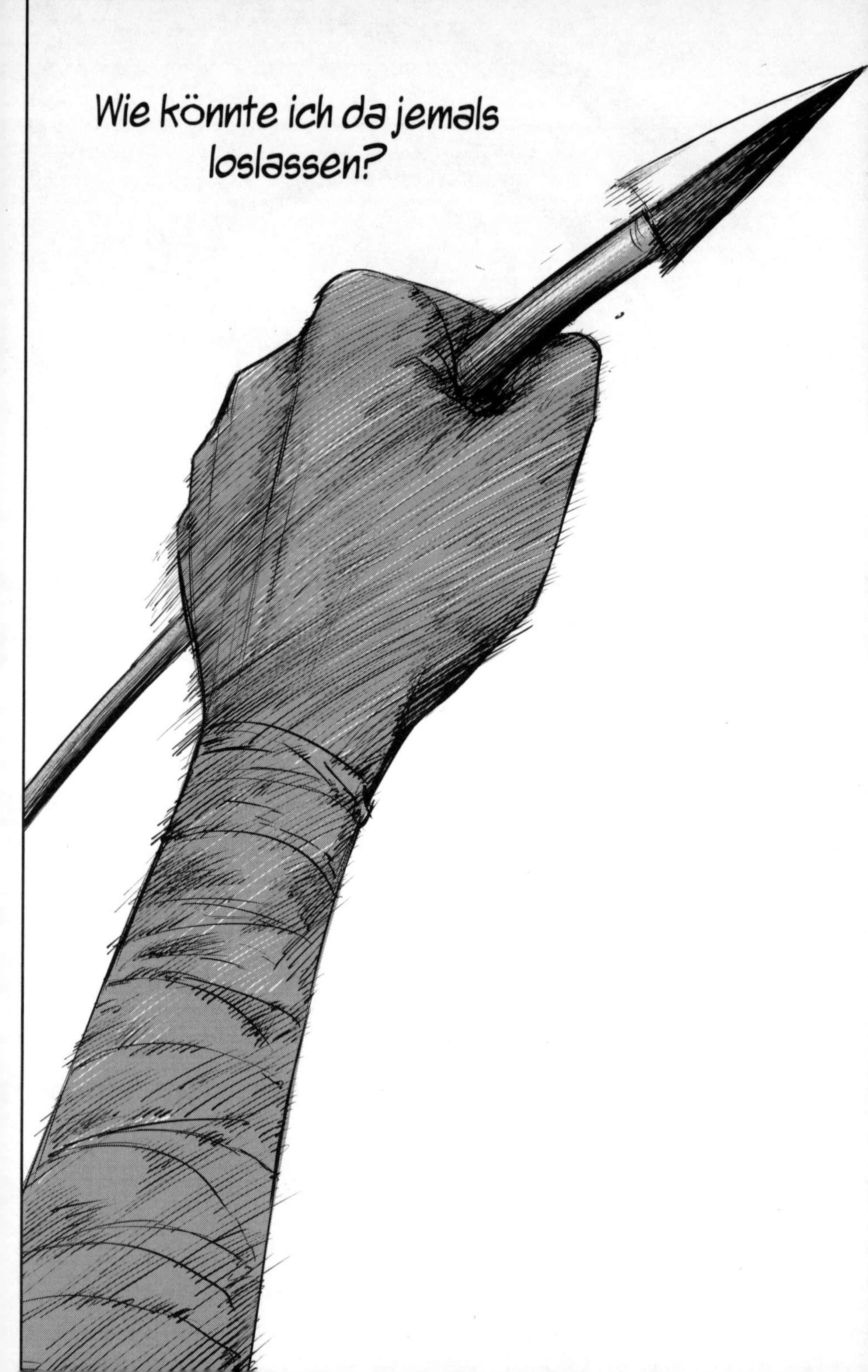
Wie könnte ich da jemals
loslassen?

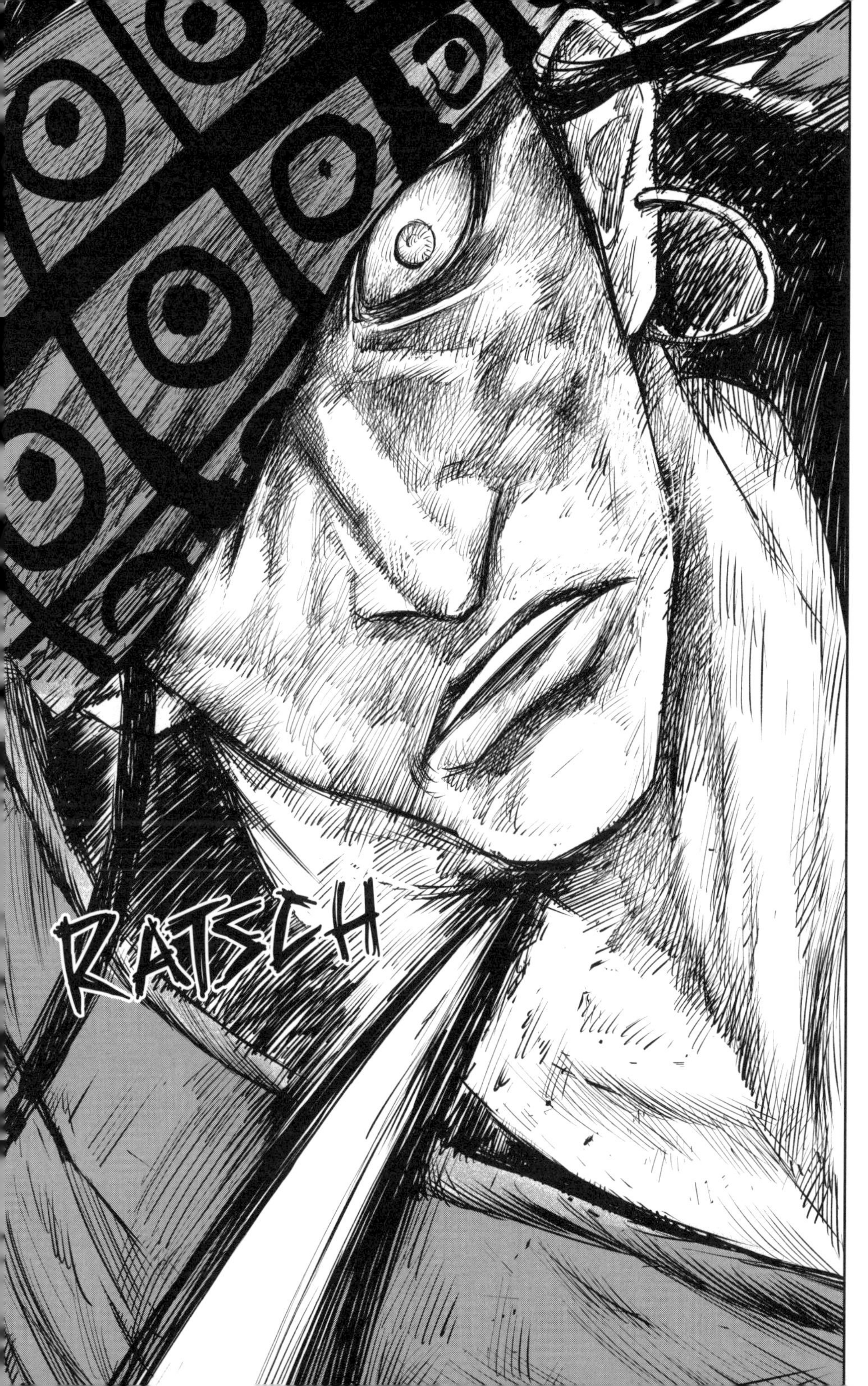
RATSCH

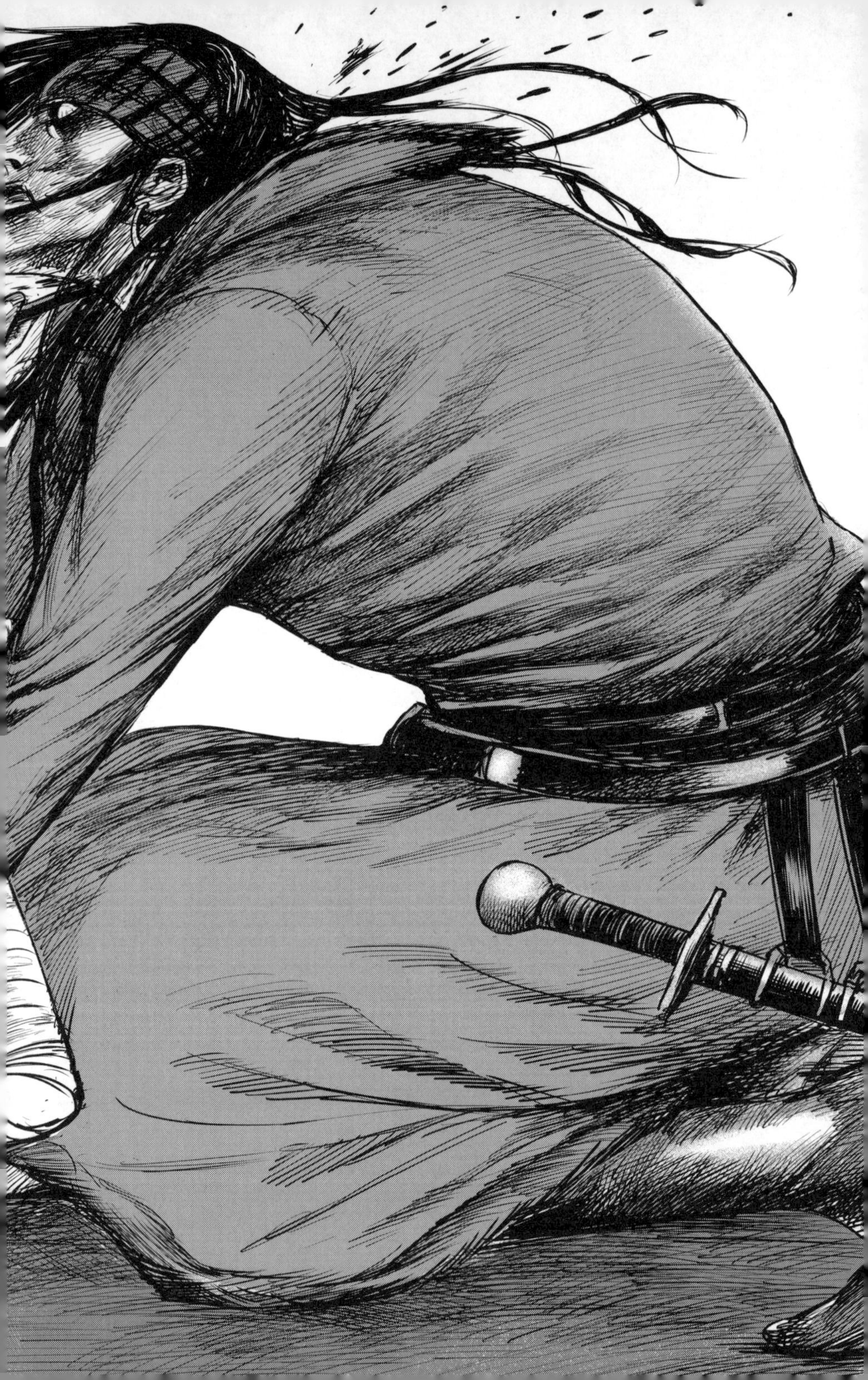

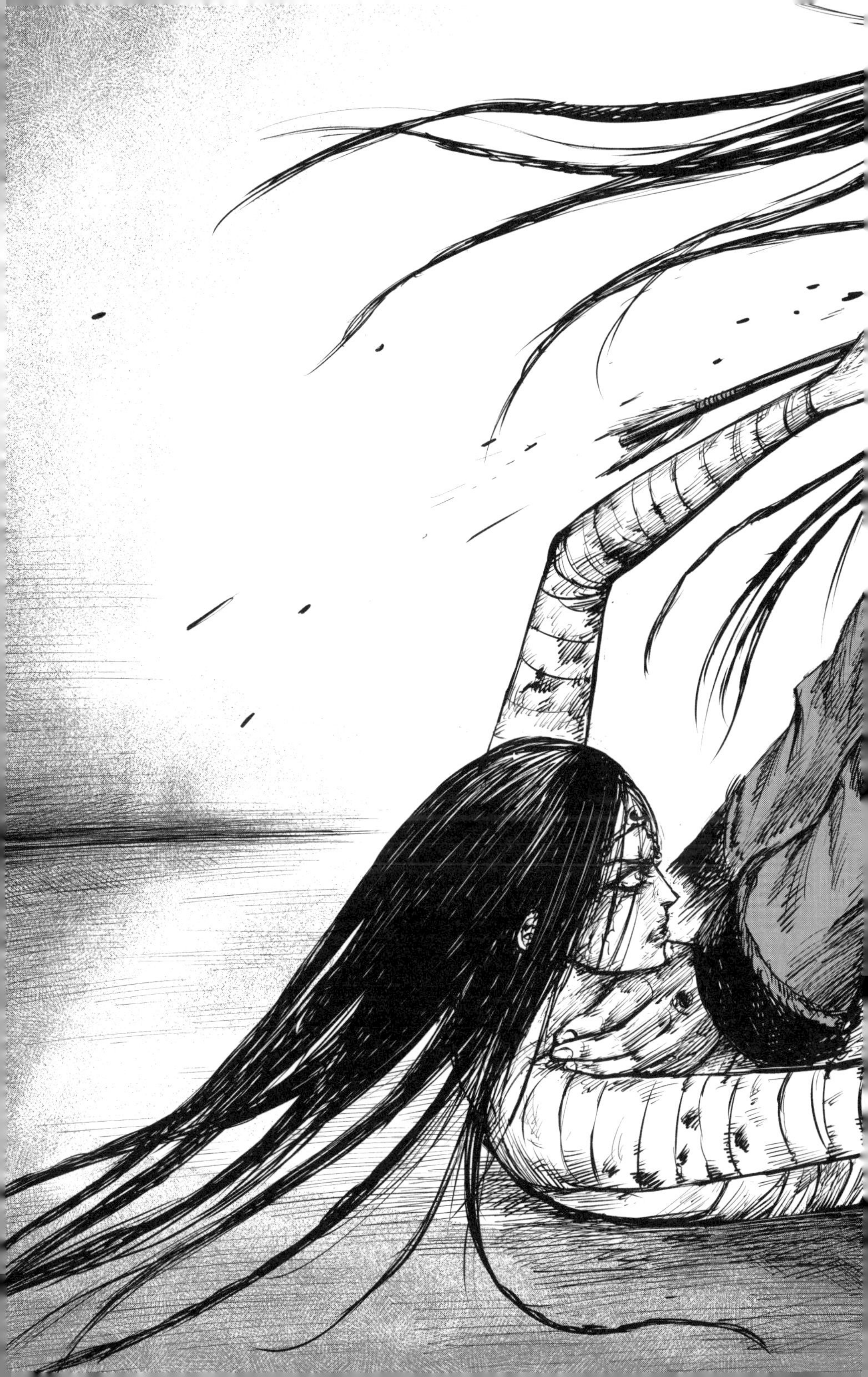

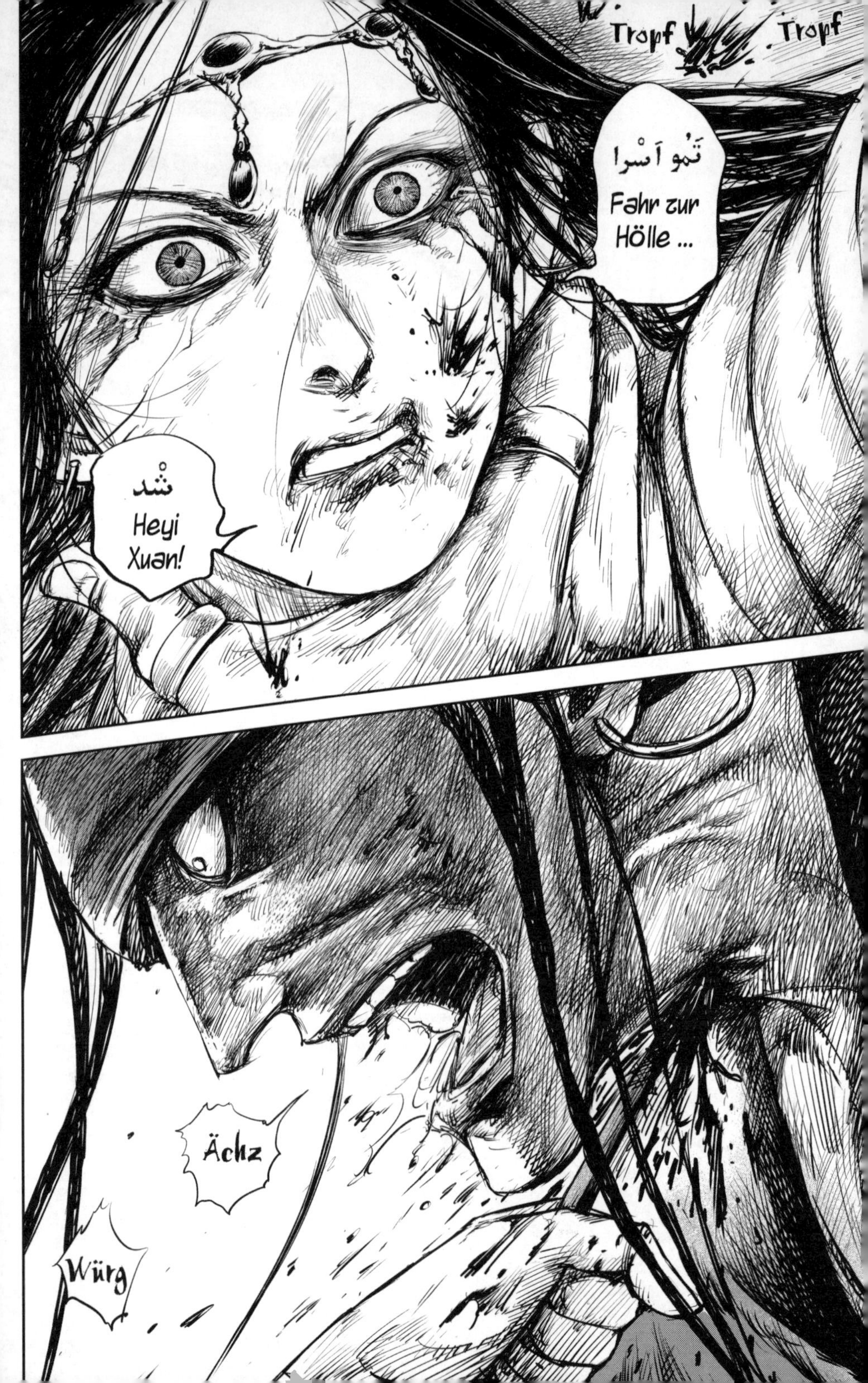
Tropf
Tropf
تُمو آسْرا
Fahr zur Hölle ...
شْد
Heyi Xuan!
Ächz
Würg

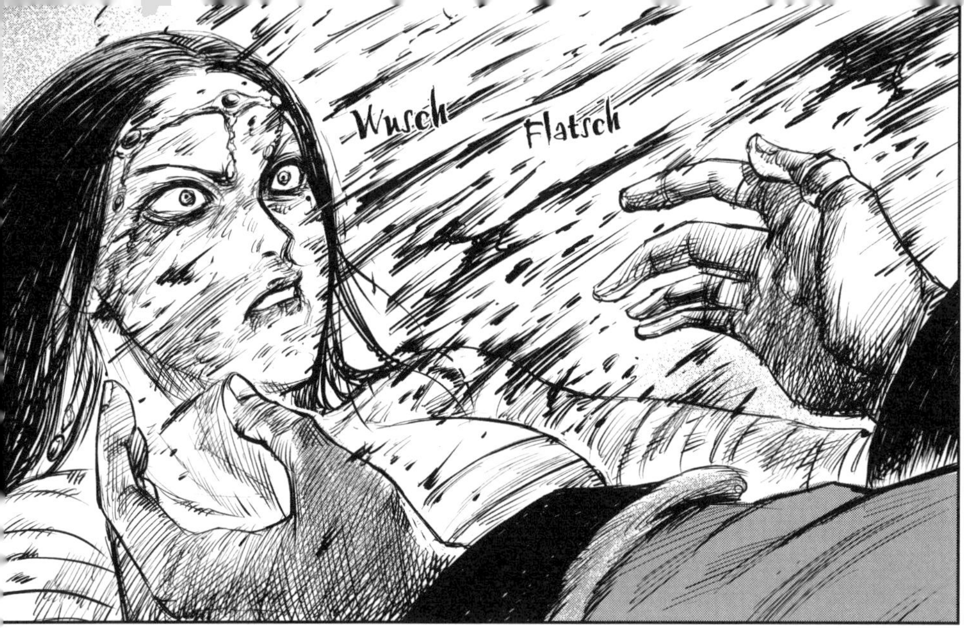

Wusch
Flatsch

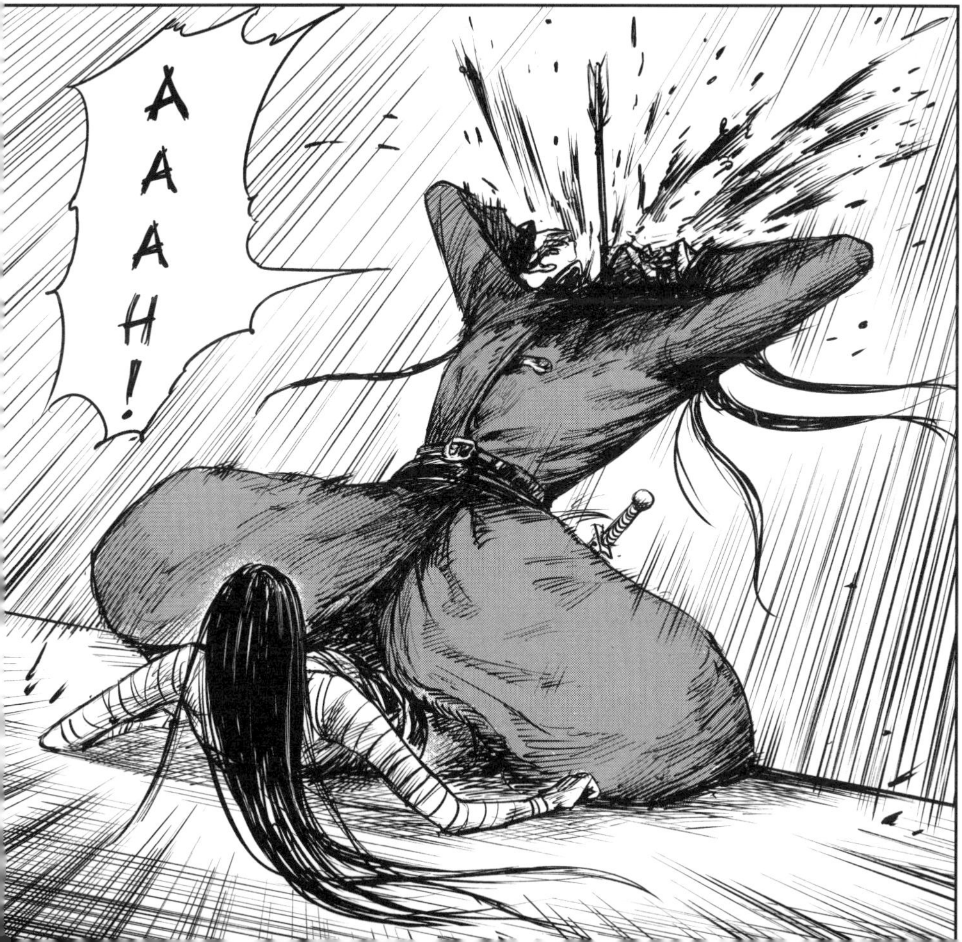

AAAAH!

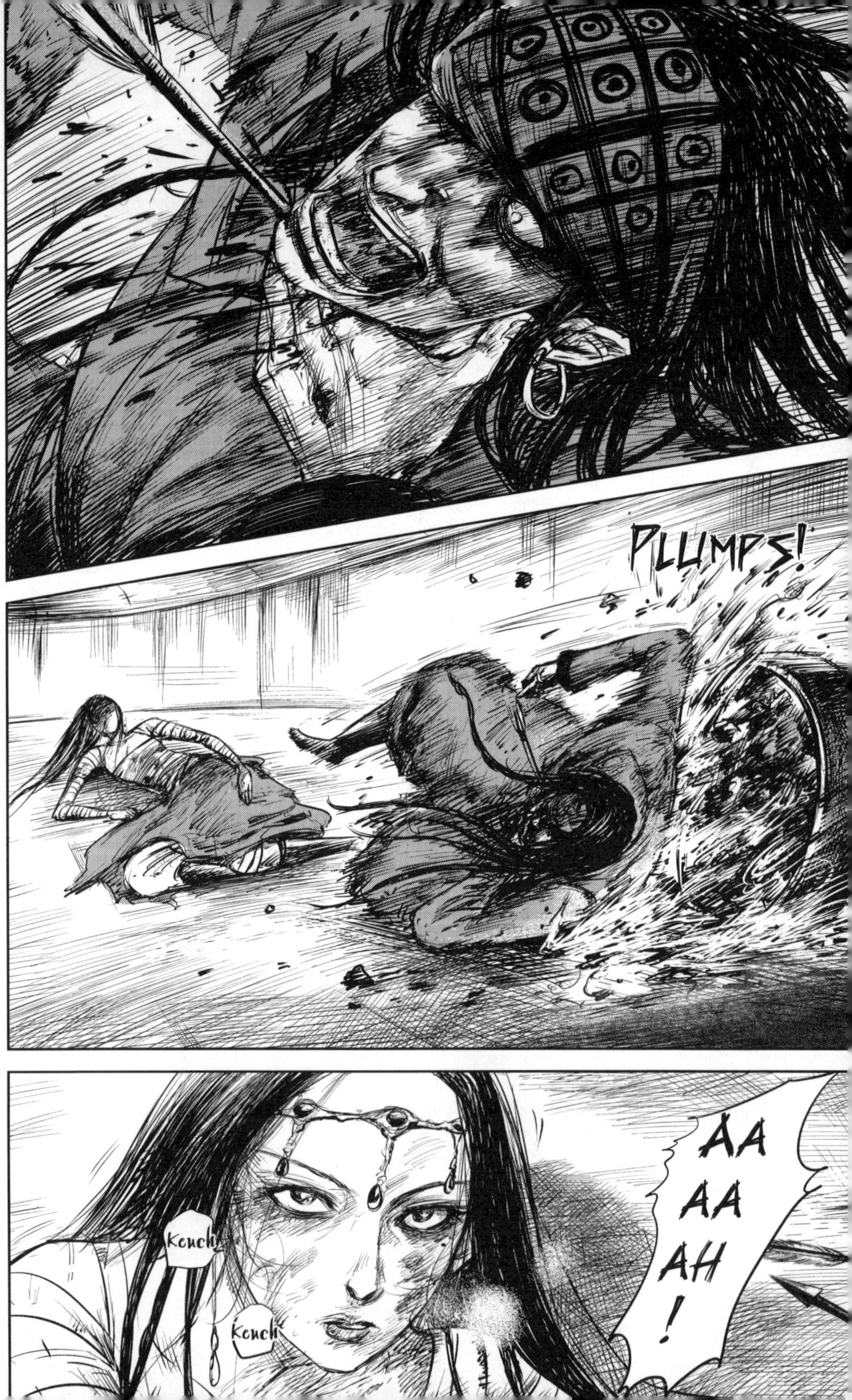

PLUMPS!

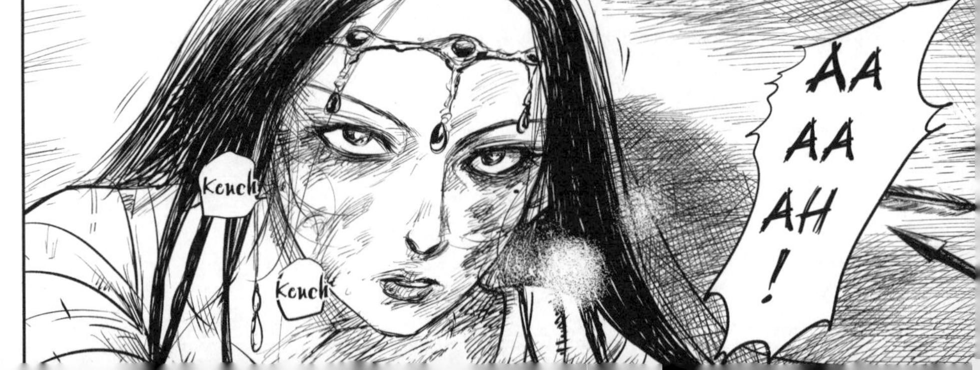

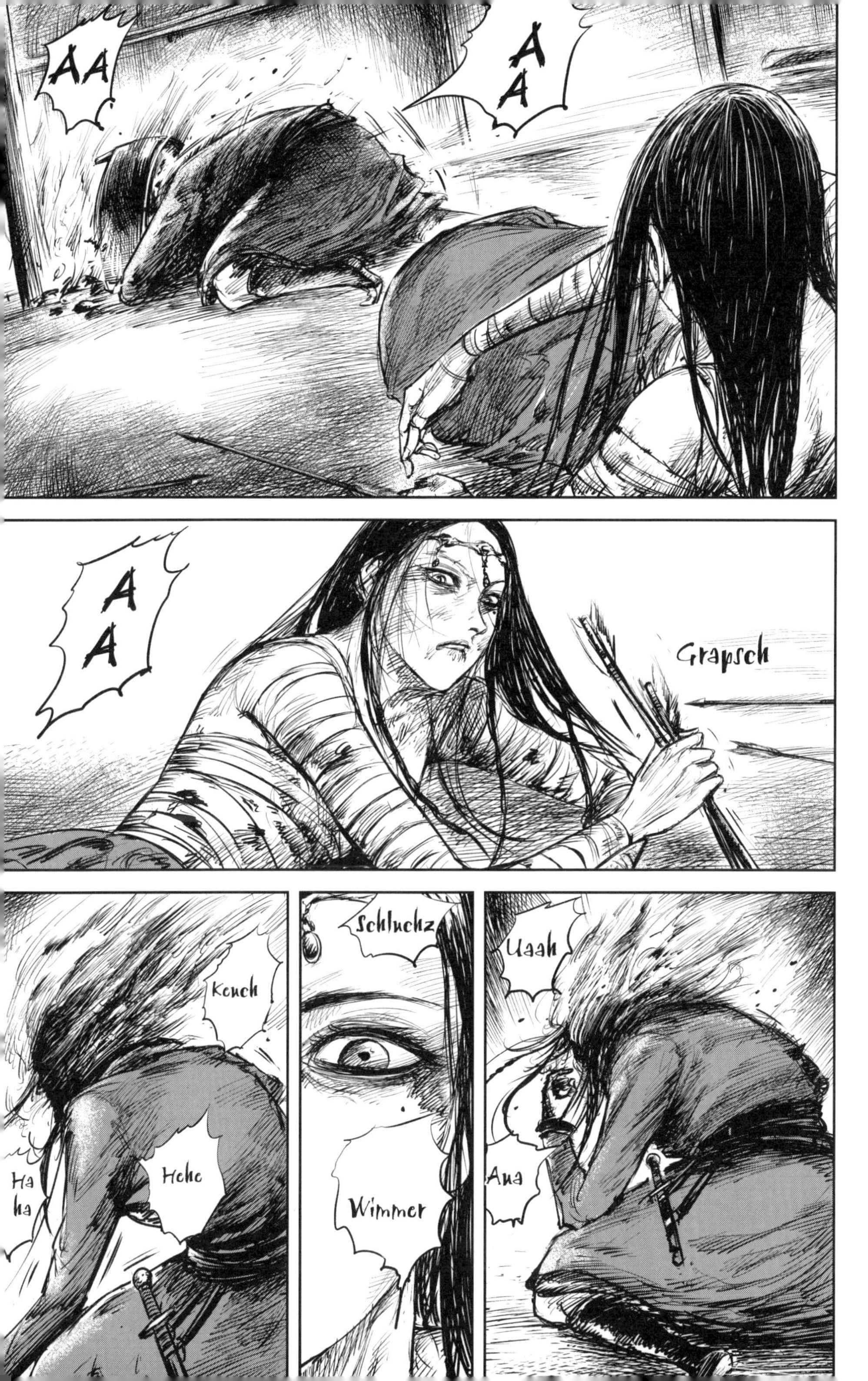

AA

A A

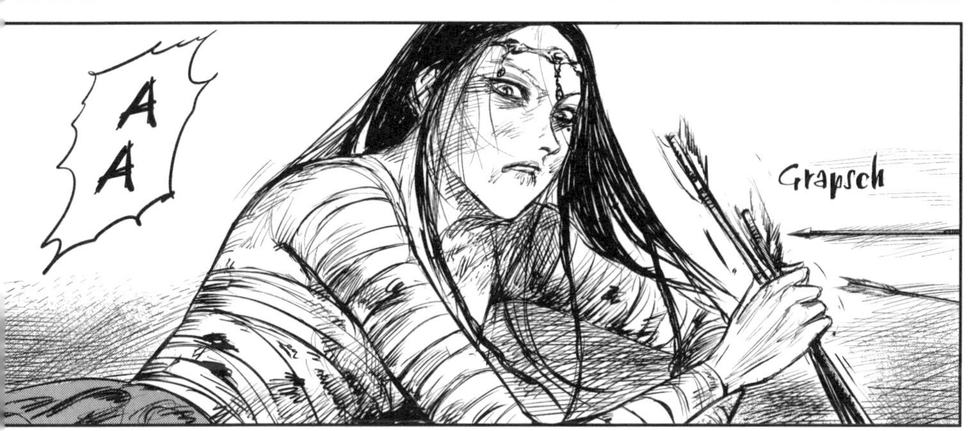

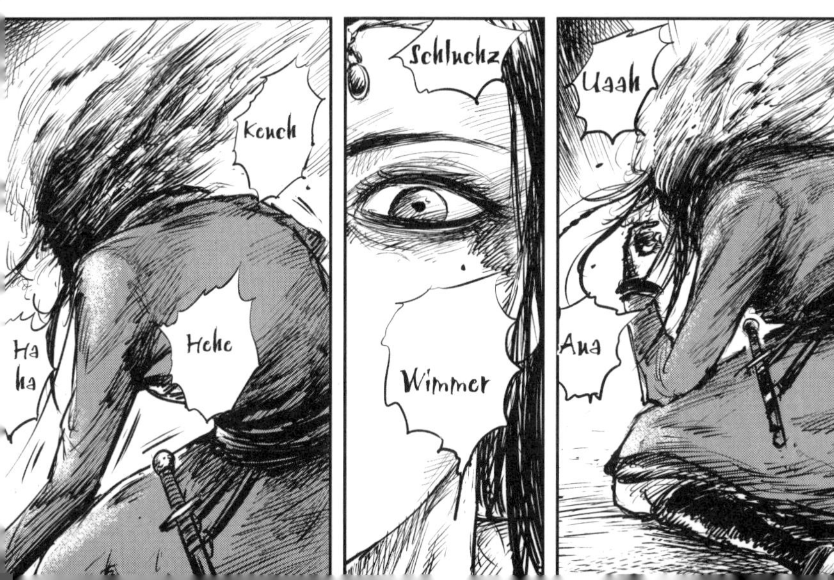

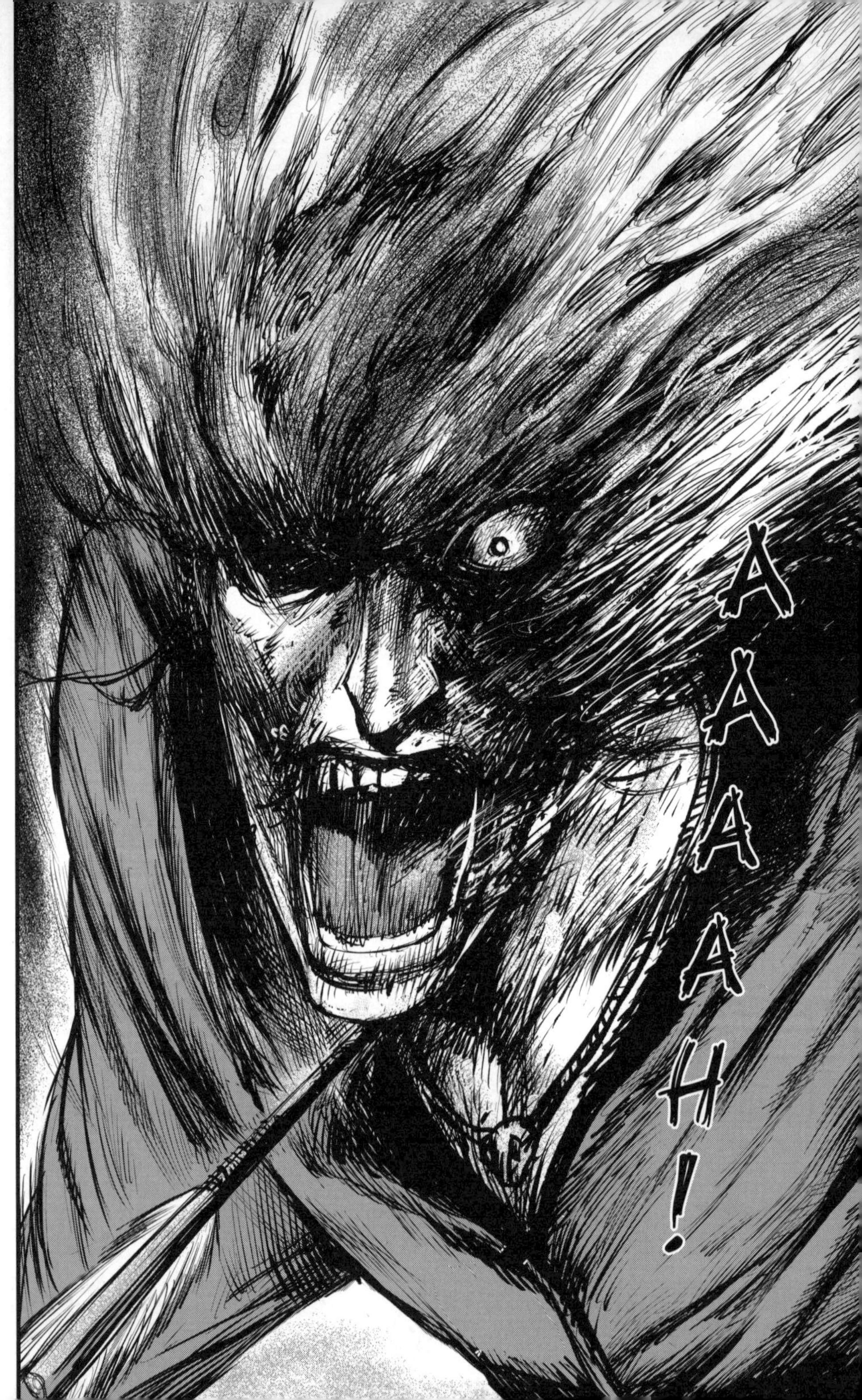
AAAAAAH!

Zweiter Akt:
Die weite Wüste

Kapitel 49:
Vergeltung

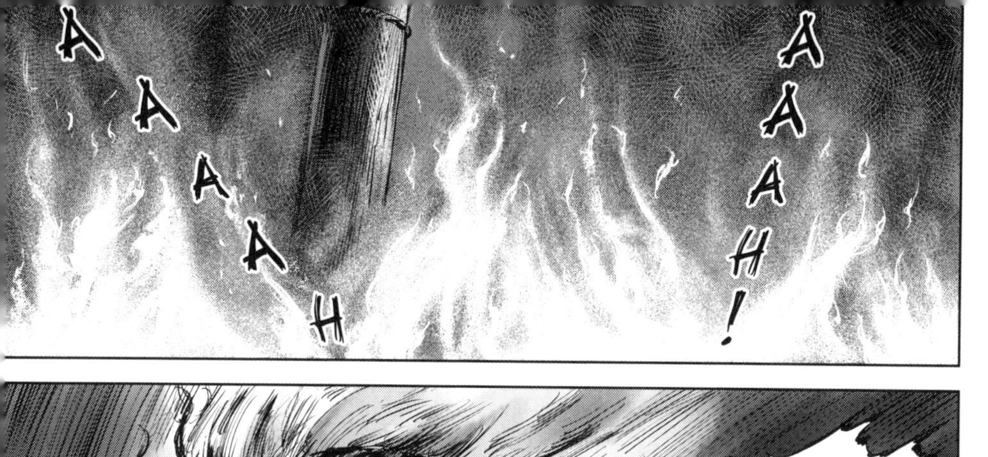

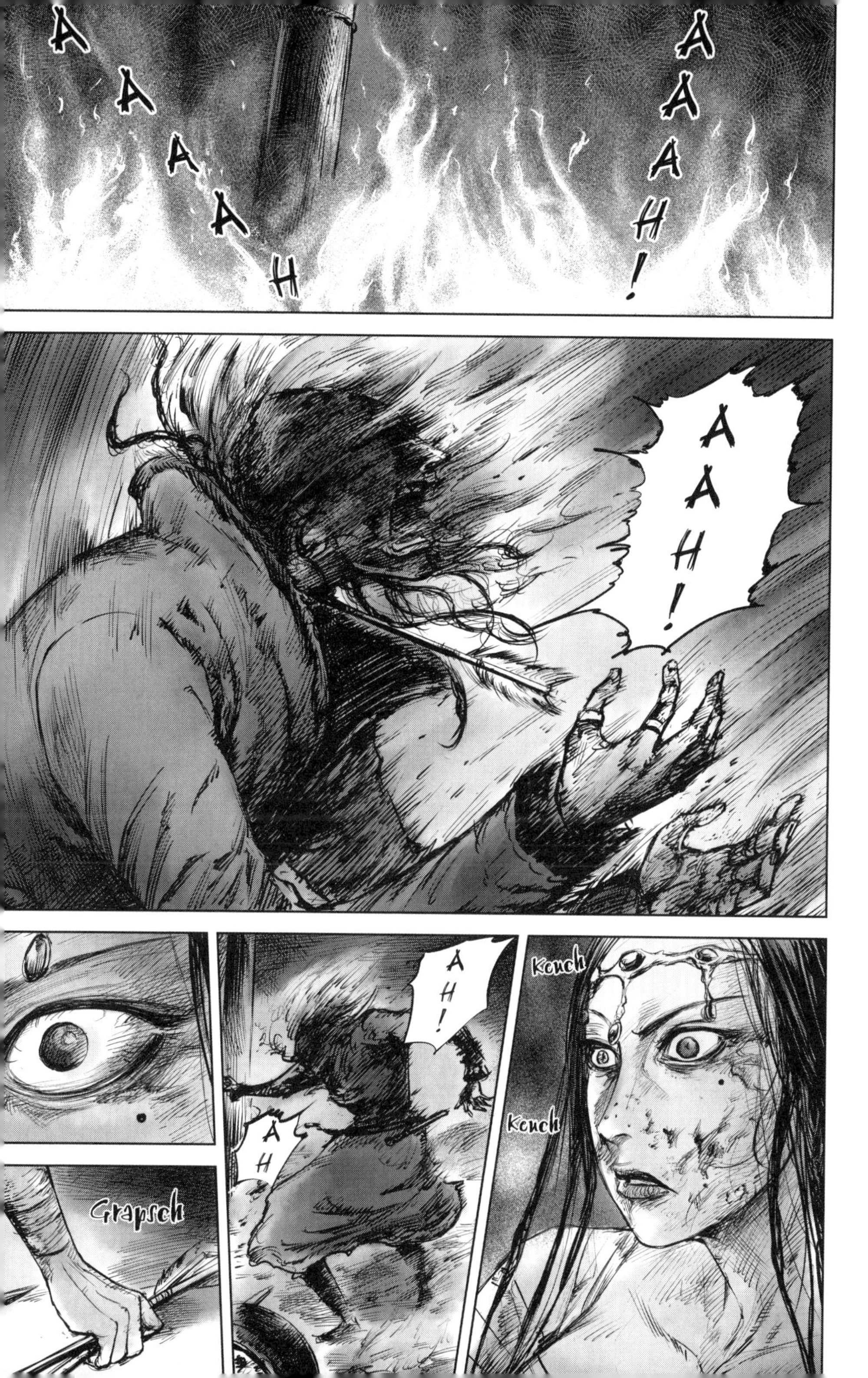

AAH!

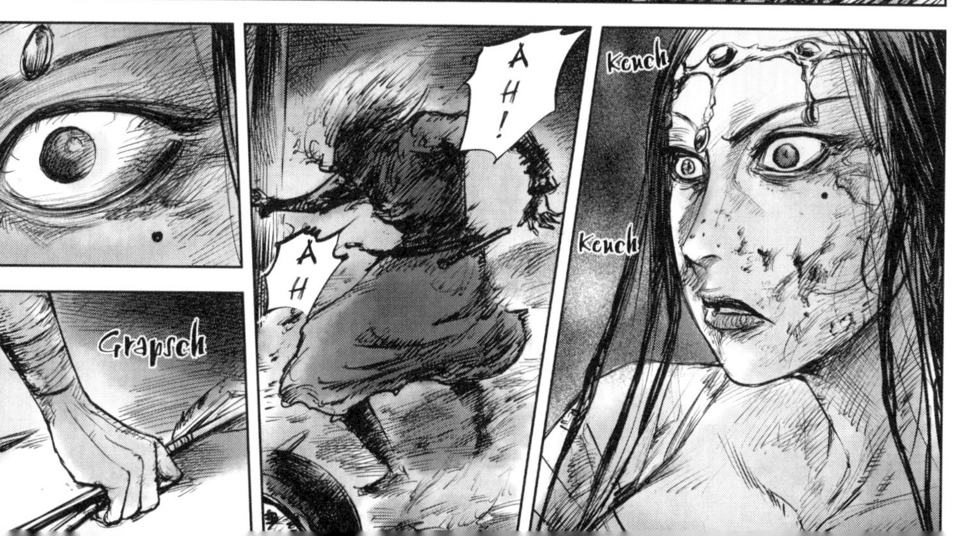

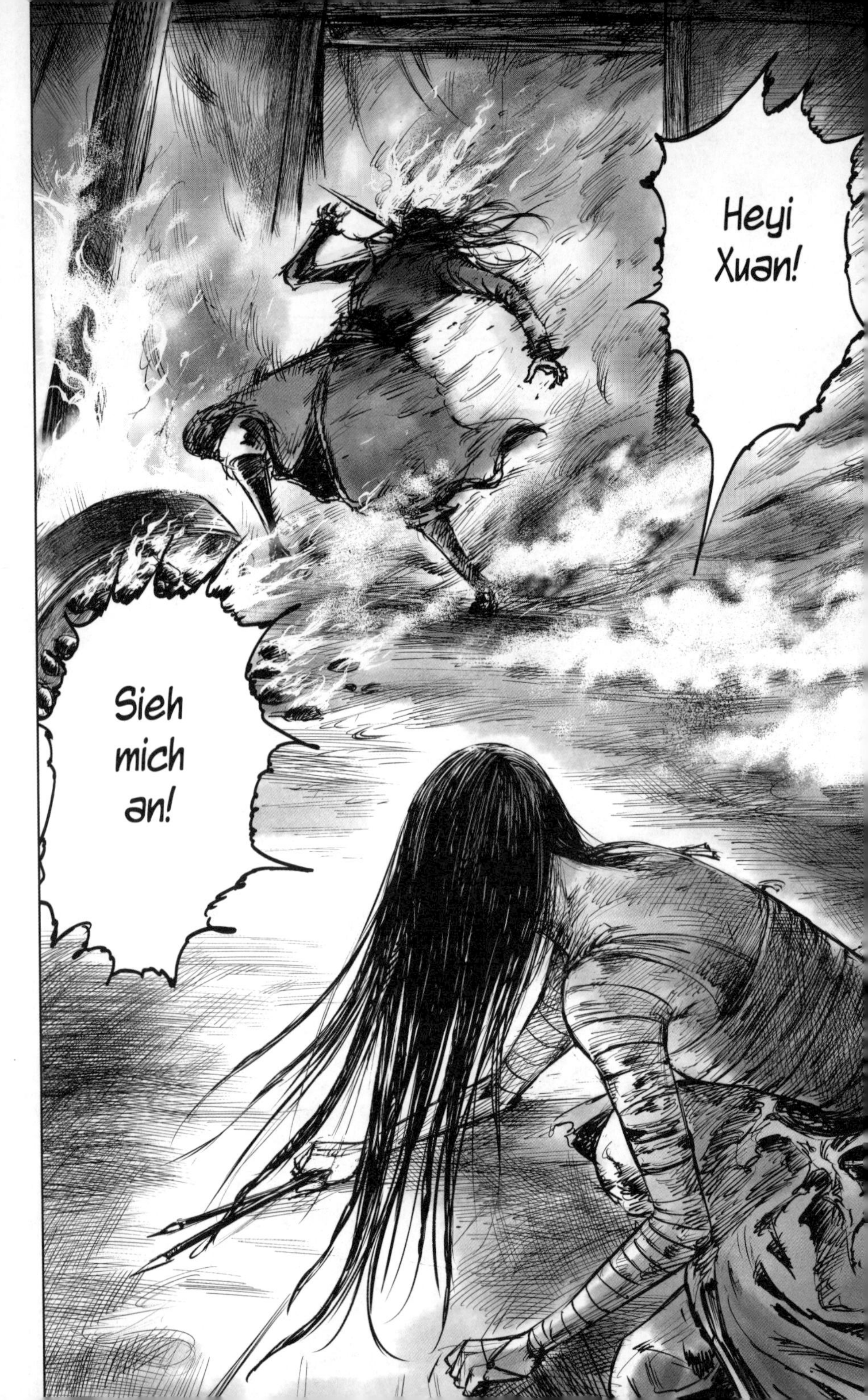
Heyi Xuan!
Sieh mich an!

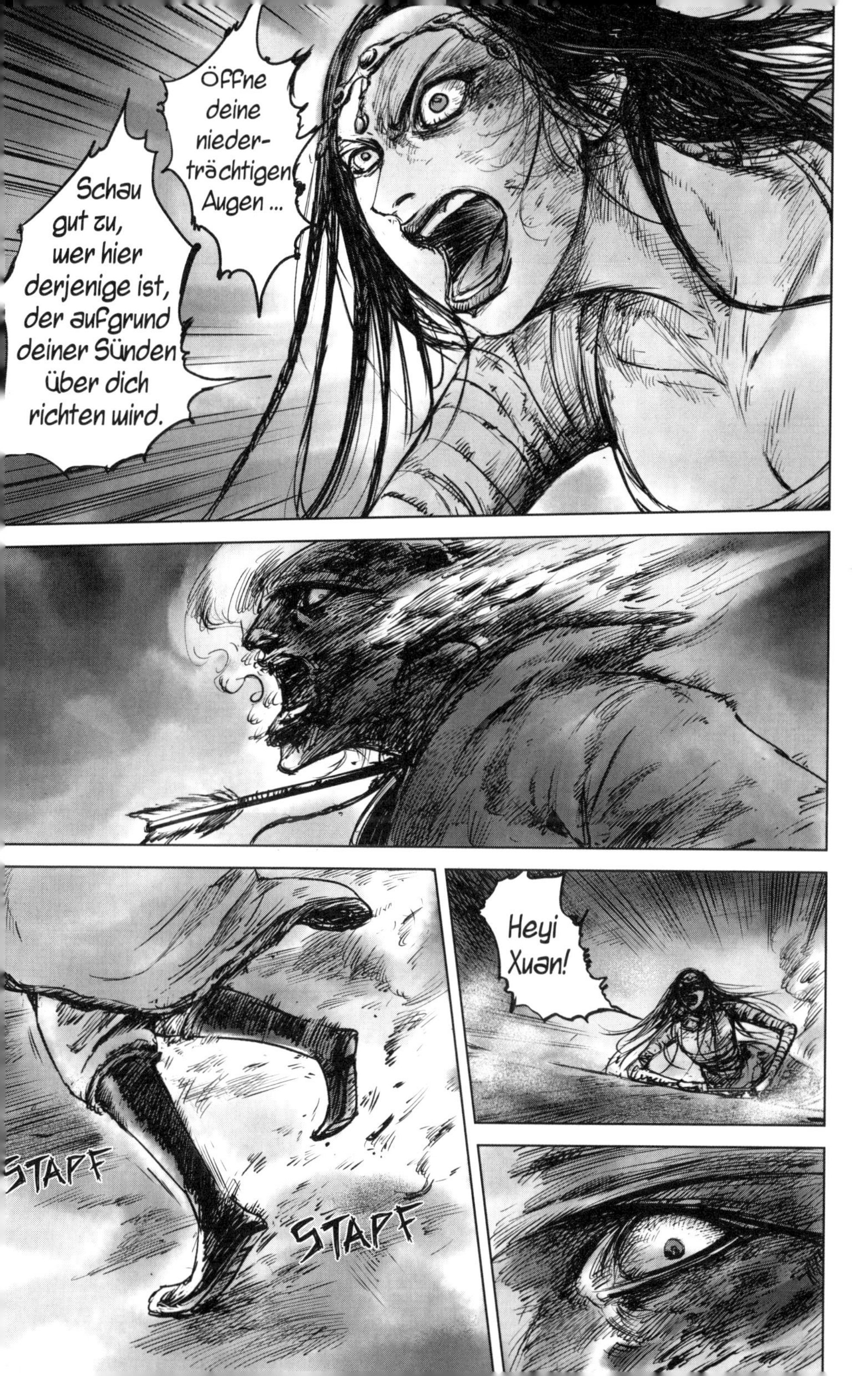

Öffne deine niederträchtigen Augen ...

Schau gut zu, wer hier derjenige ist, der aufgrund deiner Sünden über dich richten wird.

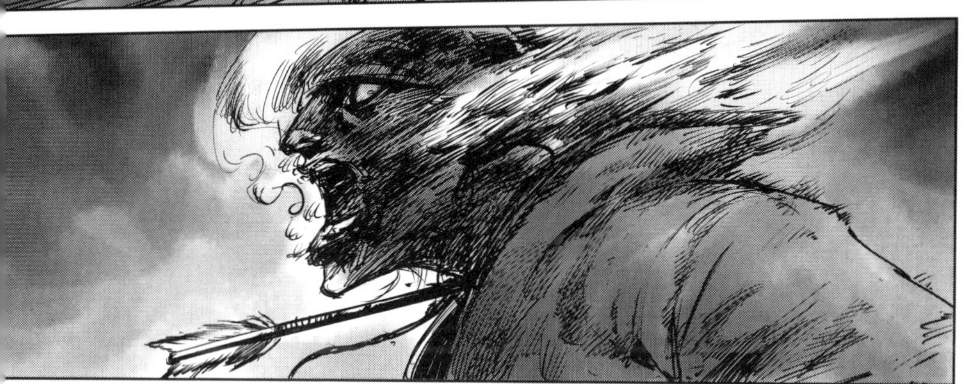

Heyi Xuan!

STAPF

STAPF

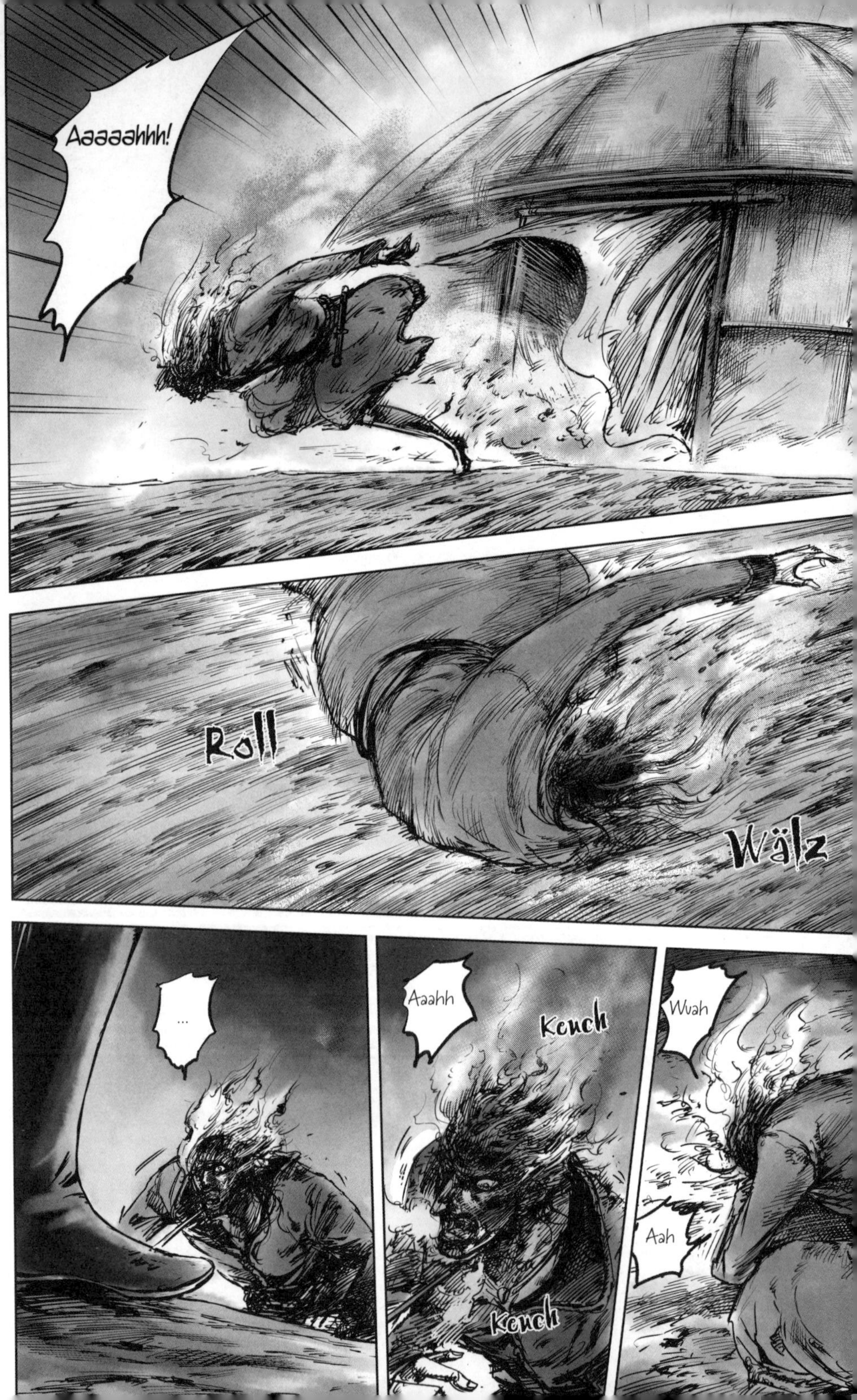

Aaaaahhh!

Roll

Wälz

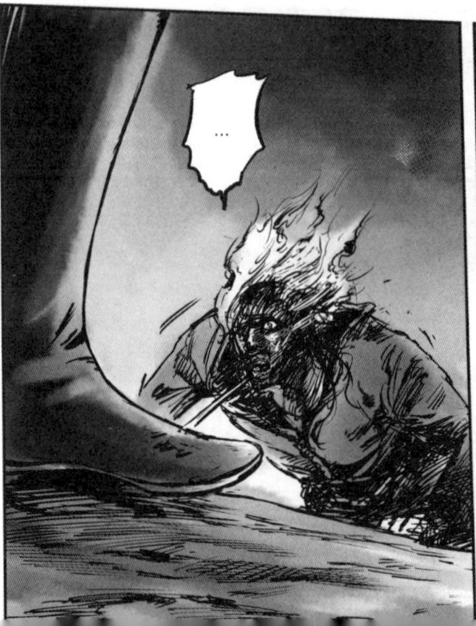

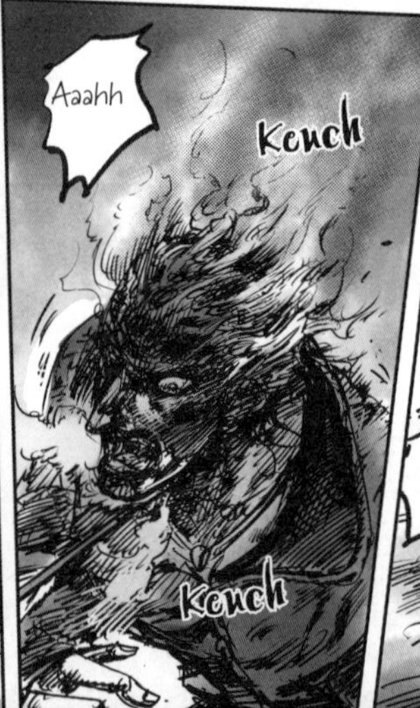

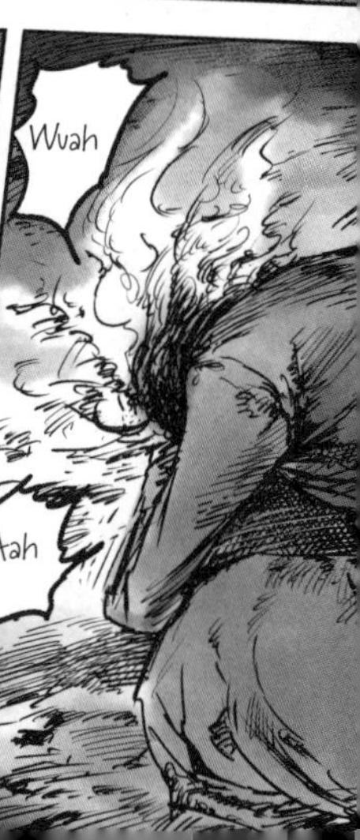

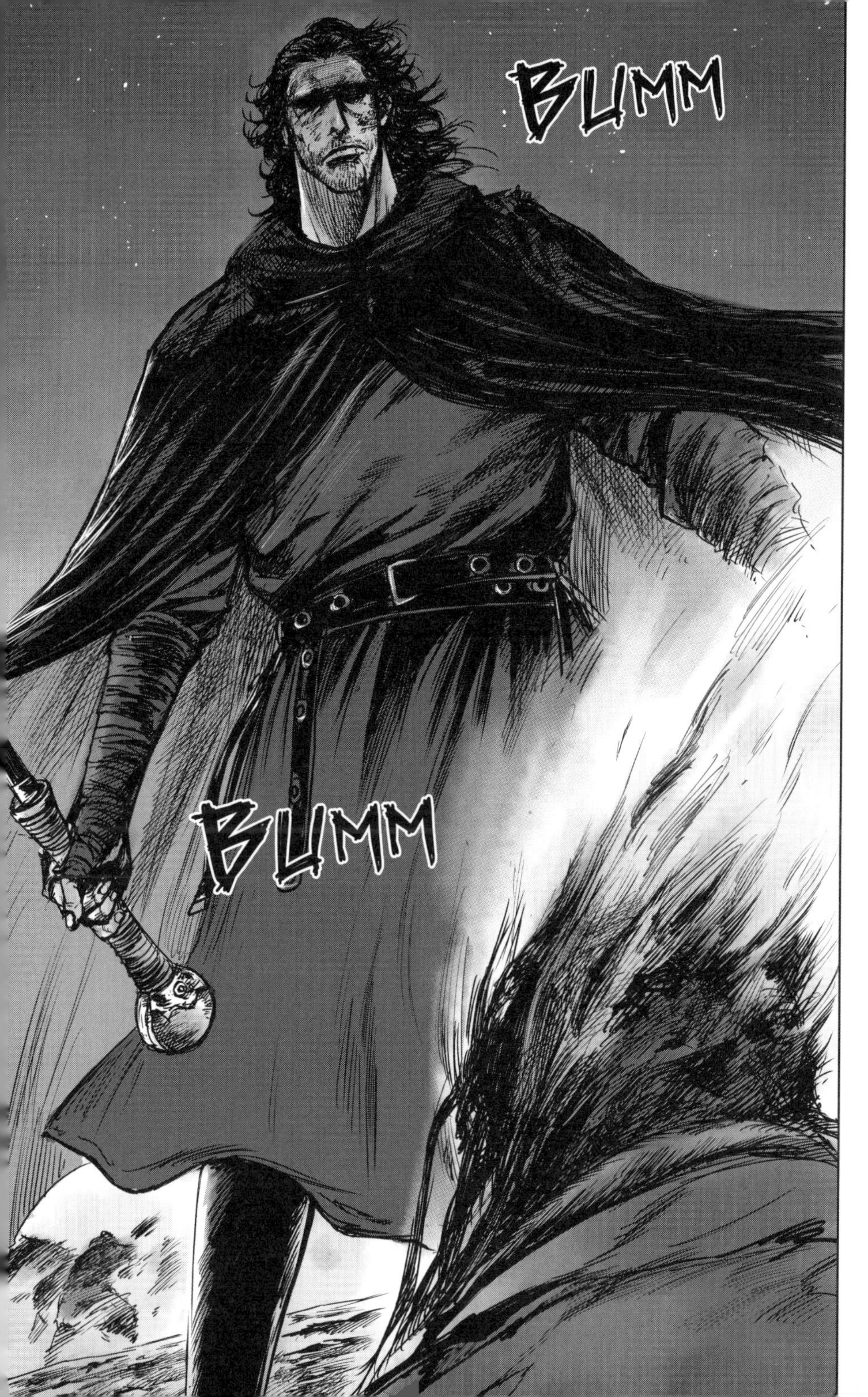
BUMM
BUMM

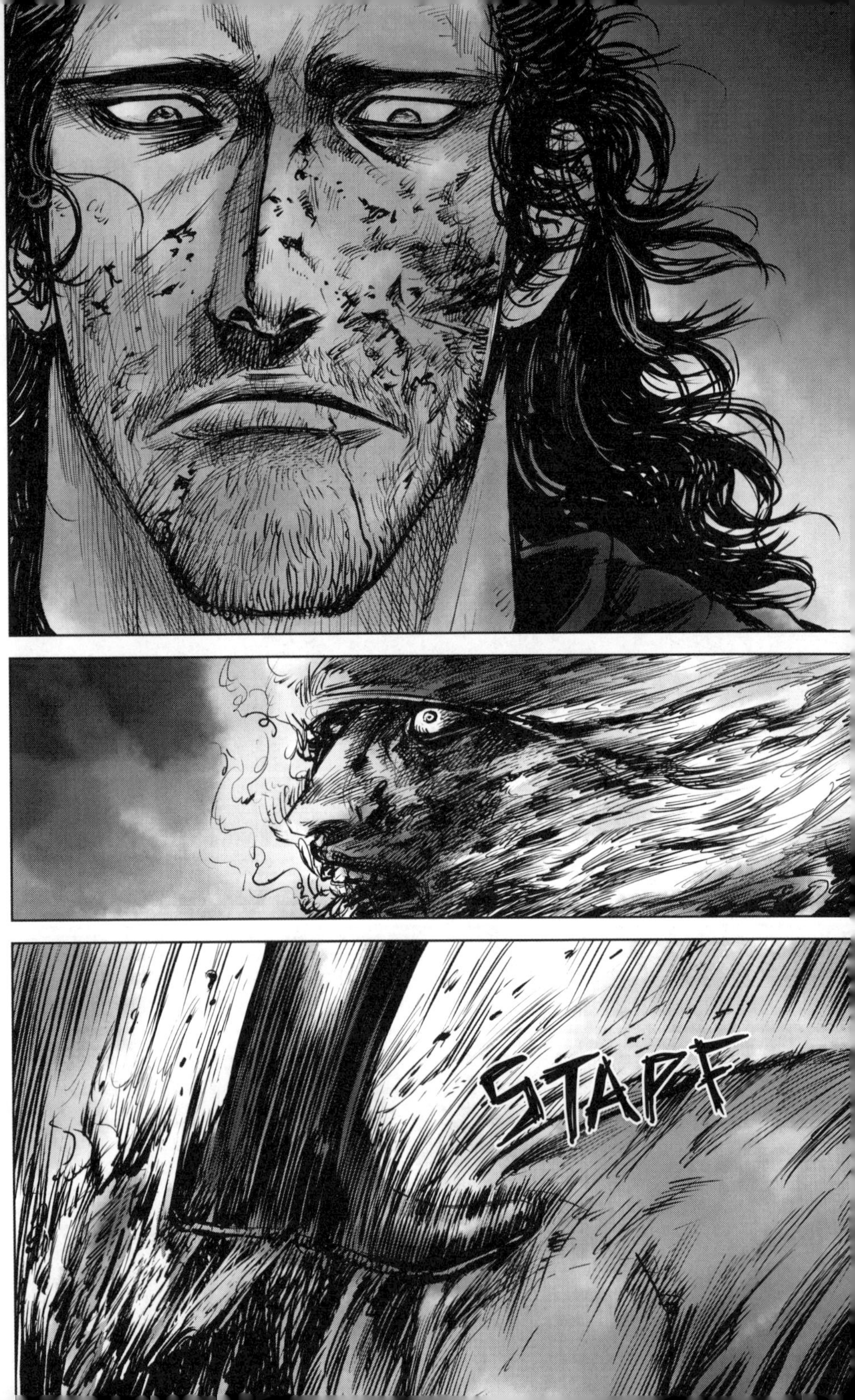

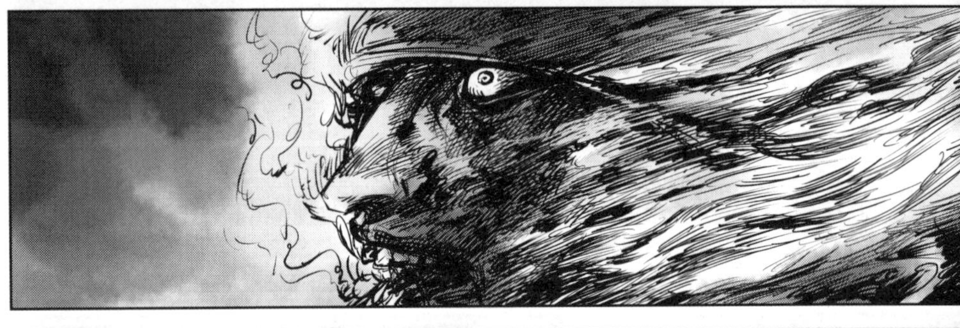

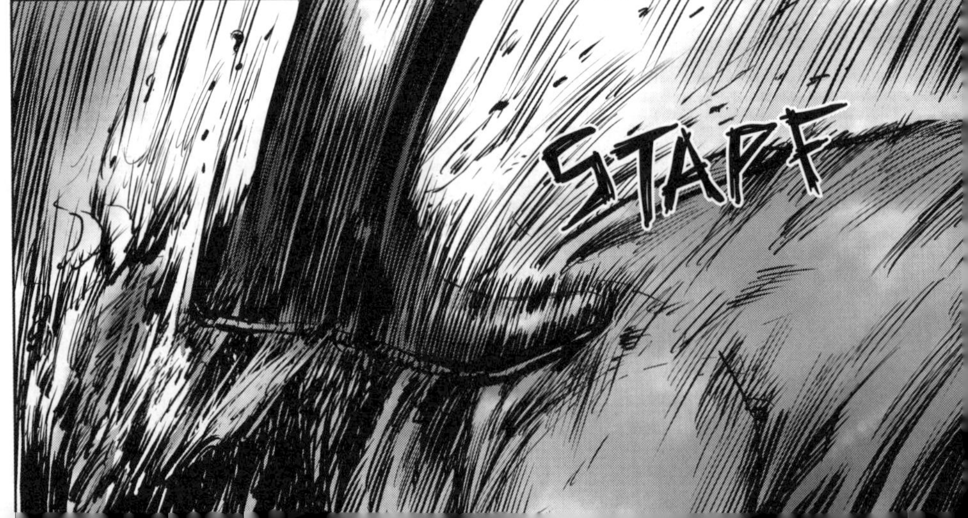
STAPF

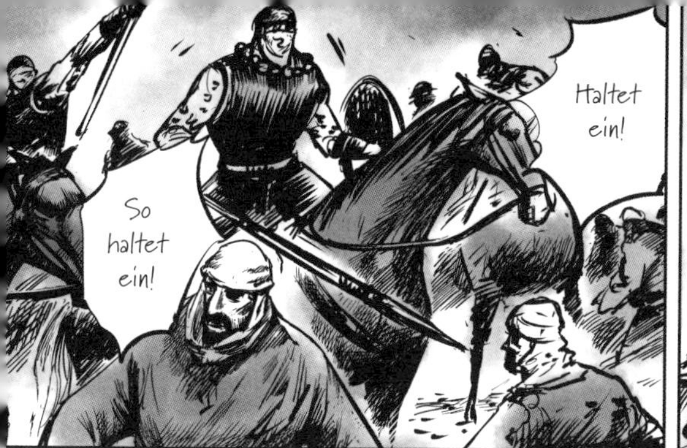

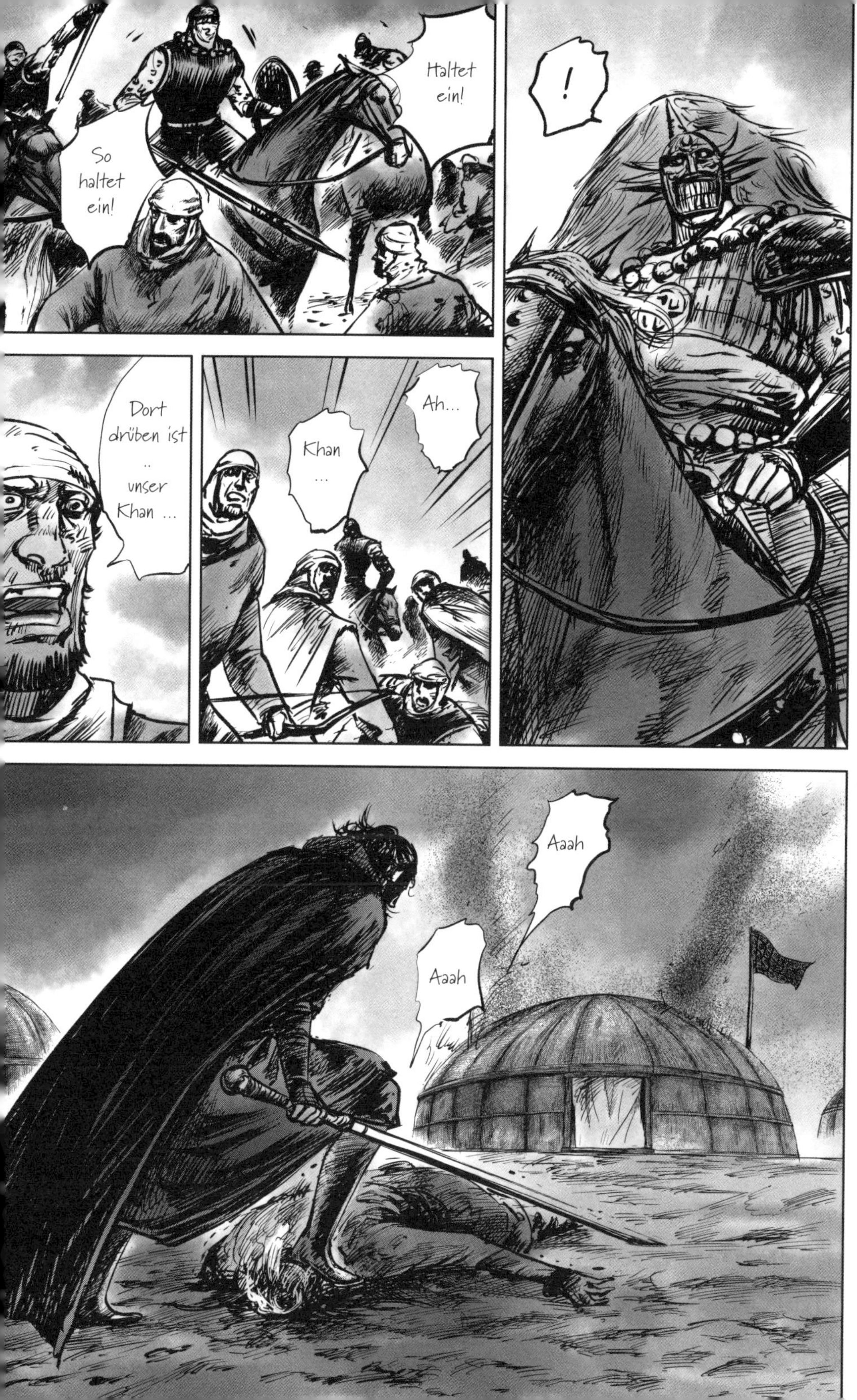

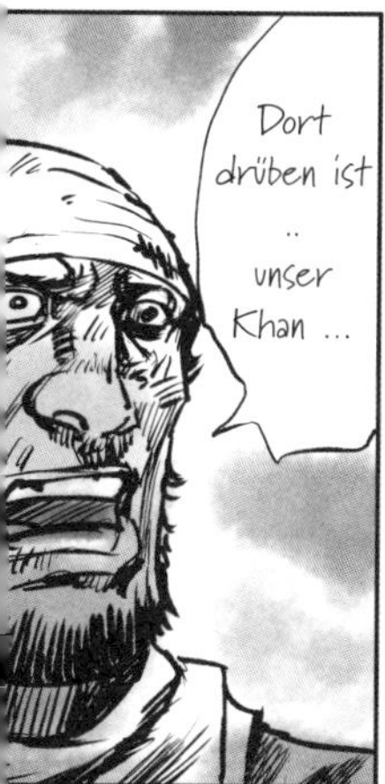

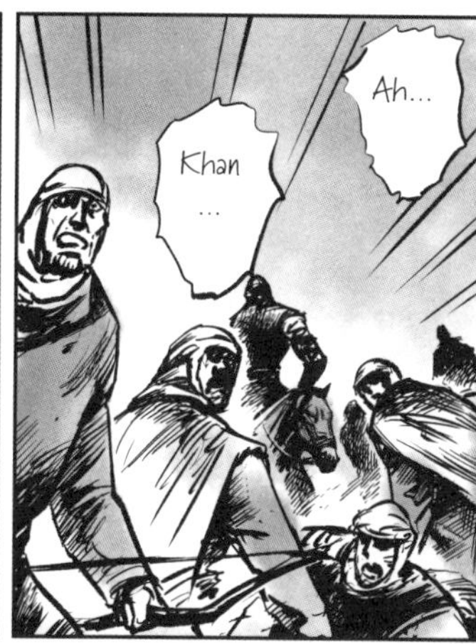

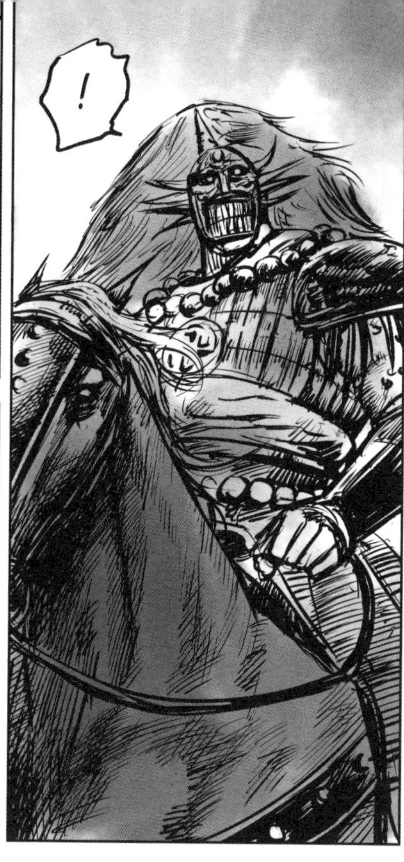

Aaah

Aaah

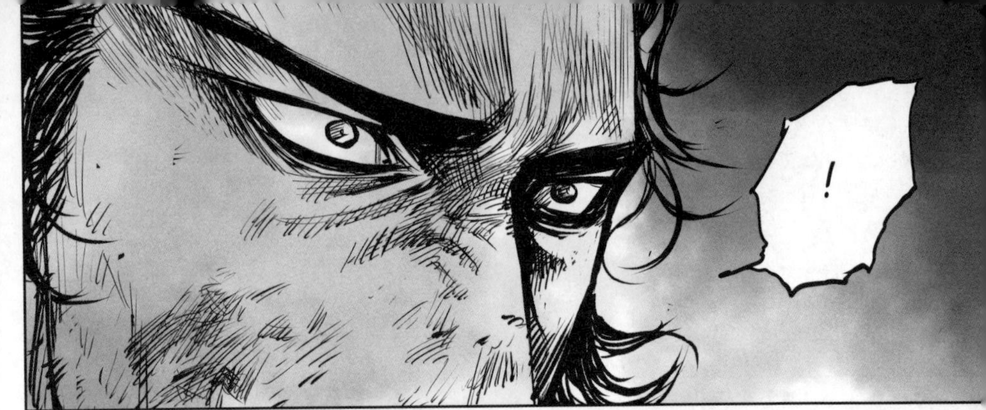
!

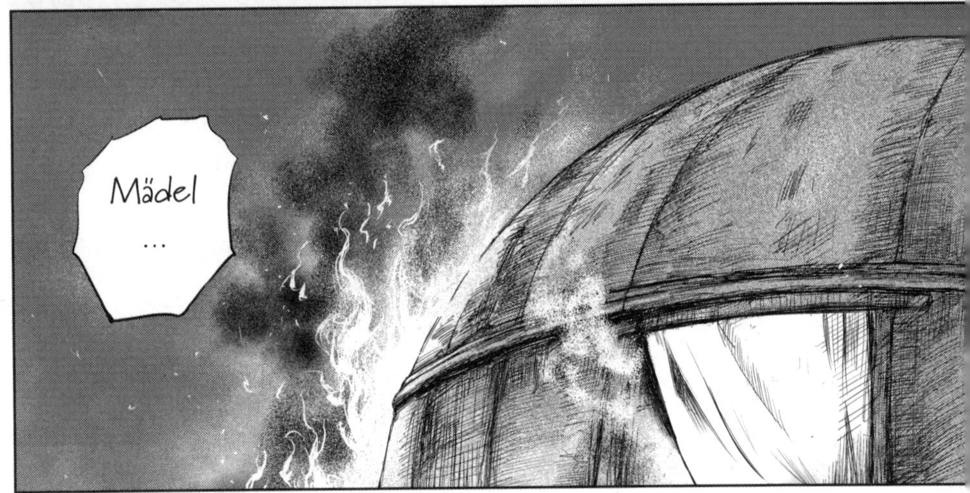
Mädel ...

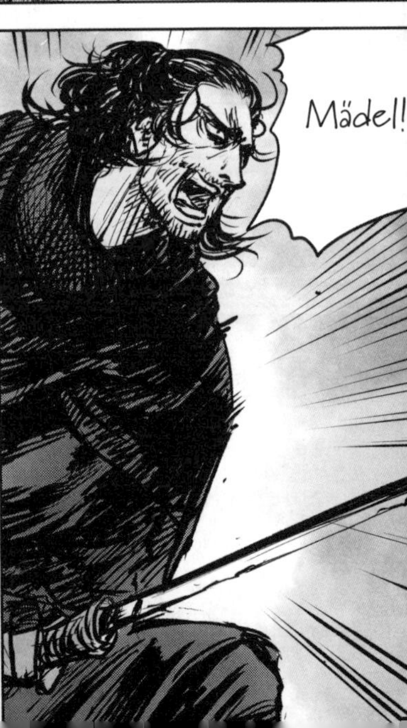
Mädel!

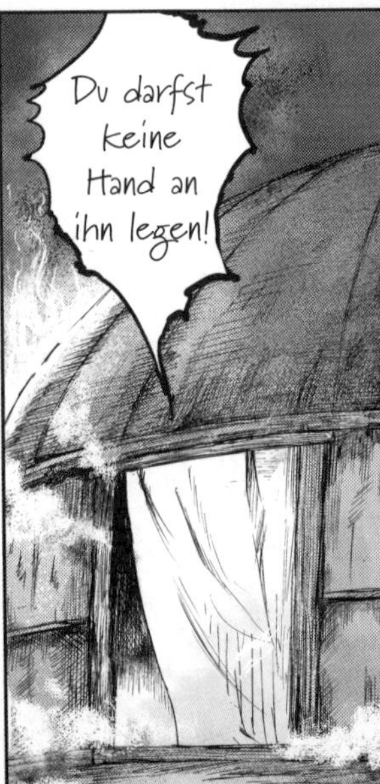
Du darfst keine Hand an ihn legen!

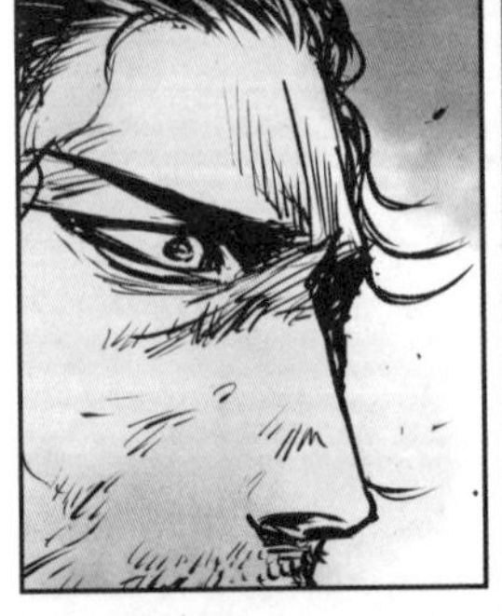

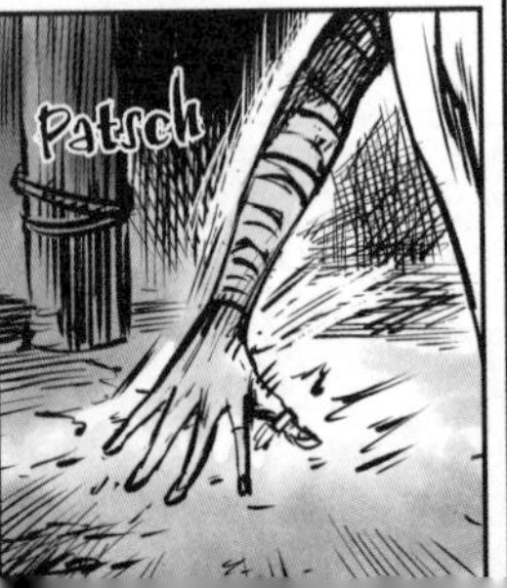
Patsch

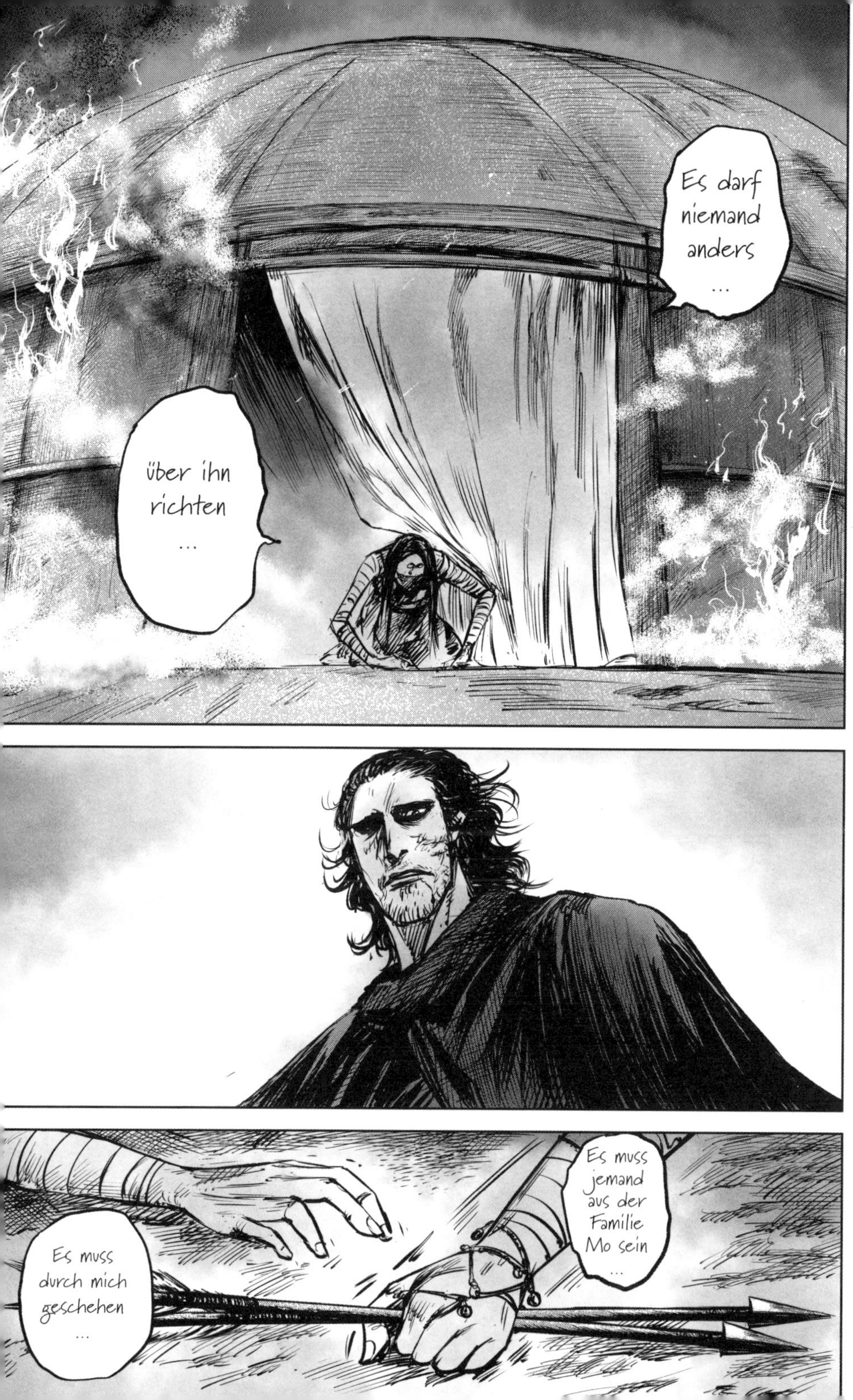

Es darf niemand anders ...
über ihn richten ...

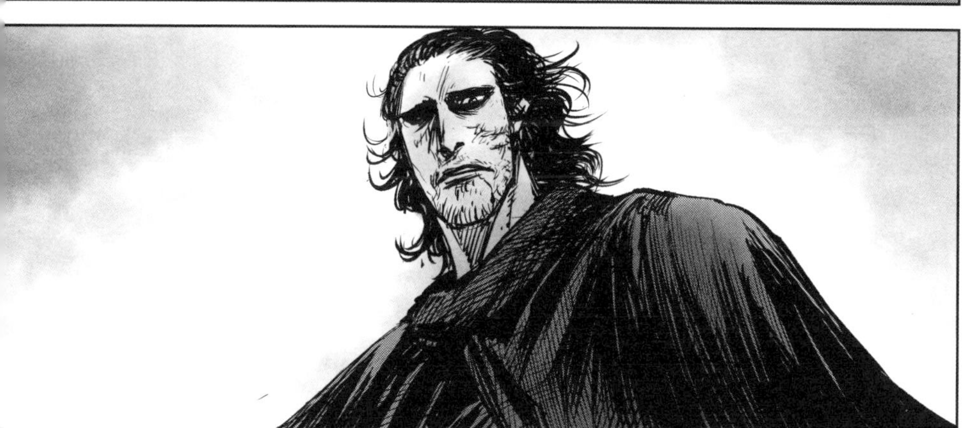

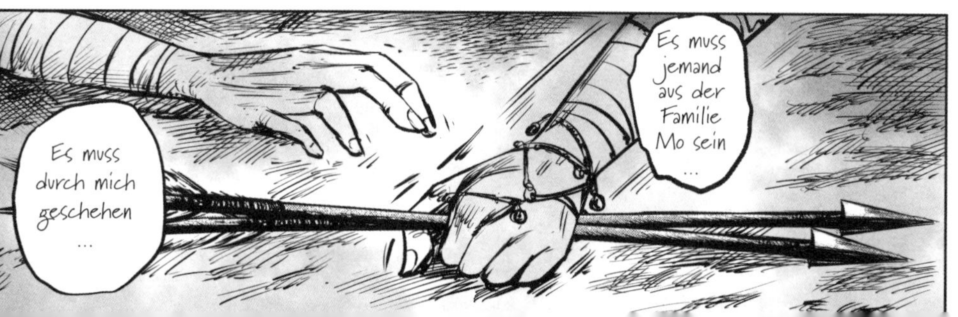

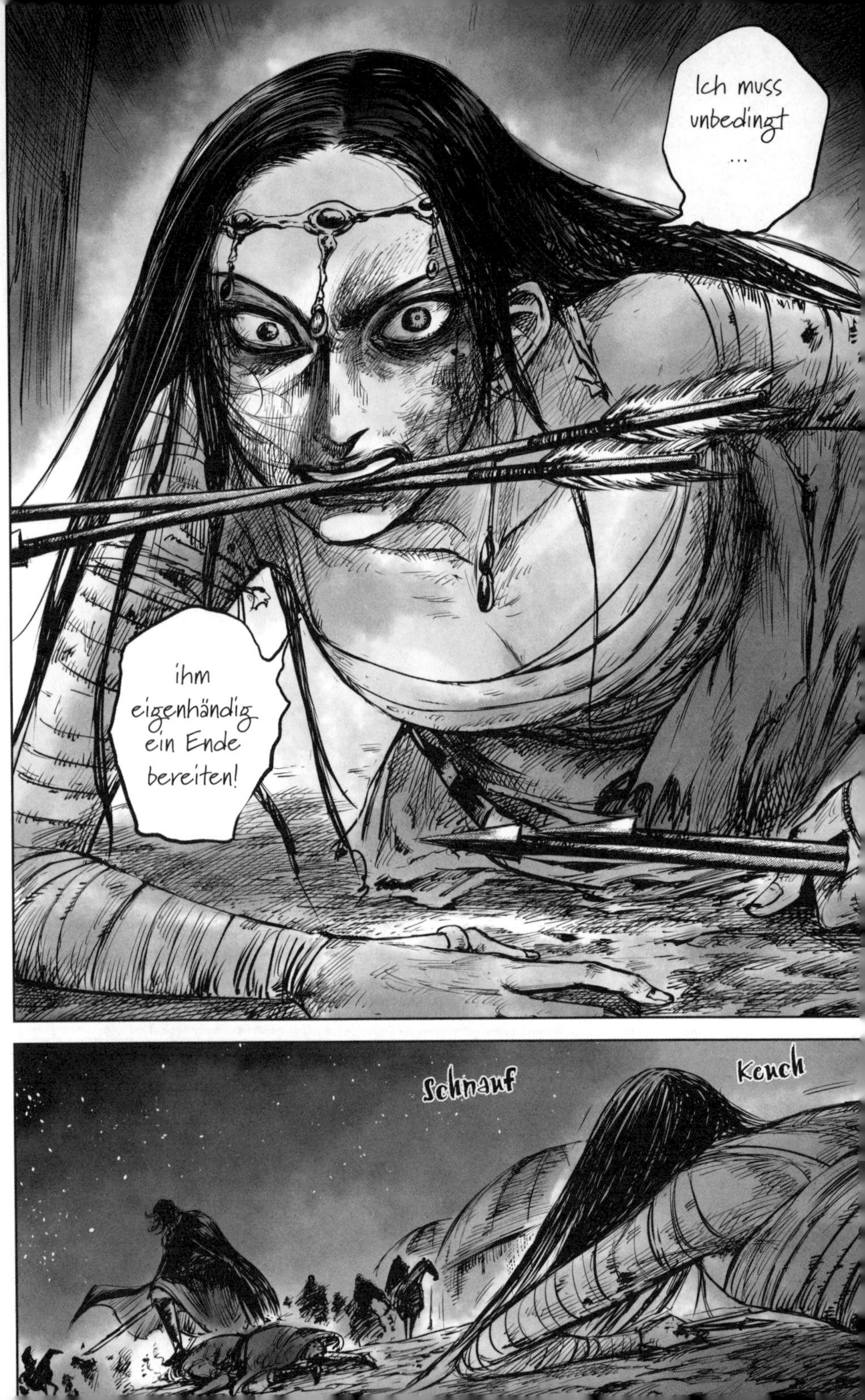

Ich muss unbedingt ...

ihm eigenhändig ein Ende bereiten!

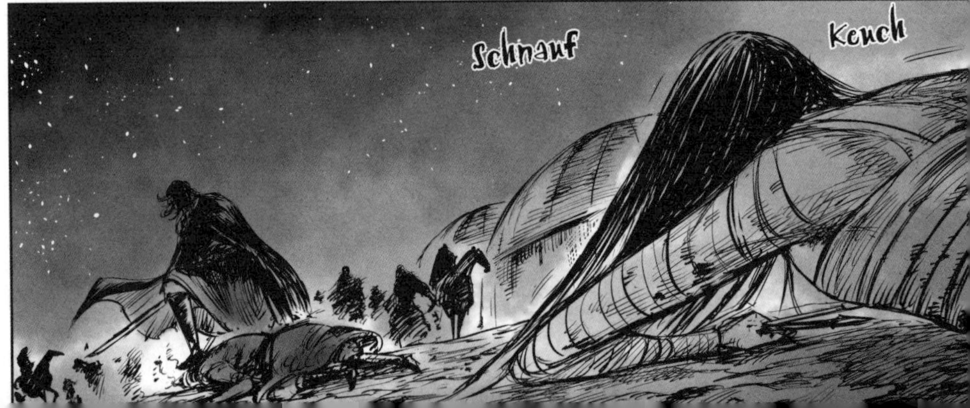

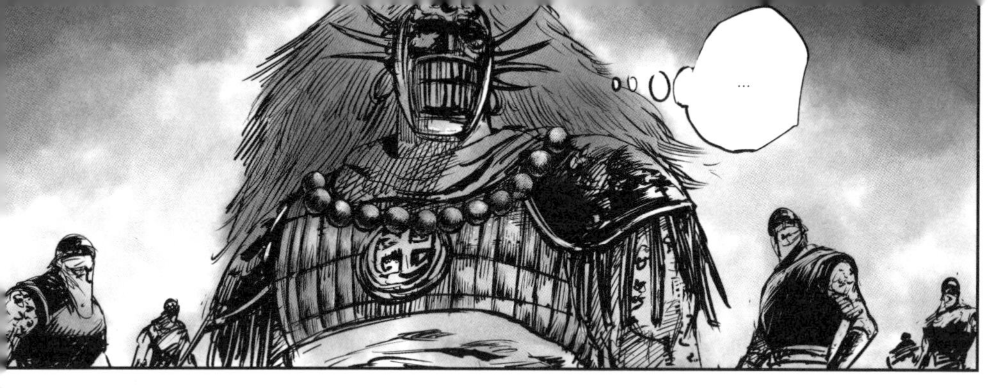
...
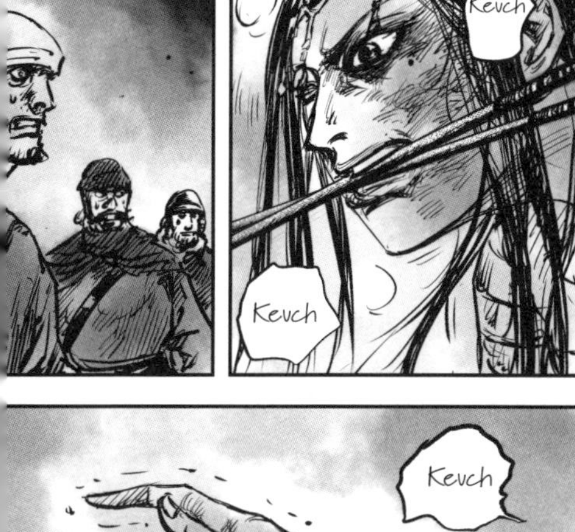
Keuch
Keuch
Keuch
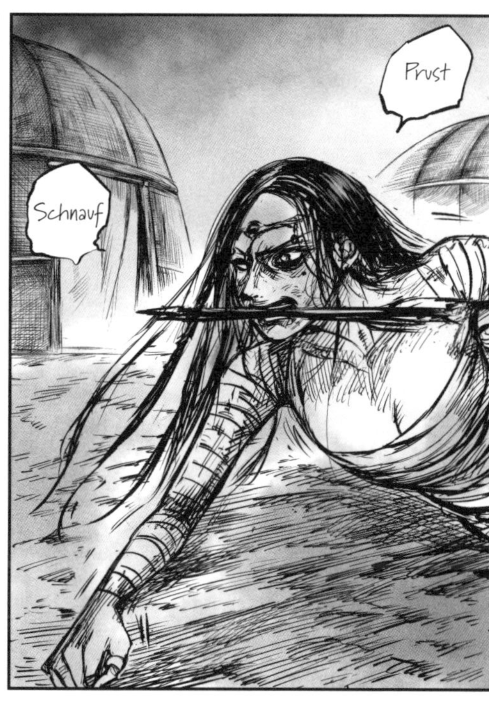
Prust
Schnauf
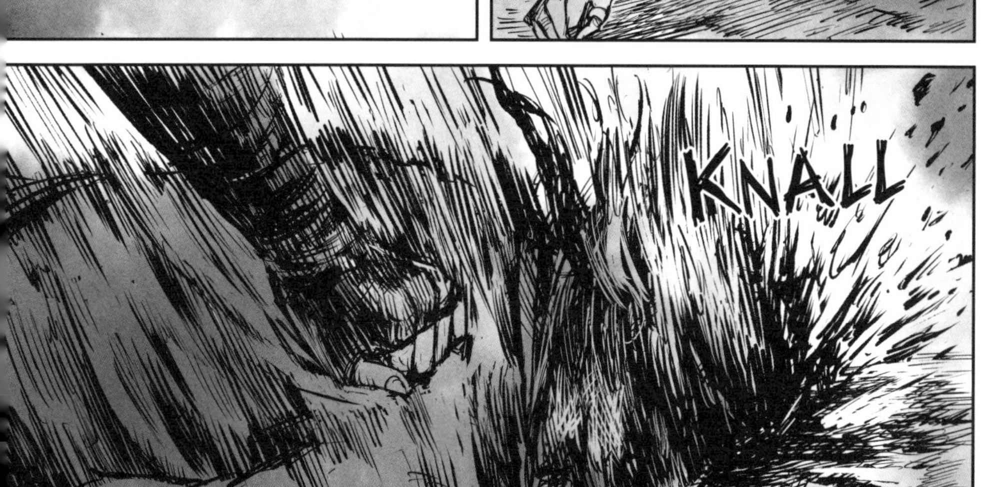
KNALL

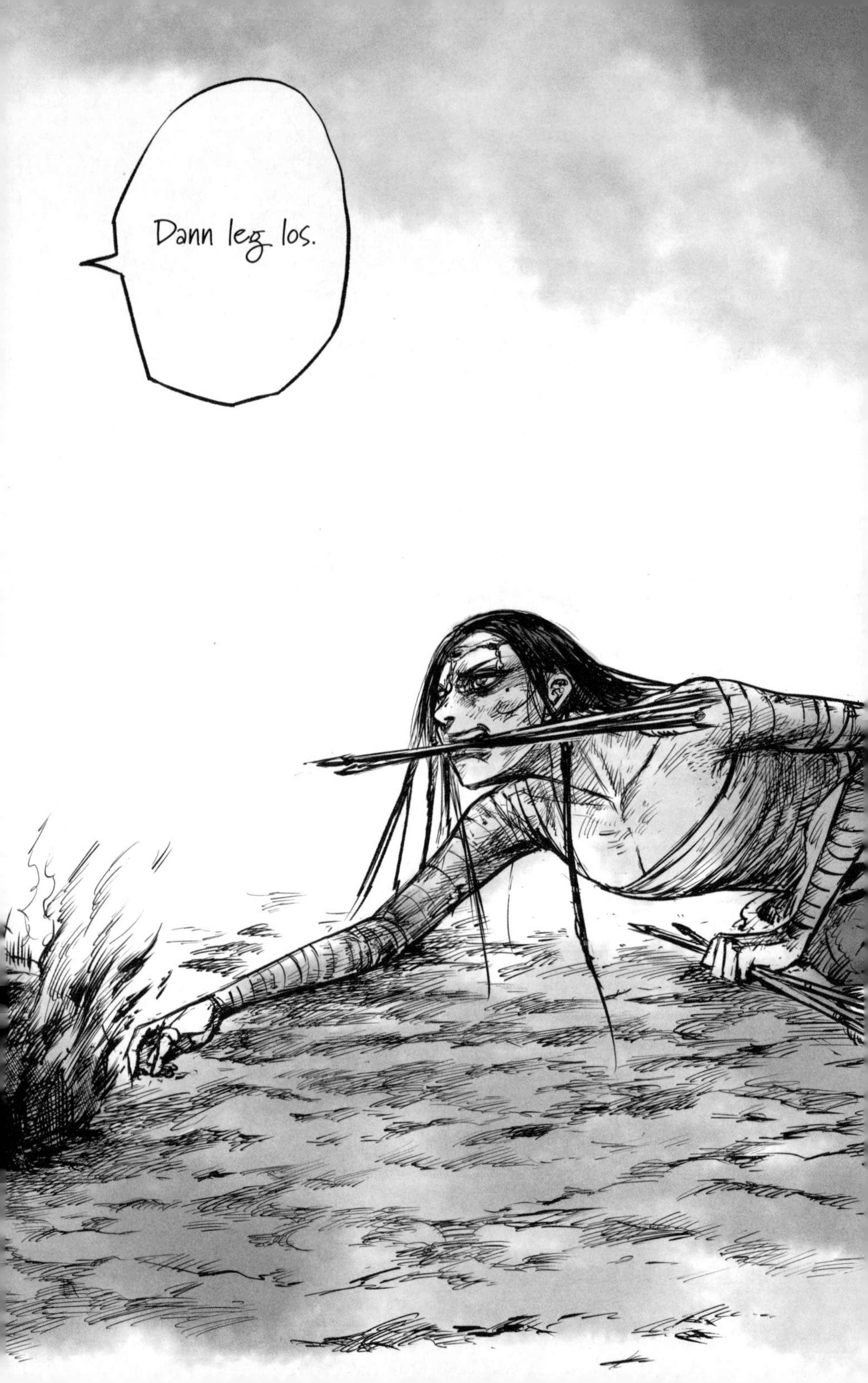

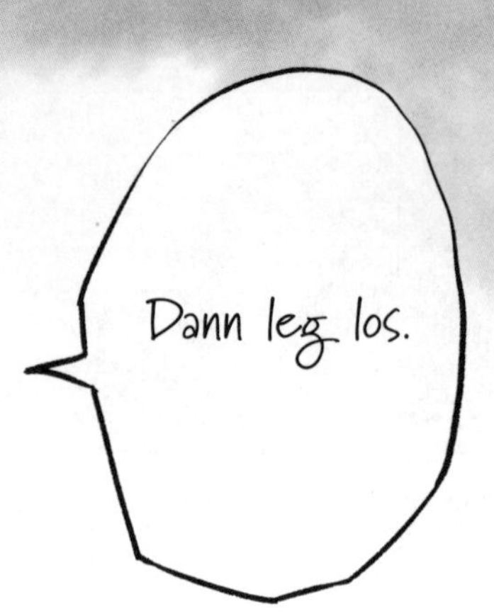
Dann leg los.

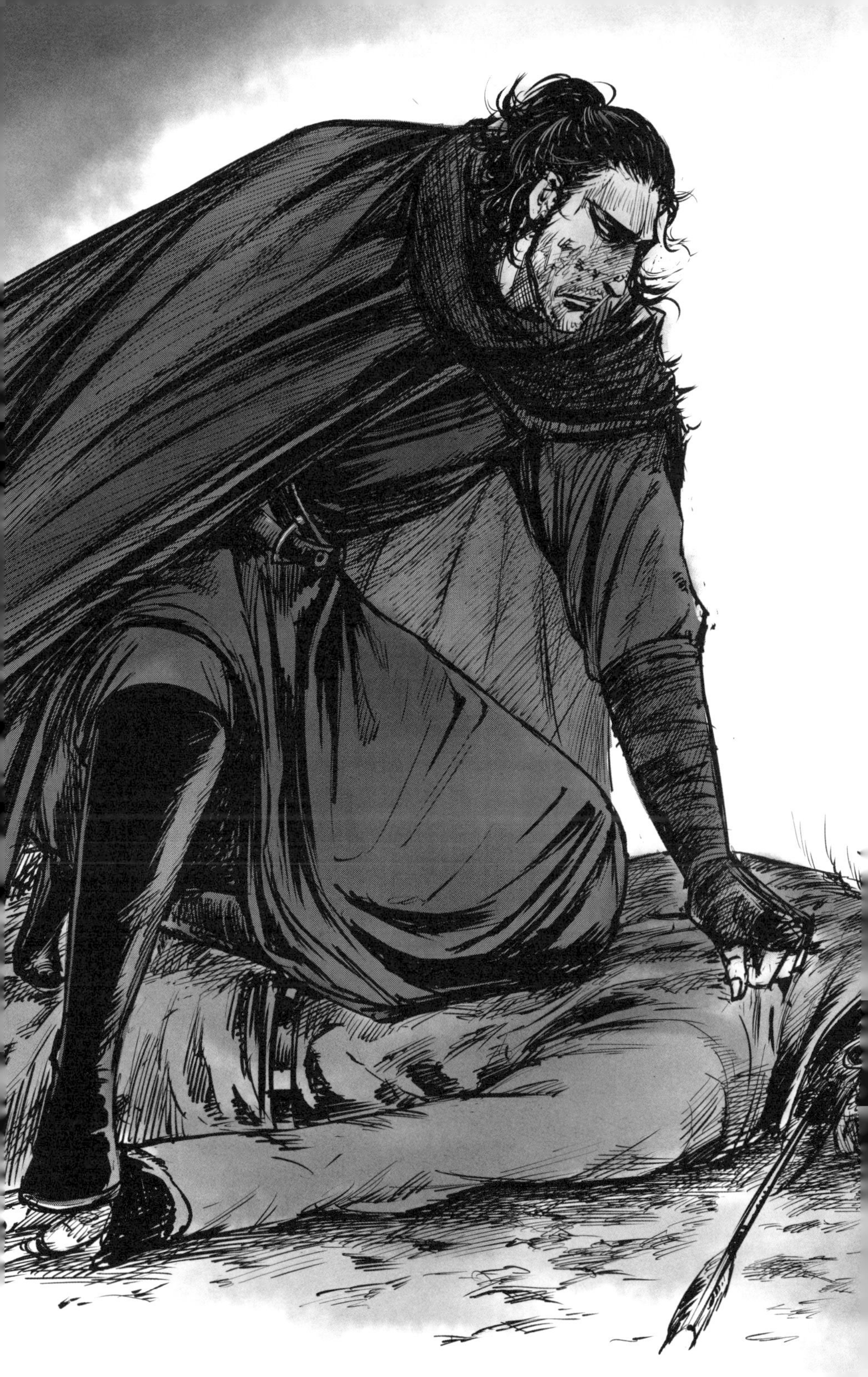

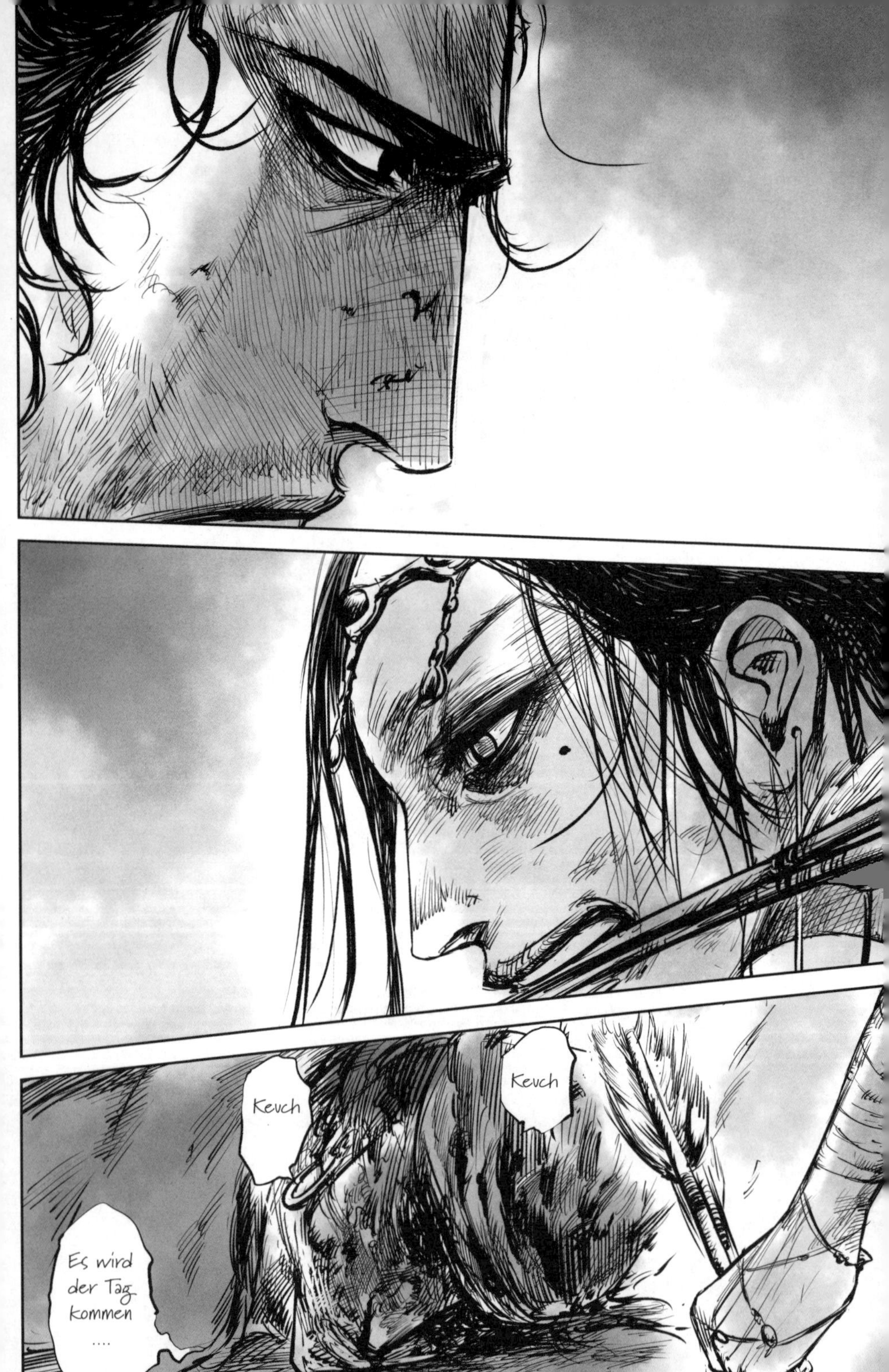
Keuch
Keuch
Es wird der Tag kommen ....

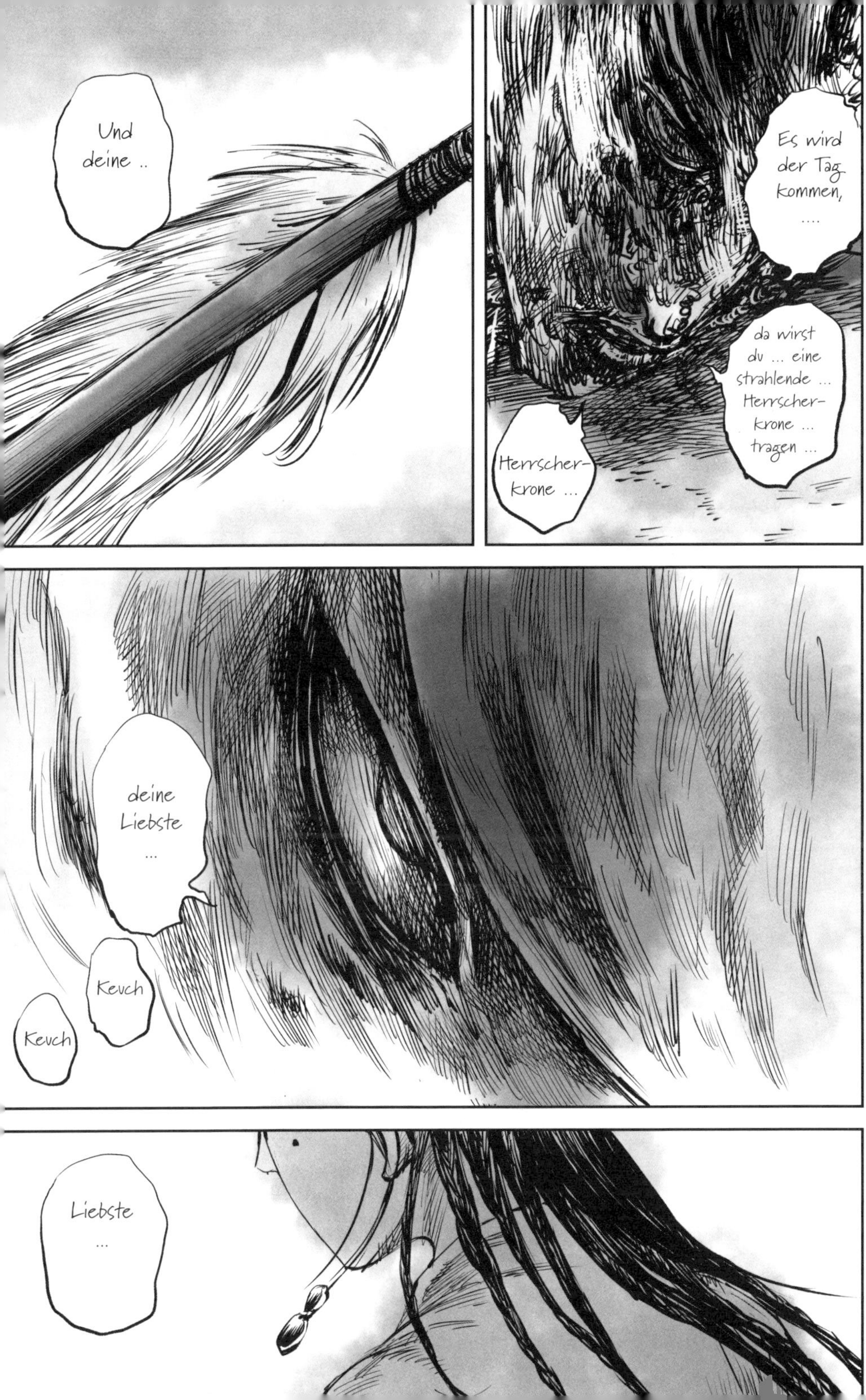

Es wird der Tag kommen, ...
da wirst du ... eine strahlende ... Herrscher-krone ... tragen ...
Herrscher-krone ...
Und deine ..
deine Liebste ...
Keuch
Keuch

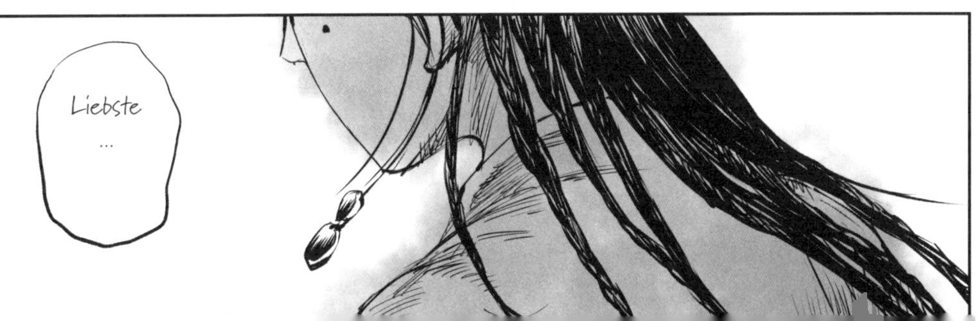

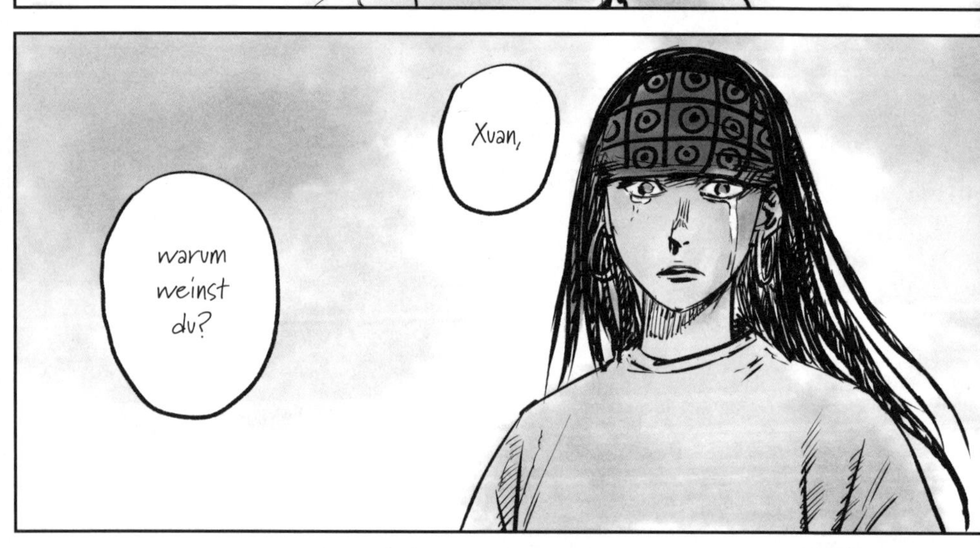
Xuan,
warum weinst du?

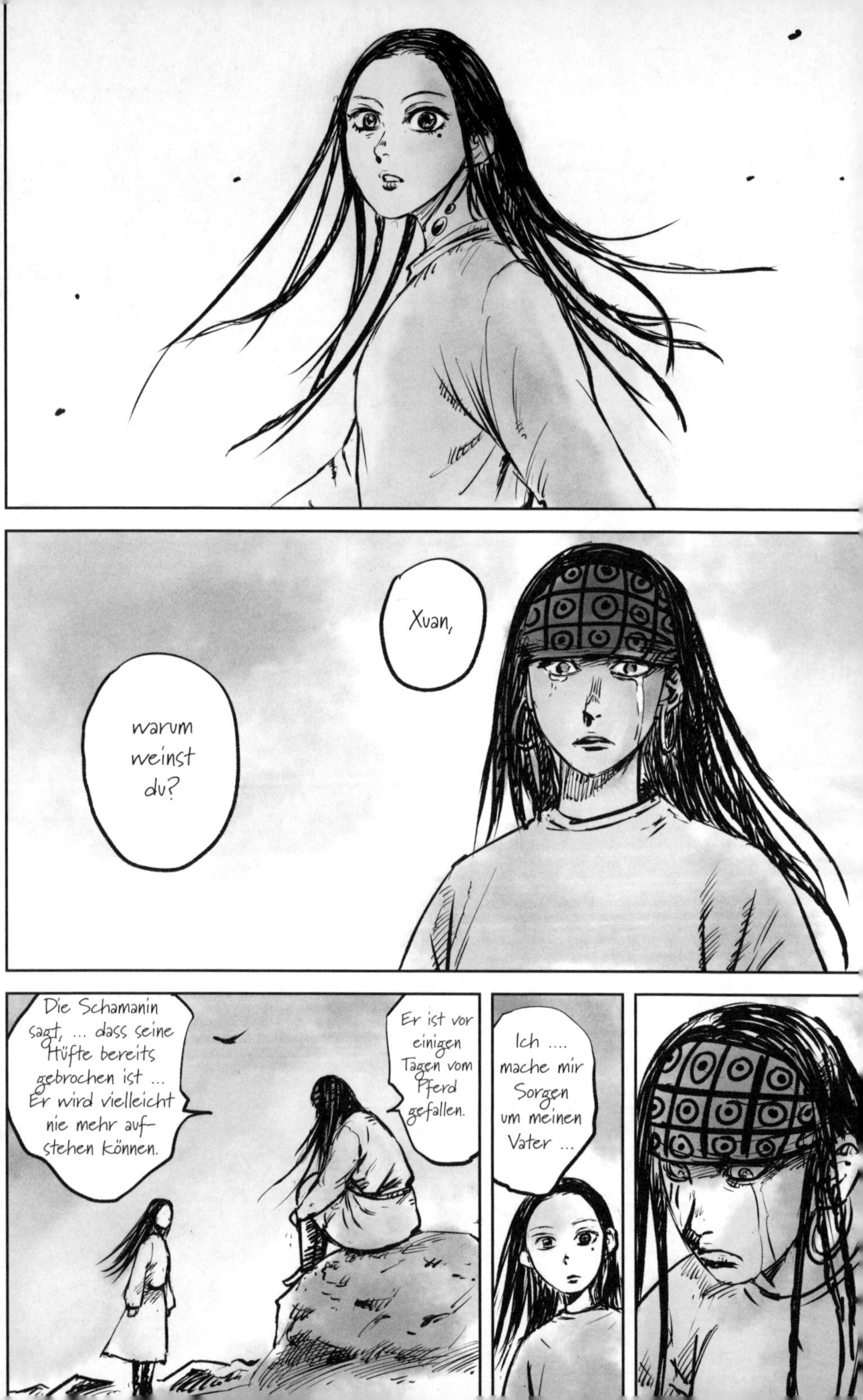

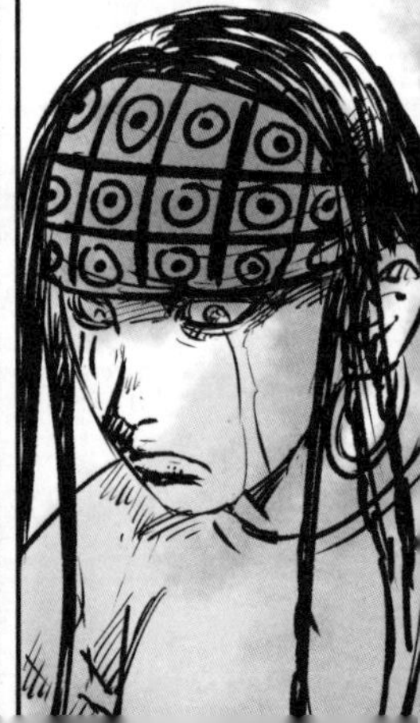

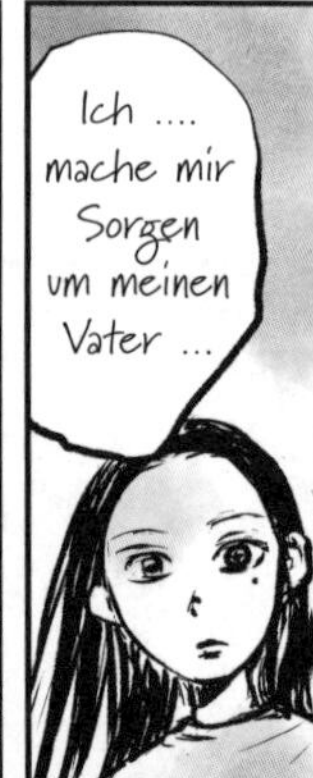
Ich .... mache mir Sorgen um meinen Vater ...

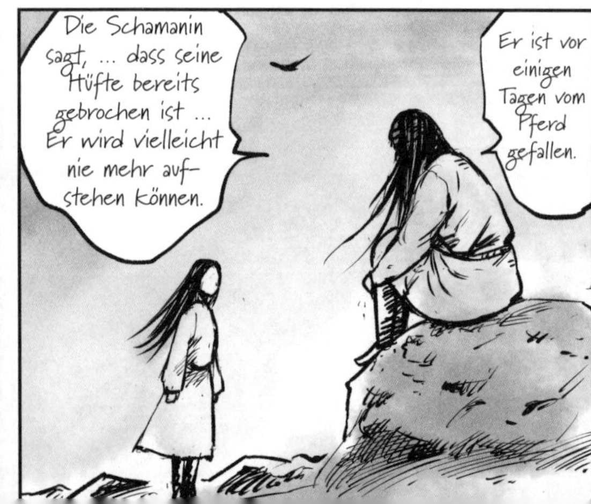
Er ist vor einigen Tagen vom Pferd gefallen.
Die Schamanin sagt, ... dass seine Hüfte bereits gebrochen ist ... Er wird vielleicht nie mehr auf-stehen können.

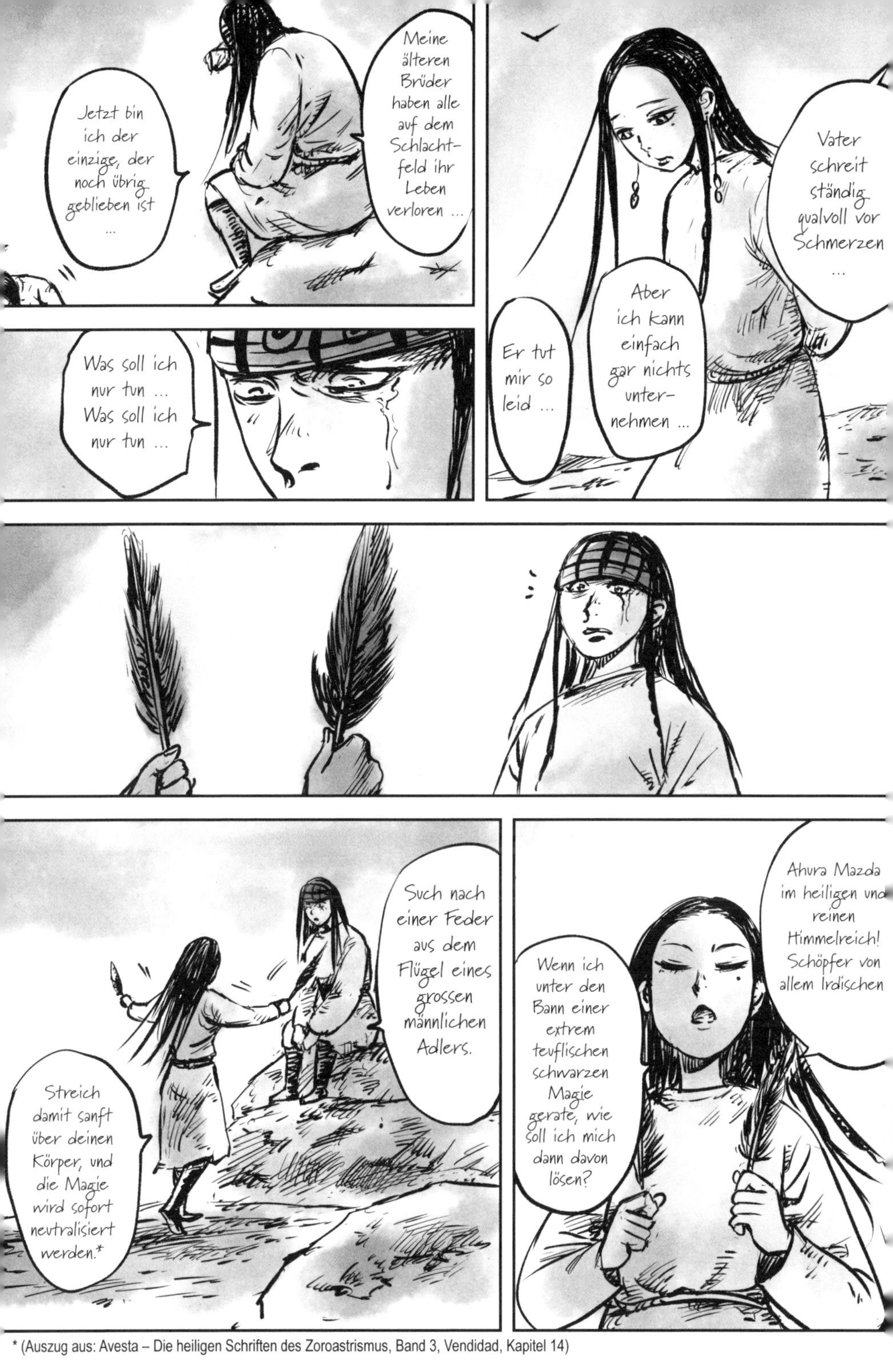

Vater schreit ständig qualvoll vor Schmerzen ...

Aber ich kann einfach gar nichts unternehmen ...

Er tut mir so leid ...

Meine älteren Brüder haben alle auf dem Schlachtfeld ihr Leben verloren ...

Jetzt bin ich der einzige, der noch übrig geblieben ist ...

Was soll ich nur tun ... Was soll ich nur tun ...

Ahura Mazda im heiligen und reinen Himmelreich! Schöpfer von allem Irdischen!

Wenn ich unter den Bann einer extrem teuflischen schwarzen Magie gerate, wie soll ich mich dann davon lösen?

Such nach einer Feder aus dem Flügel eines grossen männlichen Adlers.

Streich damit sanft über deinen Körper, und die Magie wird sofort neutralisiert werden.*

* (Auszug aus: Avesta – Die heiligen Schriften des Zoroastrismus, Band 3, Vendidad, Kapitel 14)

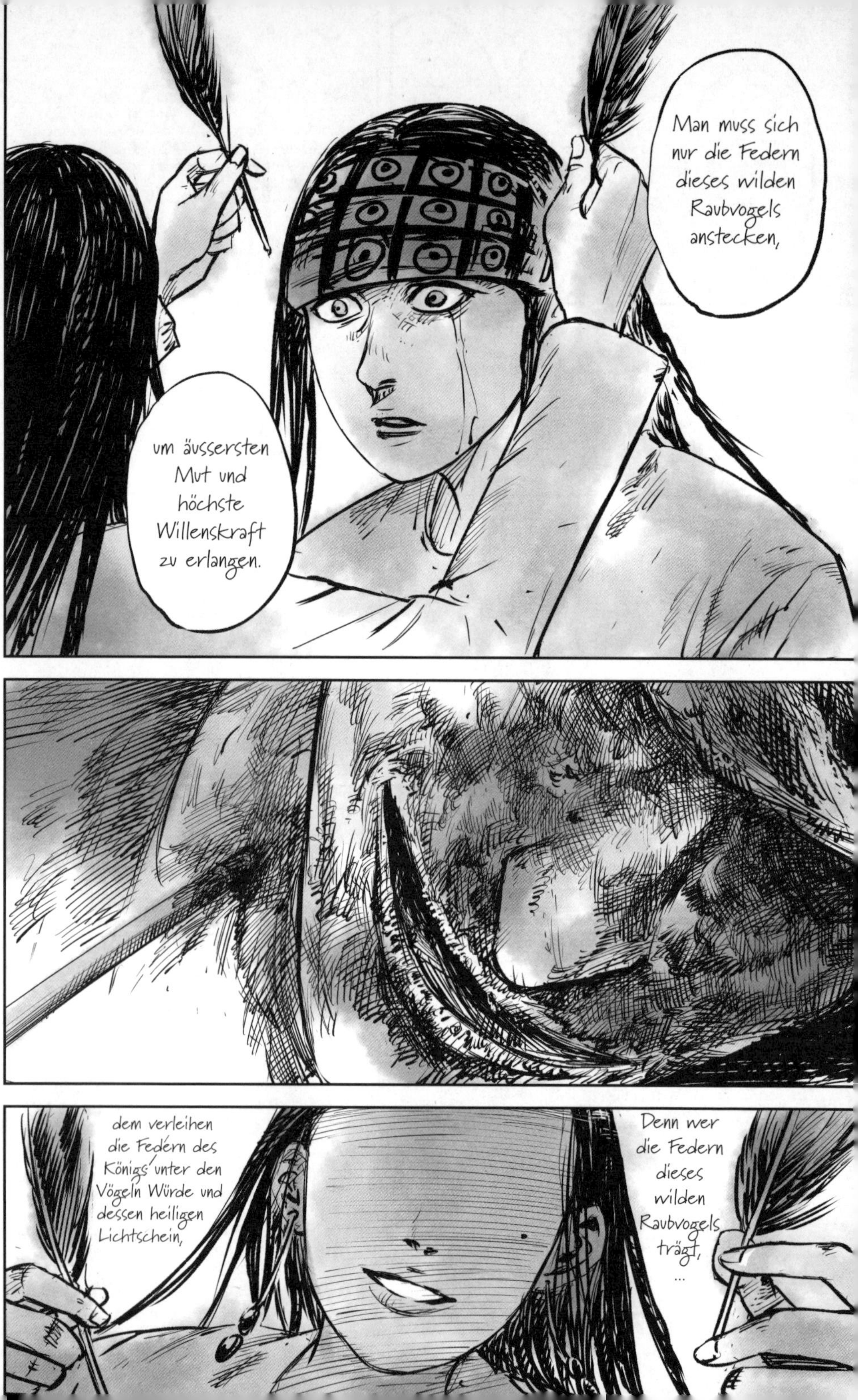

Man muss sich nur die Federn dieses wilden Raubvogels anstecken,

um äussersten Mut und höchste Willenskraft zu erlangen.

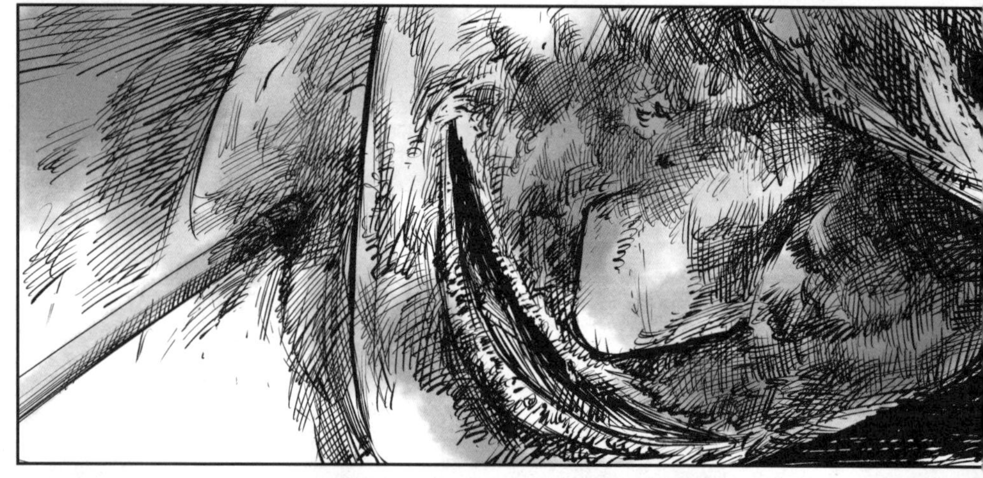

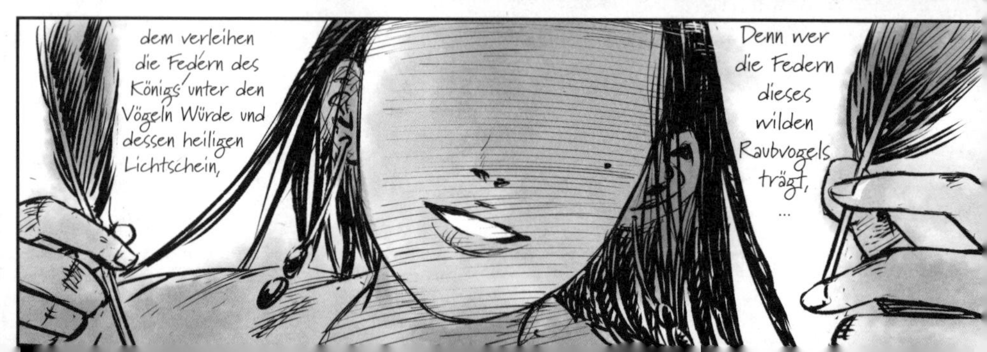

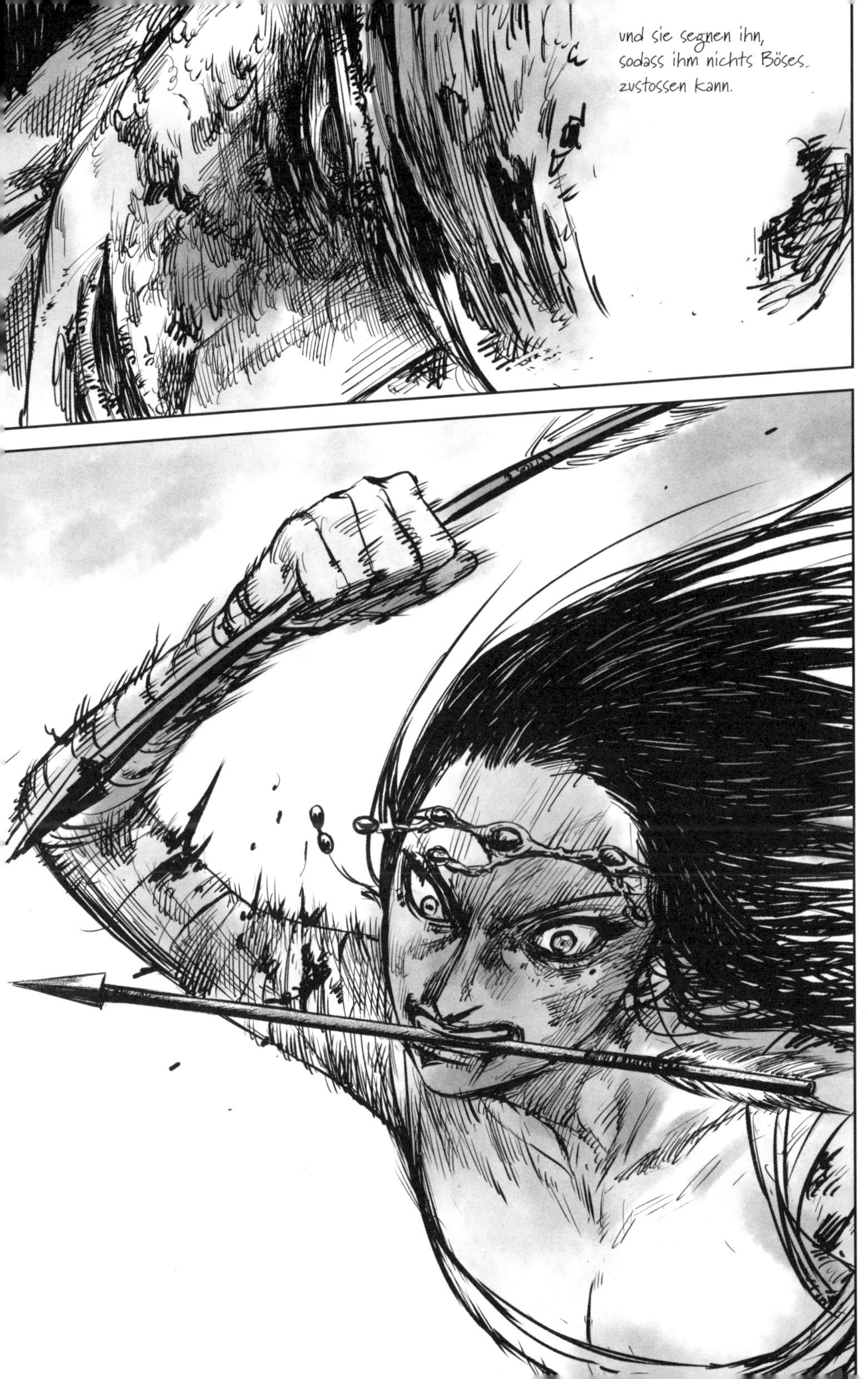
und sie segnen ihn,
sodass ihm nichts Böses
zustossen kann.

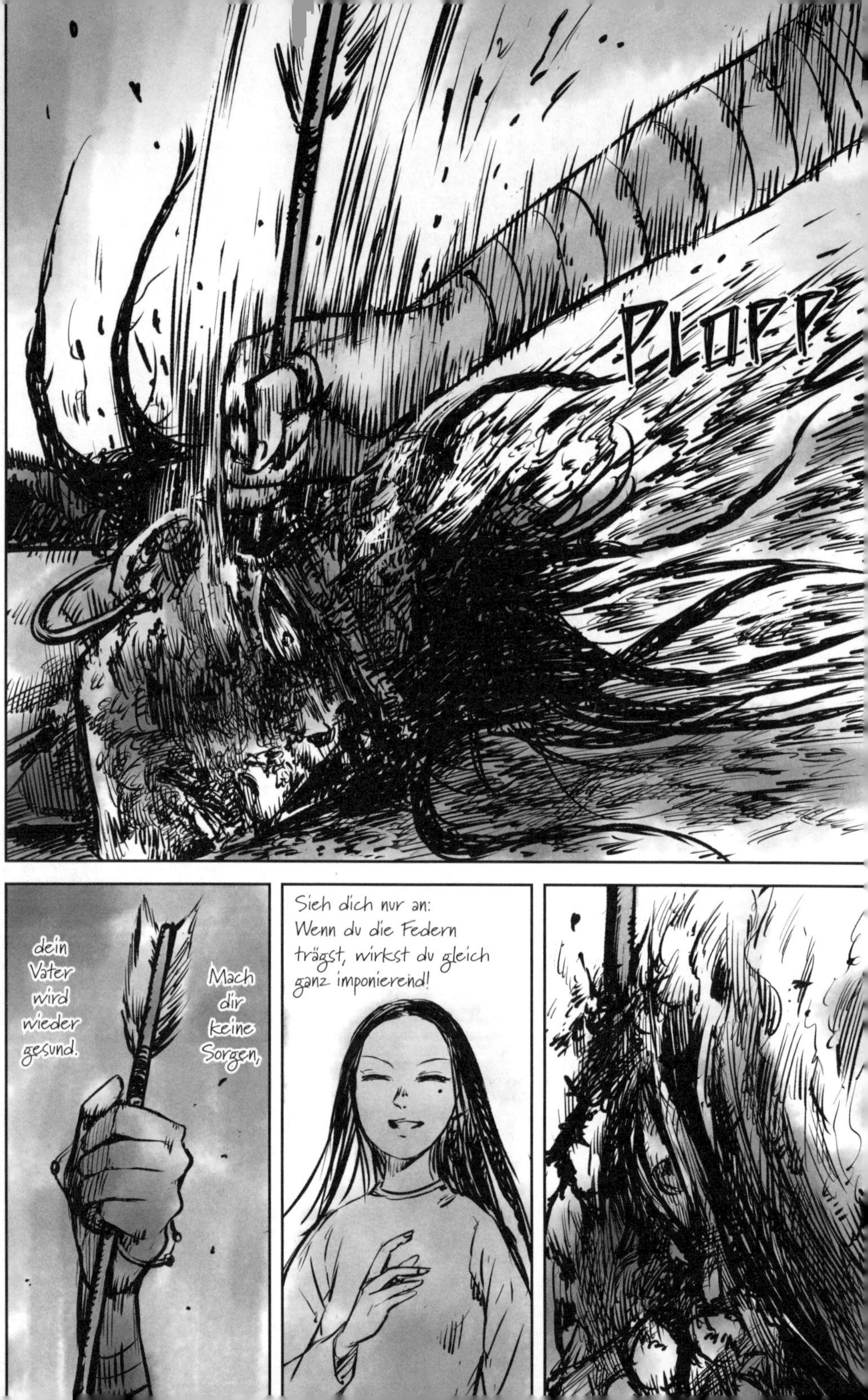

PLOPP

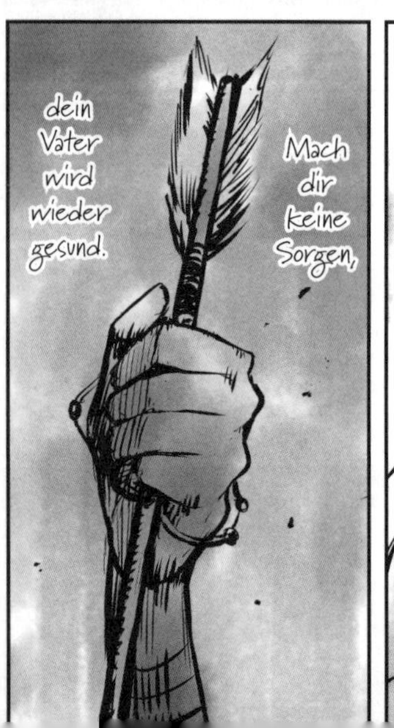
Mach dir keine Sorgen,
dein Vater wird wieder gesund.

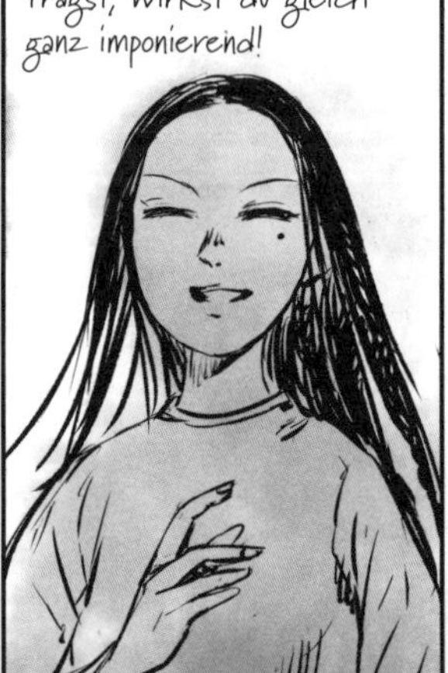
Sieh dich nur an: Wenn du die Federn trägst, wirkst du gleich ganz imponierend!

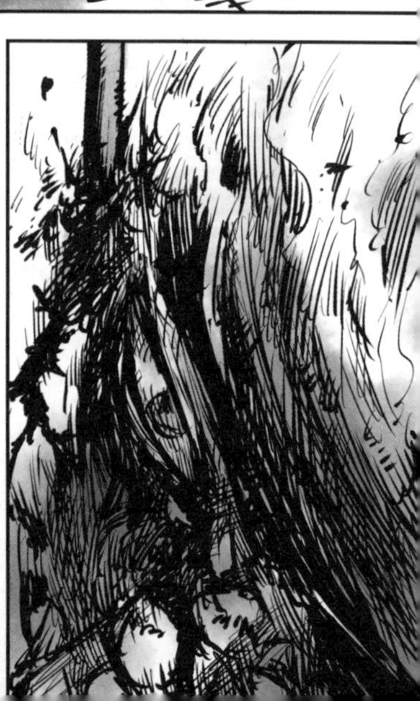

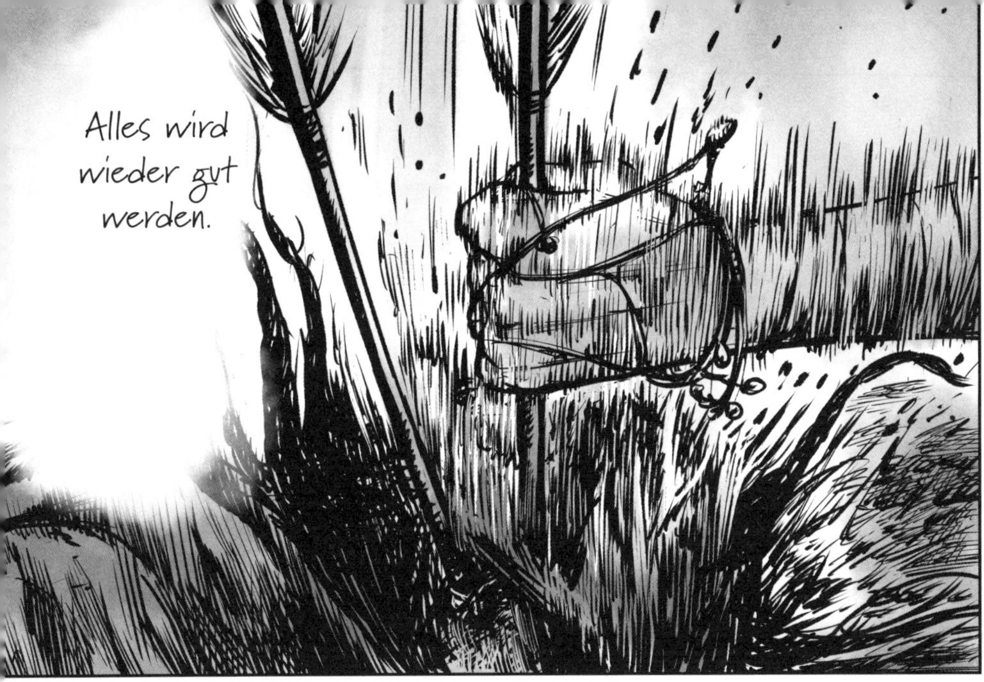

Alles wird wieder gut werden.

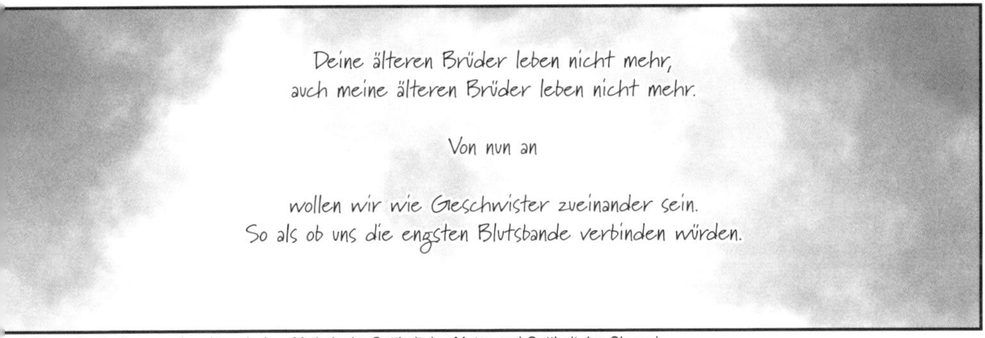

Deine älteren Brüder leben nicht mehr,
auch meine älteren Brüder leben nicht mehr.

Von nun an

wollen wir wie Geschwister zueinander sein.
So als ob uns die engsten Blutsbande verbinden würden.

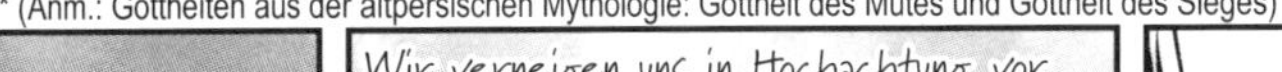
* (Anm.: Gottheiten aus der altpersischen Mythologie: Gottheit des Mutes und Gottheit des Sieges)

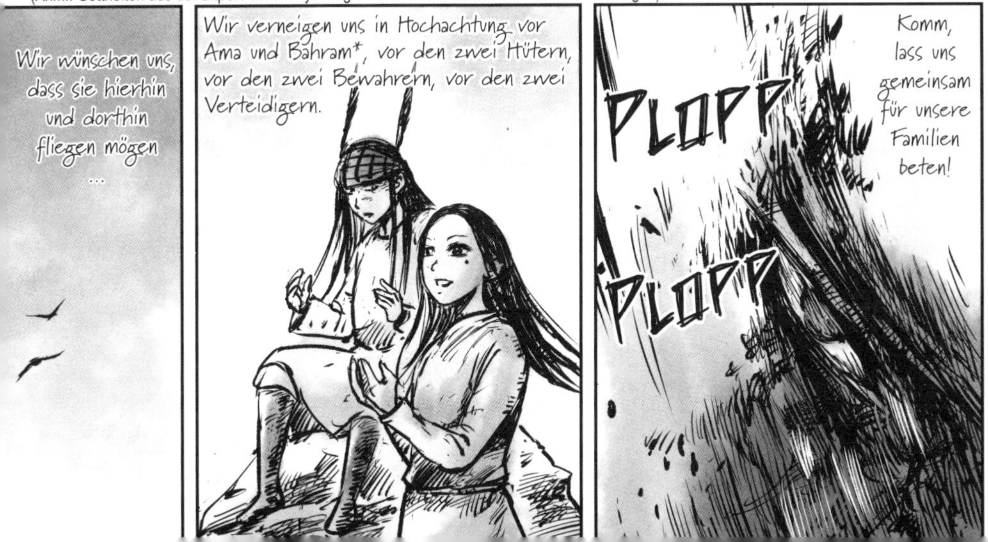

Wir wünschen uns, dass sie hierhin und dorthin fliegen mögen …

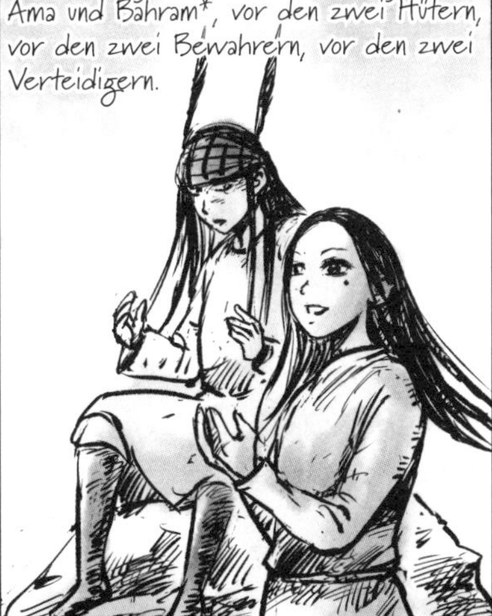

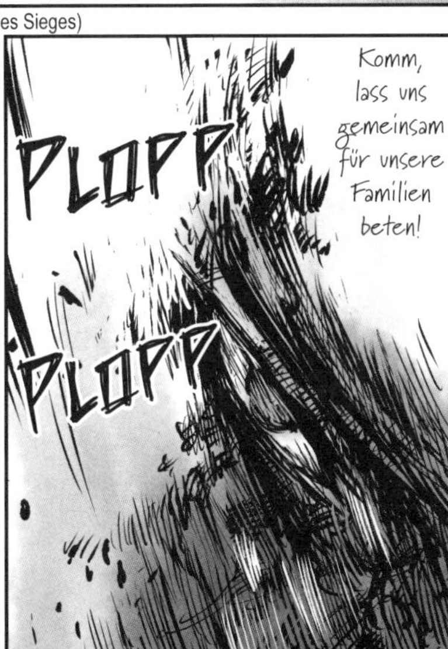

Mögen sie ihre
Flügel ausbreiten
und sich hoch in die
Lüfte aufschwingen,
um frei am Himmel
zu schweben!

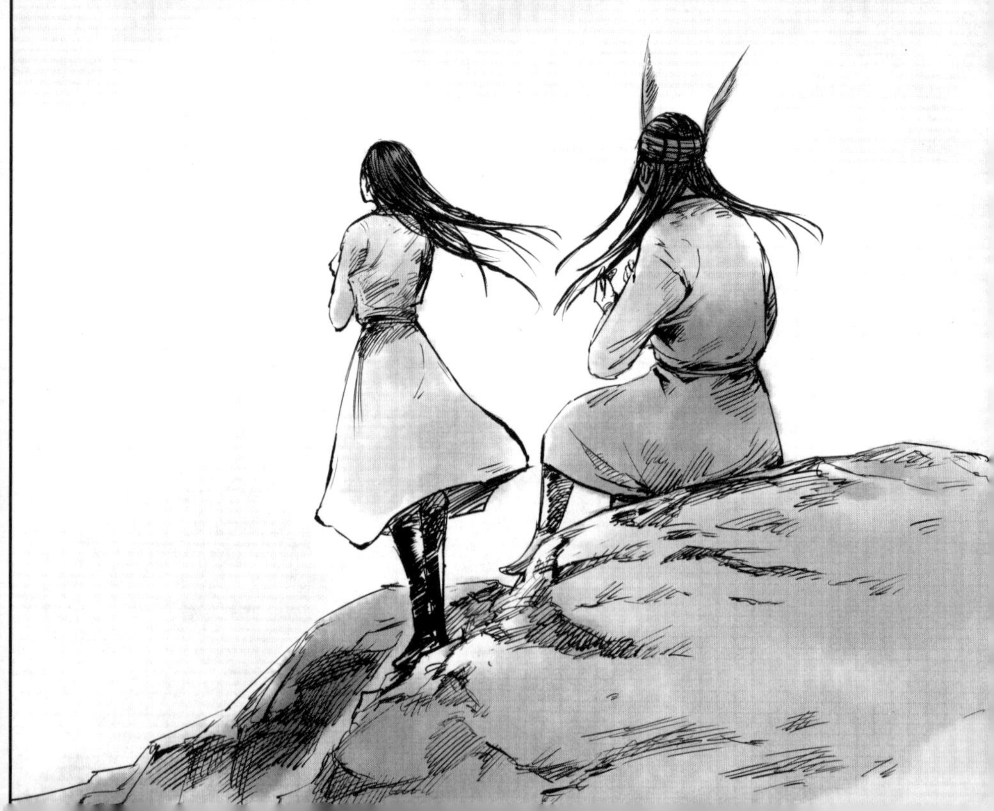

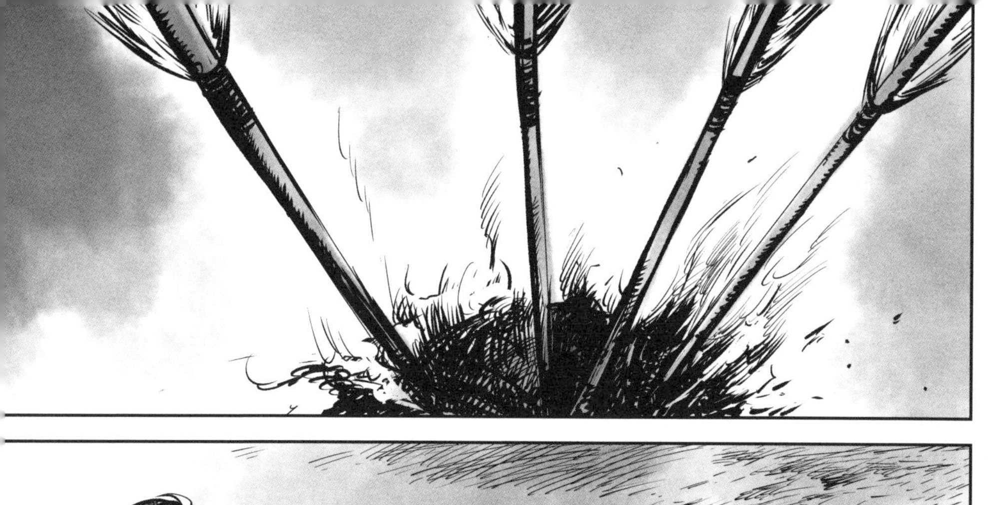

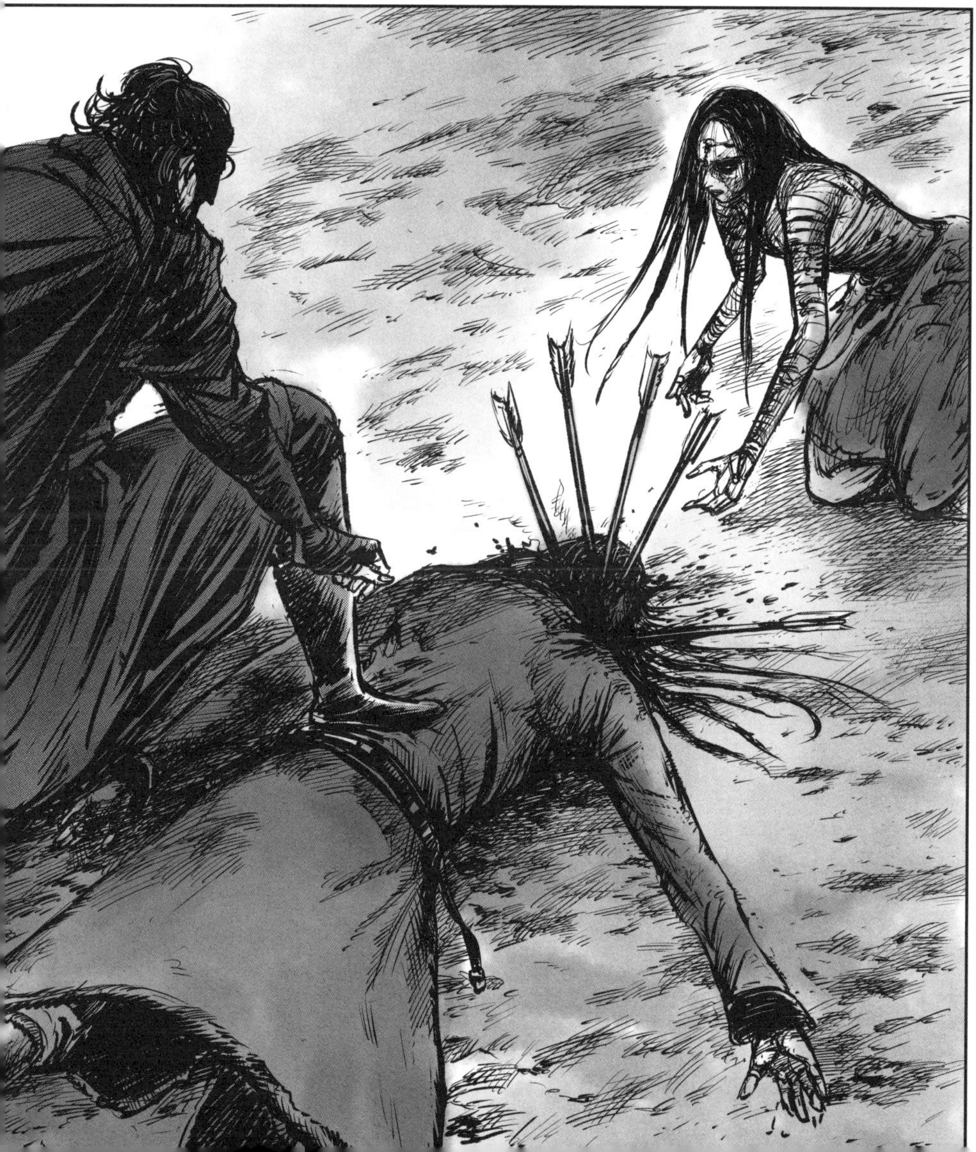

بُلْنارْ مِيني اُولاسْ كُوزْ

قَرا مَنكيزْ قيزيلْ يُوزْ

اَنْدينْ تَمارْ تُوكالْ تُوزْ

بُلْنابْ يَنا اُولْ قَجارْ

Was mich gefangen nimmt,
ist diese Paar bezaubernder Augen,
dazu noch
das pechschwarze Muttermal,
und dieses rosige Gesicht,
das ganz und gar überströmt ist von
Sanftmut, Schönheit und Anmut.

Sie fesselt mich,
aber sie entzieht sich mir in der Ferne.

— Alte Volksweise der Gök-Türken

Zweiter Akt:
Die weite Wüste

Kapitel 50:
Heimat

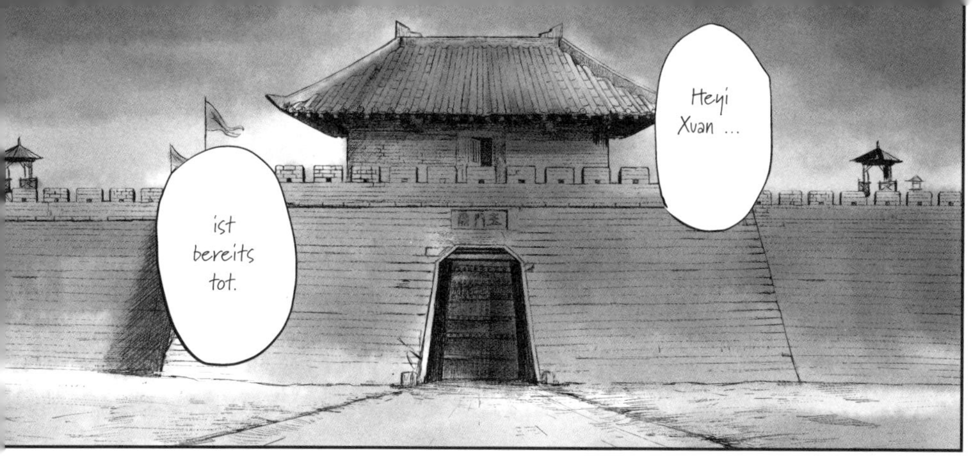

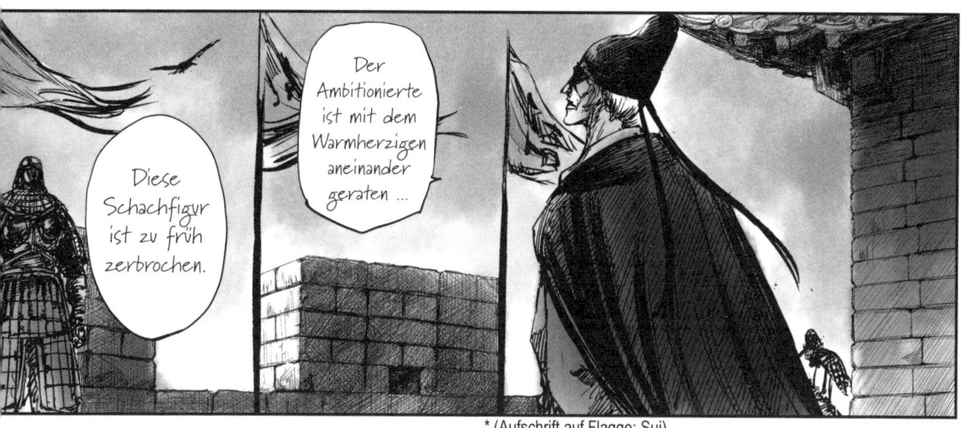

* (Aufschrift auf Flagge: Sui)

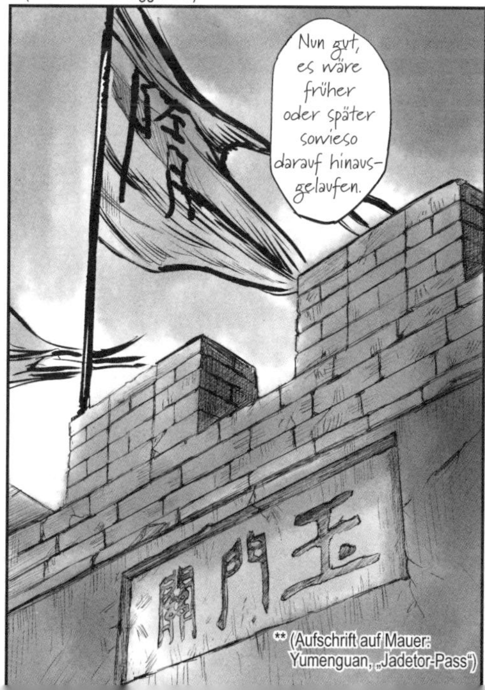

** (Aufschrift auf Mauer: Yumenguan, „Jadetor-Pass")

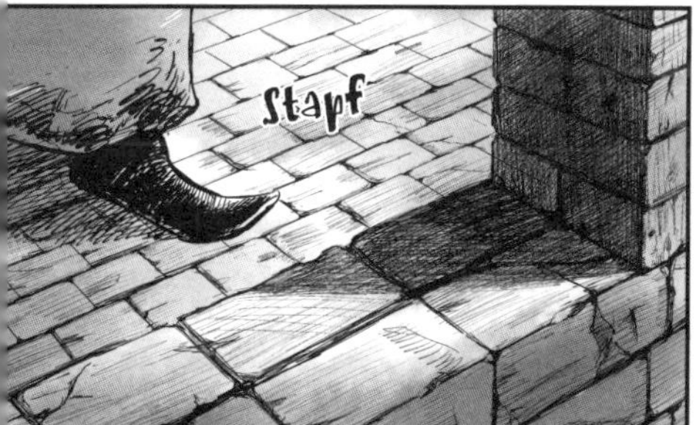

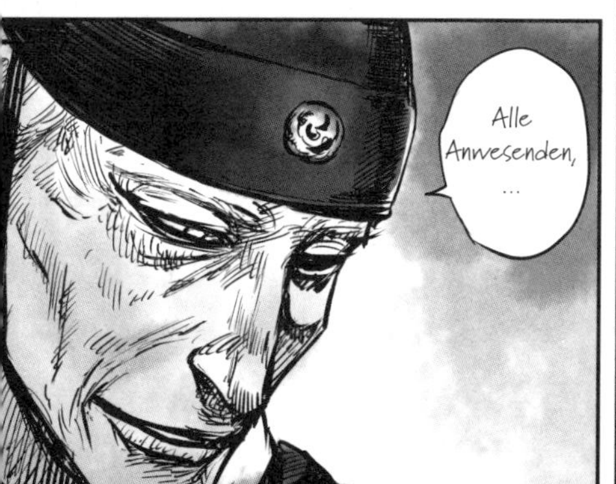

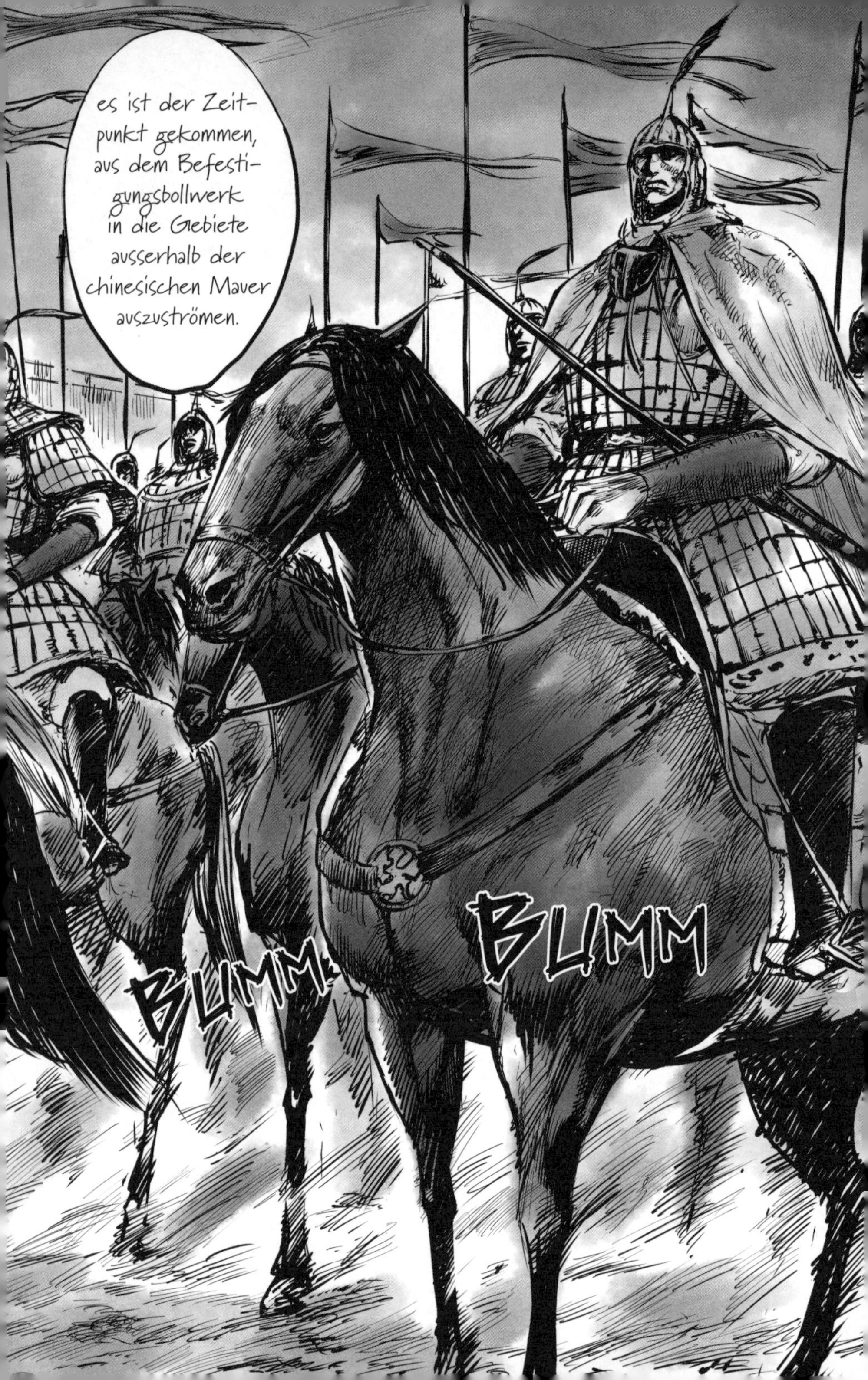
es ist der Zeitpunkt gekommen, aus dem Befestigungsbollwerk in die Gebiete ausserhalb der chinesischen Mauer auszuströmen.
BUMM
BUMM

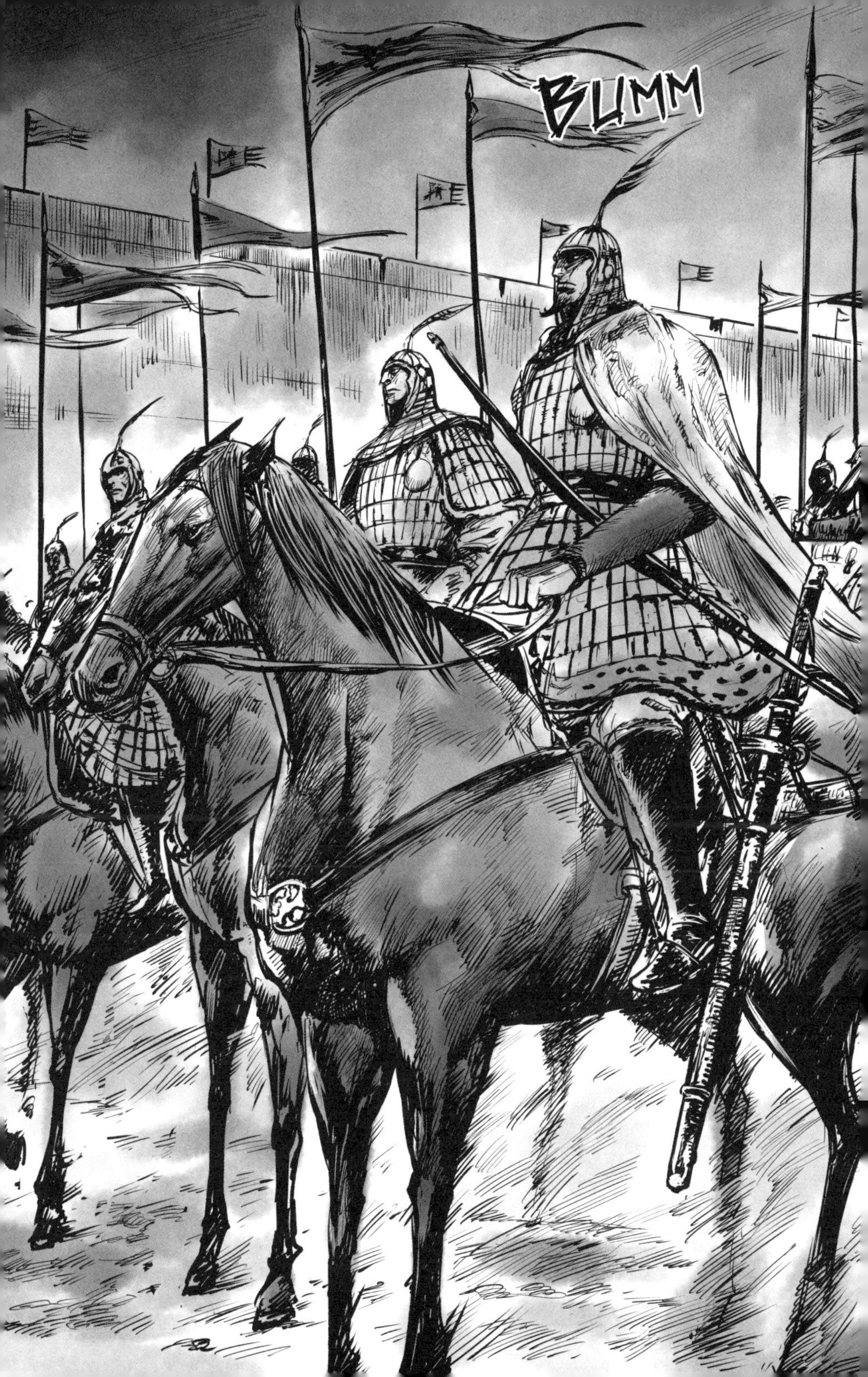
BUMM

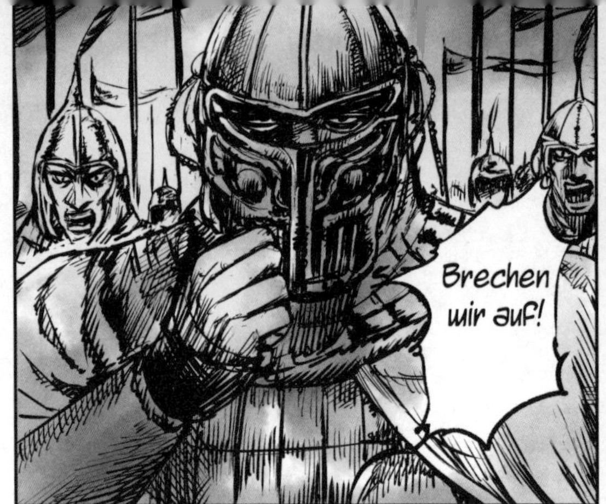
Brechen wir auf!

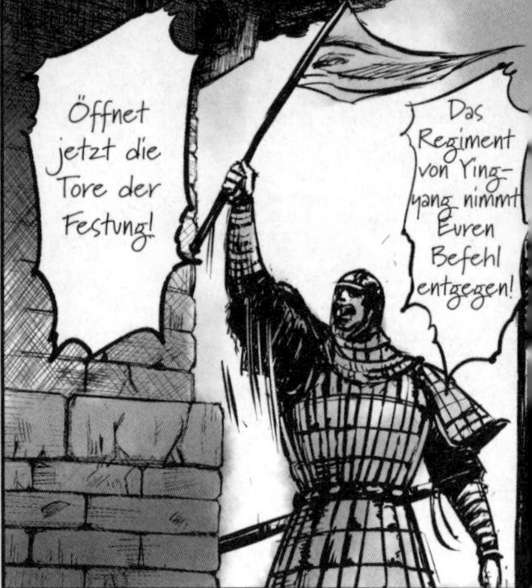
Öffnet jetzt die Tore der Festung!
Das Regiment von Ying-yang nimmt Euren Befehl entgegen!

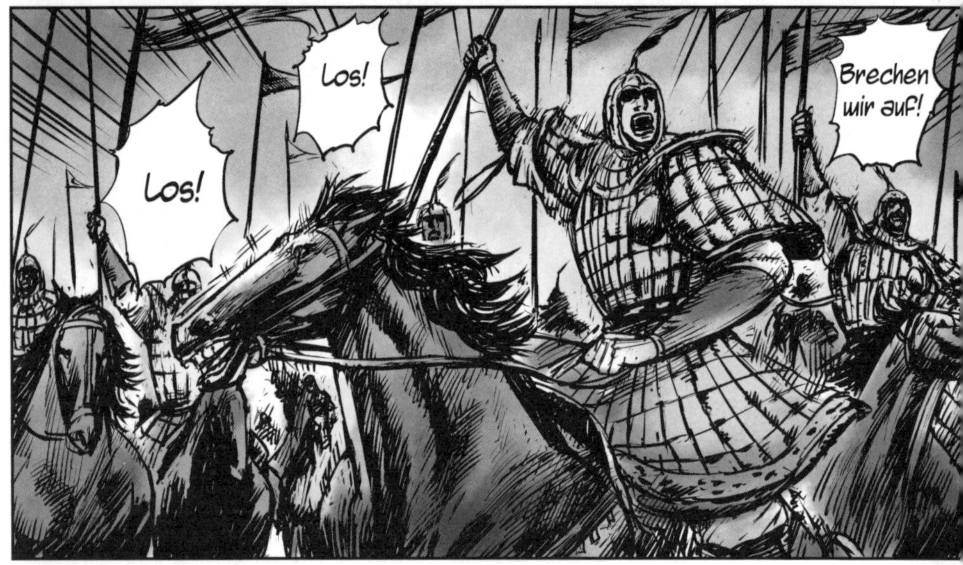
Brechen wir auf!
Los!
Los!

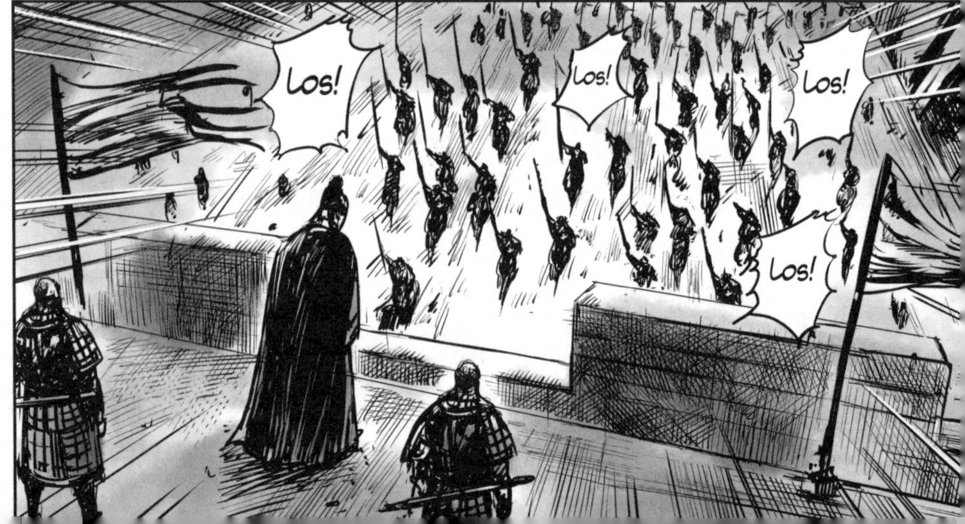
Los!
Los!
Los!
Los!

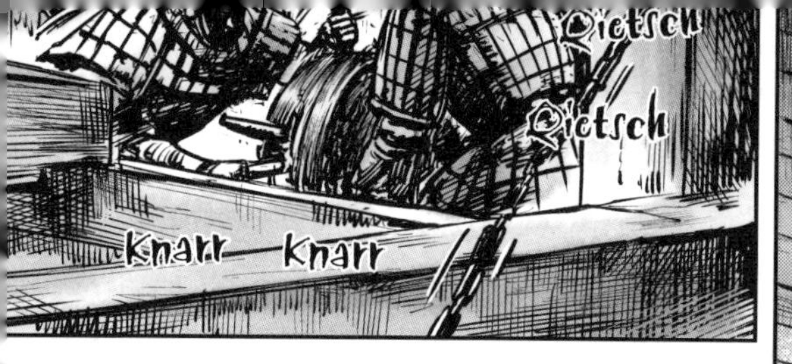
Quietsch
Quietsch
Knarr Knarr

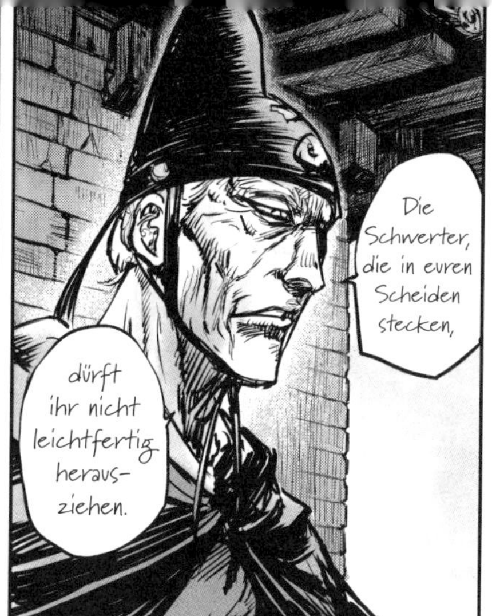
Die Schwerter, die in euren Scheiden stecken,
dürft ihr nicht leichtfertig heraus-ziehen.

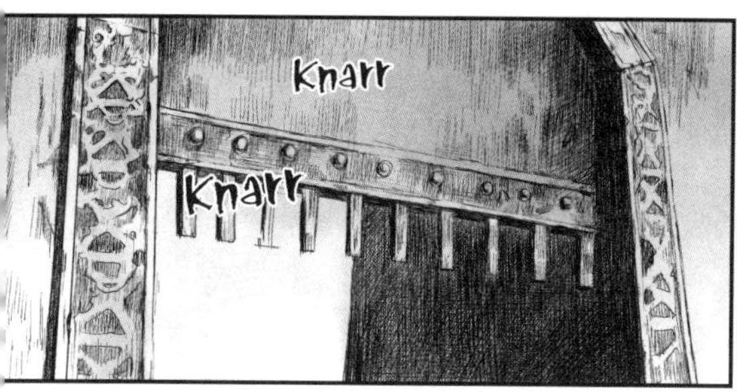
Knarr
Knarr

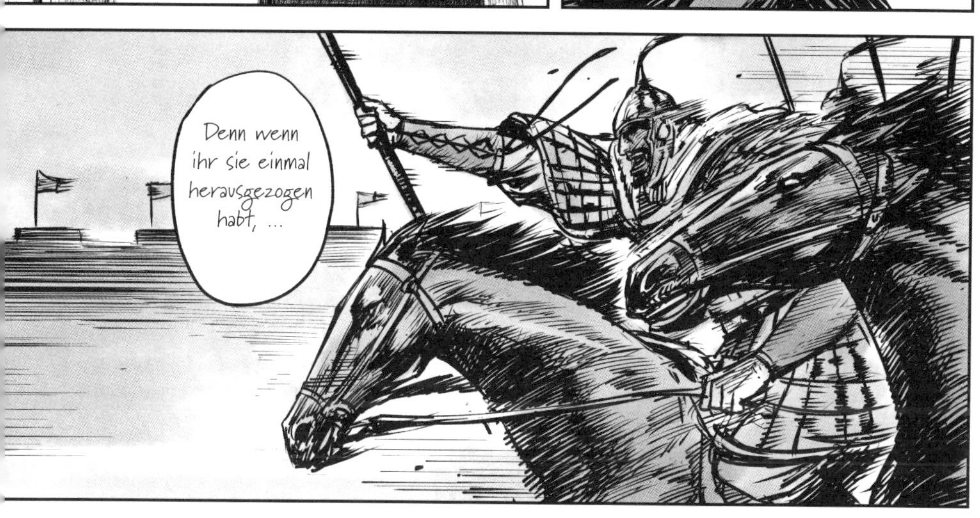
Denn wenn ihr sie einmal herausgezogen habt, …

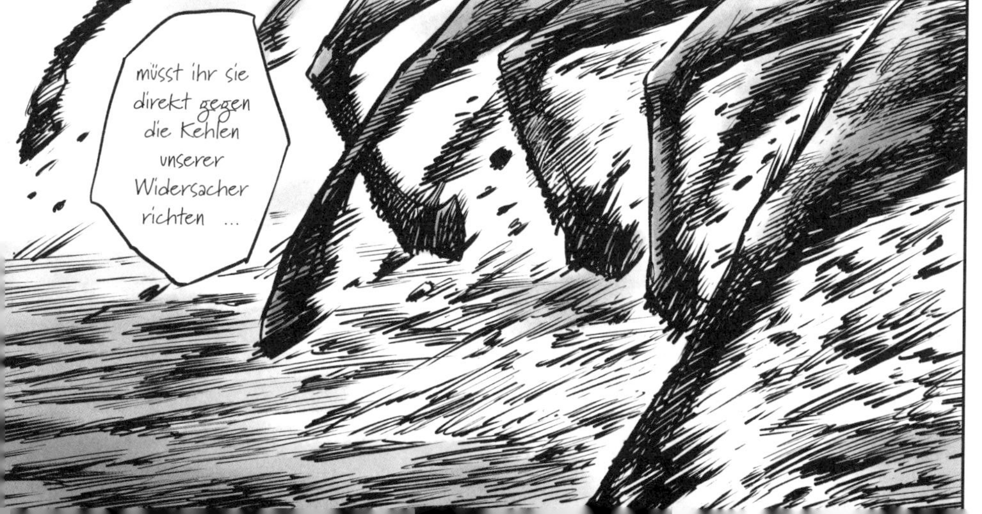
müsst ihr sie direkt gegen die Kehlen unserer Widersacher richten …

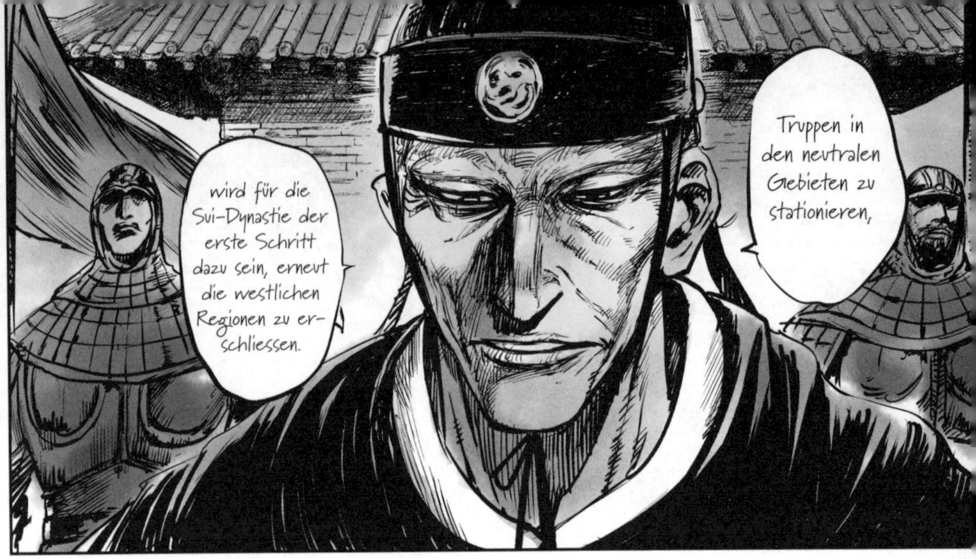

Truppen in den neutralen Gebieten zu stationieren,

wird für die Sui-Dynastie der erste Schritt dazu sein, erneut die westlichen Regionen zu erschliessen.

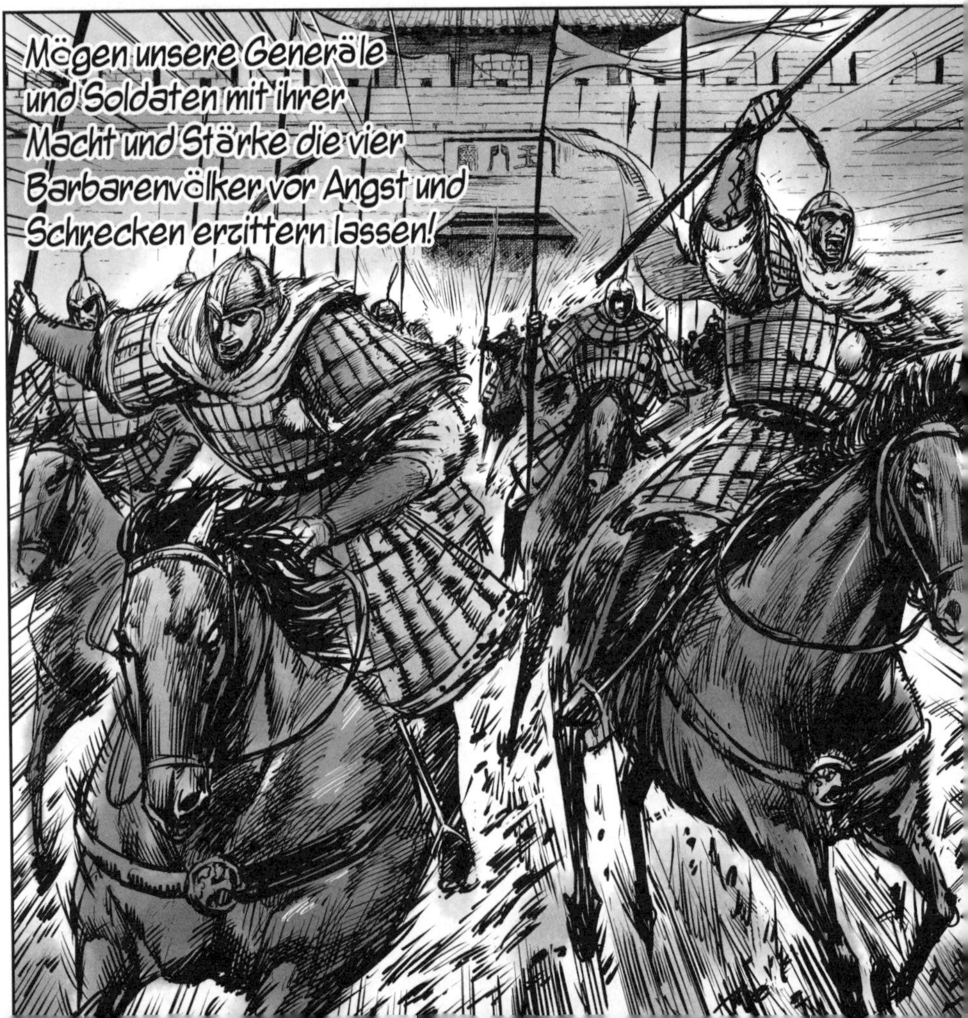

Mögen unsere Generäle und Soldaten mit ihrer Macht und Stärke die vier Barbarenvölker vor Angst und Schrecken erzittern lassen!

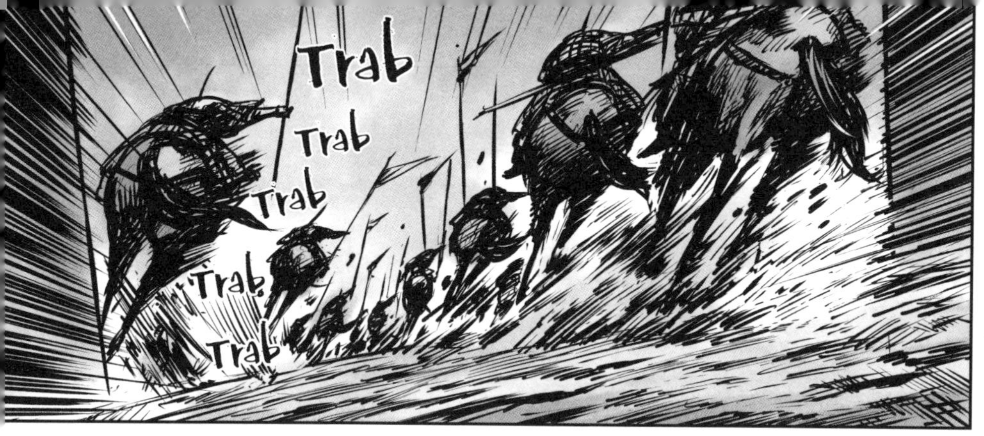
Trab
Trab
Trab
Trab
Trab

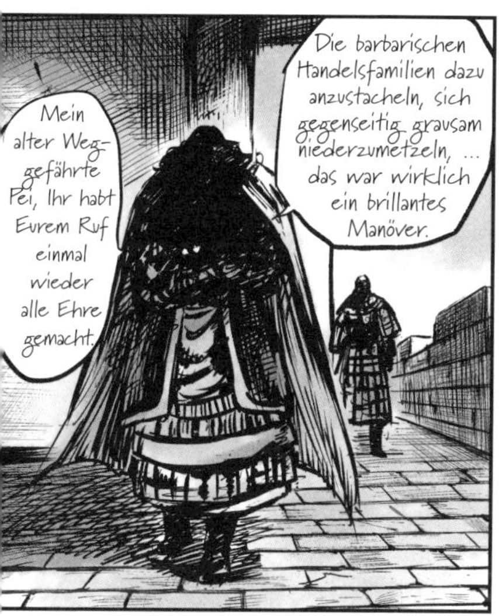
Die barbarischen Handelsfamilien dazu anzustacheln, sich gegenseitig grausam niederzumetzeln, ... das war wirklich ein brillantes Manöver.
Mein alter Weggefährte Fei, Ihr habt Eurem Ruf einmal wieder alle Ehre gemacht.

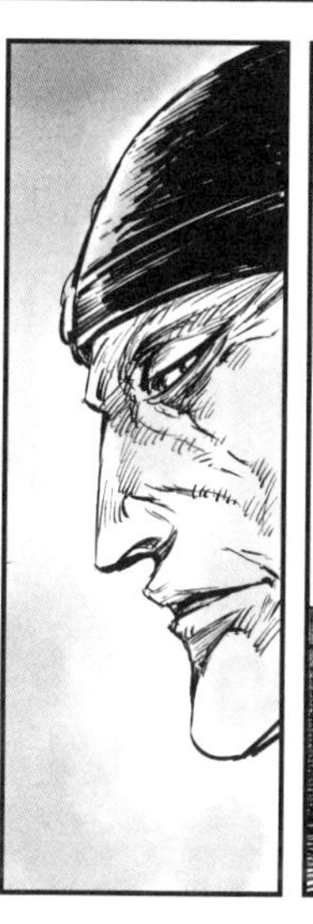

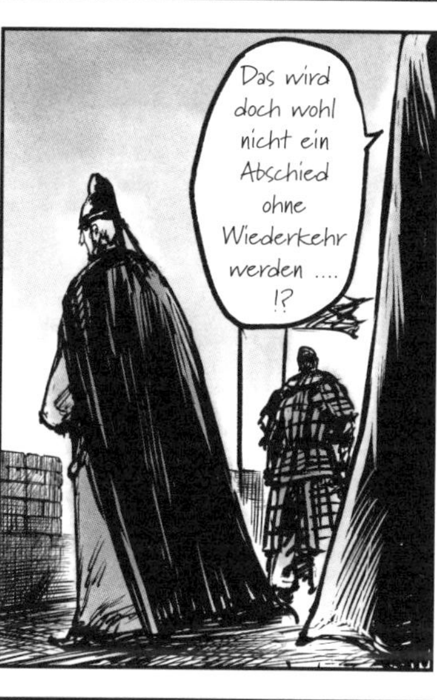
Das wird doch wohl nicht ein Abschied ohne Wiederkehr werden ....!?

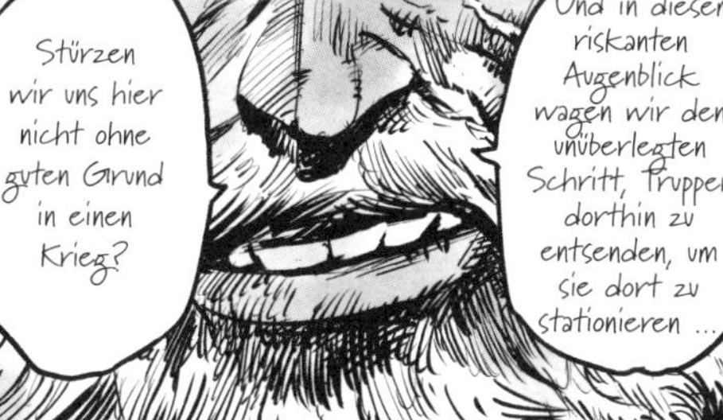
Und in diesem riskanten Augenblick wagen wir den unüberlegten Schritt, Truppen dorthin zu entsenden, um sie dort zu stationieren ...
Stürzen wir uns hier nicht ohne guten Grund in einen Krieg?

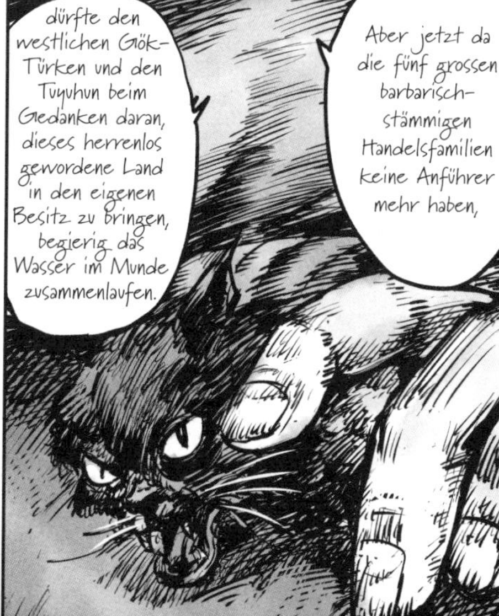
Aber jetzt da die fünf grossen barbarischstämmigen Handelsfamilien keine Anführer mehr haben,
dürfte den westlichen Gök-Türken und den Tuyuhun beim Gedanken daran, dieses herrenlos gewordene Land in den eigenen Besitz zu bringen, begierig das Wasser im Munde zusammenlaufen.

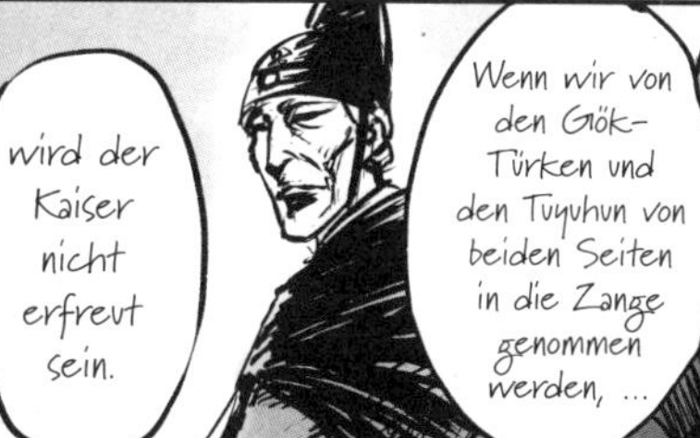
Wenn wir von den Gök-Türken und den Tuyuhun von beiden Seiten in die Zange genommen werden, ...
wird der Kaiser nicht erfreut sein.

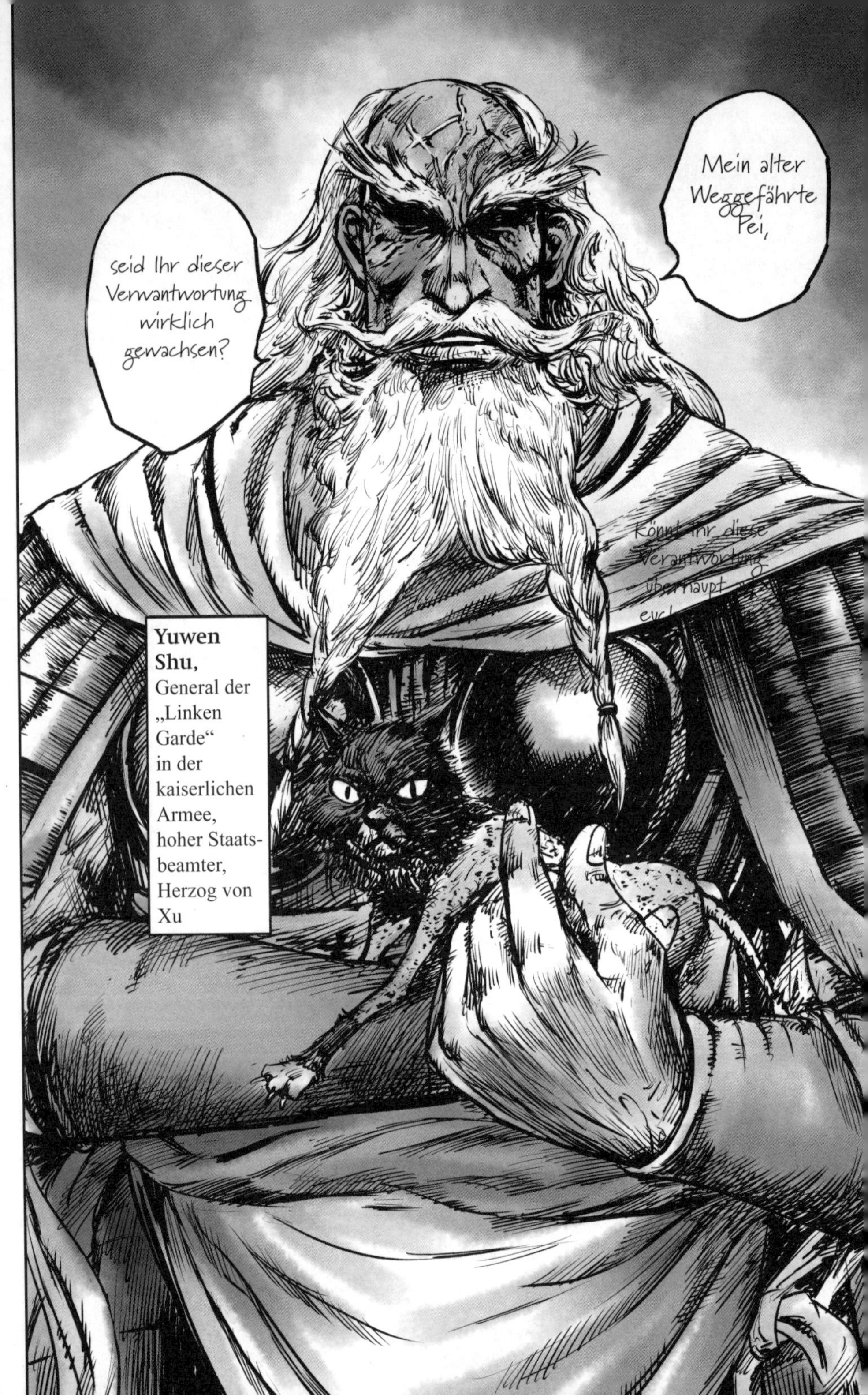
Mein alter Weggefährte Pei,
seid Ihr dieser Verwantwortung wirklich gewachsen?
Yuwen Shu, General der „Linken Garde“ in der kaiserlichen Armee, hoher Staatsbeamter, Herzog von Xu

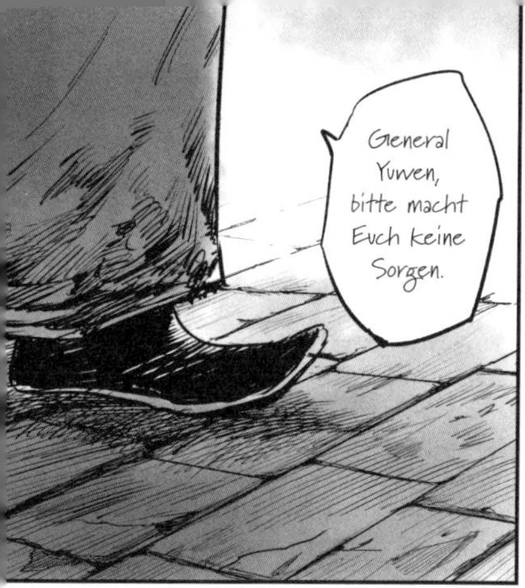
General Yuwen, bitte macht Euch keine Sorgen.
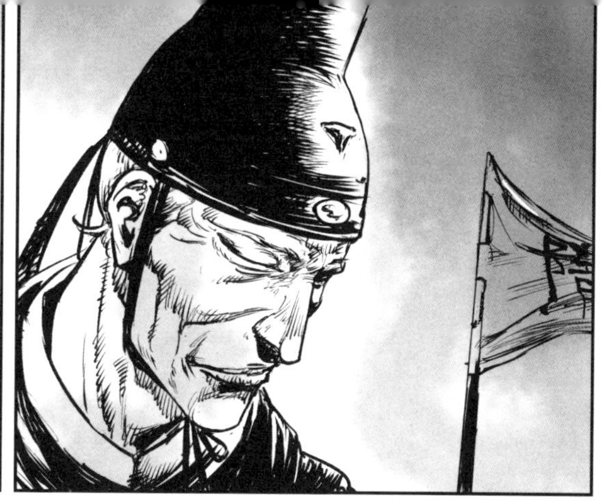
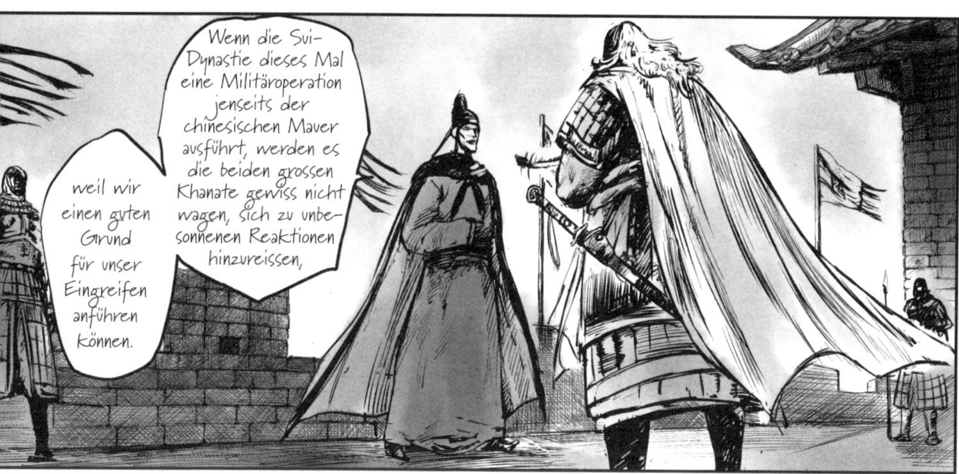
Wenn die Sui-Dynastie dieses Mal eine Militäroperation jenseits der chinesischen Mauer ausführt, werden es die beiden grossen Khanate gewiss nicht wagen, sich zu unbesonnenen Reaktionen hinzureissen,
weil wir einen guten Grund für unser Eingreifen anführen können.
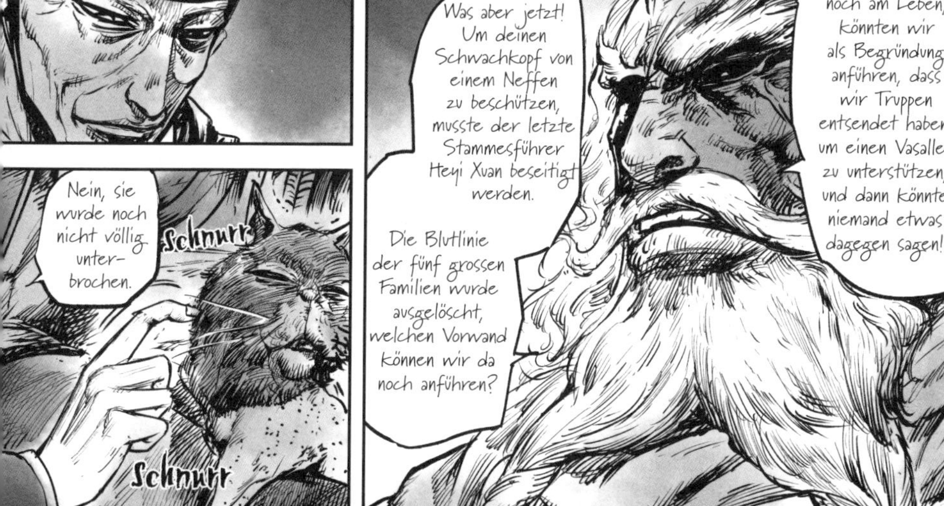
Wäre Heyi Xuan noch am Leben, könnten wir als Begründung anführen, dass wir Truppen entsendet haben, um einen Vasallen zu unterstützen, und dann könnte niemand etwas dagegen sagen!
Was aber jetzt! Um deinen Schwachkopf von einem Neffen zu beschützen, musste der letzte Stammesführer Heyi Xuan beseitigt werden.
Die Blutlinie der fünf grossen Familien wurde ausgelöscht, welchen Vorwand können wir da noch anführen?
Nein, sie wurde noch nicht völlig unterbrochen.
Schnurr
Schnurr

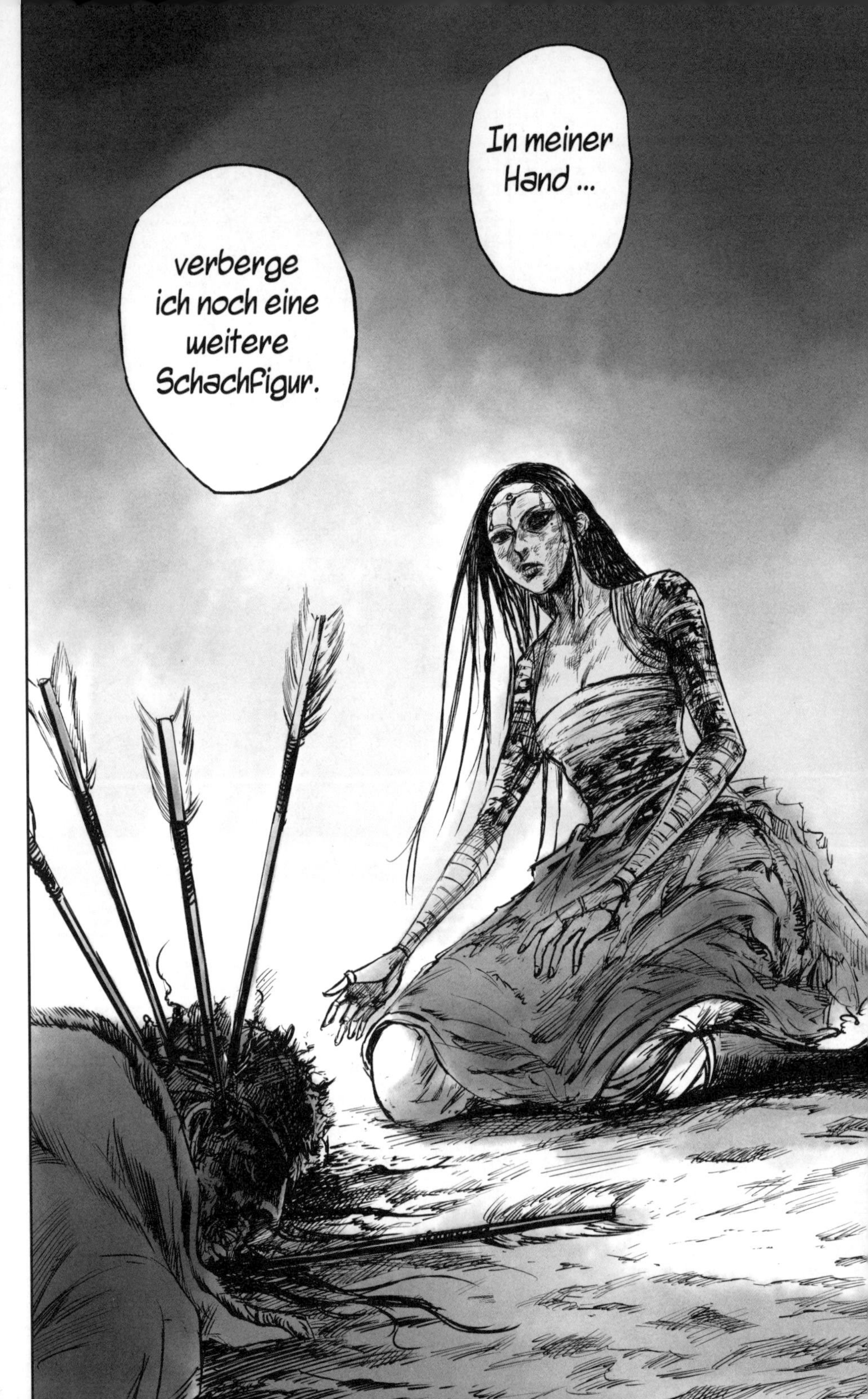
In meiner Hand ...
verberge ich noch eine weitere Schachfigur.

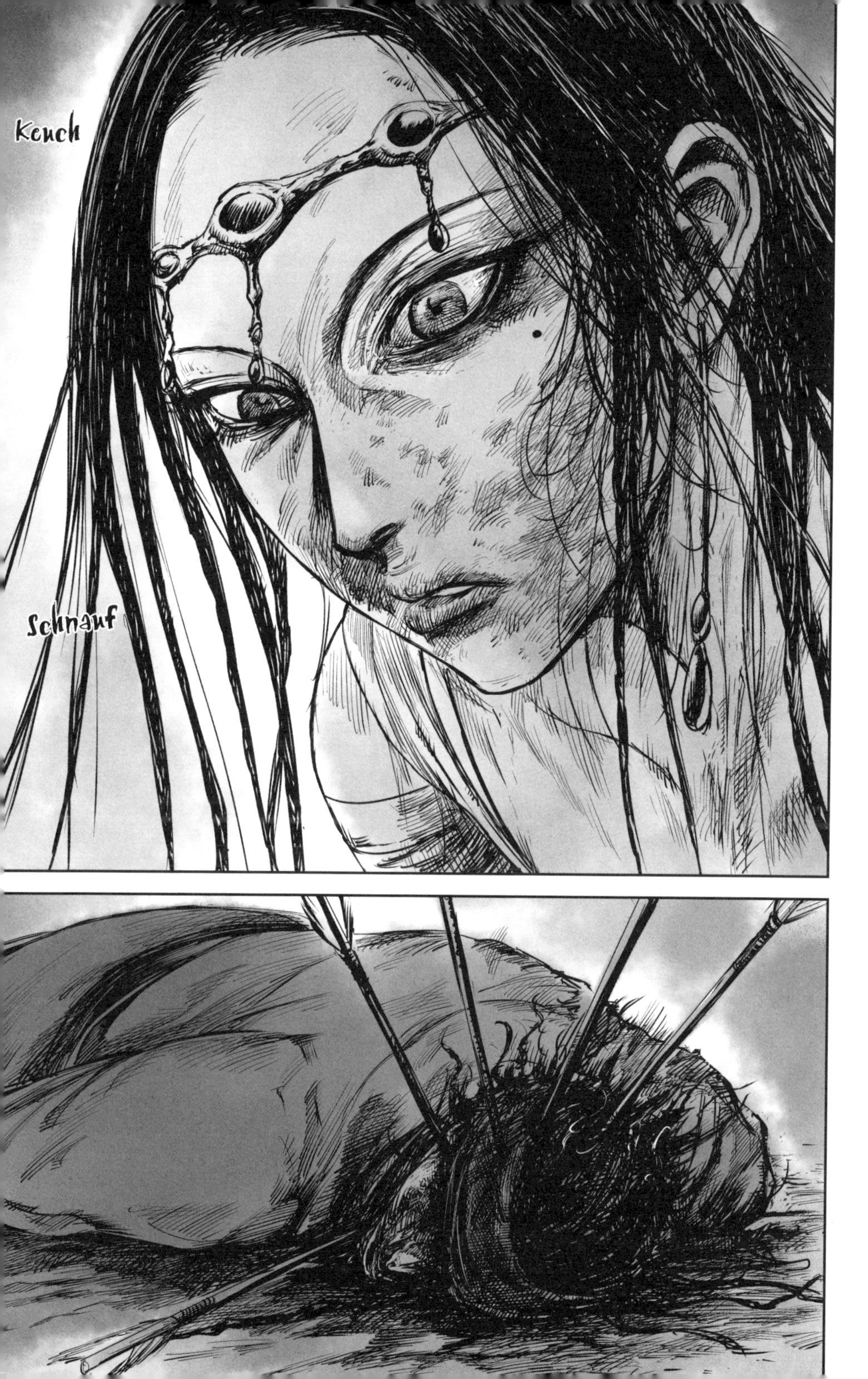

Keuch

Schnauf

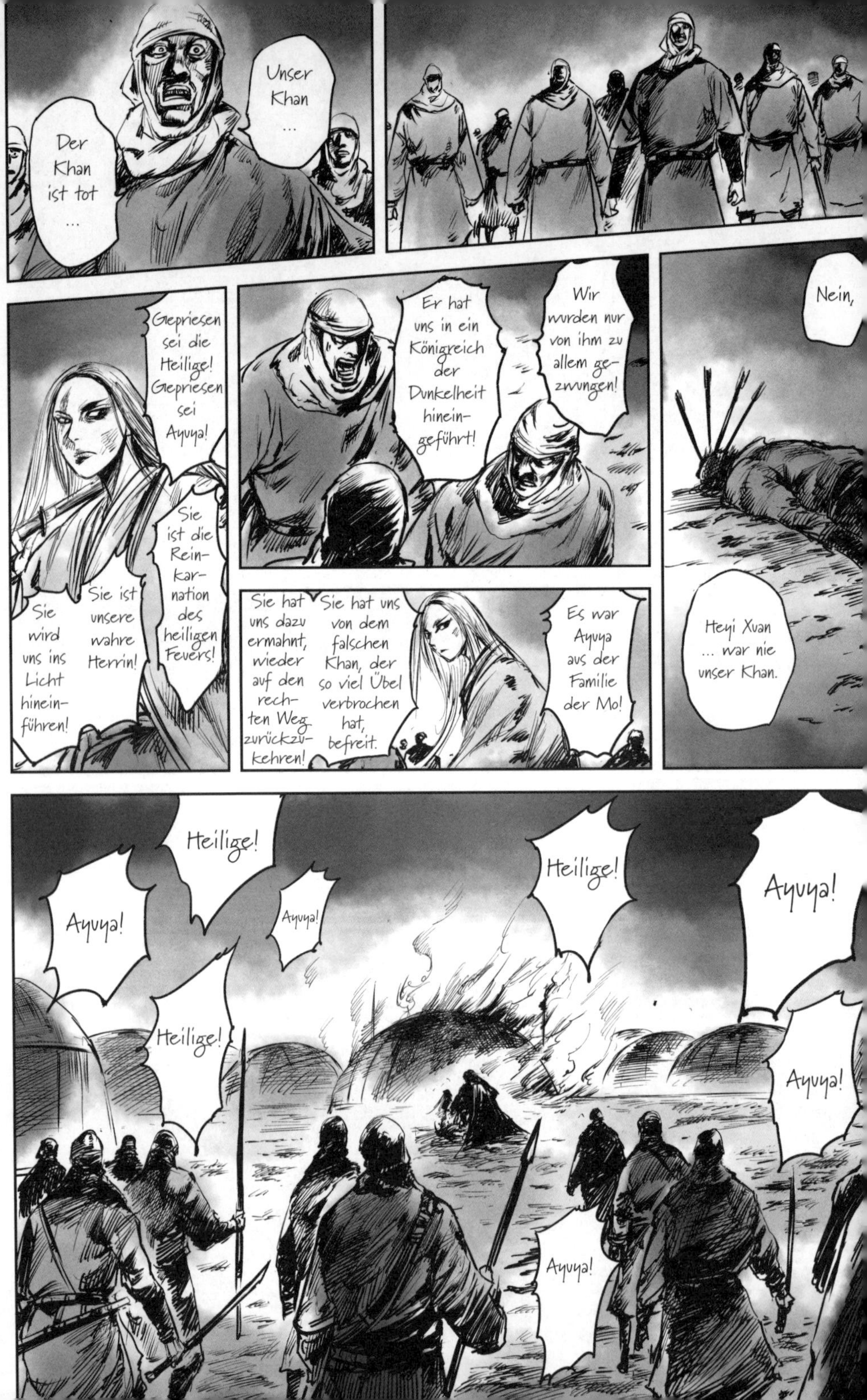

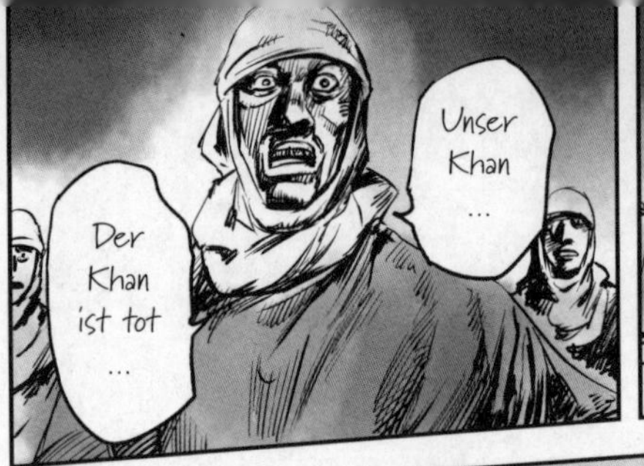

Der Khan ist tot …
Unser Khan …

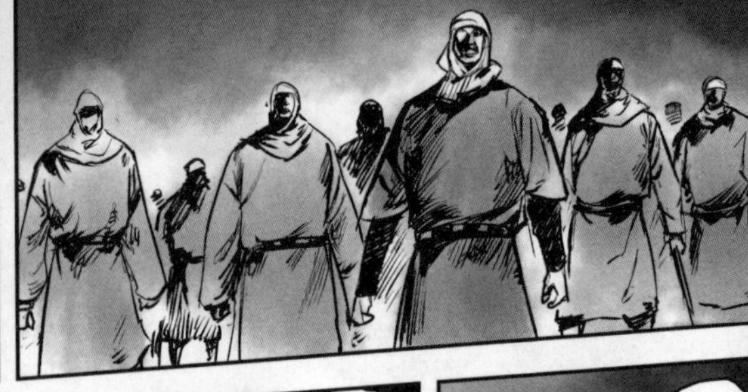

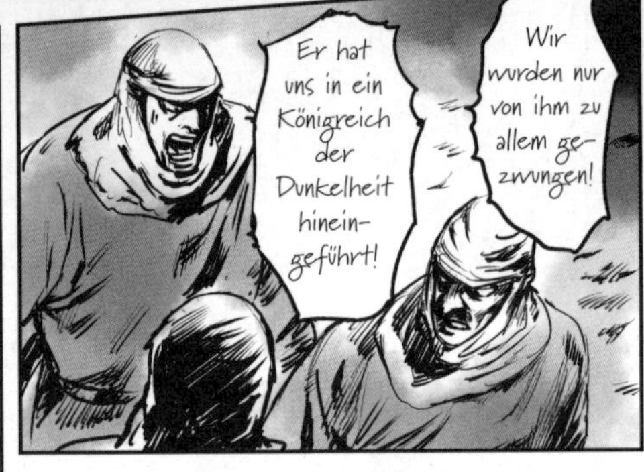

Er hat uns in ein Königreich der Dunkelheit hineingeführt!
Wir wurden nur von ihm zu allem gezwungen!

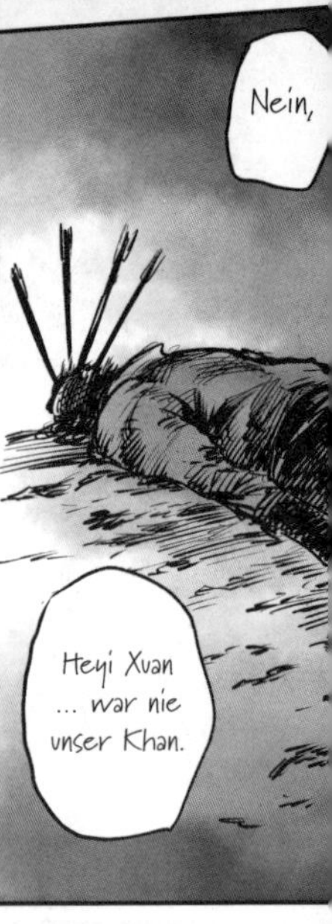

Nein,
Heyi Xuan … war nie unser Khan.

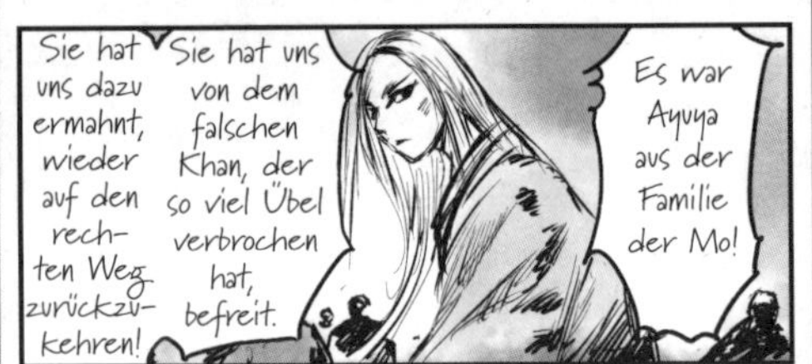

Es war Ayuya aus der Familie der Mo!
Sie hat uns von dem falschen Khan, der so viel Übel verbrochen hat, befreit.
Sie hat uns dazu ermahnt, wieder auf den rechten Weg zurückzukehren!

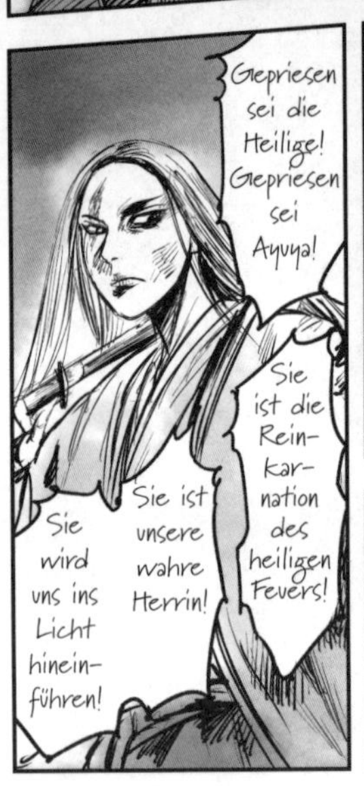

Gepriesen sei die Heilige! Gepriesen sei Ayuya!
Sie ist die Reinkarnation des heiligen Feuers!
Sie ist unsere wahre Herrin!
Sie wird uns ins Licht hineinführen!

Heilige!
Ayuya!
Ayuya!
Heilige!
Heilige!
Ayuya!
Ayuya!
Ayuya!

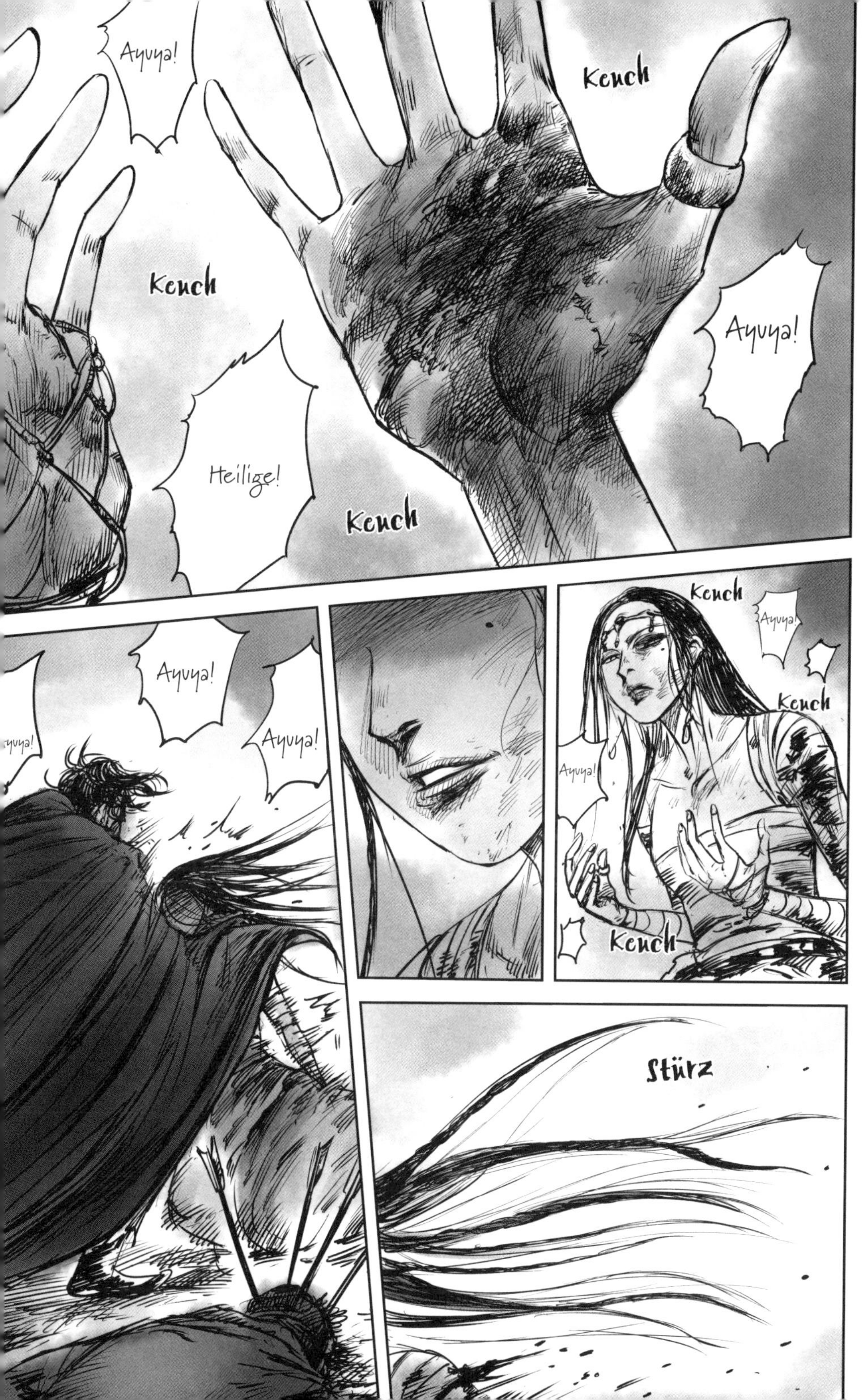
Ayuya!
Kench
Kench
Ayuya!
Heilige!
Kench
Ayuya!
Ayuya!
Kench
Ayuya!
Kench
Ayuya!
Kench
Stürz

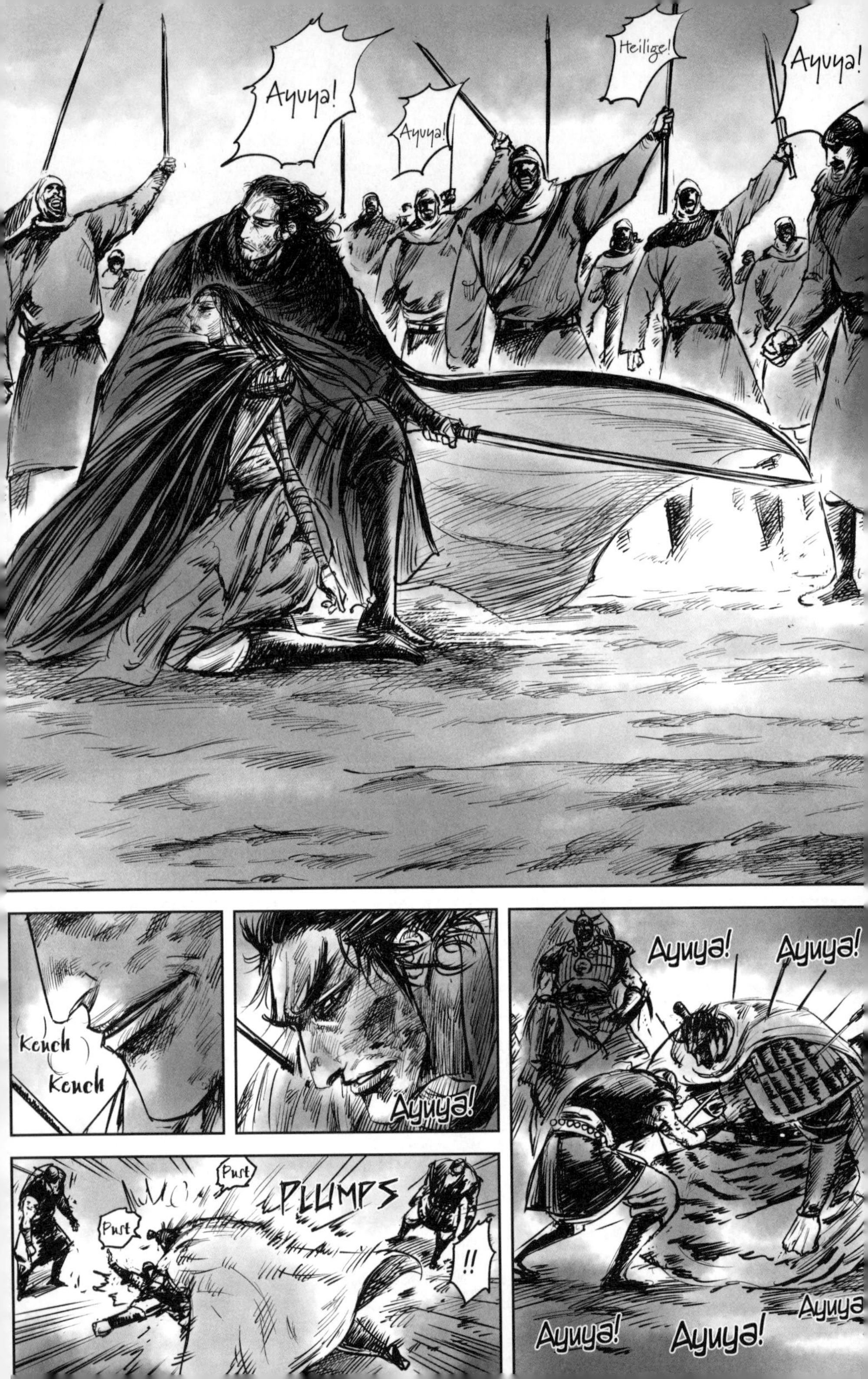

Ayuya!
Ayuya!
Heilige!
Ayuya!

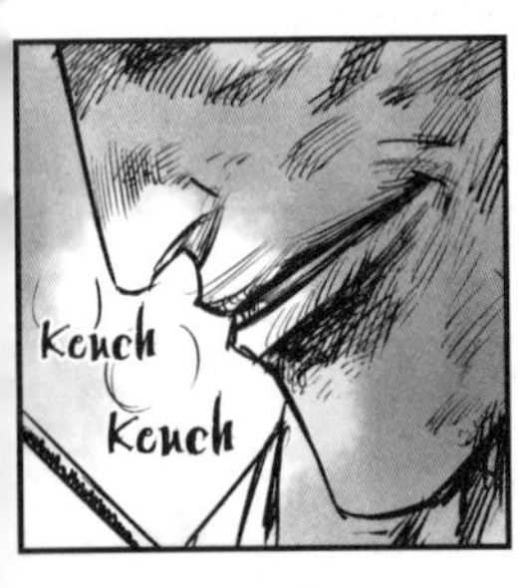

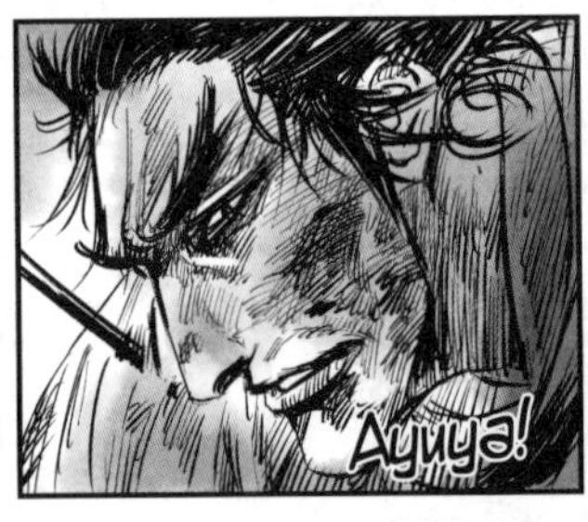

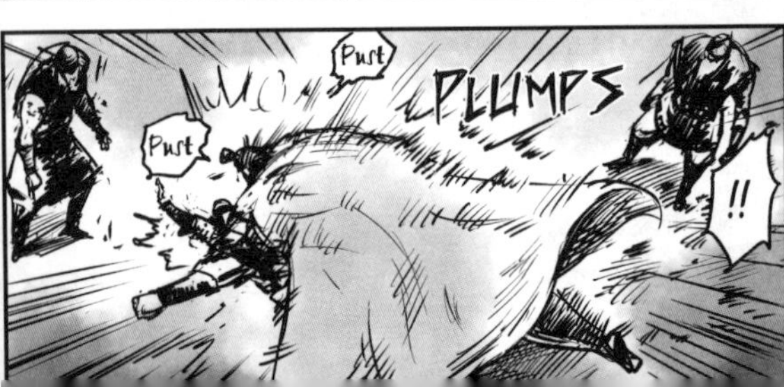

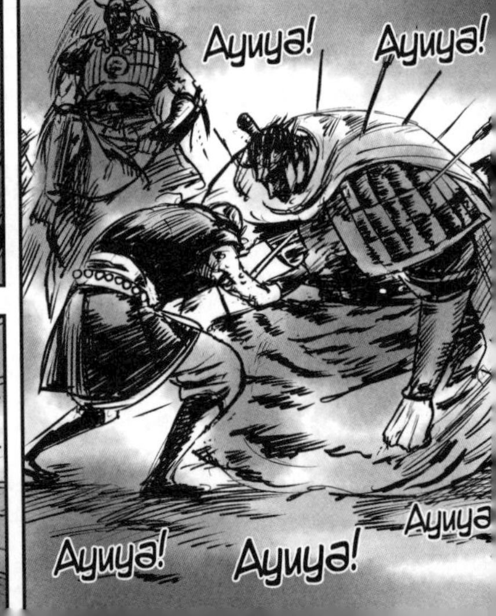

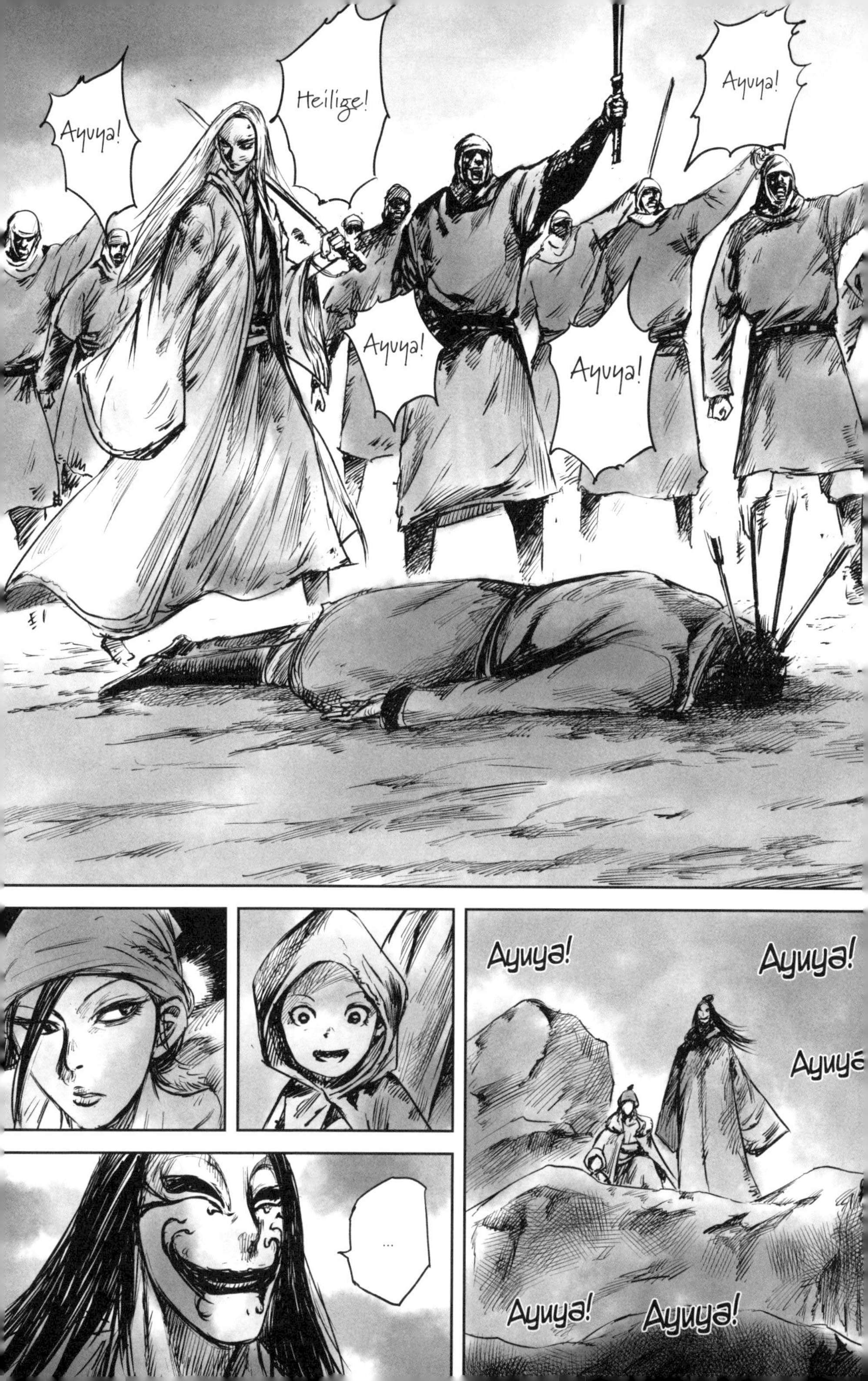

Ayuya!

Heilige!

Ayuya!

Ayuya!

Ayuya!

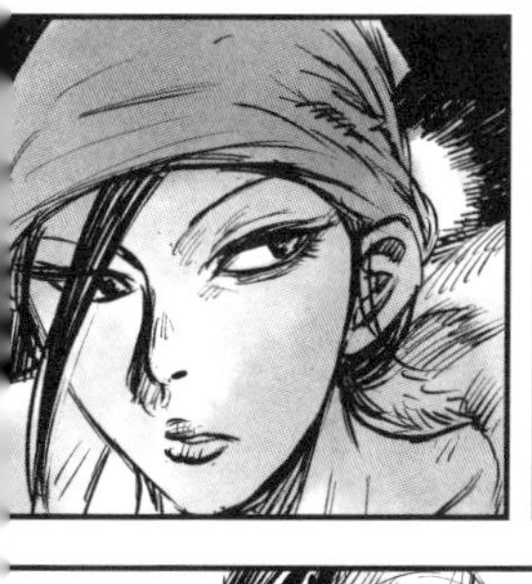

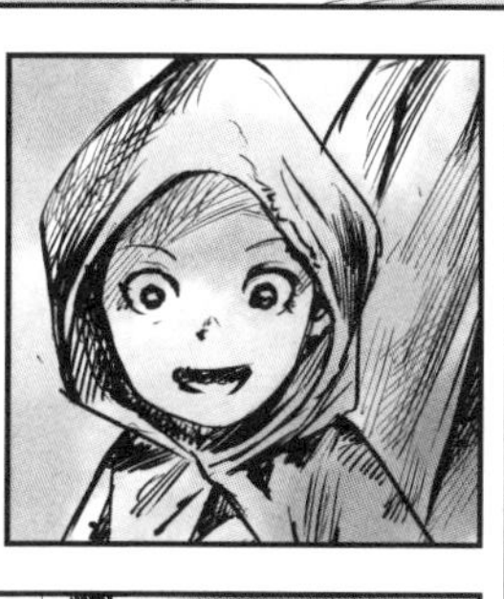

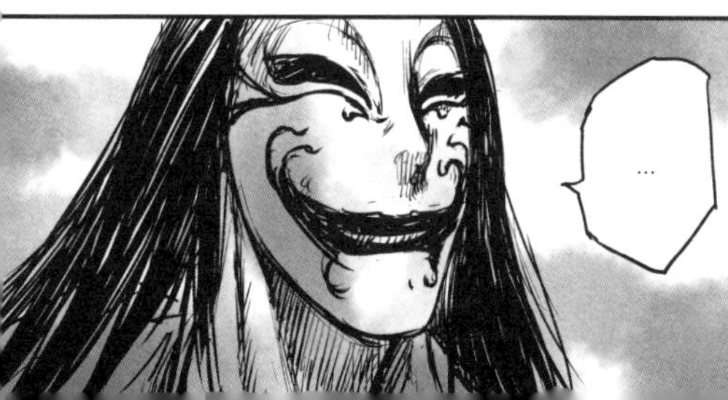

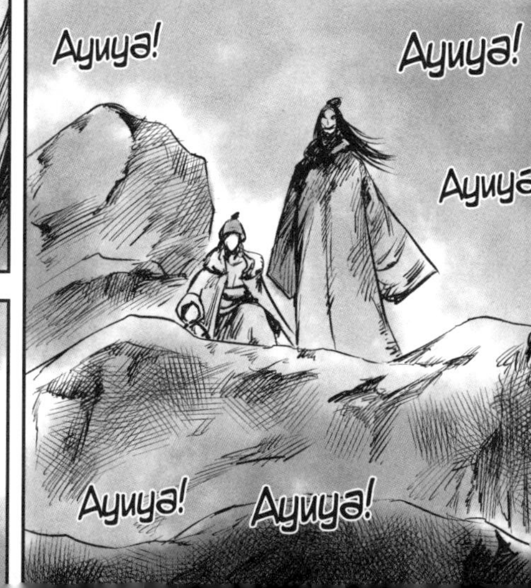

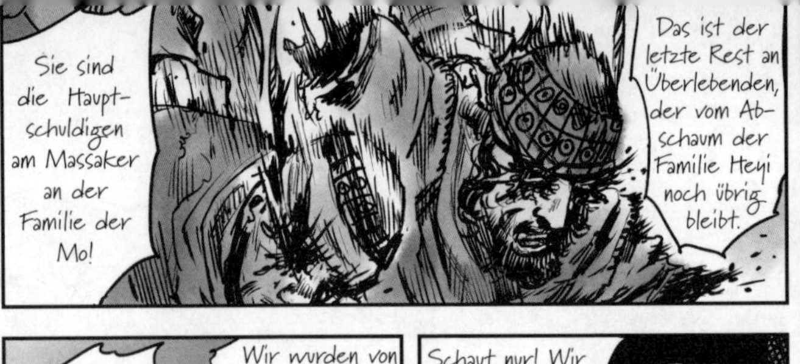
Sie sind die Haupt-schuldigen am Massaker an der Familie der Mo!
Das ist der letzte Rest an Überlebenden, der vom Ab-schaum der Familie Heyi noch übrig bleibt.

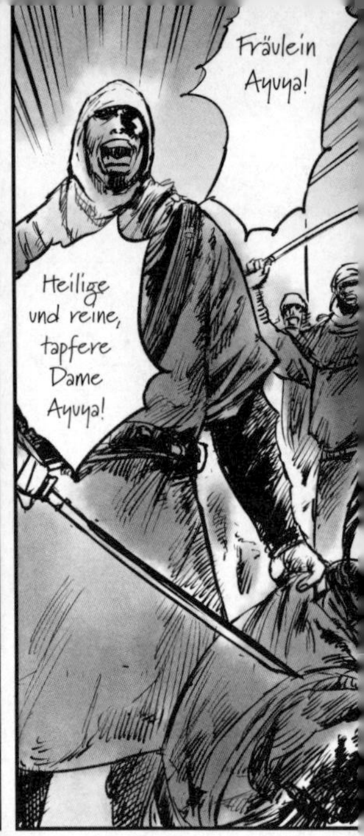
Fräulein Ayuya!
Heilige und reine, tapfere Dame Ayuya!

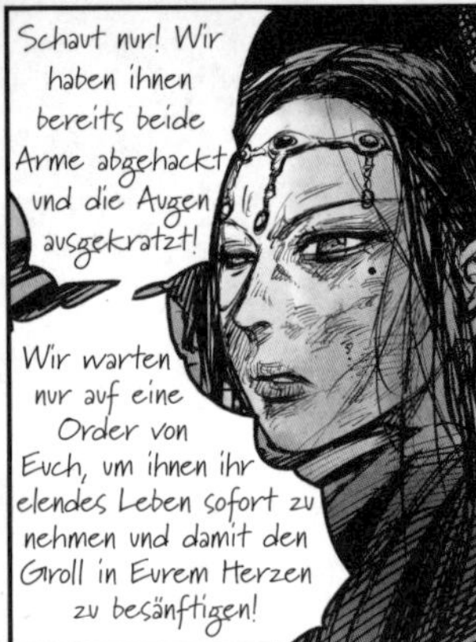
Schaut nur! Wir haben ihnen bereits beide Arme abgehackt und die Augen ausgekratzt!
Wir warten nur auf eine Order von Euch, um ihnen ihr elendes Leben sofort zu nehmen und damit den Groll in Eurem Herzen zu besänftigen!

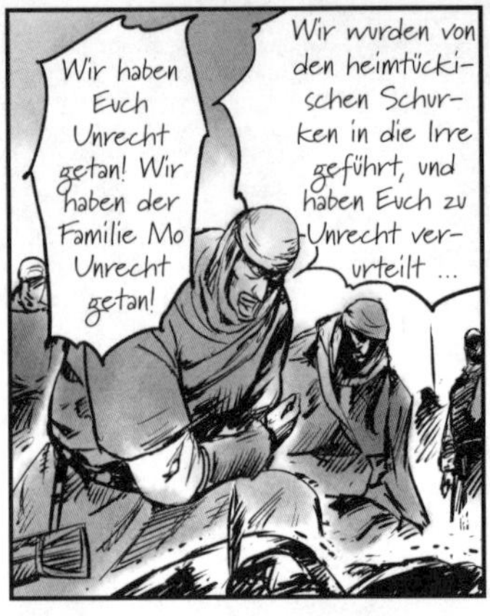
Wir wurden von den heimtücki-schen Schur-ken in die Irre geführt, und haben Euch zu Unrecht ver-urteilt ...
Wir haben Euch Unrecht getan! Wir haben der Familie Mo Unrecht getan!

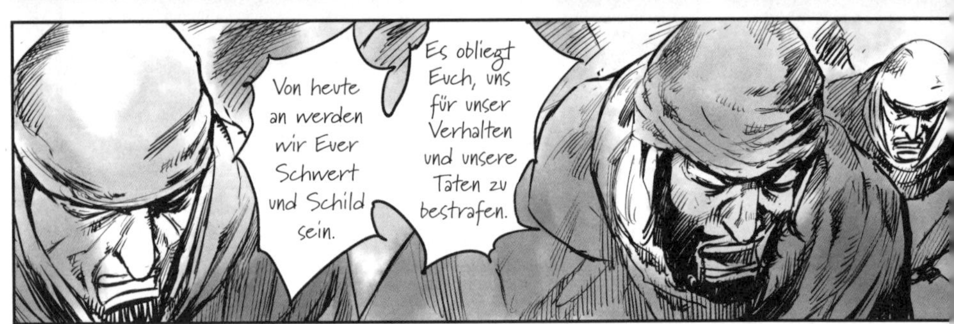
Es obliegt Euch, uns für unser Verhalten und unsere Taten zu bestrafen.
Von heute an werden wir Euer Schwert und Schild sein.

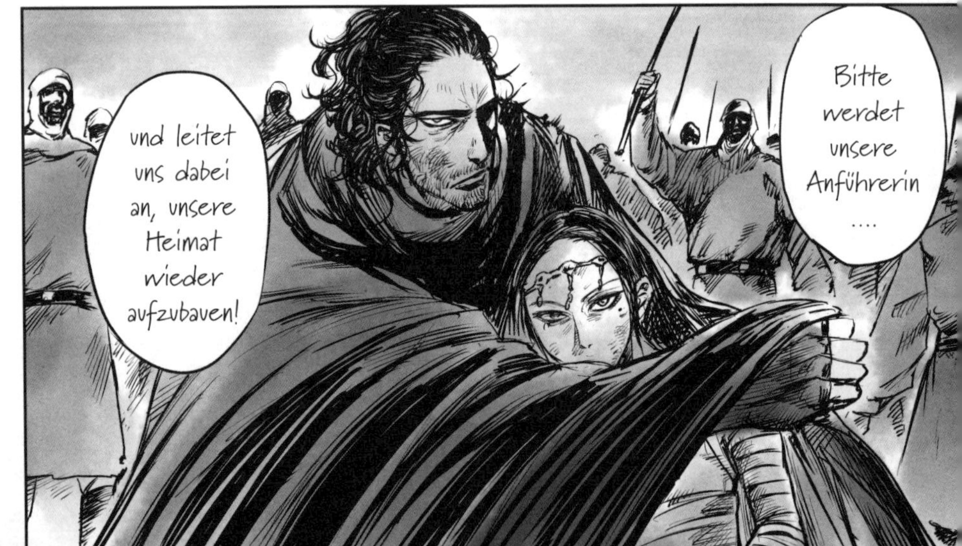
Bitte werdet unsere Anführerin ....
und leitet uns dabei an, unsere Heimat wieder aufzubauen!

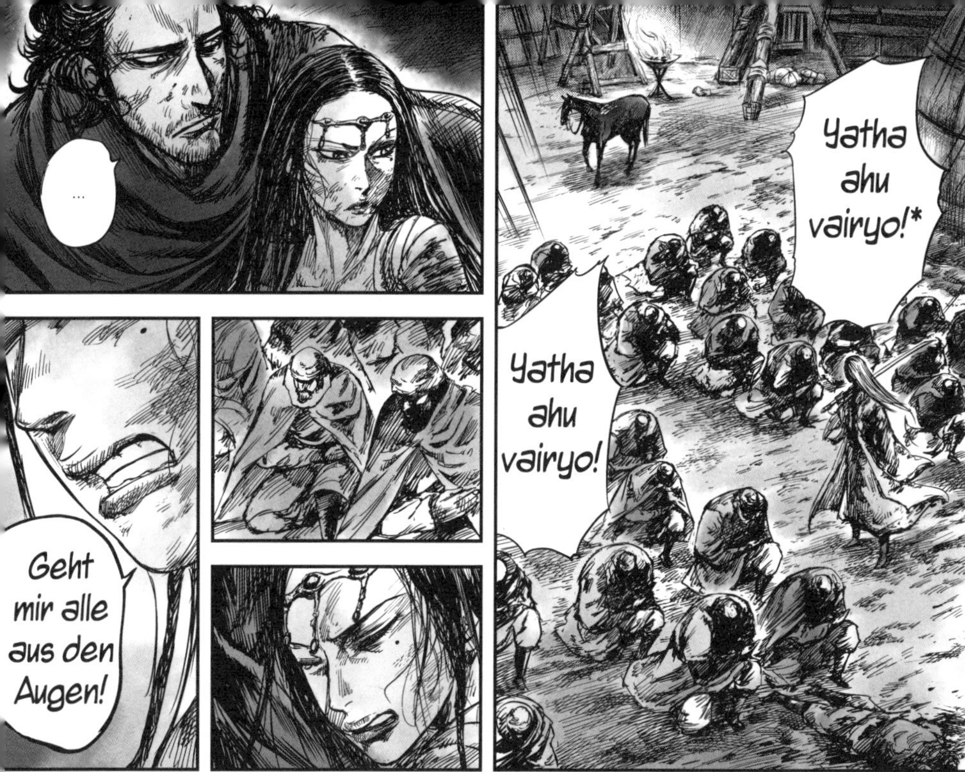

* (Anm.: Avestisch / Altpersisch, bedeutet „Der Herrscher des Himmels wurde bereits auserkoren!“)

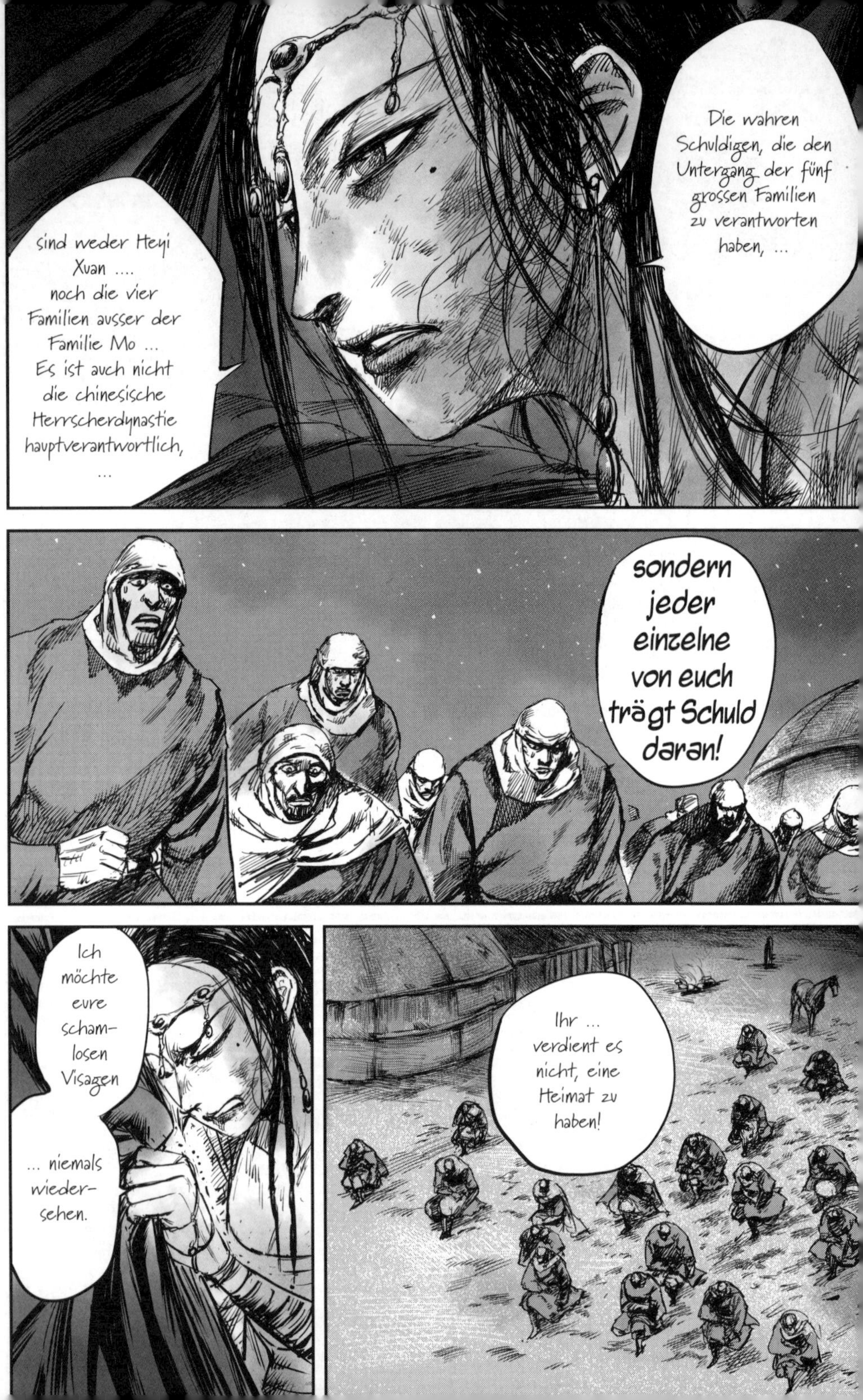

Die wahren Schuldigen, die den Untergang der fünf grossen Familien zu verantworten haben, ...

sind weder Heyi Xuan .... noch die vier Familien ausser der Familie Mo ... Es ist auch nicht die chinesische Herrscherdynastie hauptverantwortlich, ...

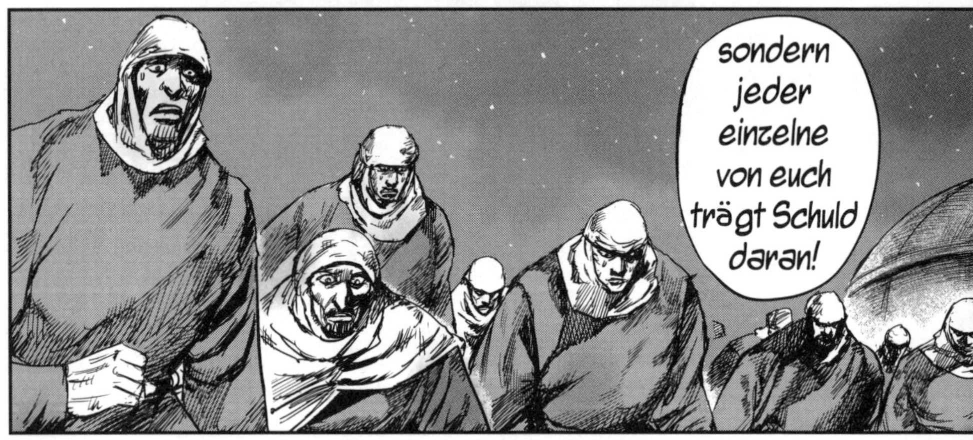

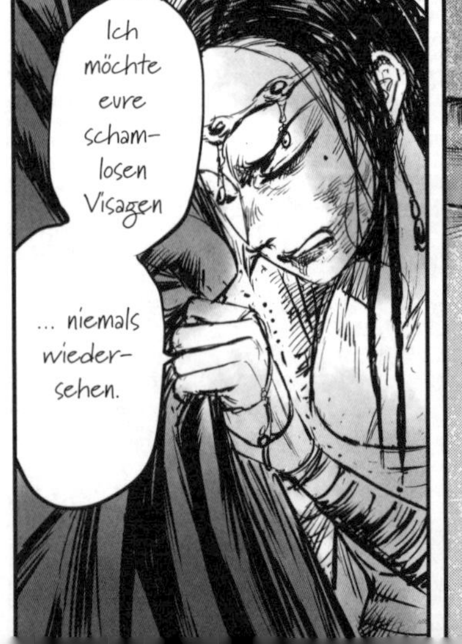

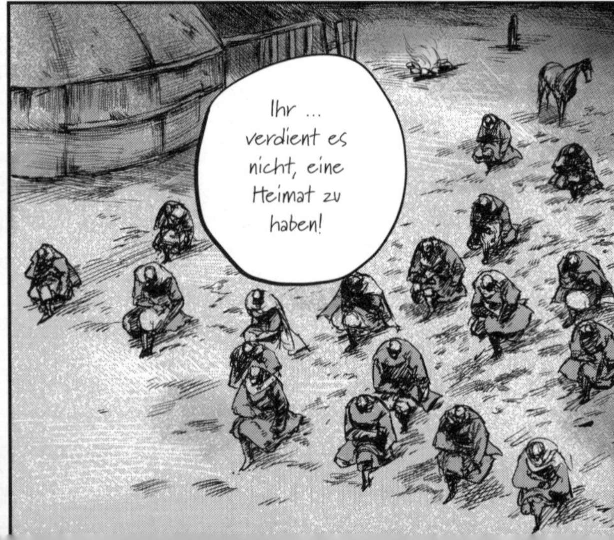

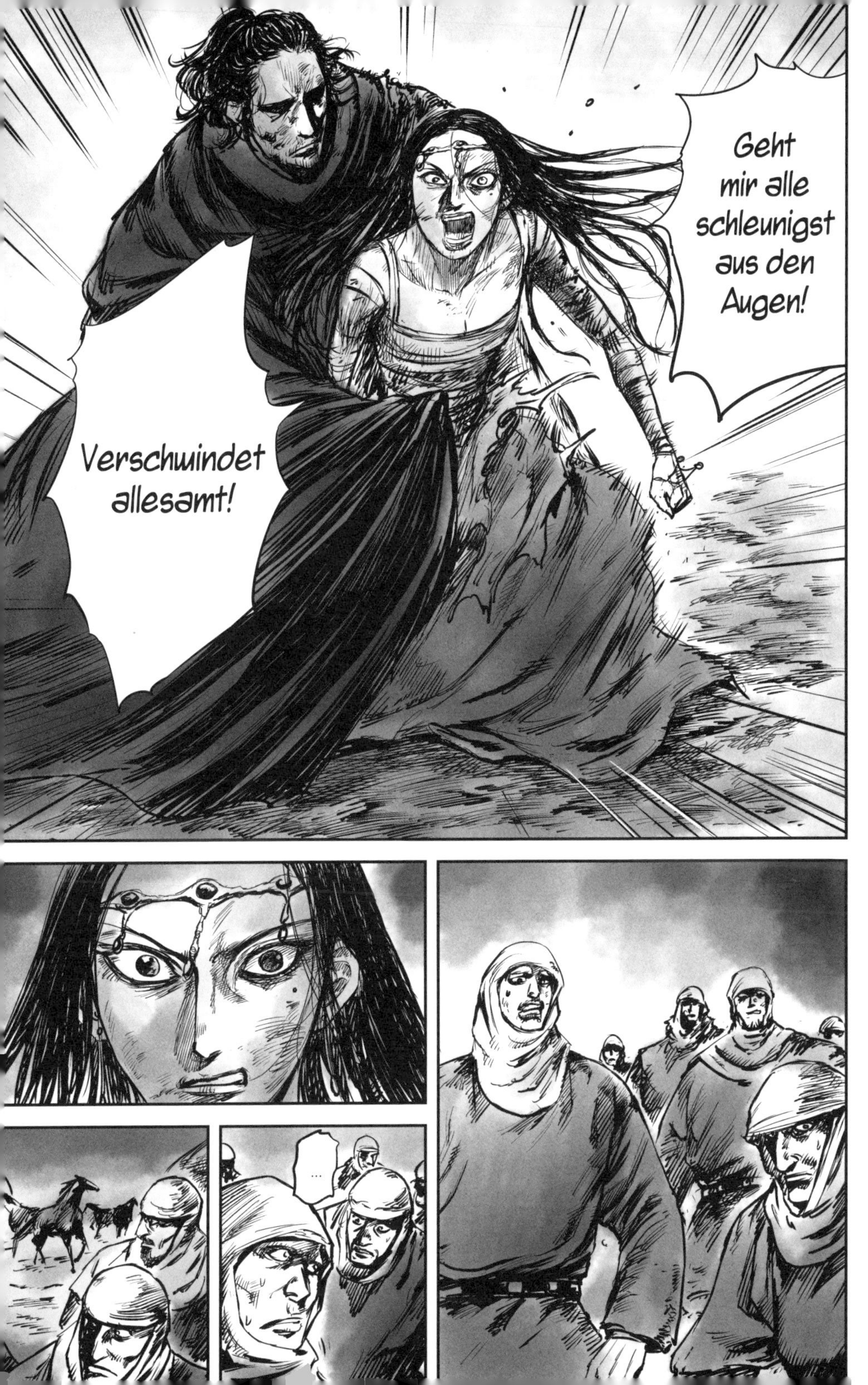

Geht mir alle schleunigst aus den Augen!

Verschwindet allesamt!

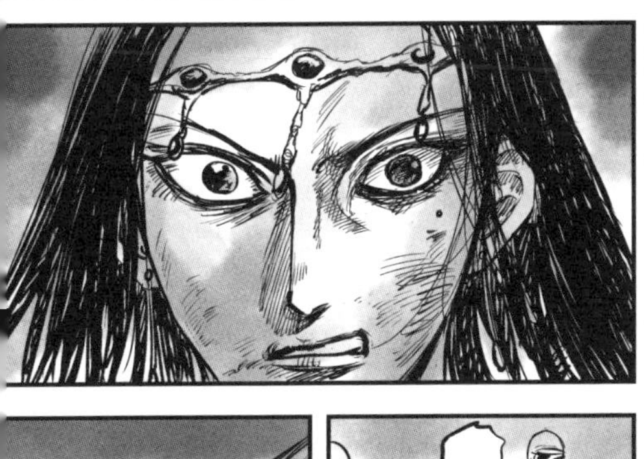

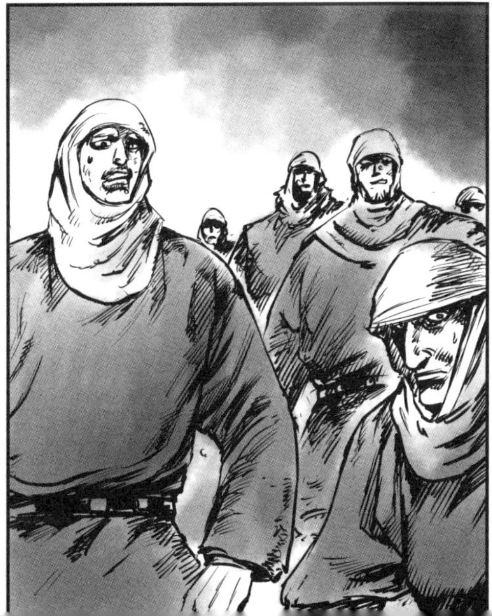

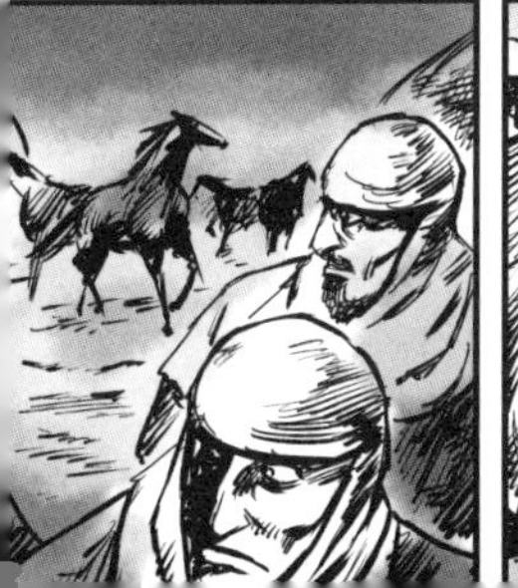

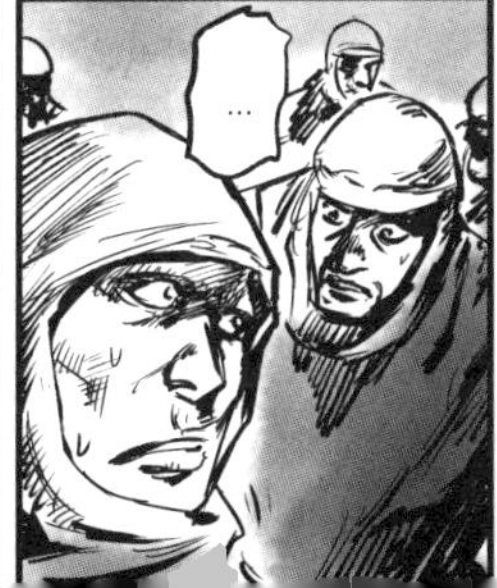

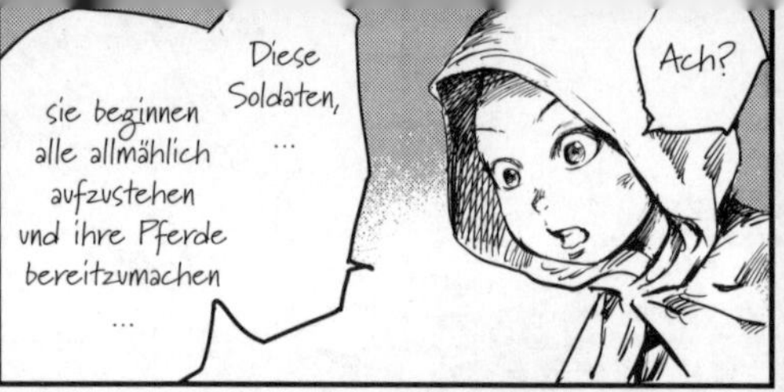
Diese Soldaten, …
sie beginnen alle allmählich aufzustehen und ihre Pferde bereitzumachen …
Ach?

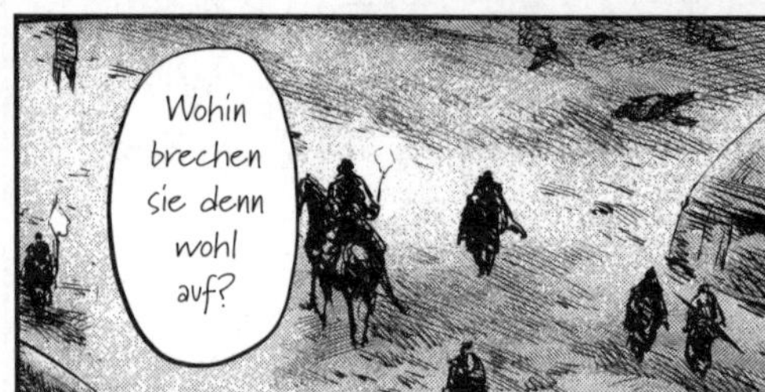
Wohin brechen sie denn wohl auf?

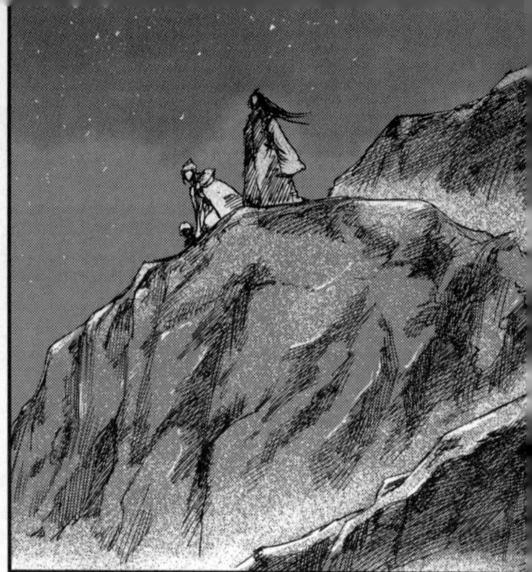

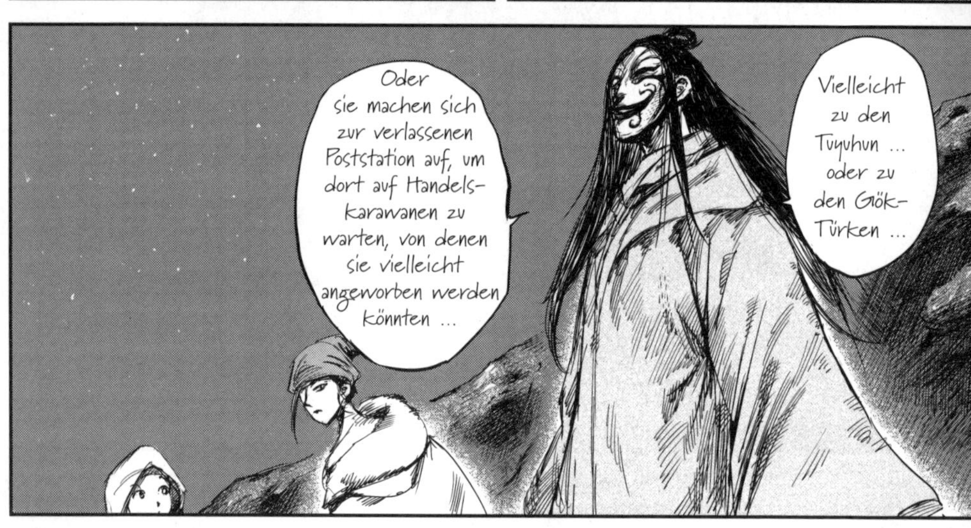
Vielleicht zu den Tuyuhun … oder zu den Gök-Türken …
Oder sie machen sich zur verlassenen Poststation auf, um dort auf Handels-karawanen zu warten, von denen sie vielleicht angeworben werden könnten …

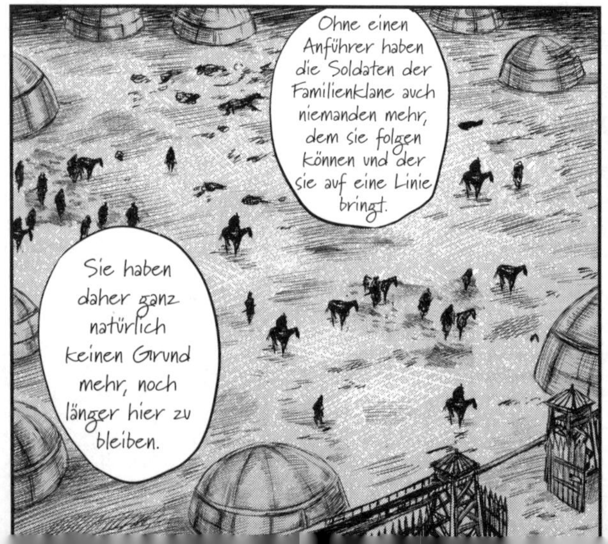
Ohne einen Anführer haben die Soldaten der Familienklane auch niemanden mehr, dem sie folgen können und der sie auf eine Linie bringt.
Sie haben daher ganz natürlich keinen Grund mehr, noch länger hier zu bleiben.

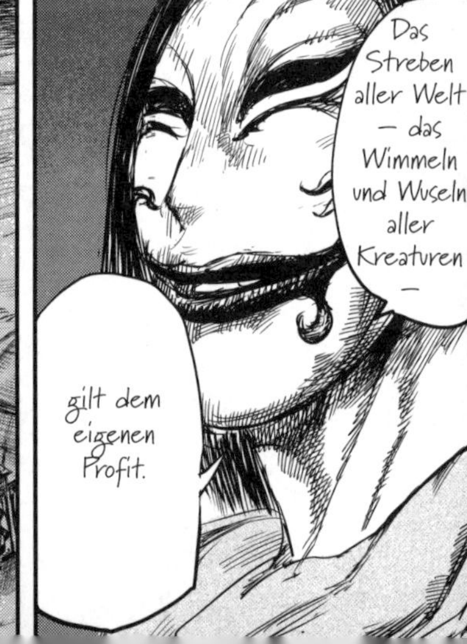
Das Streben aller Welt – das Wimmeln und Wuseln aller Kreaturen –
gilt dem eigenen Profit.

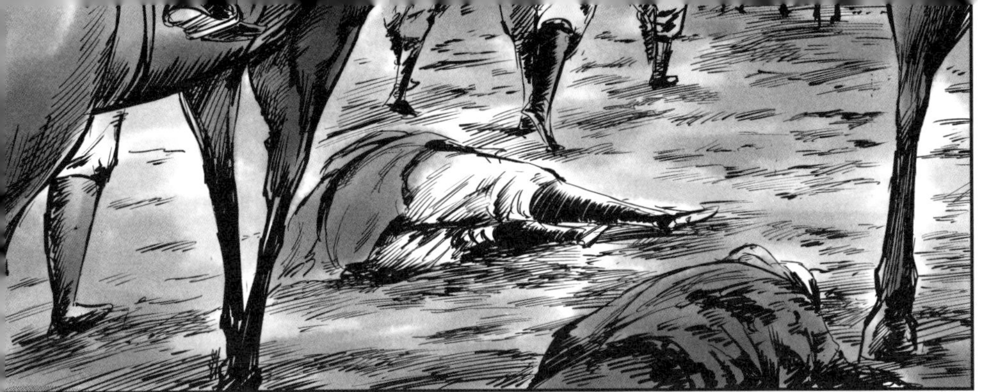

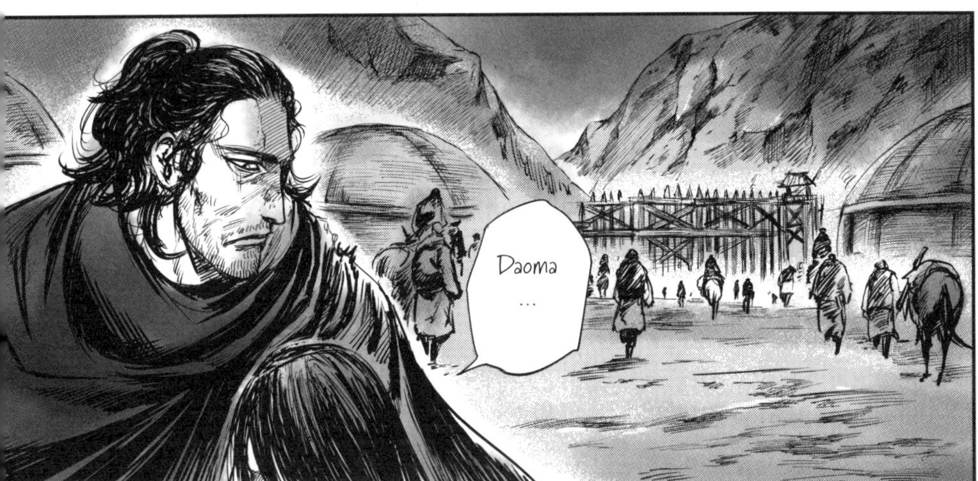
Daoma …

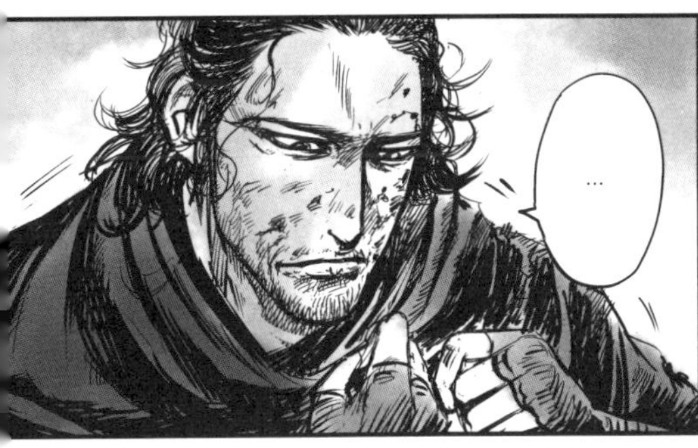
…

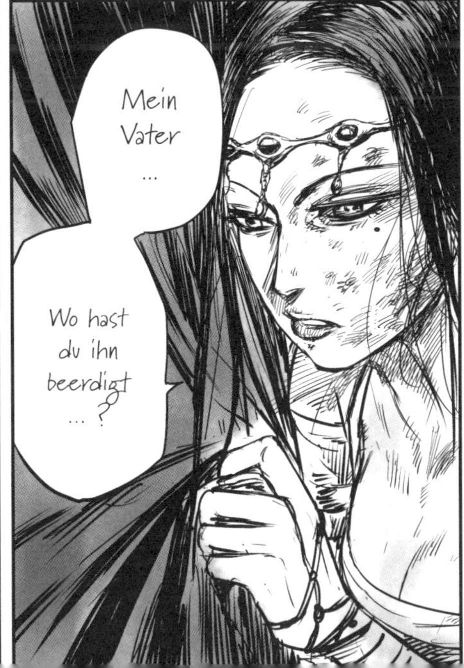
Mein Vater …
Wo hast du ihn beerdigt … ?

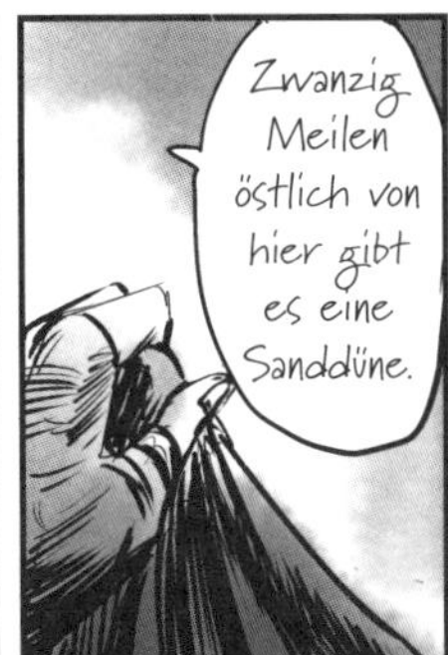
Zwanzig Meilen östlich von hier gibt es eine Sanddüne.

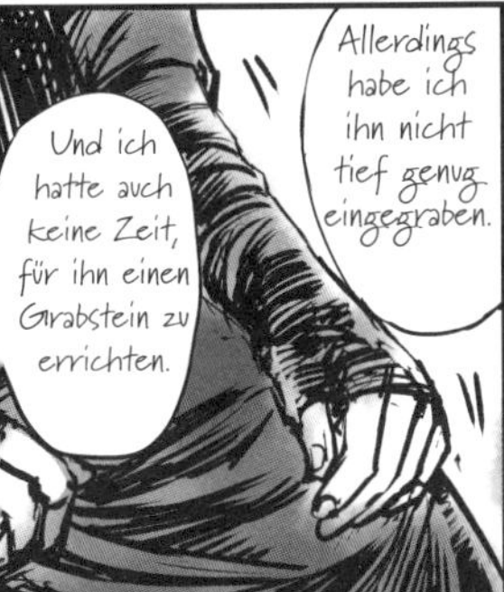
Allerdings habe ich ihn nicht tief genug eingegraben.
Und ich hatte auch keine Zeit, für ihn einen Grabstein zu errichten.

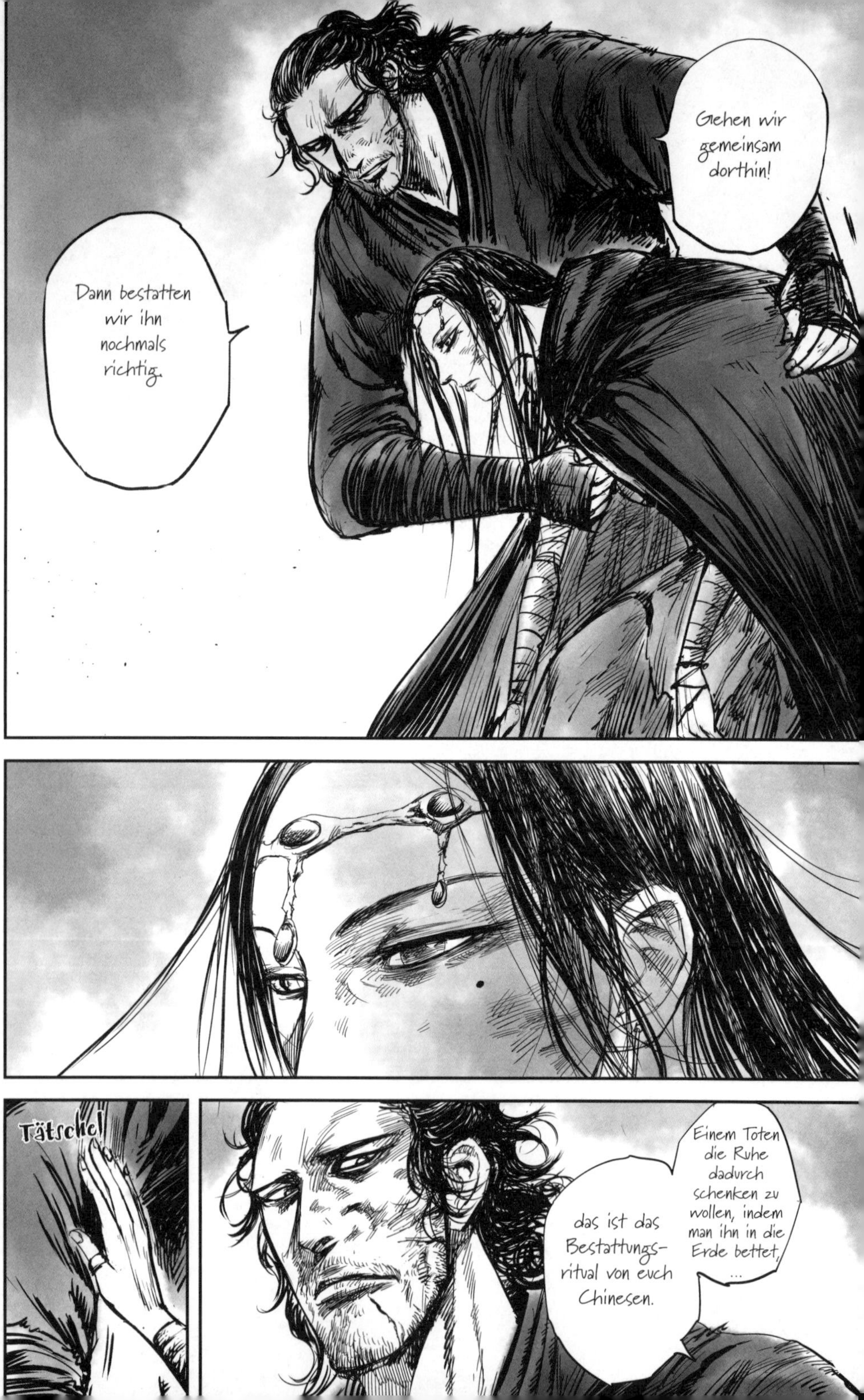

Gehen wir gemeinsam dorthin!
Dann bestatten wir ihn nochmals richtig.

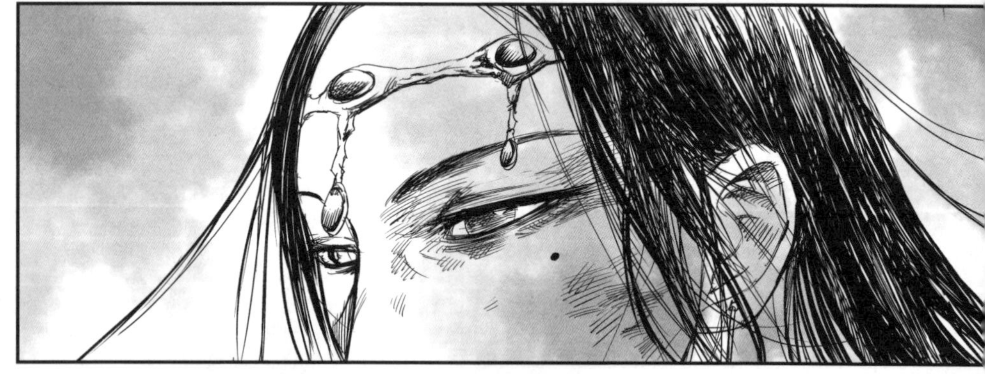

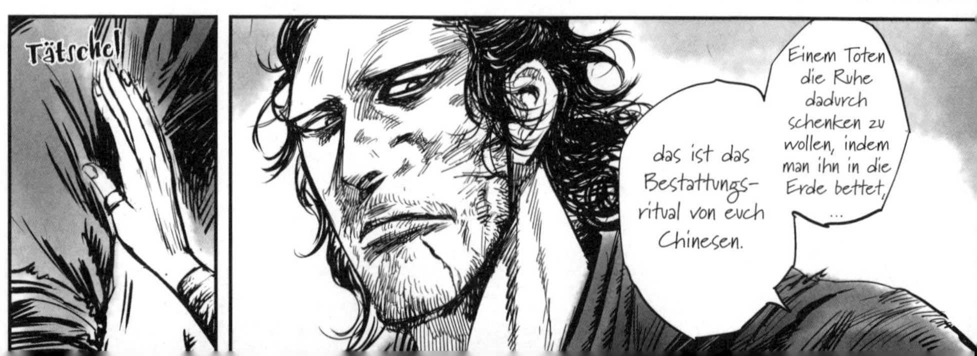
Einem Toten die Ruhe dadurch schenken zu wollen, indem man ihn in die Erde bettet, ...
das ist das Bestattungs-ritual von euch Chinesen.
Tätschel

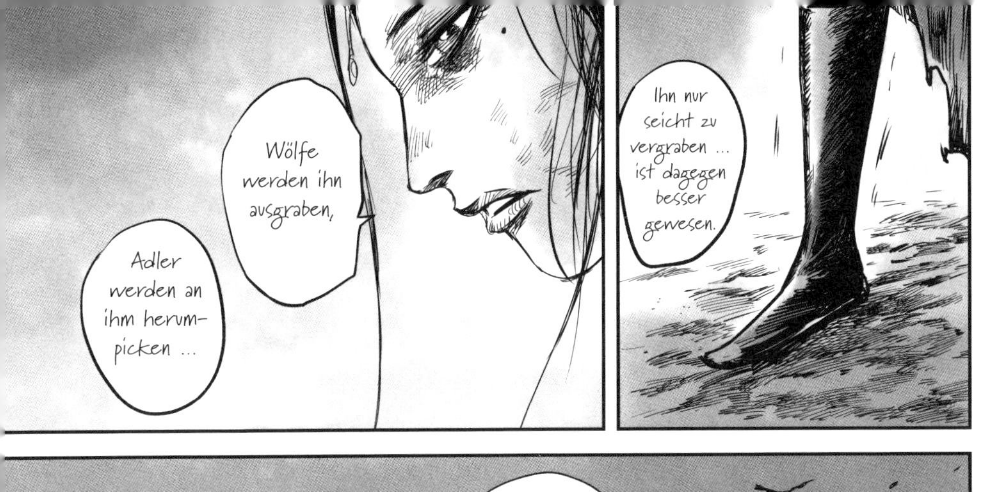

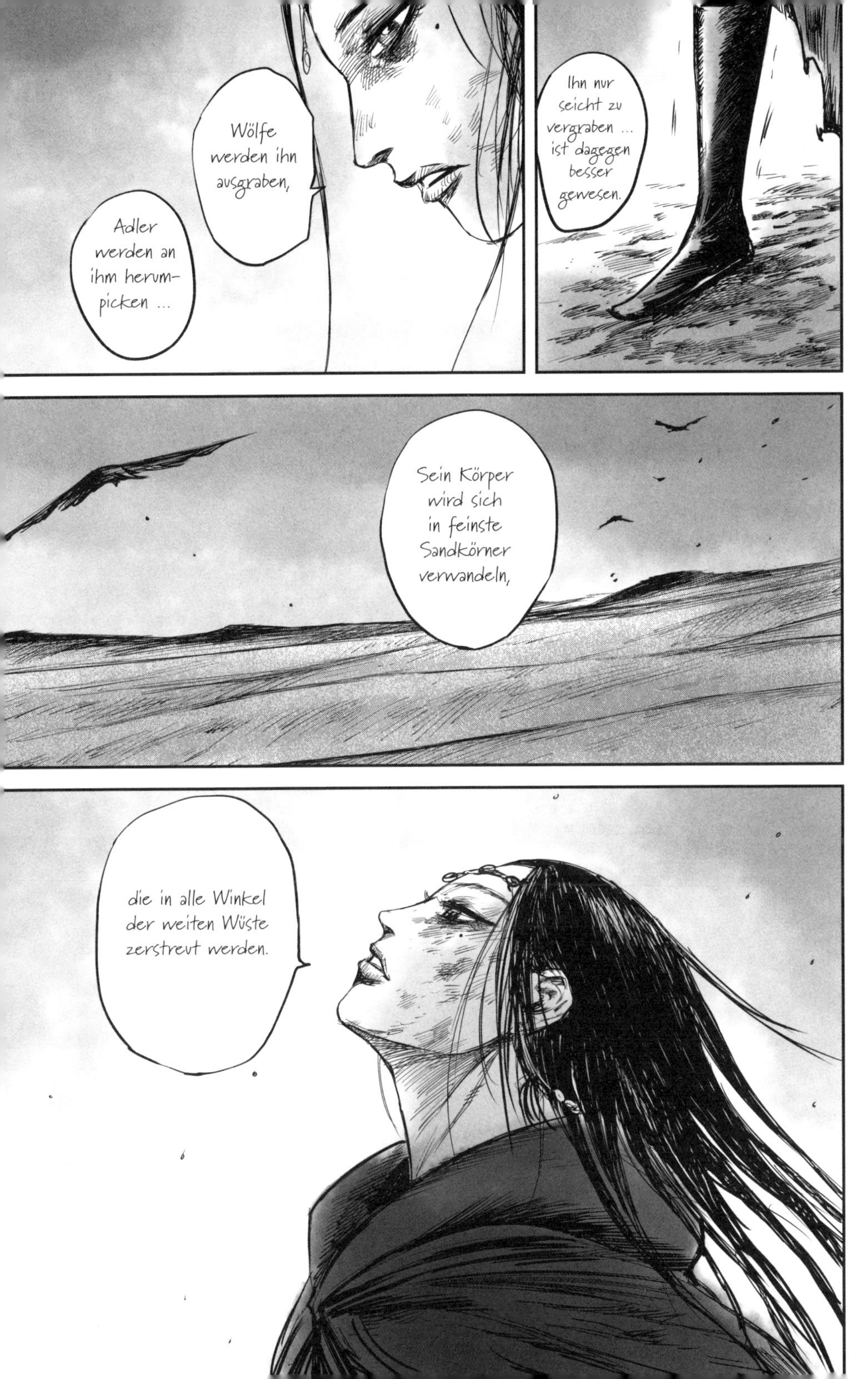

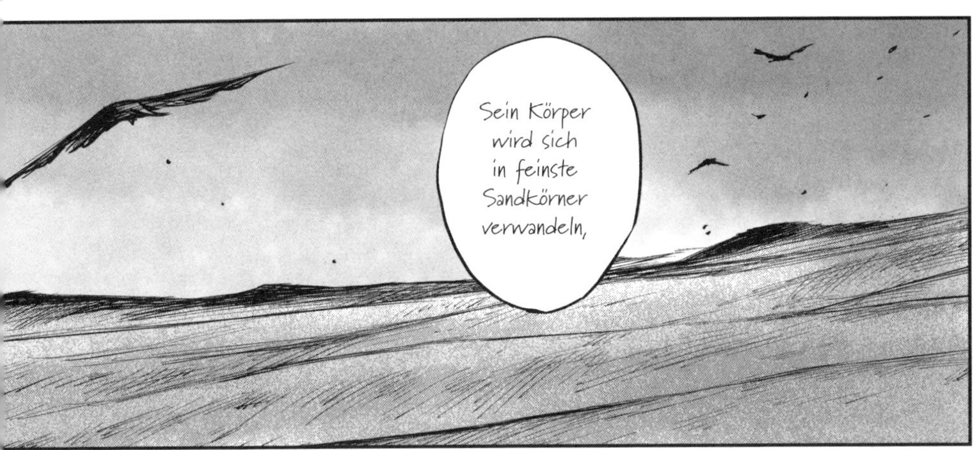

die in alle Winkel der weiten Wüste zerstreut werden.

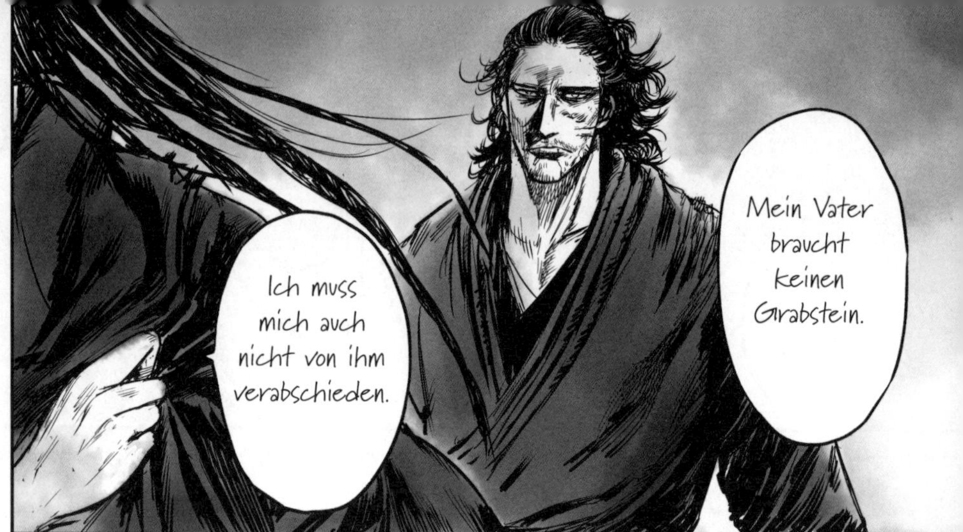

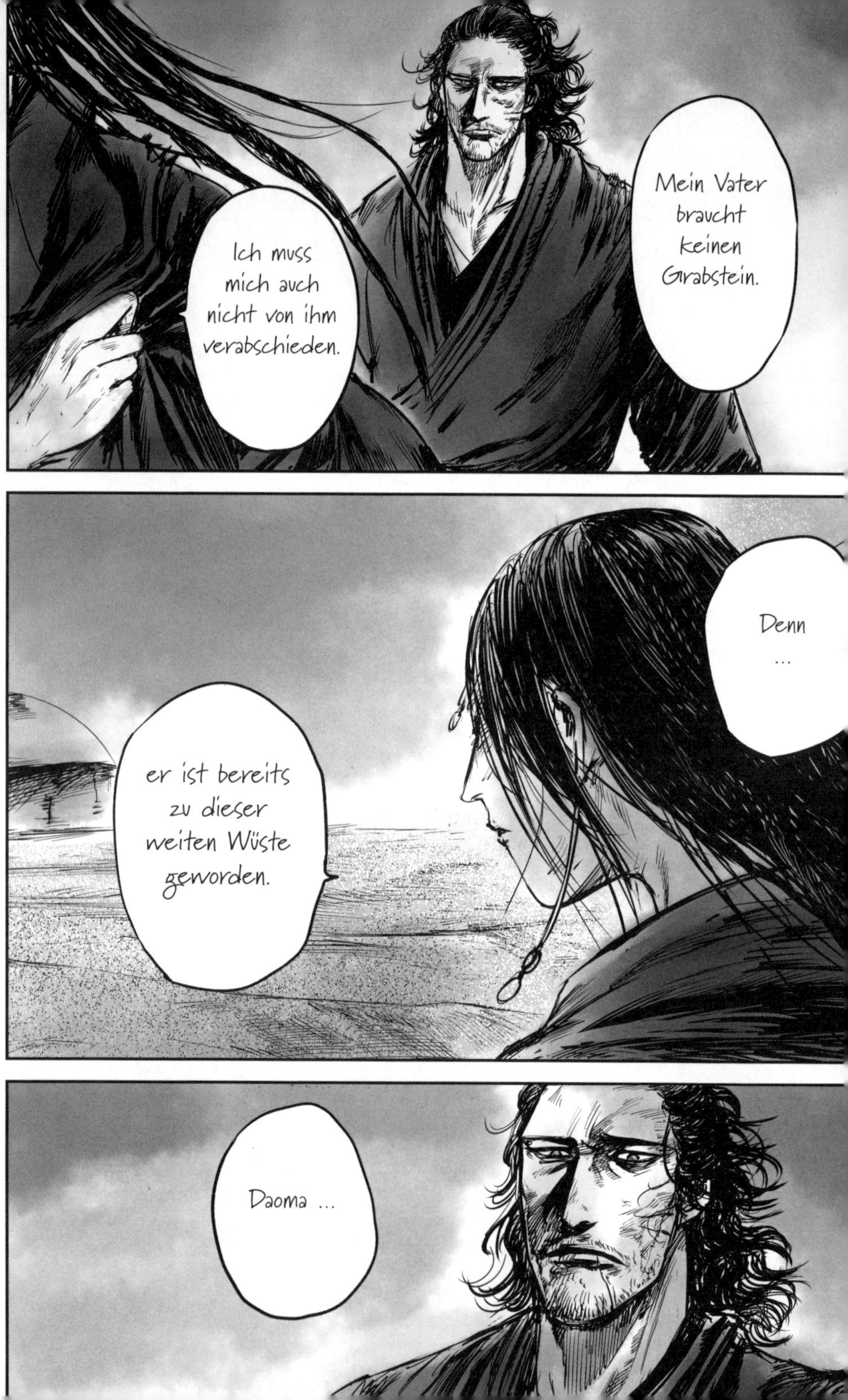

Denn …

er ist bereits zu dieser weiten Wüste geworden.

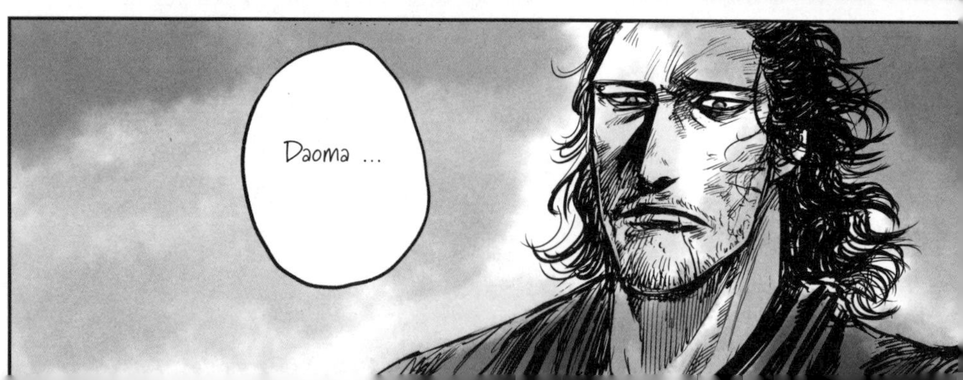

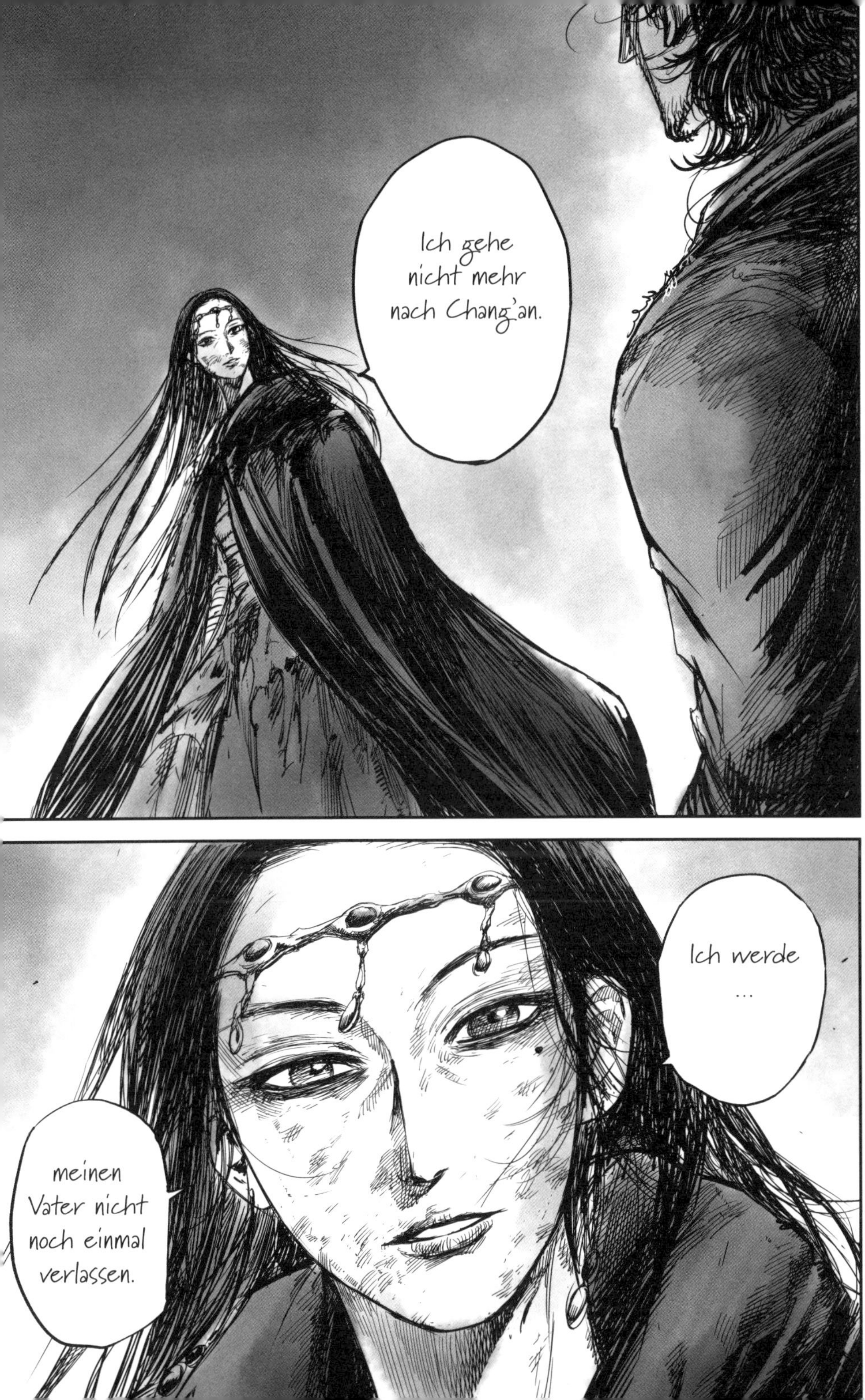

Ich gehe nicht mehr nach Chang'an.
Ich werde ...
meinen Vater nicht noch einmal verlassen.

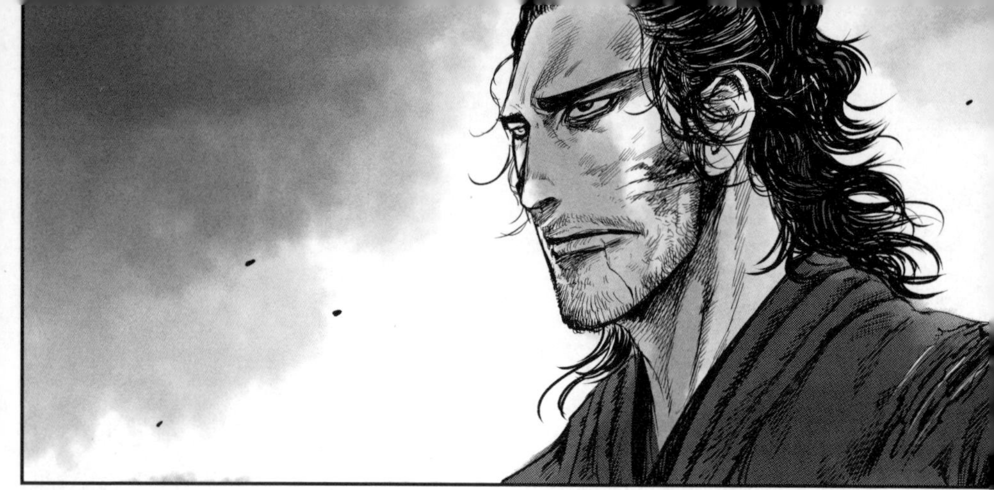

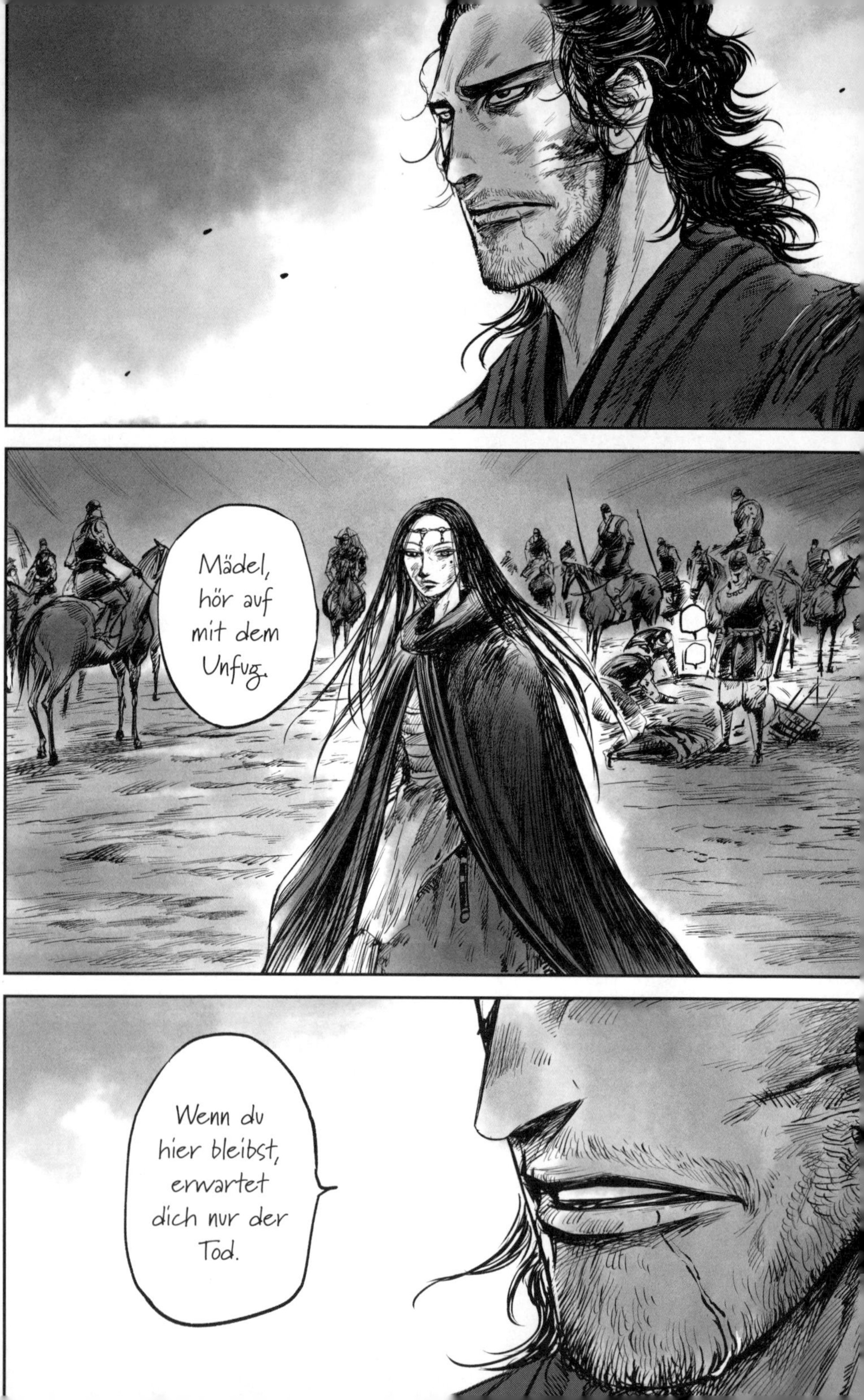

Mädel,
hör auf
mit dem
Unfug.

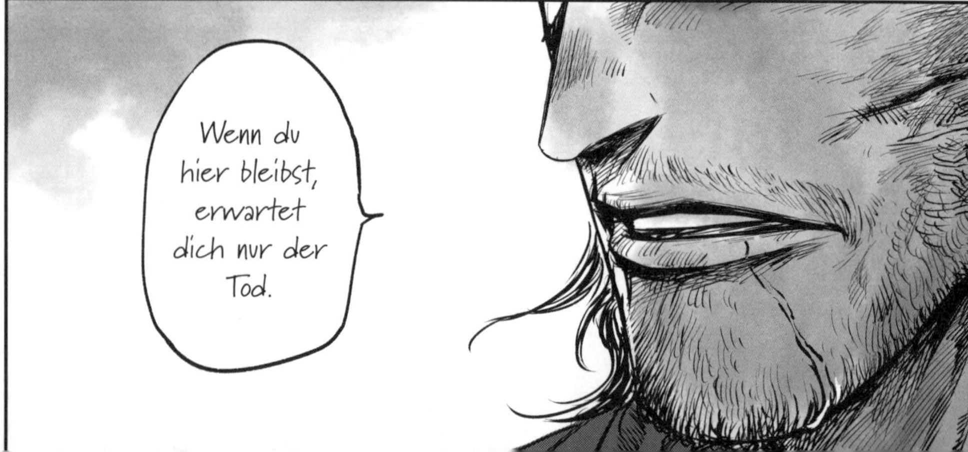

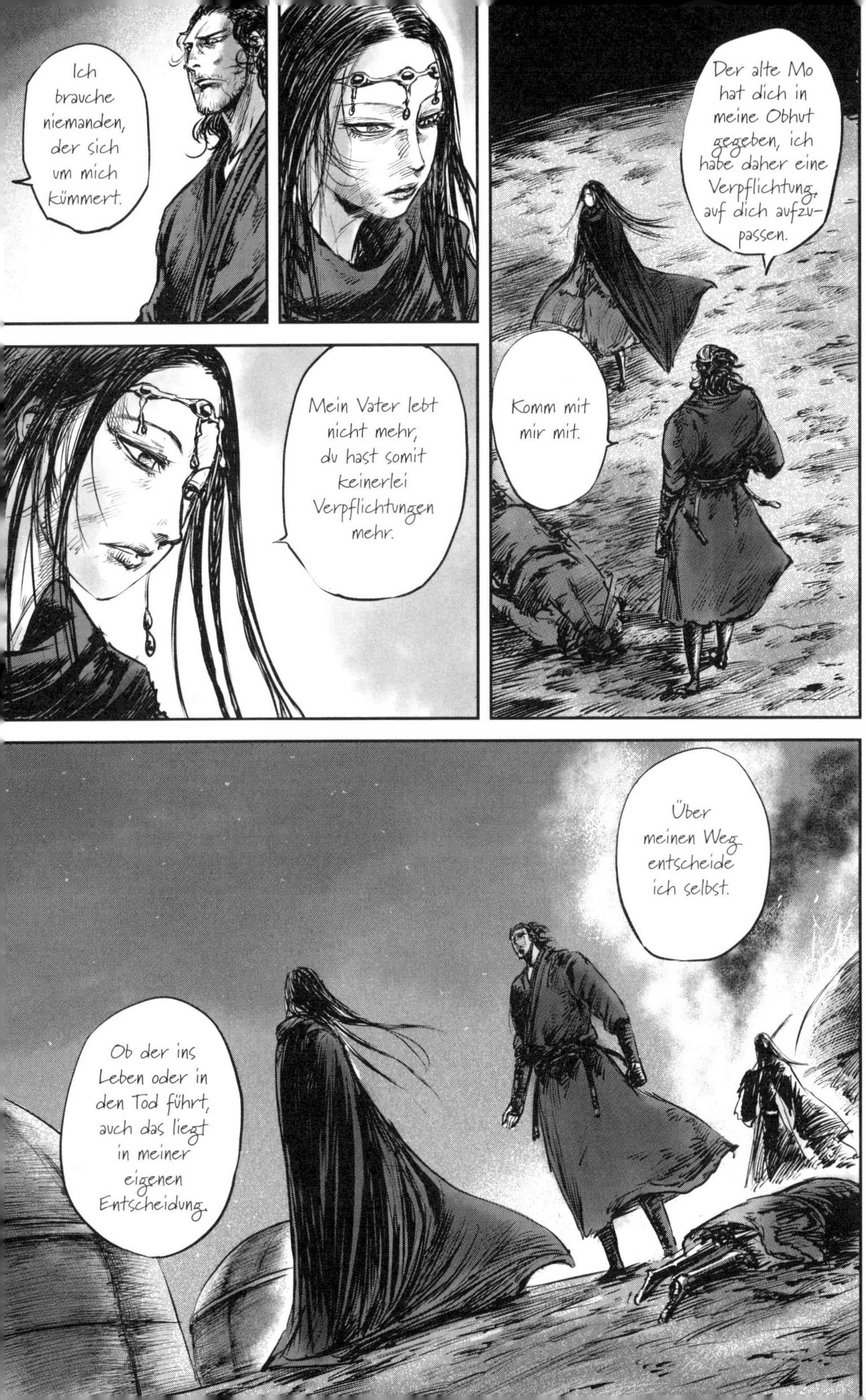

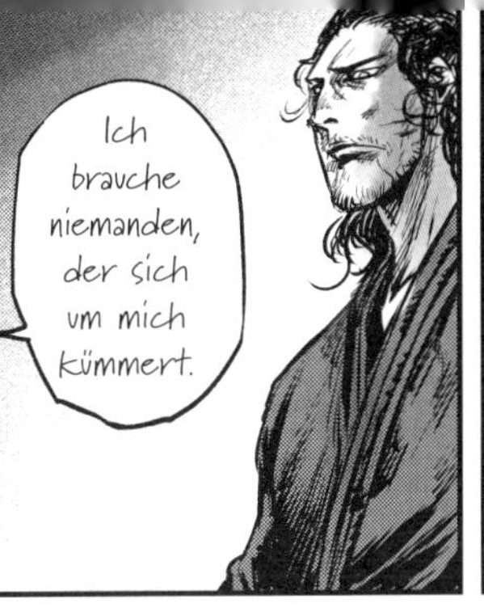

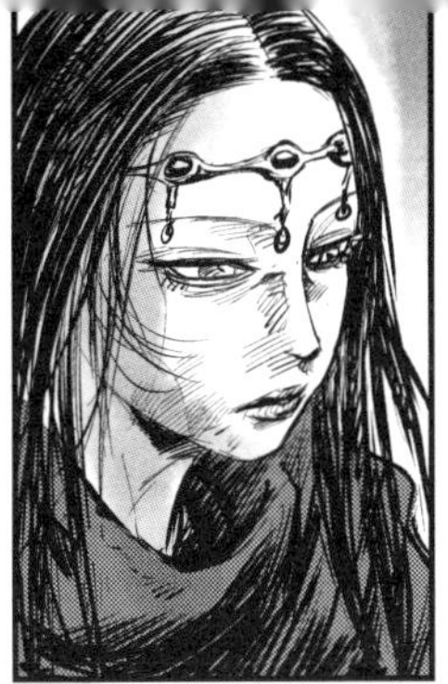

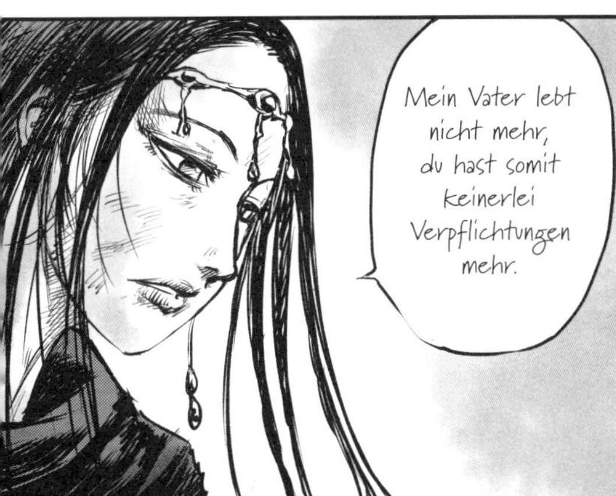

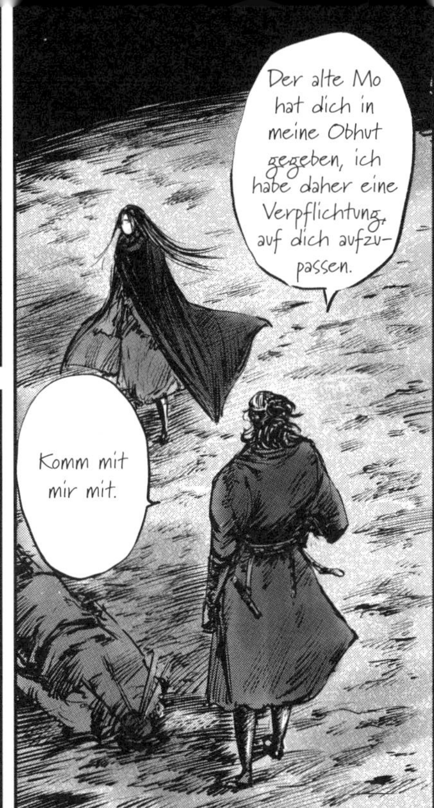

Über meinen Weg entscheide ich selbst.

Ob der ins Leben oder in den Tod führt, auch das liegt in meiner eigenen Entscheidung.

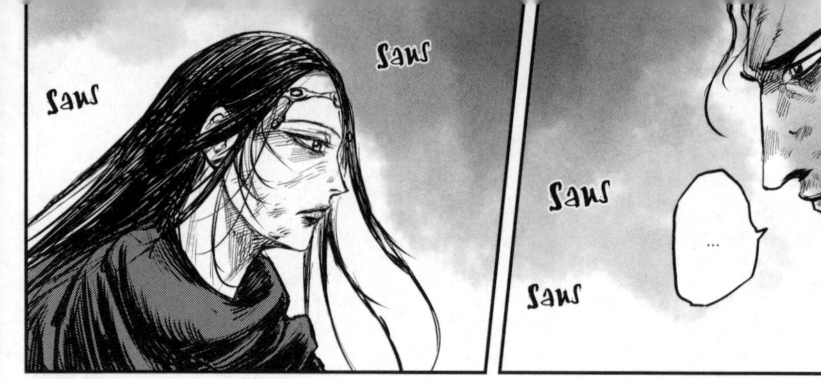
Saus
Saus
Saus
Saus
...

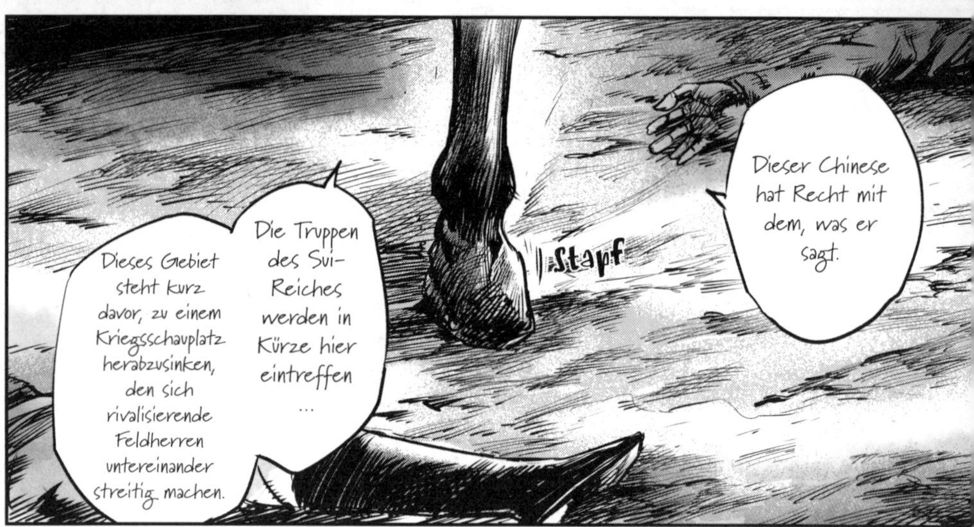
Dieser Chinese hat Recht mit dem, was er sagt.
Stapf
Die Truppen des Sui-Reiches werden in Kürze hier eintreffen ...
Dieses Gebiet steht kurz davor, zu einem Kriegsschauplatz herabzusinken, den sich rivalisierende Feldherren untereinander streitig machen.

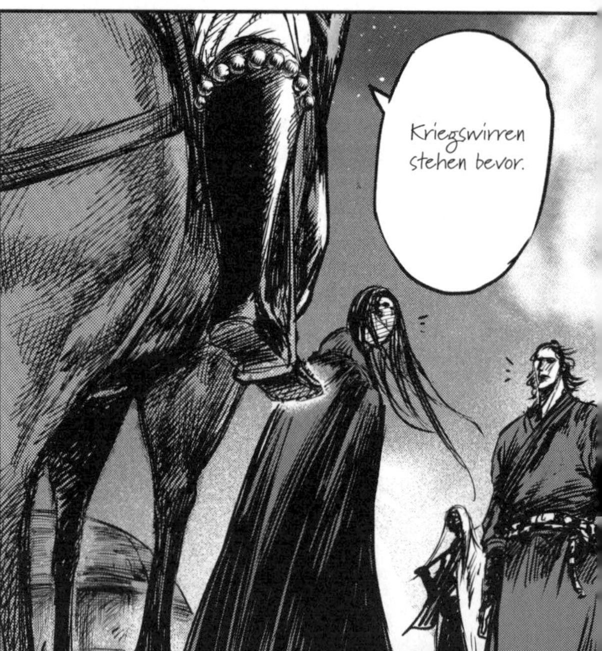
Kriegswirren stehen bevor.

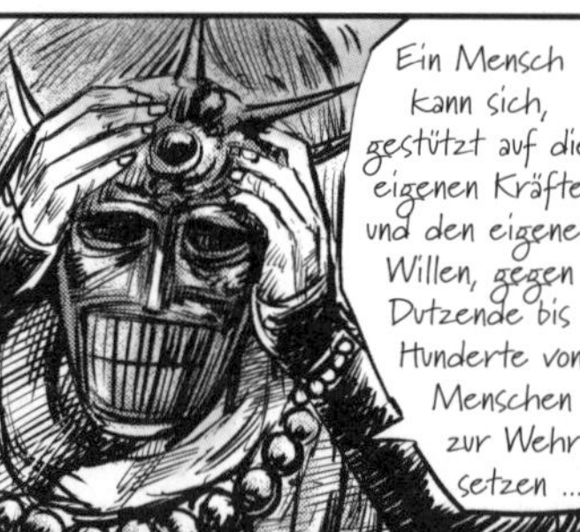
Ein Mensch kann sich, gestützt auf die eigenen Kräfte und den eigenen Willen, gegen Dutzende bis Hunderte von Menschen zur Wehr setzen ...

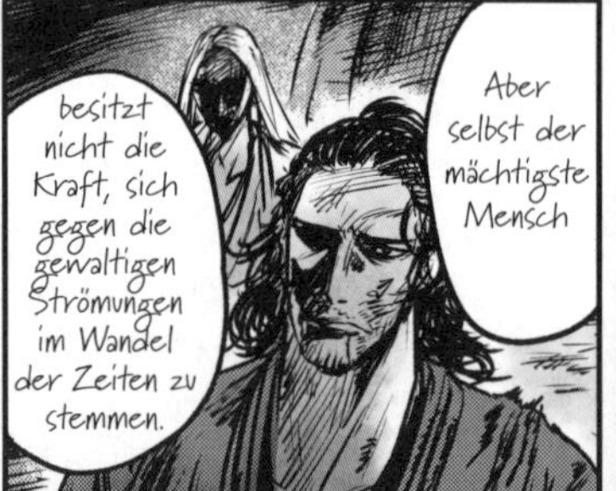
Aber selbst der mächtigste Mensch
besitzt nicht die Kraft, sich gegen die gewaltigen Strömungen im Wandel der Zeiten zu stemmen.

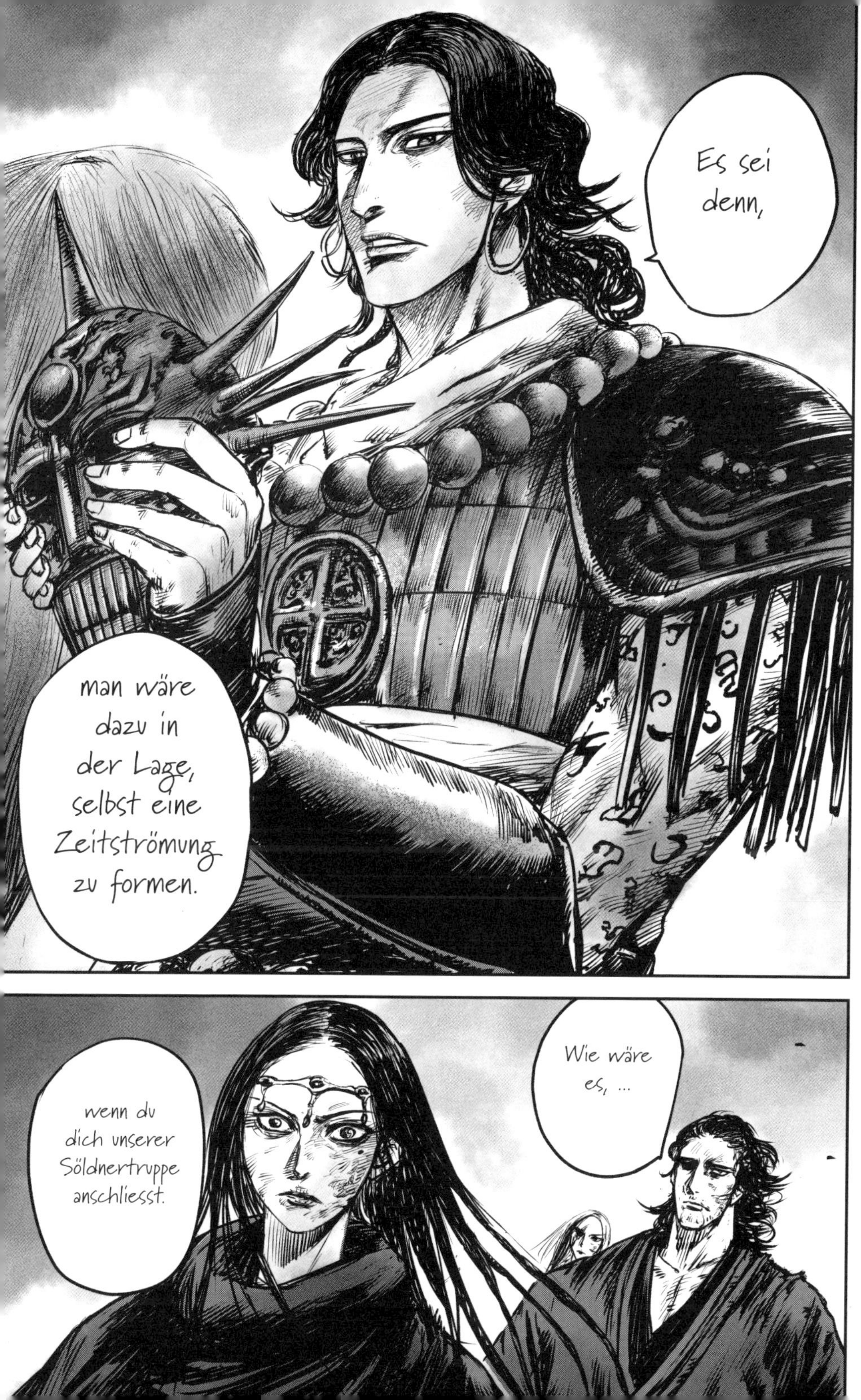

Es sei denn,

man wäre dazu in der Lage, selbst eine Zeitströmung zu formen.

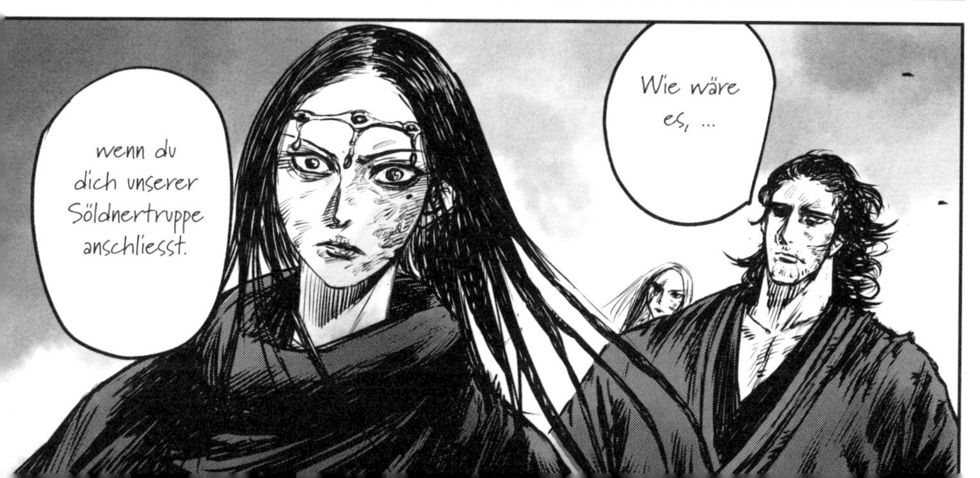

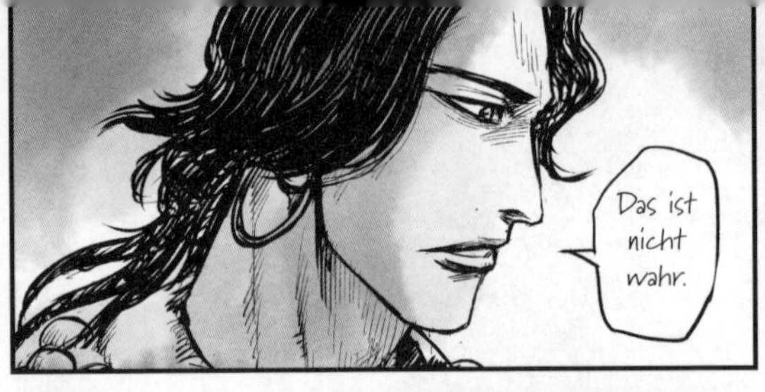
Das ist nicht wahr.

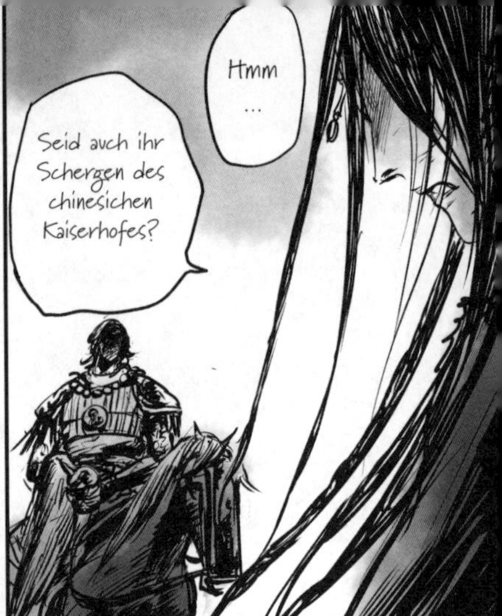
Hmm …
Seid auch ihr Schergen des chinesichen Kaiserhofes?

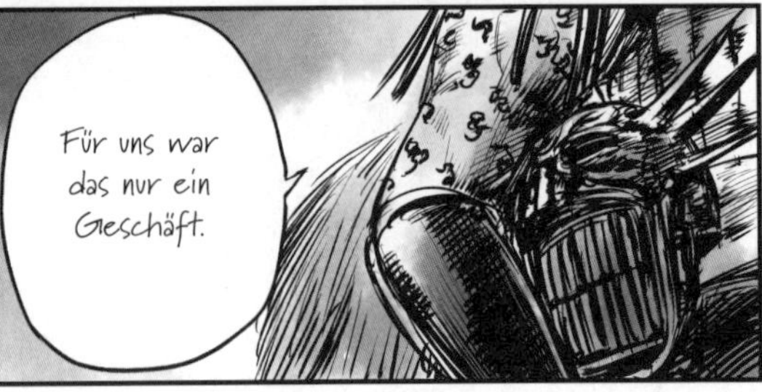
Für uns war das nur ein Geschäft.

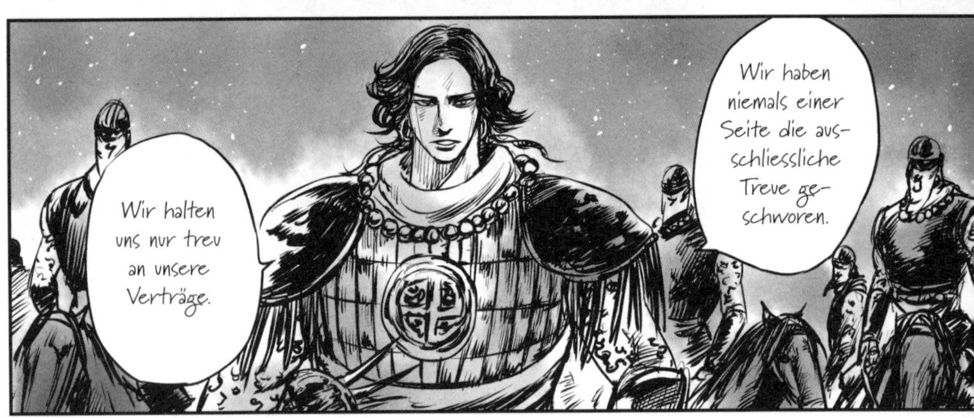
Wir haben niemals einer Seite die ausschliessliche Treue geschworen.
Wir halten uns nur treu an unsere Verträge.

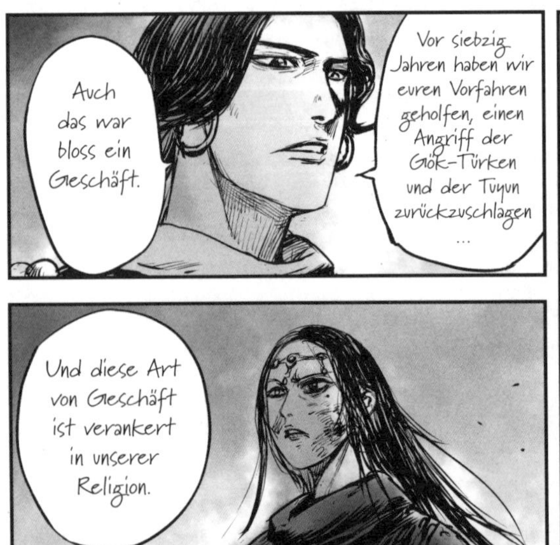
Vor siebzig Jahren haben wir euren Vorfahren geholfen, einen Angriff der Gök-Türken und der Tuyun zurückzuschlagen …
Auch das war bloss ein Geschäft.
Und diese Art von Geschäft ist verankert in unserer Religion.

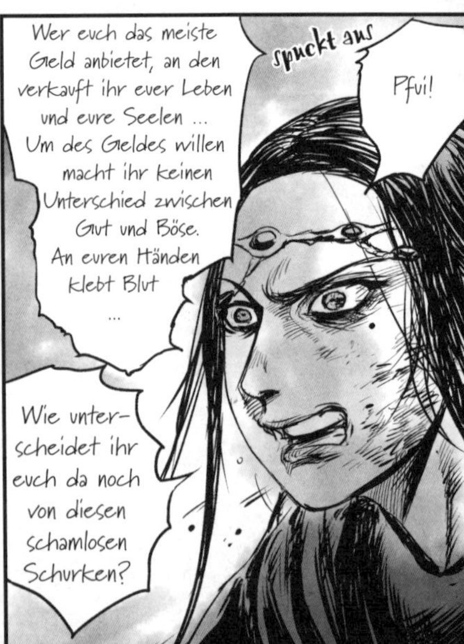
spuckt aus
Pfui!
Wer euch das meiste Geld anbietet, an den verkauft ihr euer Leben und eure Seelen … Um des Geldes willen macht ihr keinen Unterschied zwischen Gut und Böse. An euren Händen klebt Blut …
Wie unterscheidet ihr euch da noch von diesen schamlosen Schurken?

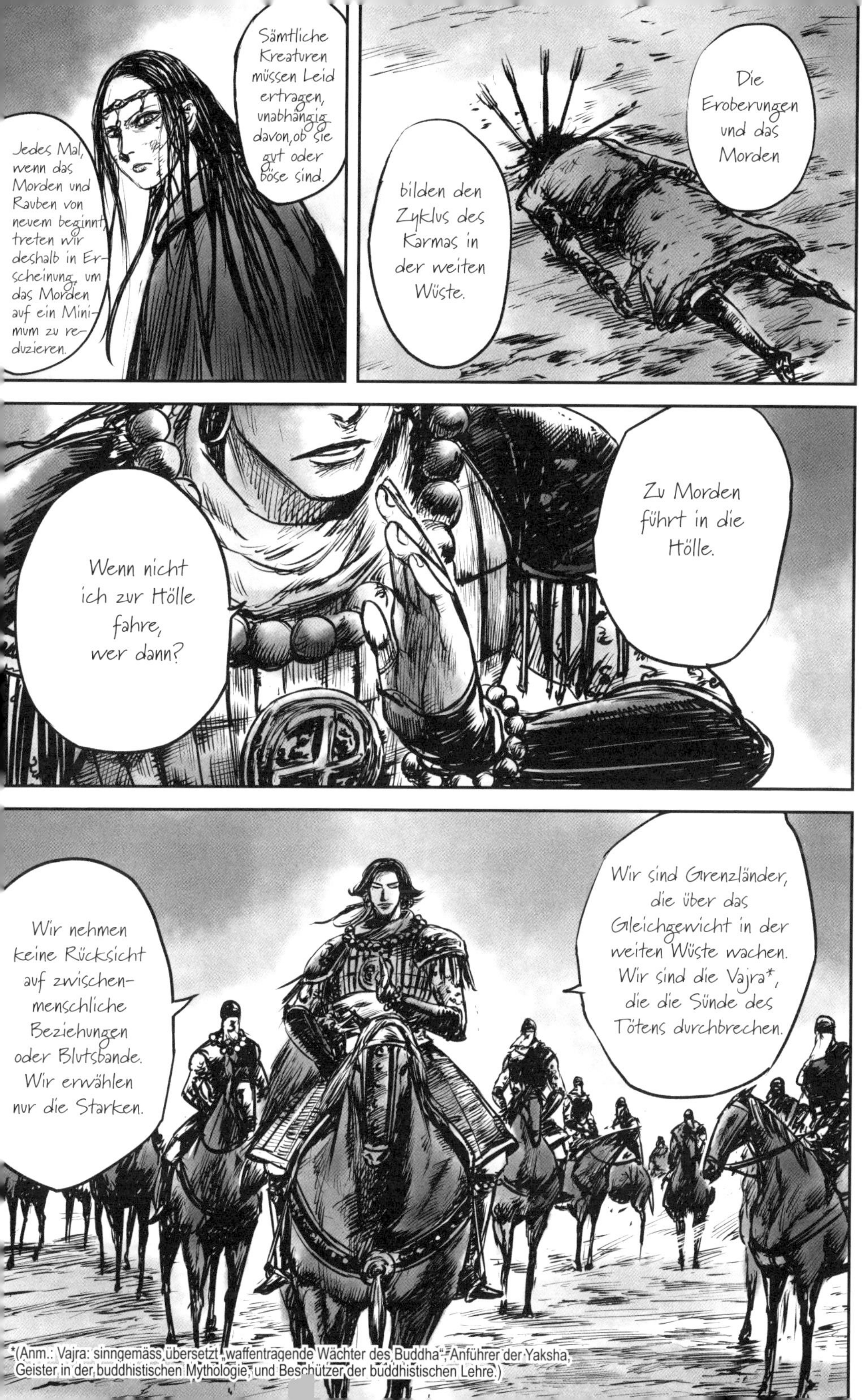

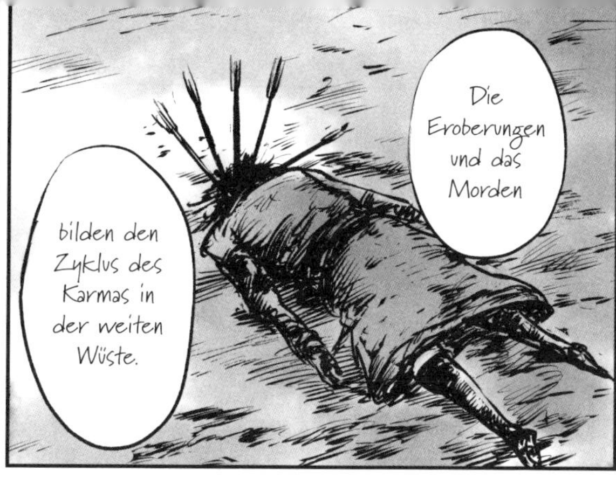

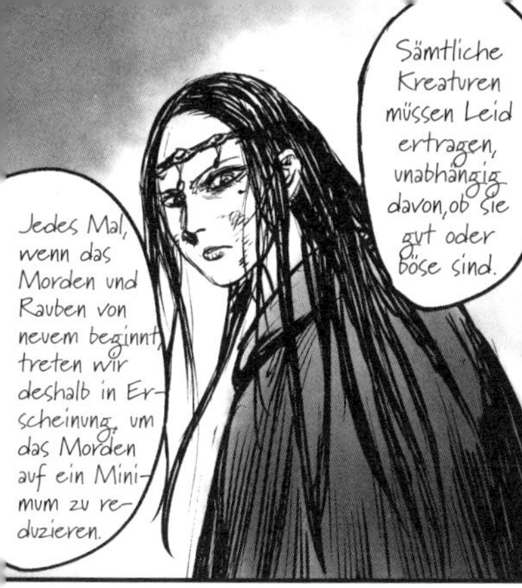

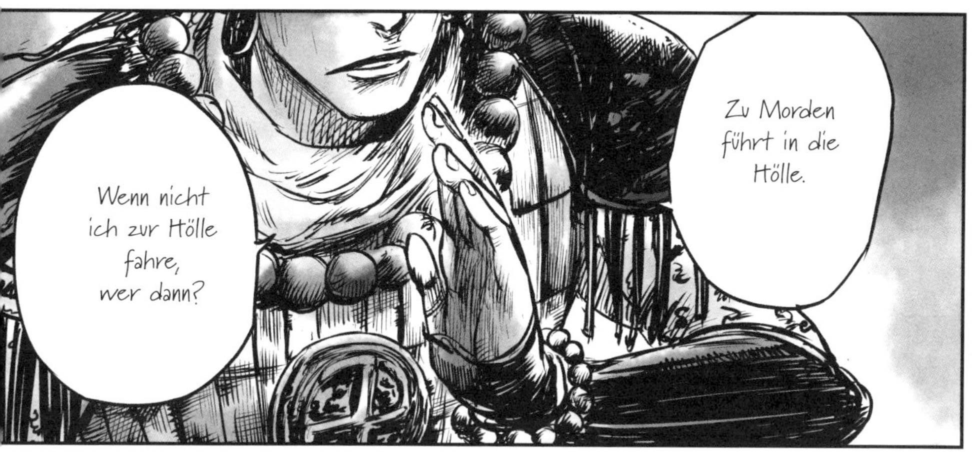

Wir sind Grenzländer, die über das Gleichgewicht in der weiten Wüste wachen. Wir sind die Vajra*, die die Sünde des Tötens durchbrechen.

Wir nehmen keine Rücksicht auf zwischenmenschliche Beziehungen oder Blutsbande. Wir erwählen nur die Starken.

*(Anm.: Vajra: singgemäss übersetzt „waffentragende Wächter des Buddha", Anführer der Yaksha, Geister in der buddhistischen Mythologie, und Beschützer der buddhistischen Lehre.)

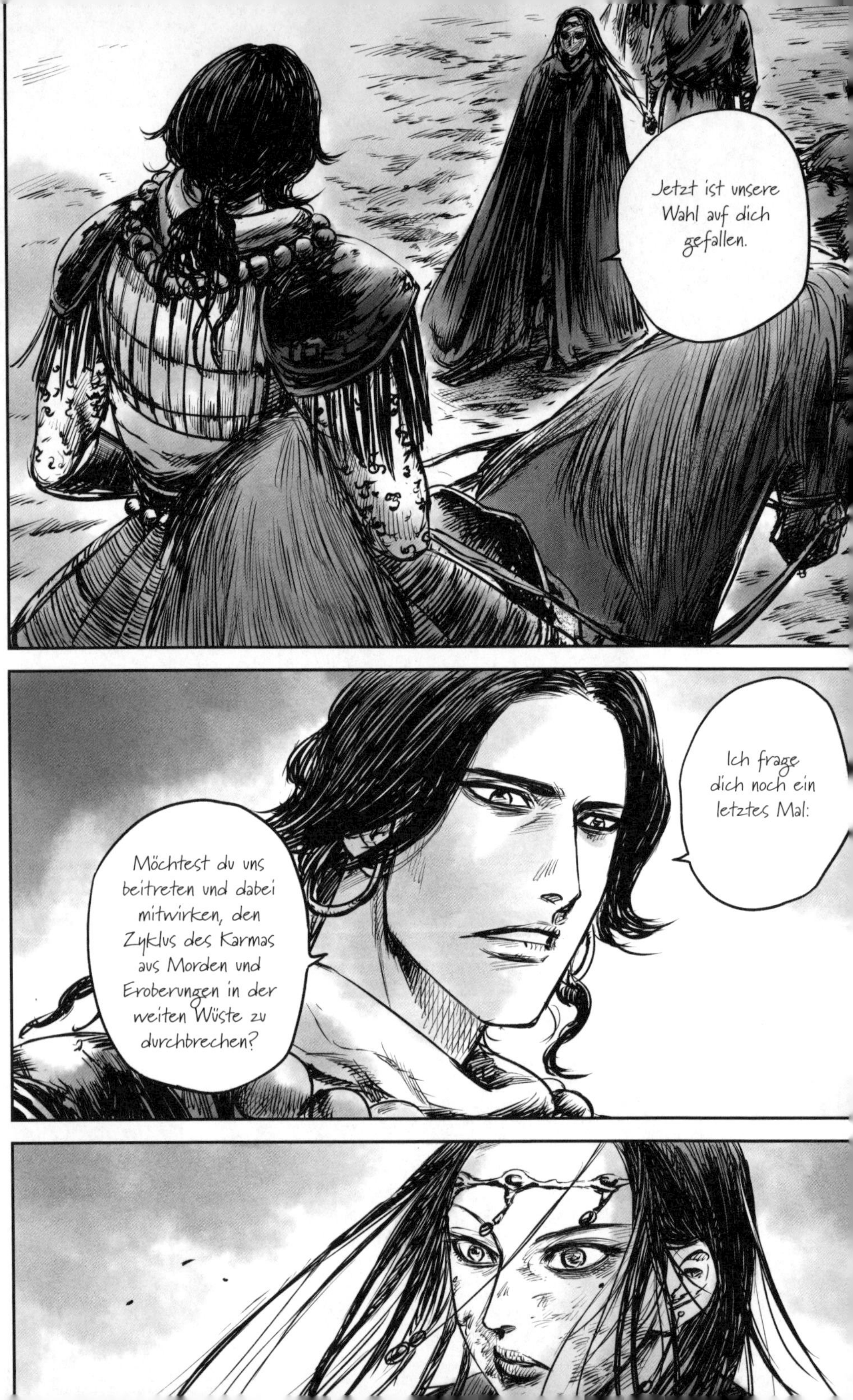

Jetzt ist unsere Wahl auf dich gefallen.

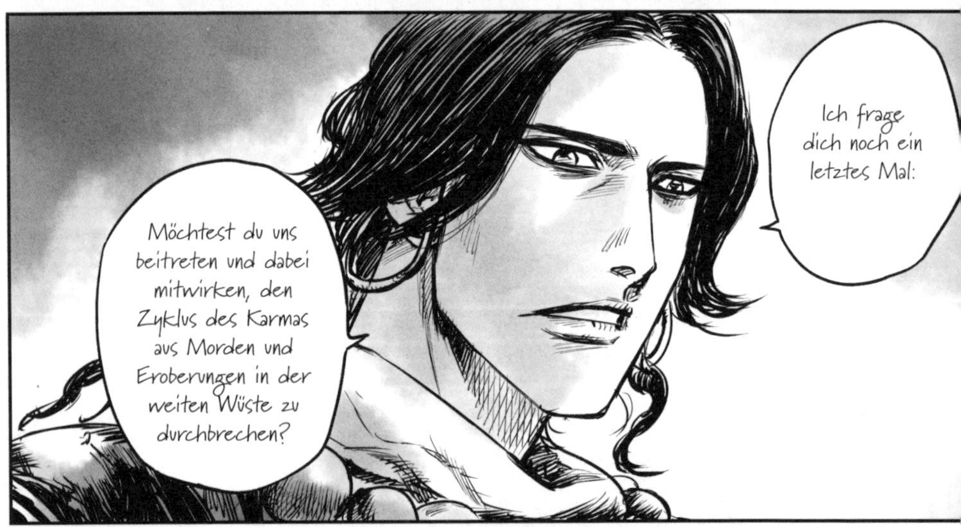

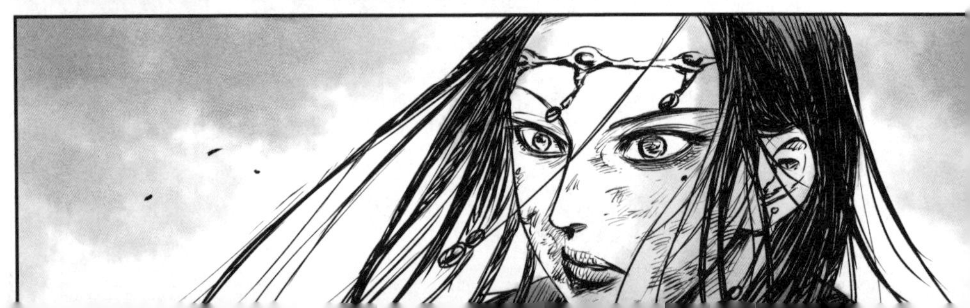

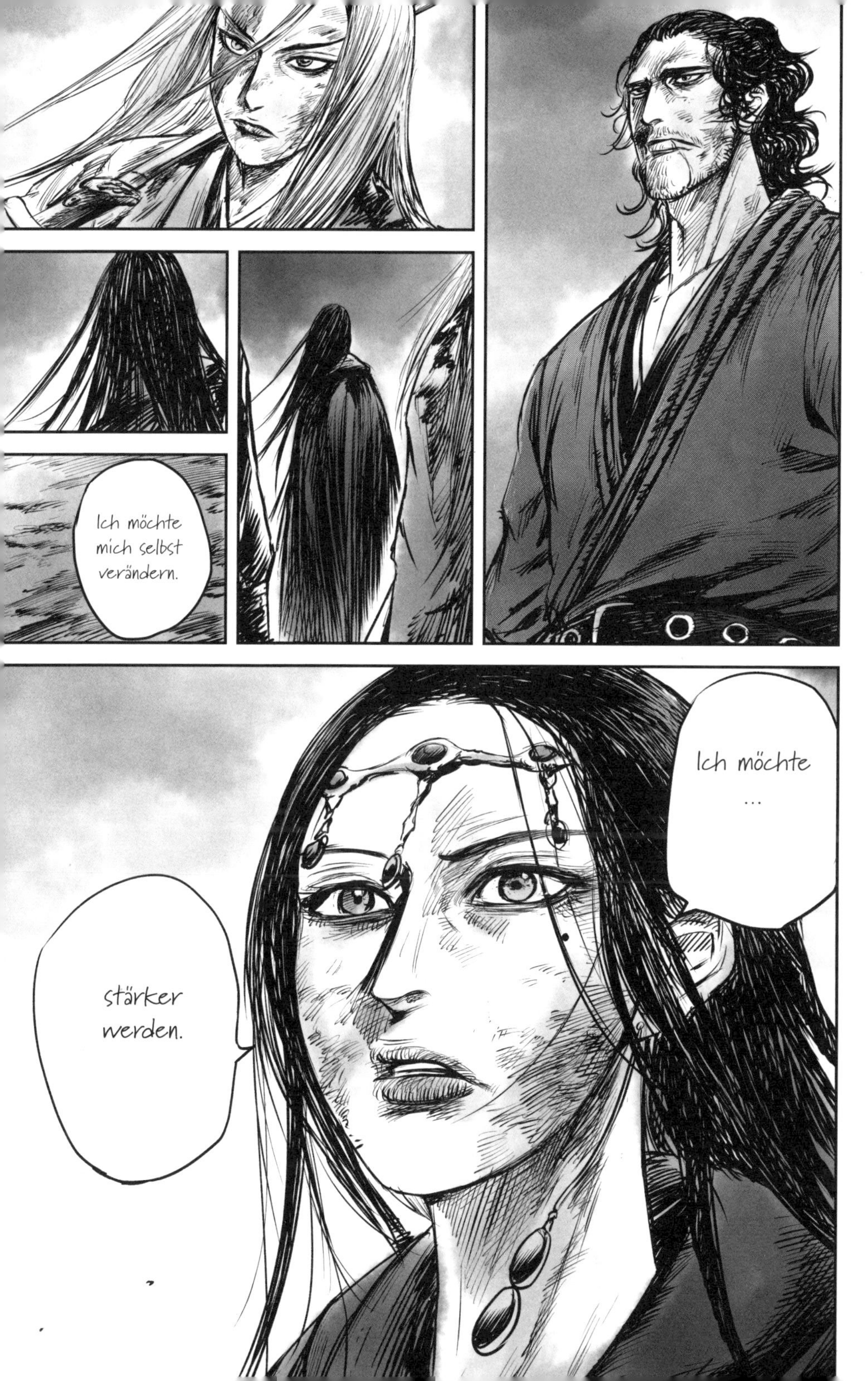

Ich möchte
mich selbst
verändern.

Ich möchte
...

stärker
werden.

Erläuternde Anmerkung zu
Karma (Seiten 191 und 193):
Der buddhistische Begriff Karma bedeutet, dass jede Handlung unweigerlich eine Folge hat. Nach dem Konzept des Buddhismus gibt es eine kausale Beziehung zwischen Handlungen und ihren Folgen. Gutes wird mit Gutem und Schlechtes mit Schlechtem vergolten. Töten ist eine schlechte Handlung und schlechtes Karma, daher zieht es Bestrafung und schlechte Folgen nach sich. Schlechtes Karma bewirkt auch, dass die schlechte Handlung des Tötens wiederholt wird.
(Seite 193):
Buddhisten betrachten das Töten als ein schlechtes Karma, eine schlechte Handlung, die schlechte Konsequenzen nach sich zieht, wobei sich die schlechte Handlung zu wiederholen droht, wie in einem üblen Kreislauf. Deshalb trachten Buddhisten danach, das Töten zu beenden und die Menschen in der Wüste von Schmerz und Leid zu befreien.

yaϑā ahū vairyō aϑā ratuš aṣ̌āţcīţ hacā
vaŋhə̄uš dazdā mananŋhō š́yaoϑananąm aŋhə̄uš mazdāi
xšaϑrəmcā ahurāi ā yim drigubyō dadaţ vāstārəm

Yatha ahu vairyo

(Gebetsform des Zoroastrismus, die in der avastischen Sprache (Altpersisch) verfasst ist.)

Der Gebieter des Himmelreiches
wird aufgrund seiner Aufrichtigkeit erkoren.

Er beschützt gutes Verhalten in den Menschen
durch seine Taten und seine Willenskraft.

Das Himmelreich des Ahura Mazda
gehört den Beschützern der Armen.

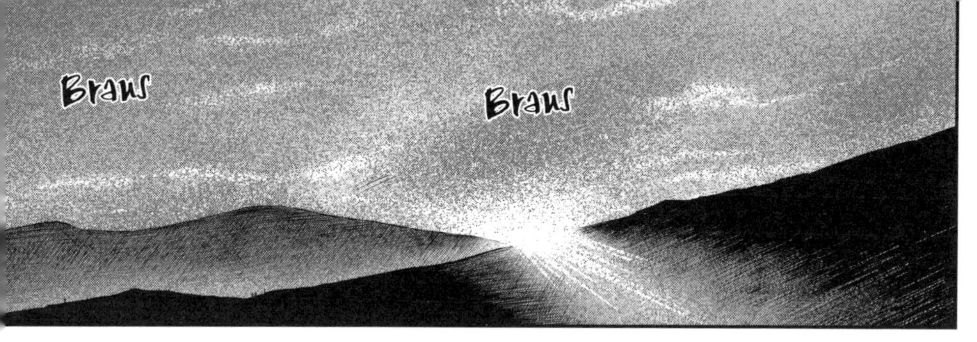
Braus
Braus

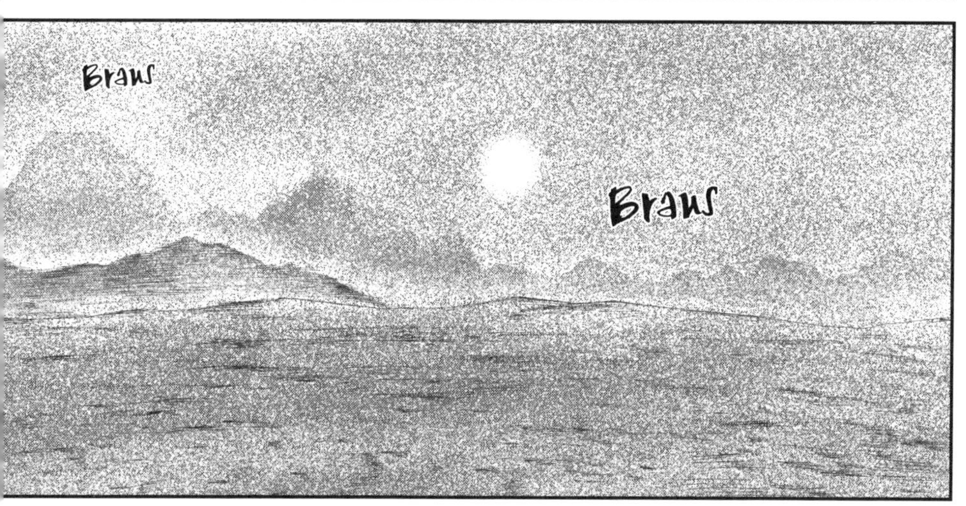
Braus
Braus

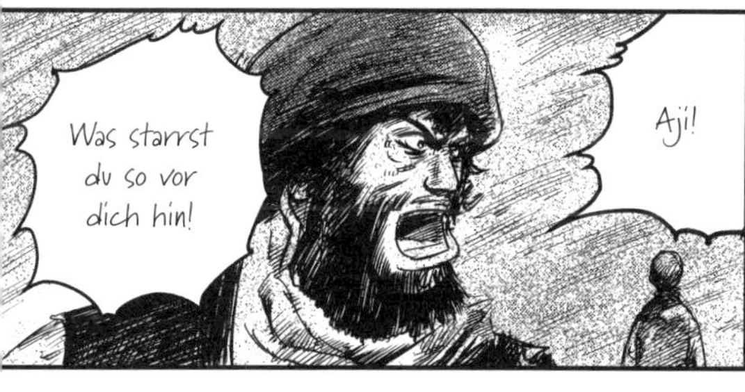
Was starrst du so vor dich hin!
Aji!

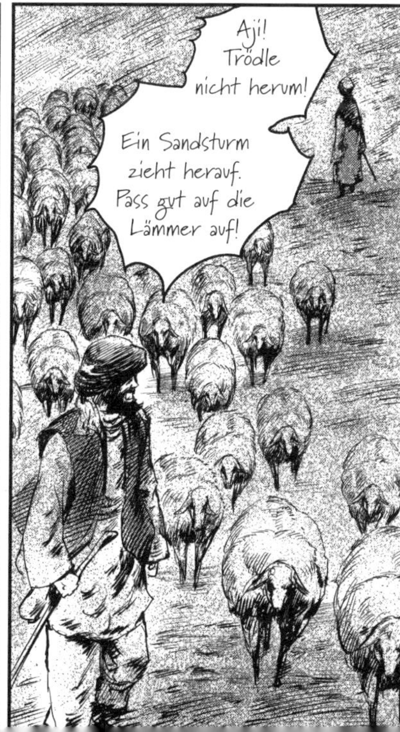
Aji! Trödle nicht herum!
Ein Sandsturm zieht herauf. Pass gut auf die Lämmer auf!

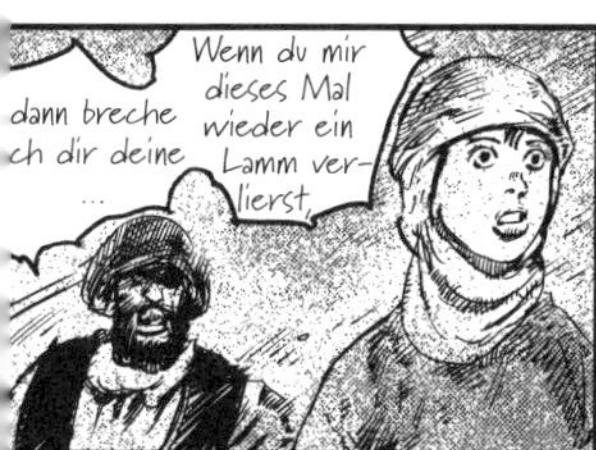
Wenn du mir dieses Mal wieder ein Lamm verlierst,
dann breche ch dir deine …

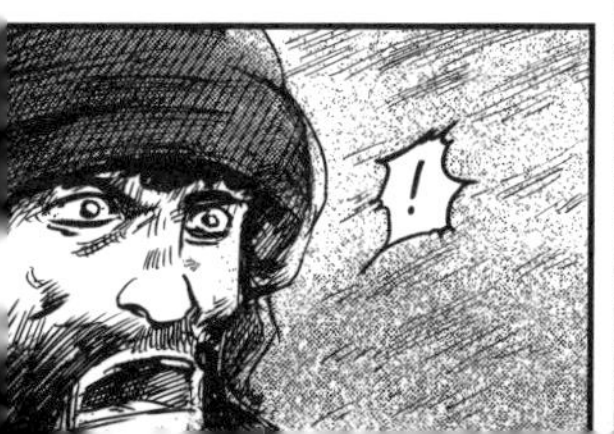
!

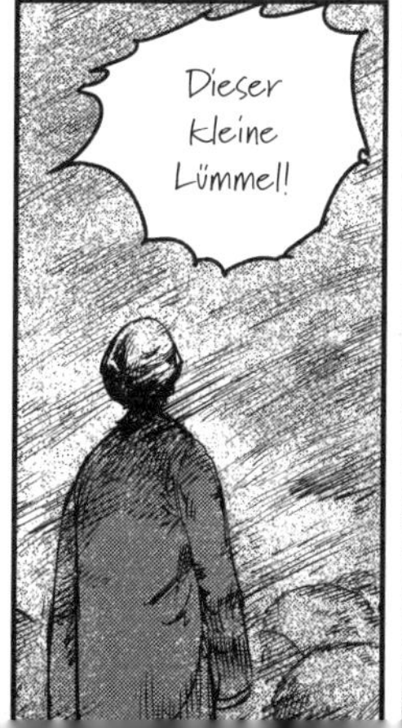
Dieser kleine Lümmel!

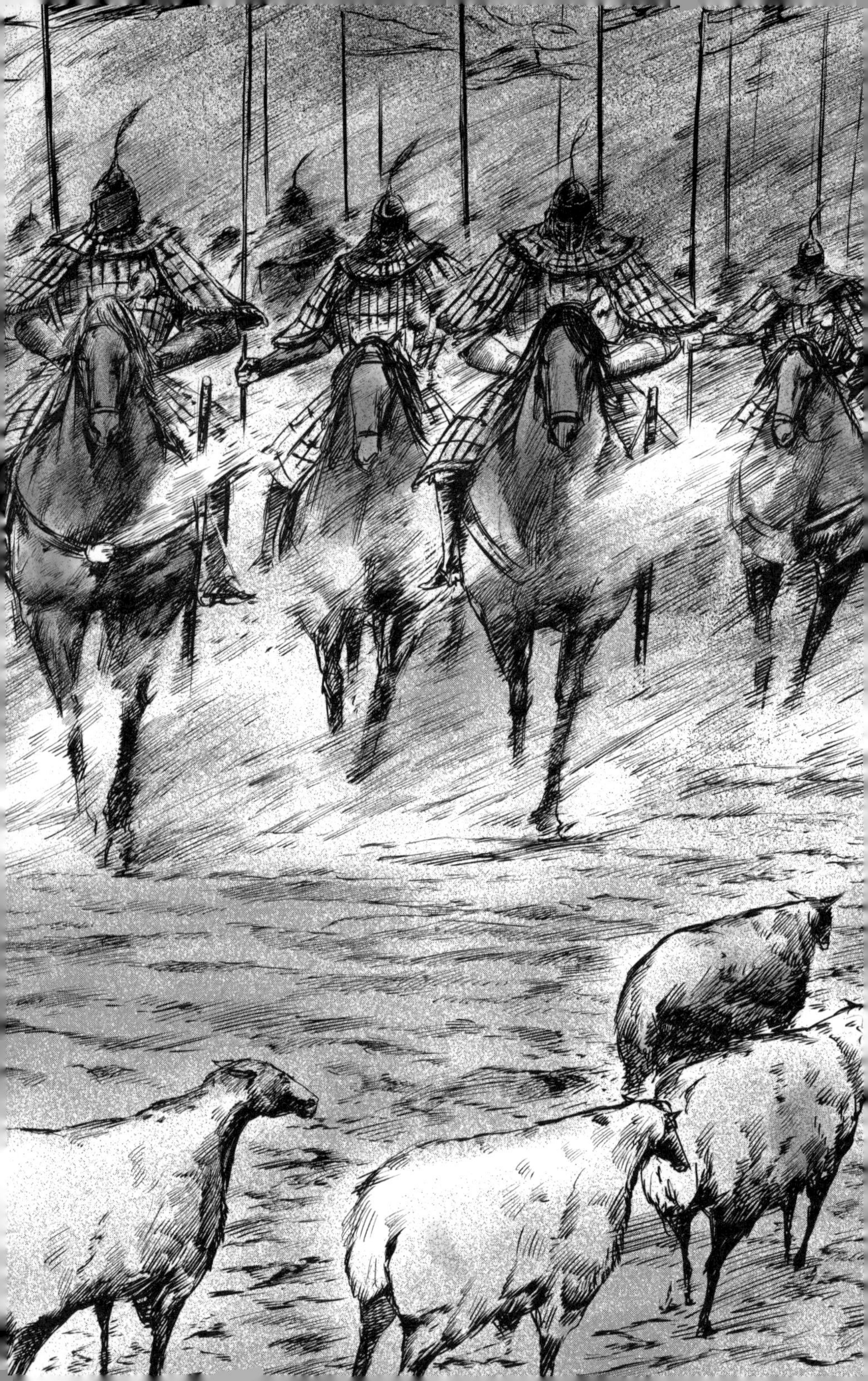

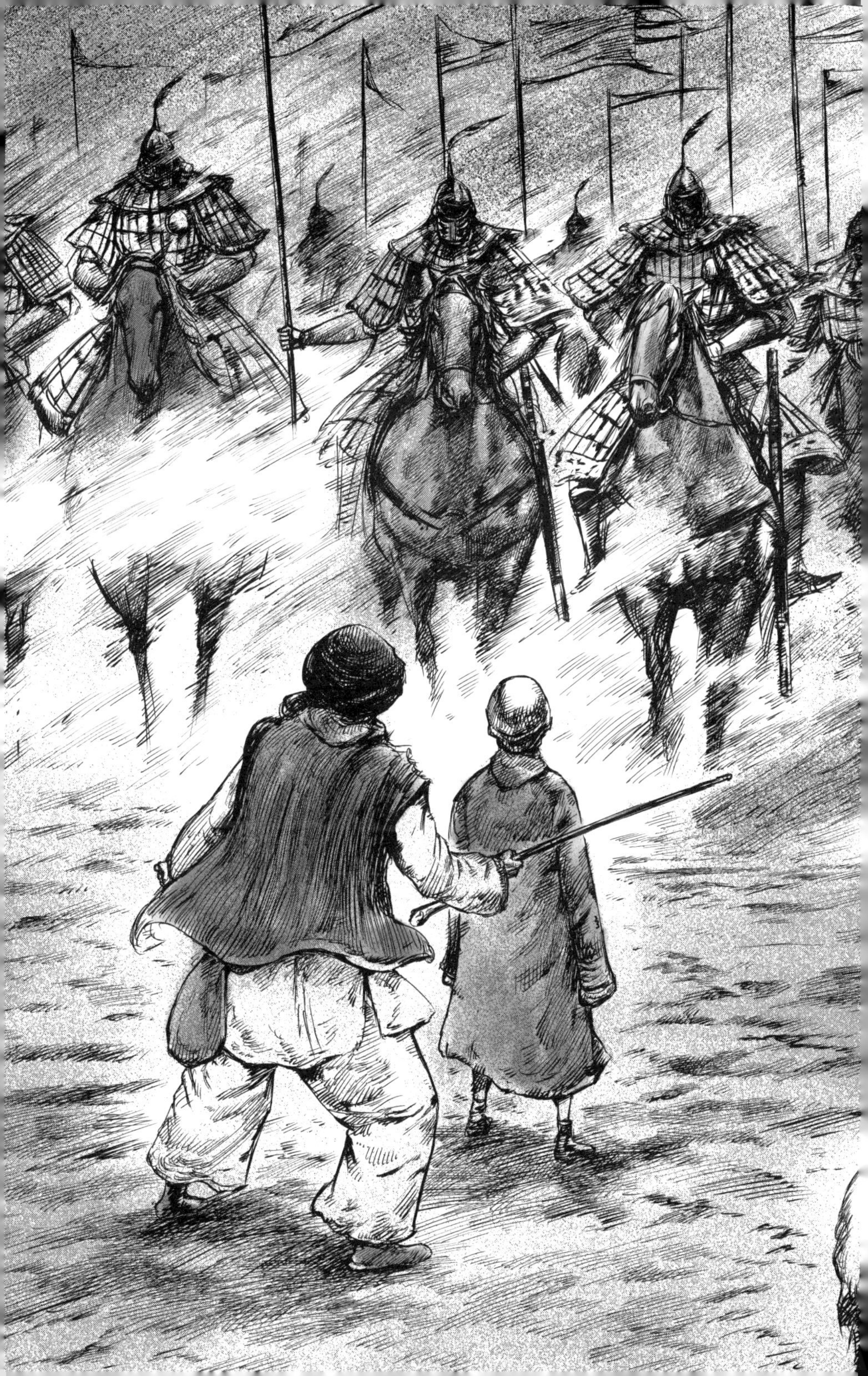

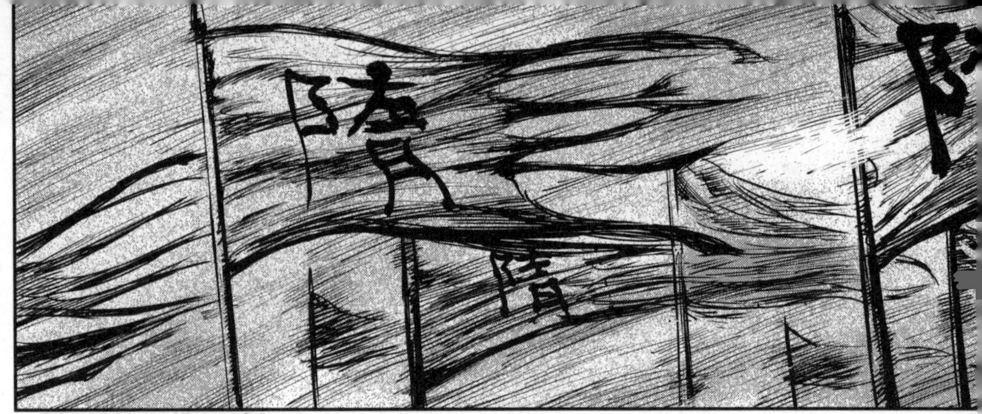

* (Anm.: Zeichen auf Flaggen: Sui)

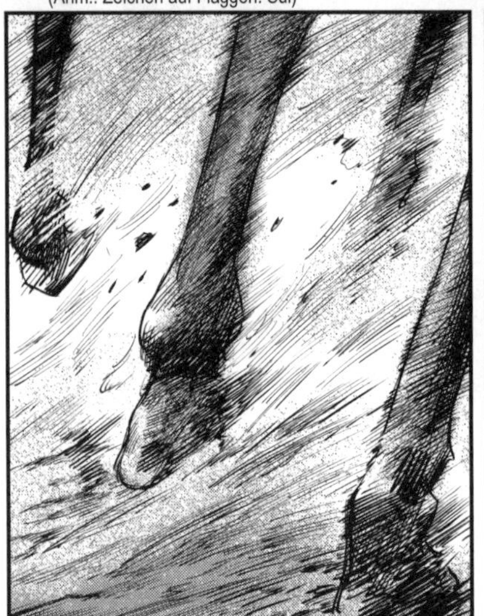

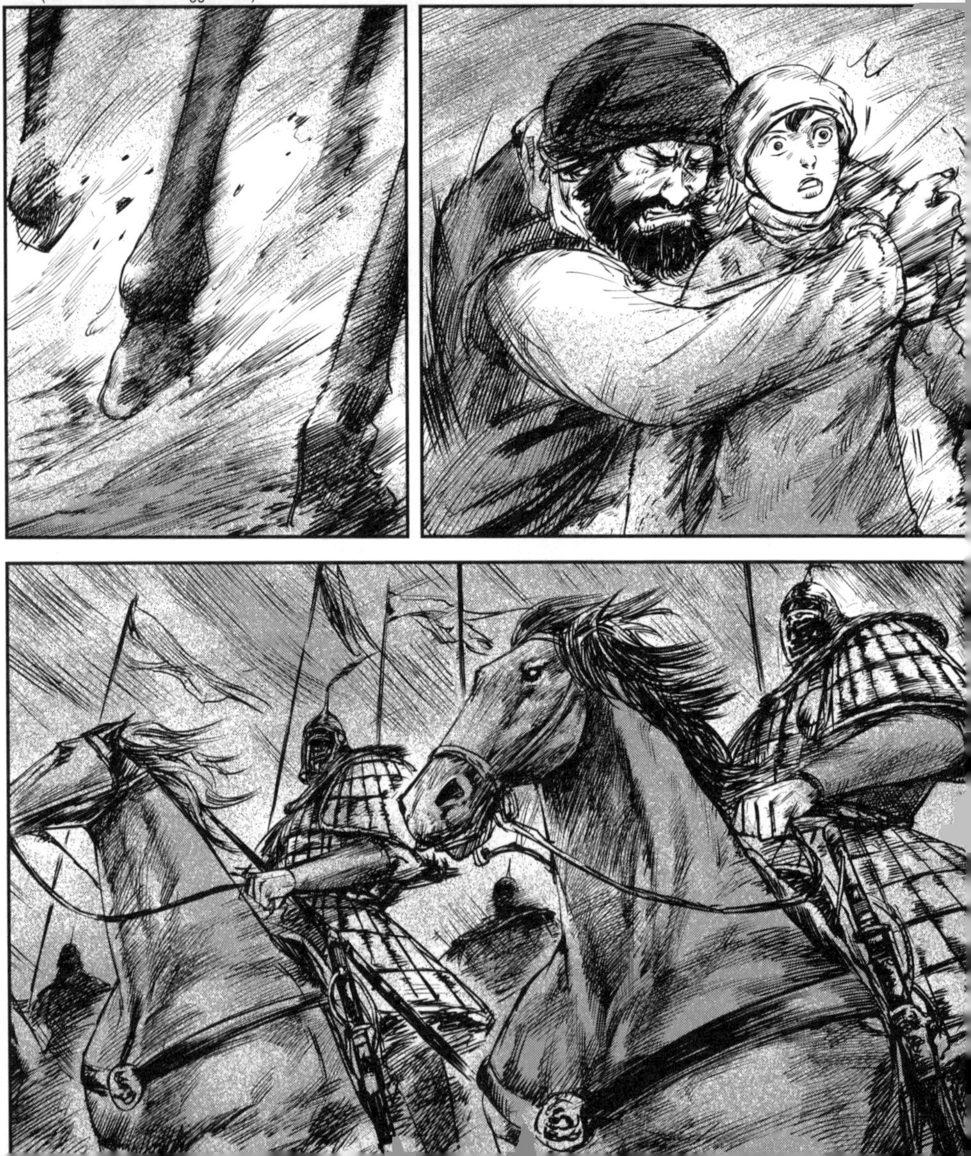

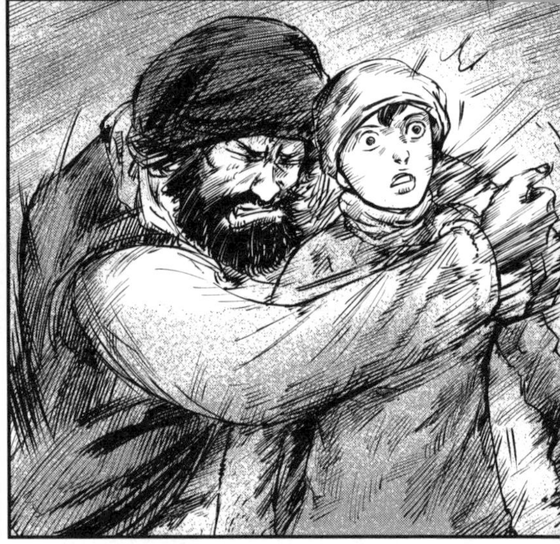

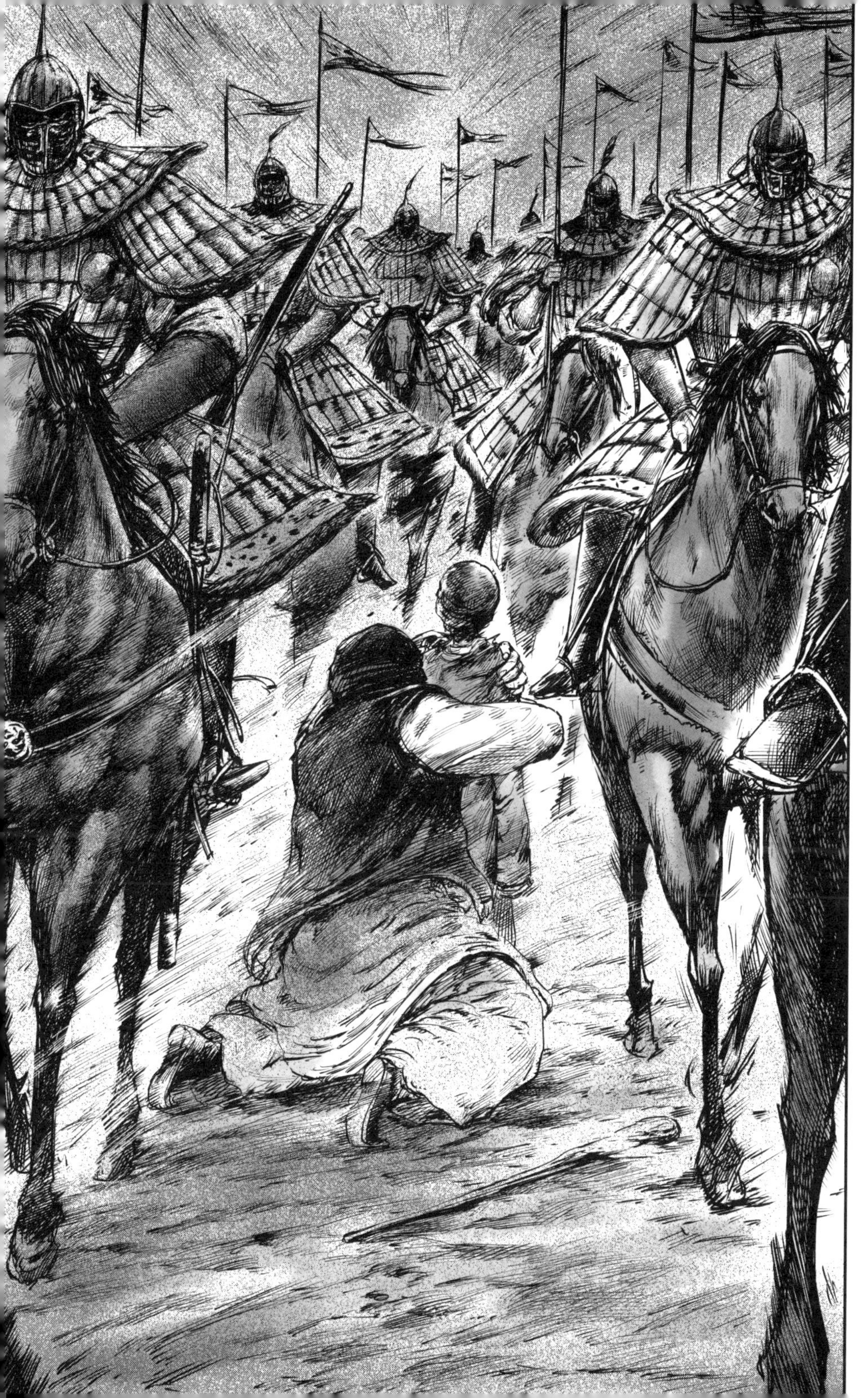

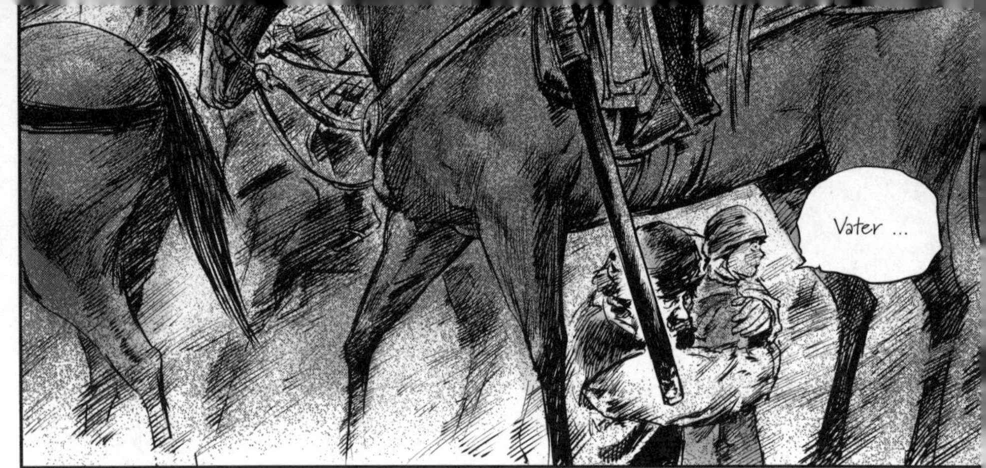
Vater ...

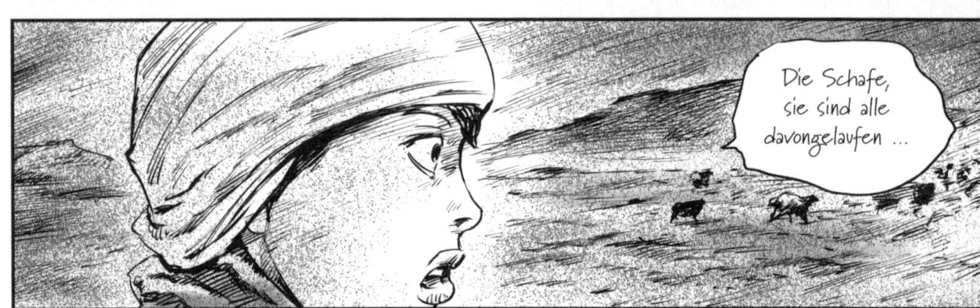
Die Schafe, sie sind alle davongelaufen ...

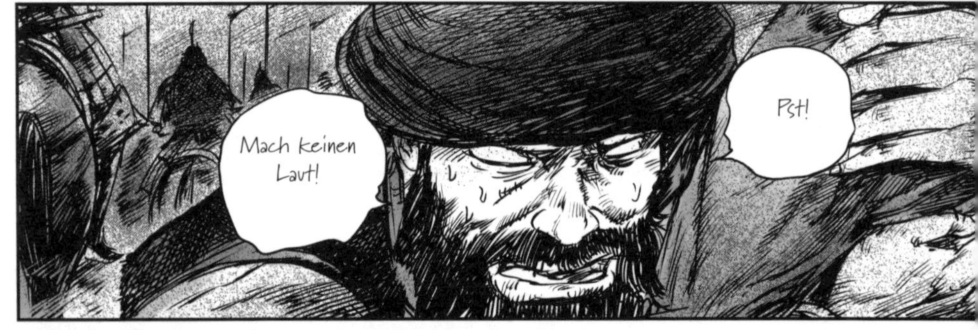
Pst!
Mach keinen Laut!

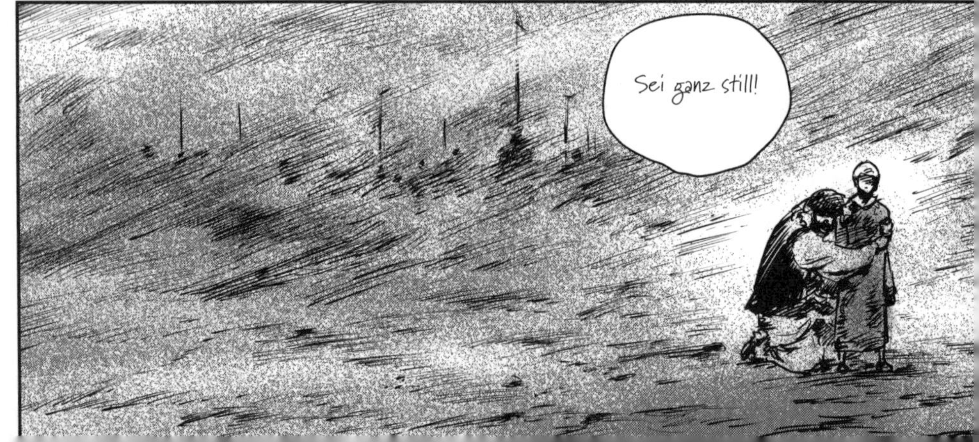
Sei ganz still!

Braus
Braus

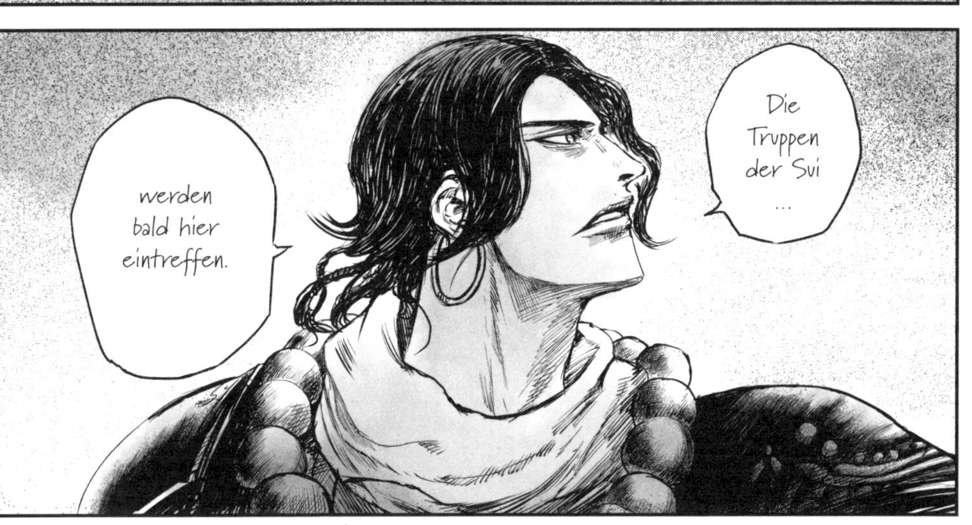
Die Truppen der Sui …
werden bald hier eintreffen.

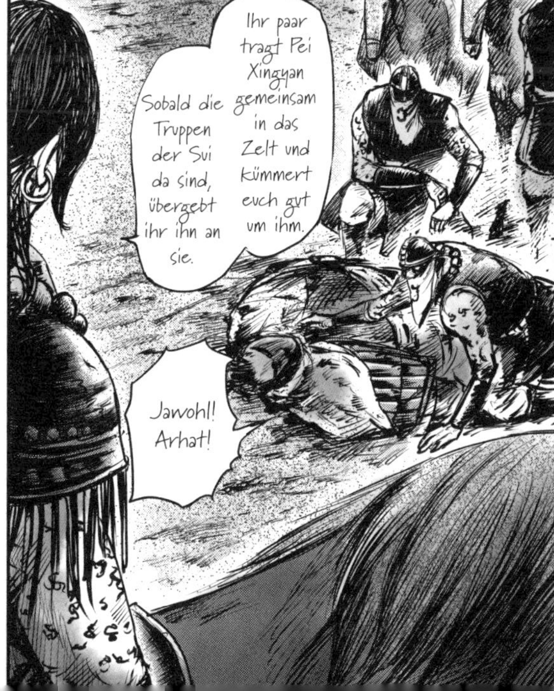
Ihr paar tragt Pei Xingyan gemeinsam in das Zelt und kümmert euch gut um ihn.
Sobald die Truppen der Sui da sind, übergebt ihr ihn an sie.
Jawohl! Arhat!

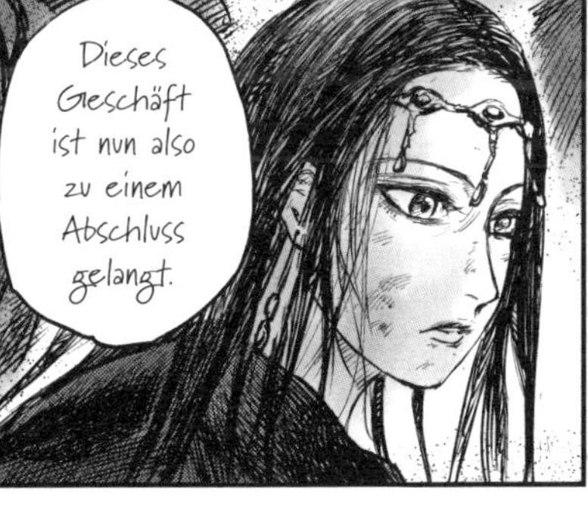
Dieses Geschäft ist nun also zu einem Abschluss gelangt.

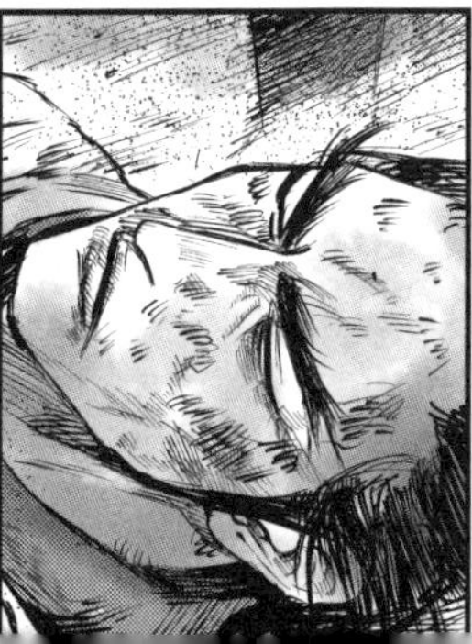

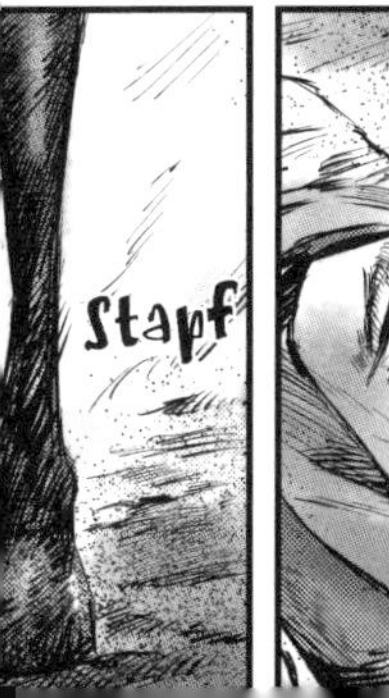
Stapf

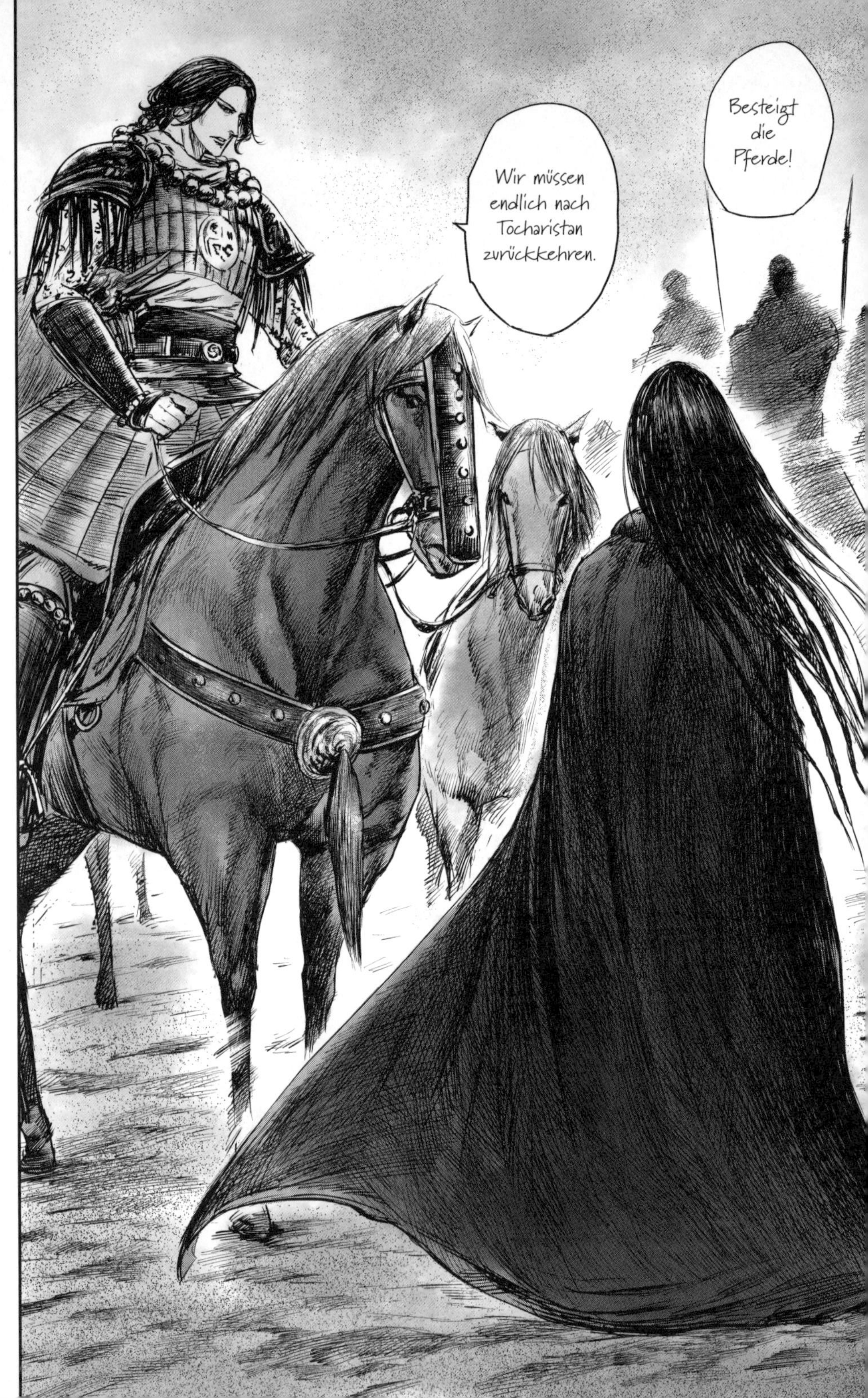
Besteigt die Pferde!
Wir müssen endlich nach Tocharistan zurückkehren.

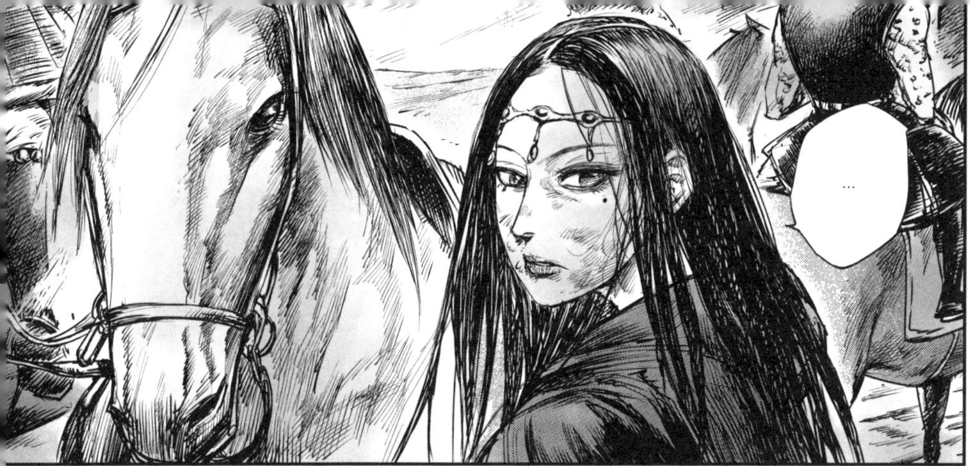
...

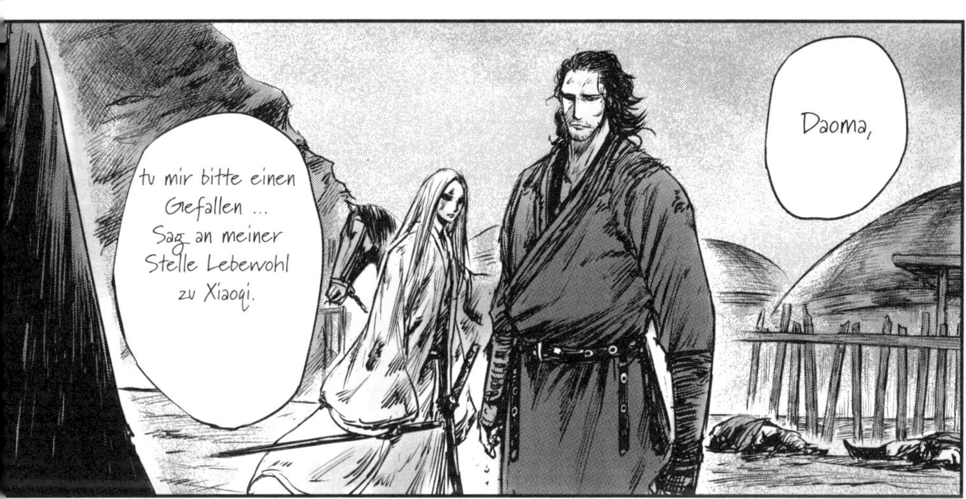
Daoma,
tu mir bitte einen Gefallen ... Sag an meiner Stelle Lebewohl zu Xiaoqi.

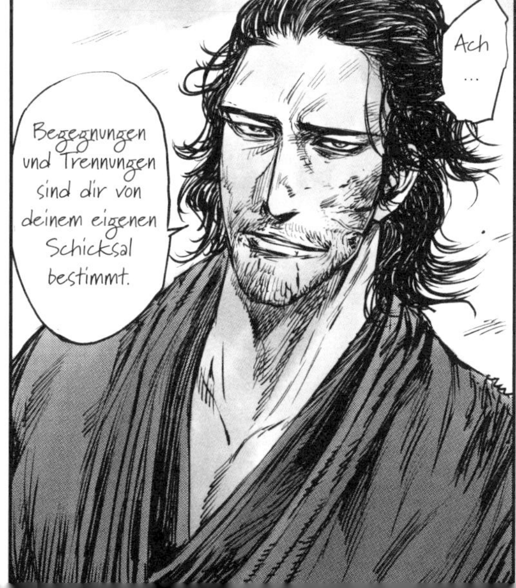
Ach ...
Begegnungen und Trennungen sind dir von deinem eigenen Schicksal bestimmt.

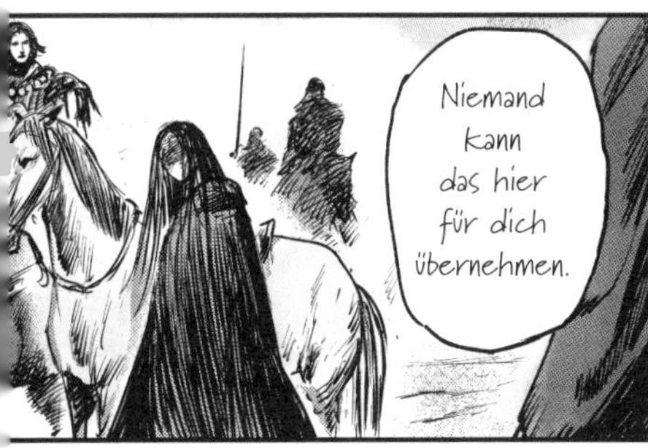
Niemand kann das hier für dich übernehmen.

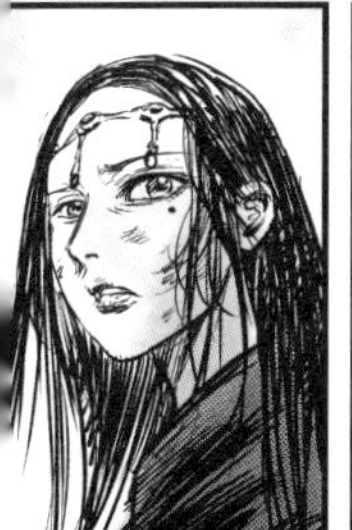
Abschieds-worte müssen von dir selber übermittelt werden.

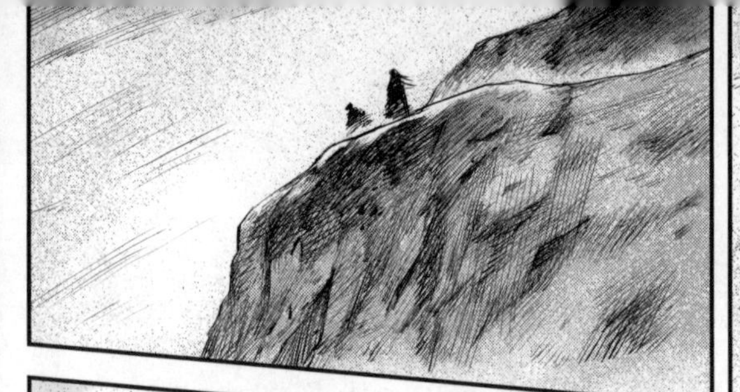

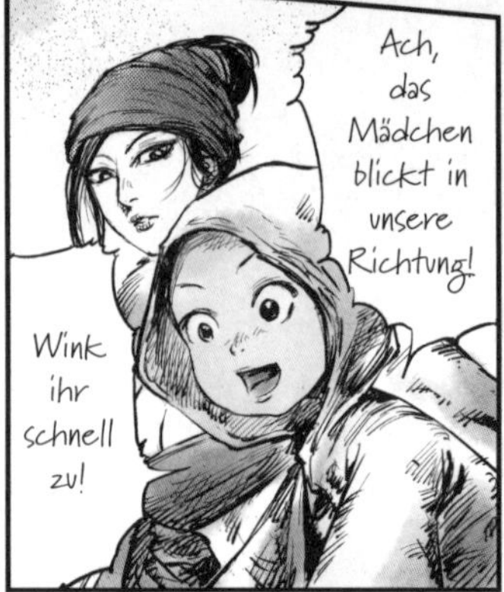
Ach, das Mädchen blickt in unsere Richtung!
Wink ihr schnell zu!

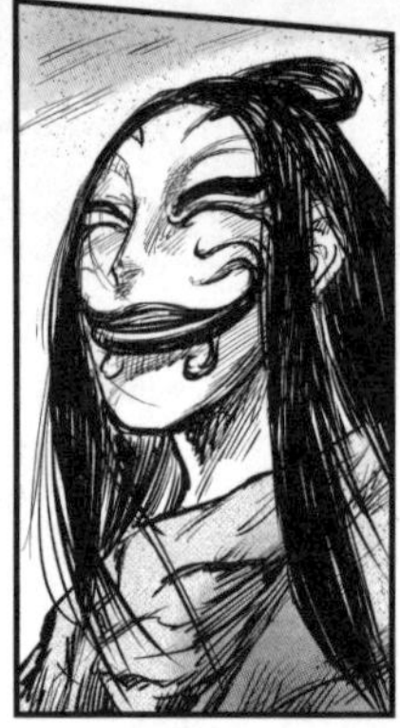

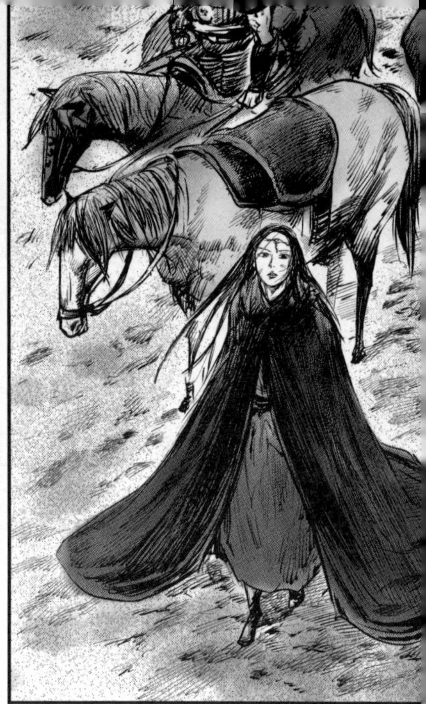

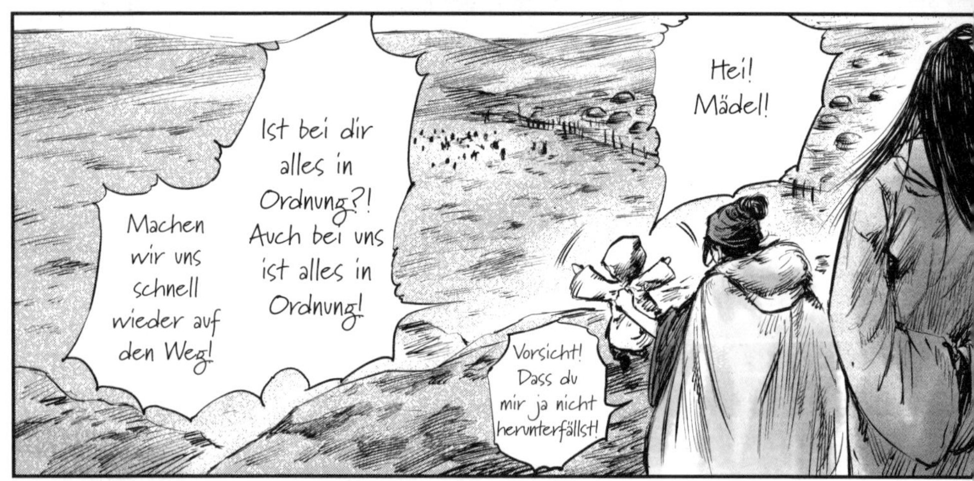
Hei! Mädel!
Ist bei dir alles in Ordnung?! Auch bei uns ist alles in Ordnung!
Machen wir uns schnell wieder auf den Weg!
Vorsicht! Dass du mir ja nicht herunterfällst!

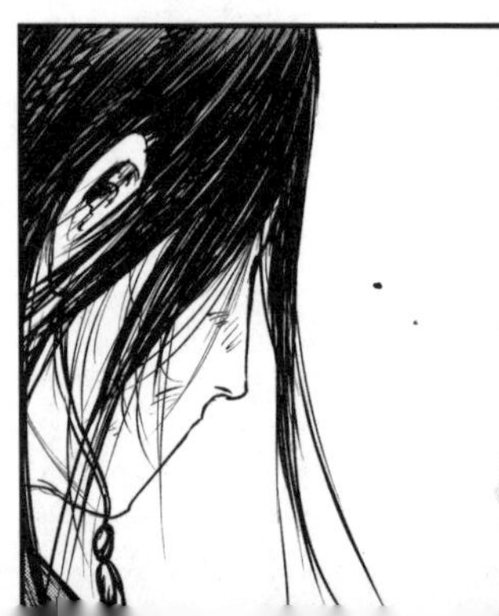

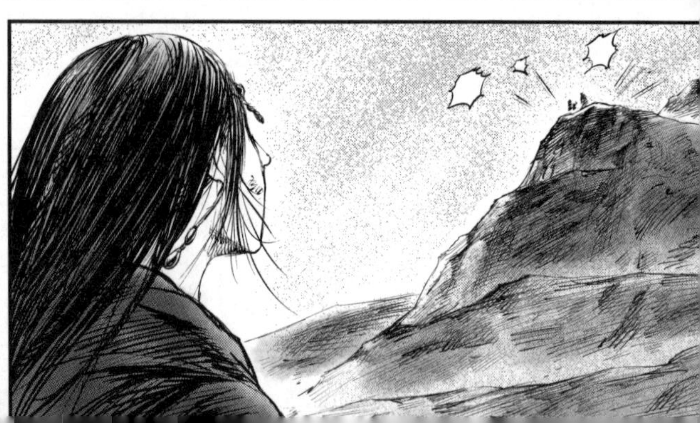

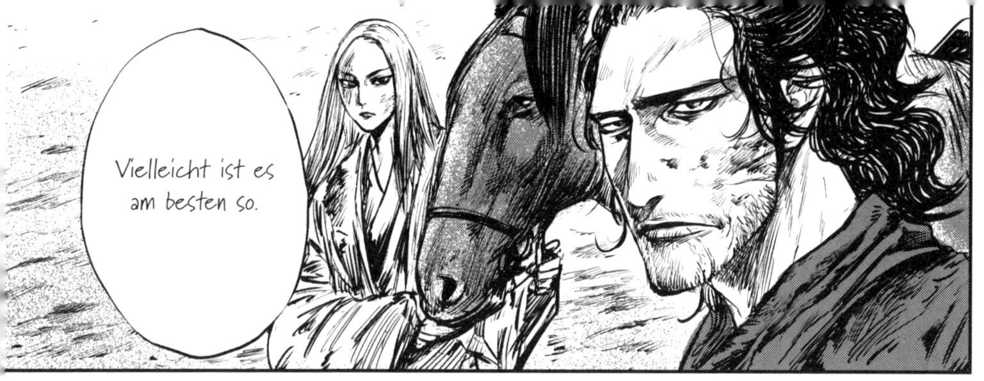

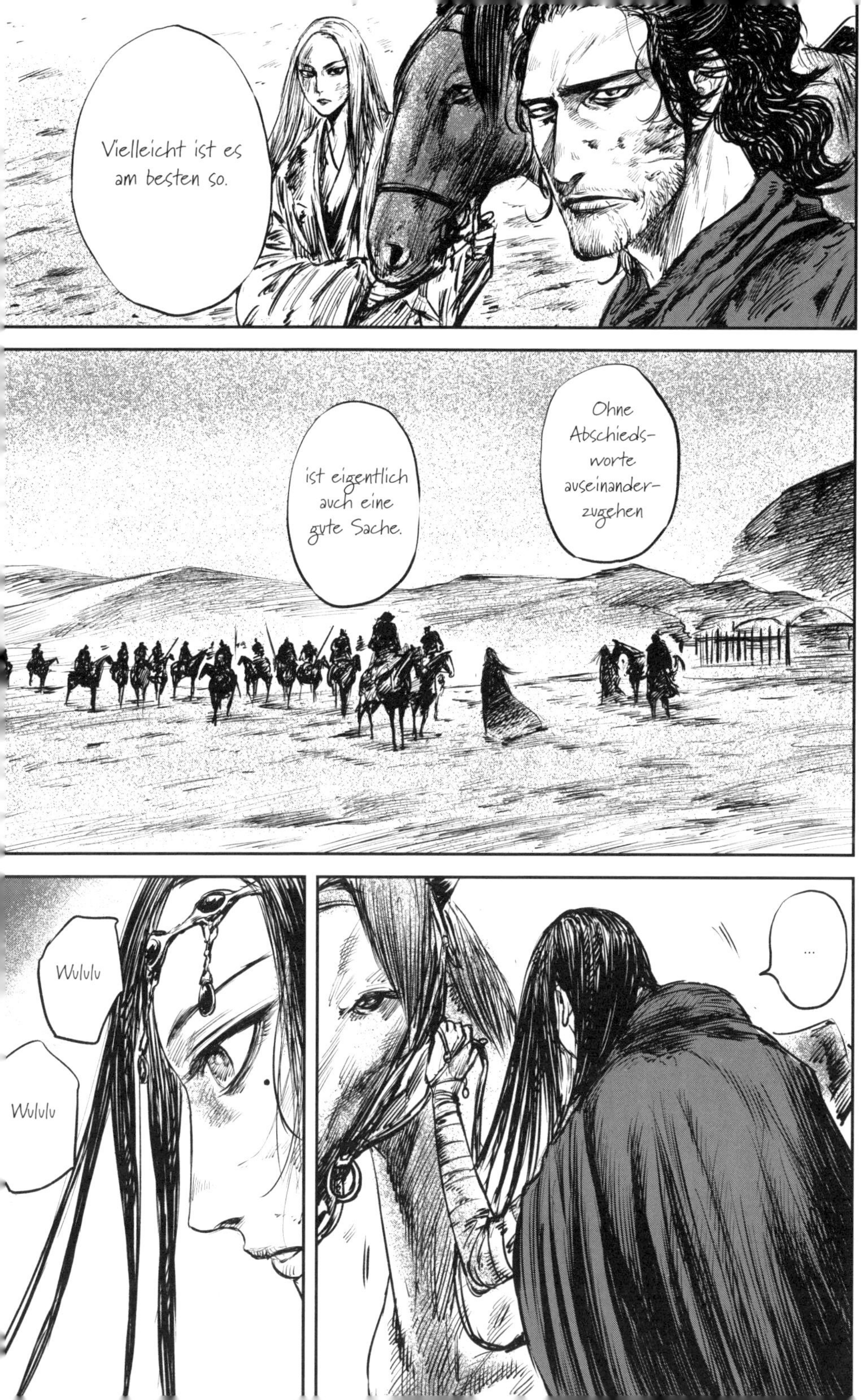

Ohne Abschiedsworte auseinanderzugehen

ist eigentlich auch eine gute Sache.

Wululu

Wululu

...

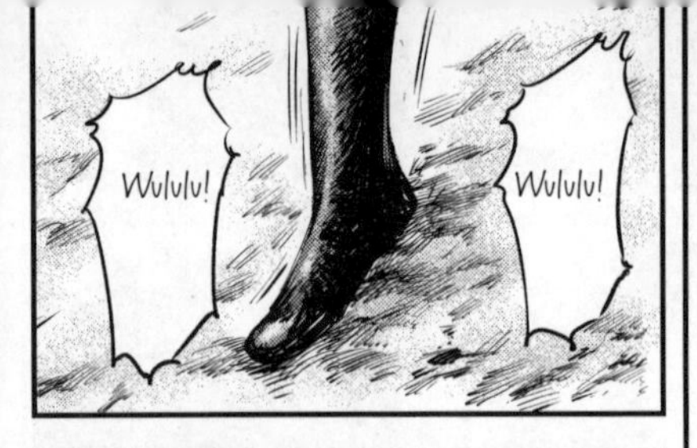

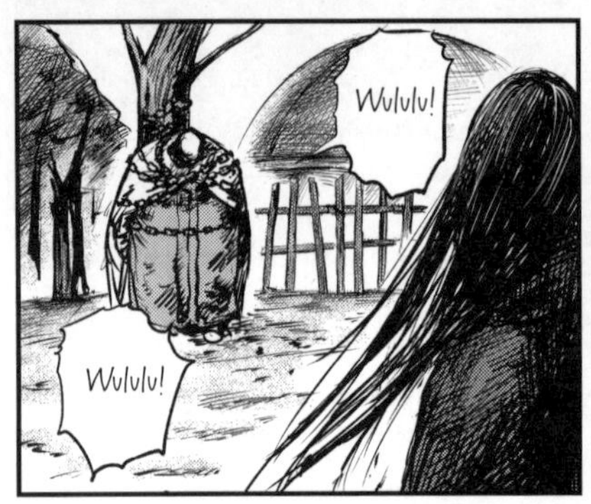

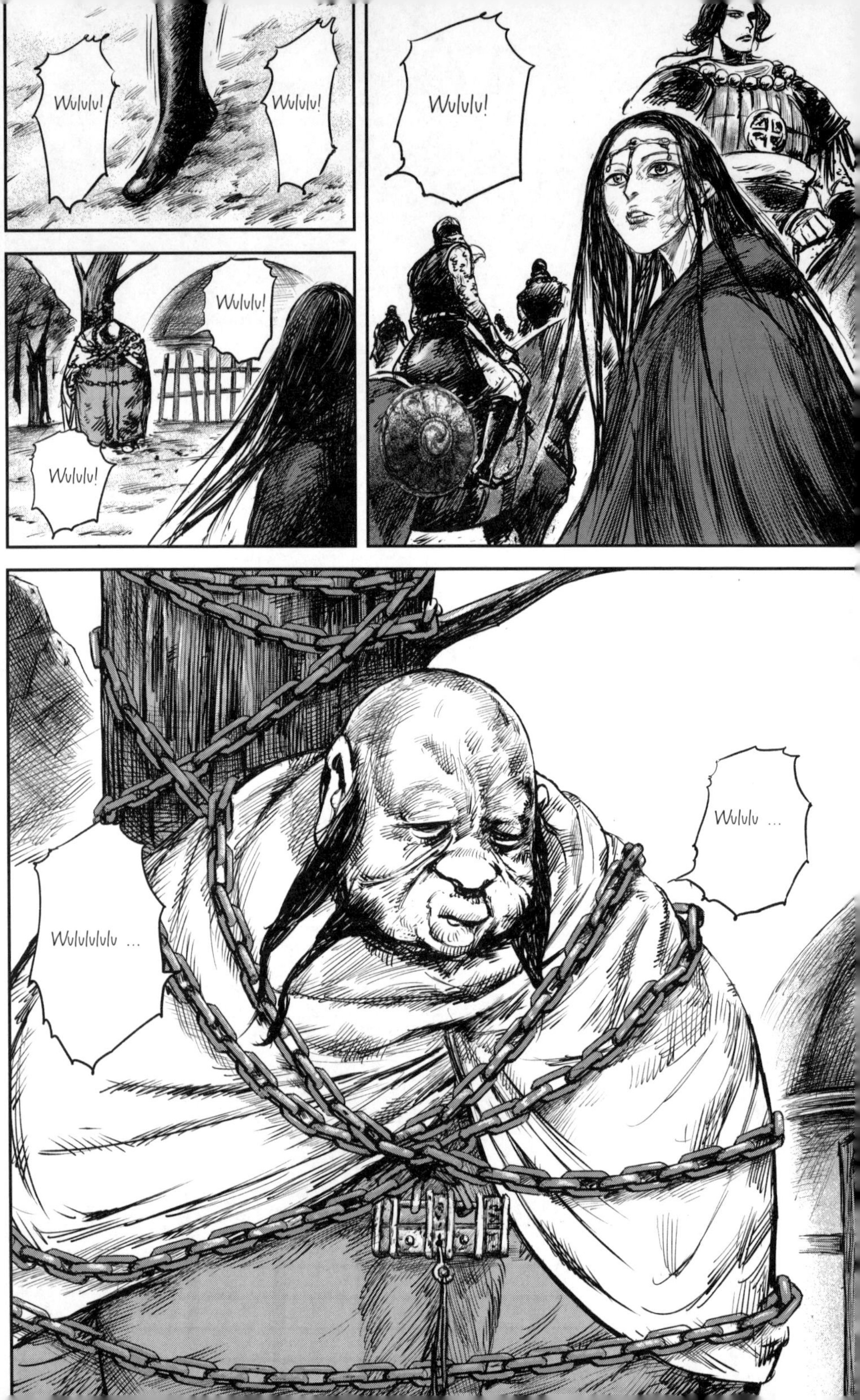

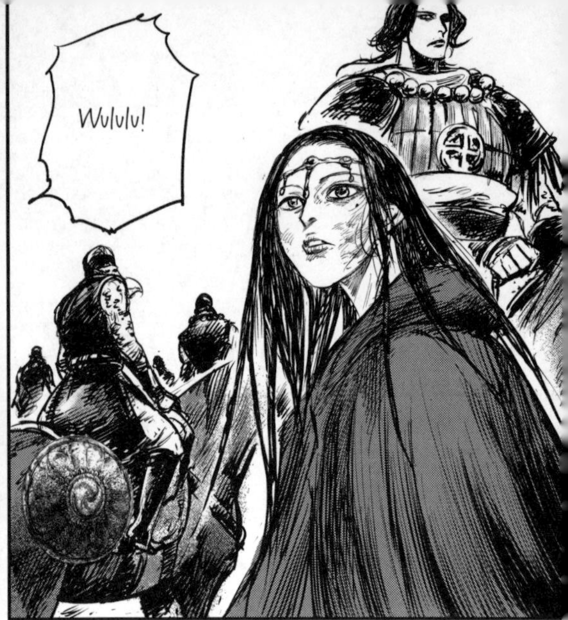

Wululululu …

Wululu …

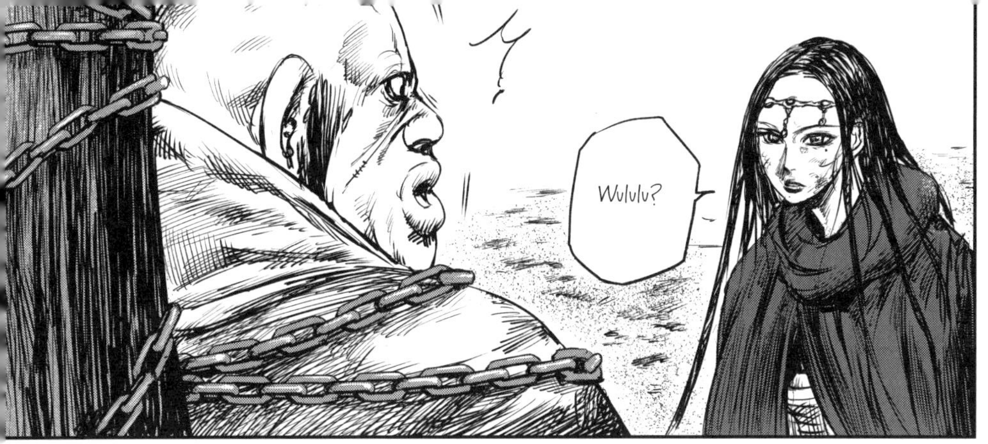
Wululu?

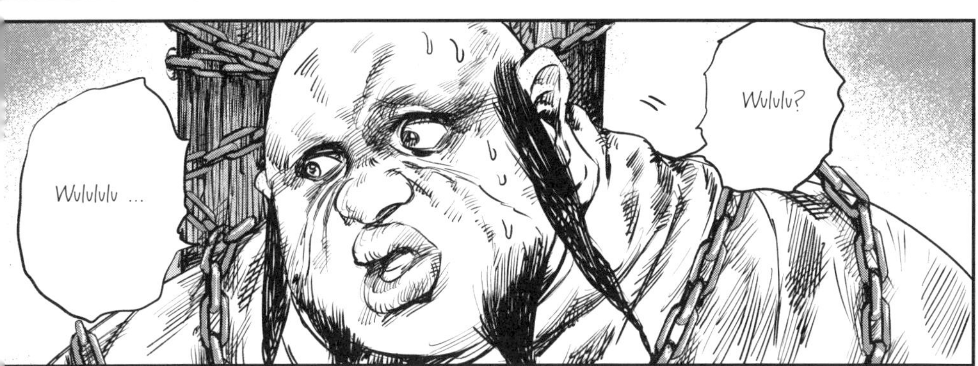
Wululu?
Wulululu ...

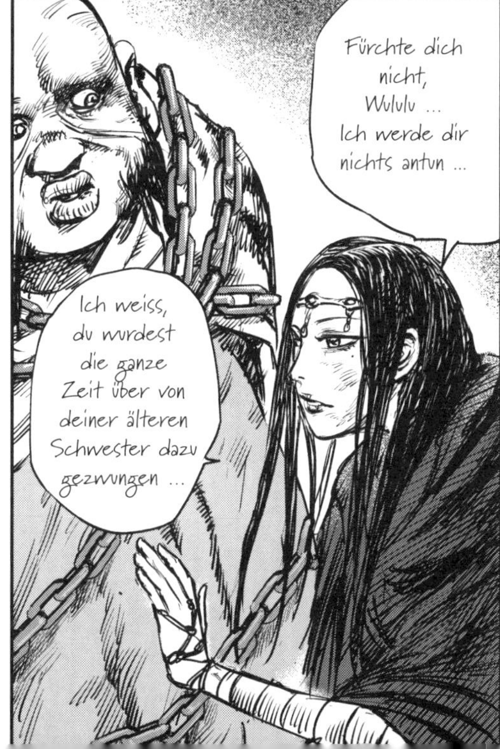
Fürchte dich nicht, Wululu ... Ich werde dir nichts antun ...
Ich weiss, du wurdest die ganze Zeit über von deiner älteren Schwester dazu gezwungen ...

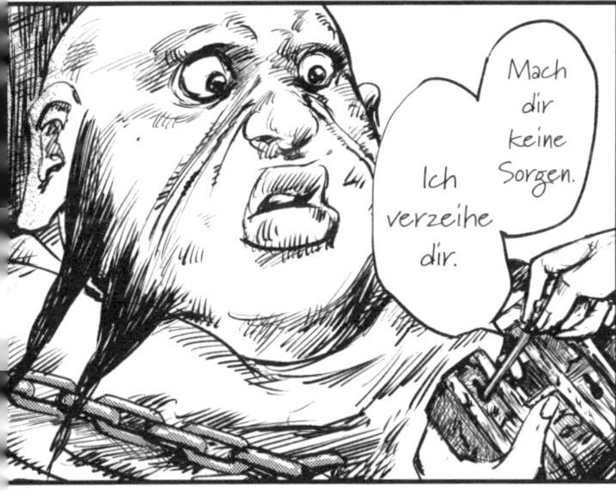
Mach dir keine Sorgen.
Ich verzeihe dir.

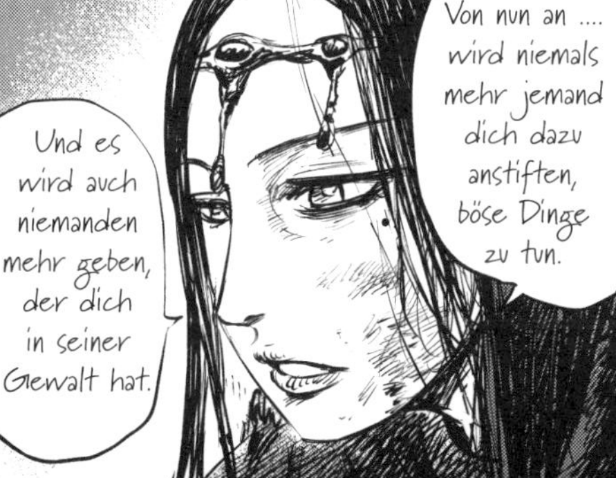
Von nun an .... wird niemals mehr jemand dich dazu anstiften, böse Dinge zu tun.
Und es wird auch niemanden mehr geben, der dich in seiner Gewalt hat.

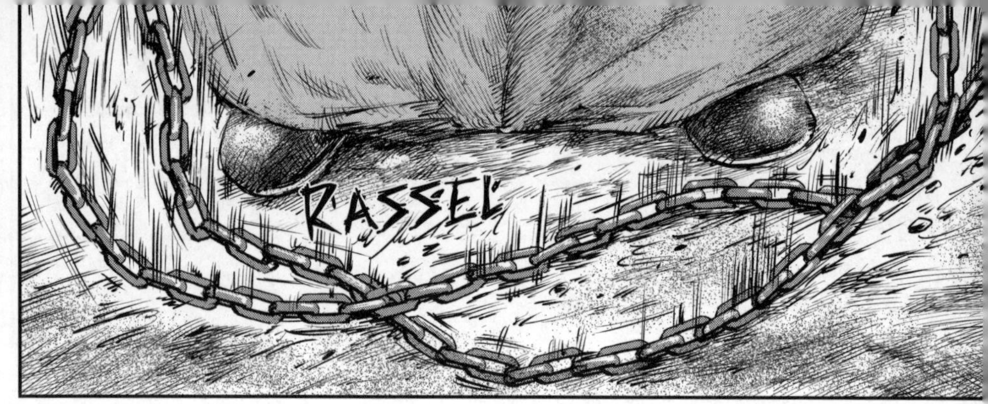

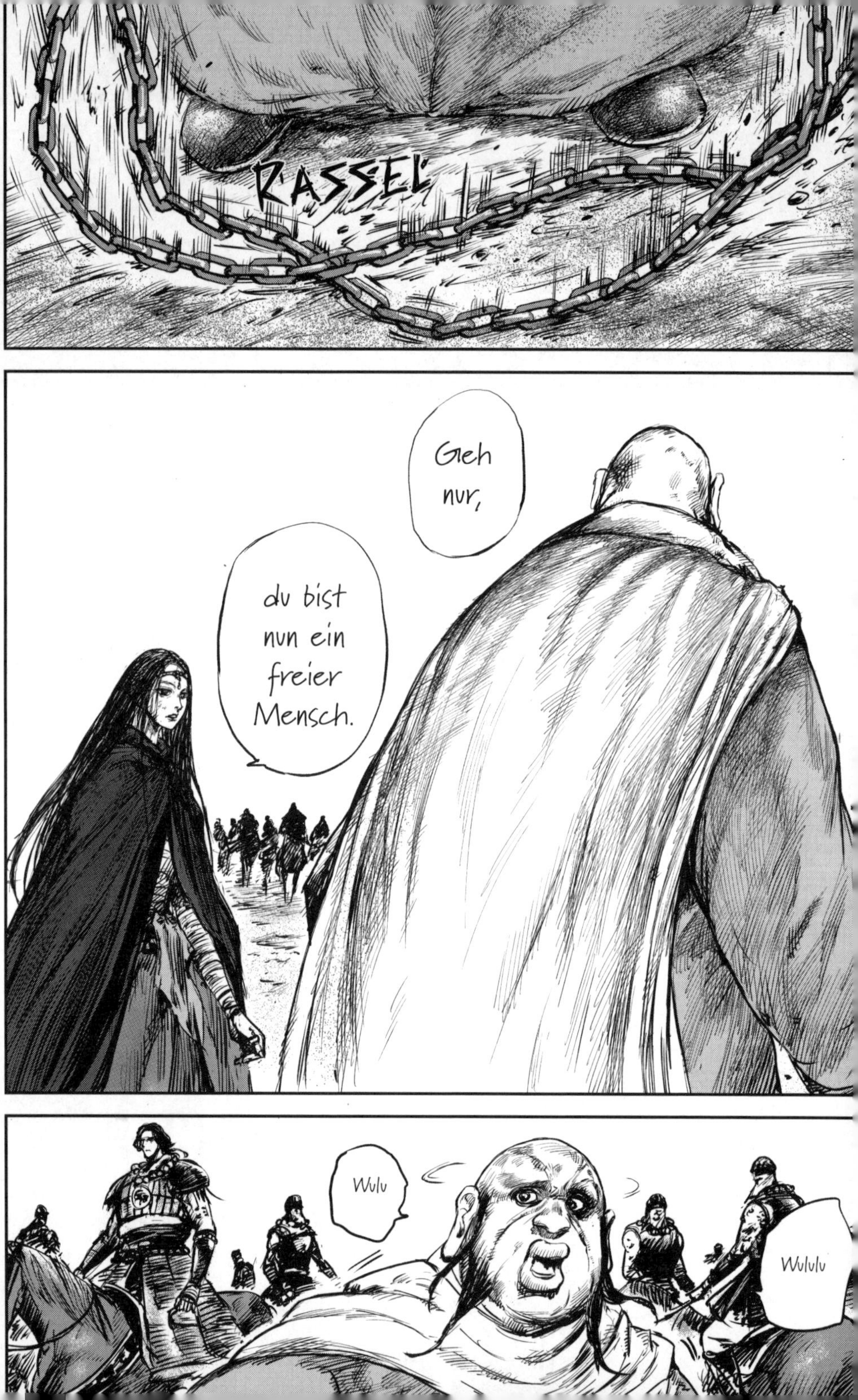

Geh nur,

du bist nun ein freier Mensch.

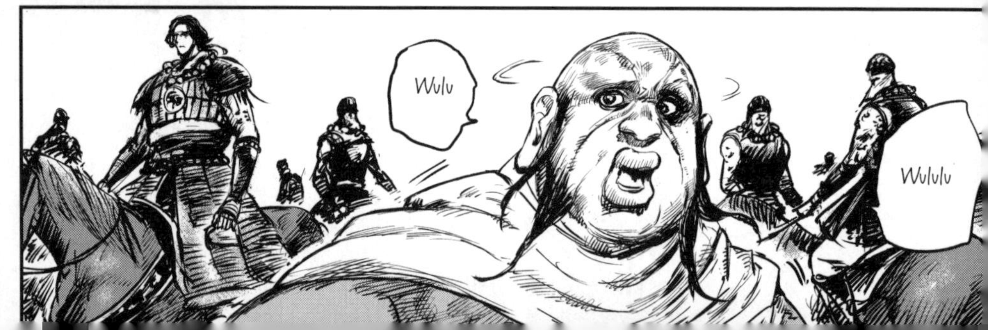

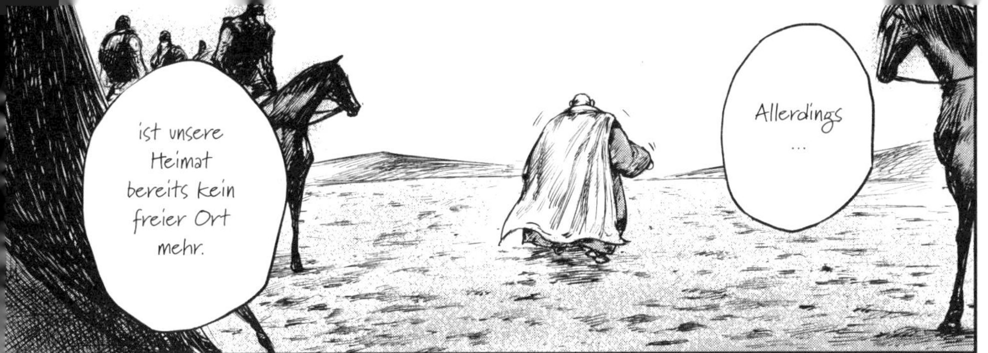
Allerdings ...
ist unsere Heimat bereits kein freier Ort mehr.

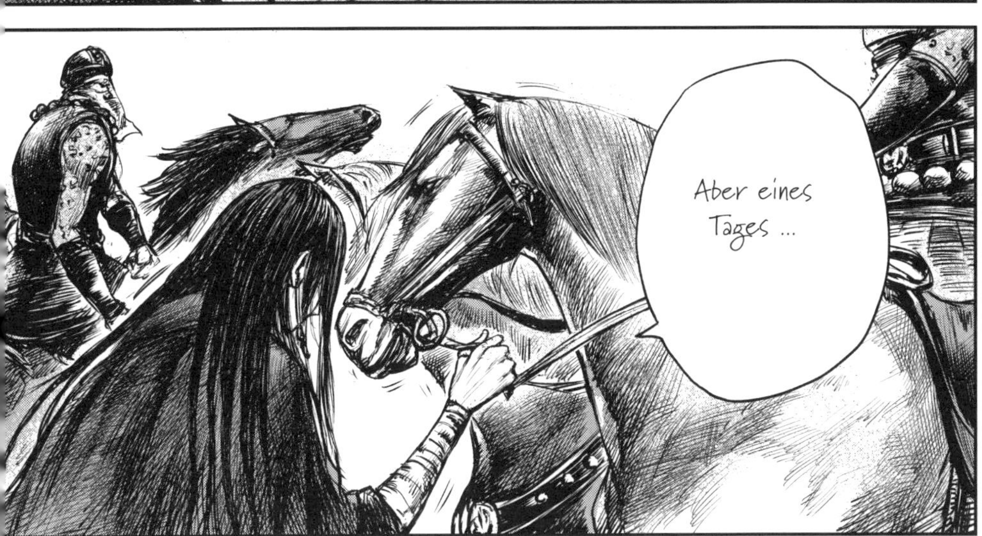
Aber eines Tages ...

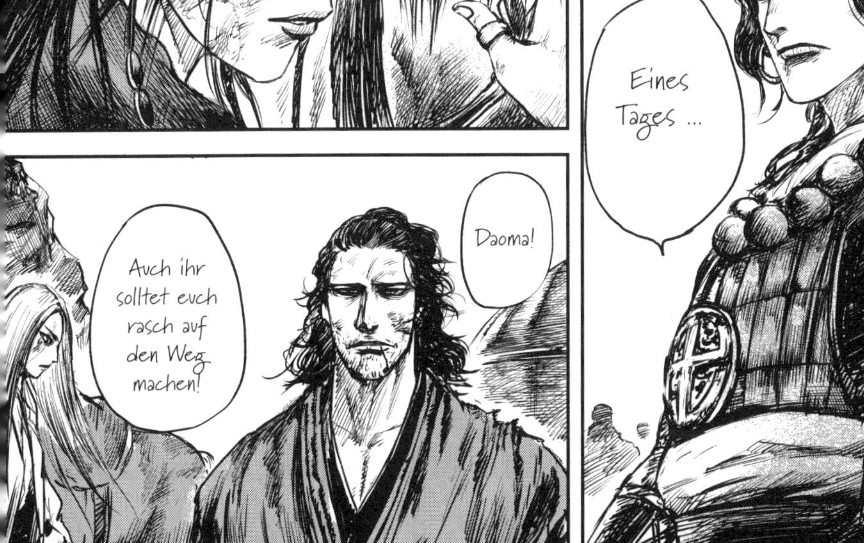
Eines Tages ...
Daoma!
Auch ihr solltet euch rasch auf den Weg machen!

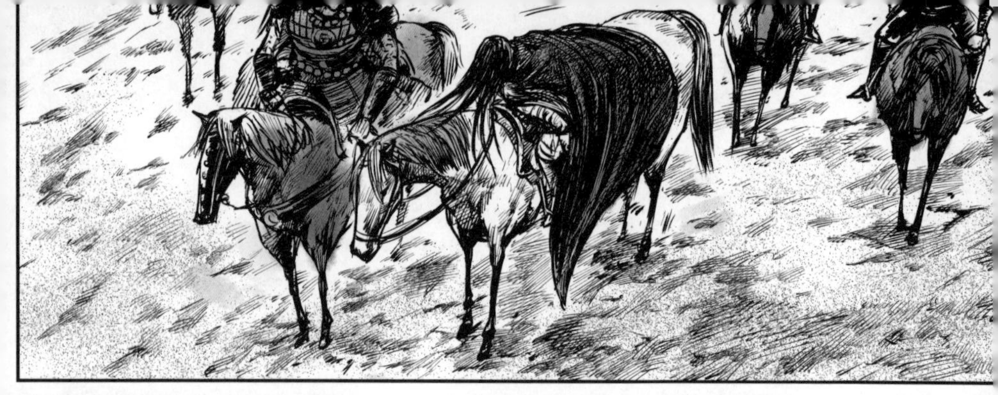

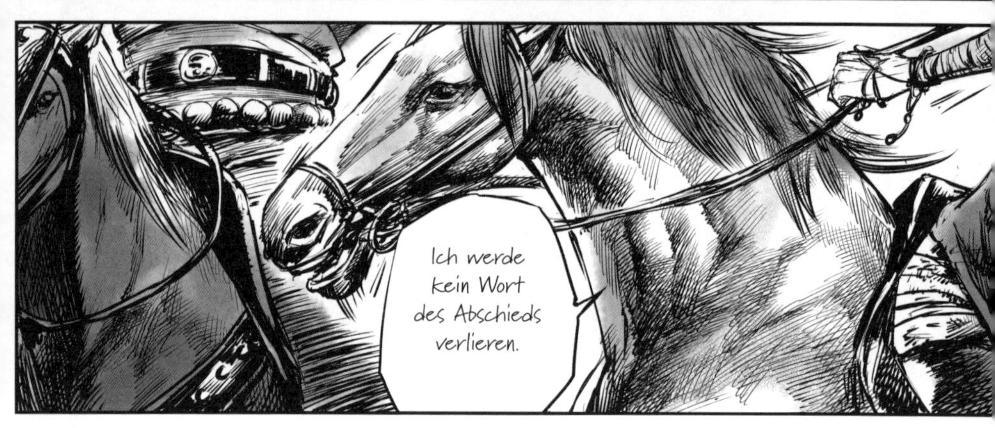

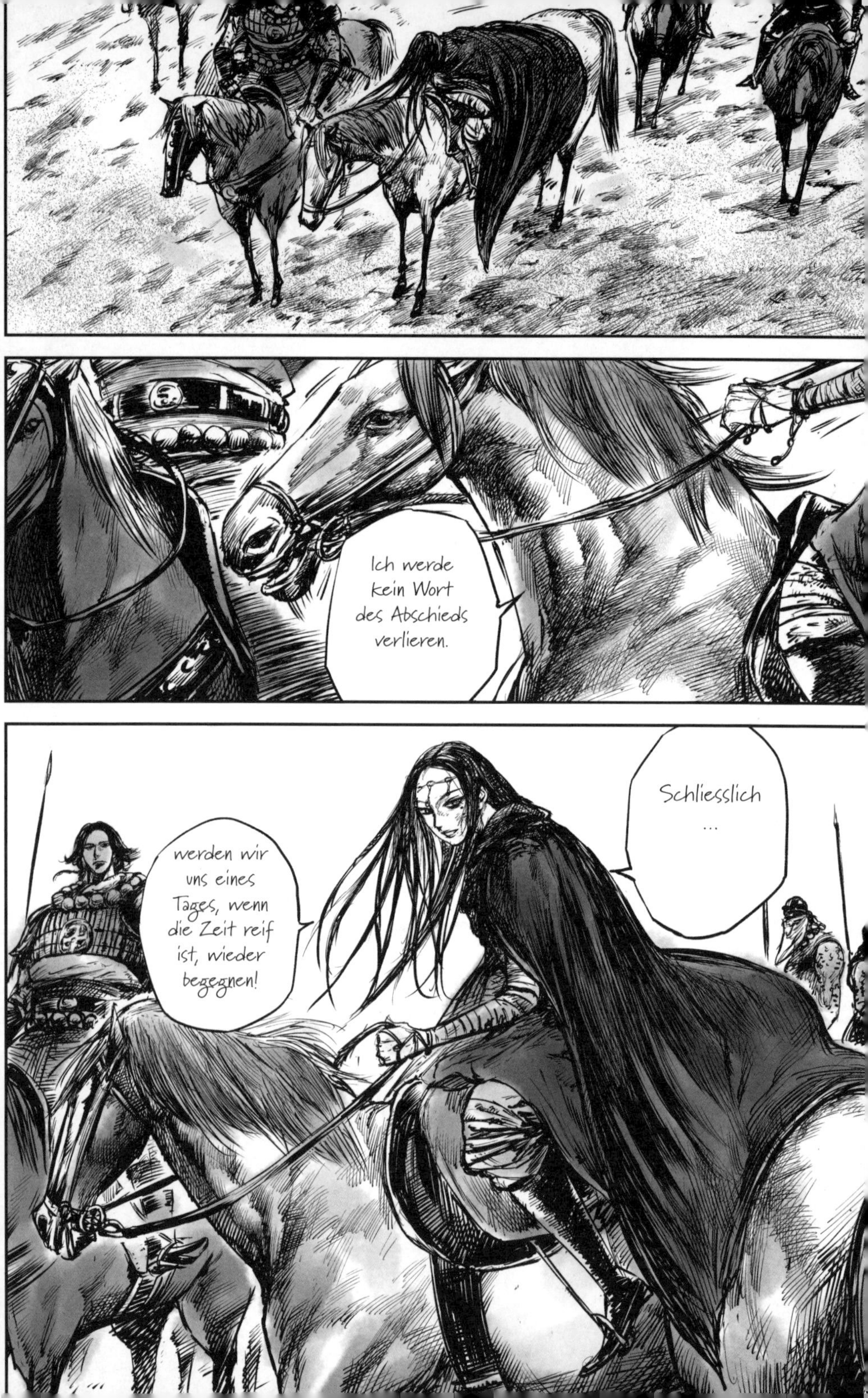

Schliesslich …

werden wir uns eines Tages, wenn die Zeit reif ist, wieder begegnen!

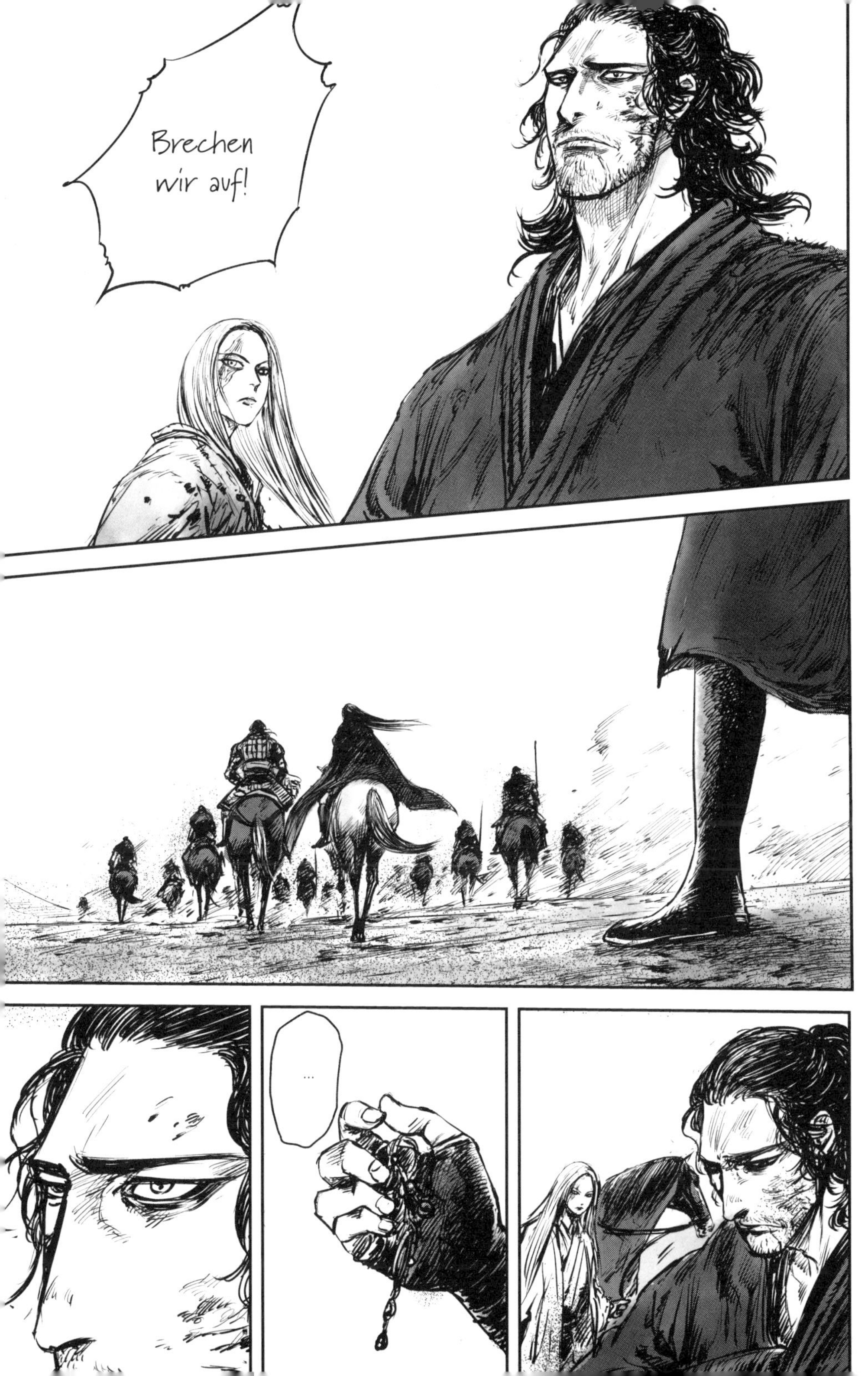

Brechen wir auf!

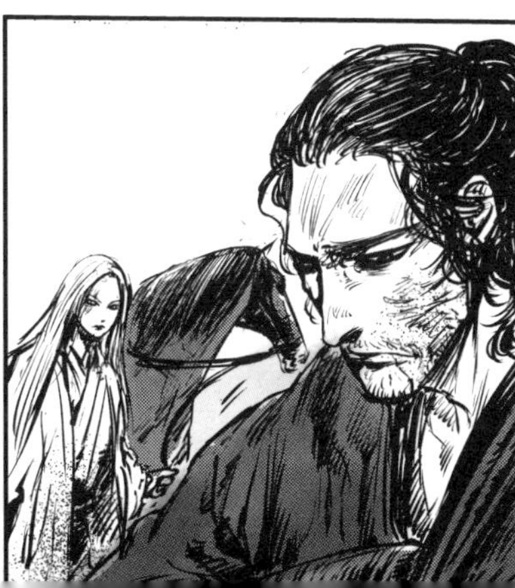

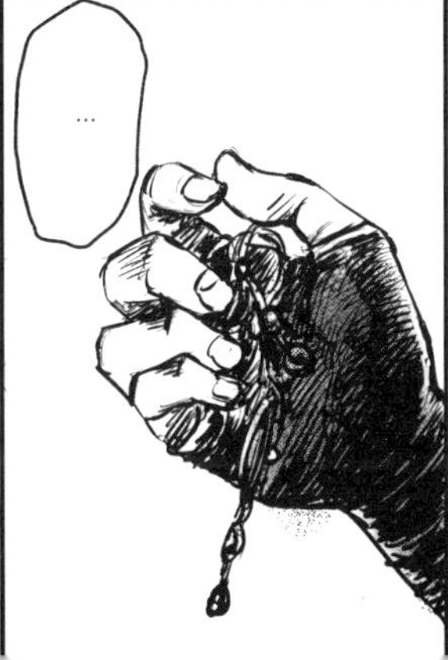

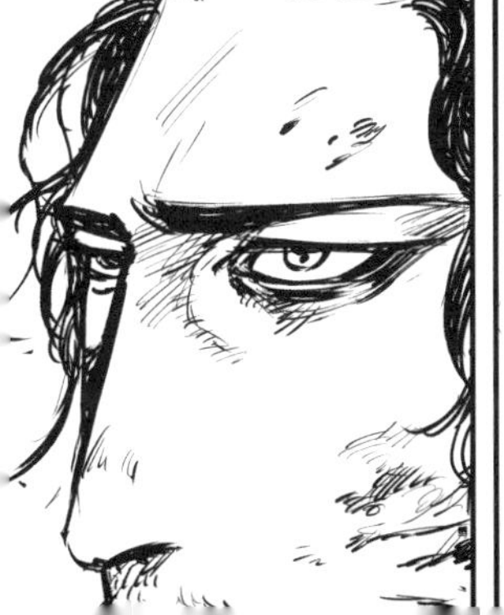

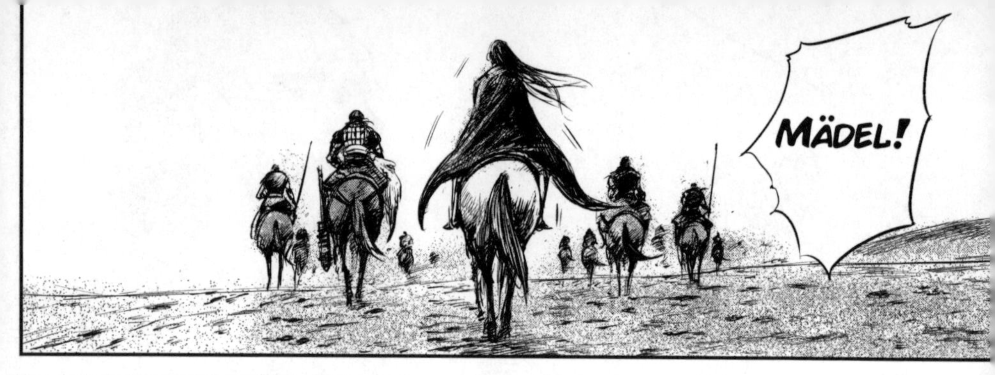
MÄDEL!

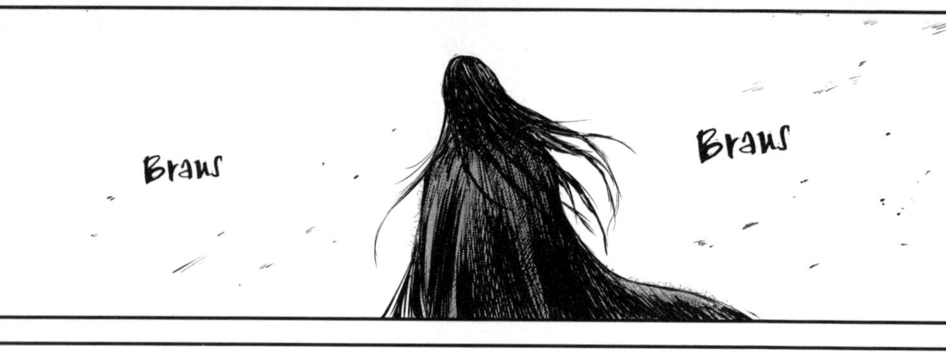
Braus
Braus

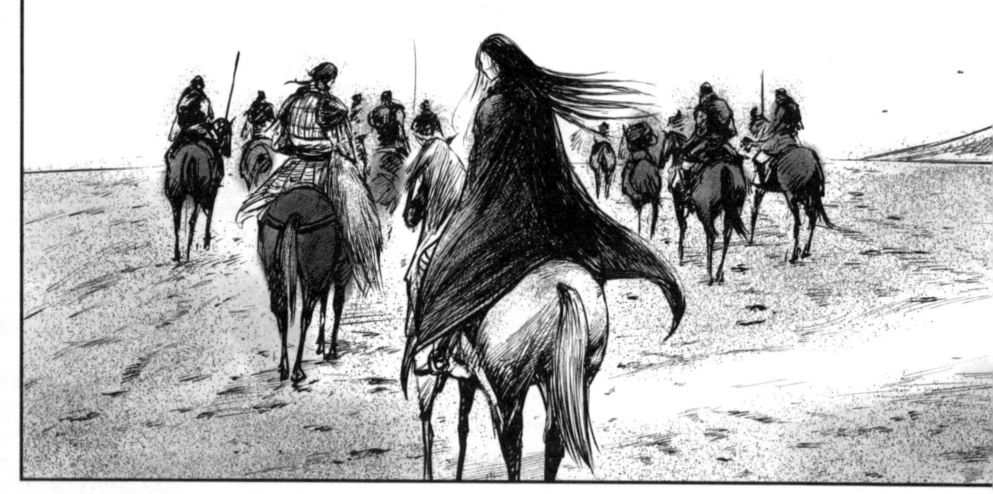

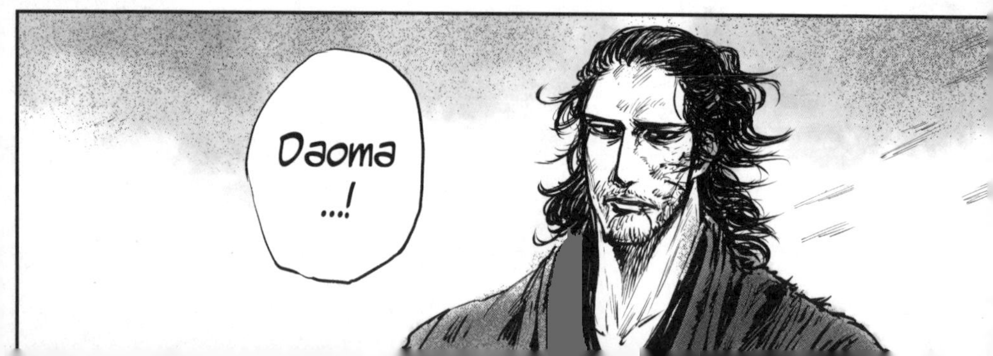
Daoma ...!

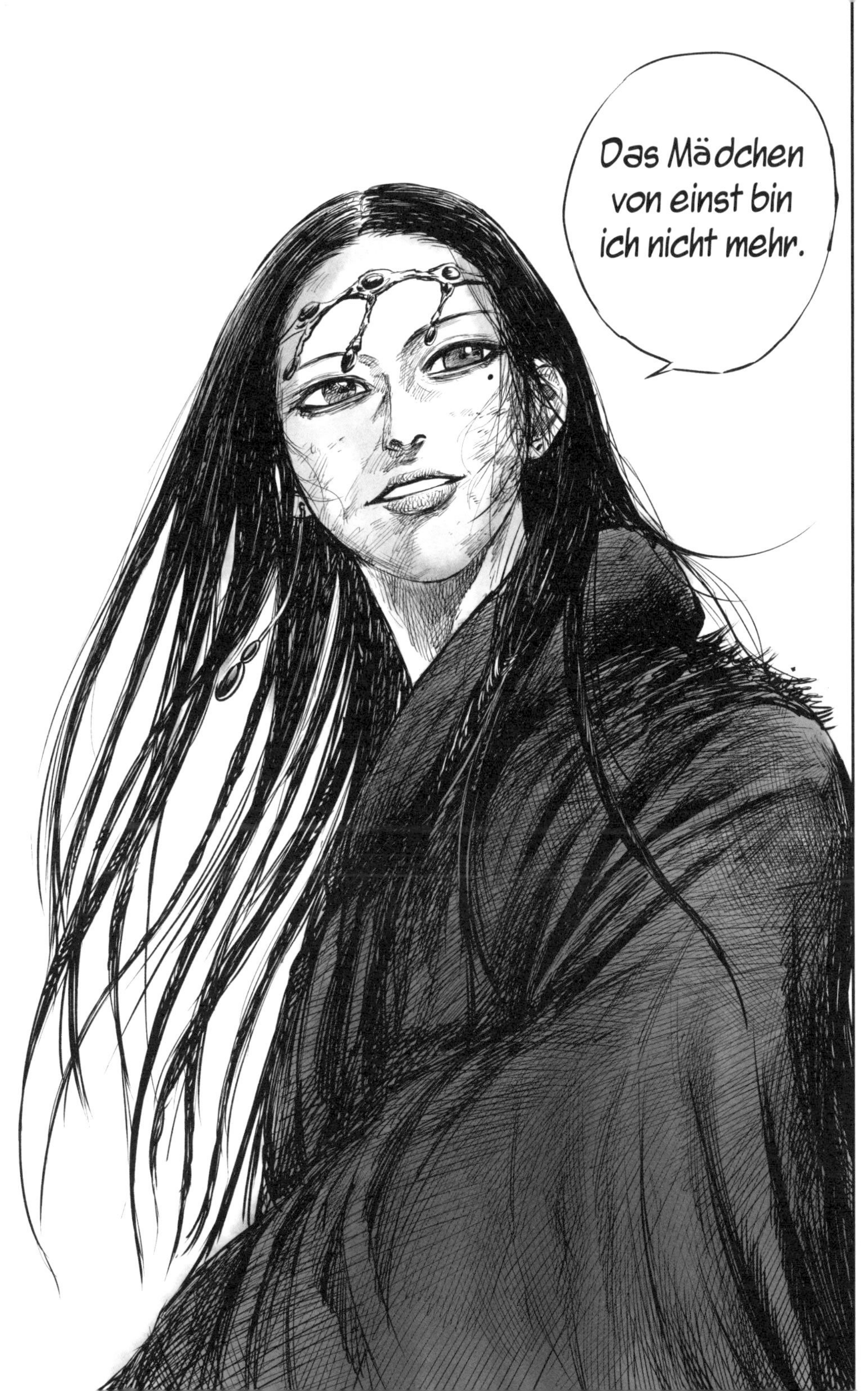
Das Mädchen von einst bin ich nicht mehr.

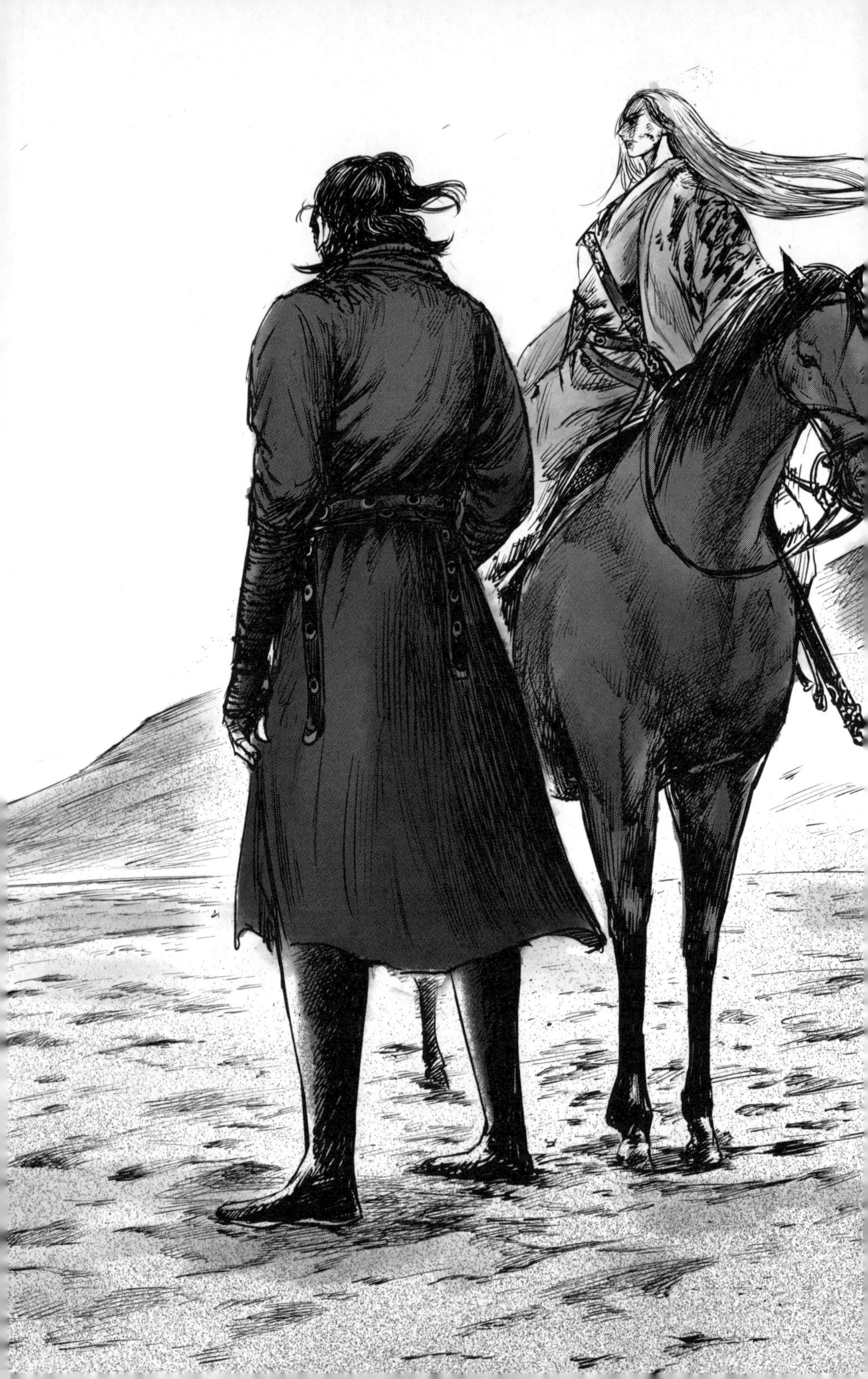

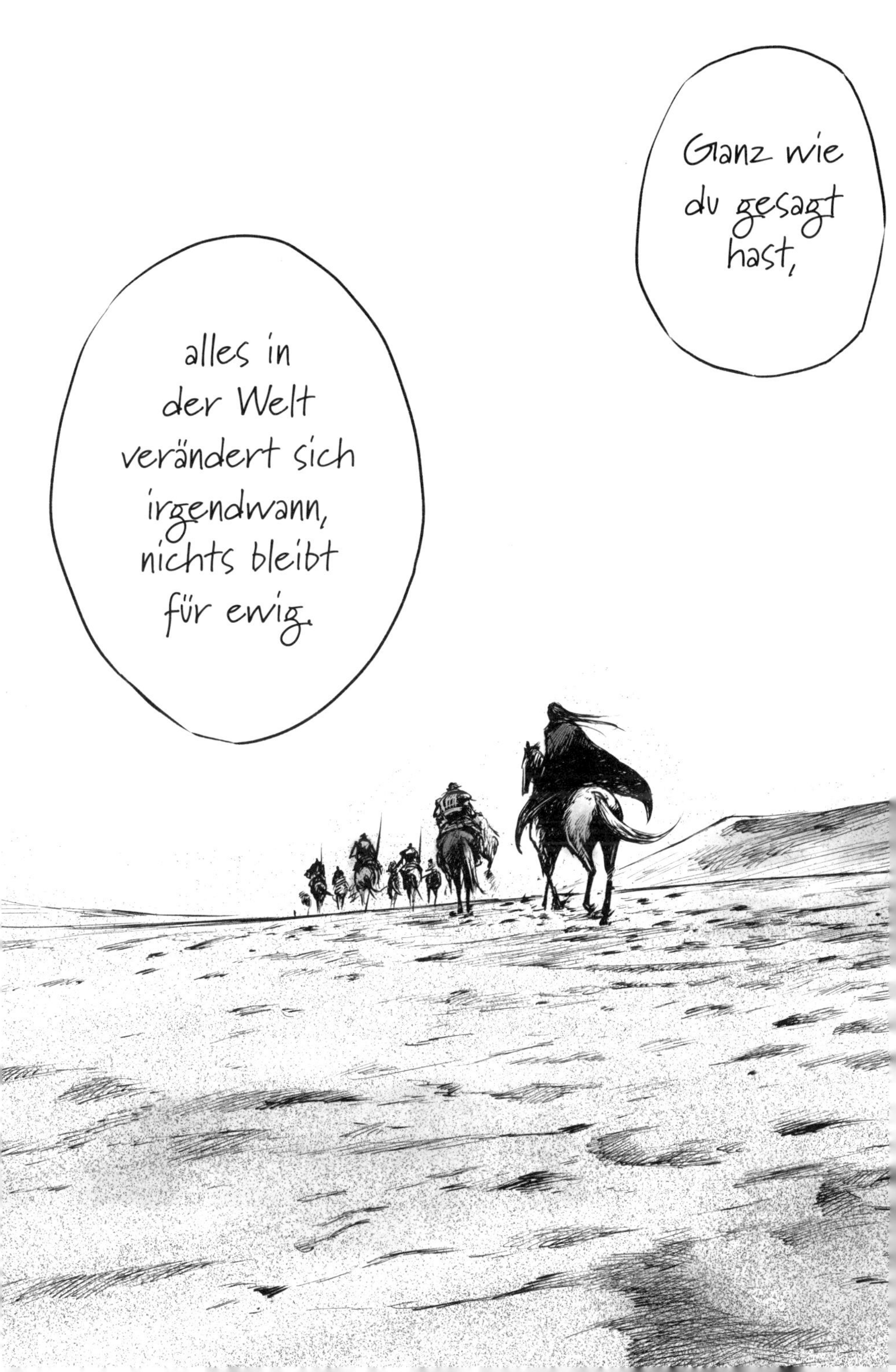
Ganz wie du gesagt hast,
alles in der Welt verändert sich irgendwann, nichts bleibt für ewig.

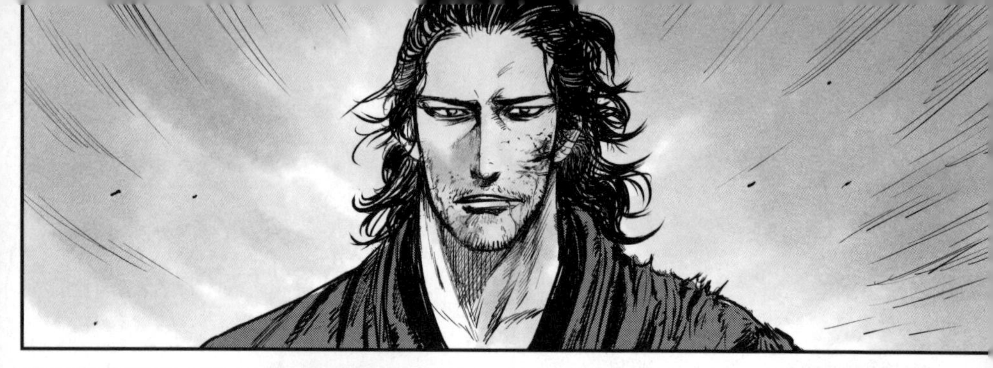

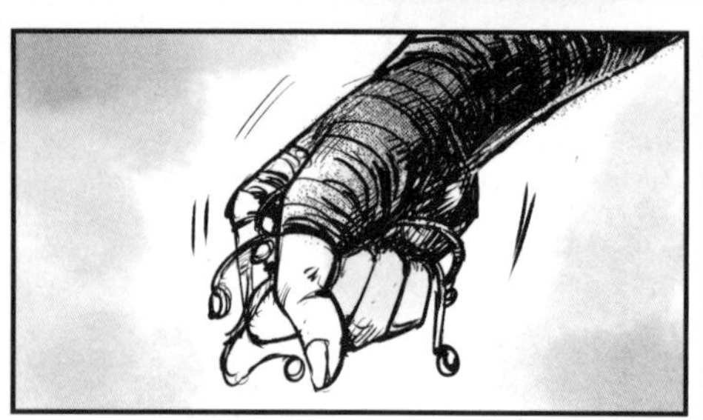

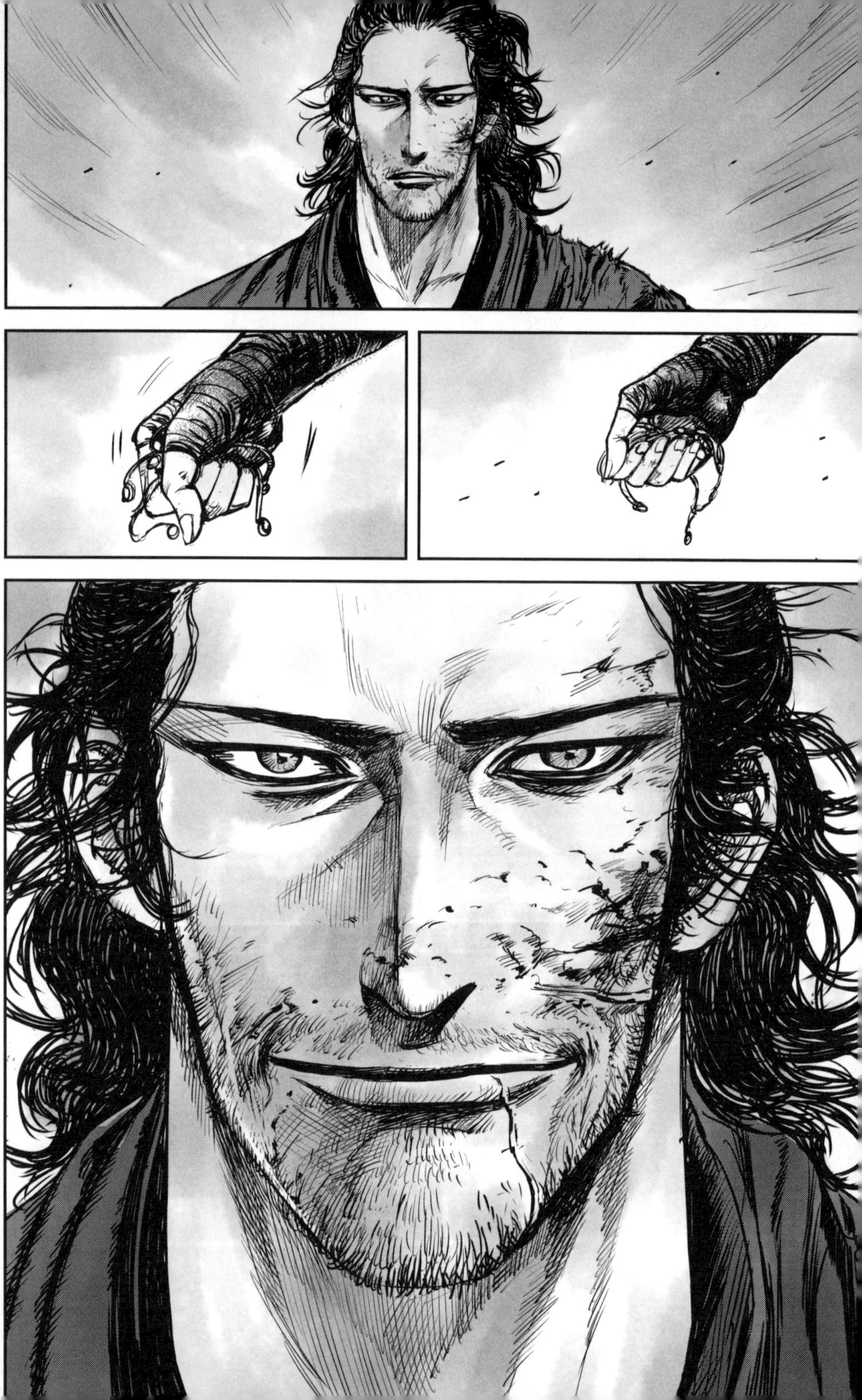

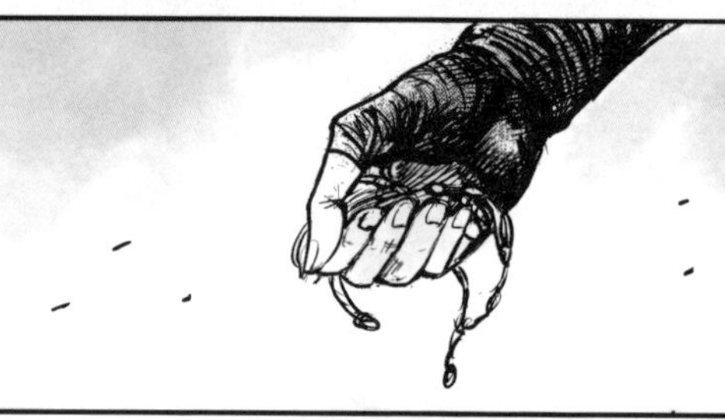

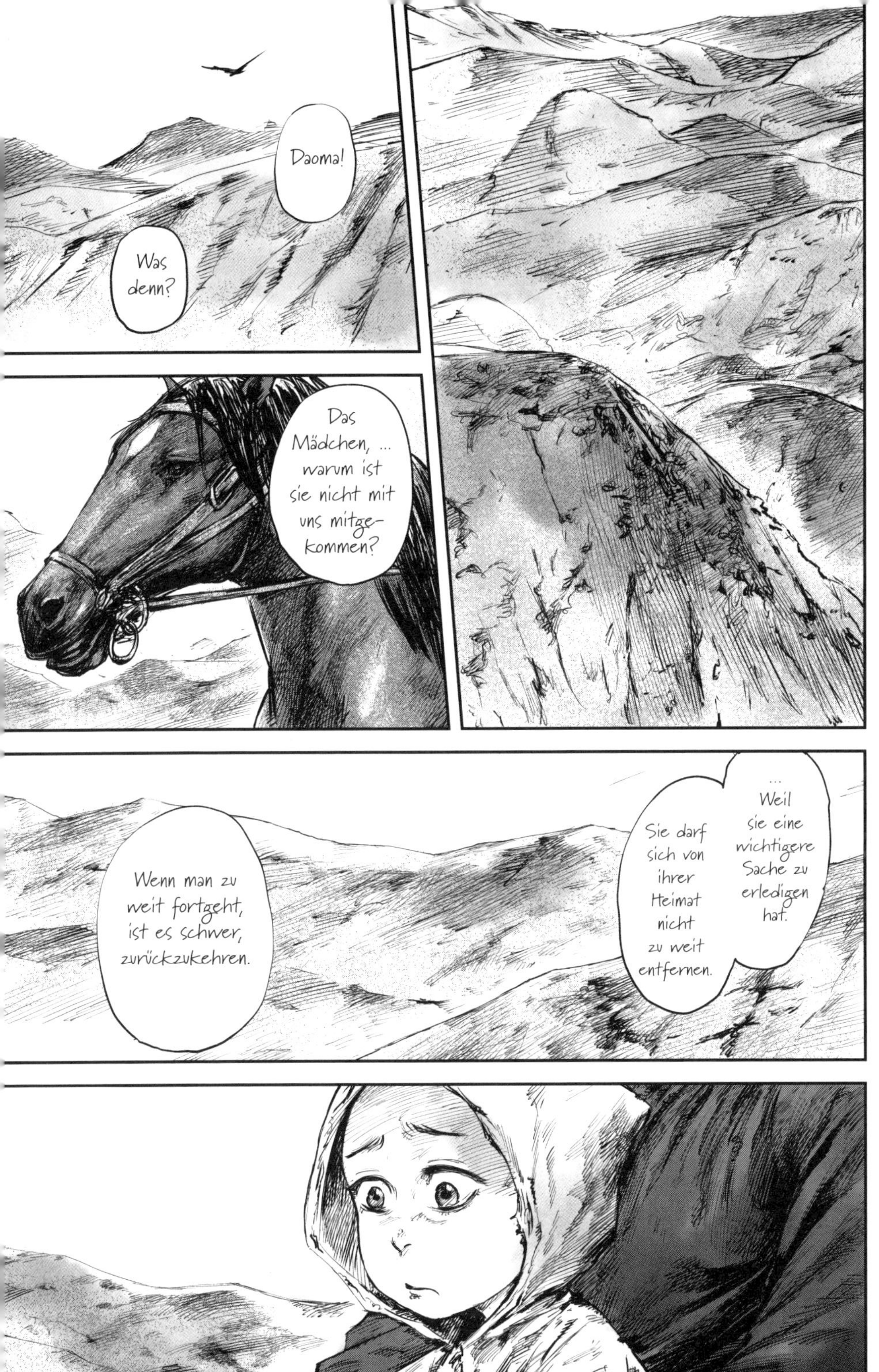
Daoma!
Was denn?
Das Mädchen, ... warum ist sie nicht mit uns mitgekommen?
... Weil sie eine wichtigere Sache zu erledigen hat.
Sie darf sich von ihrer Heimat nicht zu weit entfernen.
Wenn man zu weit fortgeht, ist es schwer, zurückzukehren.

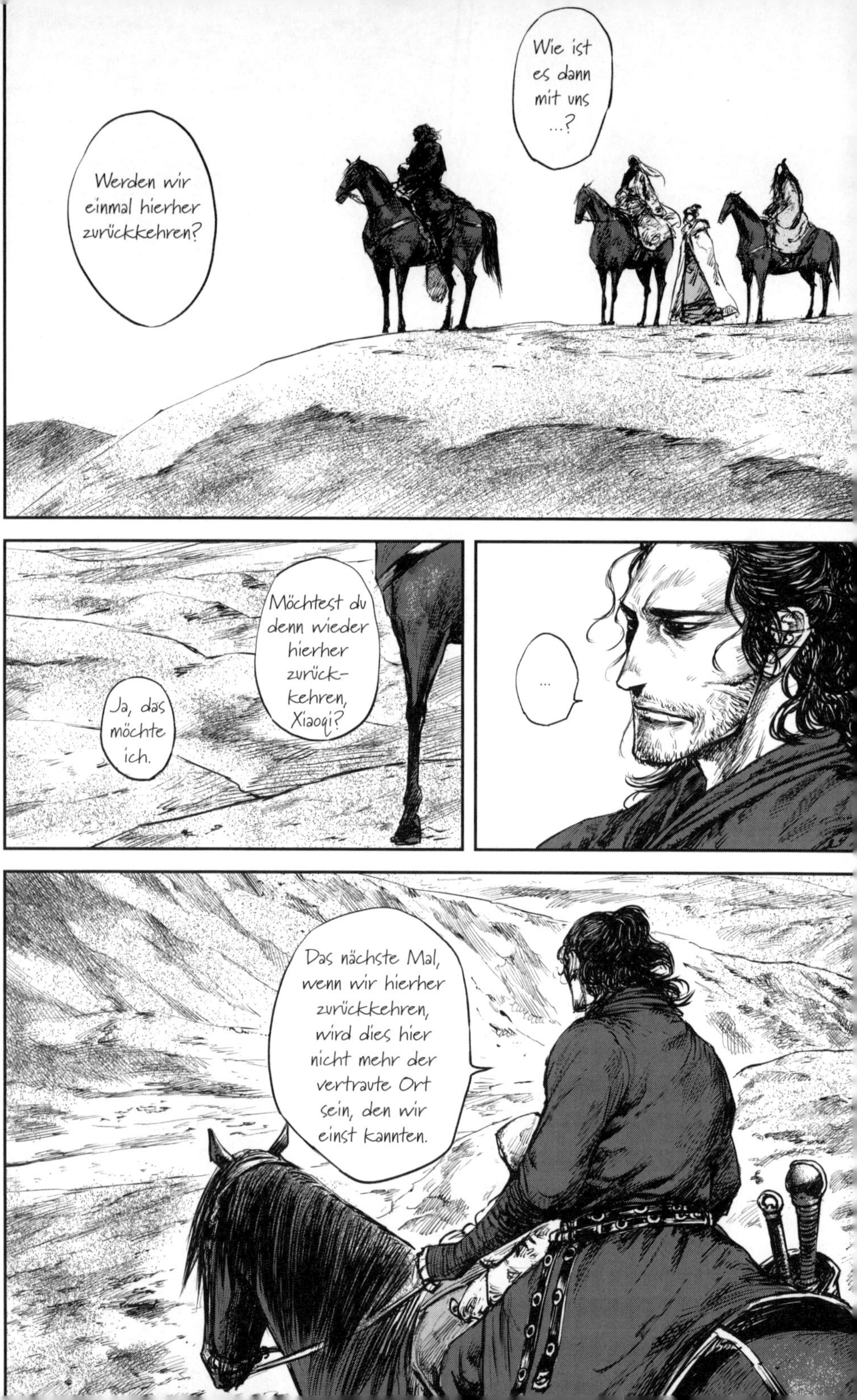

Werden wir einmal hierher zurückkehren?

Wie ist es dann mit uns ...?

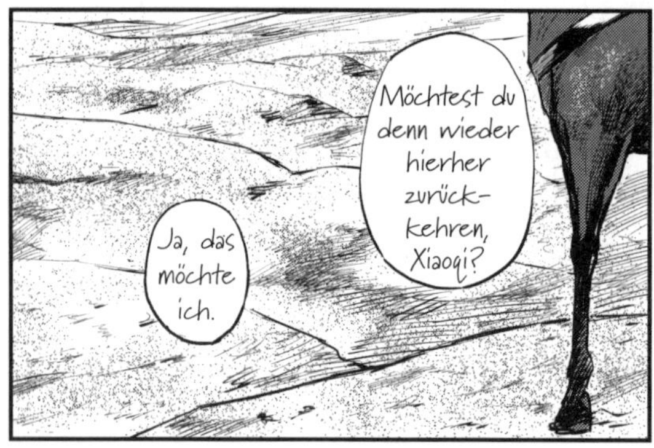

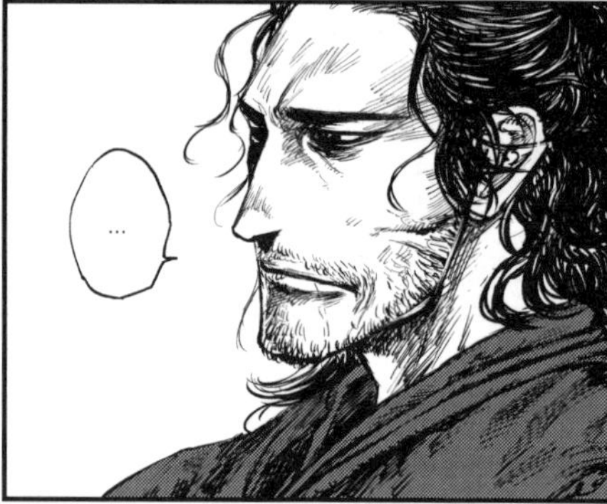

Das nächste Mal, wenn wir hierher zurückkehren, wird dies hier nicht mehr der vertraute Ort sein, den wir einst kannten.

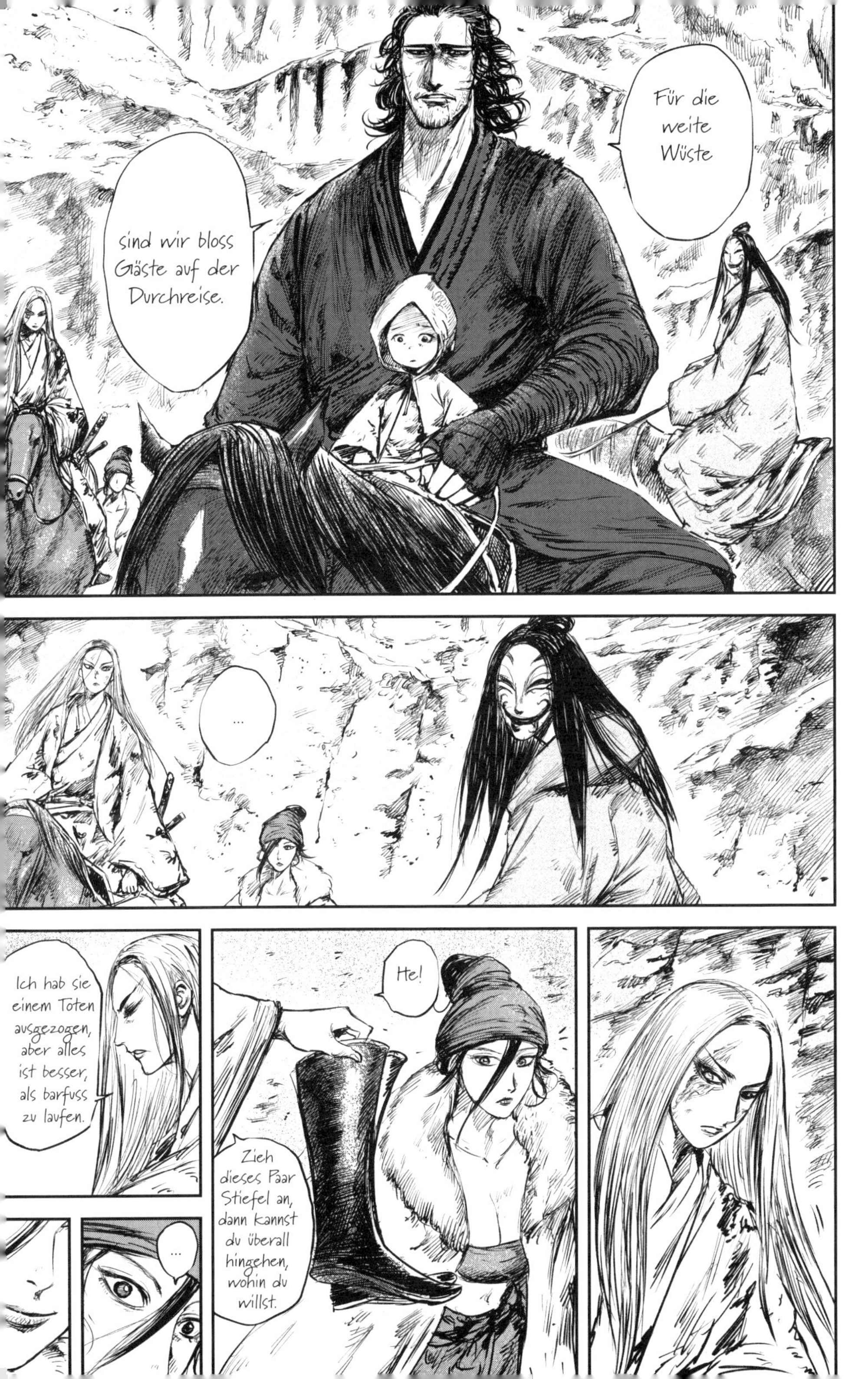

Für die weite Wüste

sind wir bloss Gäste auf der Durchreise.

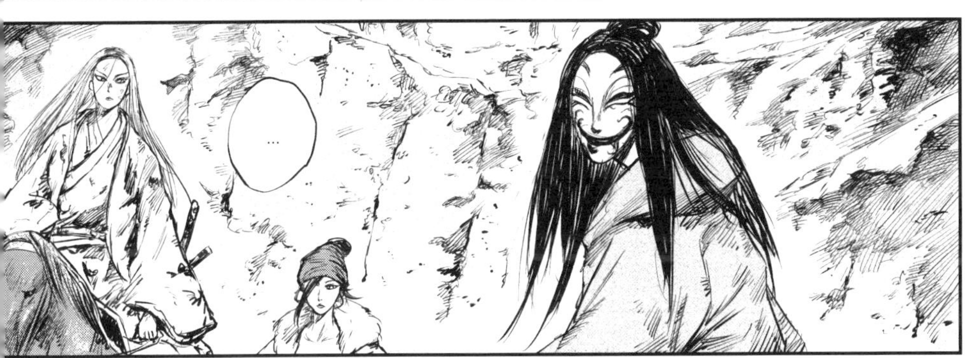

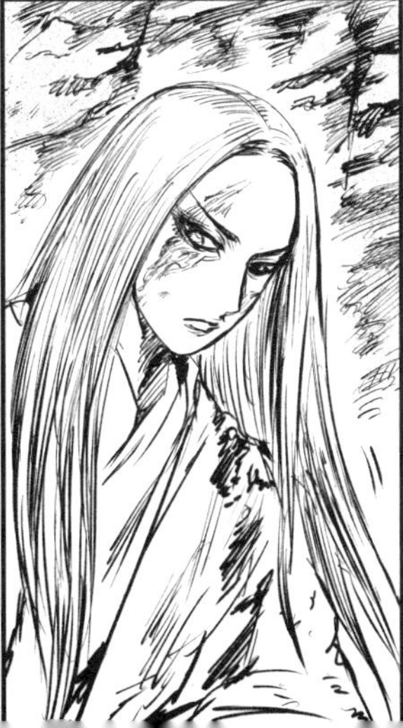

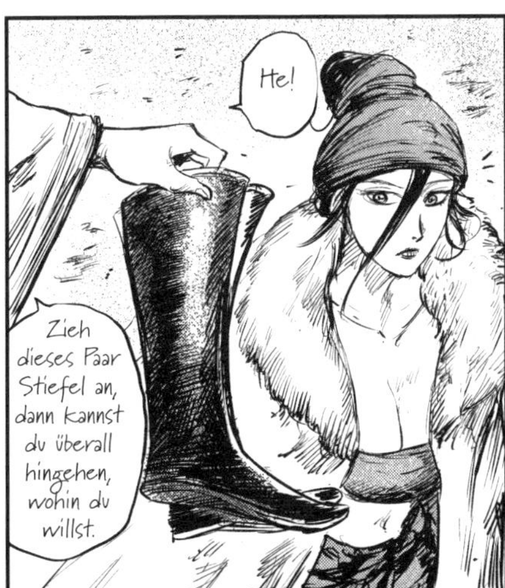

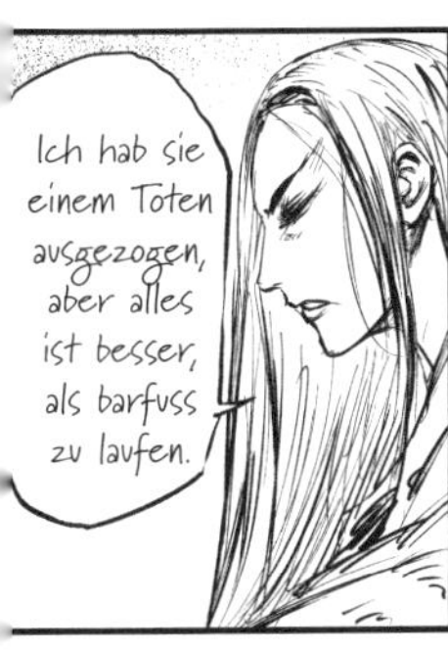

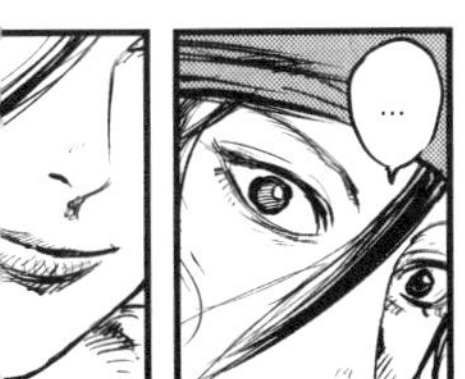

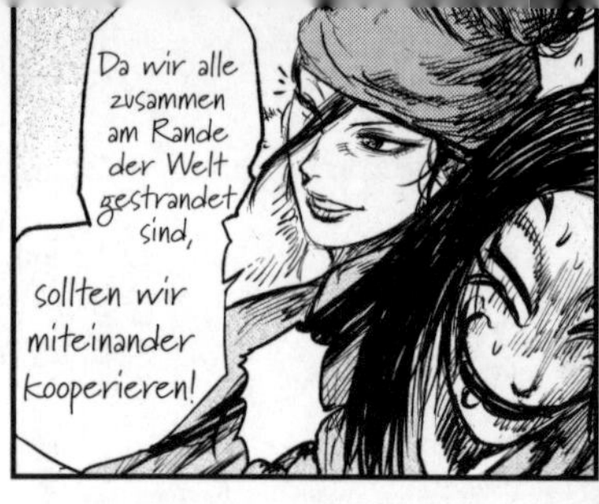
Da wir alle zusammen am Rande der Welt gestrandet sind,
sollten wir miteinander kooperieren!

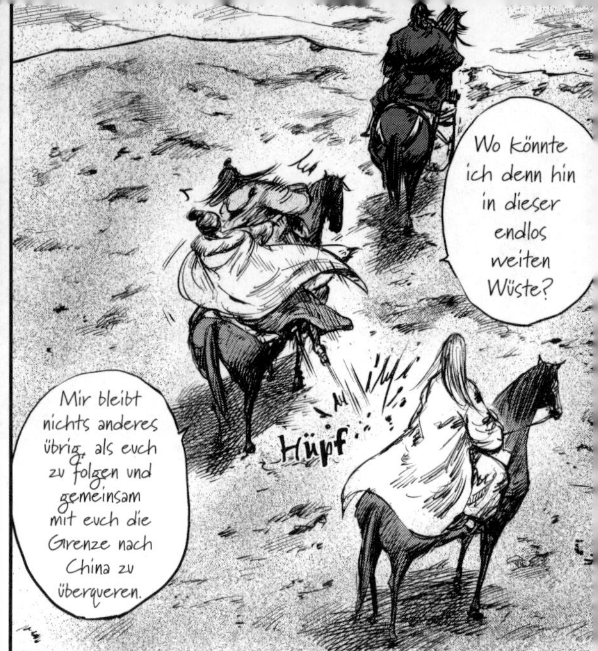
Wo könnte ich denn hin in dieser endlos weiten Wüste?
Hüpf

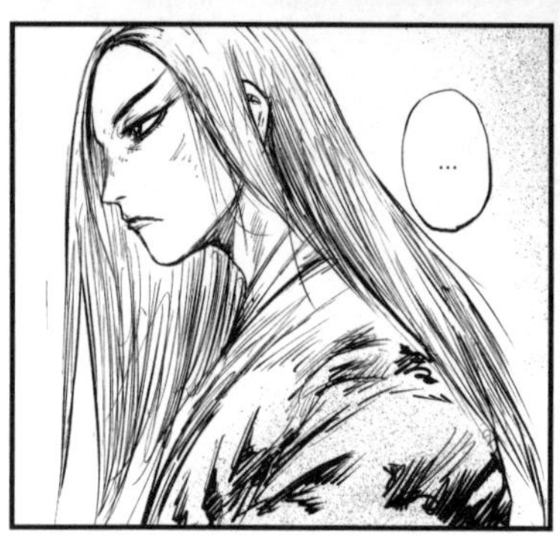
...
Mir bleibt nichts anderes übrig, als euch zu folgen und gemeinsam mit euch die Grenze nach China zu überqueren.

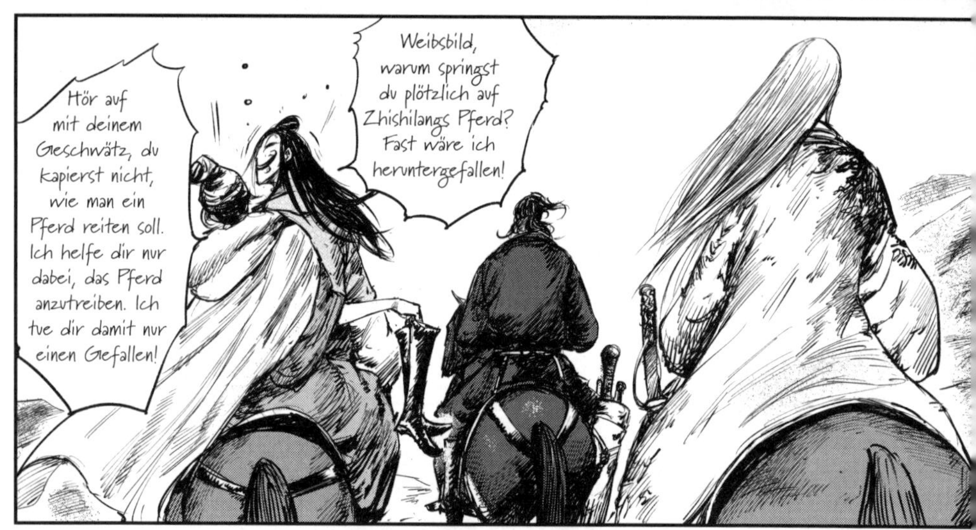
Weibsbild, warum springst du plötzlich auf Zhishilangs Pferd? Fast wäre ich heruntergefallen!
Hör auf mit deinem Geschwätz, du kapierst nicht, wie man ein Pferd reiten soll. Ich helfe dir nur dabei, das Pferd anzutreiben. Ich tue dir damit nur einen Gefallen!

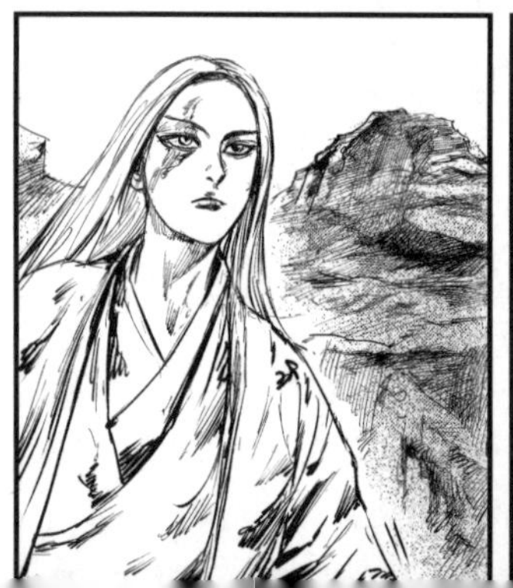

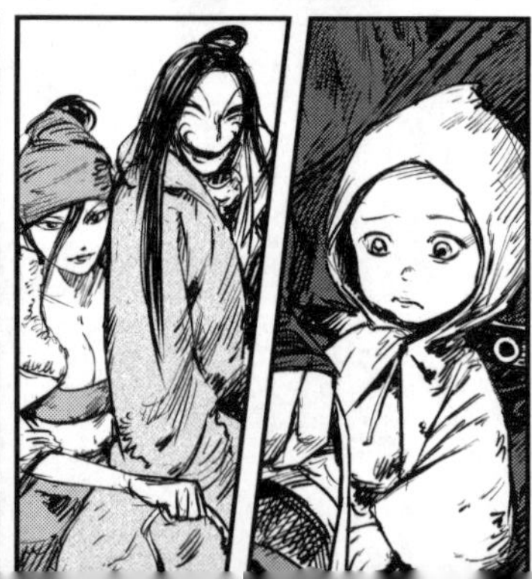

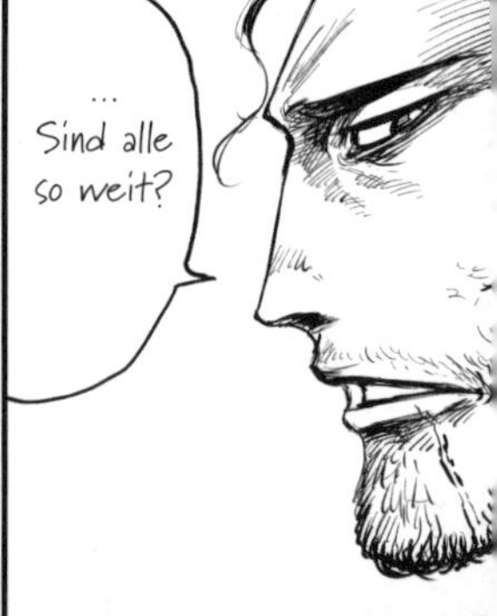
... Sind alle so weit?

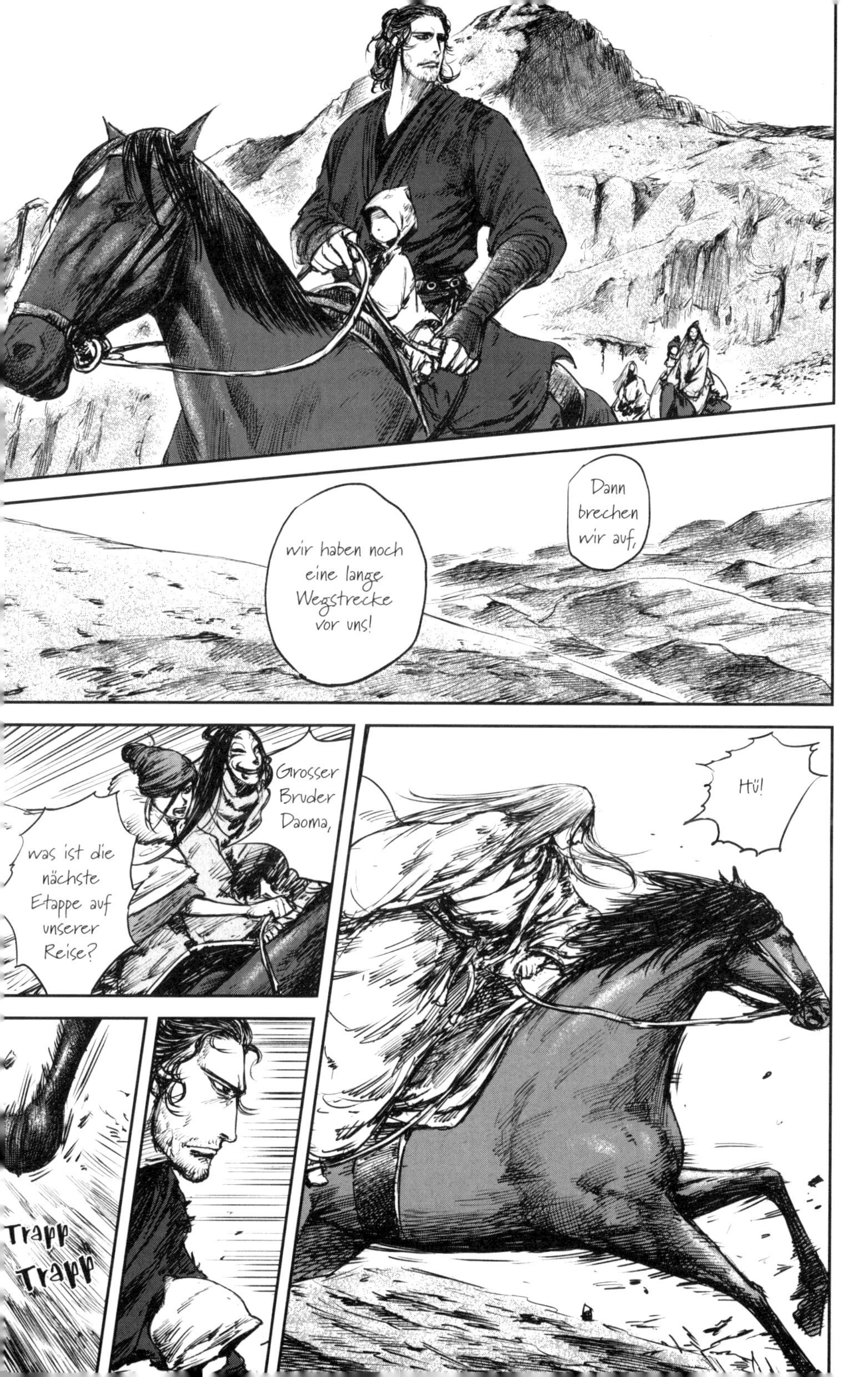

Dann brechen wir auf,

wir haben noch eine lange Wegstrecke vor uns!

Grosser Bruder Daoma,

was ist die nächste Etappe auf unserer Reise?

Hü!

Trapp Trapp

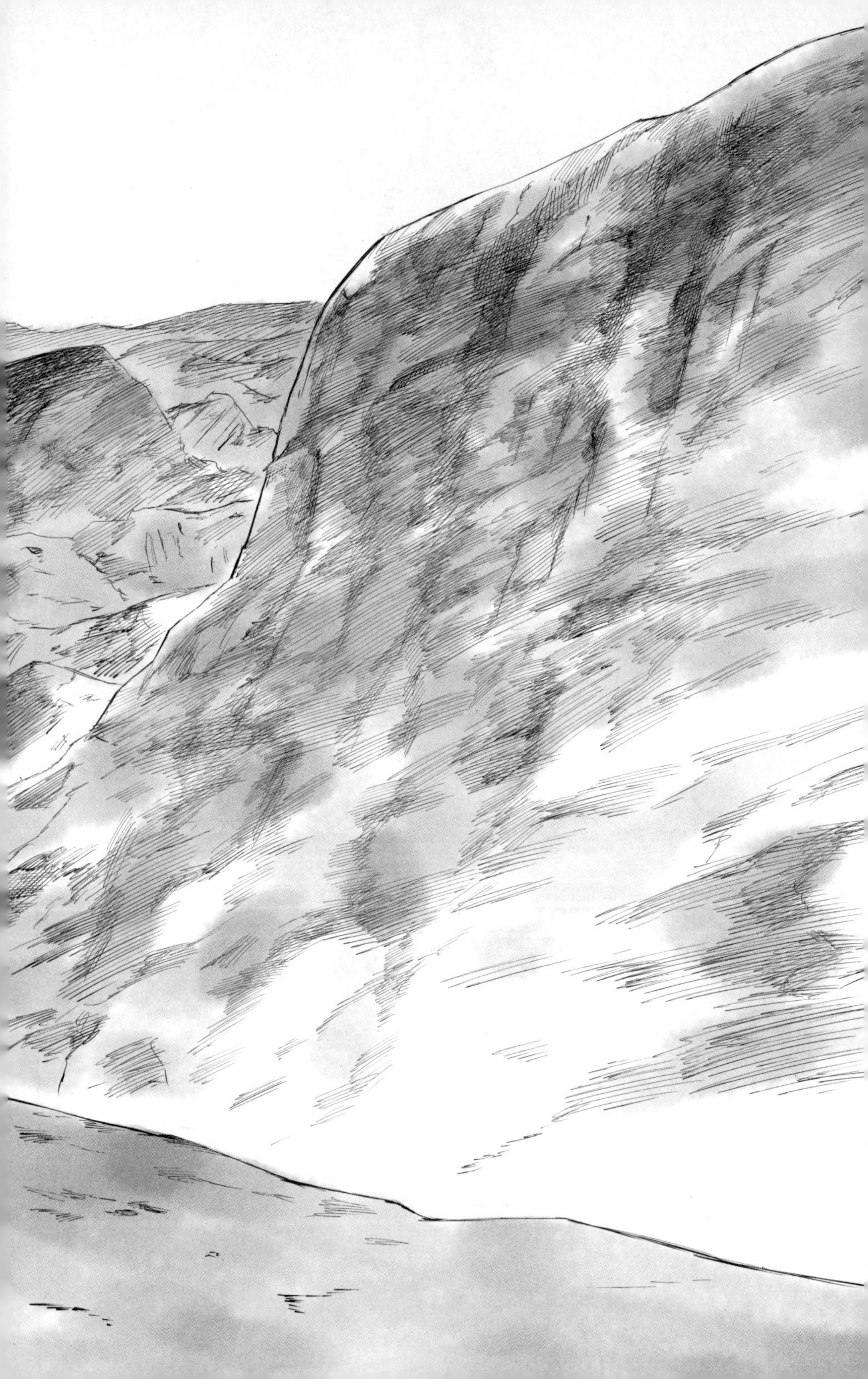

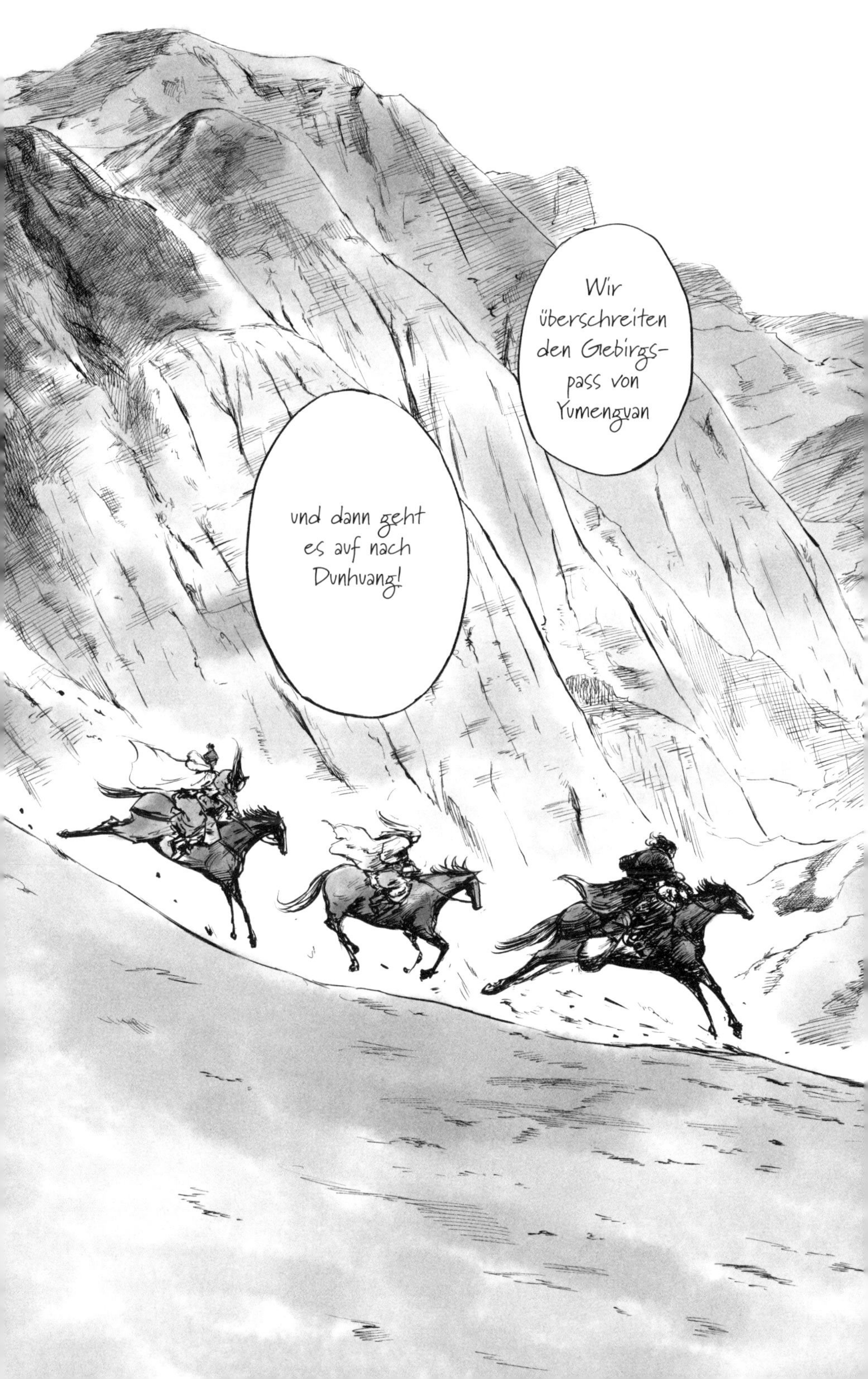
Wir überschreiten den Gebirgs-pass von Yumenguan
und dann geht es auf nach Dunhuang!

Ende des zweiten
Akts:
Die weite Wüste

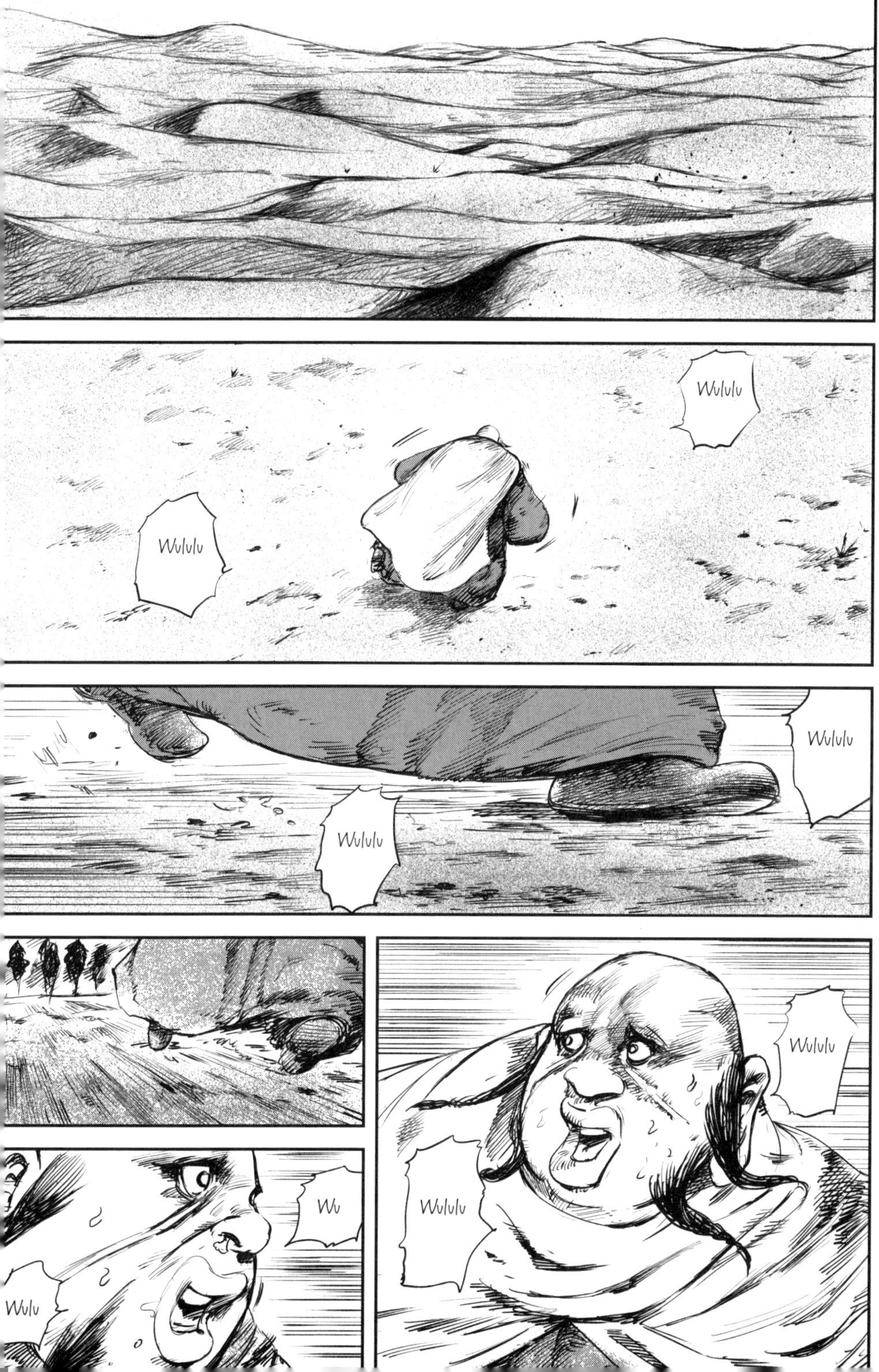

Wululu

Wululu

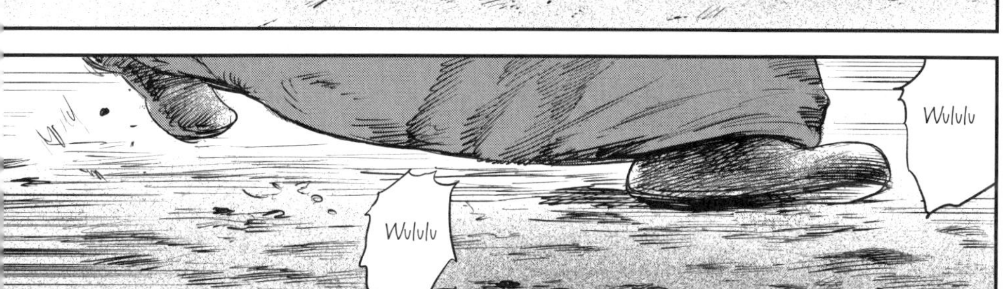

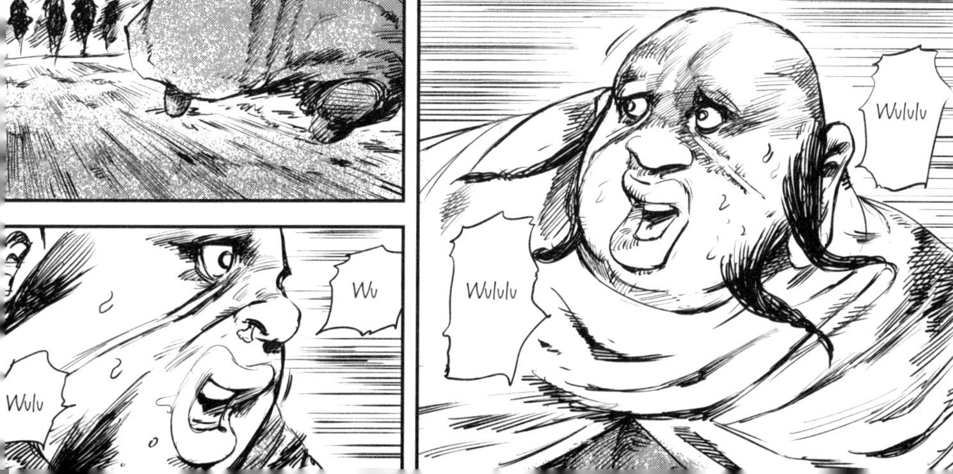

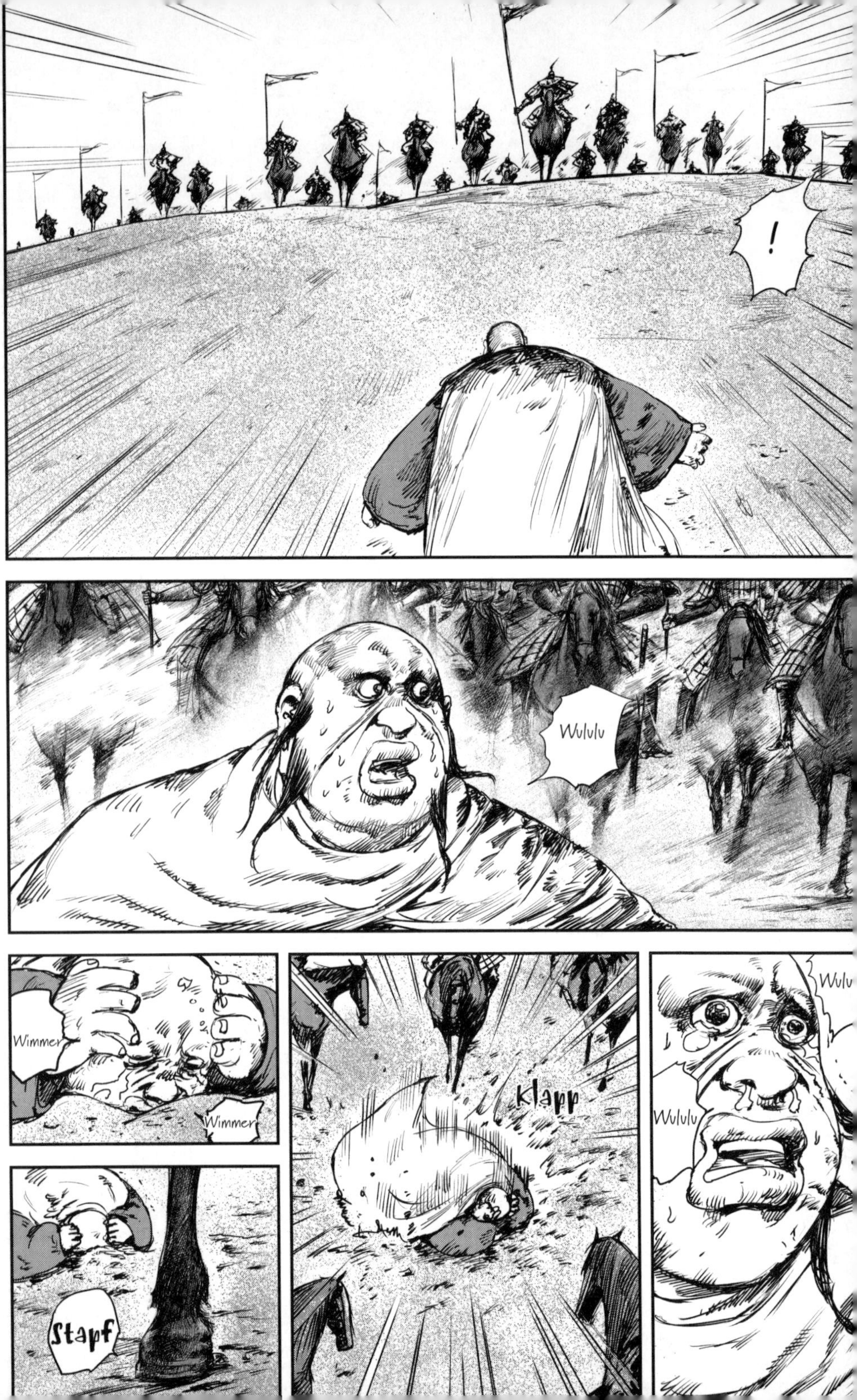

!

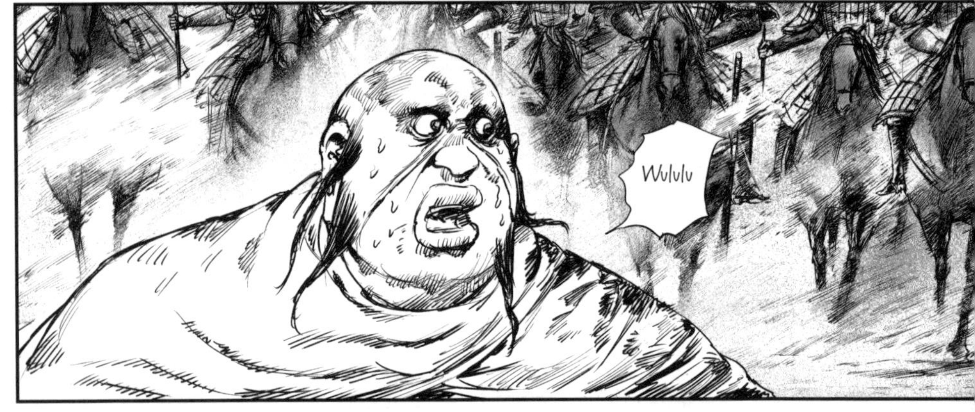
Wululu

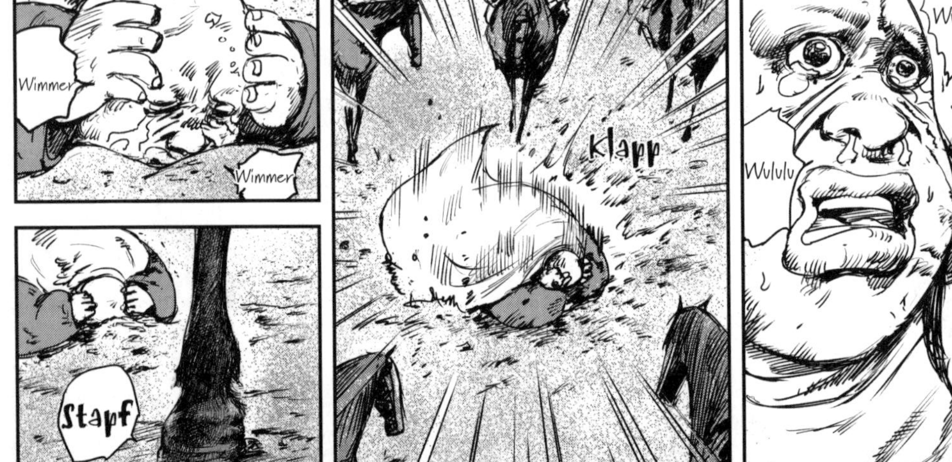
Wulu
Wululu
Klapp
Wimmer
Wimmer
Stapf

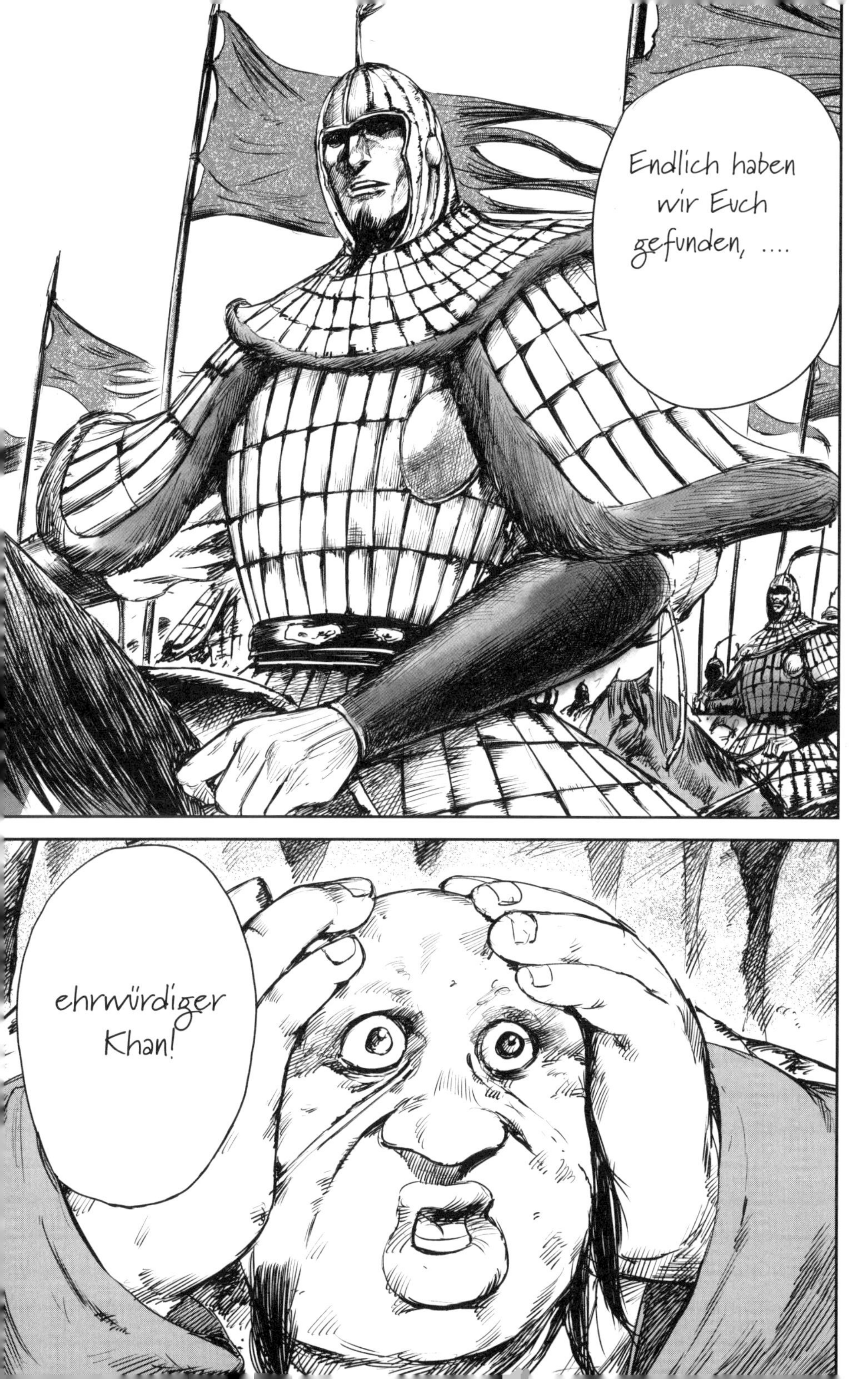

Endlich haben wir Euch gefunden, ...

ehrwürdiger Khan!

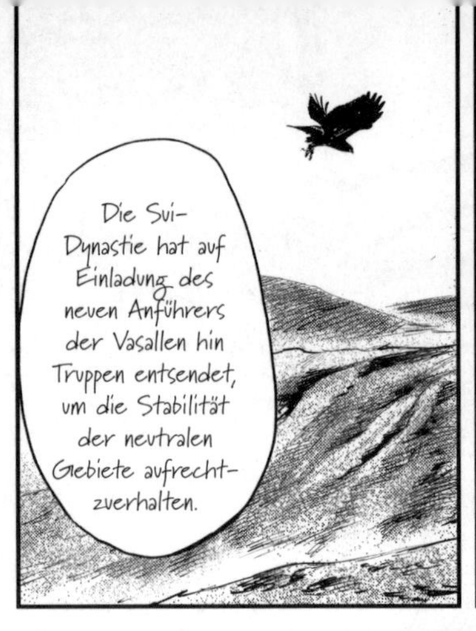

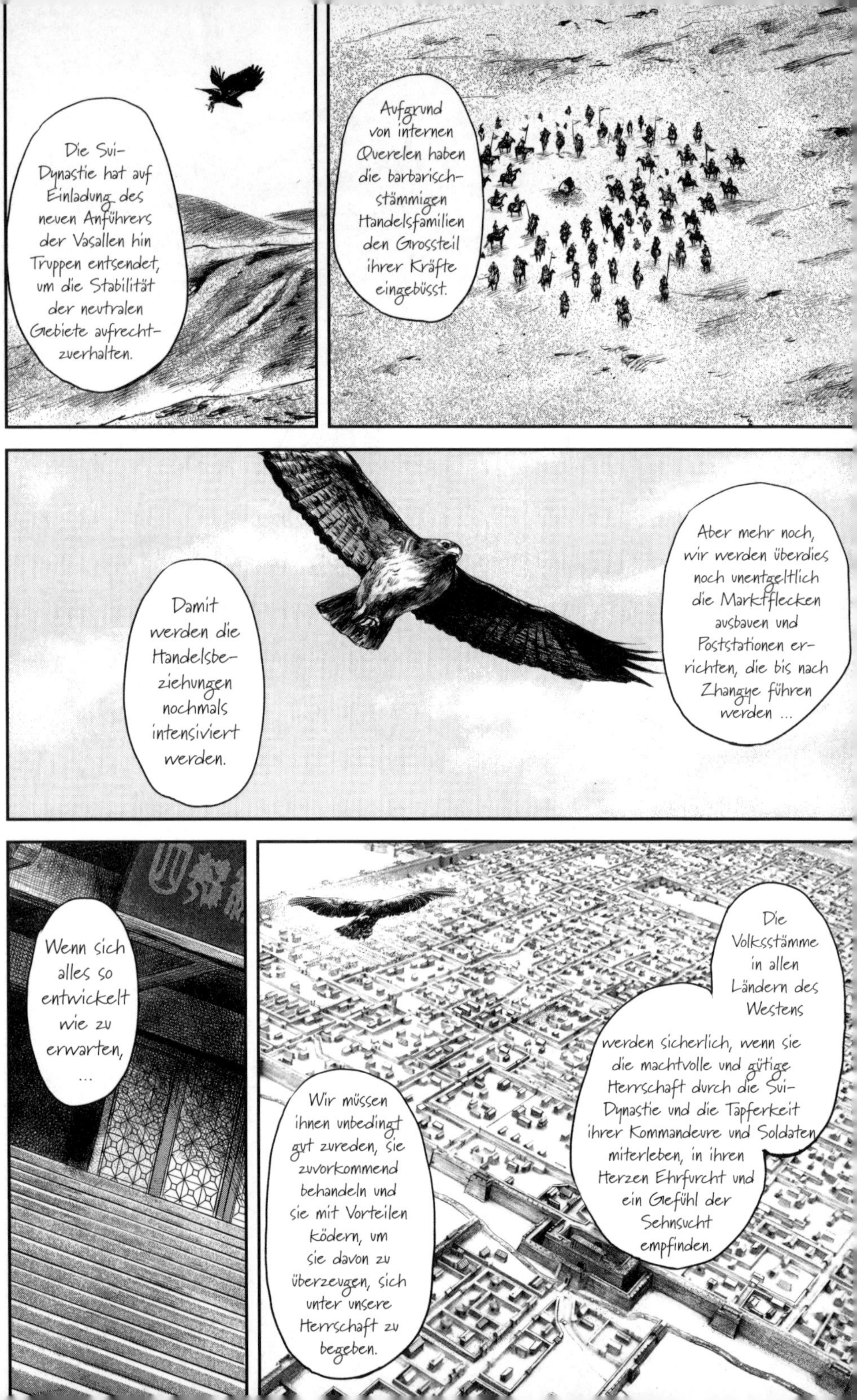

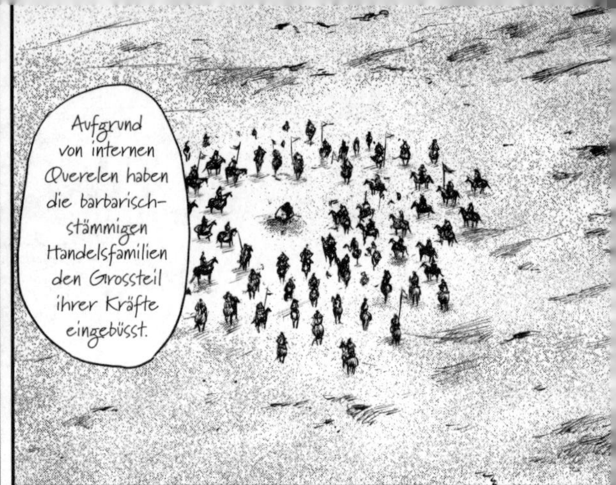

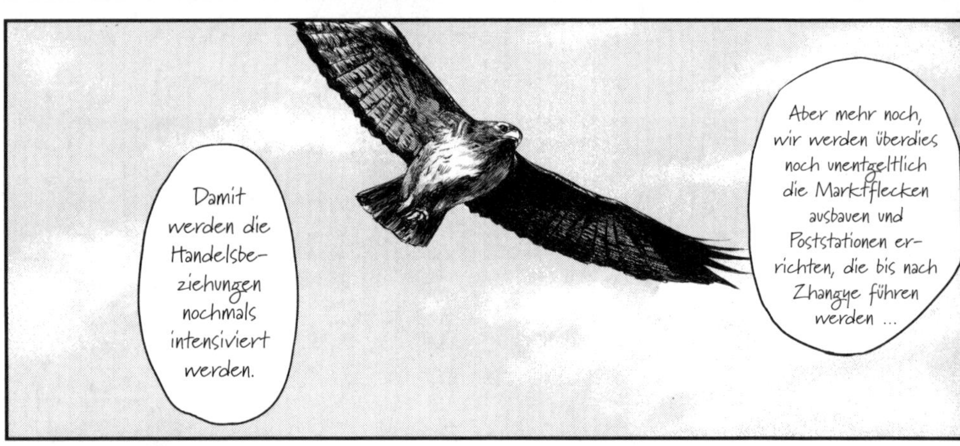

Wenn sich alles so entwickelt wie zu erwarten, ...

Die Volksstämme in allen Ländern des Westens

werden sicherlich, wenn sie die machtvolle und gütige Herrschaft durch die Sui-Dynastie und die Tapferkeit ihrer Kommandeure und Soldaten miterleben, in ihren Herzen Ehrfurcht und ein Gefühl der Sehnsucht empfinden.

Wir müssen ihnen unbedingt gut zureden, sie zuvorkommend behandeln und sie mit Vorteilen ködern, um sie davon zu überzeugen, sich unter unsere Herrschaft zu begeben.

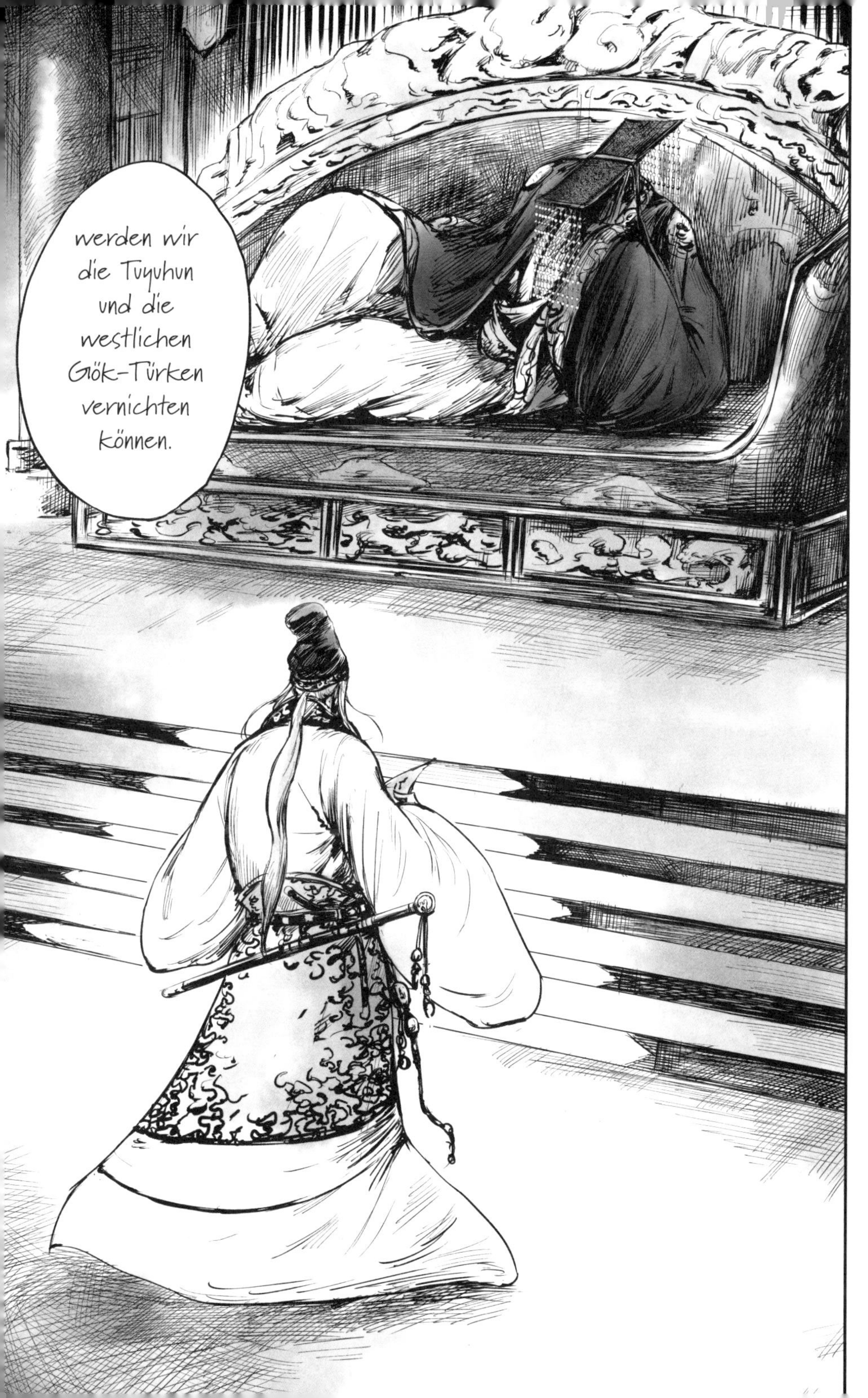
werden wir die Tuyuhun und die westlichen Gök-Türken vernichten können.

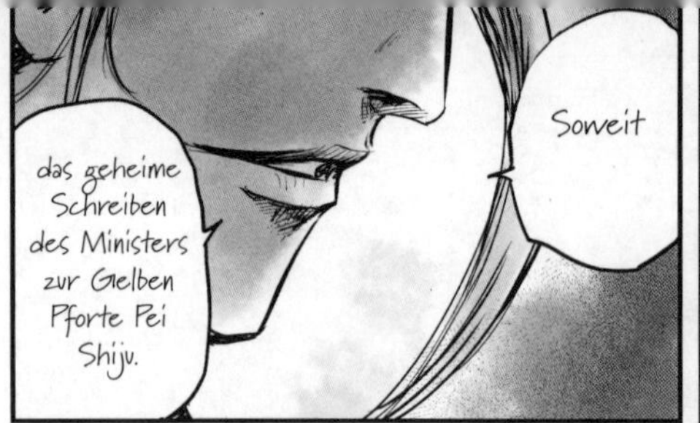
Soweit
das geheime Schreiben des Ministers zur Gelben Pforte Pei Shiju.

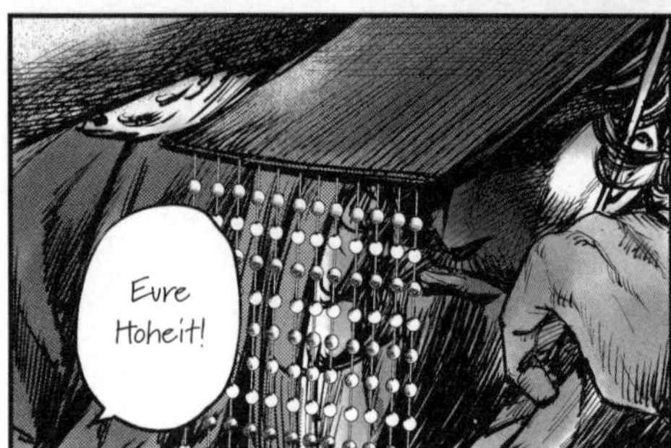
Eure Hoheit!

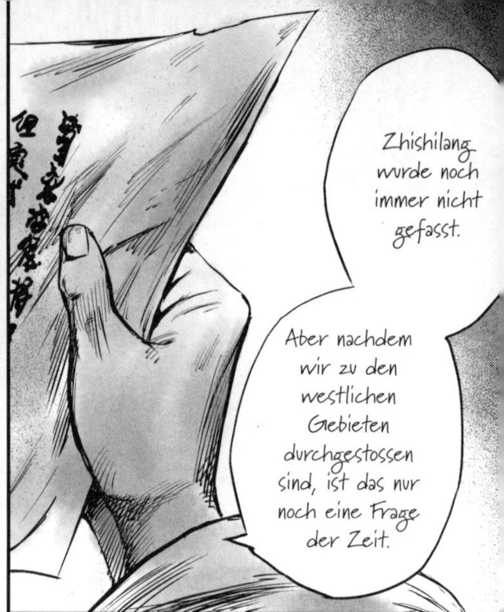
Zhishilang wurde noch immer nicht gefasst.
Aber nachdem wir zu den westlichen Gebieten durchgestossen sind, ist das nur noch eine Frage der Zeit.

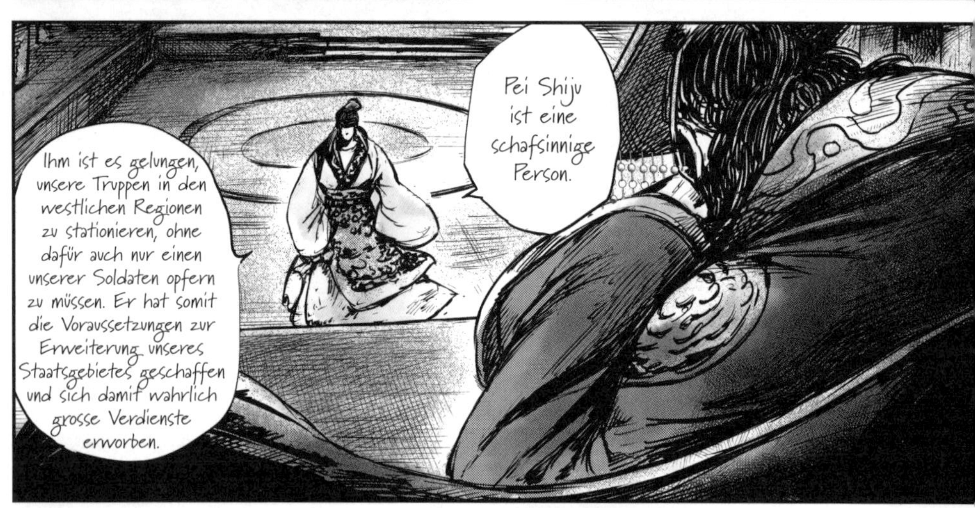
Pei Shiju ist eine schafsinnige Person.
Ihm ist es gelungen, unsere Truppen in den westlichen Regionen zu stationieren, ohne dafür auch nur einen unserer Soldaten opfern zu müssen. Er hat somit die Voraussetzungen zur Erweiterung unseres Staatsgebietes geschaffen und sich damit wahrlich grosse Verdienste erworben.

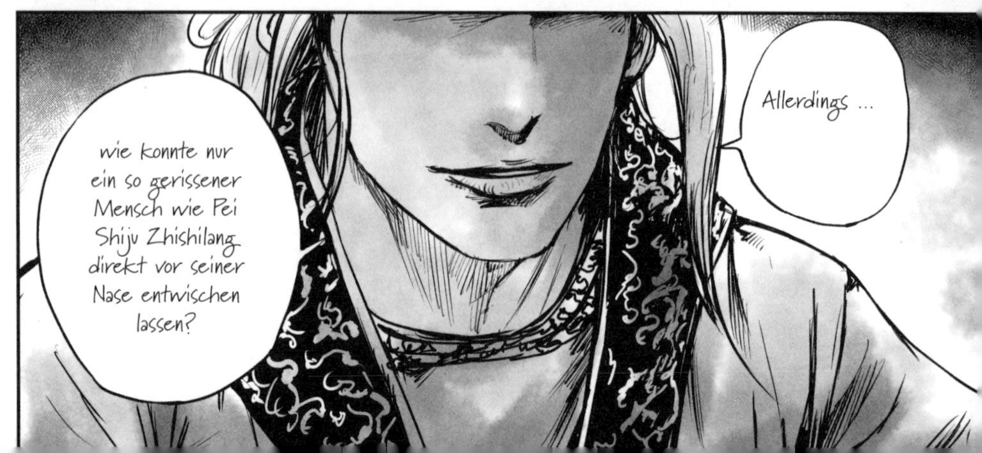
Allerdings ...
wie konnte nur ein so gerissener Mensch wie Pei Shiju Zhishilang direkt vor seiner Nase entwischen lassen?

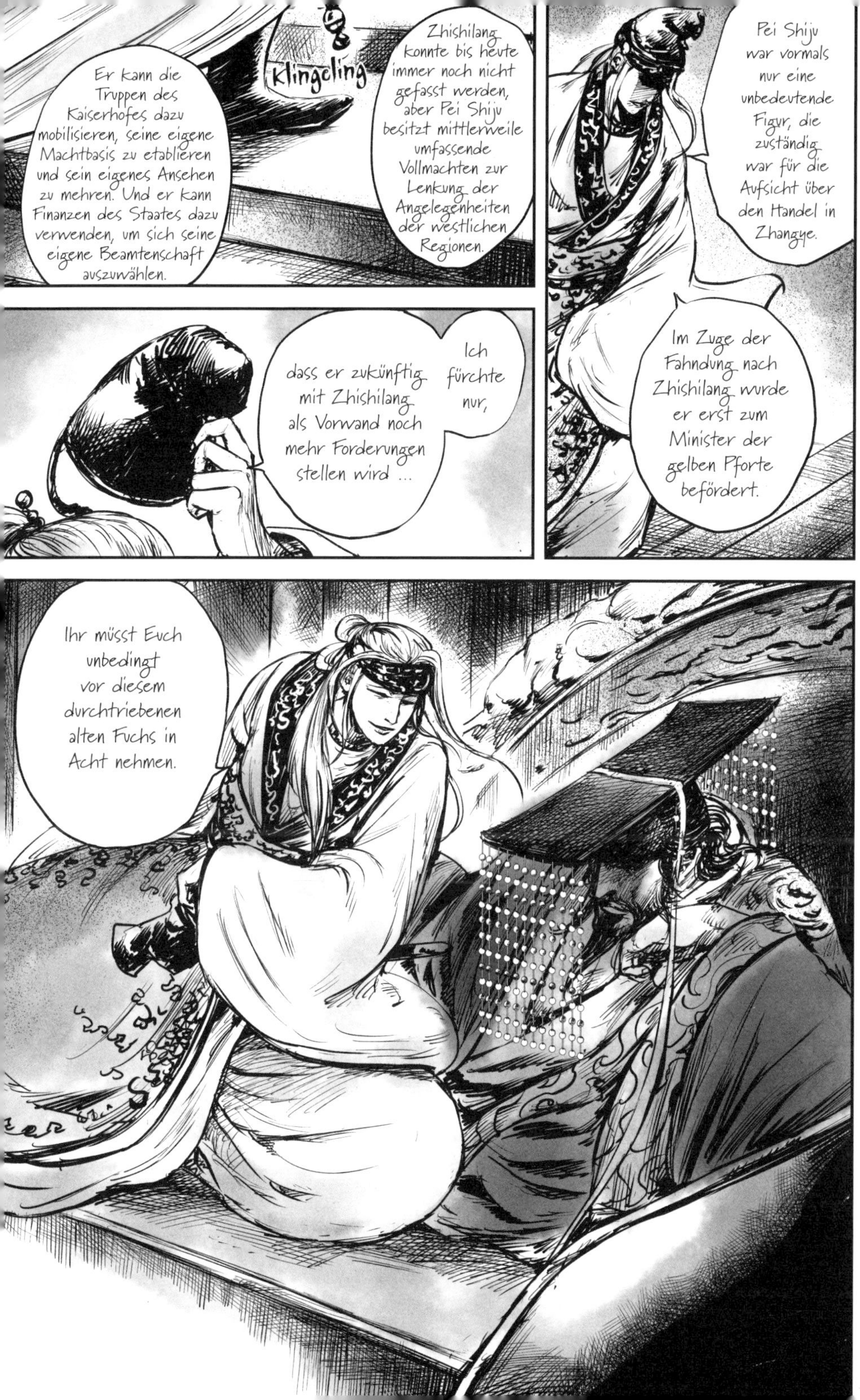

Er kann die Truppen des Kaiserhofes dazu mobilisieren, seine eigene Machtbasis zu etablieren und sein eigenes Ansehen zu mehren. Und er kann Finanzen des Staates dazu verwenden, um sich seine eigene Beamtenschaft auszuwählen.

klingeling

Zhishilang konnte bis heute immer noch nicht gefasst werden, aber Pei Shiju besitzt mittlerweile umfassende Vollmachten zur Lenkung der Angelegenheiten der westlichen Regionen.

Pei Shiju war vormals nur eine unbedeutende Figur, die zuständig war für die Aufsicht über den Handel in Zhangye.

Im Zuge der Fahndung nach Zhishilang wurde er erst zum Minister der gelben Pforte befördert.

Ich fürchte nur,

dass er zukünftig mit Zhishilang als Vorwand noch mehr Forderungen stellen wird …

Ihr müsst Euch unbedingt vor diesem durchtriebenen alten Fuchs in Acht nehmen.

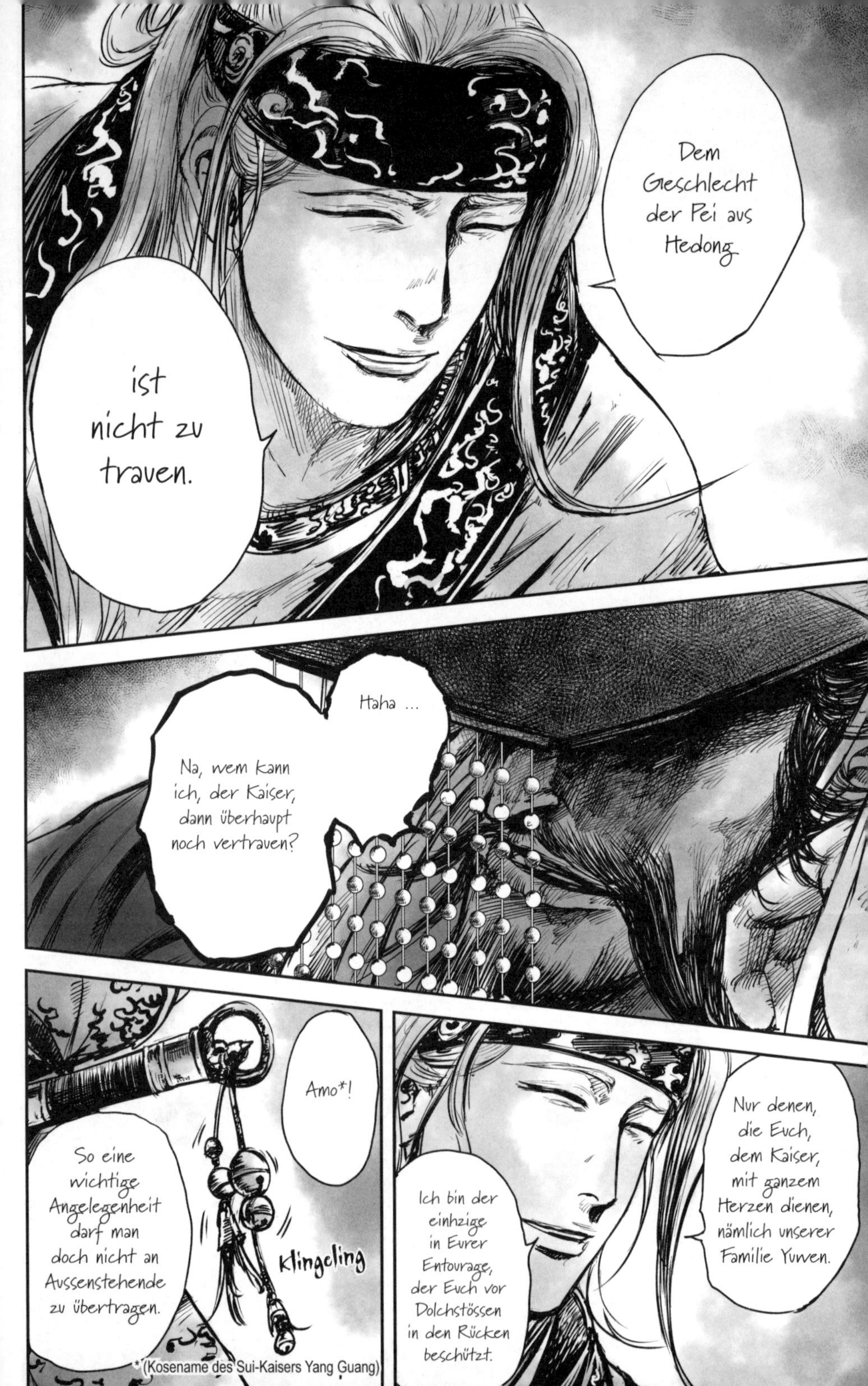

* (Kosename des Sui-Kaisers Yang Guang)

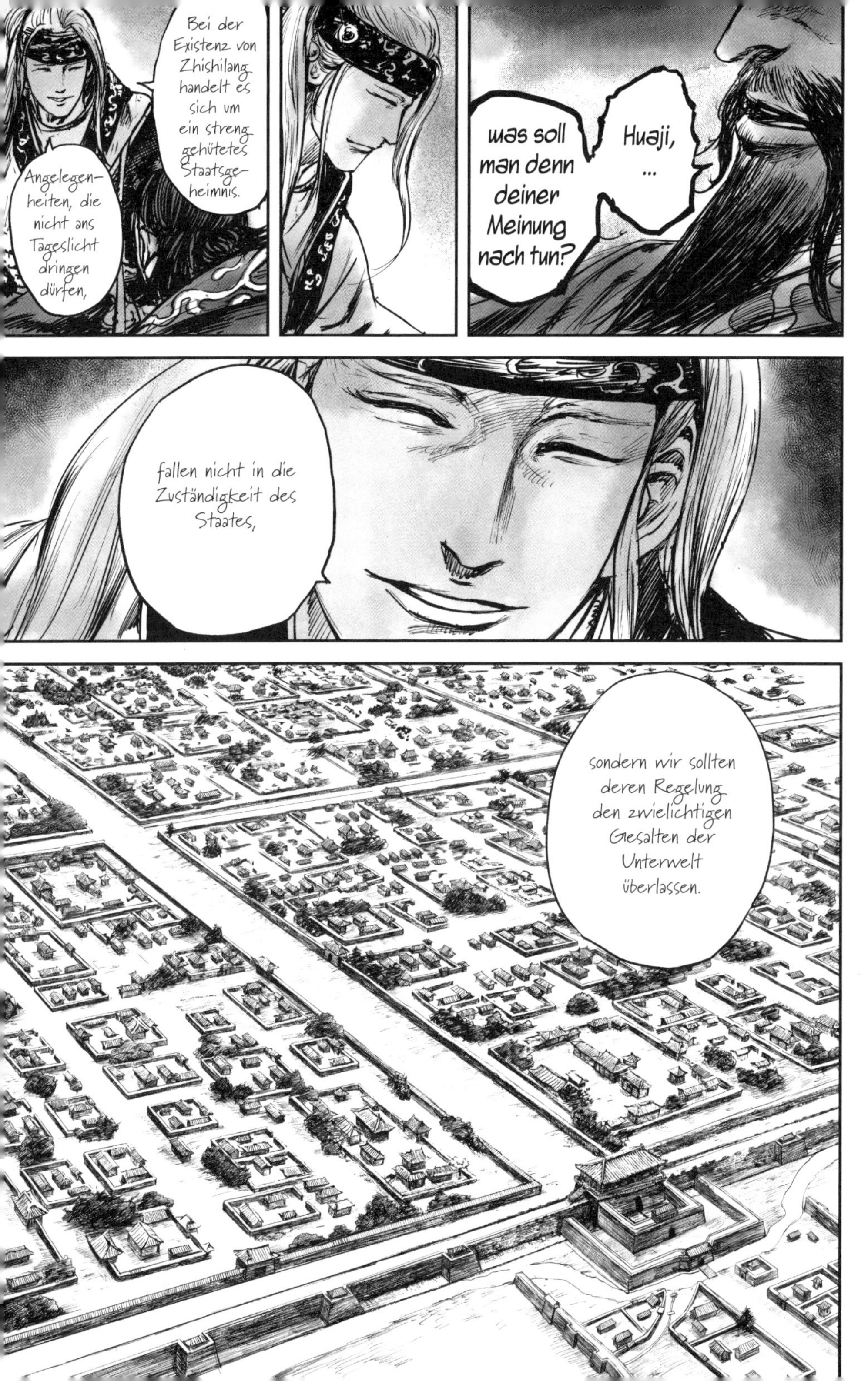

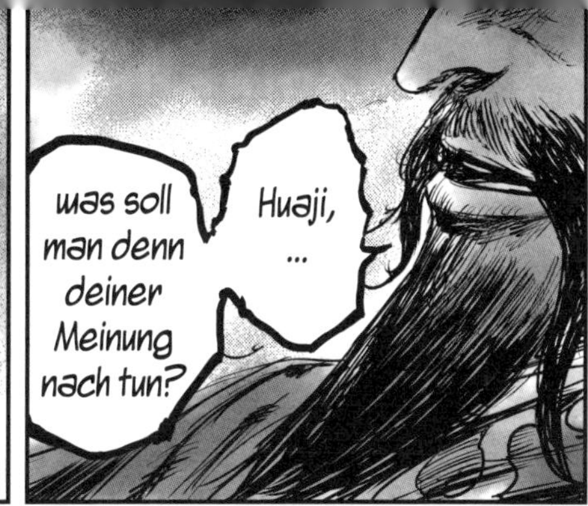
Huaji, ...
was soll man denn deiner Meinung nach tun?

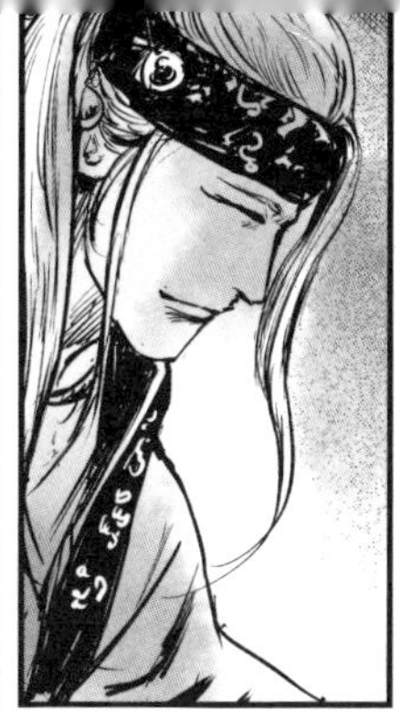
Bei der Existenz von Zhishilang handelt es sich um ein streng gehütetes Staatsgeheimnis.

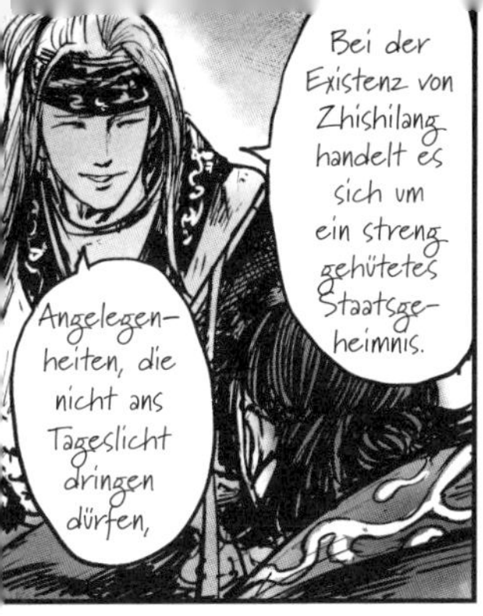
Angelegenheiten, die nicht ans Tageslicht dringen dürfen,

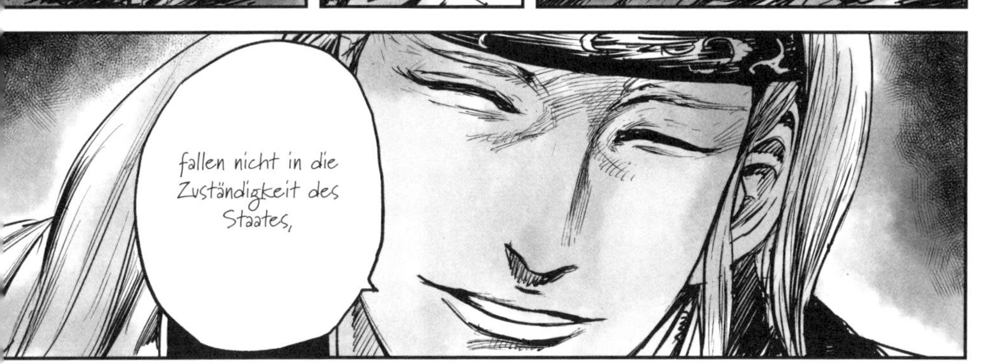
fallen nicht in die Zuständigkeit des Staates,

sondern wir sollten deren Regelung den zwielichtigen Gesalten der Unterwelt überlassen.

Bonuskapitel

Was im Städtchen des roten Sandes
einstmals und später
noch so passiert ist ....

Sieben Jahre zurück in der Vergangenheit ...
Zwanzigstes Jahr der Regierungszeit des Sui-Kaisers Wendi,
d.h. im Jahre 600 n. Chr.

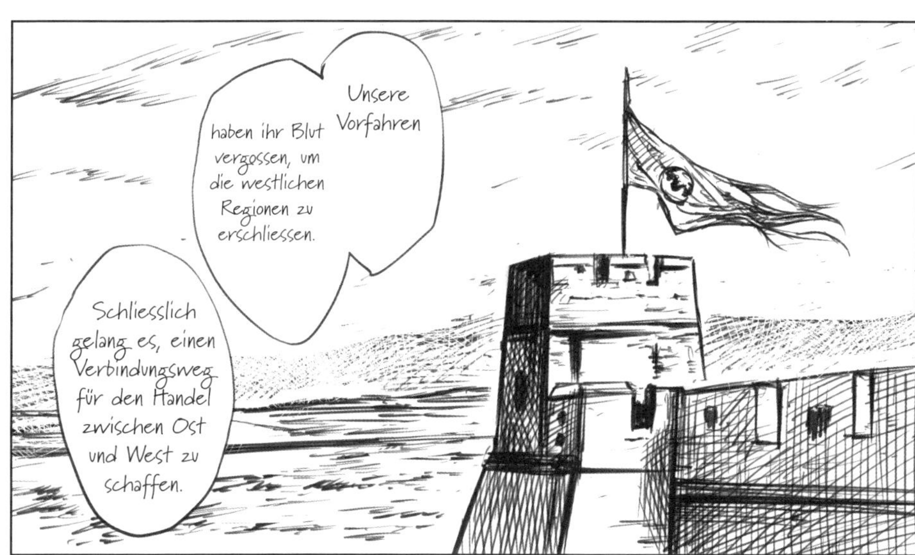

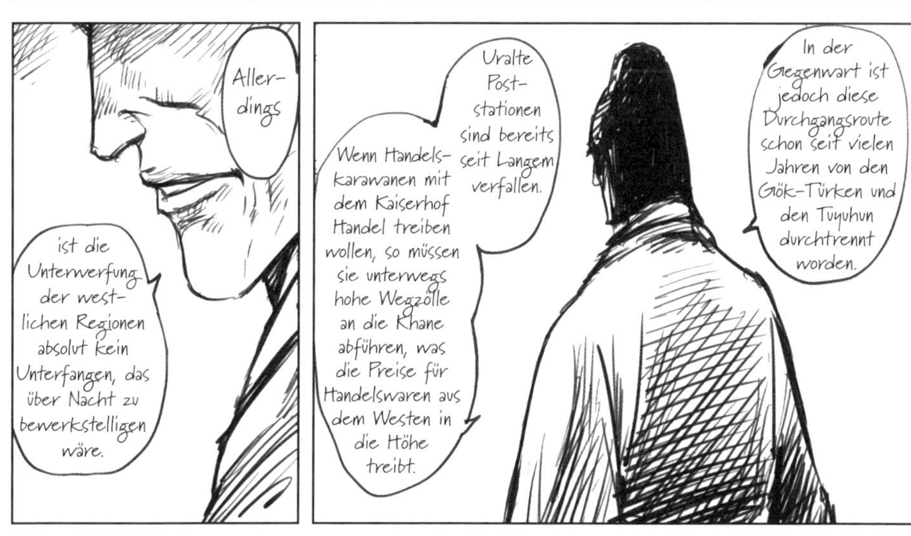

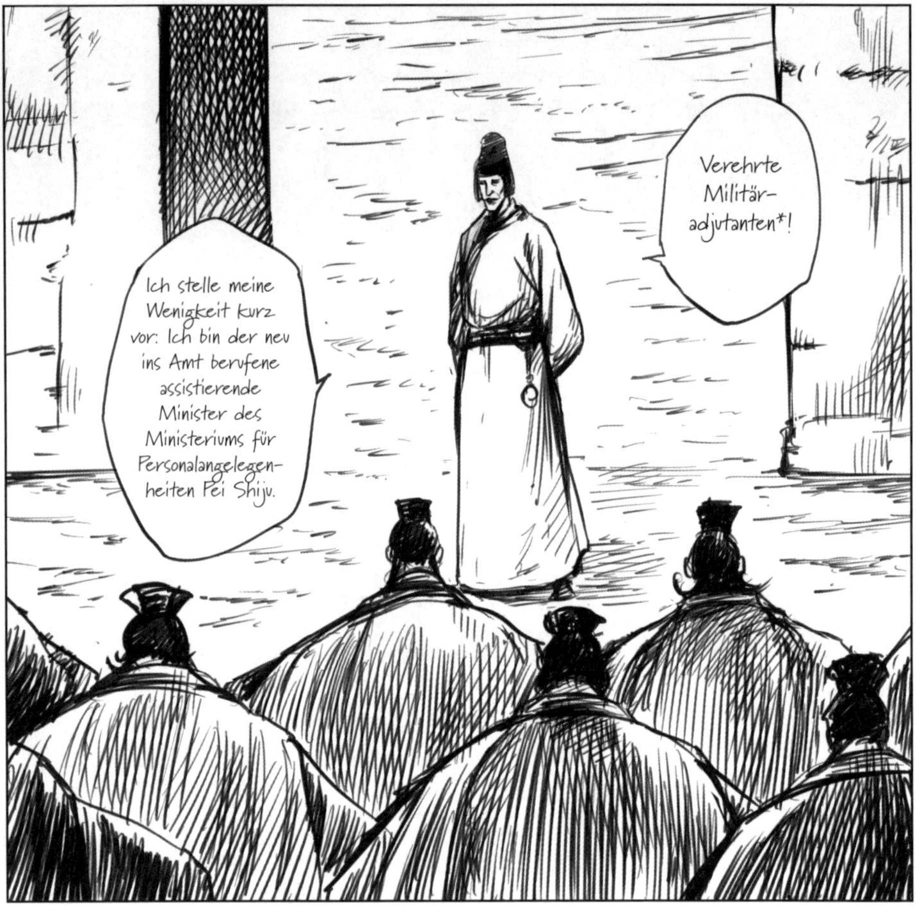

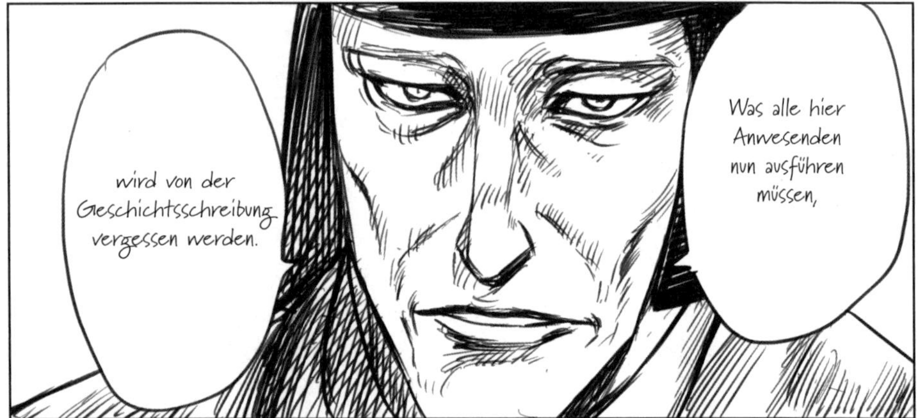

*(Anm.: Der im chinesischen Original an dieser Stelle genannte *Sanqi* 散騎 ist ein alter chinesischer Beamtentitel, der sich hier auf einen Militärbeamten der Sui- und Tang-Dynastien bezieht, mit offiziellem Status, aber ohne wirkliche Macht. Der Titel bezog sich ursprünglich auf einen Beamten, der keine feste Position innehatte.)

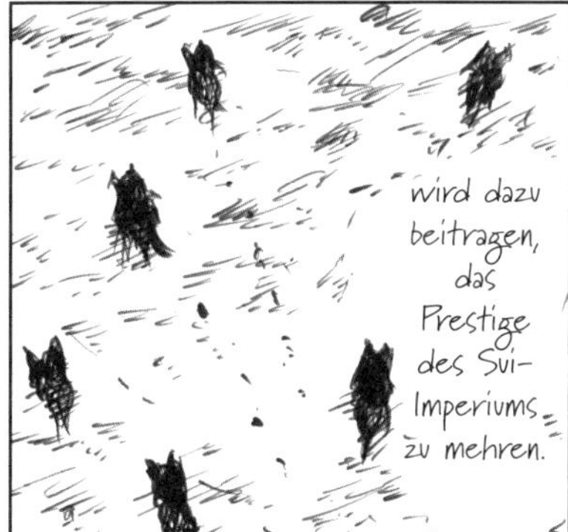
wird dazu beitragen, das Prestige des Sui-Imperiums zu mehren.
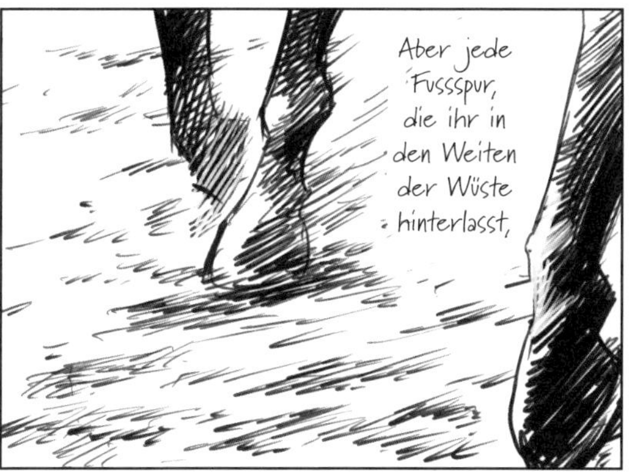
Aber jede Fussspur, die ihr in den Weiten der Wüste hinterlasst,
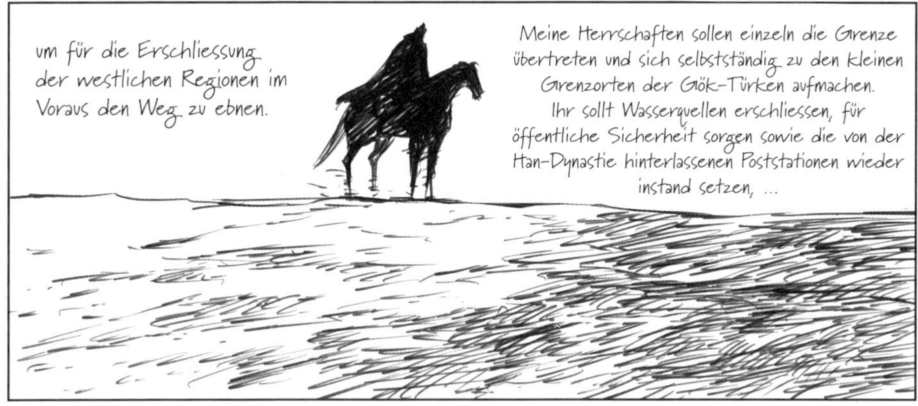
um für die Erschliessung der westlichen Regionen im Voraus den Weg zu ebnen.
Meine Herrschaften sollen einzeln die Grenze übertreten und sich selbstständig zu den kleinen Grenzorten der Gök-Türken aufmachen. Ihr sollt Wasserquellen erschliessen, für öffentliche Sicherheit sorgen sowie die von der Han-Dynastie hinterlassenen Poststationen wieder instand setzen, …
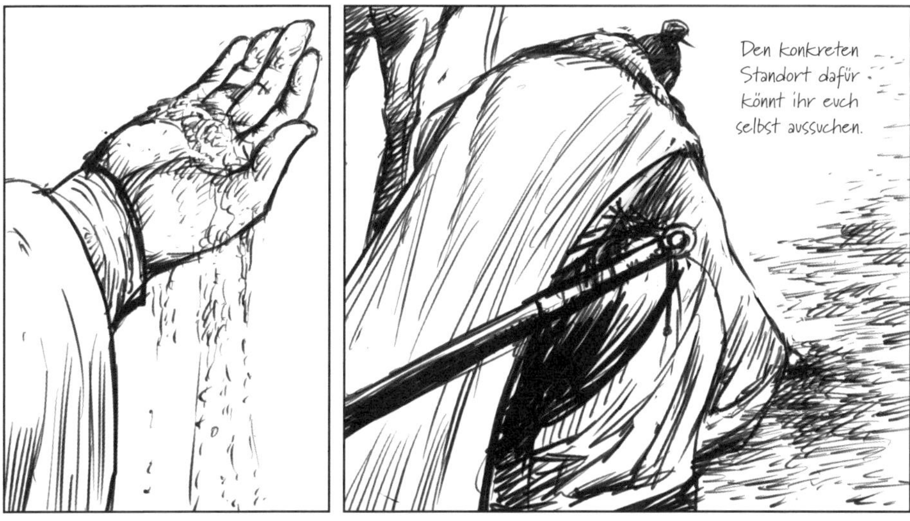
Den konkreten Standort dafür könnt ihr euch selbst aussuchen.

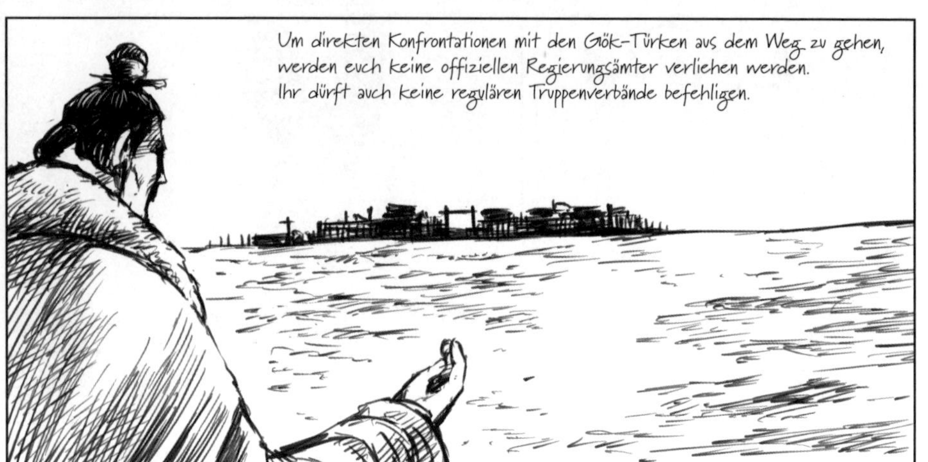
Um direkten Konfrontationen mit den Gök-Türken aus dem Weg zu gehen, werden euch keine offiziellen Regierungsämter verliehen werden. Ihr dürft auch keine regulären Truppenverbände befehligen.

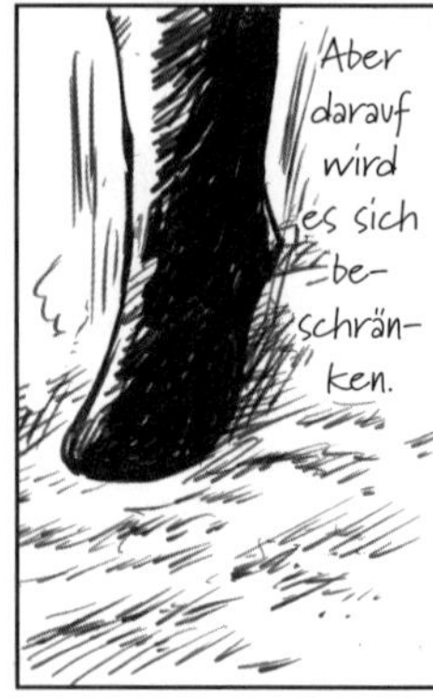
Aber darauf wird es sich be-schränken.

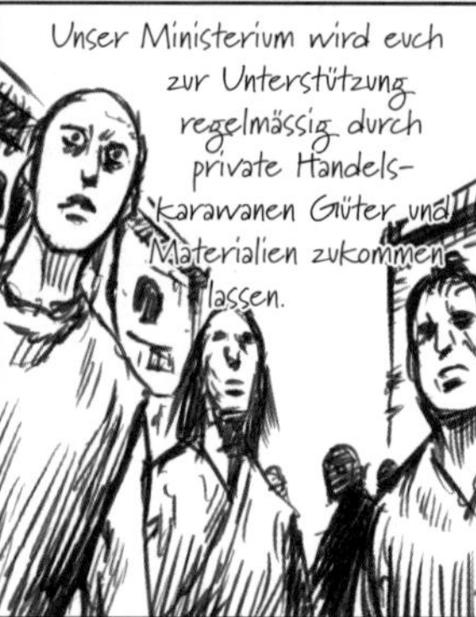
Unser Ministerium wird euch zur Unterstützung regelmässig durch private Handels-karawanen Güter und Materialien zukommen lassen.

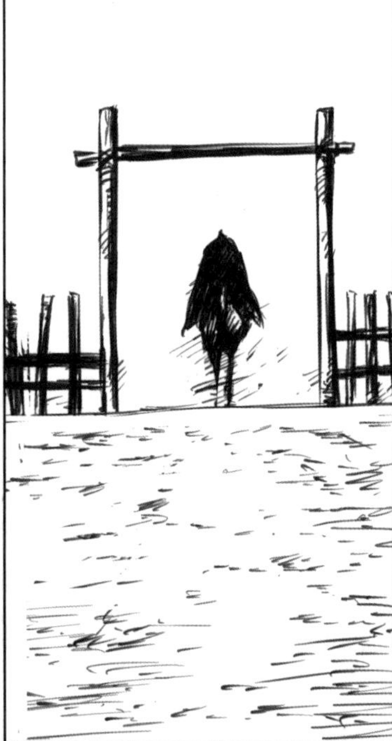
Auf eurer Mission müsst ich euch ausnahmslos allein in Feindesland begeben.

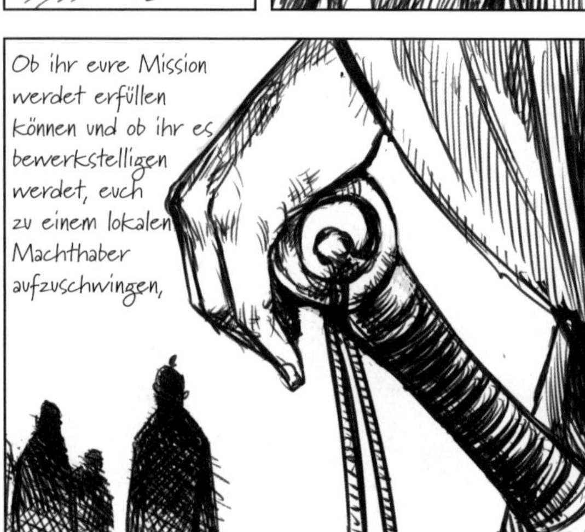
Ob ihr eure Mission werdet erfüllen können und ob ihr es bewerkstelligen werdet, euch zu einem lokalen Machthaber aufzuschwingen,

wird ganz allein von eurem eigenen taktischen Geschick abhängen.

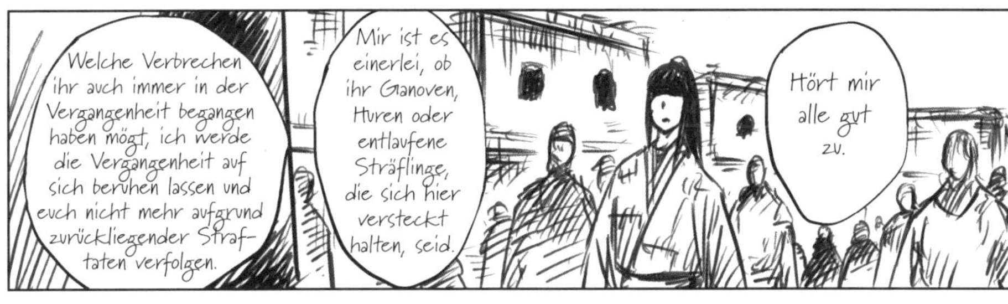

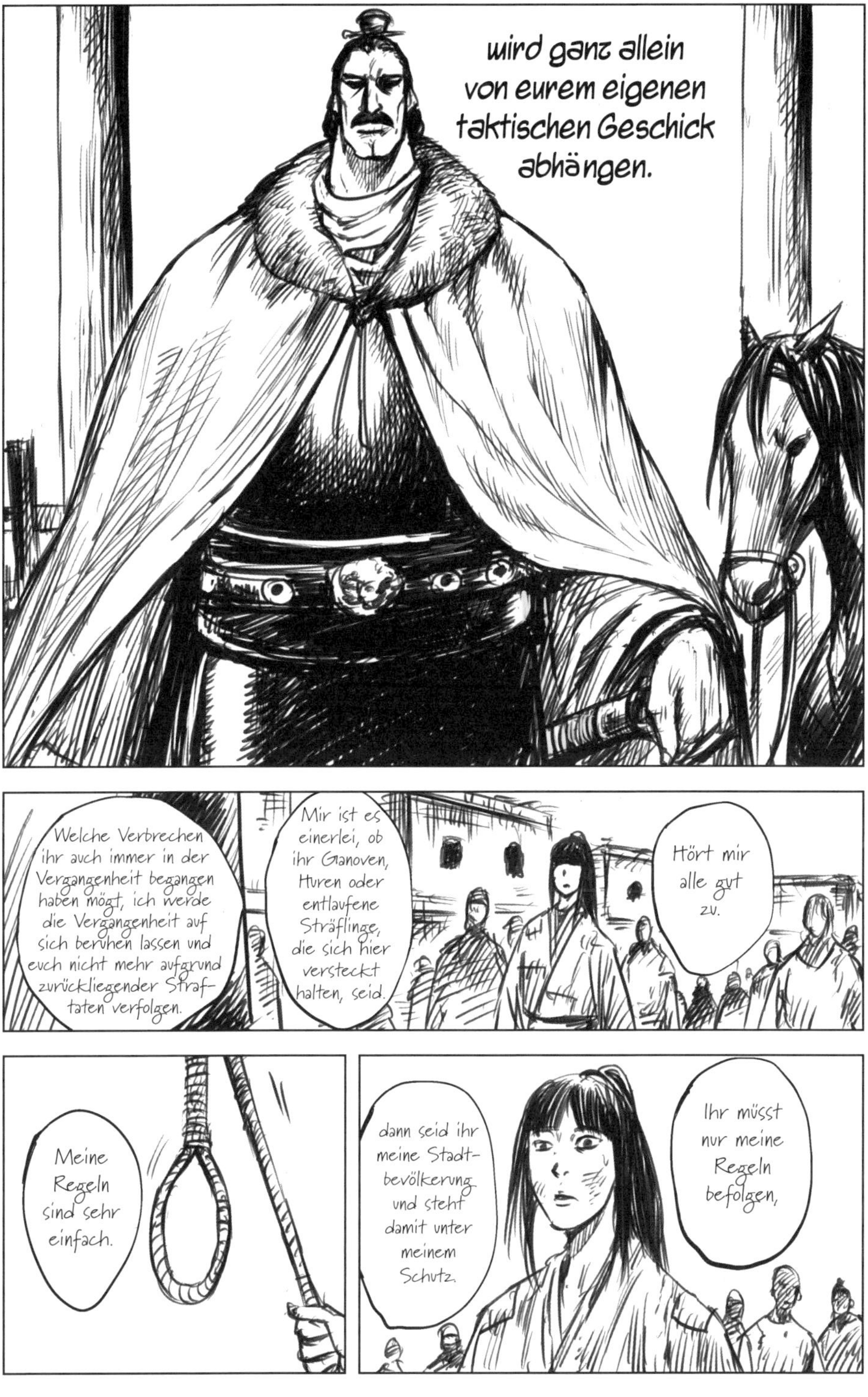

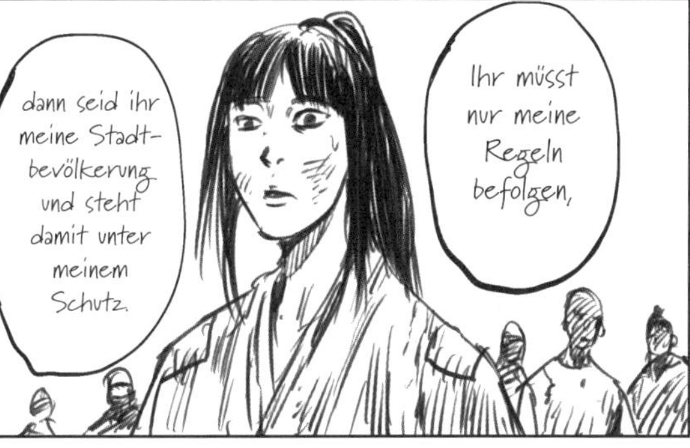

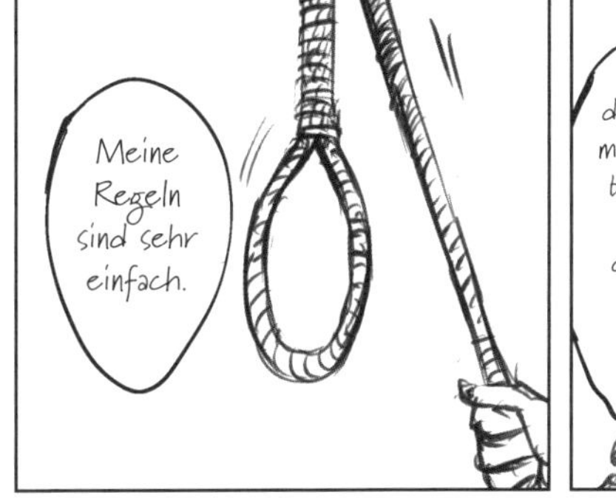

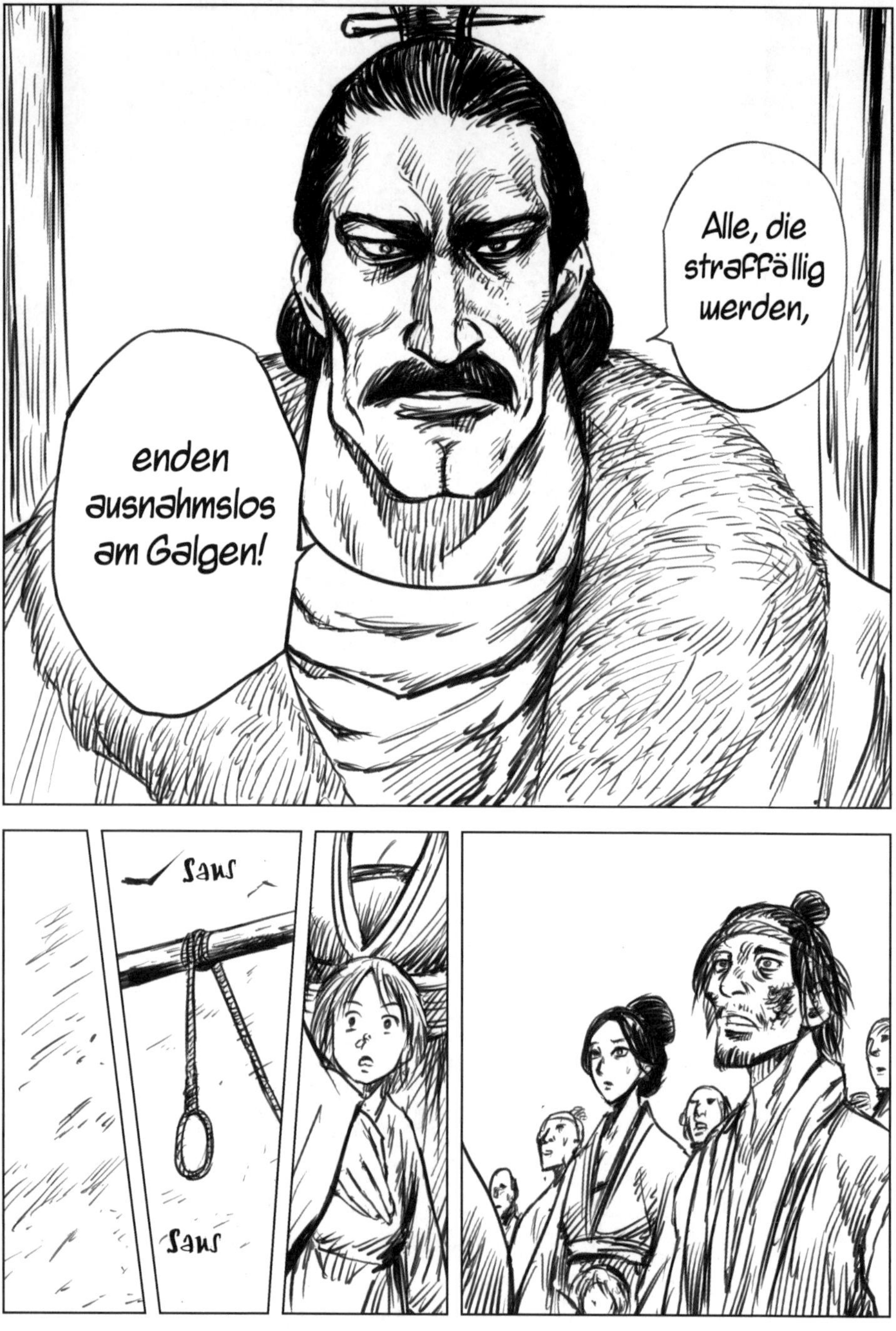

Alle, die straffällig werden,

enden ausnahmslos am Galgen!

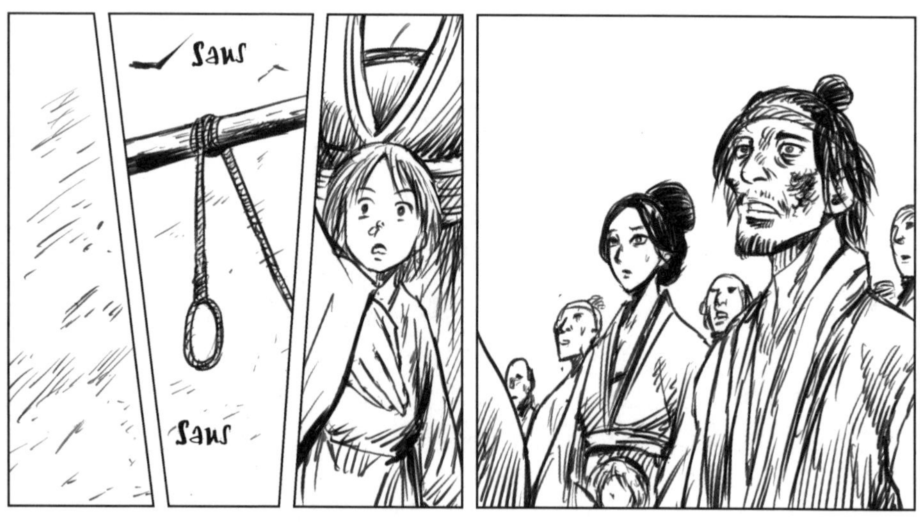

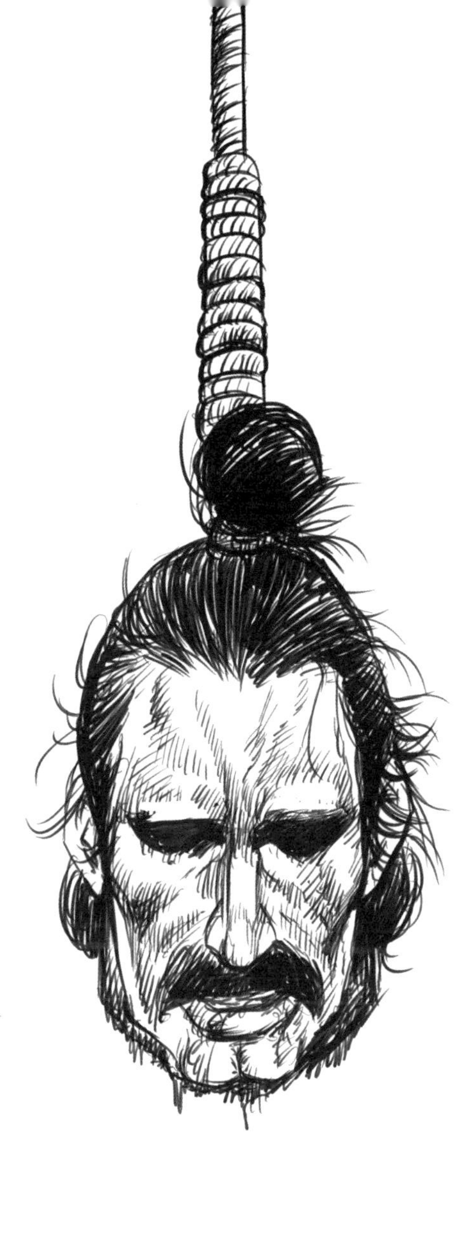

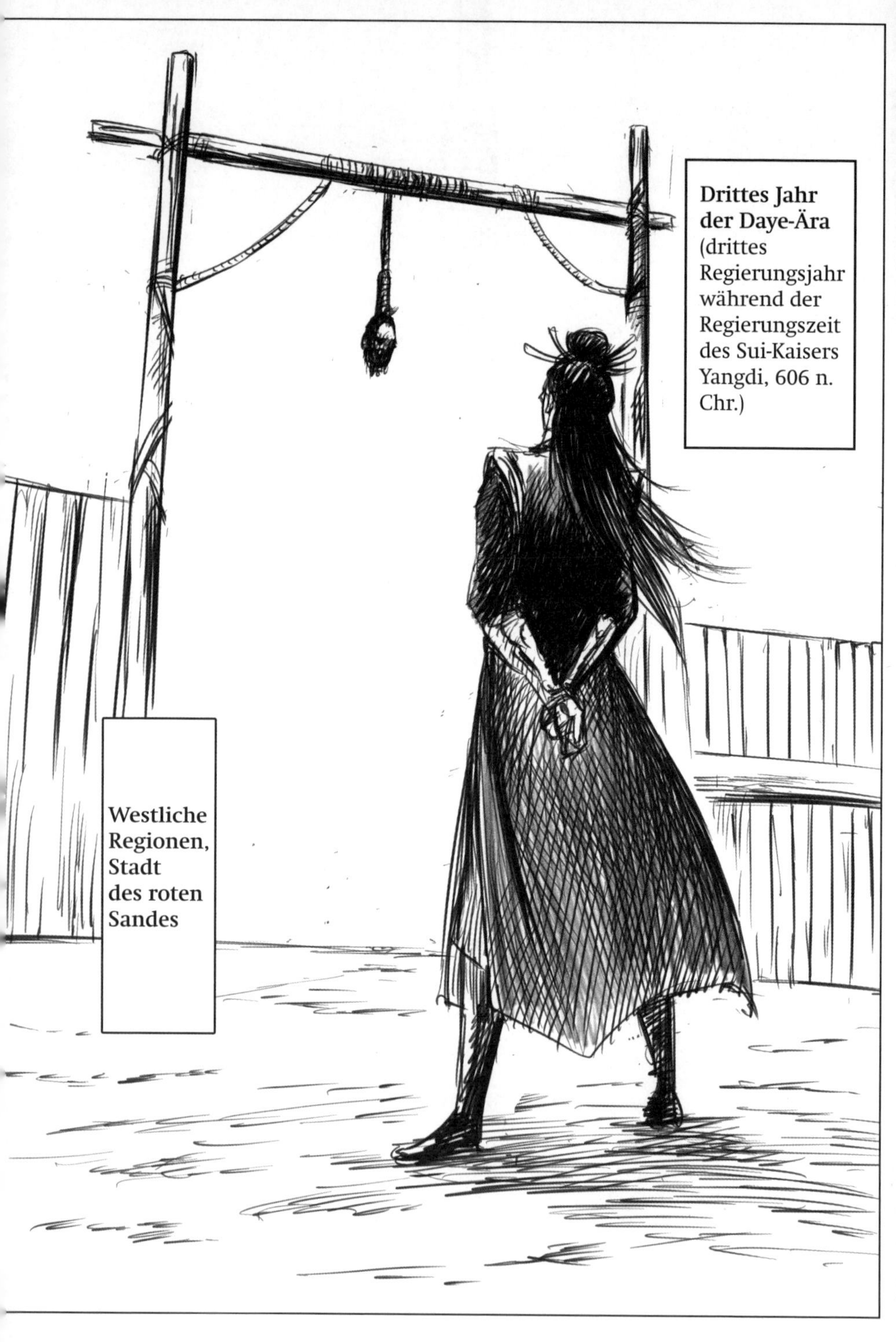
Drittes Jahr der Daye-Ära (drittes Regierungsjahr während der Regierungszeit des Sui-Kaisers Yangdi, 606 n. Chr.)
Westliche Regionen, Stadt des roten Sandes

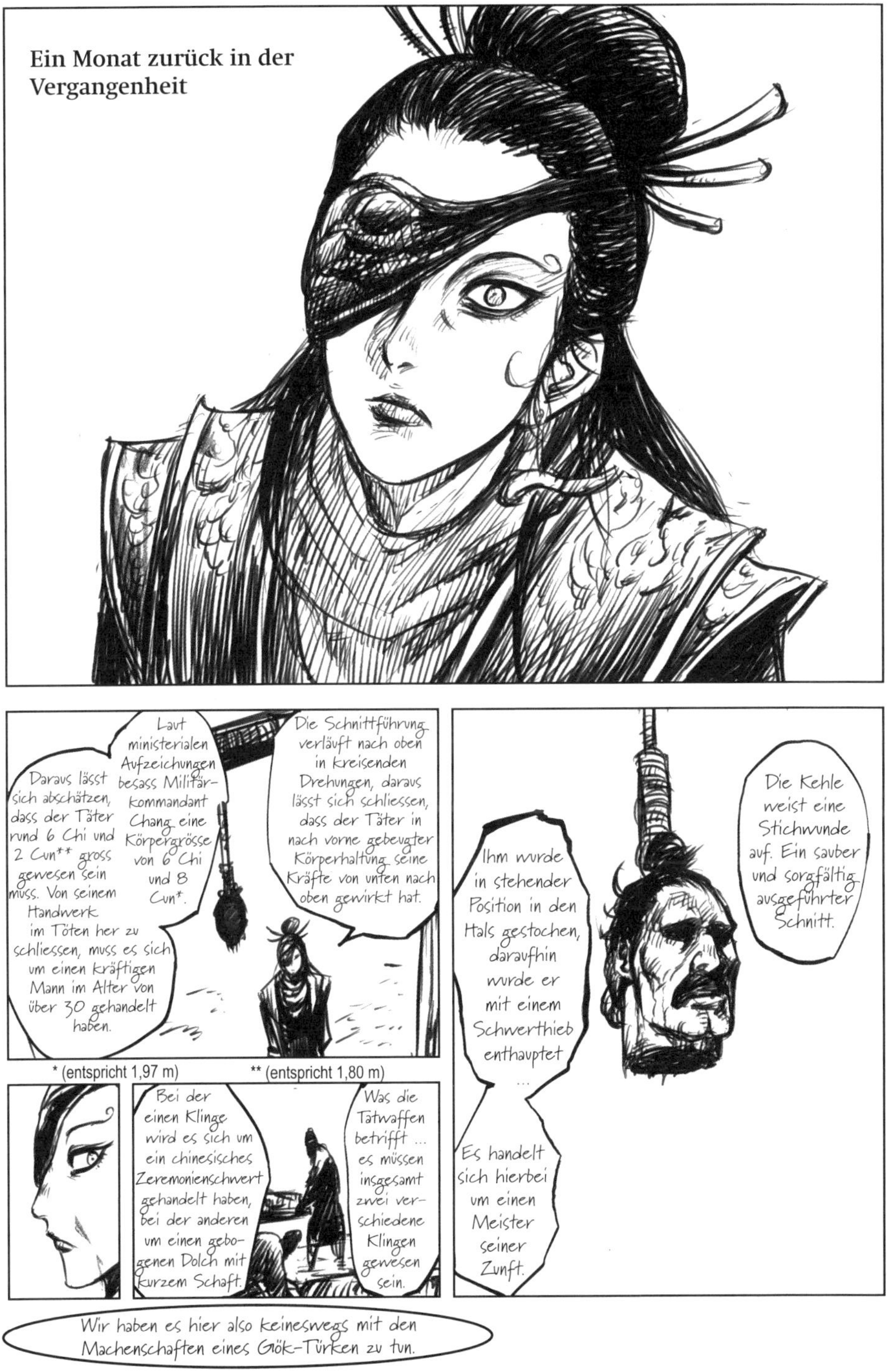

Ein Monat zurück in der Vergangenheit

Laut ministerialen Aufzeichnungen besass Militärkommandant Chang eine Körpergrösse von 6 Chi und 8 Cun*.

Daraus lässt sich abschätzen, dass der Täter rund 6 Chi und 2 Cun** gross gewesen sein muss. Von seinem Handwerk im Töten her zu schliessen, muss es sich um einen kräftigen Mann im Alter von über 30 gehandelt haben.

Die Schnittführung verläuft nach oben in kreisenden Drehungen, daraus lässt sich schliessen, dass der Täter in nach vorne gebeugter Körperhaltung seine Kräfte von unten nach oben gewirkt hat.

* (entspricht 1,97 m) ** (entspricht 1,80 m)

Die Kehle weist eine Stichwunde auf. Ein sauber und sorgfältig ausgeführter Schnitt.

Ihm wurde in stehender Position in den Hals gestochen, daraufhin wurde er mit einem Schwerthieb enthauptet …

Es handelt sich hierbei um einen Meister seiner Zunft.

Was die Tatwaffen betrifft … es müssen insgesamt zwei verschiedene Klingen gewesen sein.

Bei der einen Klinge wird es sich um ein chinesisches Zeremonienschwert gehandelt haben, bei der anderen um einen gebogenen Dolch mit kurzem Schaft.

Wir haben es hier also keineswegs mit den Machenschaften eines Gök-Türken zu tun.

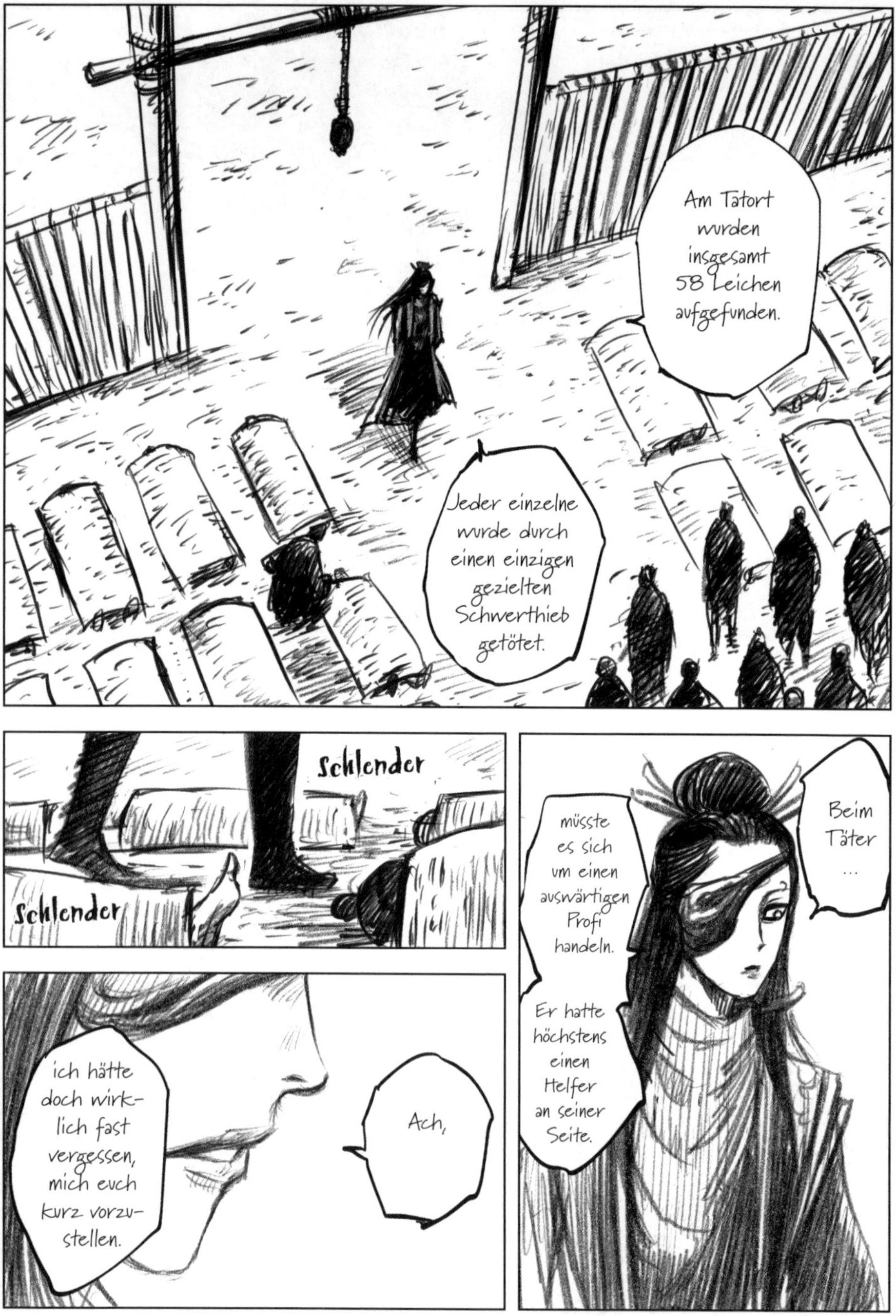

Am Tatort wurden insgesamt 58 Leichen aufgefunden.

Jeder einzelne wurde durch einen einzigen gezielten Schwerthieb getötet.

Schlender

Schlender

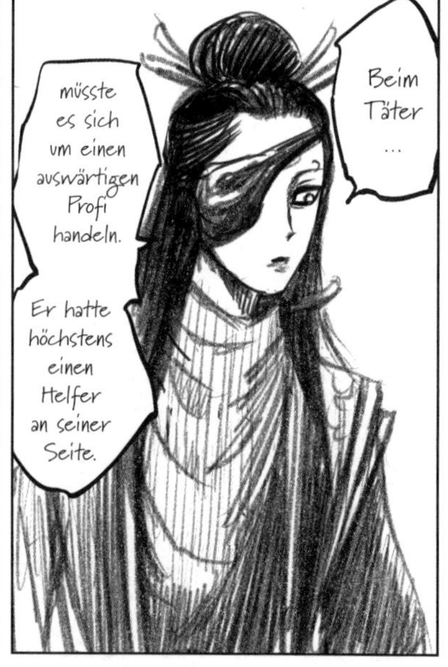

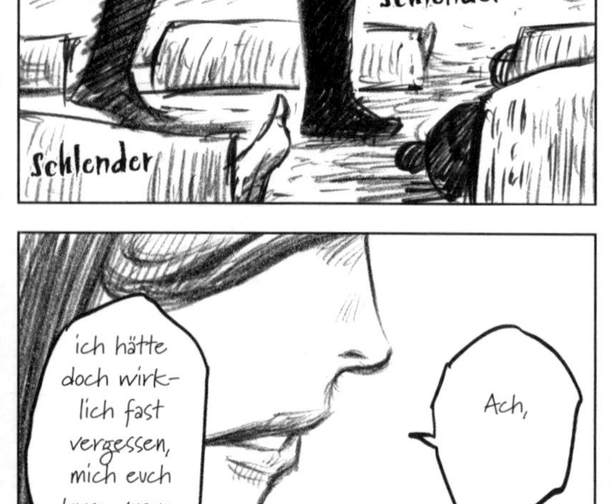

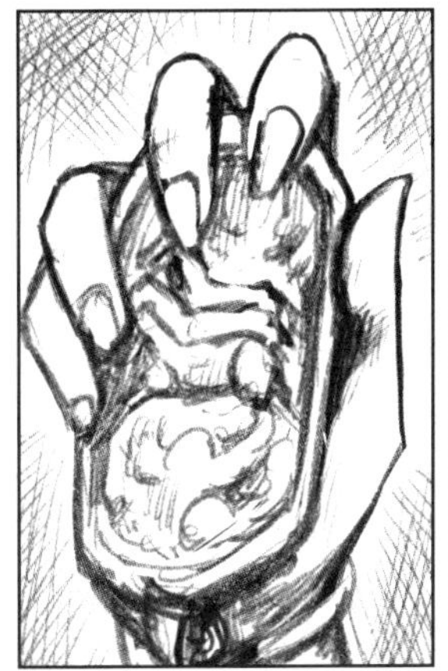

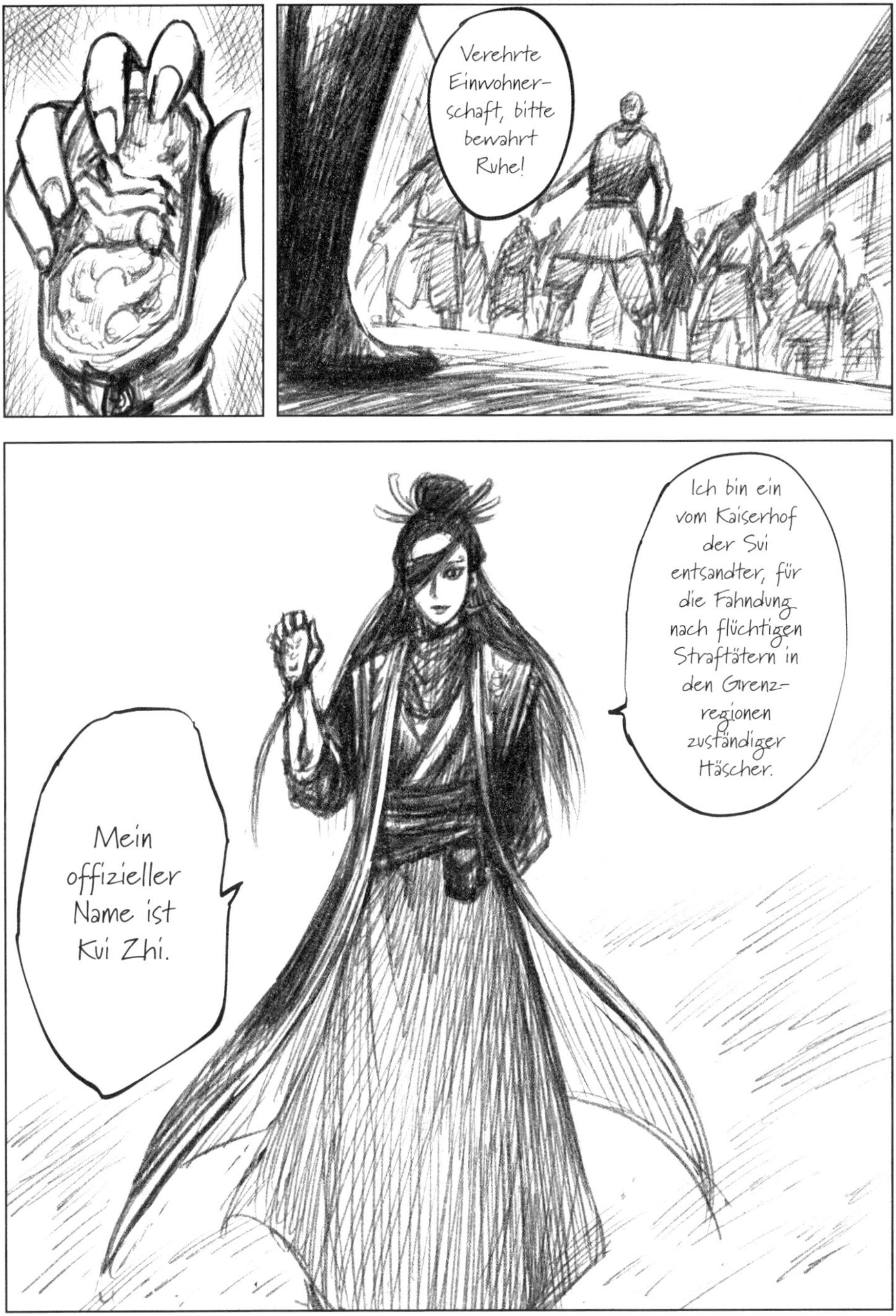

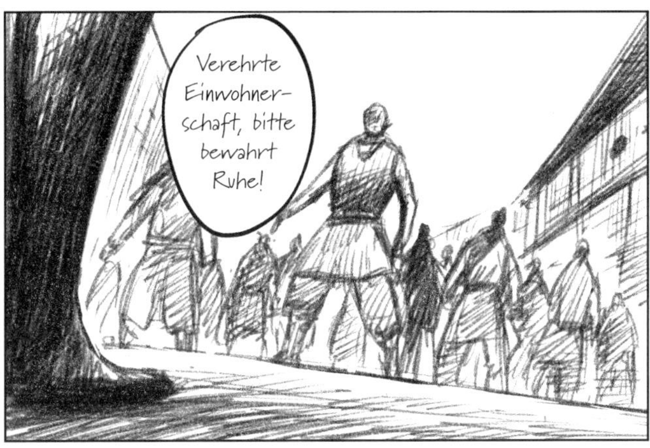
Verehrte Einwohnerschaft, bitte bewahrt Ruhe!

Ich bin ein vom Kaiserhof der Sui entsandter, für die Fahndung nach flüchtigen Straftätern in den Grenzregionen zuständiger Häscher.
Mein offizieller Name ist Kui Zhi.

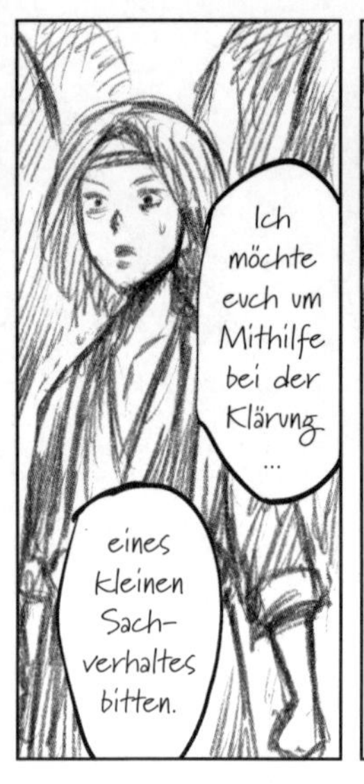
Ich möchte euch um Mithilfe bei der Klärung ...
eines kleinen Sach-verhaltes bitten.
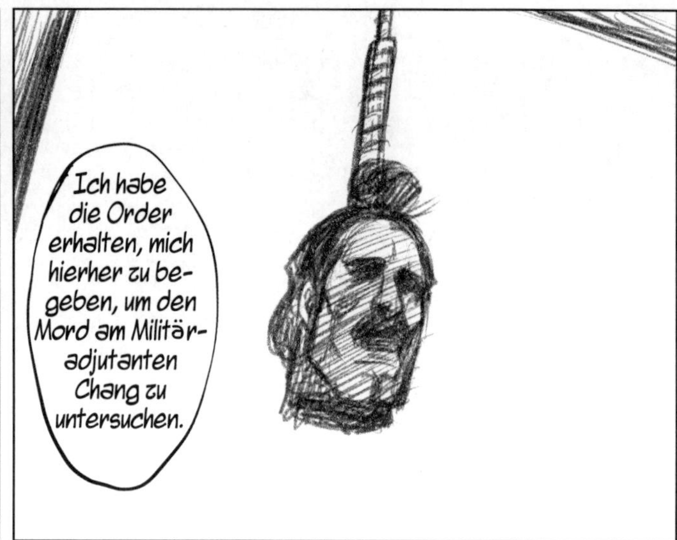
Ich habe die Order erhalten, mich hierher zu be-geben, um den Mord am Militär-adjutanten Chang zu untersuchen.
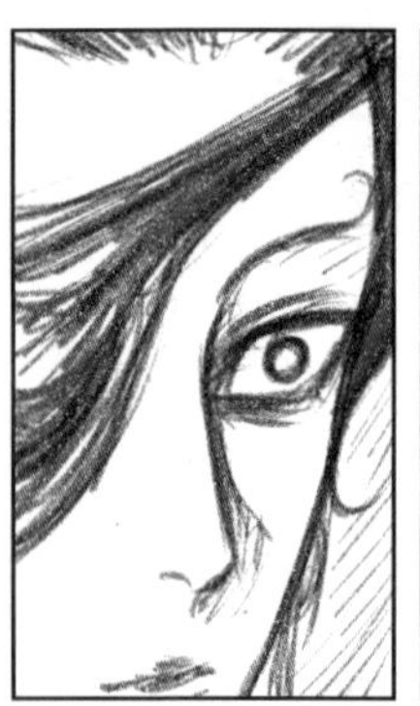
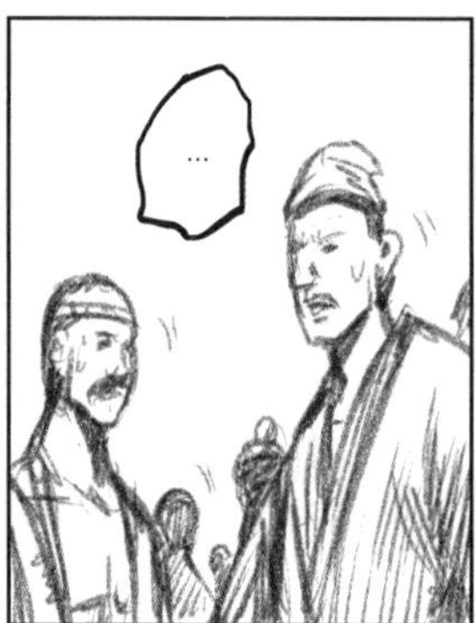
...
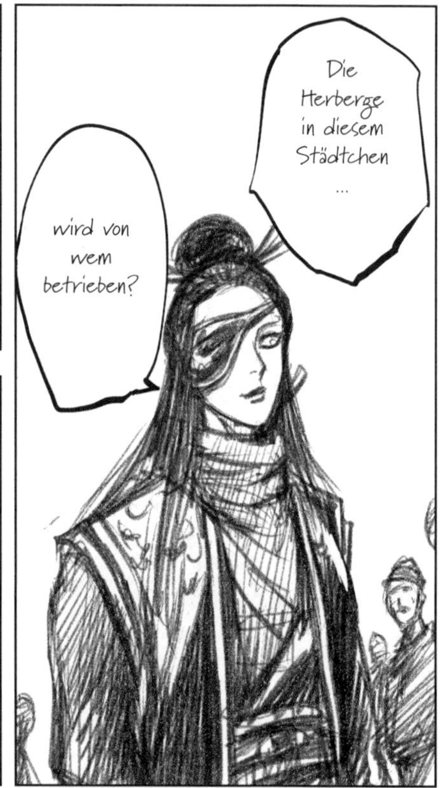
Die Herberge in diesem Städtchen ...
wird von wem betrieben?
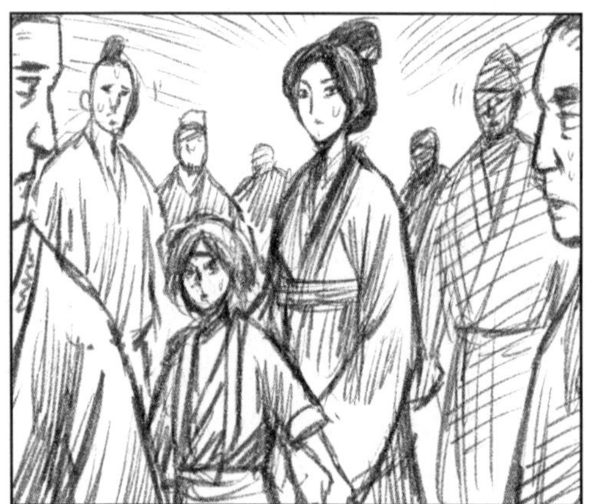

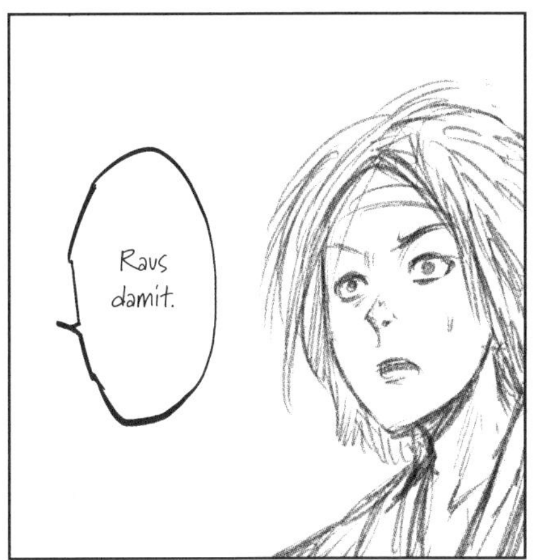
Raus damit.

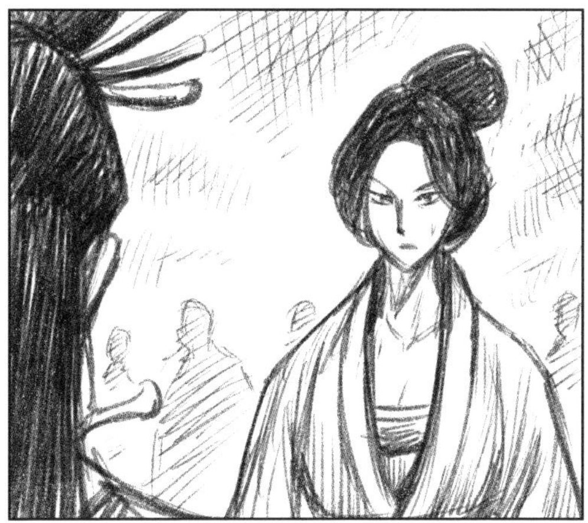

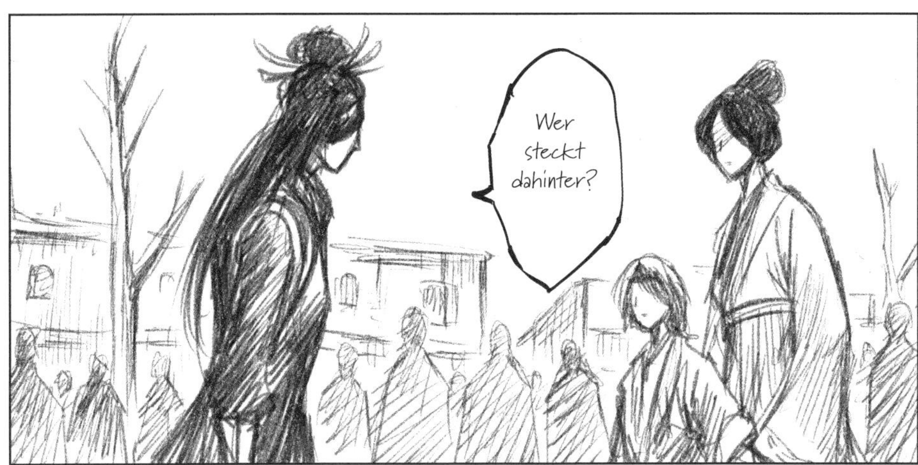
Wer steckt dahinter?

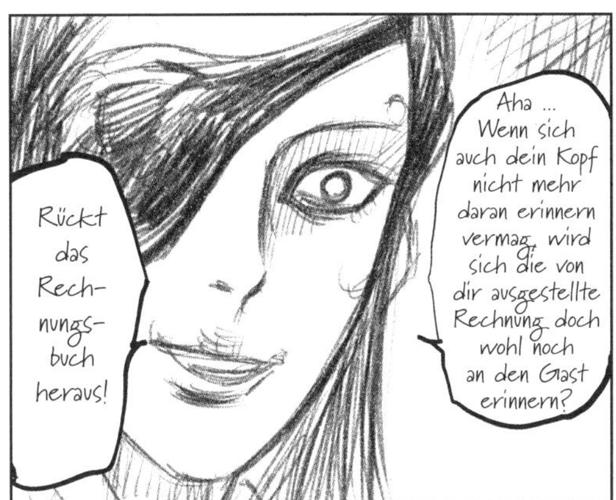
Rückt das Rechnungsbuch heraus!
Aha ... Wenn sich auch dein Kopf nicht mehr daran erinnern vermag, wird sich die von dir ausgestellte Rechnung doch wohl noch an den Gast erinnern?

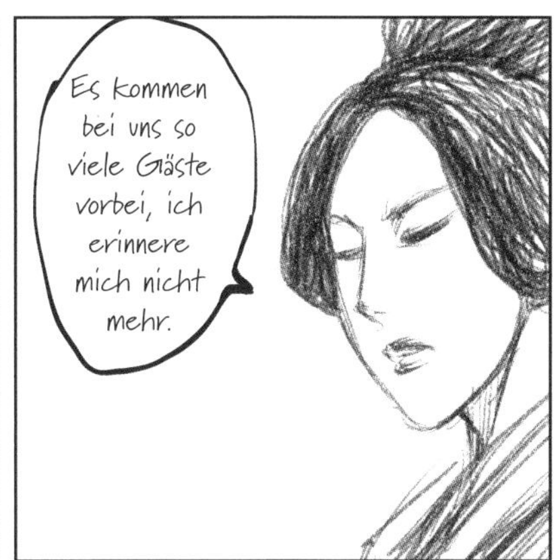
Es kommen bei uns so viele Gäste vorbei, ich erinnere mich nicht mehr.

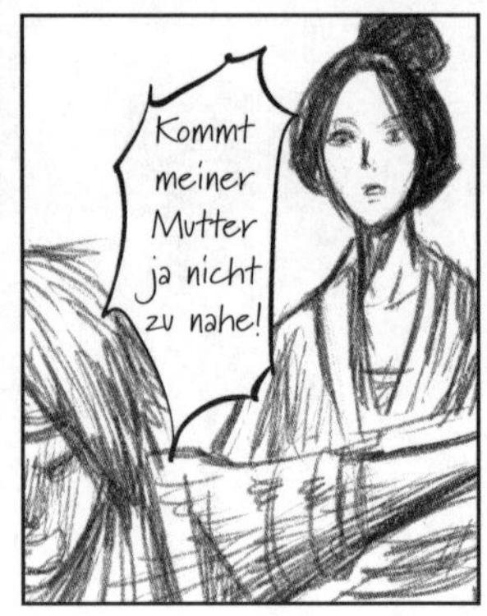

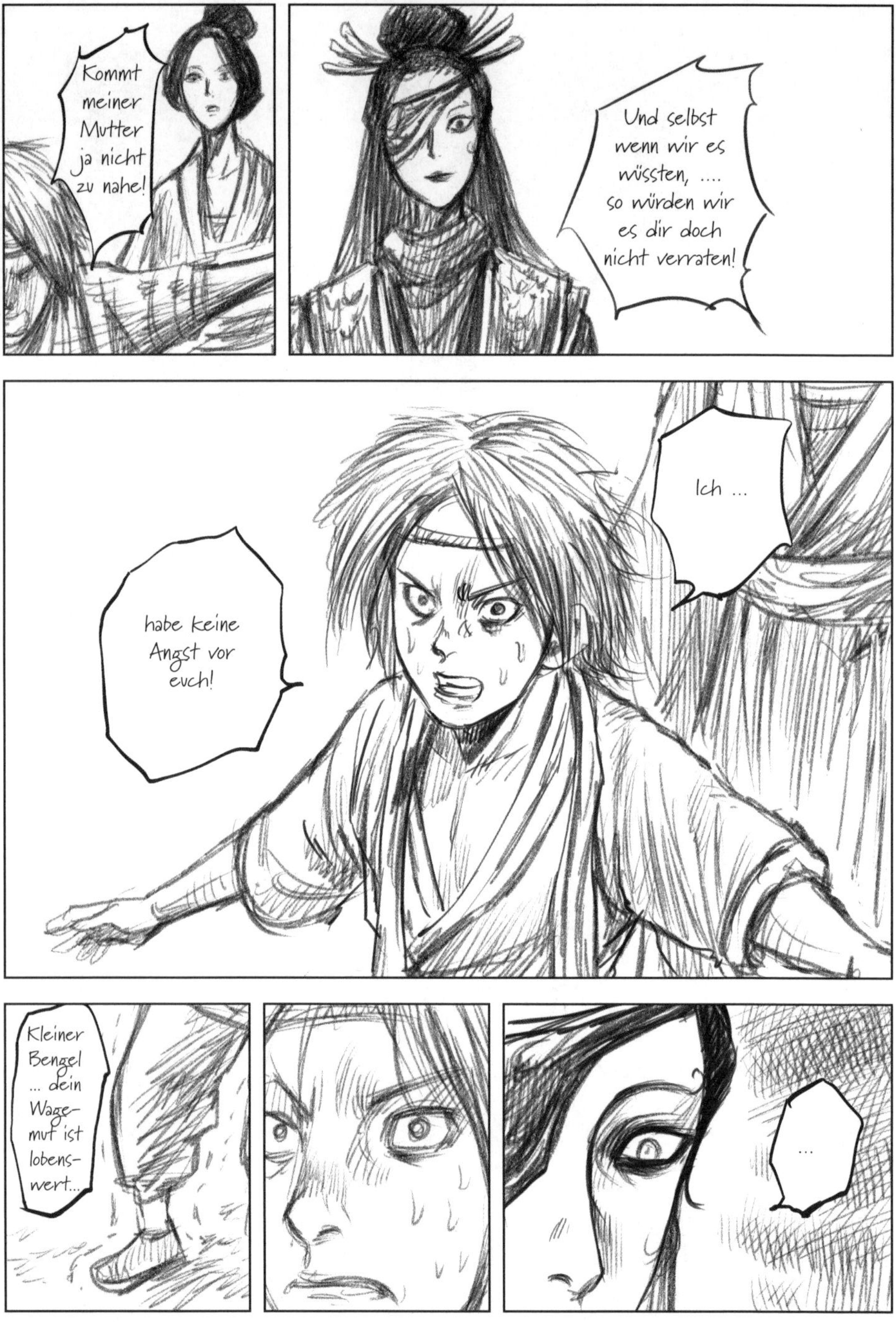

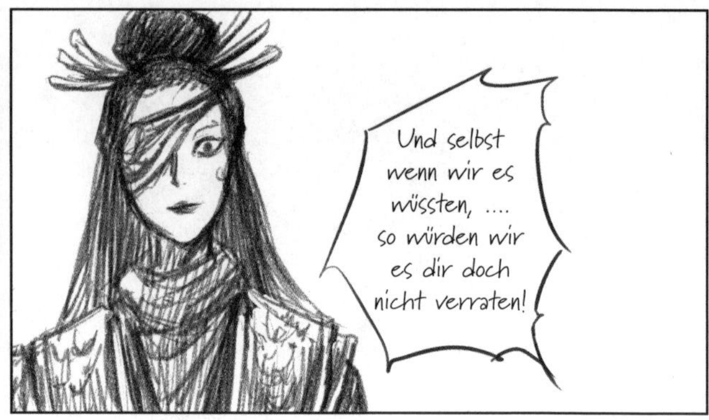

Ich ...

habe keine Angst vor euch!

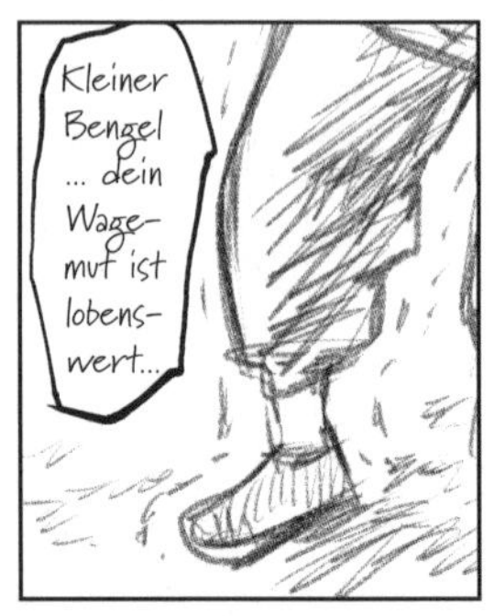

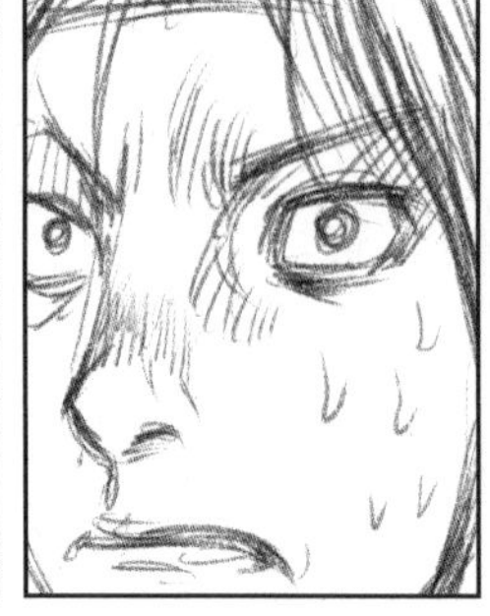

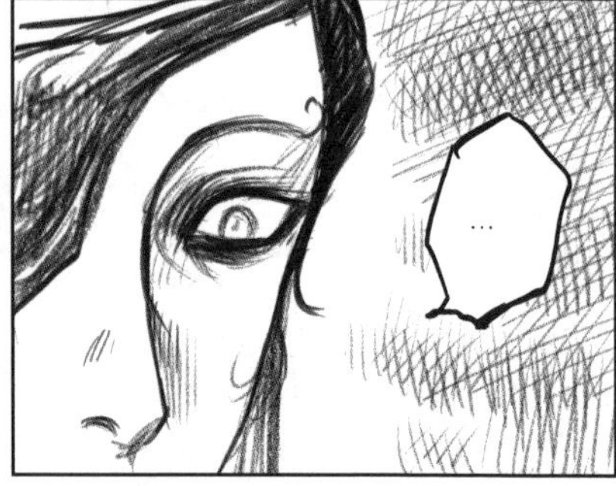

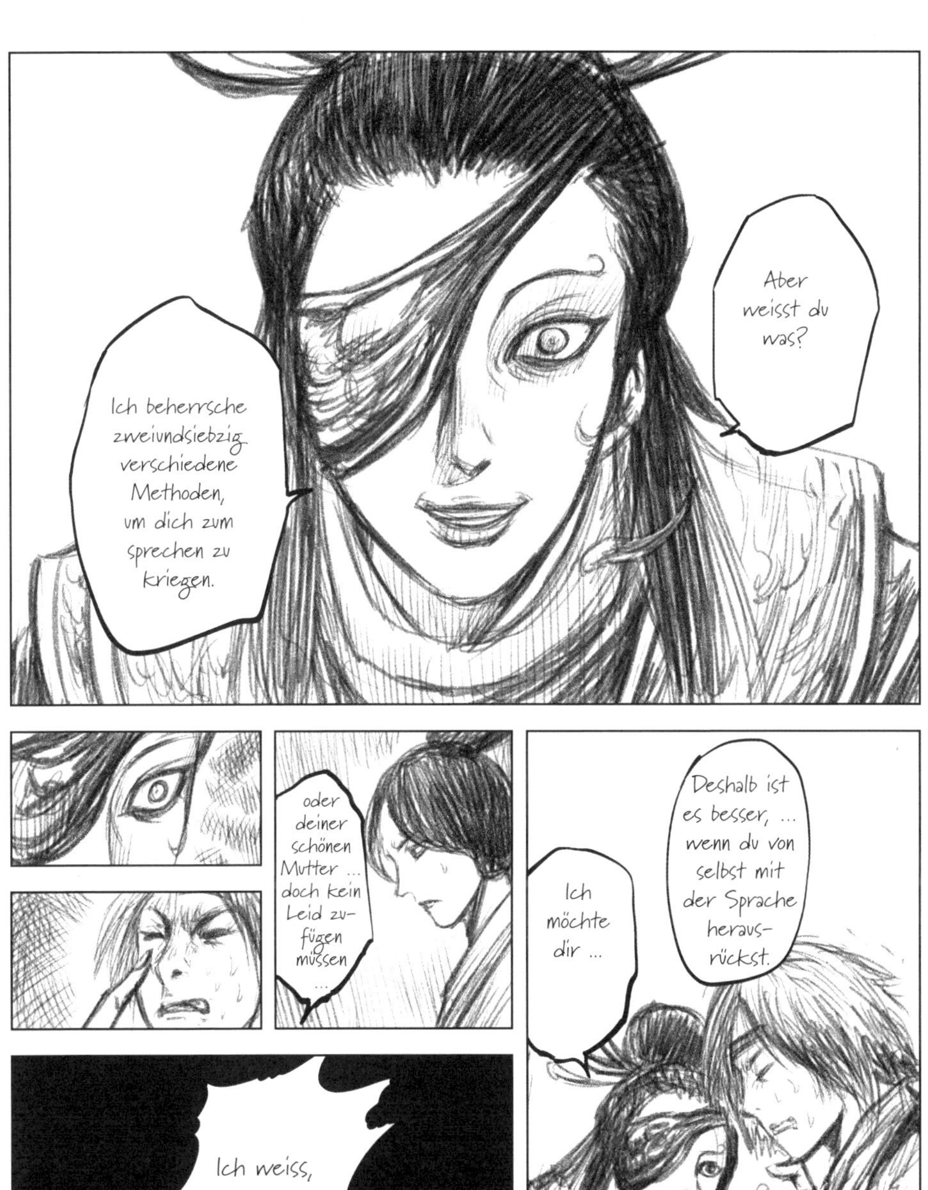
Ich beherrsche zweiundsiebzig verschiedene Methoden, um dich zum sprechen zu kriegen.
Aber weisst du was?
oder deiner schönen Mutter ... doch kein Leid zufügen müssen ...
Ich möchte dir ...
Deshalb ist es besser, ... wenn du von selbst mit der Sprache herausrückst.
Ich weiss, wer es getan hat!

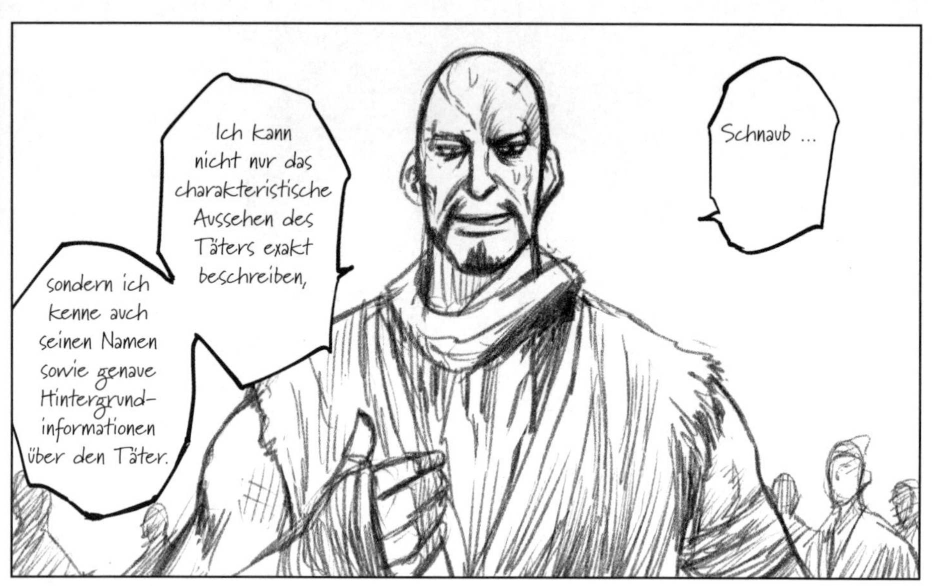
Ich kann nicht nur das charakteristische Aussehen des Täters exakt beschreiben,
sondern ich kenne auch seinen Namen sowie genaue Hintergrund-informationen über den Täter.
Schnaub …

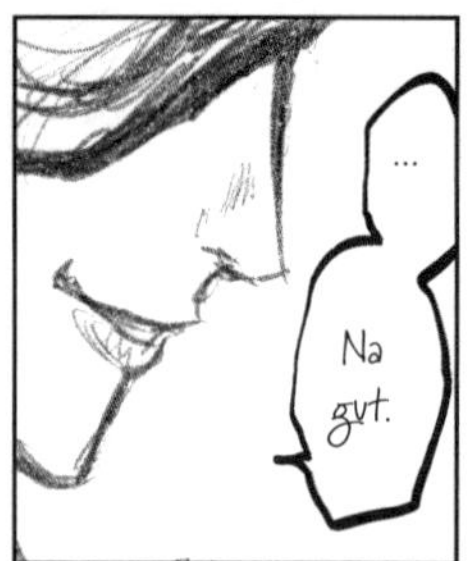
…
Na gut.

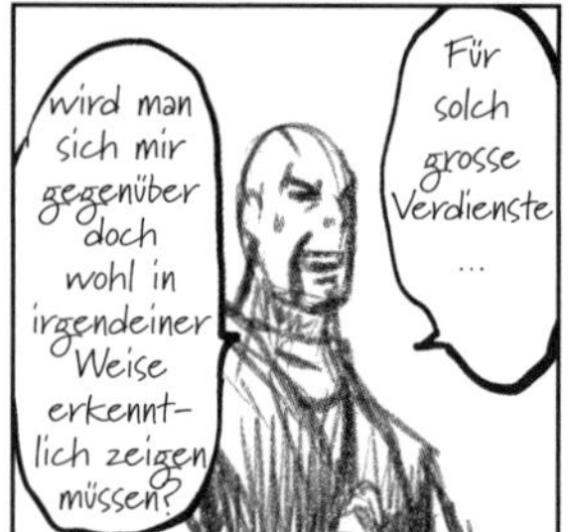
Für solch grosse Verdienste …
wird man sich mir gegenüber doch wohl in irgendeiner Weise erkennt-lich zeigen müssen?

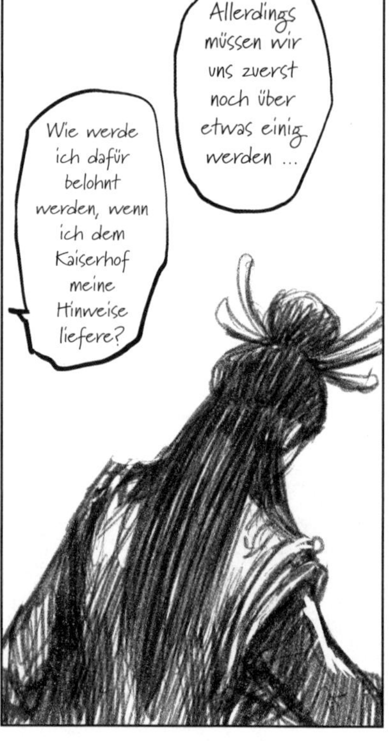
Allerdings müssen wir uns zuerst noch über etwas einig werden …
Wie werde ich dafür belohnt werden, wenn ich dem Kaiserhof meine Hinweise liefere?

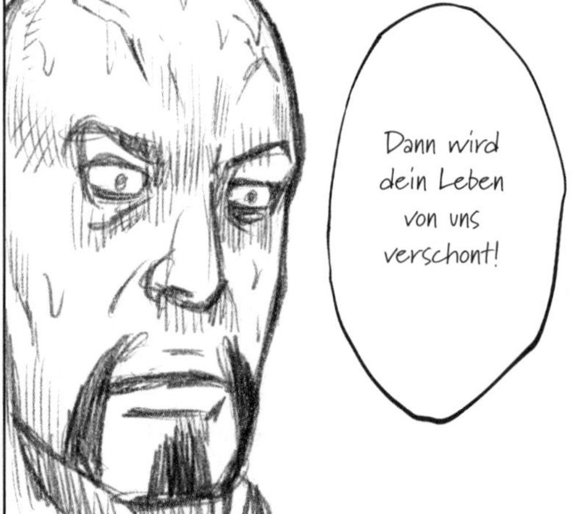
Dann wird dein Leben von uns verschont!

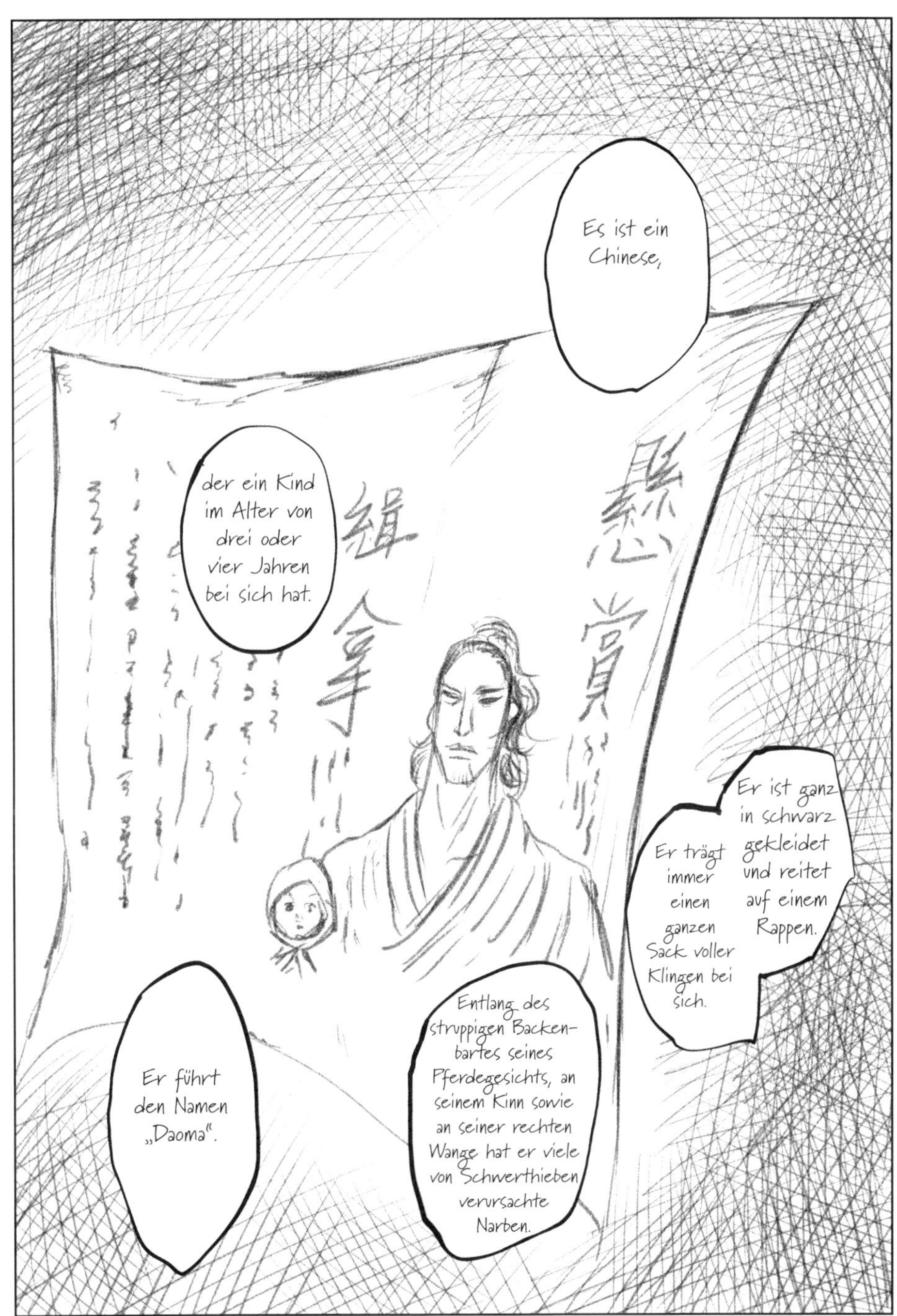

* (Anm.: auf dem Zettel: 缉拿 Festnahme , 悬赏 ausgesetzte Belohnung)

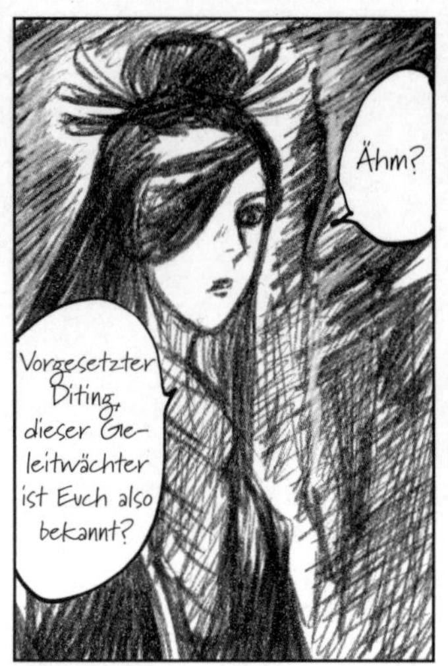
Ähm?
Vorgesetzter Diting, dieser Geleitwächter ist Euch also bekannt?

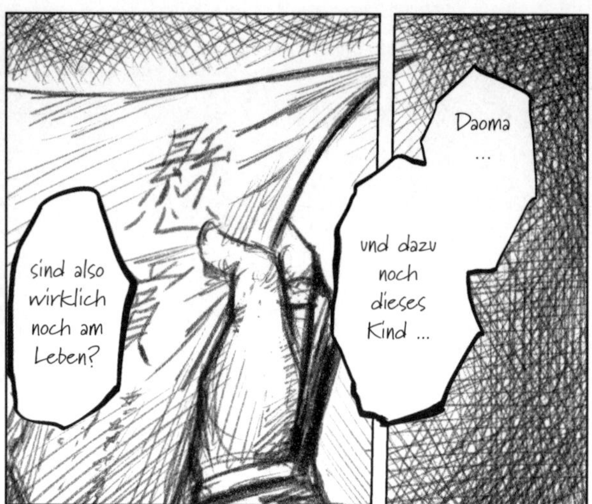
sind also wirklich noch am Leben?
Daoma …
und dazu noch dieses Kind …

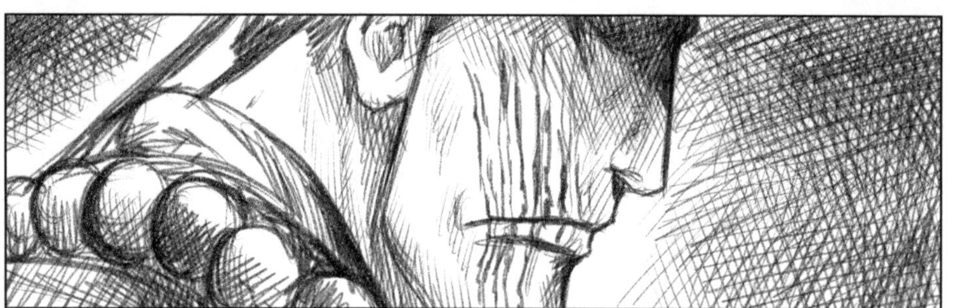

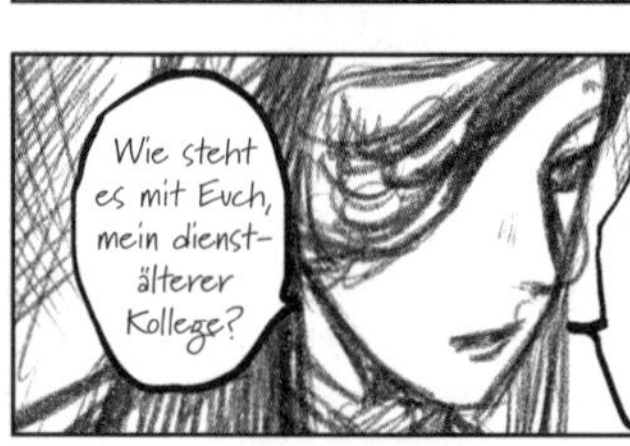
Wie steht es mit Euch, mein dienstälterer Kollege?
Ich habe einen illegalen Auftrag, den mir meine Vorgesetzten erteilt haben, vermasselt. Deshalb wurde ich in die Grenzregion geschickt, damit ich mich bedeckt halte, bis Gras über die Sache gewachsen ist.

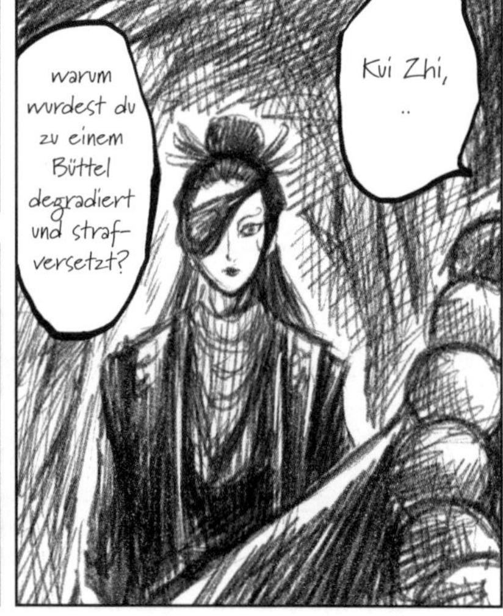
Kui Zhi, ..
warum wurdest du zu einem Büttel degradiert und strafversetzt?

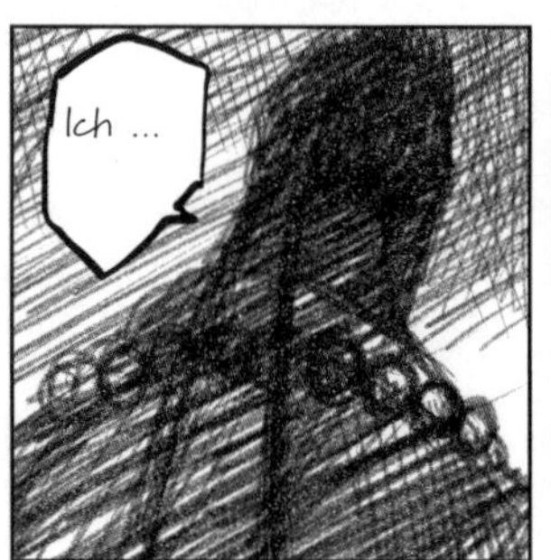
Ich …

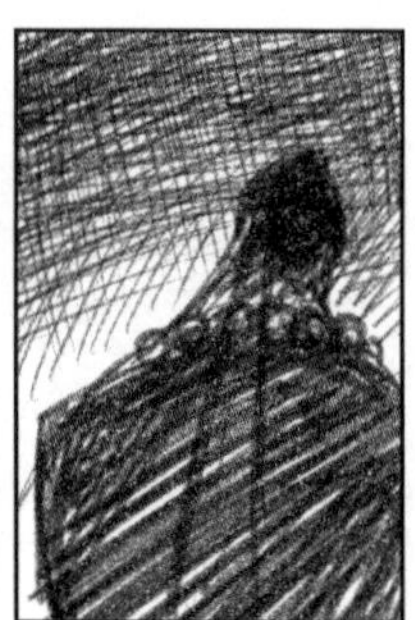

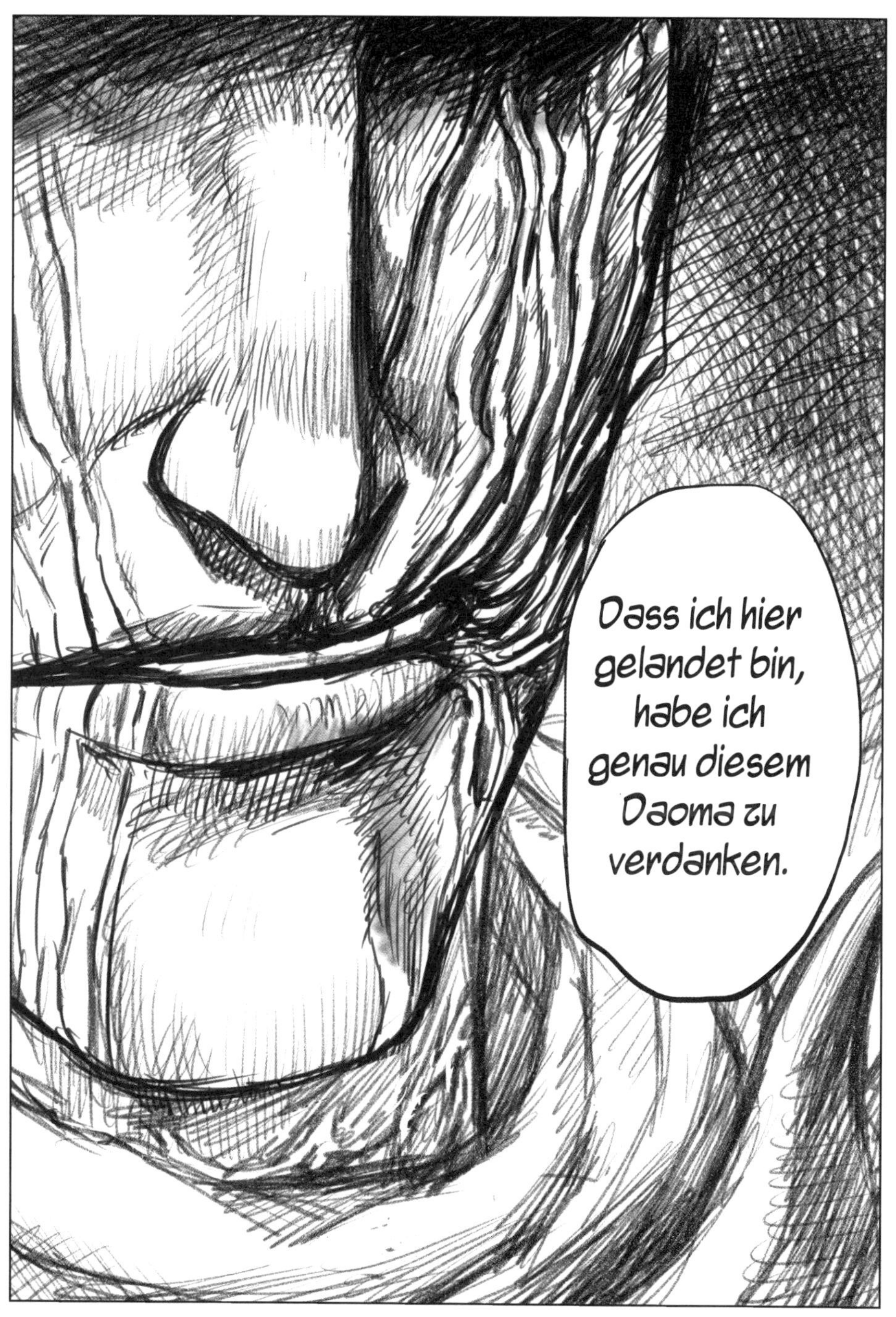
Dass ich hier gelandet bin, habe ich genau diesem Daoma zu verdanken.

Nachwort

Sich seine Ehrfurcht und seinen Glauben bewahren

Als ich das letzte Kapitel des zweiten Aktes „Die Weite Wüste“ fertiggestellt hatte, fühlte ich mich, als wäre mir endlich eine schwere Last von den Schultern gefallen.

„Endlich konnte ich das reibungslos zu Ende bringen.“
Das war im Monat Mai des Jahres 2017, zwischen damals und heute sind schon eineinhalb Jahre vergangen.

Wenn ich daran zurückdenke, so habe ich immer wieder versucht, die Entwicklung der Geschichte in den Griff zu bekommen, bin aber wiederholt daran gescheitert, denn die Gefühlslagen der Figuren entwickelten sich in Extreme und die Figuren schritten in mir unbekannte Richtungen voran. Mir in meiner Rolle als Schöpfer dieser Figuren war überhaupt nicht klar, auf welche Enden dies herauslaufen würde.
Mir blieb also nichts anderes übrig, als dem Malpinsel die Führung zu übergeben, den Entwicklungen freien Lauf zu lassen und zu versuchen, die Lebenskraft dieser Figuren für das Publikum darzustellen.

„Comics sind Monstren. Sie wuchern wild vor sich hin, bis der Zeitpunkt erreicht ist, da man die Kontrolle darüber verloren hat und niemand mehr gegen sie ankommen kann.“
Dieser Ausspruch stammt von meinem Lektor Herrn Kuzuji Kurihara.
So verhält es sich wirklich.
Aber gerade weil im künstlerischen Schaffensprozess lauter Ungewissheiten verborgen liegen, ist er so ungeheuer reizvoll.

Die Geschichte des Aktes „Die weite Wüste“ spielt sich an einem einzigen Abend ab.
Ich habe aber ein ganzes Jahr dafür gebraucht, sie fertigzustellen.
Wenn ich an dieses Jahr zurückdenke, dann habe ich jeden Tag meine gesamten Kräfte dafür verausgabt, sehr selten gab es in meinem Leben Momente der Musse.
Wenn eine Woche der Arbeiten an der Serialisierung der Reihe abgeschlossen war, musste man sich sofort in die Arbeiten für die nächste Woche stürzen.
Mehrere Nächte hintereinander schlaflos durchzuarbeiten wurde zu einer alltäglichen Routine. Für mich war es so, als hätte ich dieses Jahr wie in einem gewaltigen Sandsturm während einer einzigen lang andauernden Nacht zugebracht.

Schliesslich kann ich die Zeit der Arbeit an diesem Akt mit folgenden Worten kurz zusammenfassen:
Ich bereue nichts.

Viele Menschen stellen sich den Beruf eines Comickünstlers als eine sehr angenehme Angelegenheit vor.
Den ganzen Tag verbringe man entspannt und selbstzufrieden. Man könne zeichnen, wann immer man Lust dazu habe, und man könne die Zeit vertrödeln, wann immer man wolle, bis der Abgabetermin herannahe und man innerhalb eines Tages in einer Kraftanstrengung sein Arbeitspensum fertigzeichne – solche und vielerlei ähnliche Vorstellungen kursieren.
Es mag sein, dass ein Lehrling, der das Comcizeichnen als Freizeitbeschäftigung betreibt, sein Leben so zubringen kann.
Wenn man allerdings im professionellen Bereich eine Comicreihe in Wochenzeitschriften mit wöchentlichen Veröffentlichungsintervallen veröffentlicht, dann ist es kein bisschen übertrieben, wenn man von einem Dasein in der Hölle spricht.
Für die Ausarbeitung des Plots und den Entwurf des Storyboards stehen zwei bis drei Tage zur Verfügung. Nachdem man mit dem Lektor das Manuskript diskutiert hat, wird die verbleibende Zeit für das Zeichnen verwendet.
Wenn alles reibungslos läuft, kann man innerhalb eines Zeitraumes von vier Tagen 16 Manuskriptseiten zu Papier bringen, dann hält sich der Stress noch in Grenzen.
Wenn aber einmal die Phase der Arbeit am Storyboard nicht reibungslos verläuft, stehen mitunter nur noch zwei Tage zur Verfügung.
Obwohl heutzutage mehrheitlich nur noch am Computer gezeichnet wird, was in mancher Hinsicht komfortabler ist, als alles rein von Hand zu zeichnen, so muss man trotzdem, um eine stärkere Ausdruckskraft zu erreichen, den Entwurf Pinselstrich für Pinselstrich von Hand zeichnen.
Besonders bei den grossen Massenszenen, in denen grosse Armeen mit vielen Einzelfiguren aus vielen Soldaten, Reitern und Pferden dargestellt werden müssen, und wobei Kühnheit und Entschlusskraft gefragt sind, muss man für eine Seite oft die ganze Nacht durcharbeiten, um sie fertigzustellen.

Deshalb hatte ich, ausser vielleicht gelegentlich einen Film oder eine US-Serie zu schauen, überhaupt keine Zeit für Freizeitaktivitäten.
Dass viele Comiczeichner als Resultat der immensen Arbeitsbelastung schwerwiegend erkranken, enspricht vollkommen der Realität.

Ich habe mich nie darüber beschwert, denn schliesslich hat mich niemand damals gezwungen, mich so anzustrengen. Das alles ist nur so gekommen, weil ich selbst diesen Weg gewählt habe.

Ich habe alles gegeben, um dieses Monstrum zu nähren. Ich weiss nicht, in was sich dieses Monstrum noch entwickeln wird. Ich weiss auch nicht, in welche Richtung es mich noch tragen wird …
Ich weiss rein gar nichts, ich habe nur immer fest daran geglaubt.

Ich glaube an die Kraft von Aufrichtigkeit.
Ich empfinde Ehrfurcht gegenüber meiner Leserschaft und gegenüber der Kreativität.
Bis zum heutigen Tag sind diese meine Grundüberzeugungen nie ins Wanken gekommen.

Nun, in den kommenden Kapiteln werden noch viel mehr neue Figuren die Bühne betreten und es werden immer mehr Geschichten passieren.
Von der Erzählstruktur her wird sich die Reihe in ein Drama mit einem grossen Ensemble an vielen verschiedenen Figuren und aus unterschiedlichen Erzählperspektiven entwickeln.

Für mich stellt das eine völlig neue Herausforderung dar, aber es handelt sich dabei gleichzeitig auch um die Richtung, in die ich schon immer gehen wollte.

Dieses Monstrum wächst ständig, und ich wachse mit ihm.
Ich danke allen, die diesen Band gekauft haben, und bitte Euch höflich darum, auf den nächsten Band zu warten.

Xu Xianzhe
am 9.12.2018

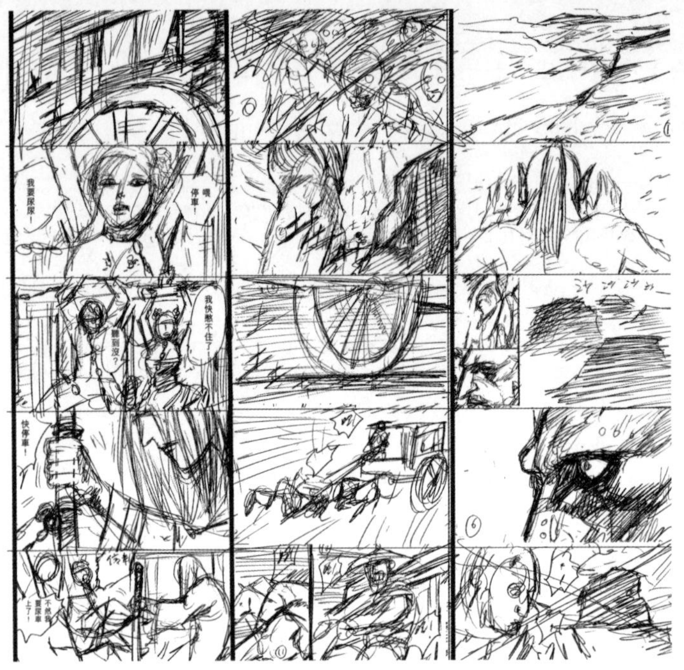

Aus dem Erstentwurf eines Storyboards für Kapitel 9

Im ersten Entwurf war der „Schwalbendame“ Yanziniang eigentlich nur eine Statistenrolle zugedacht worden, sie war als eine kleine Nebenfigur angelegt gewesen, die einen raschen Tod gefunden hätte. Sie besass jedoch einen eigenen Willen und lebte trotzig weiter. Was für eine aussergewöhnliche Frau.

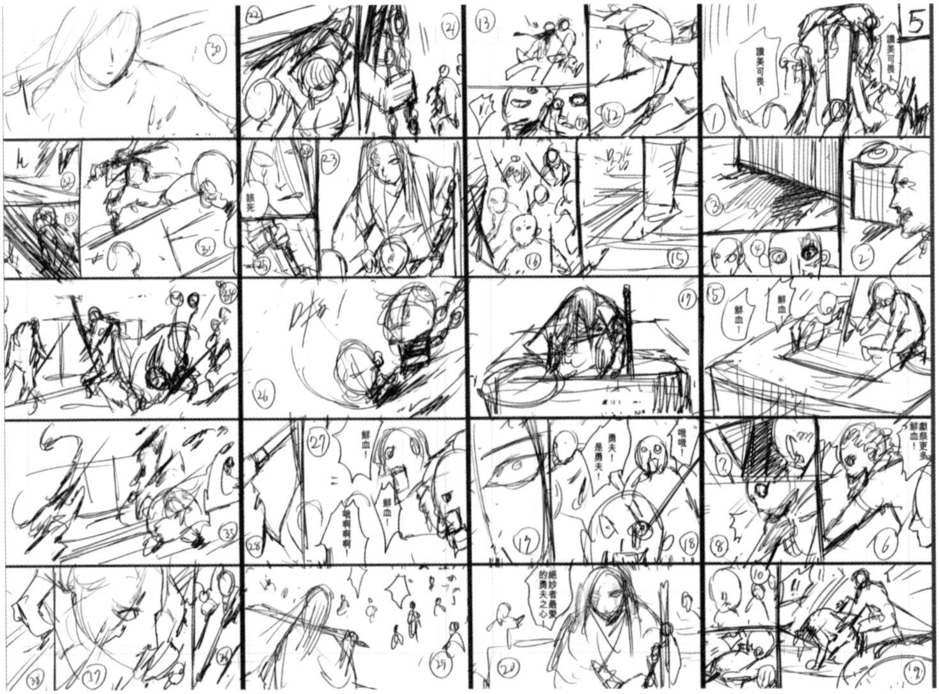

Erstellungsprozess einer Zeichnung

Kapitel 25, Seite 9

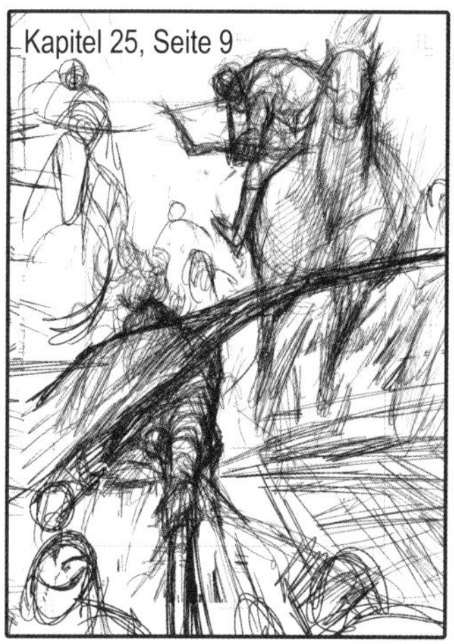

1. Entwurf aus dem Storyboard

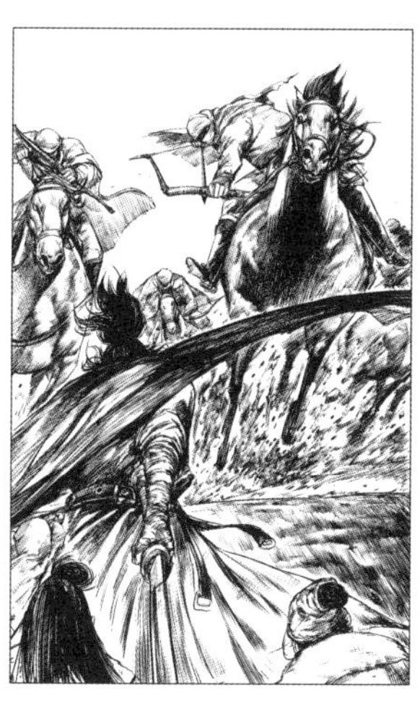

2. Entwurf mit dem Tuschepinsel

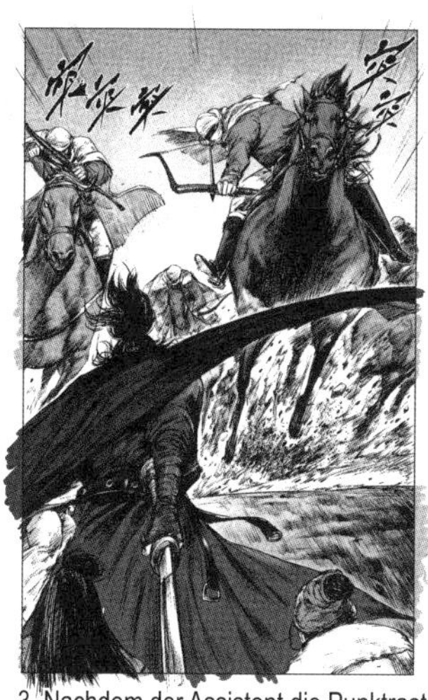

3. Nachdem der Assistent die Punktraster eingeklebt und Details nachgebessert hat, werden noch handschriftlich die lautmalerischen Schriftzeichen hinzugesetzt, und fertig.

Kapitel 25, Seiten 11-12

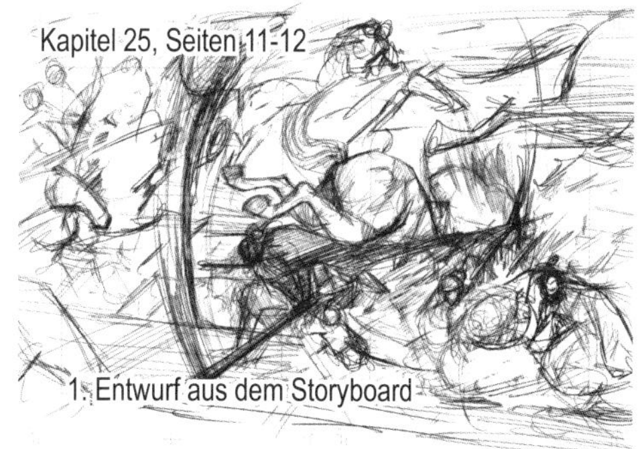

1. Entwurf aus dem Storyboard

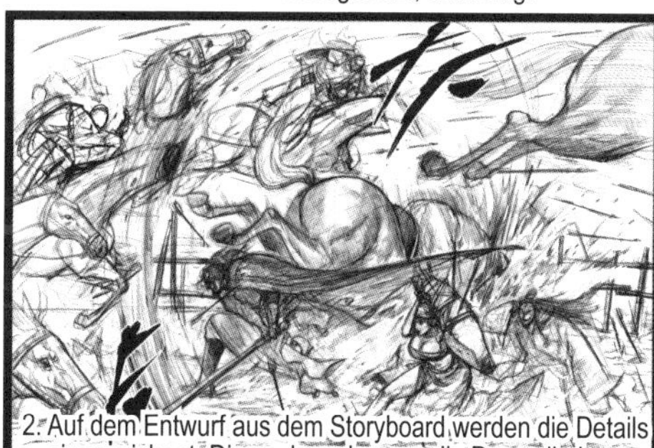

2. Auf dem Entwurf aus dem Storyboard werden die Details eingezeichnet. Diesmal werden, um die Dynamik des Ansturms zu erfassen, die lautmalerischen Schriftzeichen auf einer separaten Ebene eingetragen.

3. Entwurf mit dem Tuschepinsel

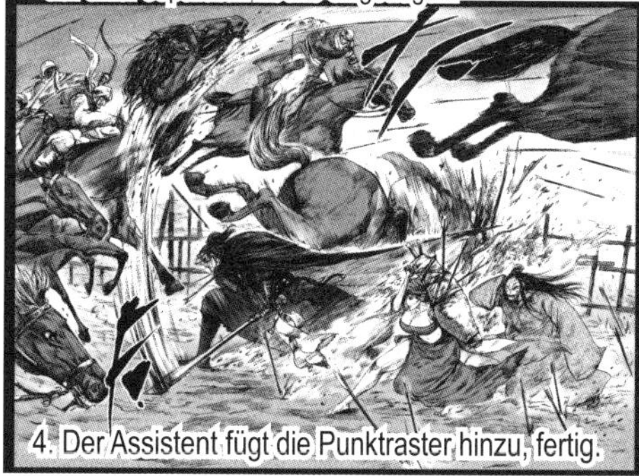

4. Der Assistent fügt die Punktraster hinzu, fertig.

Erstellungsprozess von Kulissen, Szenerien

Der Entwurf des Storyboards und der endgültige Entwurf

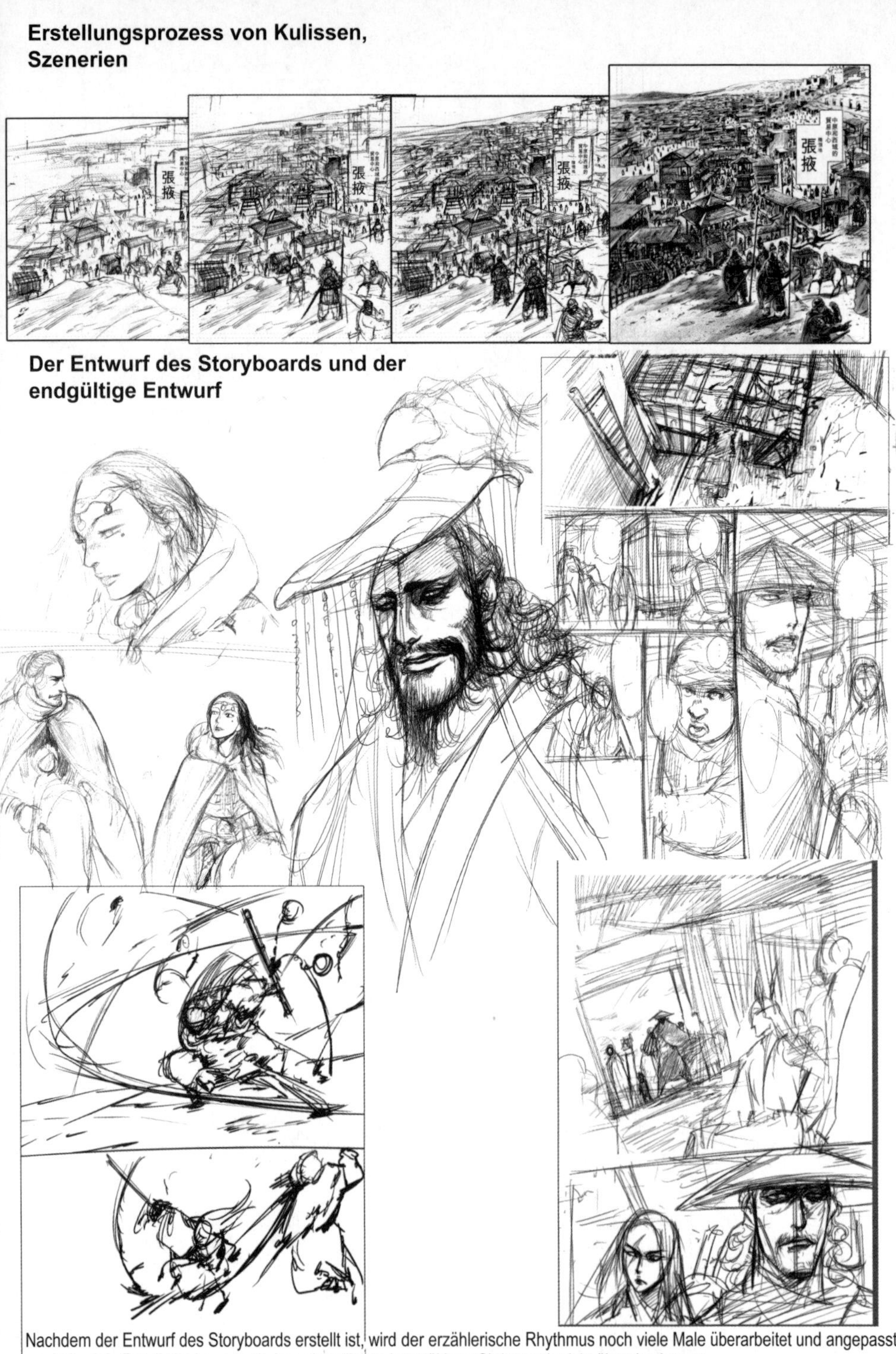

Nachdem der Entwurf des Storyboards erstellt ist, wird der erzählerische Rhythmus noch viele Male überarbeitet und angepasst, weshalb viele Details im Layout mit dem eigentlichen letztgültigen Skript noch nicht übereinstimmen.

Frühphase des Charakterdesigns der „Sprösslinge der vier grossen Familienklane“

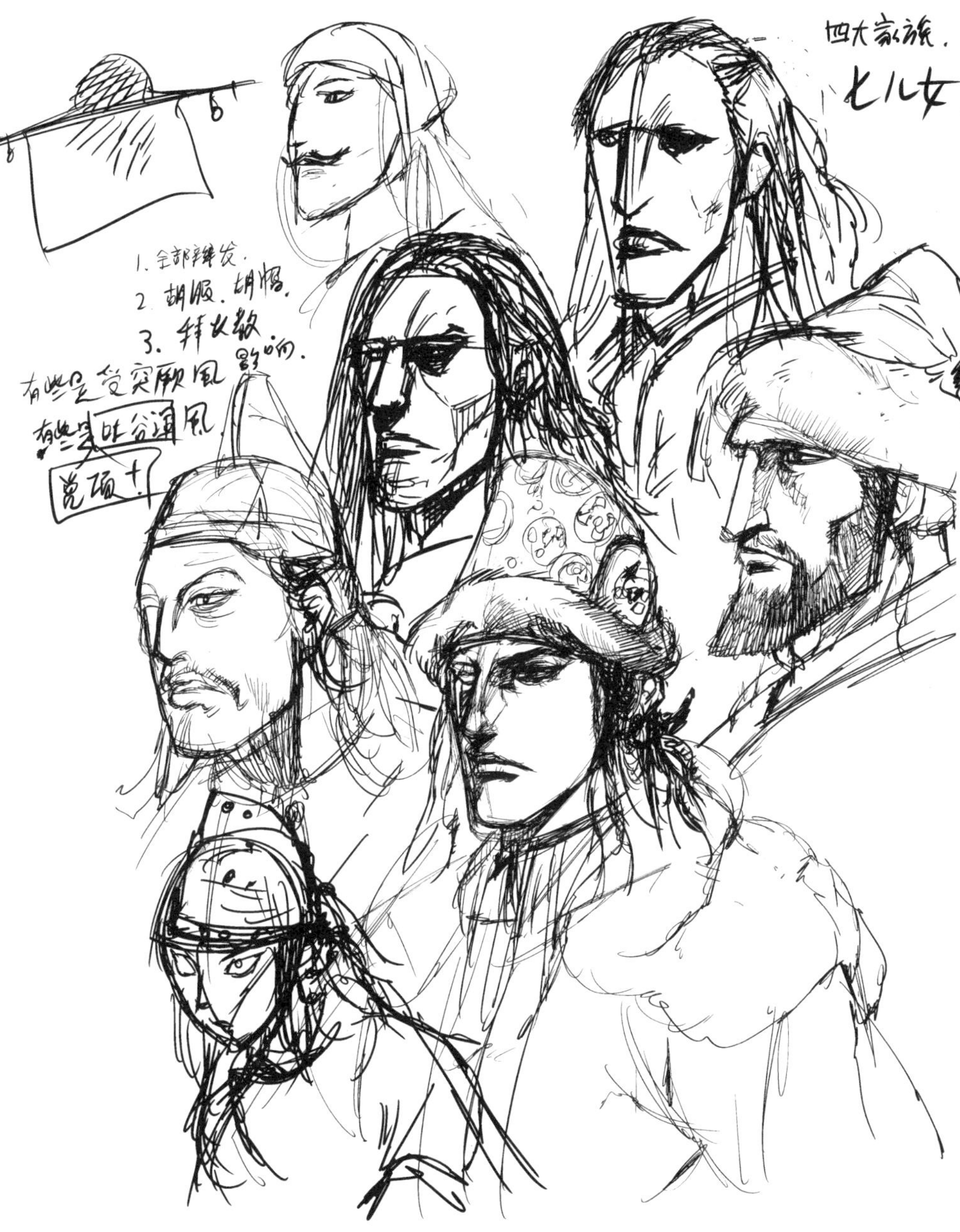

Auf der Suche nach Inspiration habe ich mir das uighurische Volkslied „Das Mädchen mit den schwarzen Augen“ vom Soundtrack des Films „The Sun Always Rises“ angehört. (Anm.: Ein Film des Regisseurs Jiang Wen aus dem Jahr 2007)

Löschung von Szenen

Laut historischen Quellen erforschte Pei Shiju die Sitten und Gebräuche sowie geografische Gestalt sämtlicher Länder in den westlichen Regionen und verfasste anhand seiner Untersuchungsergebnisse die „bebilderten Aufzeichnungen über die westlichen Regionen".

Deshalb war für das zwanzigste Kapitel eigentlich eine Szene vorgesehen gewesen, In der Heyi Xuan direkt mit Pei Shiju einen Handel abschliesst, ihm eine Landkarte der westlichen Regionen überreicht und dafür im Austausch Söldnertruppen sowie finanzielle Unterstützung erhält.
Allerdings wollte sich diese Szene nicht so recht in den Erzählrhythmus einfügen, weshalb beschlossen wurde, sie zu löschen.

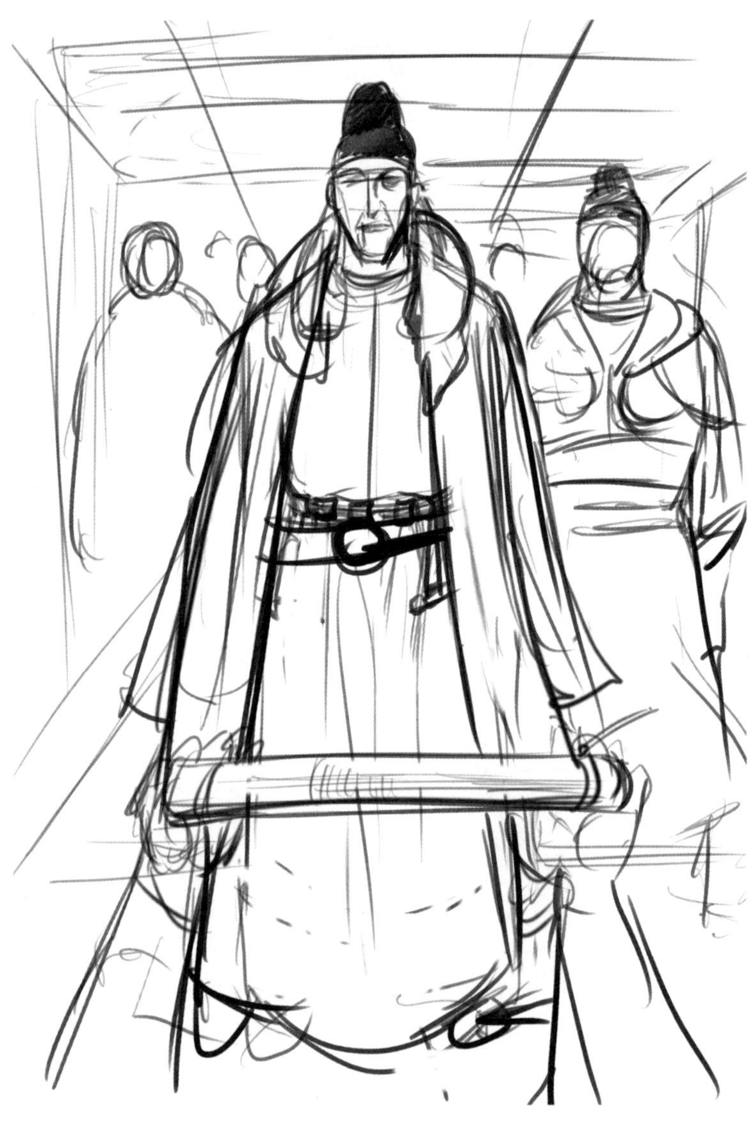

Erstveröffentlichung eines anfänglichen Entwurfs

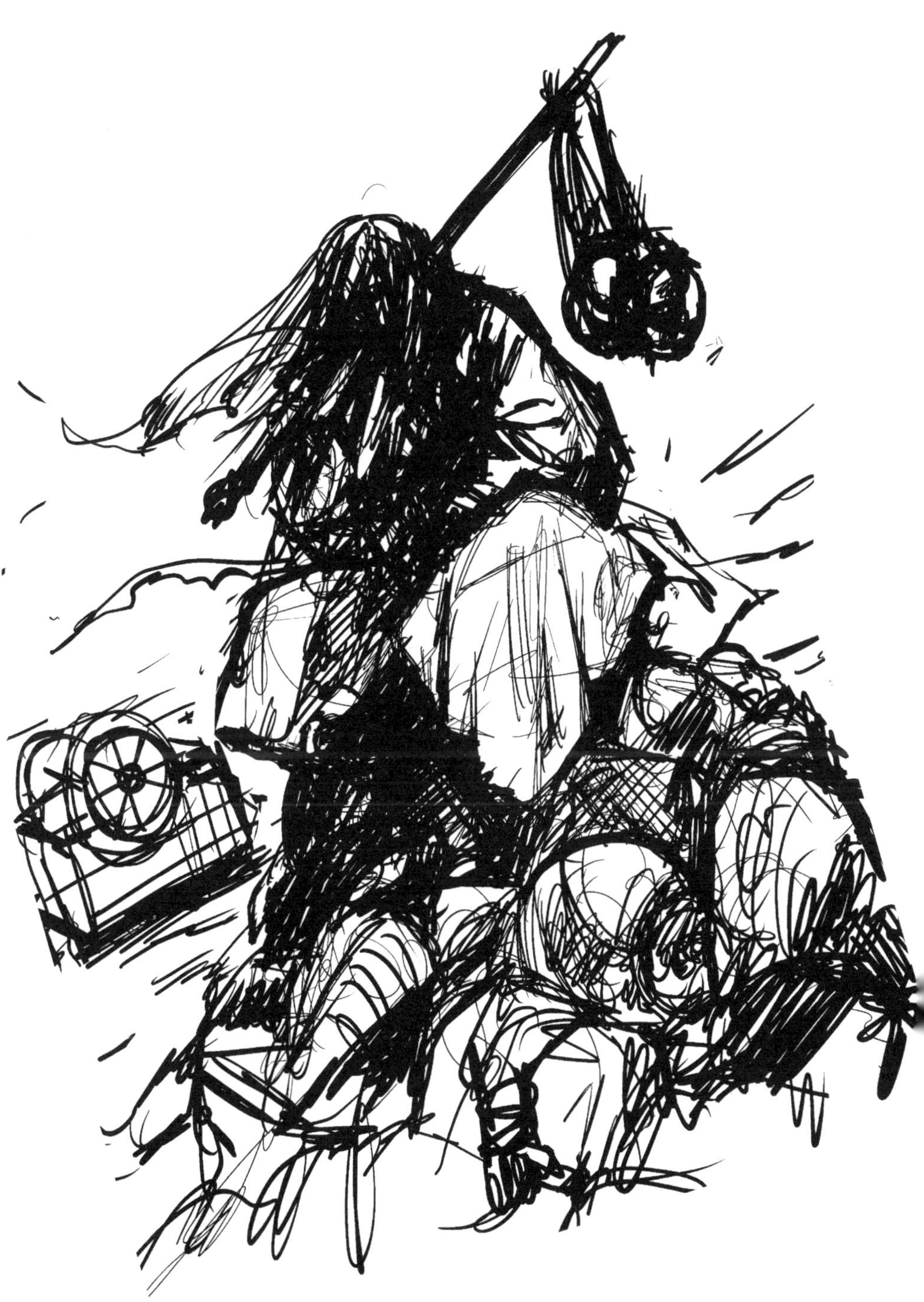

Ausblick

人在江湖，
最要紧的是找对自己的位子

In der Unterwelt, im zwieliechtigen Milieu der gedungenen Schwertkämpfer und Auftragskiller, ist es von oberster Wichtigkeit, einen Platz für sich selbst zu finden, der einem entspricht.

血路无尽。

Die blutigen Pfade kennen kein Ende.

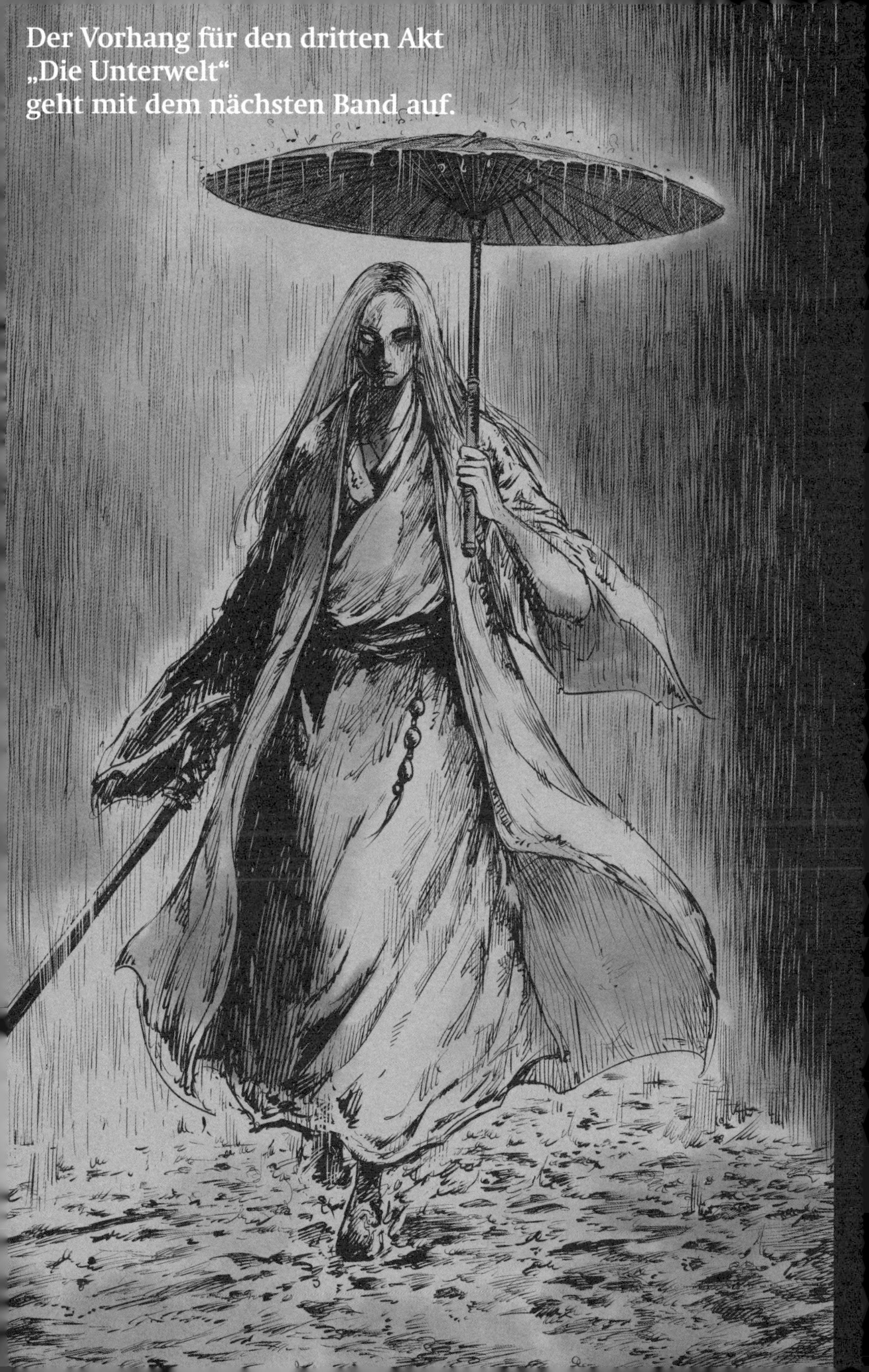
Der Vorhang für den dritten Akt
„Die Unterwelt“
geht mit dem nächsten Band auf.

江山无情，
江湖无义。

Die Staatsmacht kennt kein Erbarmen,
die Unterwelt kennt keine Gerechtigkeit.

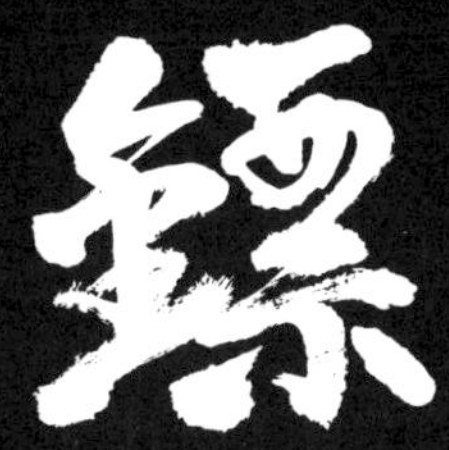

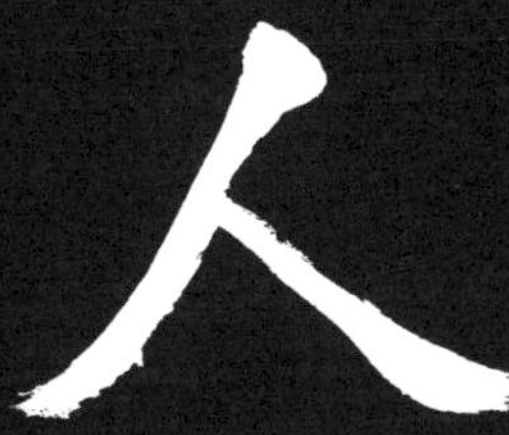

Die Klingen der Wächter

Autor: 许先哲 Xu Xianzhe

Assistenten:
Zhou Peican, Lin Lin

Assistenz bei Band 1:
Wang Meng

Redaktion / Lektorat:
Kazuji Kurihara

Mit besonderem Dank an:
Piao Zhaoxia

Originaltitel: 镖人 第五卷 Biaoren,, Vol. 5

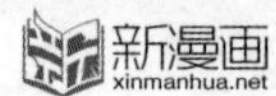

Szenario,Text, Zeichnungen: 许先哲 **Xu Xianzhe**

Übersetzung aus dem Chinesischen, Satz und Lettering: Elisabeth Wolf
Lektorat: Yingqun Stille, Nadja Liu, Filipe Tavares
Erläuternde Anmerkungen: Yingqun Stille
Bildretusche: Michael Möller

Verlag der deutschsprachigen Ausgabe:
Chinabooks E. Wolf und E. Wu, Bühlstrasse 6, CH-8142 Uitikon-Waldegg
www.chinabooks.de | www.chinabooks.ch | www.manhua.ch | www.facebook.com/chinabooks.ch
www.twitter.com/chinabooks_de | www.instagram.com/manhua_at_chinabooks
Tel. 0041 (0)43 540 40 77 | 0041 (0)76 518 45 26 | bestellen@chinabooks.ch

Vertrieb an den deutschen Buchhandel:
GVA Gemeinsame Verlagsauslieferung Göttingen GmbH & Co. KG
www.gva-verlage.de
Postfach 2021, D-37010 Göttingen
Tel. +49 (0) 551 384200 -0 | Fax. +49 (0) 551 384200 -10

Vertrieb an den österreichischen Buchhandel:
Mohr Morawa Buchvertrieb GmbH
Sulzengasse 2, A-1230 Wien
Telefon: +43 (1) 680 14-0 | Fax: +43 (1) 688 71 30 | Mail: momo@mohrmorawa.at

Vertrieb an den deutschen Comicfachhandel:
Comic Base Berlin
www.comic-base-berlin.de
Baruther Str. 10, D-10961 Berlin
Tel. +49 (0) 30 - 6 94 38 55

PPM Peter Poluda Medienvertrieb e.K.
www.ppm-vertrieb.de
Industriestraße 18, D-32694 Dörentrup
Tel. +49 - 5265 - 9 55 88 55

Erstauflage März 2021 – Printed in Germany

ISBN: 978-3-905816-98-3 (deutsche Ausgabe)

MEIN WEG

VON JIDI

In „Mein Weg" begeben sich ein mysteriöser Mann und ein junges Mädchen auf eine lange Reise und begegnen dabei den unterschiedlichsten Menschen, lassen sich deren Lebensgeschichten erzählen und werden Zeuge ihrer Schicksale. Die miteinander verwobenen Episoden befassen sich mit Fragen der menschlichen Existenz, mit dem Leben, der Suche nach Glück, der Liebe und dem Tod. Der Künstlerin, die in jungen Jahren ihre Mutter verloren hat, geht es bei der Reihe auch darum, ihre eigene Trauer aufzuarbeiten. Jidis Sprache ist voller Poesie und ihre farbintensiven, ausdrucksstarken Bildwelten besitzen einen seltenen Zauber. Wer bereit ist, sich auf die Reihe einzulassen, den erwarten grossartige Momente der Transzendenz und der Spiritualität.

Das deutschsprachige Publikum konnte Jidi bereits durch ihre autobiographische Reihe „Der freie Vogel fliegt", eine Zusammenarbeit mit der Künstlerin Ageng, kennenlernen. Mit „Mein Weg" haben deutschsprachige Leser nun auch die Chance, Jidis Hauptwerk kennenzulernen.

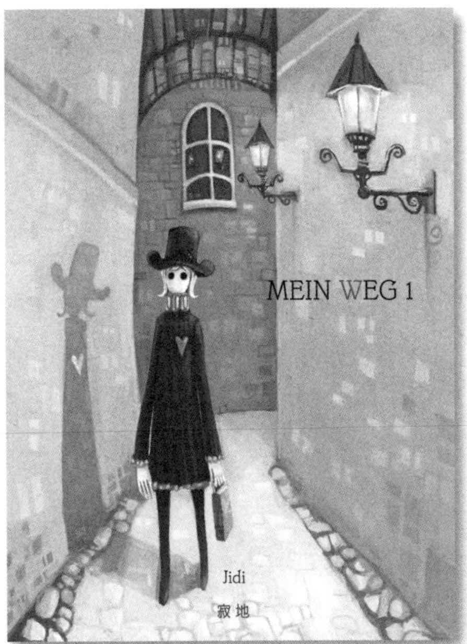

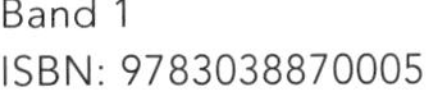

Band 1
ISBN: 9783038870005

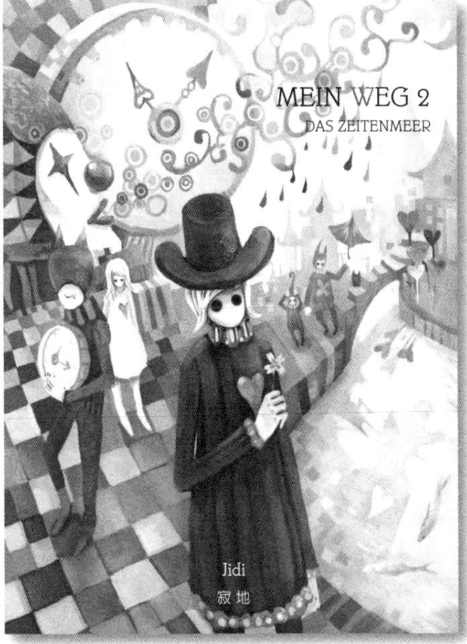

Band 1
ISBN: 9783038870012

Weitere Informationen über die Künstlerin: www.manhua.ch

In tiefen Wäldern Träumen lauschen

VON ZHANG JING

Eine Erzählung in der Erzählung, eine ungewöhnliche Liebesgeschichte, ein eigenwilliger Genremix aus schriller Komödie, Mystery und Drama – von einer der talentiertesten Comic-Künstlerinnen Chinas!

In der Abgeschiedenheit eines alten Tempels in einer tief abgelegenen bewaldeten Gebirgsregion begegnen sich zwei Fremde – eine junge Frau und ein geheimnisvoller junger Mann, der sein Gesicht hinter einer Affenmaske verbirgt – als sie vor einem Unwetter Unterschlupf suchen. Um das Ausharren vor dem strömenden Regen im Tempel angenehmer zu gestalten, bittet die Frau den Mann, ihr eine Geschichte zu erzählen …

Eine grillenhafte Prinzessin in einem fiktiven chinesischen Königreich stiehlt sich eines Abends heimlich aus dem Palast, um einen Jahrmarkt zu besuchen. Dort begegnet sie zufällig einem jungen mysteriösen Mann, der eine ätherische, überirdische Schönheit besitzt, und verliebt sich auf den ersten Blick in ihn. Die Prinzessin ist es gewohnt, all ihre Wünsche erfüllt zu bekommen, und beschließt kurzerhand, dass dies ihr Gatte werden müsse. Der junge Mann ist stumm, wie sich später herausstellt, und es scheint, er birgt ein Geheimnis. Derweil bahnt sich eine gefährliche Konfrontation zwischen der Prinzessin und einem Halbbruder an, die seit Kindestagen einander spinnefeind sind...

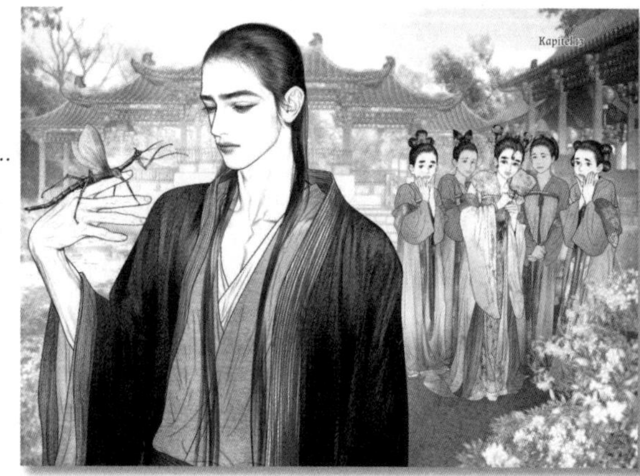

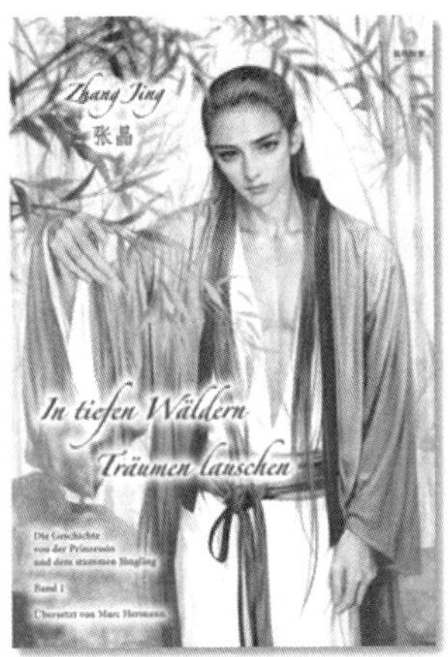

Band 1: 9783905816877

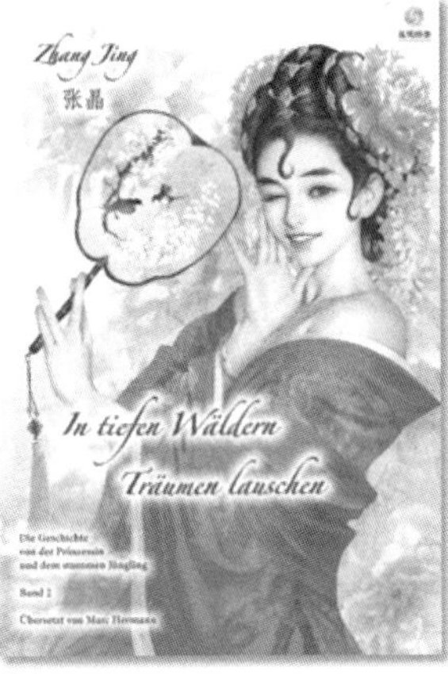

Band 2: 9783905816884

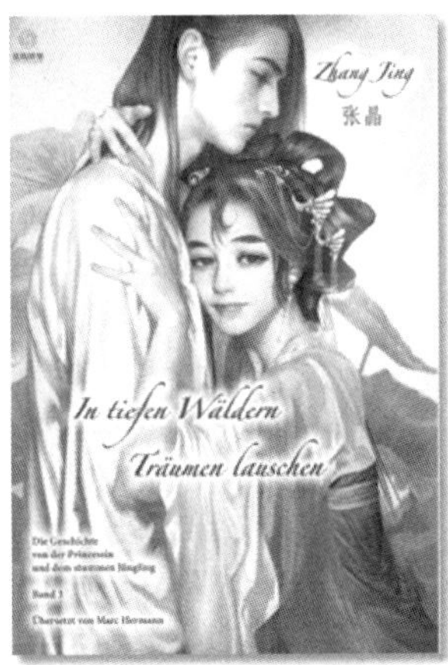

Band 3: 9783905816891

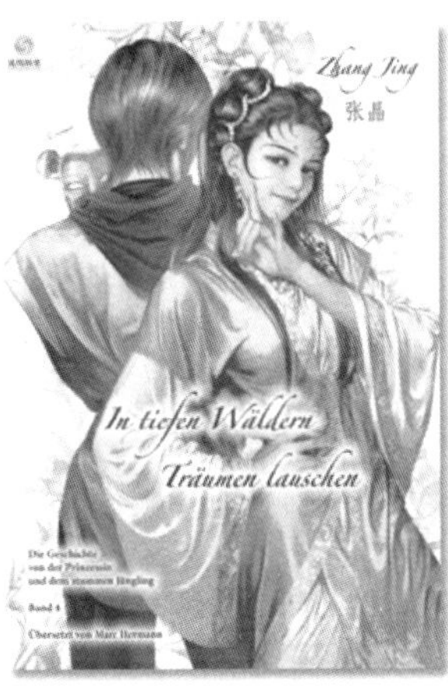

Band 4: 9783905816907

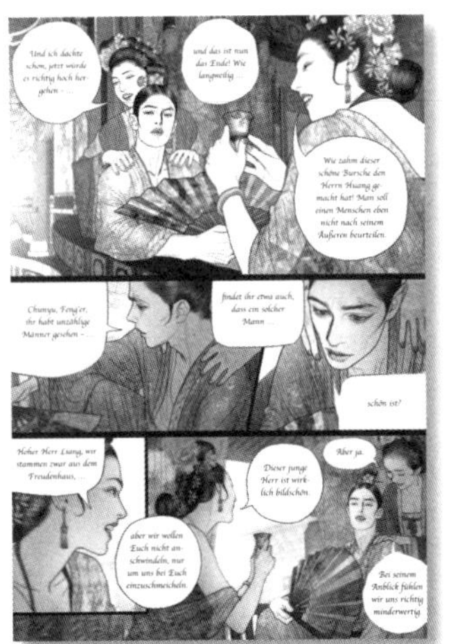

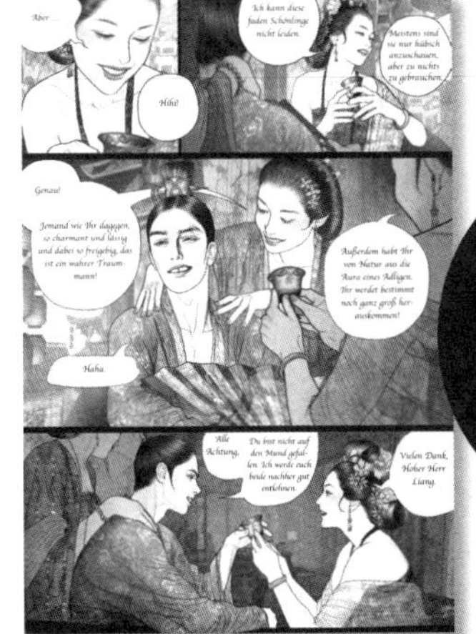

SEITEN AUS BAND 4

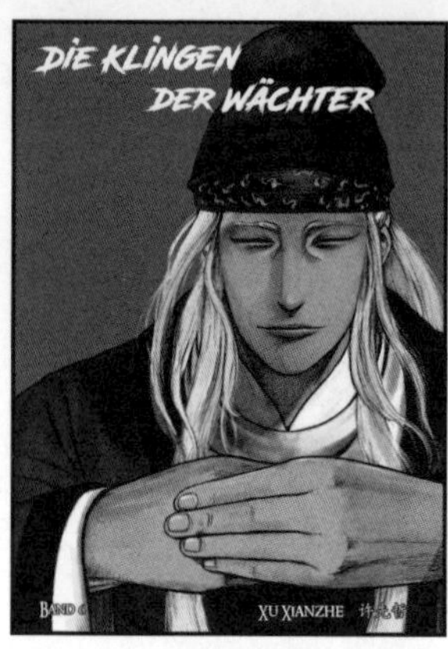

Band 6
ISBN: 9783038870081

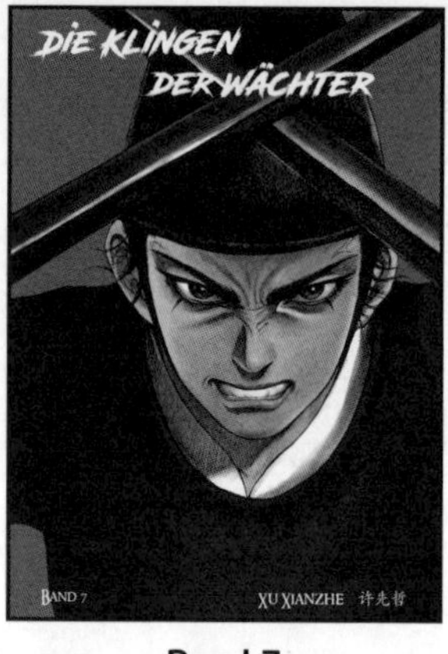

Band 7
ISBN: 9783038870098

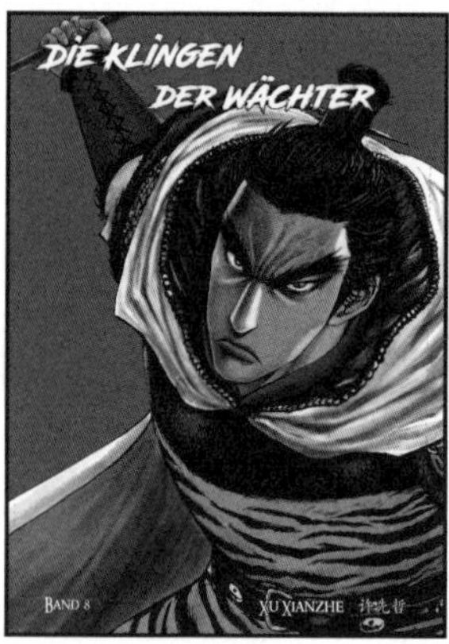

Band 8
ISBN: 9783038870104

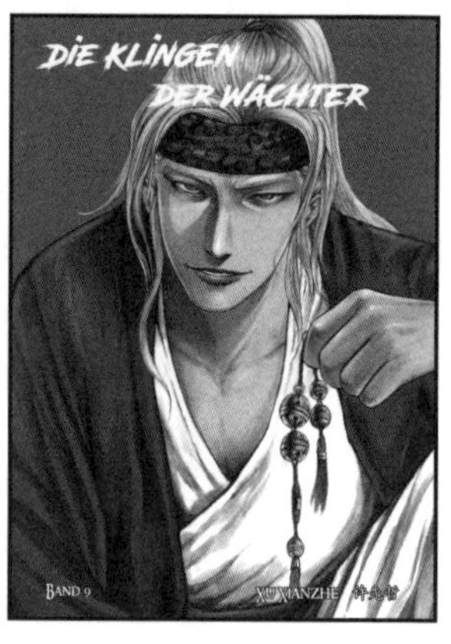

Band 9
ISBN: 9783038870111

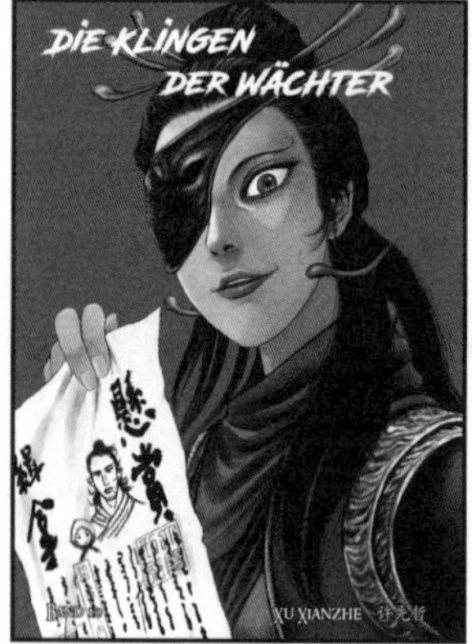

Band 10
ISBN: 9783038870128

Die Bände 6 und 7 erscheinen voraussichtlich Ende 2021, die Bände 8 bis 10 erscheinen im Verlauf des Jahres 2022.

DIE KLINGEN DER WÄCHTER

VON XU XIANZHE 许先哲

DIE SAGE GEHT WEITER

Vorbesteller der Bände 6 bis 10 in den Onlineshops www.chinabooks.de sowie www.chinabooks.ch erhalten nach Erscheinen gemeinsam mit der Lieferung ein Poster als Geschenk. Das Angebot gilt solange der Vorrat reicht und ohne Gewähr.
Genauere Infos werden beizeiten hier bekanntgegeben:
instagram.com/manhua_at_chinabooks
twitter.com/chinabooks_de | facebook.com/chinabooks.ch
www.manhua.ch

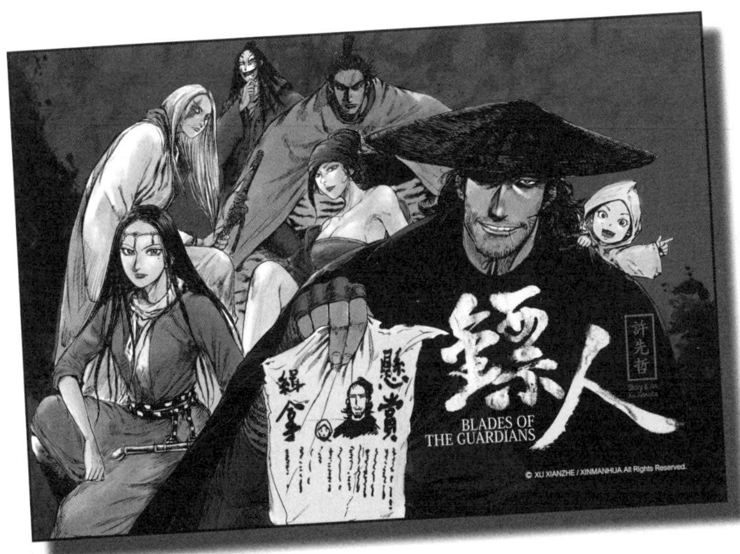

Achtung: Dieser Comic (chinesisch: Manhua) wird in der originalen Leserichtung von rechts nach links gelesen.

Man muss diesen Comic also hinten aufschlagen und Seite für Seite nach vorn weiterblättern. Auch die Bilder auf jeder Seite und die Sprechblasen innerhalb der Bilder werden von rechts oben nach links unten gelesen.

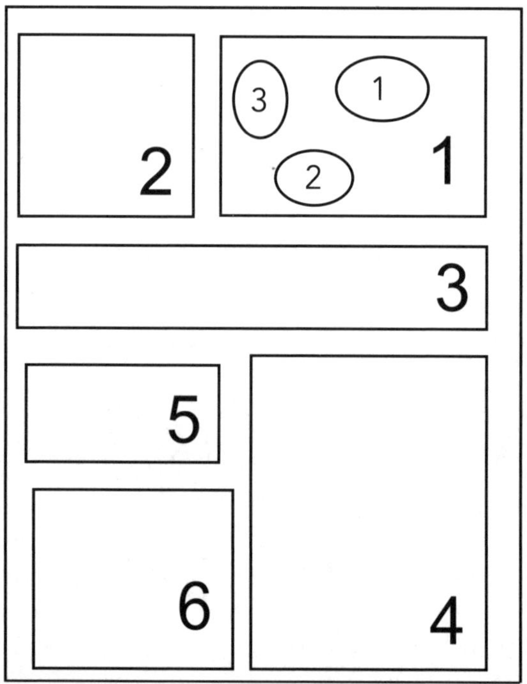